R을 활용한 데이터 과학 2판

데이터 불러오기, 정돈하기, 변형하기, 시각화하기

R for Data Science 2/E

by Hadley Wickham, Mine Çetinkaya-Rundel, and Garrett Grolemund

R을 활용한 데이터 과학 2판

데이터 불러오기, 정돈하기, 변형하기, 시각화하기

초판 1쇄 발행 2019년 1월 10일 초판 3쇄 발행 2023년 3월 21일
2판 1쇄 발행 2026년 2월 4일

지은이 **해들리 위컴, 미네 체틴카야-룬델, 개럿 그롤먼드** 옮긴이 **김영우** 펴낸이 **한기성**
편집 **백주옥** 교정 **윤진호** 표지 디자인 **윤영준** 내지 디자인 **윤영준** 제작·관리 **이유현**
영업·마케팅 **김진불** 경영지원 **박미경** 용지 **유피에스** 출력·인쇄 **예림인쇄** 제본 **예림원색**

펴낸곳 **(주)도서출판인사이트** 등록번호 **제2002-000049호** 등록일자 **2002년 2월 19일**
주소 **서울특별시 마포구 연남로5길 19-5** 전화 **02-322-5143** 팩스 **02-3143-5579**
이메일 **insight@insightbook.co.kr**

 ISBN 978-89-6626-514-5 93000

책값은 뒤표지에 있습니다. 잘못 만들어진 책은 구입처에서 교환하실 수 있습니다.
이 책의 정오표는 https://blog.insightbook.co.kr에서 확인하실 수 있습니다.

글쓰기는 더 큰 배움에 이르는 보람 있는 여정입니다.
독자 여러분의 소중한 원고를 기다립니다. submit@insightbook.co.kr

R을 활용한
데이터 과학 2판
데이터 불러오기, 정돈하기, 변형하기, 시각화하기
해들리 위컴, 미네 체틴카야-룬델, 개럿 그롤먼드 지음 | 김영우 옮김
인사이트

차례

옮긴이의 글

데이터에는 사람들이 살아온 흔적과 세상이 움직여 온 발자취가 담겨 있습니다. 데이터 분석은 이러한 흔적 속에서 패턴을 발견해 사람들이 어떻게 살아가고 있는지, 세상이 어떤 방향으로 움직이고 있는지를 이해하는 일입니다. 나아가 미래를 예측하고 세상을 더 나은 방향으로 변화시킬 방법을 찾아낼 수도 있습니다. 데이터를 분석한다는 건 멋지고 신나는 일입니다.

데이터 분석 작업의 중심에는 R이 있습니다. R을 활용하면 데이터 분석에 필요한 다양한 작업을 쉽고 간결한 명령어로 처리할 수 있습니다. 특히 tidyverse 생태계의 패키지들은 분석가가 프로그래밍 기술의 늪에 빠지지 않고 데이터 분석 본연의 과정에 집중할 수 있도록 도와주는 든든한 도구입니다. 《R을 활용한 데이터 과학》은 tidyverse의 창시자인 해들리 위컴이 직접 패키지의 사용법을 설명하고, 데이터를 정돈해 효율적으로 분석하는 방법을 안내하는 의미 있는 책입니다.

이 책은 처음 출간된 이후 전 세계 R 사용자들의 꾸준한 추천을 받으며 대표적인 교재로 자리 잡아 왔습니다. 저자인 해들리는 코딩에 익숙하지 않은 사람들도 데이터를 쉽고 재미있게 다룰 수 있도록 tidyverse를 만들었는데, 이 책 역시 같은 철학 아래 집필되었습니다. 독자가 흥미를 유지하면서 데이터 분석의 전 과정을 경험하고, 그 과정에서 필요한 기술을 자연스럽게 익힐 수 있도록 구성되어 있습니다. 책을 읽다 보면 기술서라기보다 한 편의 이야기책을 읽는 듯한 느낌을 받게 되고, 곳곳에 녹아 있는 유머와 장난기 덕분에 미소를 지으며 내용을 따라가게 됩니다. 이러한 독자에 대한 세심한 배려가 이 책이 오랫동안 사랑받아 온 이유일 것입니다.

역자로서 가장 신경 쓴 부분은 경쾌하고 유머러스하게 기술을 전달하고자 한 저자의 철학을 따르는 것이었습니다. 딱딱한 표현보다는 가능한 한 일상의 언어를 사용했고, 영미식 유머의 뉘앙스를 살리기 위해 고민했습니다. 또한 기술 용어는 기계적으로 외래어 표기법을 따르거나 무리하게 한글화하기보다는, 데이터 분석가들 사이에서 실제로 널리 사용되는 표현을 선택했습니다. 이는 독자들이 관련 자료를 찾아 학습하고, 다른 분석가들과 협업하는 데에도 더 도움이 될 것이라 판단했기 때문입니다.

R 생태계에 빚을 지고 있는 데이터 분석가로서, 그리고 해들리 덕분에 데이터 분석의 즐거움을 알게 된 한 명의 팬으로서 《R을 활용한 데이터 과학》을 번역해 한국 독자들에게 소개할 수 있게 된 것을 큰 영광으로 생각합니다. 이 책이 한국어로 소통하며 데이터를 다루는 분들에게 의미 있는 길잡이가 되기를 바랍니다. 감사합니다.

데이터 분석가
김영우

지은이의 글

데이터 과학은 데이터로부터 통찰, 인사이트, 지식을 얻는 흥미로운 분야입니다. 《R을 활용한 데이터 과학》은 데이터 과학을 효율적이고 재현 가능하게 수행할 수 있는 R의 주요 도구를 익히면서 그 과정을 즐길 수 있도록 돕기 위해 쓰였습니다. 이 책을 읽고 나면 다양한 데이터 과학 문제를 해결할 수 있는 R의 훌륭한 도구들을 다룰 수 있게 될 것입니다.

제2판 서문

《R을 활용한 데이터 과학 2판》에 오신 것을 환영합니다! 2판에서는 불필요한 내용을 제거하고, 다뤘으면 했던 내용을 추가하고, 최신 우수 사례를 반영해 설명글과 코드를 전반적으로 개선하면서 1판을 대대적으로 다시 썼습니다. 또한 매우 기쁘게도 미네 체틴카야-룬델(Mine Çetinkaya-Rundel)이 새로운 공동 저자로 참여했습니다. 그녀는 저명한 데이터 과학 교육자이자 Posit(구 RStudio)에서 우리와 함께 일하는 동료입니다.

큰 변경 사항을 요약하면 다음과 같습니다.

- 1부의 이름을 "전체 흐름"으로 바꿨습니다. 1부의 목표는 세부 내용으로 들어가기 전에 데이터 과학의 전반적인 내용을 전달하는 것입니다.
- 2부는 "시각화하기"입니다. 2부에서는 데이터 시각화 도구와 우수 사례를 1판보다 더 자세히 다룹니다. 시각화를 자세히 알아보려면 《ggplot2: Elegant graphics for data analysis》(Springer, 2019)(*https://ggplot2-book.org*)를 읽는 게 좋지만, 이 책에서도 중요한 시각화 기술들을 자세히 다뤘습니다.
- 3부 "변형하기"에 숫자, 논리형 벡터 및 결측치를 다루는 새로운 장들을 추가했습니다. 이 내용은 1판에서는 3장 "데이터 변형"의 일부였는데, 2판에서는 훨씬 더 많은 지면을 할애해서 세부 사항까지 모두 다뤘습니다.

- 4부는 "불러오기"입니다. 여기서는 텍스트 파일뿐 아니라 스프레드시트를 다루는 방법, 데이터베이스에서 데이터를 불러오는 방법, 빅 데이터를 다루는 방법, 계층화된 데이터를 펼치는(rectangling) 방법, 웹사이트의 데이터를 추출하는 방법을 다룹니다.
- 5부 "프로그래밍"은 그대로 두었습니다. 하지만 데이터를 다룰 때 함수를 만들고 반복 사용하는 것은 매우 중요하기 때문에 이 부분에 초점을 맞추어 처음부터 다시 썼습니다. 함수 작성은 지난 몇 년 새 훨씬 더 쉬워지기도 했고 훨씬 중요해졌기 때문에 (tidy 평가를 할 때 필요한) tidyverse 함수를 래핑하는 방법을 자세히 다뤘습니다. 또한 새로운 장을 추가해서 여기저기에서 자주 접하게 되는 base R 함수가 왜 중요한지를 다뤘습니다.
- "모델링"은 삭제했습니다. 모델링을 충분히 다루기에는 지면이 부족했고, 이 책에서 다루지 않아도 될 만큼 훨씬 좋은 자료가 많이 나왔기 때문입니다. 모델링에 관심이 있다면 막스 쿤(Max Kuhn)과 줄리아 실기(Julia Silge)가 쓴 《Tidy Modeling with R》(O'Reilly, 2022)을 읽으며 tidymodels 패키지를 사용해 보길 권합니다.
- 6부 "의사소통하기"는 그대로 두었지만, R 마크다운 대신 Quarto(*https://quarto.org*)를 사용하는 것으로 전면 개편했습니다. 이 책도 Quarto를 이용해 작성했습니다. Quarto는 앞으로 분명 독보적인 도구가 될 것입니다.

앞으로 익힐 내용

데이터 과학은 방대한 분야라 책 한 권으로 모든 것을 마스터할 수는 없습니다. 이 책의 목표는 데이터 과학의 핵심 도구를 다룰 수 있는 기본 지식을 익히고, 나중에 더 깊이 있게 익히기 위해 참고 자료를 찾을 때 알고 있어야 할 정도의 지식을 충분히 갖추도록 하는 것입니다. 전형적인 데이터 과학 프로젝트를 순서에 따라 정리하면 다음과 같습니다.

첫 번째 단계는 **불러오기**(import)입니다. 분석을 하려면 가장 먼저 데이터를 R로 불러와야 합니다. 이는 일반적으로 파일, 데이터베이스, 웹 애플리케이션 프로그래밍 인터페이스(API)에 저장된 데이터를 불러와 R의 데이터 프레임에 넣는 것을 의미합니다. 데이터를 R로 불러올 수 없으면 데이터 과학을 할 수 없습니다!

데이터를 불러오고 나면 데이터를 깔끔하게 **정돈**(tidy)해야 합니다. 데이터를 정

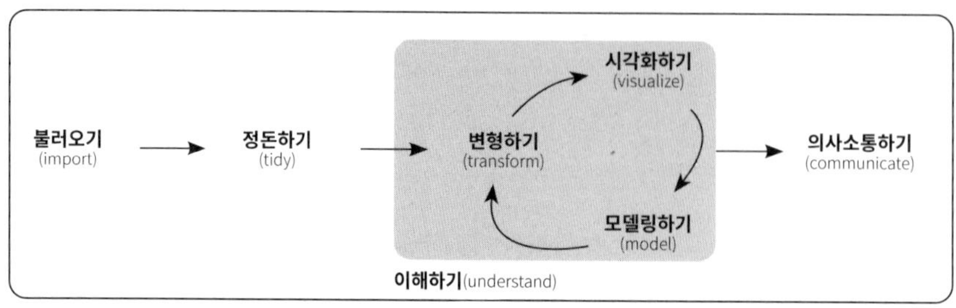

그림 I-1 이 책에서 소개하는 데이터 과학 프로세스 모델은 데이터를 불러온 다음 깔끔하게 정돈하는 것으로 시작합니다. 그런 다음 변형, 시각화, 모델링의 사이클을 반복하며 데이터를 이해합니다. 사람들에게 분석 결과를 전달함으로써 프로세스를 마칩니다.

돈한다는 말은 데이터를 데이터셋의 의미에 맞게 일관된 형태로 저장한다는 뜻입니다. 쉽게 말해 데이터를 정돈하면 각 열은 변수가 되고 각 행은 관측치가 됩니다. 데이터 정돈은 중요합니다. 데이터를 정돈해 두면 매번 데이터를 여러 함수에 사용하기 적합한 형태를 바꾸느라 애쓸 필요 없이 곧바로 데이터에서 지식을 얻는 일에 집중할 수 있기 때문입니다.

데이터를 깔끔하게 정돈하고 나면 다음 단계에서는 일반적으로 데이터를 **변형**(transform)합니다. 변형 과정에서는 관심을 두는 관측치의 범위를 좁히고(예: 한 도시에 속한 사람 또는 작년 한 해 동안의 데이터), 기존 변수에 함수를 적용해 새 변수를 추가하고(예: 거리와 시간을 이용해 구한 속도), 요약 통계량을 구하는 작업(예: 빈도나 평균)을 합니다. 데이터를 정돈하고 변형하는 작업을 랭글링(wrangling, 분투)이라고 하는데, 데이터를 다루기 편한 형태로 바꾸는 과정이 때로는 싸움처럼 느껴지기 때문입니다!

데이터를 정돈하고 필요한 변수를 만들고 나면 데이터에서 지식을 얻기 위해 **시각화**와 **모델링**이라는 두 가지 주요 엔진을 사용합니다. 두 엔진은 상호 보완적인 장단점을 가지고 있으므로 실제 데이터 분석에서는 두 작업을 여러 번 반복하게 됩니다.

시각화(visualization)는 기본적으로는 인간의 활동입니다. 시각화를 잘하면 예상치 못한 사실을 발견하거나 데이터에 관한 새로운 질문을 떠올릴 수 있습니다. 시각화를 잘하면 질문이 잘못되지 않았는지, 다른 데이터를 수집해야 할 필요가 있는지 깨우칠 힌트를 얻을 수 있습니다. 시각화는 놀랄 만한 새로운 사실들을 발견하게 도와주기도 하지만, 사람이 직접 시각화 자료를 해석해야 하므로 지식을 확장하는 데는 한계가 있습니다.

모델(model)은 시각화를 보완하는 도구입니다. 질문을 아주 정확하게 했다면 모델을 사용해 질문에 답할 수 있습니다. 모델은 기본적으로 수학적이고 계산적인 도구이므로 모델을 사용하면 대체로 지식을 확장할 수 있습니다. 꼭 그렇지 않더라도 사람을 더 고용하는 것보다는 컴퓨터를 사는 것이 일반적으로 더 저렴합니다! 그러나 모든 모델은 가정을 전제로 분석을 진행하는데, 본질적으로 모델이 자신의 가정에 의문을 제기하지는 못한다는 한계가 있습니다. 즉, 모델을 이용해서 놀랄 만한 새로운 사실을 발견할 수는 없습니다.

데이터 과학의 마지막 단계는 **의사소통**(communication)입니다. 의사소통은 어떤 데이터 분석 프로젝트에서든 매우 중요한 과정입니다. 아무리 모델과 시각화를 이용해 데이터를 잘 이해했다고 하더라도 분석 결과를 사람들에게 전달할 수 없다면 소용이 없습니다.

이 모든 작업을 둘러싸고 있는 것은 **프로그래밍**(programming)입니다. 프로그래밍은 데이터 과학 프로젝트의 거의 모든 부분에 사용되는 만능 도구입니다. 성공한 데이터 과학자가 되기 위해 꼭 전문 개발자가 될 필요는 없지만, 프로그래밍을 더 익히면 단순 반복 작업을 자동화하고 새로운 문제도 더 쉽게 해결할 수 있습니다.

모든 데이터 과학 프로젝트에서 이런 도구가 사용되지만, 대다수의 프로젝트를 이것만으로 처리하기에는 부족합니다. 여기에는 80 대 20 법칙이 어느 정도 적용됩니다. 프로젝트의 약 80%는 이 책에서 익힐 도구로 해결할 수 있지만, 나머지 20%를 해결하려면 다른 도구가 필요합니다. 이 책 곳곳에서 더 많은 것을 익힐 수 있는 참고 자료를 소개합니다.

이 책의 구성

앞에서는 데이터 과학 도구를 데이터 분석에 활용하는 순서에 따라 대략 정리해 설명했습니다(물론 이 도구들은 여러 번 반복 사용하게 됩니다). 그러나 제 경험에 비추어 보면 데이터를 불러와 정돈하는 작업부터 익히는 것은 별로 좋은 방법이 아닙니다. 왜냐하면 이런 작업의 80%는 반복적이고 지루한 일이며, 나머지 20%는 이상하고 짜증 나는 일이기 때문입니다. 새로운 주제를 익히기 시작한 사람에게는 나쁜 출발점입니다! 따라서 데이터를 불러와 정돈하는 작업을 이미 끝마쳤다고 가정하고, 데이터를 시각화하고 변형하는 것부터 시작하겠습니다. 이렇게 하면 나중에 직접 데이터를 불러오고 정돈하는 작업이 힘들더라도 계속할 동기 부여가 될 것입니다. 이런 노력이 가치가 있다는 사실을 알고 있기 때문입니다.

각 장에서 다음과 같은 일관된 패턴을 유지하려 노력했습니다. 흥미로운 몇 가지 예제로 시작해 큰 그림을 그리고 나서 세부 사항으로 들어갑니다. 또한 앞에서 익힌 내용을 실습할 수 있는 연습문제가 있습니다. 연습문제를 건너뛰고 싶은 유혹이 있겠지만, 실전 문제를 직접 풀며 연습하는 것보다 더 좋은 학습 방법은 없습니다.

익히지 않는 내용

데이터 과학에서 중요한 몇 가지 주제는 이 책에서 다루지 않습니다. 모든 것을 한꺼번에 익히기보다는 가능한 한 빨리 일어나 뛸 수 있도록 핵심에 집중해야 합니다. 그러기 위해 다음과 같이 중요한 주제라고 하더라도 이 책에서 다루지는 않았습니다.

모델링

모델링은 데이터 과학에서 굉장히 중요하지만, 매우 방대한 주제이므로 안타깝게도 이 책에서 충분히 다루지 않습니다. 모델링을 자세히 익히고 싶다면 막스 쿤(Max Kuhn)과 줄리아 실기(Julia Silge)가 쓴 《Tidy Modeling with R》을 읽길 적극 추천합니다. 제목에서 짐작할 수 있듯 tidymodels 패키지 제품군을 사용하는 방법을 익힐 수 있습니다. tidymodels 패키지는 이 책에서 다루는 tidyverse 패키지와 사용법이 비슷합니다.

빅 데이터

이 책은 주로 크기가 작고 메모리에 적재할 수 있는 데이터셋에 초점을 맞추고 있습니다. 스몰 데이터를 다뤄 본 경험이 없으면 빅 데이터도 다룰 수 없기 때문에 스몰 데이터 다루는 방법을 먼저 익히는 게 좋습니다. 이 책에서 핵심적으로 익힐 도구를 이용하면 수백 메가바이트의 데이터 정도는 쉽게 처리할 수 있고, 조금만 응용하면 몇 기가바이트의 데이터도 처리할 수 있습니다. 또한 빅 데이터를 저장하는 데 자주 사용되는 데이터베이스나 파케이 파일에서 데이터를 가져오는 방법도 다뤘습니다. 비록 이 방법을 통해 데이터셋 전체를 다룰 수 있는 것은 아니지만, 그건 별로 문제가 되지 않습니다. 질문에 답을 하는 데는 데이터의 일부나 샘플만 있어도 되기 때문입니다.

대용량 데이터(가령 10~100GB 정도)를 일상적으로 다뤄야 한다면 data.table(*https://github.com/Rdatatable/data.table*)을 익히길 권합니다. 이 도구는 tidyverse와 인터페이스가 다르고 몇 가지 다른 문법을 익혀야 하기 때문에 이 책에서 다루지 않습니다. 하지만 데이터 처리 속도가 엄청 빠르기 때문에 대용량 데이터로 작업해야 한다면 시간을 들여 학습할 가치가 있습니다.

파이썬, 줄리아, 다른 언어들

이 책에서는 파이썬(Python), 줄리아(Julia), 그 밖의 데이터 과학에 유용한 다른 프로그래밍 언어들을 다루지 않습니다. 이런 도구들이 나빠서가 아닙니다. 이 도구들은 나쁘지 않습니다! 실제로 대부분 데이터 과학 팀은 여러 언어를 함께 사용하며, 적어도 R과 파이썬을 함께 사용할 때가 많습니다. 하지만 한 번에 한 가지 도구를 먼저 마스터하는 게 최선이라고 생각합니다. 그리고 R은 데이터 과학을 시작하기에 훌륭한 언어입니다.

준비하기

다음 사항을 이미 알고 있다면 이 책을 최대한 활용할 수 있습니다. 숫자를 읽고 이해하는 데 능숙하고 기본적인 프로그래밍 경험이 있으면 책을 읽는 데 도움이 됩니다. 프로그래밍을 한 번도 해 본 적 없다면 개럿 그롤먼드(Garrett Grolemund)의 《손에 잡히는 R 프로그래밍(Hands-On Programming with R)》(한빛미디어, 2015)을 이 책과 함께 읽어 보길 권합니다.

이 책의 코드를 실행하려면 R, RStudio, **tidyverse**라 일컫는 R 패키지 모음, 그 외 몇 가지 패키지, 이렇게 네 가지가 필요합니다. 패키지는 재현 가능한 R 코드를 만드는 데 꼭 필요한 기본 구성 요소입니다. 패키지에는 재사용할 수 있는 함수, 사용 설명서, 샘플 데이터가 들어 있습니다.

R

R을 다운로드하려면 CRAN(the comprehensive R archive network)(*https://cloud.r-project.org*)에 접속하세요. R의 새 메이저 버전은 1년에 한 번 출시되며, 마이너 릴리스는 매년 두세 번 출시됩니다. R 버전을 정기적으로 업데이트하길 권합니다. 특히 메이저 버전은 모든 패키지를 다시 설치해야 하므로 업그레이드가 다소 번거

로울 수 있지만, 미루어 두면 더 번거로워집니다. 이 책의 코드를 따라 실습하려면 R 4.2.0 이상 버전을 사용하길 권장합니다.

RStudio

RStudio는 R 프로그래밍에 사용되는 통합 개발 환경(IDE)입니다. RStudio 다운로드 페이지(*https://posit.co/download/rstudio-desktop*)에서 다운로드할 수 있습니다. RStudio는 1년에 두어 번 업데이트됩니다. 새 버전이 출시되면 자동으로 알려 주므로 매번 웹사이트에 접속해 버전을 확인할 필요가 없습니다. 가장 훌륭한 최신 기능을 활용하려면 정기적으로 업그레이드하는 것이 좋습니다. 이 책의 실습을 잘 따라하려면 RStudio 2022.02.0 이상 버전을 사용해야 합니다.

RStudio를 시작하면 다음과 같이 화면에 두 개의 주요 영역인 콘솔(Console) 창과 출력(Output) 창이 표시됩니다. 지금은 콘솔 창에 R 코드를 입력한 후 Enter 키를 눌러 실행할 수 있다는 사실만 알면 됩니다. 자세한 내용은 차근차근 배우게 될 것입니다![1]

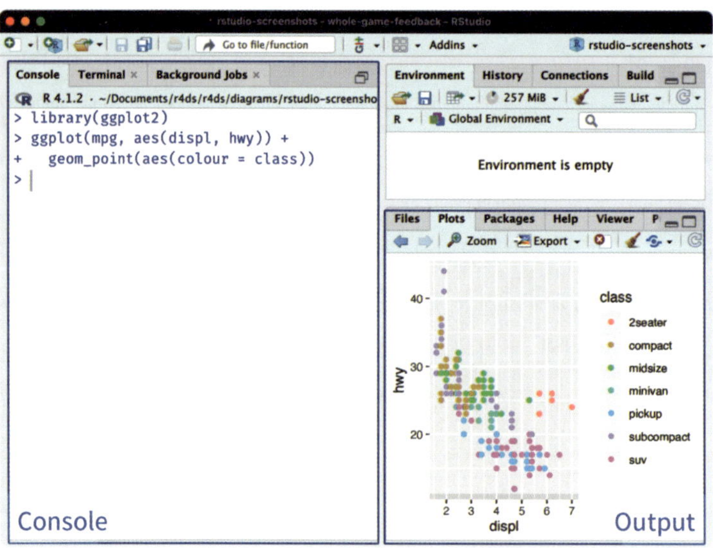

그림 I-2 RStudio IDE에는 두 가지 주요 영역이 있습니다. 왼쪽 콘솔 창에 R 코드를 입력하고, 오른쪽 출력 창에서 그래프를 확인합니다.

1 RStudio의 모든 기능을 전반적으로 살펴보려면 *https://docs.posit.co/ide/user*에서 RStudio 사용 설명서를 참조하세요.

tidyverse

이어서 R 패키지를 몇 개 설치해야 합니다. R **패키지**(package)는 base R의 기능을 확장해 주는 함수, 데이터, 사용 설명서 모음입니다. R을 잘 활용하려면 패키지를 사용하는 게 핵심입니다. 이 책에서 배울 주요 패키지는 tidyverse("타이디버스"라고 읽습니다)라고 불리는 패키지의 일부입니다. 모든 tidyverse 패키지는 데이터와 R 프로그래밍에 대해 공통된 철학을 공유하며, R과 함께 사용할 수 있게 설계되었습니다.

다음 코드 한 줄로 tidyverse 패키지 전체를 설치할 수 있습니다.

```
install.packages("tidyverse")
```

콘솔 창에 이 코드를 입력한 다음 Enter 키를 눌러 실행합니다. 그러면 R이 CRAN에서 패키지를 다운로드해 컴퓨터에 설치할 겁니다.

패키지를 로드하지 않으면 패키지의 함수, 객체, 도움말을 사용할 수 없습니다. 패키지를 설치하고 나면 `library()` 함수를 이용해 패키지를 로드할 수 있습니다.

```
library(tidyverse)
#> — Attaching core tidyverse packages ———————————— tidyverse 2.0.0 —
#> ✔ dplyr     1.1.4     ✔ readr     2.1.5
#> ✔ forcats   1.0.0     ✔ stringr   1.5.1
#> ✔ ggplot2   3.5.1     ✔ tibble    3.2.1
#> ✔ lubridate 1.9.3     ✔ tidyr     1.3.1
#> ✔ purrr     1.0.2
#> — Conflicts —————————————————————————————— tidyverse_conflicts() —
#> ✖ dplyr::filter() masks stats::filter()
#> ✖ dplyr::lag()    masks stats::lag()
#> i Use the conflicted package (<http://conflicted.r-lib.org/>) to force all
conflicts to become errors
```

이 출력 결과는 tidyverse가 dplyr, forcats, ggplot2, lubridate, purrr, readr, stringr, tibble, tidyr 총 9개의 패키지를 로드한다는 사실을 알려 줍니다. 이 패키지들은 거의 모든 분석에 사용되기 때문에 tidyverse의 **코어**(core)로 간주됩니다.

tidyverse 패키지는 상당히 자주 변경됩니다. 패키지를 업데이트할 수 있는지 알아보려면 `tidyverse_update()`를 실행하면 됩니다.

그 외 몇 가지 패키지

tidyverse 외에도 훌륭한 패키지들이 많습니다. 이 패키지들은 다른 분야의 문제를 해결하거나 tidyverse와는 다른 기본 원리를 바탕으로 설계되었기 때문에 tidyverse에 포함되지 않았습니다. 어떤 패키지가 더 좋거나 나쁜 것은 아닙니다. 단지 다를 뿐입니다. 다시 말해, 정돈된 패키지(tidyverse)가 아니라고 해서 지저분한 패키지(messyverse)라는 의미가 아닙니다. 다양한 패키지 세계가 서로 연관되어 있습니다. R을 이용해 데이터 과학 프로젝트를 수행하면 할수록 새로운 패키지와 데이터에 대한 새로운 접근 방법을 익히게 될 것입니다.

이 책에서는 tidyverse 외에 다른 패키지도 많이 사용합니다. 예를 들어 다음 패키지들을 사용하는데, 이를 통해 R을 배우는 과정에 도움이 되는 흥미로운 데이터셋을 이용할 수 있습니다.

```
install.packages(
  c("arrow", "babynames", "curl", "duckdb", "gapminder",
    "ggrepel", "ggridges", "ggthemes", "hexbin", "janitor", "Lahman",
    "leaflet", "maps", "nycflights13", "openxlsx", "palmerpenguins",
    "repurrrsive", "tidymodels", "writexl")
  )
```

또한 예제로 사용하기 위해 일시적으로 다른 패키지들도 사용할 것입니다. 패키지를 지금 바로 설치하지는 않아도 됩니다. 다만, 다음과 같은 오류가 발생한다면 `install.packages("ggrepel")`을 실행해 패키지를 설치해야 한다는 사실만 기억해 두세요.

```
library(ggrepel)
#> Error in library(ggrepel) : there is no package called 'ggrepel'
```

R 코드 실행하기

이전 절에서 R 코드를 실행하는 몇 가지 예제를 살펴보았습니다. 이 책에서는 코드를 다음과 같이 표시합니다.

```
1 + 2
#> [1] 3
```

같은 코드를 RStudio 콘솔 창에서 실행하면 다음과 같이 표시됩니다.

```
> 1 + 2
[1] 3
```

코드와 실행 결과의 출력 모양에 두 가지 주요한 차이가 있습니다. 콘솔 창에서는 **프롬프트**(prompt)라고 부르는 > 뒤에 코드를 입력해야 하지만, 이 책에서는 프롬프트를 표시하지 않았습니다. 콘솔 창에서는 코드 실행 결과가 코드 뒤에 바로 출력되지만, 이 책에서는 #> 뒤에 표시했습니다. 코드를 이렇게 표시한 이유는 전자책(e-book)을 이용할 경우 코드만 손쉽게 복사해 콘솔 창에 붙여 넣을 수 있게 하기 위함입니다.

책 전체에 걸쳐 다음 규칙에 따라 일관되게 코드를 표시합니다.

- 함수는 코드 글꼴로 표시하고, 함수 이름 뒤에 소괄호를 표시합니다(예: `sum()`, `mean()`).
- 데이터나 함수의 인수 등 다른 R 객체는 코드 글꼴로 괄호 없이 표시합니다(예: `flights`, `x`).
- 때로는 객체의 출처를 명확히 표현하기 위해 패키지 이름 뒤에 콜론 두 개를 사용합니다. 이 또한 올바른 R 코드입니다(예: `dplyr::mutate()`, `nycflights13::flights`).

그 외 책에 사용된 규칙

이 책은 다음과 같은 규칙에 따라 문자를 표기합니다.

이탤릭 글꼴

URL과 이메일 주소를 나타냅니다.

코드 글꼴

코드 블록뿐 아니라 변수, 함수 이름, 데이터베이스, 데이터 타입, 환경 변수, 문(statements), 키워드, 파일 이름 등 설명글에 있는 코드 요소를 코드 글꼴로 표시합니다.

굵은 코드 글꼴

사용자가 문자 그대로 입력해야 하는 명령어나 문자를 굵은 코드 글꼴로 표시합니다.

이탤릭 코드 글꼴

사용자가 입력한 값으로 대체해야 하거나 맥락에 따라 달라지는 값을 의미하는 문자를 이탤릭 코드 글꼴로 표시합니다.

일반적인 노트를 나타냅니다.

경고 또는 주의를 나타냅니다.

오라일리 온라인 학습

오라일리 미디어는 기업의 성공을 돕기 위해 기술, 비즈니스 교육, 지식, 인사이트를 40년 이상 제공해 왔습니다.

전문가와 혁신가로 구성된 오라일리의 고유한 네트워크는 책, 논문, 온라인 학습 플랫폼을 통해 지식과 전문성을 공유합니다. 오라일리의 온라인 학습 플랫폼에서는 실시간 교육 과정, 심층 학습 과정, 대화형 코딩 환경, 오라일리와 200개 이상의 출판사가 제공하는 방대한 텍스트 및 비디오 컬렉션을 실시간으로 이용할 수 있습니다. 자세한 내용은 *https://oreilly.com*에서 확인하세요.

이 책의 웹페이지

이 책에 대한 웹페이지가 있습니다. 웹페이지에 방문하면 정오표, 예제, 추가 정보를 확인할 수 있습니다. *https://oreil.ly/r-for-data-science-2e*에 접속해 보세요.

책이나 강좌에 관한 뉴스와 정보를 얻으려면 *https://oreilly.com*에 방문하세요.

- LinkedIn: *https://linkedin.com/company/oreilly-media*
- X: *https://twitter.com/oreillymedia*
- YouTube: *https://www.youtube.com/oreillymedia*

감사의 글

이 책은 해들리(Hadley), 미네(Mine), 개릿(Garrett)의 산물일 뿐 아니라 R 커뮤니

티의 많은 사람과 직접 만나거나 온라인에서 나눈 수많은 대화의 산물입니다. 여러분과 대화를 나눈 것에 진심으로 감사하게 생각합니다. 정말 감사합니다!

귀중한 피드백을 해 주신 기술 검토자 벤 바우머(Ben Baumer), 로나 바클레이(Lorna Barclay), 리처드 코튼(Richard Cotton), 엠마 랜드(Emma Rand), 켈리 보드윈(Kelly Bodwin)에게 감사의 말씀을 드립니다.

이 책은 공개적으로 작성되었습니다. 많은 분이 풀 리퀘스트를 통해 기여해 주셨습니다. GitHub 풀 리퀘스트를 통해 기여해 주신 270명의 모든 분께 특히 감사드립니다(사용자 이름 알파벳순). @a-rosenberg, Tim Becker(@a2800276), Abinash Satapathy(@Abinashbunty), Adam Gruer(@adam-gruer), adi pradhan(@adidoit), A. s. (@Adrianzo), Aep Hidyatuloh(@aephidayatuloh), Andrea Gilardi(@agila5), Ajay Deonarine(@ajay-d), @AlanFeder, Daihe Sui(@alansuidaihe), @alberto-agudo, @AlbertRapp, @aleloi, pete(@alonzi), Alex(@ALShum), Andrew M.(@amacfarland), Andrew Landgraf(@andland), @andyhuynh92, Angela Li(@angela-li), Antti Rask(@AnttiRask), LOU Xun(@aquarhead), @ariespirgel, @august-18, Michael Henry(@aviast), Azza Ahmed(@azzaea), Steven Moran(@bambooforest), Brian G. Barkley(@BarkleyBG), Mara Averick(@batpigandme), Oluwafemi OYEDELE(@BB1464), Brent Brewington(@bbrewington), Bill Behrman(@behrman), Ben Herbertson(@benherbertson), Ben Marwick(@benmarwick), Ben Steinberg(@bensteinberg), Benjamin Yeh(@bentyeh), Betul Turkoglu(@betulturkoglu), Brandon Greenwell(@bgreenwell), Bianca Peterson(@BinxiePeterson), Birger Niklas(@BirgerNi), Brett Klamer(@bklamer), @boardtc, Christian(@c-hoh), Caddy(@caddycarine), Camille V Leonard(@camillevleonard), @canovasjm, Cedric Batailler(@cedricbatailler), Christina Wei(@christina-wei), Christian Mongeau(@chrMongeau), Cooper Morris(@coopermor), Colin Gillespie(@csgillespie), Rademeyer Vermaak(@csrvermaak), Chloe Thierstein(@cthierst), Chris Saunders(@ctsa), Abhinav Singh(@curious-abhinav), Curtis Alexander(@curtisalexander), Christian G. Warden(@cwarden), Charlotte Wickham(@cwickham), Kenny Darrell(@darrkj), David Kane(@davidkane9), David(@davidrsch), David Rubinger(@davidrubinger), David Clark(@DDClark), Derwin McGeary(@derwinmcgeary), Daniel Gromer(@dgromer), @Divider85, @djbirke, Danielle Navarro(@djnavarro), David Laehnemann(@dlaehnemann), Russell Shean(@DOH-RPS1303), Zhuoer Dong(@dong-zhuoer), Devin Pastoor(@dpastoor), @DSGeoff, Devarshi Thakkar(@dthakkar09), Julian During(@duju211), Dylan Cashman(@dylancashman), Dirk Eddelbuettel(@eddelbuettel), Edwin Thoen(@EdwinTh), Ahmed El-Gabbas(@elgabbas), Henry Webel(@enryH), Ercan Karadas(@ercan7), Eric Kitaif(@EricKit), Eric Watt(@ericwatt), Erik Erhardt(@erikerhardt), Etienne B. Racine(@etiennebr), Everett Robinson(@evjrob), @fellennert, Flemming Miguel(@flemmingmiguel), Floris Vanderhaeghe(@florisvdh), @funkybluehen, @gabrivera, Garrick Aden-Buie(@gadenbuie), Peter Ganong(@ganong123), Gerome Meyer(@GeroVanMi), Gleb Ebert(@gl-eb), Josh Goldberg(@GoldbergData), bahadir cankardes(@gridgrad), Gustav W Delius(@gustavdelius), Hao Chen(@hao-trivago), Harris McGehee(@harrismcgehee), @hdigital, @hendrikweisser, Hengni Cai(@hengnicai), Iain(@Iain-S), Ian Sealy(@iansealy), Ian Lyttle(@ijlyttle), Ivan Krukov(@ivan-krukov), Jacob Kaplan(@jacobkap), Jazz Weisman(@jazzlw), John Blischak(@jdblischak), John D. Storey(@jdstorey), Gregory Jefferis(@jefferis), Jeffrey Stevens(@JeffreyRStevens), 蒋雨蒙(@JeldorPKU), Jennifer(Jenny) Bryan(@jennybc), Jen Ren(@jenren), Jeroen Janssens(@jeroenjanssens), @jeromecholewa, Janet Wesner(@jilmun), Jim Hester(@jimhester), JJ Chen(@jjchern), Jacek Kolacz(@jkolacz), Joanne Jang(@joannejang), @johannes4998, John Sears(@johnsears), @jonathanflint, Jon Calder(@jonmcalder), Jonathan Page(@jonpage), Jon Harmon(@jonthegeek), JooYoung Seo(@jooyoungseo), Justinas Petuchovas(@jpetuchovas), Jordan(@jrdnbradford), Jeffrey Arnold(@jrnold), Jose Roberto Ayala Solares(@jroberayalas), Joyce Robbins(@jtr13), @juandering, Julia Stewart Lowndes(@jules32), Sonja(@kaetschap), Kara Woo(@karawoo), Katrin Leinweber(@katrinleinweber), Karandeep Singh(@kdpsingh), Kevin Perese(@kevinxperese), Kevin Ferris(@kferris10), Kirill Sevastyanenko(@kirillseva), Jonathan Kitt(@KittJonathan), @koalabearski, Kirill Müller(@krlmlr), Kai Tang(唐恺)(@ktang), Rafał Kucharski(@kucharsky), Kevin Wright(@kwstat), Noah Landesberg(@landesbergn), Lawrence Wu(@lawwu), Layal Christine Lettry(@Layalchristine24), Zoë Turner(@Lextuga007), @lindbrook, Luke W Johnston(@lwjohnst86), Kara de la Marck(@MarckK), Kunal Marwaha(@

marwahaha), Matan Hakim(@matanhakim), Matthias Liew(@MatthiasLiew), Matt Wittbrodt(@MattWittbrodt), Mauro Lepore(@maurolepore), Mark Beveridge(@mbeveridge), @mcewenkhundi, mcsnowface, PhD(@mcsnowface), Matthew Davis(@mdavis-xyz), Matt Herman(@mfherman), Michael Boerman(@michaelboerman), Mitsuo Shiota(@mitsuoxv), Matthew Hendrickson(@mjhendrickson), @MJMarshall, Misty Knight-Finley(@mkfin7), Mohammed Hamdy(@mmhamdy), Maxim Nazarov(@mnazarov), Maria Paula Caldas(@mpaulacaldas), Mustafa Ascha(@mustafaascha), Nelson Areal(@nareal), Nate Olson(@nate-d-olson), Nathanael(@nateaff), @nattalides, Ned Western(@NedJWestern), Nick Clark(@nickclark1000), @nickelas, Nirmal Patel(@nirmalpatel), Nischal Shrestha(@nischalshrestha), Nicholas Tierney(@njtierney), Jakub Nowosad(@Nowosad), Nick Pullen(@nstjhp), @olivier6088, Olivier Cailloux(@oliviercailloux), @olivroy, Robin Penfold(@p0bs), Pablo E. Garcia(@pabloedug), Paul Adamson(@padamson), Penelope Y(@penelopeysm), Peter Hurford(@peterhurford), Peter Baumgartner(@petzi53), Patrick Kennedy(@pkq), Pooya Taherkhani(@pooyataher), Y. Yu(@PursuitOfDataScience), Radu Grosu(@radugrosu), Raffaele Mancuso(@raffaem), Ranae Dietzel(@Ranae), Ralph Straumann(@rastrau), Rayna M Harris(@raynamharris), @ReeceGoding, Robin Gertenbach(@rgertenbach), Jajo(@RIngyao), Riva Quiroga(@rivaquiroga), Richard Knight(@RJHKnight), Richard Zijdeman(@rlzijdeman), @robertchu03, Robin Kohrs(@RobinKohrs), Robin(@Robinlovelace), Emily Robinson(@robinsones), Rob Tenorio(@robtenorio), Rod Mazloomi(@RodAli), Rohan Alexander(@RohanAlexander), Romero Morais(@RomeroBarata), Albert Y. Kim(@rudeboybert), Saghir(@saghirb), Hojjat Salmasian(@salmasian), Jonas(@sauercrowd), Vebash Naidoo(@sciencificity), Seamus McKinsey(@seamus-mckinsey), @seanpwilliams, Luke Smith(@seasmith), Matthew Sedaghatfar(@sedaghatfar), Sebastian Kraus(@sekR4), Sam Firke(@sfirke), Shannon Ellis(@ShanEllis), @shoili, Christian Heinrich(@Shurakai), S'busiso Mkhondwane(@sibusiso16), SM Raiyyan(@sm-raiyyan), Jakob Krigovsky(@sonicdoe), Stephan Koenig(@stephan-koenig), Stephen Balogun(@stephenbalogun), Steven M. Mortimer(@StevenMMortimer), Steven Primeaux(@stevenprimeaux), Stéphane Guillou(@stragu), Sulgi Kim(@

sulgik), Sergiusz Bleja(@svenski), Tal Galili(@talgalili), Alec Fisher(@Taurenamo), Todd Gerarden(@tgerarden), Nic Crane(@thisisnic), Tom Godfrey(@thomasggodfrey), Tim Broderick(@timbroderick), Tim Waterhouse(@timwaterhouse), TJ Mahr(@tjmahr), Thomas Klebel(@tklebel), Tom Prior(@tomjamesprior), Terence Teo(@tteo), @twgardner2, Ulrik Lyngs(@ulyngs), Shinya Uryu(@uribo), Martin Van der Linden(@vanderlindenma), Walter Somerville(@waltersom), @werkstattcodes, Will Beasley(@wibeasley), Yihui Xie(@yihui), Yiming(Paul) Li(@yimingli), @yingxingwu, Hiroaki Yutani(@yutannihilation), Yu Yu Aung(@yuyu-aung), Yvonne Fröhlich(@yvonnefroehlich), Zach Bogart(@zachbogart), @zeal626, Zeki Akyol(@zekiakyol).

온라인 에디션

이 책의 온라인 버전은 GitHub 리포지토리(*https://r4ds.hadley.nz*)에서 확인할 수 있습니다. 온라인 버전은 종이책이 재출간되는 사이에도 계속 업데이트됩니다. 책의 소스 코드는 *https://github.com/hadley/r4ds*에서 확인할 수 있습니다. 이 책은 글과 실행 코드가 결합된 책을 쉽게 집필하도록 도와주는 Quarto(*https://quarto.org*)를 이용해 만들었습니다.

전체 흐름

1부의 목표는 그림 I-1에서 보듯 불러오기, 정돈하기, 변형하기, 시각화하기 등 데이터 과학의 주요 도구 전반의 개요를 빠르게 살펴보는 것입니다. 데이터 과학의 주요 부분들을 살펴보면서 데이터 과학의 "전체 흐름"을 훑어볼 것입니다. 이를 통해 간단하게나마 실제 데이터셋을 다룰 수 있는 능력을 갖추게 될 것입니다. 이 책의 후반부에서는 이런 주제를 더 깊이 있게 다루어 독자가 더욱 다양한 데이터 과학 문제를 해결할 수 있도록 할 것입니다.

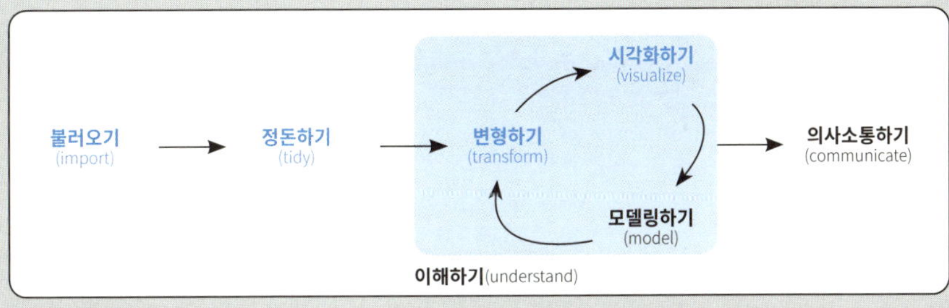

그림 I-1 1부에서는 데이터 **불러오기, 정돈하기, 변형하기, 시각화하기**를 다룹니다.

다음 4개 장(chapter)에서는 데이터 과학 도구를 중점적으로 다룹니다.

- R 프로그래밍을 시각화로 시작하는 것은 좋은 방법입니다. 데이터를 이해할 수 있게 도와주는 아름답고 유용한 그래프를 만들 수 있다는 뚜렷한 성과를 경험할 수 있기 때문입니다. 1장에서는 ggplot2 그래프의 기본 구조와 데이터를 그래프

로 변환하는 유용한 기술을 익히면서 시각화에 대해 자세히 알아봅니다.

- 시각화만으로는 충분하지 않은 경우가 많습니다. 3장에서는 중요한 변수를 선택하고, 주요 관측치를 추출하고, 새 변수를 만들고, 데이터를 요약하는 핵심 동사를 익힙니다.
- 5장에서는 정돈된 데이터(tidy data)를 다룹니다. 데이터를 정돈해 일관된 방법으로 관리하면 데이터 변환, 시각화, 모델링 작업을 더 쉽게 할 수 있습니다. 데이터를 관리하는 기본 원칙과 데이터를 정돈하는 방법을 익힙니다.
- 데이터를 변형하고 시각화하기 전에 먼저 데이터를 R로 불러와야 합니다. 7장에서는 .csv 파일을 R로 불러오는 기본 방법을 익힙니다.

이 장들 사이에는 R 워크플로우에 초점을 맞춘 4개의 다른 장이 있습니다. 2장, 4장, 6장에서는 R 코드를 잘 작성하고 구조화하는 워크플로우를 익힙니다. 코드를 체계적으로 정리하는 방법을 익히면 앞으로 실제 프로젝트를 수행할 때 장기적으로 유용합니다. 마지막으로 8장에서는 R 사용자들로부터 도움을 받으며 학습을 이어 나가는 방법을 익힙니다.

1장

R for Data Science Second Edition

데이터 시각화하기

들어가며

> "다른 어떤 도구보다도 간단한 그래프 하나가 데이터 분석가에게 많은 정보를 알려 준다."
>
> — 존 터키(John Tukey)

R에는 그래프를 만들기 위한 여러 시스템이 있지만, 그중 가장 우아하고 다재다능한 것은 ggplot2입니다. ggplot2를 이용하면 그래프를 일관된 방법으로 표현하고 만들 수 있게 도와주는 **그래픽 문법**(grammar of graphics) 시스템을 구현할 수 있습니다. ggplot2를 익히면 하나의 작업 방식을 여러 곳에 적용할 수 있기 때문에 다양한 작업을 빠르게 처리할 수 있습니다.

이 장에서는 ggplot2를 사용해 데이터를 시각화하는 방법을 익힙니다. 간단한 산점도(scatterplot)를 만드는 것부터 시작해 이 과정에서 ggplot2의 기본 구성 요소인 시각적 속성(aesthetic)을 매핑하는 방법과 그래프 모양 객체(geometric objects)까지 소개합니다. 그런 다음 한 변수의 분포를 시각화하는 방법과 두 개 이상의 변수 간 관계를 시각화하는 방법도 다룹니다. 마지막으로 그래프를 저장하는 방법, 문제 해결에 도움이 되는 팁을 다룹니다.

준비하기

이 장에서는 tidyverse의 핵심 패키지 중 하나인 ggplot2를 중점적으로 다룹니다. 이 장에서 활용하는 데이터셋, 도움말 페이지, 함수를 사용하려면 다음 코드를 실행해 tidyverse를 로드하세요.

```
library(tidyverse)
#> — Attaching core tidyverse packages ——————————— tidyverse 2.0.0 —
#> ✔ dplyr     1.1.4     ✔ readr     2.1.5
#> ✔ forcats   1.0.0     ✔ stringr   1.5.1
#> ✔ ggplot2   3.5.1     ✔ tibble    3.2.1
#> ✔ lubridate 1.9.3     ✔ tidyr     1.3.1
#> ✔ purrr     1.0.2
#> — Conflicts ——————————————————————— tidyverse_conflicts() —
#> ✖ dplyr::filter() masks stats::filter()
#> ✖ dplyr::lag()    masks stats::lag()
#> i Use the conflicted package (<http://conflicted.r-lib.org/>) to force all
conflicts to become errors
```

이 한 줄의 코드는 거의 모든 데이터 분석에 항상 사용되는 tidyverse 핵심 패키지를 로드합니다. 또한 코드의 출력 결과를 보면 tidyverse의 어떤 함수가 base R 함수 또는 다른 패키지에서 로드한 함수와 충돌하는지 알 수 있습니다.[1]

이 코드를 실행했을 때 `there is no package called 'tidyverse'`라는 오류 메시지가 표시되면, 먼저 `tidyverse` 패키지를 설치한 후 다시 한번 `library()`를 실행해야 합니다.

```
install.packages("tidyverse")
library(tidyverse)
```

패키지는 한 번만 설치하면 되지만, 로드는 세션을 새로 시작할 때마다 항상 반복해야 합니다.

tidyverse 외에 남극 파머 군도 3개 섬에 서식하는 펭귄의 신체 치수 정보를 담은 `penguins` 데이터셋이 들어 있는 palmerpenguins 패키지, 색각 이상이 있는 사람들도 보는 데 문제가 없는 색상 목록을 사용할 수 있게 하는 ggthemes 패키지도 함께 사용할 것입니다.

```
library(palmerpenguins)
library(ggthemes)
```

1 conflicted를 사용하면 충돌(conflicts) 메시지를 제거하거나 충돌 문제를 해결할 수 있습니다. 이 작업은 패키지를 더 많이 로드할수록 더 중요해집니다. *https://conflicted.r-lib.org*에서 conflicted 패키지 사용 방법을 익힐 수 있습니다.

첫 단계

물갈퀴가 긴 펭귄이 물갈퀴가 짧은 펭귄보다 더 무거울까요, 아니면 더 가벼울까요? 이미 답을 알고 있을 수도 있겠지만, 답변의 정확도를 높여 보세요. 물갈퀴 길이와 체질량의 관계는 어떠할까요? 양의 관계일까요, 아니면 음의 관계일까요? 선형적일까요, 아니면 비선형적일까요? 이 관계가 펭귄의 종에 따라 다를까요? 펭귄이 사는 섬에 따라 다를까요? 이런 질문에 답할 수 있도록 그래프를 만들어 봅시다.

penguins 데이터 프레임

palmerpenguins 패키지에 들어 있는 데이터 프레임(data frame)인 `penguins`를 이용하면 이런 질문들에 정확하게 답할 수 있습니다(패키지에 들어 있는 데이터셋을 `palmerpenguins::penguins`처럼 표기하기도 합니다). 데이터 프레임은 변수(열)와 관측치(행)로 구성된 직사각형 모양의 데이터입니다. `penguins`에는 크리스틴 고먼(Kristen Gorman) 박사와 남극 파머 기지(Palmer Station Antarctica LTER)에서 수집해 공개한 관측치 344개가 들어 있습니다.[2]

논의를 쉽게 진행하기 위해 몇 가지 용어를 다음과 같이 정의하겠습니다.

변수(variable)
: 측정할 수 있는 수량, 품질, 속성

값(value)
: 변수를 측정할 때의 변수 상태. 변수의 값은 측정할 때마다 변경될 수 있습니다.

관측치(observation)
: 비슷한 조건에서 측정한 측정치의 집합. 일반적으로 한 개체를 대상으로 한 번 측정합니다.

테이블 데이터(tabular data)
: 변수와 관측치로 구성된 값의 모음. 테이블 데이터가 각 값이 고유한 "셀(cell)"에, 각 변수가 고유한 열에, 각 관측치가 고유한 행에 배치된 형태면 정돈된(tidy) 데이터가 됩니다.

2 Horst AM, Hill AP, Gorman KB (2020). palmerpenguins: Palmer Archipelago (Antarctica) penguin data. R package version 0.1.0. *https://allisonhorst.github.io/palmerpenguins/*. doi: 10.5281/zenodo.3960218.

이 맥락에서 한 변수는 모든 펭귄이 가지는 속성을 의미하며, 관측치는 한 펭귄이 가지는 모든 속성을 의미합니다.

콘솔 창에 데이터 프레임 이름을 입력하면 화면에 데이터 프레임 일부가 출력됩니다. 출력 결과물의 윗부분에 `tibble`이라고 표시된 것을 잘 보세요. tidyverse에는 tibbles라고 부르는 특별한 데이터 프레임을 이용합니다. tibbles는 뒤에서 자세히 다룹니다.

```
penguins
#> # A tibble: 344 × 8
#>   species island    bill_length_mm bill_depth_mm flipper_length_mm
#>   <fct>   <fct>              <dbl>         <dbl>             <int>
#> 1 Adelie  Torgersen           39.1          18.7               181
#> 2 Adelie  Torgersen           39.5          17.4               186
#> 3 Adelie  Torgersen           40.3          18                 195
#> 4 Adelie  Torgersen           NA            NA                  NA
#> 5 Adelie  Torgersen           36.7          19.3               193
#> 6 Adelie  Torgersen           39.3          20.6               190
#> # i 338 more rows
#> # i 3 more variables: body_mass_g <int>, sex <fct>, year <int>
```

이 데이터 프레임에는 8개의 열이 들어 있습니다. 이외에도 `glimpse()`를 사용하면 모든 변수와 각 변수의 관측치 앞부분 몇 개를 볼 수 있습니다. 또는 RStudio를 사용하는 경우 `View(penguins)`를 실행하면 대화형 데이터 뷰어가 열립니다.

```
glimpse(penguins)
#> Rows: 344
#> Columns: 8
#> $ species           <fct> Adelie, Adelie, Adelie, Adelie, Adelie, Adelie, A…
#> $ island            <fct> Torgersen, Torgersen, Torgersen, Torgersen, Torge…
#> $ bill_length_mm    <dbl> 39.1, 39.5, 40.3, NA, 36.7, 39.3, 38.9, 39.2, 34.…
#> $ bill_depth_mm     <dbl> 18.7, 17.4, 18.0, NA, 19.3, 20.6, 17.8, 19.6, 18.…
#> $ flipper_length_mm <int> 181, 186, 195, NA, 193, 190, 181, 195, 193, 190, …
#> $ body_mass_g       <int> 3750, 3800, 3250, NA, 3450, 3650, 3625, 4675, 347…
#> $ sex               <fct> male, female, female, NA, female, male, female, m…
#> $ year              <int> 2007, 2007, 2007, 2007, 2007, 2007, 2007, 2007, 2…
```

`penguins`에는 다음 변수가 있습니다.

`species`

펭귄의 종. 아델리(Adelie), 친스트랩(Chinstrap), 젠투(Gentoo).

`flipper_length_mm`

펭귄의 물갈퀴 길이. 밀리미터 단위.

`body_mass_g`

펭귄의 체질량. 그램 단위.

`?penguins`를 실행해 도움말 페이지를 열면 `penguins` 데이터에 관해 더 자세히 알 수 있습니다.

최종 목표

이 장의 최종 목표는 다음과 같이 펭귄의 종별로 펭귄의 물갈퀴 길이(flipper length)와 체질량(body mass)의 관계를 표현한 그래프를 만드는 것입니다.

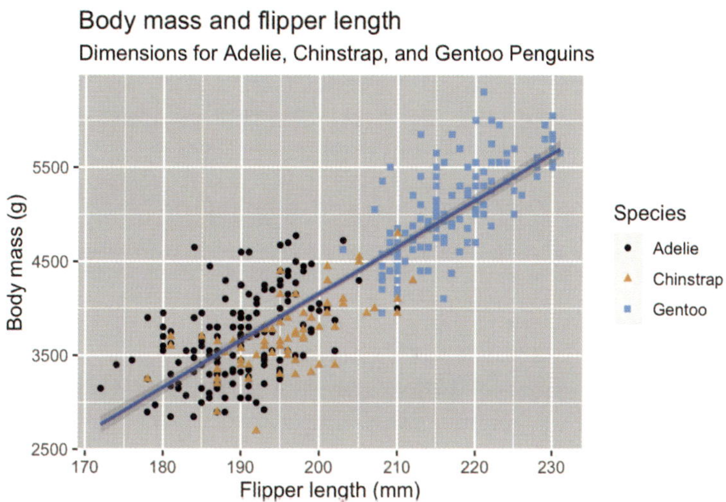

ggplot 만들기

이 그래프를 단계별로 다시 만들어 보겠습니다.

ggplot2에서는 `ggplot()` 함수로 그래프 만들기를 시작합니다. 이 함수는 그래프 객체를 정의합니다. 그런 다음 레이어(layers)를 추가합니다. `ggplot()`의 첫 번째 인자는 그래프에 사용할 데이터셋입니다. 따라서 `ggplot(data = penguins)`는 `penguins` 데이터를 표시할 빈 그래프를 생성합니다. 데이터를 어떻게 시각화할지 정하지 않았으므로 그래프가 아직은 비어 있습니다. 지금은 그다지 흥미롭지 않은 그래프이지만, 그래프의 나머지 레이어를 덧칠할 비어 있는 캔버스라고 생각할 수 있습니다.

```
ggplot(data = penguins)
```

다음으로, 데이터의 정보를 시각적으로 어떻게 표현할지 ggplot()에 알려 줘야 합니다. ggplot() 함수의 mapping 인자를 이용해 데이터셋의 변수를 그래프의 **시각적 속성**(aesthetics)에 어떻게 매핑할지 정합니다. mapping 인자는 항상 aes() 함수를 이용해 정해야 하며, aes()의 x, y 인자를 이용해 어떤 변수를 x축과 y축에 매핑할지 정합니다. 지금은 일단 물갈퀴 길이를 x에, 체질량을 y에 매핑하겠습니다. ggplot2는 data 인자에 매핑된 변수를 찾습니다. 지금과 같은 경우에는 penguins에서 변수를 찾습니다.

다음 그래프는 이런 매핑을 추가한 결과를 보여 줍니다.

```
ggplot(
  data = penguins,
  mapping = aes(x = flipper_length_mm, y = body_mass_g)
)
```

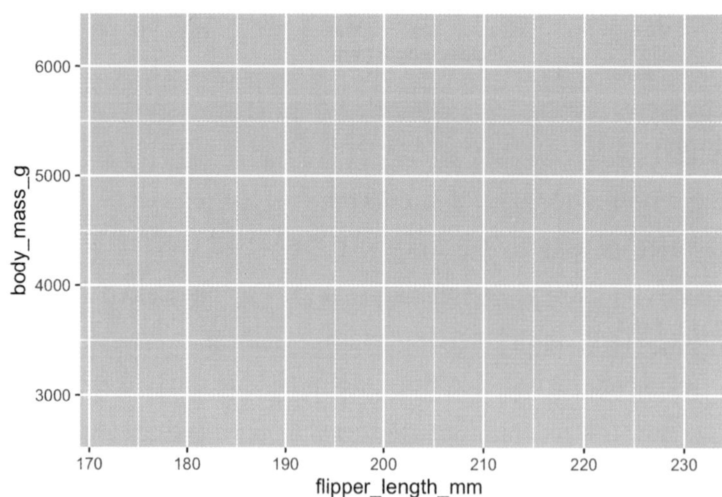

이제 빈 캔버스에 더 많은 구조가 생겼습니다. 펭귄의 물갈퀴 길이를 표시할 위치(x축)와 체질량을 표시할 위치(y축)가 명확해졌습니다. 하지만 펭귄 자체는 아직 그래프에 표현되지 않았습니다. 데이터 프레임의 관측치를 그래프에 표현하는 코드를 구체적으로 작성하지 않았기 때문입니다.

그래프 모양 객체인 geom을 정의하면 그래프에 관측치를 표현하는 방법을 정할 수 있습니다. ggplot2에서 `geom_`로 시작하는 함수를 사용해 그래프 모양 객체를 활용할 수 있습니다. 종종 그래프에 사용된 geom의 종류로 그래프의 특징을 설명하기도 합니다. 예를 들어 막대 차트는 막대 geom(`geom_bar()`), 꺾은선 차트는 선 geom(`geom_line()`), 상자 그림은 상자 그림 geom(`geom_boxplot()`), 산점도는 점 geom(`geom_point()`)을 사용해 만드는 식입니다.

`geom_point()` 함수는 그래프에 점 레이어를 추가해 산점도를 만듭니다. ggplot2에는 그래프에 여러 유형의 레이어를 추가할 수 있는 다양한 geom 함수가 있습니다. 이 책 전체에 걸처, 특히 9장에서 다양한 그래프 모양을 익힙니다.

```
ggplot(
  data = penguins,
  mapping = aes(x = flipper_length_mm, y = body_mass_g)
) +
  geom_point()
#> Warning: Removed 2 rows containing missing values or values outside the scale
range
#> (`geom_point()`).
```

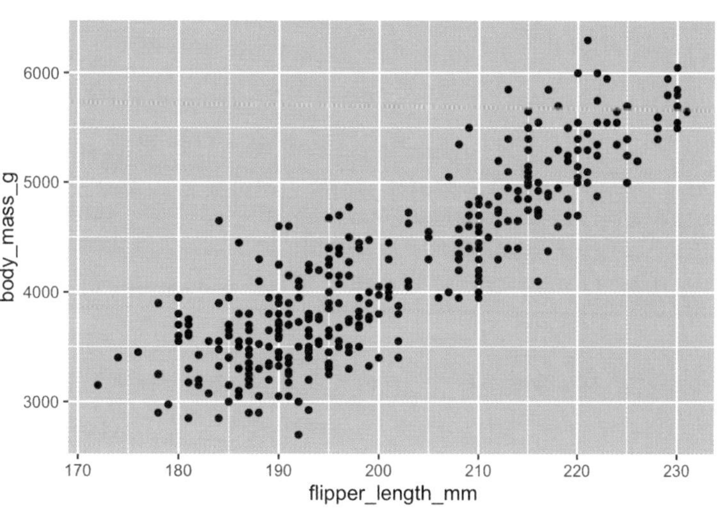

이제 "산점도"라고 부를 만한 그래프가 만들어졌습니다. 아직 "최종 목표" 그래프와는 다르지만, 이 그래프를 보면 우리의 탐사에 동기를 부여했던 첫 번째 질문 "물갈퀴 길이와 체질량의 관계는 어떠한가?"에 답할 수 있습니다. 이 관계는 양적이고(물갈퀴 길이가 길수록 체질량도 증가), 상당히 선형적이며(점들이 곡선이 아니라 선 주위에 모여 있음), 적당히 강한 것으로 보입니다(선 주위에 분산이 크지 않음). 따라서 물갈퀴가 긴 펭귄일수록 일반적으로 체질량도 더 큽니다.

그래프에 더 많은 레이어를 추가하기 전에 잠시 멈추고 경고 메시지를 살펴보겠습니다.

Removed 2 rows containing missing values (`geom_point()`).

이 메시지가 표시되는 이유는 데이터셋에 체질량이나 물갈퀴 길이 값이 결측된 펭귄 두 마리가 있기 때문입니다. ggplot2가 누락된 두 결측치를 그래프에 표현할 수 없다는 의미입니다. R과 마찬가지로 ggplot2도 결측된 값을 결측된 채로 그냥 조용히 두고 넘어가서는 안 된다는 철학을 따릅니다. 결측치가 있음을 알리는 경고 메시지는 실제 데이터를 이용해 작업할 때 가장 흔히 보게 되는 경고 메시지 유형입니다. 결측치는 매우 흔한 문제이므로 이 책 전반에 걸쳐 다루는데, 특히 18장에서 자세히 알아봅니다. 이 장에서는 경고 메시지가 그래프를 만들 때마다 함께 출력되지 않도록 경고 메시지를 끄겠습니다.

시각적 속성과 레이어 추가하기

산점도는 두 수치형 변수의 관계를 표현할 때 유용합니다. 하지만 겉으로 드러난 변수 간 관계는 항상 회의적인 태도로 바라보는 게 좋습니다. 그리고 겉으로 드러난 관계를 더 잘 설명하거나 관계를 변화시킬 수 있는 다른 변수가 있을지 고민해 봐야 합니다. 예를 들어 물갈퀴 길이와 체질량 사이의 관계는 종에 따라 다를까요? 그래프에 종을 추가로 표현해서 겉으로 드러난 변수 간 관계에서 새로운 인사이트를 얻을 수 있을지 살펴봅시다. 이를 위해 점의 색상을 종에 따라 다르게 표현하겠습니다.

이렇게 하려면 시각적 속성을 수정해야 할까요, 아니면 그래프 모양을 수정해야 할까요? `aes()`를 이용해 시각적 속성을 수정해야 한다고 예상했다면 ggplot2로 데이터 시각화를 만드는 방법을 벌써 익힌 겁니다. 예상하지 못했더라도 걱정하지 마세요. 이 책을 통해 ggplot으로 다양한 그래프를 만드는 방법을 익히다 보면 어떻게 해야 하는지 점차 직관적으로 더 잘 알게 될 거니까요.

```
ggplot(
  data = penguins,
  mapping = aes(x = flipper_length_mm, y = body_mass_g, color = species)
) +
  geom_point()
```

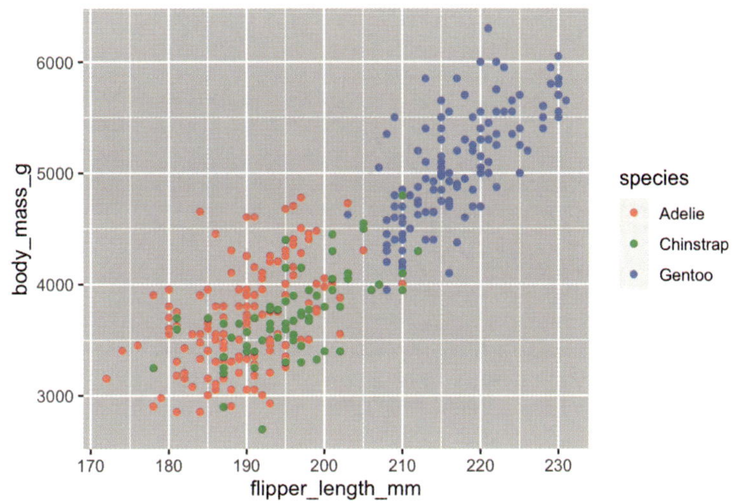

시각적 속성에 범주형 변수를 매핑하면 ggplot2는 변수의 각 고윳값(세 가지 종 각각)에 시각적 속성 고윳값(여기서는 고유한 색상)을 자동으로 할당합니다. 이 과정을 **스케일링**(scaling)이라고 합니다. 또한 어떤 값이 어떤 레벨에 해당하는지 설명하는 범례도 추가합니다.

이제 레이어를 하나 더 추가하겠습니다. 체질량과 물갈퀴 길이의 관계를 나타낸 부드러운 곡선을 표시할 것입니다. 진행하기 전에 앞의 코드를 살펴보며 기존 그래프에 이 곡선을 추가하려면 어떻게 해야 할지 생각해 보세요.

데이터를 표현하는 새로운 그래프 모양 객체를 추가해야 하므로 기존의 `geom_point()` 위에 `geom_smooth()`라는 새 그래프 모양 레이어를 추가하겠습니다. 그리고 선형 모델(linear model) 기반으로 가장 잘 맞는 선을 그리도록 `method = "lm"`을 추가하겠습니다.

```
ggplot(
  data = penguins,
  mapping = aes(x = flipper_length_mm, y = body_mass_g, color = species)
) +
  geom_point() +
  geom_smooth(method = "lm")
```

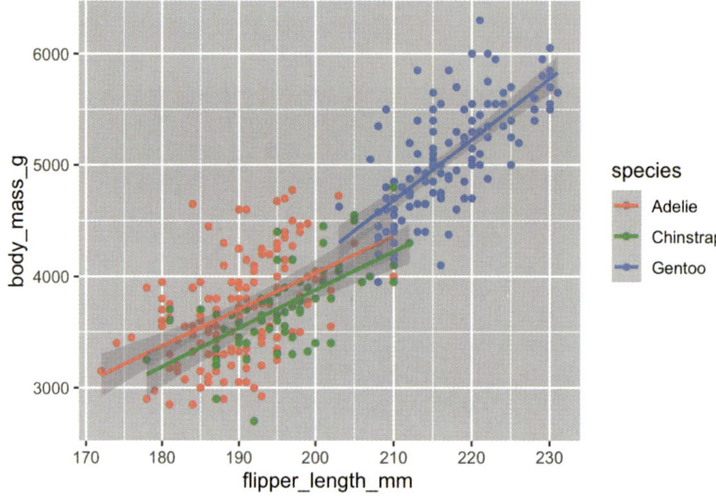

성공적으로 선을 추가하기는 했지만, 이 그래프는 "최종 목표" 그래프처럼 보이지 않습니다. "최종 목표" 그래프에는 펭귄 종별로 서로 다른 선이 있는 게 아니라 전체 데이터셋을 관통하는 하나의 선만 있습니다.

시각적 속성을 `ggplot()`에서 정의하면 **글로벌**(global) 수준에서 시각적 속성 정보가 후속 그래프 모양 레이어에 각각 전달됩니다. 이렇게 하는 대신 `mapping` 인자를 ggplot2의 그래프 모양 함수에 각각 입력할 수도 있습니다. 그러면 글로벌 수준에서 상속받은 시각적 속성을 **로컬**(local) 수준에서 매핑합니다.

종에 따라 점의 색을 다르게 표현하면서도 선은 따로 나타나지는 않게 하려면 `geom_point()`에만 `color = species`를 입력하면 됩니다.

```
ggplot(
  data = penguins,
  mapping = aes(x = flipper_length_mm, y = body_mass_g)
) +
  geom_point(mapping = aes(color = species)) +
  geom_smooth(method = "lm")
```

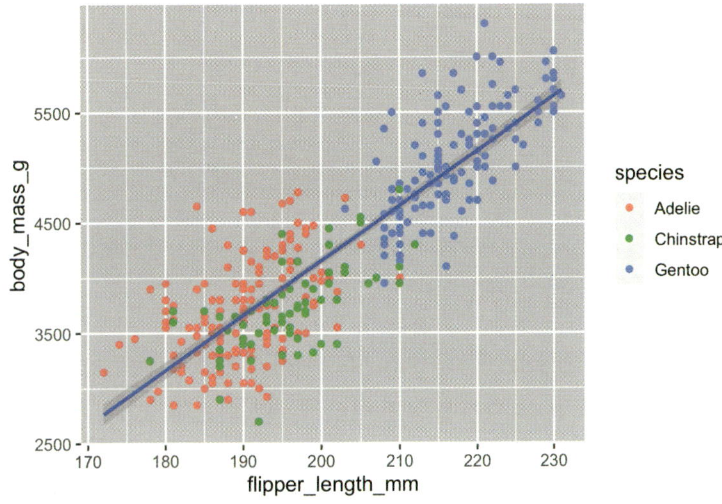

짜잔! 아직 완벽하지는 않지만, "최종 목표"와 매우 흡사한 그래프를 만들었습니다. 펭귄 종마다 다른 점 모양을 사용하고 레이블을 개선해야 하는 작업이 남아 있습니다.

일반적으로 그래프에 색상만 사용해 정보를 표현하는 것은 바람직하지 않습니다. 색각 이상이 있을 수도 있고 사람마다 색각이 달라 색을 서로 다르게 인식할 수 있기 때문입니다. 따라서 색상에 더해 shape 시각적 속성을 species별로 다르게 매핑하겠습니다.

```
ggplot(
  data = penguins,
  mapping = aes(x = flipper_length_mm, y = body_mass_g)
) +
  geom_point(mapping = aes(color = species, shape = species)) +
  geom_smooth(method = "lm")
```

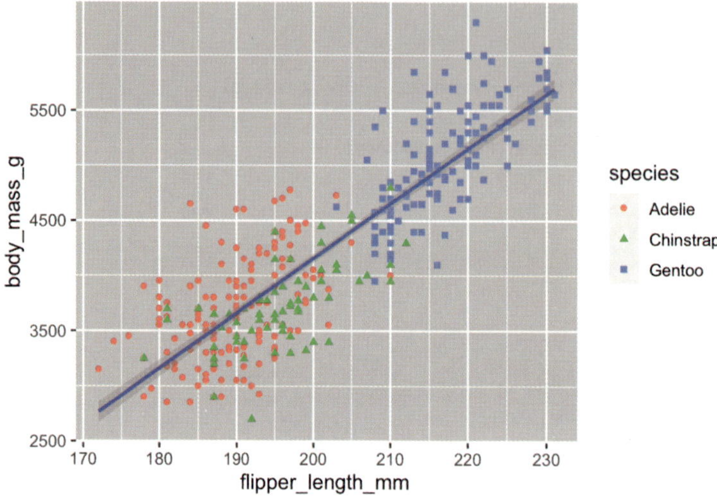

점이 다양한 모양으로 바뀜에 따라 범례도 자동으로 업데이트되었습니다.

마지막으로 labs() 함수를 세 레이어로 추가해서 그래프의 레이블을 수정하겠습니다. labs()의 인자들은 그 명칭을 보면 어떤 역할을 하는지 쉽게 알 수 있습니다. title은 제목, subtitle은 부제목을 추가합니다. 그 밖의 인자들은 시각적 속성과 마찬가지 역할을 합니다. 예를 들어 x는 x축, y는 y축 레이블을 뜻하며, color와 shape는 범례의 레이블을 뜻합니다. 또한 ggthemes 패키지의 scale_color_colorblind() 함수를 사용하여 컬러 팔레트를 색각 이상에 대응 가능하도록 개선할 수 있습니다. 추가로 ggthemes 패키지의 scale_color_colorblind() 함수를 입력해 색각 이상이 있는 사람도 잘 구별할 수 있는 색상 목록을 사용할 수 있습니다.

```
ggplot(
  data = penguins,
  mapping = aes(x = flipper_length_mm, y = body_mass_g)
) +
  geom_point(aes(color = species, shape = species)) +
  geom_smooth(method = "lm") +
  labs(
    title = "Body mass and flipper length",
    subtitle = "Dimensions for Adelie, Chinstrap, and Gentoo Penguins",
    x = "Flipper length (mm)", y = "Body mass (g)",
    color = "Species", shape = "Species"
  ) +
  scale_color_colorblind()
```

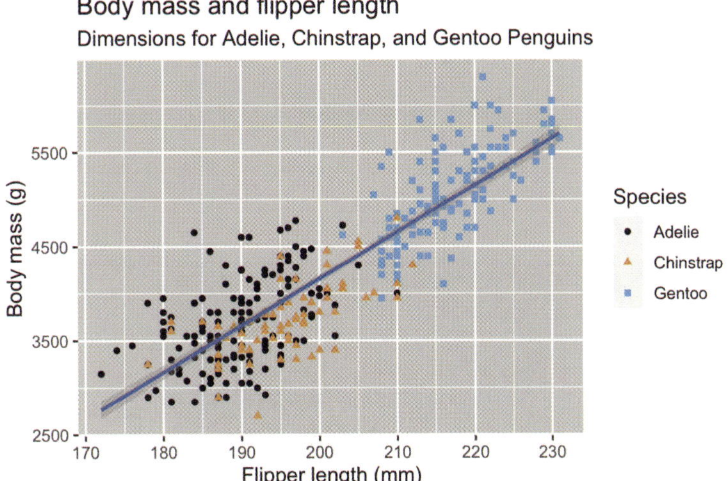

드디어 "최종 목표"와 완벽하게 같은 그래프를 완성했습니다!

연습문제

1. penguins에는 몇 개의 행이 있나요? 열은 몇 개인가요?
2. penguins 데이터 프레임의 bill_depth_mm 변수는 무엇을 의미하나요? ?penguins를 실행해서 도움말을 읽어 보세요.
3. bill_depth_mm와 bill_length_mm의 관계를 나타낸 산점도를 만들어 보세요. y축에 bill_depth_mm, x축에 bill_length_mm가 표현되도록 설정하면 됩니다. 두 변수의 관계가 어떠한지 설명해 보세요.
4. species와 bill_depth_mm의 관계를 나타낸 산점도를 만들면 어떻게 될까요? 어떤 그래프 모양을 사용하는 게 더 나을까요?
5. 다음 코드를 실행하면 에러가 발생하는 이유가 무엇일까요? 어떻게 고치면 될까요?

```
ggplot(data = penguins) +
  geom_point()
```

6. geom_point()에서 na.rm 인자는 어떤 역할을 할까요? 이 인자의 기본값은 무엇일까요? 이 인자의 값을 TRUE로 설정해서 산점도를 완성해 보세요.

7. 앞 문제에서 만든 그래프에 "palmerpenguins 패키지에서 데이터를 가져왔습니다."라는 캡션을 추가해 보세요. (힌트: `labs()` 설명서를 읽어 보세요.)

8. 다음 그래프를 만들어 보세요. 어떤 시각적 속성에 `bill_depth_mm`를 매핑해야 할까요? 글로벌 수준에서 매핑해야 할까요, 아니면 개별 그래프 모양 수준에서 매핑해야 할까요?

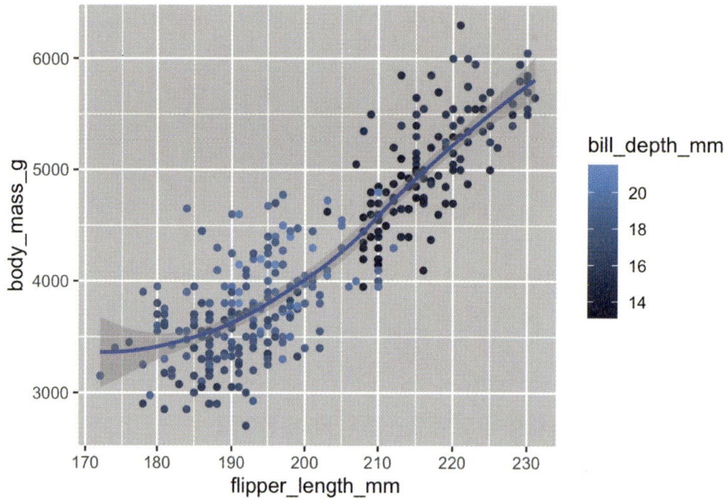

9. 다음 코드를 실행하면 어떤 그래프가 출력될지 머릿속으로 상상해 보세요. 그런 다음 R에서 코드를 실행하고 예상이 맞았는지 확인해 보세요.

```
ggplot(
  data = penguins,
  mapping = aes(x = flipper_length_mm, y = body_mass_g, color = island)
) +
  geom_point() +
  geom_smooth(se = FALSE)
```

10. 다음 두 코드로 만든 그래프의 모양이 같을까요, 아니면 다를까요? 그렇게 생각한 이유는 무엇인가요?

```
ggplot(
  data = penguins,
  mapping = aes(x = flipper_length_mm, y = body_mass_g)
) +
  geom_point() +
  geom_smooth()
```

```
ggplot() +
  geom_point(
    data = penguins,
    mapping = aes(x = flipper_length_mm, y = body_mass_g)
  ) +
  geom_smooth(
    data = penguins,
    mapping = aes(x = flipper_length_mm, y = body_mass_g)
  )
```

ggplot2 호출하기

도입 절을 마치면서, 앞으로는 ggplot2 코드를 더 간결하게 작성할 것입니다. 지금까지는 학습하는 데 도움이 되기 위해서 다음과 같이 코드를 아주 명시적으로 작성했습니다.

```
ggplot(
  data = penguins,
  mapping = aes(x = flipper_length_mm, y = body_mass_g)
) +
  geom_point()
```

일반적으로 함수에 입력하는 처음 한두 개 인자는 매우 중요하기 때문에 마음속에 깊이 새겨 두어야 합니다. 지금부터는 `ggplot()`에 처음 입력하는 두 인자의 이름인 `data`와 `mapping`을 생략하겠습니다. 이렇게 하면 타이핑을 덜 해도 되고 코드의 글자 수가 줄어들기 때문에 코드 간 어떤 차이가 있는지 알아차리기 쉬워집니다. 이는 매우 중요한 프로그래밍 문제이기 때문에 25장에서 다시 다룹니다.

앞의 코드를 다음과 같이 더 간결하게 작성할 수 있습니다.

```
ggplot(penguins, aes(x = flipper_length_mm, y = body_mass_g)) +
  geom_point()
```

나중에는 파이프 기호 `|>`도 익히게 되는데, `|>`를 이용하면 다음과 같이 코드를 작성할 수 있습니다.

```
penguins |>
  ggplot(aes(x = flipper_length_mm, y = body_mass_g)) +
  geom_point()
```

분포 시각화하기

변수의 분포를 시각화하는 방법은 변수의 타입이 범주형인지 수치형인지에 따라 달라집니다.

범주형 변수

값이 몇 개 중 하나로 구성된 변수를 **범주형** 변수라고 합니다. 범주형 변수의 분포를 표현할 때는 막대 차트를 사용합니다. 막대의 높이는 각 x의 관측치가 얼마나 많은지를 나타냅니다.

```
ggplot(penguins, aes(x = species)) +
  geom_bar()
```

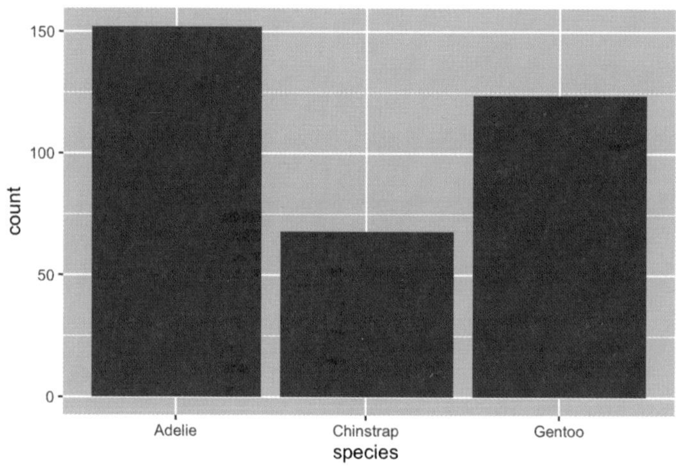

펭귄의 species처럼 정해진 순서가 없는 범주형 변수로 막대 차트를 만들 때는 범주의 빈도에 따라 막대를 정렬하는 경우가 많습니다. 이렇게 하려면 변수를 팩터 타입으로 변환한 다음 levels를 정렬해야 합니다. 팩터는 R에서 범주형 데이터를 처리할 때 사용하는 변수 타입입니다.

```
ggplot(penguins, aes(x = fct_infreq(species))) +
  geom_bar()
```

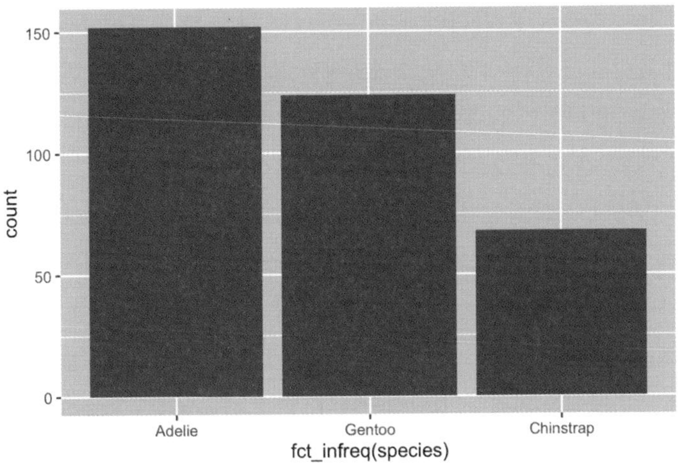

16장에서 팩터 타입과 fct_infreq()처럼 팩터를 다룰 때 사용하는 함수를 익힙니다.

수치형 변수

숫자의 값 범위가 굉장히 넓고 덧셈과 뺄셈을 하거나 평균값을 구할 수 있는 변수를 **수치형** 변수 또는 양적 변수라고 합니다. 수치형 변수는 연속적일 수도 있고 불연속적일 수도 있습니다.

연속형 변수의 분포를 표현할 때는 보통 히스토그램을 가장 많이 사용합니다.

```
ggplot(penguins, aes(x = body_mass_g)) +
  geom_histogram(binwidth = 200)
```

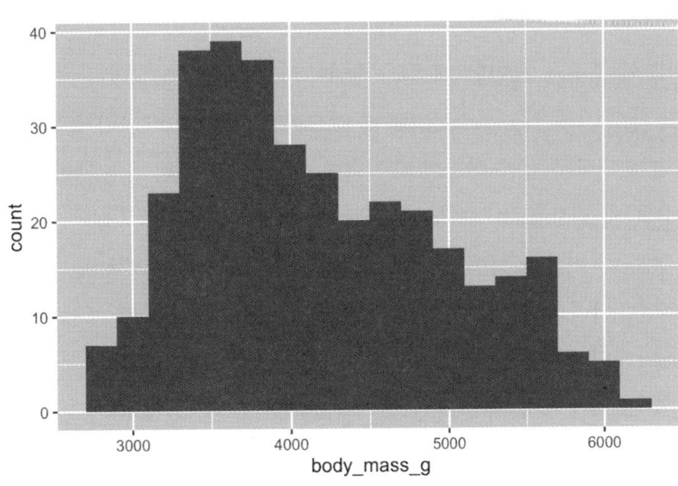

히스토그램은 x축을 같은 간격의 구간으로 나눈 다음 각 구간에 속한 관측치의 수를 막대의 높이로 표현합니다. 이 그래프에서 가장 높은 막대를 보면 body_mass_g가 3,500~3,700그램 사이인 관측치가 39개임을 알 수 있습니다. 3,500은 가장 높은 막대의 왼쪽, 3,700은 가장 높은 막대의 오른쪽 끝 값을 의미합니다.

히스토그램의 binwidth 인자를 이용해 구간의 폭을 정할 수 있습니다. binwidth의 값은 x축에 표현된 변수의 단위를 따릅니다. 히스토그램을 만들 때는 binwidth의 값을 바꿔 가며 탐색해 봐야 합니다. binwidth에 따라 그래프의 패턴이 달라지기 때문입니다. 다음 그림처럼 binwidth가 20이면 너무 좁습니다. 이렇게 하면 막대가 너무 많아서 분포의 형태를 파악하기 어렵습니다. 반대로 binwidth가 2,000이면 너무 넓습니다. 이렇게 하면 모든 데이터가 3개의 막대로 뭉뚱그려 표현되기 때문에 마찬가지로 분포의 형태를 파악하기 어렵습니다. binwidth가 200이면 균형이 적당히 맞아 보입니다.

```
ggplot(penguins, aes(x = body_mass_g)) +
  geom_histogram(binwidth = 20)
ggplot(penguins, aes(x = body_mass_g)) +
  geom_histogram(binwidth = 2000)
```

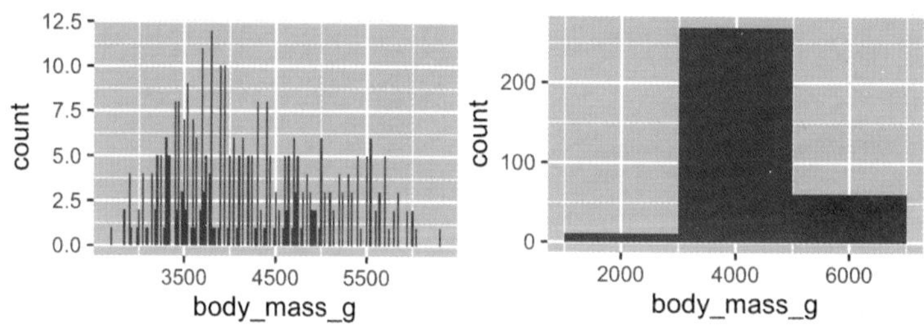

수치형 변수의 분포를 표현할 때 밀도 함수 그래프(density plot)을 이용하기도 합니다. 밀도 함수 그래프는 히스토그램을 매끄럽게(smoothed out) 표현한 것이므로 매끄러운 분포에서 수집한 연속형 데이터를 표현할 때 특히 유용합니다. 여기서는 geom_density()가 밀도를 추정하는 방법을 자세히 다루지 않겠지만, 밀도 곡선이 어떻게 그려지는지 비유를 들어 설명해 보겠습니다(자세한 내용은 함수 설명서에서 확인할 수 있습니다). 나무 블록으로 만든 히스토그램을 상상해 보세요. 그런 다음 그 위에 스파게티 면발을 떨어뜨린다고 상상해 보세요. 나무 블록 위에 놓인 스파게티 면발의 모양이 밀도 곡선의 모양이라고 생각할 수 있습니다. 밀도 함수 그래프는 히스토그램보다 세부 정보는 덜 보여 주지만, 분포의 전반적인 형태를 빠르게 파악하는 데 도움이 됩니다. 특히 빈도가 가장 높은 구간과 기울어진 정도를 쉽게 알 수 있다는 장점이 있습니다.

```
ggplot(penguins, aes(x = body_mass_g)) +
  geom_density()
#> Warning: Removed 2 rows containing non-finite outside the scale range
#> (`stat_density()`).
```

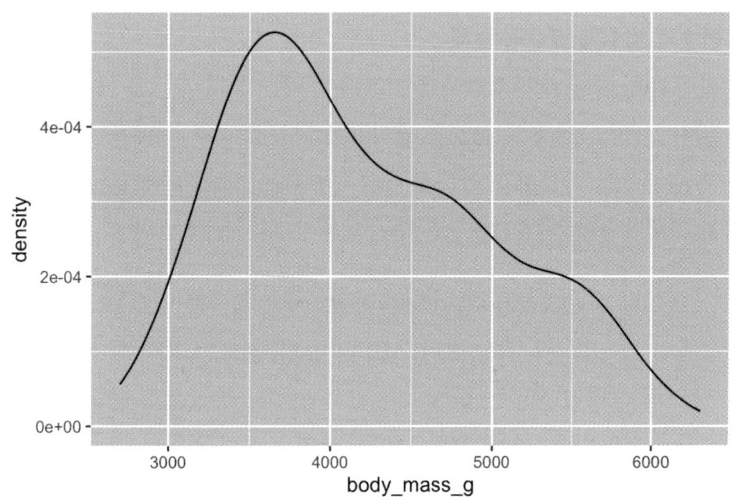

연습문제

1. penguins의 species를 이용해 막대 차트를 만들어 보세요. species를 y축에 표현해 보세요. 이 차트는 앞에서 만든 차트와 무엇이 다른가요?
2. 다음 두 차트는 어떻게 다른가요? 막대의 색을 바꿀 때 color와 fill 중 어떤 시각적 속성을 사용하는 게 더 좋은가요?

```
ggplot(penguins, aes(x = species)) +
  geom_bar(color = "red")

ggplot(penguins, aes(x = species)) +
  geom_bar(fill = "red")
```

3. geom_histogram()의 bins 인자는 어떤 역할을 하나요?
4. tidyverse 패키지를 로드하면 사용할 수 있는 diamonds 데이터셋을 이용해서 carat 변수로 히스토그램을 만들어 보세요. binwidth를 바꿔 가며 실험해 보세요. binwidth가 몇 일 때 흥미로운 패턴이 나타나나요?

변수의 관계 시각화하기

변수의 관계를 시각화하려면 적어도 두 개 이상의 변수를 그래프의 시각적 속성에 매핑해야 합니다. 이번 절에서는 두 개 이상의 변수 간 관계를 시각화하는 데 일반적으로 사용하는 그래프와 이런 그래프를 만들 때 사용하는 그래프 모양 함수를 익힙니다.

수치형 변수와 범주형 변수의 관계

수치형 변수와 범주형 변수의 관계를 시각화할 때는 상자 그림을 나란히 배치하면 됩니다. **상자 그림**(boxplot)은 분포를 묘사하는 위칫값(백분위수)을 표현합니다. 상자 그림은 잠재적인 이상치가 있는지 확인하는 데도 도움이 됩니다. 그림 1-1에서 보듯 상자 그림을 구성하는 요소들은 다음과 같은 의미를 지닙니다.

- 상자는 데이터 중간의 50% 범위를 나타내는데, 이는 25 백분위수부터 75 백분위수까지의 거리인 사분위수 범위(Inter Quantile Range, IQR)를 의미합니다. 상자의 중간에 그려진 선분은 중앙값을 나타냅니다. 중앙값은 분포의 50번째 백분위수를 의미합니다. 이 세 개의 선분을 보면 분포가 얼마나 퍼져 있는지 알 수 있고, 분포가 중앙값 기준으로 대칭인지 아니면 한쪽으로 치우쳐 있는지도 알 수 있습니다.
- 점은 상자 양쪽 끝에서 IQR의 1.5배 이상 떨어진 관측치인 극단치를 나타냅니다. 극단치는 비정상적이기 때문에 별도의 점으로 각각 표시합니다.
- 상자의 양쪽 끝에 연결된 선분인 수염(whisker)은 극단치가 아닌 값 중 상자에서 가장 멀리 떨어진 값을 나타냅니다.

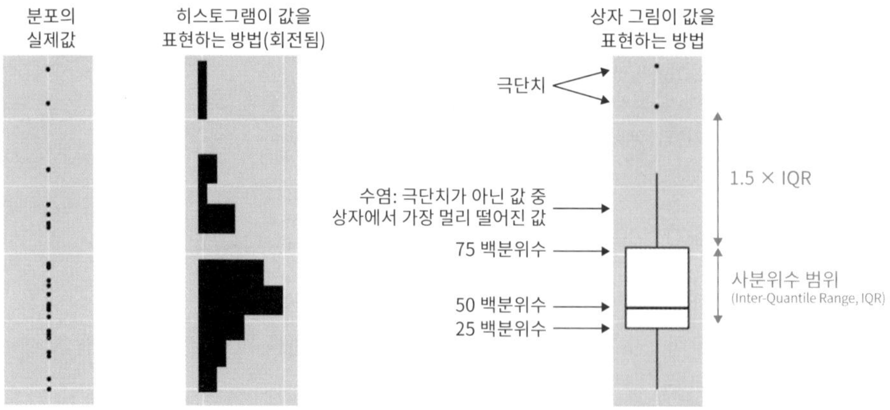

그림 1-1 상자 그림이 만들어지는 과정을 묘사한 다이어그램

geom_boxplot()으로 상자 그림을 만들어서 펭귄의 종에 따라 체질량의 분포가 어떻게 다른지 살펴보겠습니다.

```
ggplot(penguins, aes(x = species, y = body_mass_g)) +
  geom_boxplot()
```

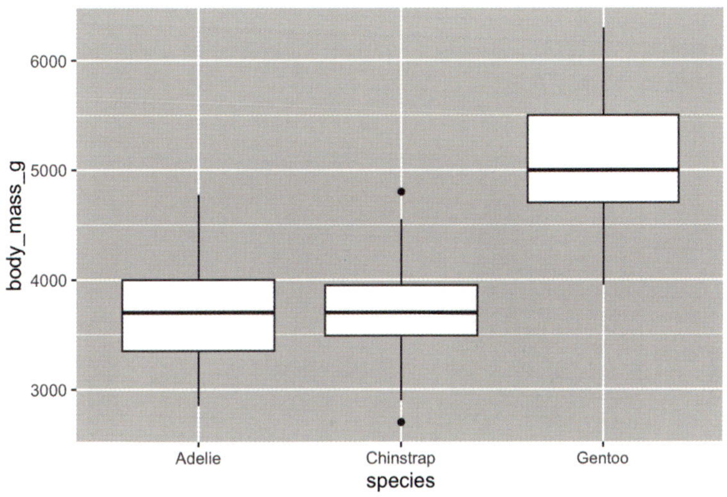

상자 그림 대신 밀도 함수 그래프를 만들려면 geom_density()를 이용하면 됩니다.

```
ggplot(penguins, aes(x = body_mass_g, color = species)) +
  geom_density(linewidth = 0.75)
```

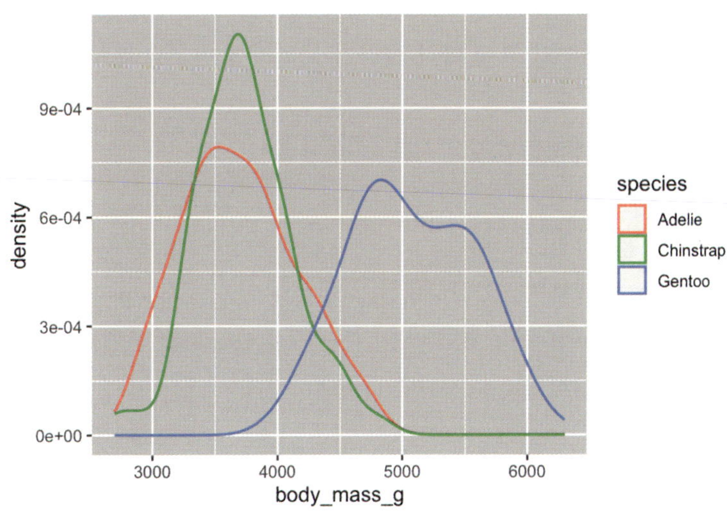

배경보다 선이 더 돋보이도록 linewidth 인자를 사용해서 선의 두께를 조정하겠습니다.

추가로 species를 color와 fill에 **매핑**(map)한 다음 alpha를 이용해 밀도 곡선을 투명하게 표현하겠습니다. alpha에 0(완전 투명)에서 1(완전 불투명) 사이의 값을 입력해 투명한 정도를 조절할 수 있습니다. 여기서는 0.5로 **지정**(set)하겠습니다.

```
ggplot(penguins, aes(x = body_mass_g, color = species, fill = species)) +
  geom_density(alpha = 0.5)
```

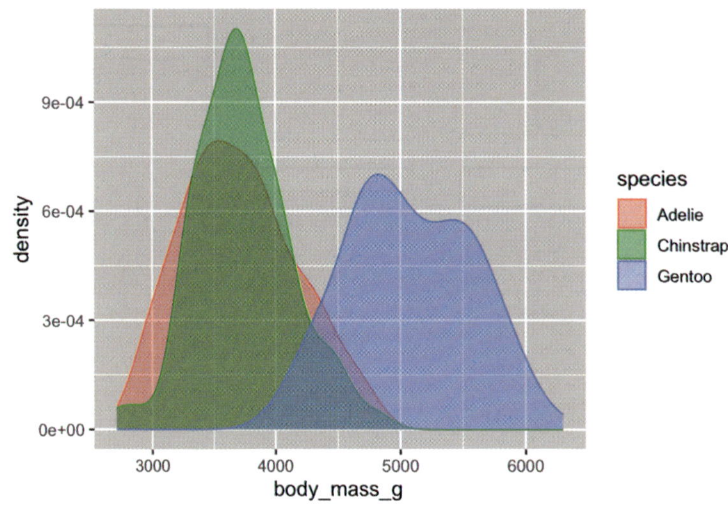

앞에서 사용한 용어 차이에 유의하세요.

- 시각적 속성이 변수의 값에 따라 달라지게 하려면 변수를 **매핑**(map)해야 합니다.
- 시각적 속성을 고정하려면 값을 **지정**(set)해야 합니다.

두 범주 변수의 관계

두 범주형 변수 간 관계를 시각화하려면 누적 막대 차트를 사용하면 됩니다. 예를 들어 다음 두 개의 누적 막대 차트는 모두 island와 species의 관계를 나타냅니다. 구체적으로 각 섬에서의 species 분포를 나타냅니다.

첫 번째 그래프는 각 섬에 있는 펭귄 종의 빈도를 나타냅니다. 빈도 막대 차트를 보면 각 섬에서의 아델리(Adelie) 종의 빈도가 비슷하다는 사실을 알 수 있습니다. 하지만 섬별로 종별 비율이 비슷한지는 알기 어렵습니다.

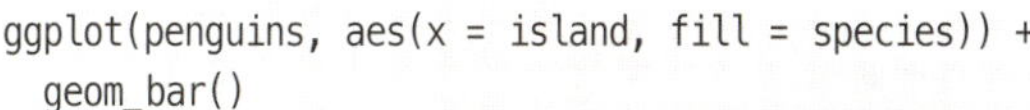

```
ggplot(penguins, aes(x = island, fill = species)) +
  geom_bar()
```

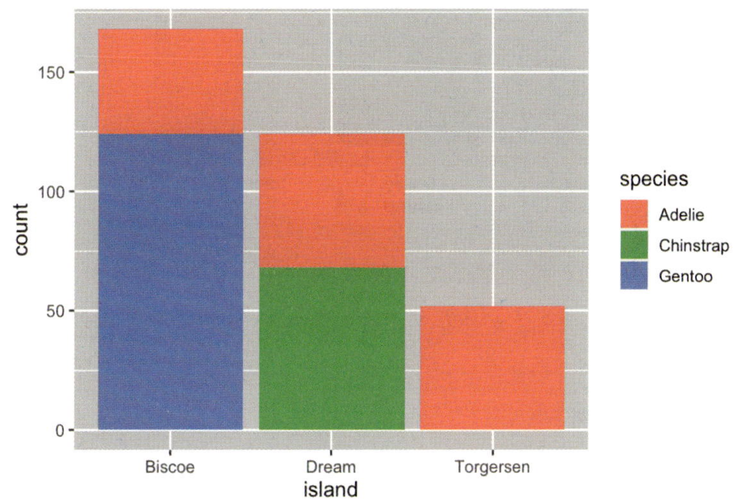

두 번째 그래프는 position = "fill"을 입력해 만든 상대 빈도 그래프입니다. 이 그래프는 각 섬의 펭귄 빈도가 달라도 영향을 받지 않기 때문에 섬별로 종별 분포를 비교할 때 유용합니다. 이 그래프를 보면 젠투(Gentoo) 종은 비스코(Biscoe) 섬에만 살고, 비스코 섬의 약 75%를 젠투 종이 차지한다는 것을 알 수 있습니다. 친스트랩(Chinstrap) 종은 전부 드림(Dream) 섬에 살고, 드림 섬의 약 50%를 차지합니다. 아델리(Adelie) 종은 세 섬에 모두 살고, 토르거센(Torgersen) 섬에 사는 펭귄은 전부 아델리 종입니다.

```
ggplot(penguins, aes(x = island, fill = species)) +
  geom_bar(position = "fill")
```

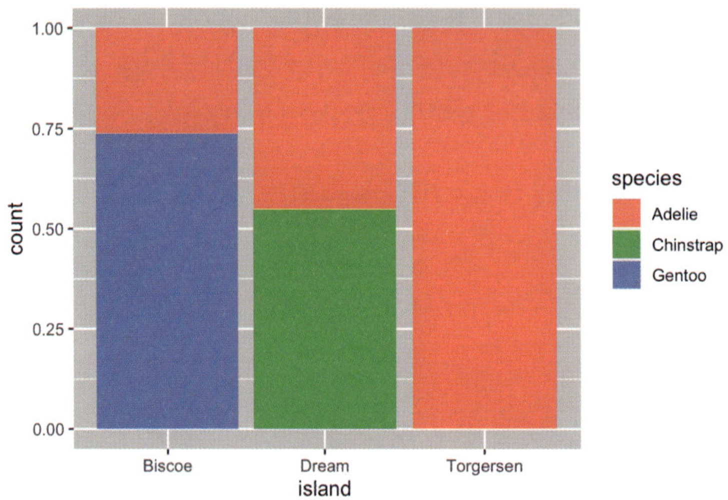

누적 막대 차트를 만들 때, 막대별로 구분할 변수를 x 시각적 속성에 매핑하고, 막대 내부에 서로 다른 색으로 구분할 변수를 fill 시각적 속성에 입력하면 됩니다.

두 수치형 변수의 관계

앞에서 geom_point()로 산점도를 만들거나 geom_smooth()로 밀도 함수 그래프를 만들어 두 숫자 변수의 관계를 시각화하는 방법을 다뤘습니다. 산점도는 두 수치형 변수의 관계를 시각화할 때 가장 자주 사용됩니다.

```
ggplot(penguins, aes(x = flipper_length_mm, y = body_mass_g)) +
  geom_point()
```

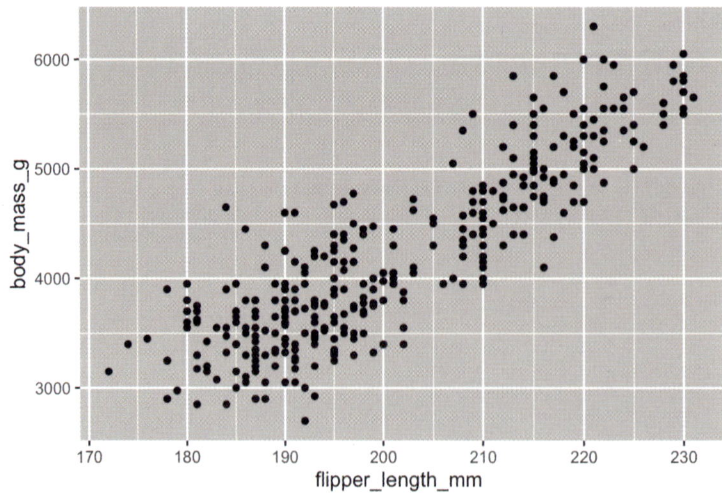

셋 이상의 변수 관계

10쪽 "시각적 속성과 레이어 추가하기"에서 보았듯이 시각적 속성에 매핑하면 더 많은 변수를 그래프에 표현할 수 있습니다. 예를 들어 다음 산점도에서 점의 색상은 종을, 점의 모양은 섬을 나타냅니다.

```
ggplot(penguins, aes(x = flipper_length_mm, y = body_mass_g)) +
  geom_point(aes(color = species, shape = island))
```

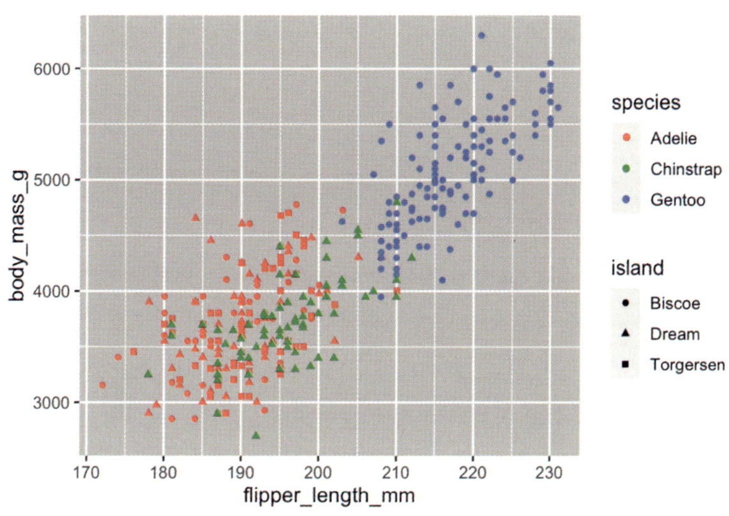

그러나 너무 많은 시각적 속성을 매핑하면 그래프가 복잡해지고 내용을 이해하기 어려워집니다. 범주형 변수를 시각화할 때 특히 유용한 또 다른 방법은 데이터의 하위 요소별로 작은 그래프들을 만들어서 패싯(facet)별로 분할하는 것입니다.

변수 한 개로 그래프를 분할하려면 facet_wrap()을 사용합니다. facet_wrap()의 첫 번째 인자에는 ~ 뒤에 변수 이름을 붙여 만든 공식(formula)[3]을 입력합니다. facet_wrap()에는 범주형 변수를 입력해야 합니다.

```
ggplot(penguins, aes(x = flipper_length_mm, y = body_mass_g)) +
  geom_point(aes(color = species, shape = species)) +
  facet_wrap(~island)
```

3 여기서 '공식(formula)'은 '방정식(equation)'이 아니라 ~를 이용해 만든 명령어를 의미합니다.

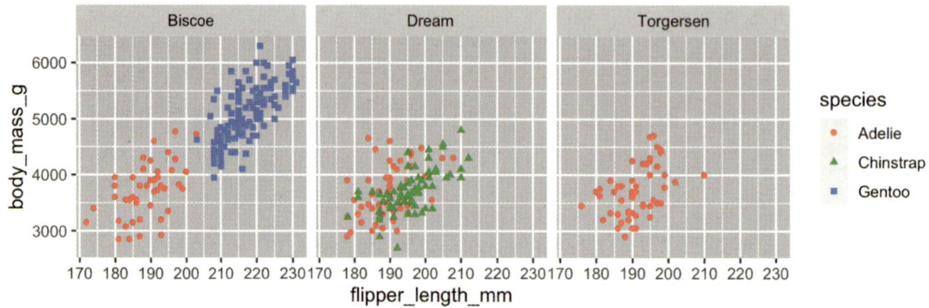

9장에서 변수의 분포와 변수 간 관계를 시각화할 때 사용하는 다른 그래프 모양들도 다룹니다.

연습문제

1. ggplot2 패키지에 들어 있는 mpg 데이터 프레임은 미국 환경 보호국(US Environmental Protection Agency)에서 수집한 데이터로, 38개 자동차 모델로 구성된 234개 관측치를 담고 있습니다. mpg에서 어떤 변수가 범주형인가요? 어떤 변수가 수치형인가요? (힌트: 데이터셋 설명서를 읽으려면 ?mpg를 실행하세요.) mpg를 실행하면 변수의 정보가 어떻게 표현되나요?

2. mpg 데이터 프레임의 hwy와 displ을 이용해 산점도를 만들어 보세요. 그런 다음 수치형 변수를 color에 매핑해 보세요. 그다음에는 size, 그다음에는 color와 size 동시에, 마지막으로 shape에 변수를 매핑해 보세요. 이런 시각적 속성에 범주형 변수와 수치형 변수를 입력했을 때 그래프가 어떻게 달라지나요?

3. hwy와 displ의 관계를 나타낸 산점도를 만든 다음 세 번째 변수를 linewidth에 매핑하면 어떻게 되나요?

4. 같은 변수를 여러 시각적 속성에 매핑하면 어떻게 되나요?

5. bill_depth_mm와 bill_length_mm의 관계를 나타낸 산점도를 만든 후 점의 색상을 species별로 다르게 설정해 보세요. 종별로 점의 색을 다르게 설정하면 두 변수의 관계에 대해 무엇을 새롭게 알 수 있나요? 종별로 패싯을 나누면 그래프가 어떻게 되나요?

6. 다음 코드를 실행하면 범례가 두 개 만들어지는 이유가 무엇인가요? 두 범례를 하나로 합치려면 어떻게 해야 할까요?

```
ggplot(
  data = penguins,
  mapping = aes(
    x = bill_length_mm, y = bill_depth_mm,
    color = species, shape = species
  )
) +
  geom_point() +
  labs(color = "Species")
```

7. 다음 코드를 실행해 두 개의 누적 막대 차트를 만들어 보세요. 첫 번째 그래프를 보면 어떤 사실을 알 수 있나요? 두 번째 그래프를 보면 어떤 사실을 알 수 있나요?

```
ggplot(penguins, aes(x = island, fill = species)) +
  geom_bar(position = "fill")
ggplot(penguins, aes(x = species, fill = island)) +
  geom_bar(position = "fill")
```

그래프 저장하기

그래프를 만들고 나면 그래프를 다른 곳에서 사용할 수 있도록 이미지 파일로 저장해야 할 때가 있습니다. ggsave()를 사용하면 가장 마지막에 만든 그래프를 디스크에 저장할 수 있습니다.

```
ggplot(penguins, aes(x = flipper_length_mm, y = body_mass_g)) +
  geom_point()
ggsave(filename = "penguin-plot.png")
```

이렇게 하면 워킹 디렉터리에 그래프가 저장됩니다. 워킹 디렉터리는 6장에서 자세히 다룹니다.

width와 height를 따로 지정하지 않으면 RStudio에 출력된 크기대로 그래프를 저장합니다. 그래프를 항상 똑같은 크기로 저장하는, 재현 가능한 코드를 만들려면 width와 height에 값을 지정하면 됩니다. 자세한 사용 방법은 ggsave() 설명서를 참고하세요.

그러나 최종 데이터 분석 보고서를 만들 때는 재현 가능한 문서 제작 도구인 Quarto를 사용하길 권합니다. Quarto를 이용하면, 문서에 코드와 설명글만 작성하면 그래프가 자동으로 삽입됩니다. Quarto는 28장에서 자세히 다룹니다.

연습문제

1. 다음 코드를 실행해 보세요. 둘 중 어떤 그래프가 mpg-plot.png 파일로 저장되나요? 이유는 무엇인가요?

```
ggplot(mpg, aes(x = class)) +
  geom_bar()
ggplot(mpg, aes(x = cty, y = hwy)) +
  geom_point()
ggsave("mpg-plot.png")
```

2. PNG 대신 PDF 파일로 그래프를 저장하려면 이 코드에서 어디를 변경해야 할까요? ggsave()를 이용해서 그래프를 어떤 이미지 포맷으로 저장할 수 있는지 알아보려면 어떻게 해야 할까요?

자주 겪는 문제들

R 코드를 처음 실행하면 에러가 날 수도 있습니다. 누구나 겪는 일이니 걱정하지 마세요. 이 책의 저자들도 오랫동안 R을 사용해 왔지만, 여전히 한 번에 작동하지 않고 에러가 뜨는 코드를 매일 작성합니다!

우선, 실행한 코드가 책의 코드와 똑같은지 주의 깊게 비교해 보세요. R은 매우 예민하기 때문에 오타 하나만 있어도 실행 결과가 달라집니다. 모든 (가)와 짝을 이루어 닫혔는지, 모든 "가 "와 짝을 이루어 닫혔는지 확인하세요. 가끔 코드를 실행해도 아무 일도 일어나지 않을 때가 있습니다. 그럴 때는 콘솔 창 왼쪽 부분을 확인하세요. +가 표시되어 있으면 R이 아직 사용자가 코드를 다 입력하지 않았다고 여기고 완료할 때까지 기다리는 중이라는 의미입니다. 이 경우 대부분 ESC 키를 눌러 현재 명령을 중단하고 처음부터 다시 입력하면 됩니다.

ggplot2로 그래프를 만들 때 흔히 생기는 문제 중 하나는 +를 잘못된 위치에 넣는 것입니다. +는 코드의 시작이 아닌 코드의 끝에 넣어야 합니다. 실수로 코드를 다음과 같이 작성하지 않았는지 확인해 보세요.

```
ggplot(data = mpg)
+ geom_point(mapping = aes(x = displ, y = hwy))
```

여전히 문제가 해결되지 않았다면 도움말을 참고해 보세요. 콘솔 창에서 **?함수이름**을 실행하거나 RStudio에서 함수 이름을 블록으로 강조 표시하고 F1 키를 누르면 도움말을 볼 수 있습니다. 혹시 도움말이 별로 도움이 되지 않았더라도 걱정하지 마세요. 예제 부분으로 넘어가서 작성 중인 코드와 같은지 비교해 보면 됩니다.

그래도 해결되지 않으면 에러 메시지를 주의 깊게 읽어 보세요. 때로는 에러 메시지에서 답을 찾을 수도 있습니다. 하지만 R 초보자라면 에러 메시지에 답이 있더라도 에러 메시지를 해석하기 어려울 수 있습니다. 그럴 때는 구글을 활용하면 굉장히 좋습니다. 구글에서 에러 메시지를 검색해 보세요. 대부분 같은 문제를 겪은 누군가가 이미 온라인에 질문을 올려서 도움을 받았을 겁니다.

요약

이 장에서는 ggplot2로 데이터를 시각화하는 기본 방법을 익혔습니다. 가장 먼저 ggplot2의 기본 개념부터 다뤘습니다. 시각화는 데이터의 변수를 위치, 색상, 크기, 모양과 같은 시각적 속성에 매핑하는 과정입니다. 다음으로 레이어를 추가하며 디자인 요소를 더하고 그래프를 발전시키는 방법을 다뤘습니다. 한 변수의 분포를 표현할 때 가장 많이 사용되는 그래프를 다뤘고, 두 개 이상의 변수 간 관계를 시각화하기 위해 시각적 속성을 추가로 매핑하거나 패싯으로 그래프를 여러 개의 작은 그래프로 분할하는 방법도 다뤘습니다.

이 책 전반에 걸쳐 그래프를 만드는 작업을 계속 반복하면서 필요에 따라 새로운 기법을 소개하겠습니다. 9장부터 11장까지는 ggplot2로 그래프를 만드는 방법을 조금 더 깊게 다룹니다.

이번 장에서 시각화 기초를 익혔다면, 다음 장에서는 조금 더 실전에 도움이 되는 데이터 분석 워크플로우를 만드는 방법을 다룹니다. 데이터 과학 도구로 워크플로우를 만들 때 알고 있으면 도움이 될 팁들이 이 책 곳곳에 배치되어 있습니다. 특히 작성할 코드의 양이 많아질수록 코드를 체계적으로 정리해야 하기 때문에 이런 팁들이 도움이 될 것입니다.

2장

R for Data Science Second Edition

워크플로우: 기초

이제 R 코드를 실행하는 경험을 조금 해 봤습니다. 아직 자세한 내용을 다루지는 않았지만, 여기까지 왔다면 기본 사항을 잘 이해했거나 아니면 반대로 좌절해서 책을 던져 버렸을 겁니다! R은 문장부호 사용에 굉장히 엄격해서 한 글자만 잘못 입력해도 문제가 생기기 때문에 처음 사용할 때 좌절감이 드는 것은 당연합니다. 조금 좌절을 겪을 수도 있지만, 이런 현상은 일반적이고 일시적인 것이니 마음을 느긋하게 가지세요. 누구나 이런 경험을 하고, 이를 극복하는 방법은 계속하는 것뿐입니다.

진도를 더 나가기 전에, R 코드를 실행할 때 알아야 하는 기초 사항과 RStudio의 유용한 기능 몇 가지를 짚고 넘어가겠습니다.

코딩 기초

몇 가지 기초 사항을 되짚어 보겠습니다. 앞에서는 가능한 빨리 그래프를 만드는 작업부터 시작하기 위해 이런 내용은 생략했습니다. 먼저, R을 사용해 기본적인 수학 계산을 할 수 있습니다.

```
1 / 200 * 30
#> [1] 0.15
(59 + 73 + 2) / 3
#> [1] 44.66667
sin(pi / 2)
#> [1] 1
```

할당 연산자 <-를 이용해 새 객체(object)를 만들 수 있습니다.

```
x <- 3 * 4
```

x는 출력되는 게 아니라 입력한 값이 x에 저장되기만 한다는 사실에 유념하세요. 값을 보고 싶으면 콘솔 창에 x를 입력해야 합니다.

c()를 이용하면 여러 값으로 구성된 벡터(vector)를 만들 수 있습니다. c()는 combine의 앞 글자를 딴 것입니다.

```
primes <- c(2, 3, 5, 7, 11, 13)
```

기본 연산 작업을 하면 벡터의 모든 요소에 적용됩니다.

```
primes * 2
#> [1]  4  6 10 14 22 26
primes - 1
#> [1]  1  2  4  6 10 12
```

R에서 객체를 생성하는 모든 **할당문**(assignment statements)은 형태가 같습니다.

```
object_name <- value
```

이런 코드를 읽을 때는 머릿속으로 "객체 이름에 값을 넣는다"라고 생각하면 됩니다.

할당 작업은 자주 하는데, 매번 <- 기호를 입력하려면 번거롭습니다. RStudio에서 단축키 Alt + -(빼기)(맥os에서는 Opt + -)를 사용하면 시간을 줄일 수 있습니다. 이 단축키를 사용하면 <- 앞뒤에 자동으로 공백을 넣어 코드를 읽기 편하게 만들어 줍니다. 가뜩이나 코드는 원래도 읽기 힘든데 이렇게읽기힘들게작성하지말고 띄어쓰기해서 눈이라도 쉴 수 있게 해 주세요.

주석

R은 #으로 시작하는 코드 라인은 무시합니다. 이를 이용하면 **주석**(comments)을 작성할 수 있습니다. 주석은, R은 무시하지만, 사람은 읽을 수 있는 글자를 의미합니다. 코드로 무슨 작업을 하고 있는지 설명할 때 예제 코드에 주석을 넣습니다.

코드가 어떤 기능을 하는지 간략하게 설명할 때도 주석이 유용하게 사용됩니다.

```
# 소수로 구성된 벡터를 만듭니다.
primes <- c(2, 3, 5, 7, 11, 13)

# 소수에 2를 곱합니다.
primes * 2
#> [1]  4  6 10 14 22 26
```

이렇게 짧은 코드를 작성할 때는 모든 줄에 주석을 작성할 필요는 없습니다. 하지만 코드가 복잡할수록 주석을 작성해 두면 여러분과 공동 작업자가 코드의 기능을 파악하는 데 들이는 시간을 줄일 수 있습니다.

주석은 코드가 "어떻게" 작동하는지 또는 "무슨" 기능을 하는지 설명할 때가 아니라 코드를 "왜" 작성했는지 설명할 때 작성하세요. 코드가 "어떻게" 작동하는지, "무슨" 기능을 하는지는 지루하긴 하더라도 코드를 잘 읽으면 언제든 파악할 수 있습니다. 코드를 전부 다 설명하는 식으로 주석을 작성해 두면 나중에 코드를 수정할 때 주석도 전부 수정해야 합니다. 안 그러면 코드를 읽을 때 혼란스럽기 때문입니다.

어떤 작업을 "왜" 했는지 파악하는 것은 불가능하진 않지만 훨씬 어렵습니다. 예를 들어 보겠습니다. geom_smooth()에는 곡선을 얼마나 부드럽게 표현할지 설정하는 span이라는 인자가 있습니다. span에 입력한 값이 클수록 곡선이 더 부드러워집니다. 코드 작성자가 span의 값을 기본값인 0.75에서 0.9로 바꾸기로 했다고 가정해 봅시다. 코드가 "무엇"을 하는지는 나중에 코드를 보는 사람도 쉽게 파악할 수 있습니다. 하지만 자신의 생각을 주석에 남겨 놓지 않으면 코드 작성자가 인자의 기본값을 "왜" 바꿨는지 누구도 알아낼 수 없습니다.

데이터 분석 코드를 작성할 때는 전반적인 접근 방법을 설명하거나 새로 알게 된 중요한 인사이트를 기록할 때 주석을 사용하세요. 이런 지식은 코드만 봐서는 파악할 수 없습니다.

이름을 어떻게 지을까?

객체 이름은 문자로 시작해야 하며 문자, 숫자, _, .만 사용할 수 있습니다. 객체 이름은 객체가 무엇을 담고 있는지 알 수 있도록 정해야 하기 때문에 여러 단어를 나열할 때 따를 규칙을 정해야 합니다. 개인적으로는 소문자 단어를 _로 구분하는 스네이크_케이스(snake_case)를 권장합니다.

```
i_use_snake_case
otherPeopleUseCamelCase
some.people.use.periods
And_aFew.People_RENOUNCEconvention
```

이름 짓기는 4장에서 코드 스타일을 다루면서 다시 이야기하겠습니다.

객체 이름을 입력해 실행하면 객체에 무엇이 들었는지 검사할 수 있습니다.

```
x
#> [1] 12
```

객체를 하나 더 만들어 보겠습니다.

```
this_is_a_really_long_name <- 2.5
```

객체 이름을 입력할 때 RStudio의 자동 완성 기능을 사용해 보세요. this를 입력한 다음 Tab 키를 누르고 객체 이름이 하나만 남을 때까지 문자를 몇 개 입력합니다. 그런 다음 Enter 키를 누르면 됩니다.

객체를 실수로 잘못 만들었다고 가정해 보겠습니다. this_is_a_really_long_name의 값을 3.5로 입력해야 하는데 2.5로 잘못 입력한 것입니다. 이때 몇 가지 단축키를 사용하면 객체의 값을 쉽게 수정할 수 있습니다. 콘솔 창에서 ↑ 키를 누르면 마지막으로 입력한 명령어를 불러와서 수정할 수 있습니다. 또는 this를 입력한 다음 Ctrl + ↑를 누르면 이전에 입력한 명령어 중 이 문자로 시작하는 모든 명령어가 나열됩니다. 그런 다음 화살표 키를 이용해 원하는 명령어를 선택하고 Enter 키를 눌러 명령어를 다시 입력합니다. 그리고 2.5를 3.5로 수정한 다음 다시 실행합니다.

객체를 하나만 더 만들어 보겠습니다.

```
r_rocks <- 2^3
```

객체를 출력해 보세요.

```
r_rock
#> Error: object 'r_rock' not found
R_rocks
#> Error: object 'R_rocks' not found
```

이 예시는 사용자와 R 사이에 암묵적 약속이 있음을 보여 줍니다. R이 지루한 계산을 수행해 주는 대신 사용자는 명령어를 정확하게 입력해야 합니다. 그렇지 않으면 객체를 찾을 수 없다는 에러 메시지를 출력할 겁니다. 오타도 중요합니다. R이 사용자의 마음을 읽고 "아, 사용자가 r_rock이라고 입력했지만, 사실은 r_rocks를 의도했겠구나"라고 판단하지는 못합니다. 마찬가지로 대소문자 구분도 중요합니다. R이 사용자의 마음을 읽고 "아, 사용자가 R_rocks라고 입력했지만, 사실은 r_rocks를 의도했겠구나"라고 판단하지 못합니다.

함수 호출하기

R에는 다음 같은 형태로 사용하는 매우 다양한 내장 함수가 있습니다.

```
function_name(argument1 = value1, argument2 = value2, ...)
```

연속된 숫자를 나열하는 seq()를 사용하면서 RStudio의 유용한 기능을 알아보겠습니다. se를 입력한 다음 Tab 키를 눌러 보세요. 자동 완성 팝업 창이 뜰 겁니다. 추가로 q를 입력해 seq()만 남아 있게 하거나, 아니면 ↑ 또는 ↓ 키를 눌러서 seq()를 선택하세요. 함수의 목적과 인자를 설명하는 툴팁 창이 나타나는 것을 확인하세요. 도움말을 더 자세히 보고 싶으면 F1 키를 누르세요. 오른쪽 아래 창의 도움말(help) 탭에 모든 세부 정보가 출력됩니다.

원하는 함수를 선택했으면 다시 Tab 키를 누릅니다. RStudio가 여는 괄호(()와 닫는 괄호())를 짝을 맞추어 추가해 줍니다. 첫 번째 인자의 이름 from을 입력한 다음 1로 설정합니다. 그런 다음 두 번째 인자의 이름 to를 입력하고 10으로 설정합니다. 마지막으로 Enter 키를 누릅니다.

```
seq(from = 1, to = 10)
#> [1]  1  2  3  4  5  6  7  8  9 10
```

함수를 호출할 때 처음 몇 개 인자 이름을 생략할 때가 있습니다. 이런 경우 다음과 같이 코드를 작성하면 됩니다.

```
seq(1, 10)
#> [1]  1  2  3  4  5  6  7  8  9 10
```

다음 코드를 작성하는 과정에서 따옴표를 입력하면 RStudio가 짝을 이루는 따옴표를 자동으로 입력해 준다는 사실을 확인해 보세요.

```
x <- "hello world"
```

따옴표와 괄호는 항상 짝을 맞추어 입력해야 합니다. RStudio가 도와주기는 하지만, 그렇더라도 여전히 짝을 맞추지 않는 실수를 할 때가 있습니다. 이런 경우 R은 연속 문자 +를 표시합니다.

```
> x <- "hello
+
```

+가 출력되면 R이 사용자가 아직 코드를 다 입력하지 않았다고 판단하고 더 입력하길 기다리고 있다는 의미입니다. 대부분 "나)를 입력하는 것을 깜빡해서 이런 문제가 발생합니다. 이럴 때는 누락한 짝을 추가로 입력하거나 ESC 키를 눌러 명령어 입력을 취소하고 처음부터 다시 입력하면 됩니다.

오른쪽 위 창의 환경(Environment) 탭을 살펴보세요. 지금까지 만든 모든 객체가 표시됩니다.

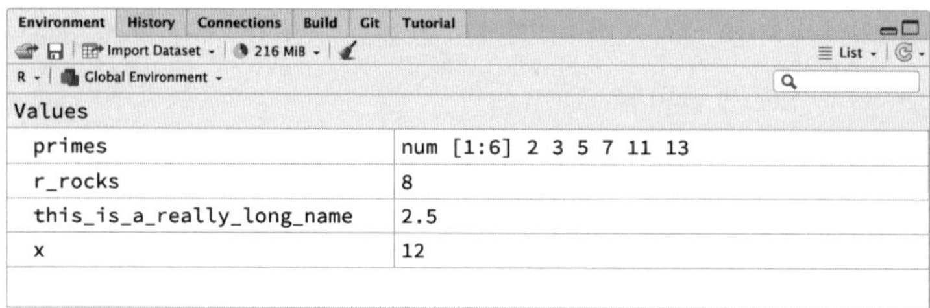

연습문제

1. 다음 코드는 왜 작동하지 않을까요?

```
my_variable <- 10
my_varıable
#> Error in eval(expr, envir, enclos): object 'my_varıable' not found
```

코드를 주의 깊게 보세요(의미 없는 문제처럼 보일 수도 있지만, 아주 작은 차이도 알아차리도록 두뇌를 훈련하면 프로그래밍할 때 큰 도움이 됩니다)!

2. 다음 R 명령어가 올바르게 실행되도록 수정하세요.

```
libary(todyverse)

ggplot(dTA = mpg) +
  geom_point(maping = aes(x = displ y = hwy)) +
  geom_smooth(method = "lm)
```

3. Alt + Shift + K(맥OS에서는 Opt + Shift + K)를 눌러 보세요. 어떻게 되나요? 똑같은 화면이 나타나게 하려면 RStudio 메뉴에서 무엇을 선택하면 될까요?

4. 1장의 "그래프 저장하기"에서 다뤘던 문제를 다시 살펴보겠습니다. 다음 코드를 실행해 보세요. 둘 중 어떤 그래프가 `mpg-plot.png` 파일로 저장되나요? 이유가 무엇인가요?

```
my_bar_plot <- ggplot(mpg, aes(x = class)) +
  geom_bar()
my_scatter_plot <- ggplot(mpg, aes(x = cty, y = hwy)) +
  geom_point()
ggsave(filename = "mpg-plot.png", plot = my_bar_plot)
```

요약

이제 R 코드의 작동 방식과 나중에 코드를 다시 볼 때 코드를 이해하는 데 도움이 되는 몇 가지 팁을 조금 더 알게 되었습니다. 다음 장에서는 데이터 과학 여정을 계속 이어 가면서 tidyverse에 포함된 dplyr 패키지를 알아봅니다. dplyr은 데이터를 변환하고, 주요 변수를 추출하고, 관심 있는 행을 필터링하고, 요약 통계량을 계산할 때 유용합니다.

3장

R for Data Science Second Edition

데이터 변형하기

들어가며

시각화는 인사이트를 얻는 데 중요한 도구이지만, 원하는 그래프를 만드는 데 적합한 형태의 데이터를 처음부터 얻는 경우는 매우 드뭅니다. 때로는 데이터를 이용해 질문에 답하려면 새 변수를 만들거나 데이터를 요약해야 합니다. 또는 데이터를 다루기 편하도록 변수 이름을 바꾸거나 관측치의 정렬 순서를 바꿔야 할 때도 있습니다. 이 장에서는 dplyr 패키지와 2013년 뉴욕 출발 항공 데이터셋을 이용해 데이터를 변형하는 방법을 익힙니다.

이 장의 목표는 데이터 프레임을 변형하는 데 필요한 주요 도구들을 전부 소개하는 것입니다. 먼저 데이터 프레임의 행과 열을 다루는 함수를 다룬 다음 여러 동사를 연결 지어 사용할 때 중요한 역할을 하는 도구인 파이프를 자세히 다룹니다. 그 다음으로는 데이터를 그룹별로 다루는 방법을 소개합니다. 끝으로 이런 함수가 실제로 작동하는 모습을 보여 주는 사례를 살펴보며 이 장을 마무리합니다. 후속 장에서는 특정 타입의 데이터(예: 숫자, 문자열, 날짜)를 깊이 있게 다루면서 이 함수들을 다시 자세하게 살펴봅니다.

준비하기

이 장에서는 tidyverse의 또 다른 핵심 패키지인 dplyr에 초점을 맞춥니다. 핵심 아이디어를 설명하는 데 nycflights13 패키지의 데이터를 사용하고, 데이터를 이해하는 데 도움이 되는 그래프를 만들기 위해 ggplot2를 사용합니다.

```
library(nycflights13)
library(tidyverse)
#> — Attaching core tidyverse packages ———————————— tidyverse 2.0.0 —
#> ✔ dplyr     1.1.4     ✔ readr     2.1.5
#> ✔ forcats   1.0.0     ✔ stringr   1.5.1
#> ✔ ggplot2   3.5.1     ✔ tibble    3.2.1
#> ✔ lubridate 1.9.3     ✔ tidyr     1.3.1
#> ✔ purrr     1.0.2
#> — Conflicts ——————————————————————————— tidyverse_conflicts() —
#> ✖ dplyr::filter() masks stats::filter()
#> ✖ dplyr::lag()    masks stats::lag()
#> i Use the conflicted package (<http://conflicted.r-lib.org/>) to force all
conflicts to become errors
```

tidyverse를 로드할 때 출력된 conflict 메시지를 주의 깊게 살펴보세요. 이 메시지는 dplyr이 base R 함수의 일부를 덮어쓴다는 사실을 알려 줍니다. dplyr을 로드하고 나서 이런 기본 함수를 사용하려면 `stats::filter()`, `stats::lag()`처럼 전체 이름을 입력해야 합니다. 함수가 어느 패키지에서 왔는지는 대부분 중요하지 않기 때문에 지금까지는 신경 쓰지 않았습니다. 하지만 함수가 어떤 패키지에서 왔는지 알면 도움말을 찾아보거나 관련 함수를 찾을 때 도움이 됩니다. 앞으로 함수가 어느 패키지에서 왔는지 정확하게 명시할 필요가 있을 때는 `패키지이름::함수이름()`과 같이 코드를 작성하겠습니다.

nycflights13

dplyr의 기본 동사를 살펴보기 위해 `nycflights13::flights`를 사용하겠습니다. 이 데이터셋은 2013년 뉴욕에 위치한 공항에서 출발한 모든 항공편의 정보를 담고 있으며, `rformat(nrow(nycflights13::flights), big.mark = ",")` 행으로 구성됩니다. 데이터 출처는 미국 교통국(US Bureau of Transportation Statistics)입니다. `?flights`를 실행하면 자세한 정보를 볼 수 있습니다.

```
flights
#> # A tibble: 336,776 × 19
#>    year month   day dep_time sched_dep_time dep_delay arr_time sched_arr_time
#>   <int> <int> <int>    <int>          <int>     <dbl>    <int>          <int>
#> 1  2013     1     1      517            515         2      830            819
#> 2  2013     1     1      533            529         4      850            830
#> 3  2013     1     1      542            540         2      923            850
#> 4  2013     1     1      544            545        -1     1004           1022
```

```
#> 5  2013     1     1      554            600        -6      812            837
#> 6  2013     1     1      554            558        -4      740            728
#> # i 336,770 more rows
#> # i 11 more variables: arr_delay <dbl>, carrier <chr>, flight <int>, …
```

flights는 티블(tibble) 구조로 되어 있습니다. 티블은 tidyverse에서 사용하는 데이터 프레임의 일종으로, 데이터 프레임을 다룰 때 자주 생기는 문제들을 피하기 위해 사용합니다. 티블과 데이터 프레임의 차이점 중에 가장 중요한 것은 데이터 출력 방식입니다. 티블은 큰 데이터셋을 다루는 데 적합하게 설계되었기 때문에 이를 출력하면 처음 몇 개의 행과 한 화면에 들어올 정도의 열만 표시합니다. 데이터를 모두 다 출력하는 몇 가지 방법이 있습니다. RStudio를 사용할 때 가장 편리한 방법은 View(flights)를 실행하는 것입니다. 그러면 화면을 스크롤하거나 데이터를 필터링할 수 있는 대화형 뷰어가 열립니다. 아니면 print(flights, width = Inf)를 실행해 모든 열을 출력하거나 다음과 같이 glimpse()를 사용하는 방법도 있습니다.

```
glimpse(flights)
#> Rows: 336,776
#> Columns: 19
#> $ year           <int> 2013, 2013, 2013, 2013, 2013, 2013, 2013, 2013, 2013…
#> $ month          <int> 1, 1, 1, 1, 1, 1, 1, 1, 1, 1, 1, 1, 1, 1, 1, 1, 1, 1…
#> $ day            <int> 1, 1, 1, 1, 1, 1, 1, 1, 1, 1, 1, 1, 1, 1, 1, 1, 1, 1…
#> $ dep_time       <int> 517, 533, 542, 544, 554, 554, 555, 557, 557, 558, 55…
#> $ sched_dep_time <int> 515, 529, 540, 545, 600, 558, 600, 600, 600, 600, 60…
#> $ dep_delay      <dbl> 2, 4, 2, -1, -6, -4, -5, -3, -3, -2, -2, -2, -2, -2,…
#> $ arr_time       <int> 830, 850, 923, 1004, 812, 740, 913, 709, 838, 753, 8…
#> $ sched_arr_time <int> 819, 830, 850, 1022, 837, 728, 854, 723, 846, 745, 8…
#> $ arr_delay      <dbl> 11, 20, 33, -18, -25, 12, 19, -14, -8, 8, -2, -3, 7,…
#> $ carrier        <chr> "UA", "UA", "AA", "B6", "DL", "UA", "B6", "EV", "B6"…
#> $ flight         <int> 1545, 1714, 1141, 725, 461, 1696, 507, 5708, 79, 301…
#> $ tailnum        <chr> "N14228", "N24211", "N619AA", "N804JB", "N668DN", "N…
#> $ origin         <chr> "EWR", "LGA", "JFK", "JFK", "LGA", "EWR", "EWR", "LG…
#> $ dest           <chr> "IAH", "IAH", "MIA", "BQN", "ATL", "ORD", "FLL", "IA…
#> $ air_time       <dbl> 227, 227, 160, 183, 116, 150, 158, 53, 140, 138, 149…
#> $ distance       <dbl> 1400, 1416, 1089, 1576, 762, 719, 1065, 229, 944, 73…
#> $ hour           <dbl> 5, 5, 5, 5, 6, 5, 6, 6, 6, 6, 6, 6, 6, 6, 6, 5, 6, 6…
#> $ minute         <dbl> 15, 29, 40, 45, 0, 58, 0, 0, 0, 0, 0, 0, 0, 0, 0, 59…
#> $ time_hour      <dttm> 2013-01-01 05:00:00, 2013-01-01 05:00:00, 2013-01-0…
```

두 출력 결과 모두 변수 이름 뒤에는 변수 타입을 알려 주는 약자가 표시됩니다. <int>는 정수, <dbl>은 부동소수점(또는 실수), <chr>은 문자(또는 문자열), <dttm>은 날짜-시간의 약자입니다. 열을 이용해 할 수 있는 일이 타입에 따라 다르기 때문에 이 정보를 아는 것이 중요합니다.

dplyr 기초

이제 대부분의 데이터 처리 문제를 해결할 수 있는 주요 dplyr 동사(함수)를 익히겠습니다. 각 동사의 차이점을 살펴보기 전에 먼저 공통점을 알아보겠습니다.

- 첫 번째 인자는 항상 데이터 프레임입니다.
- 그다음 인자는 일반적으로 작업할 열을 지정합니다. 따옴표 없이 변수 이름을 입력하면 됩니다.
- 출력 결과는 항상 새 데이터 프레임입니다.

각 동사는 한 가지 일만 잘하기 때문에 복잡한 문제를 해결하려면 일반적으로 여러 동사를 결합해서 이용해야 합니다. 이때 파이프 기호 |>를 사용합니다. 파이프는 57쪽 "파이프"에서 자세히 다루는데, 간단히 설명하자면 파이프는 왼쪽에 있는 것을 오른쪽에 있는 함수에 전달하는 역할을 합니다. 따라서 `x |> f(y)`는 `f(x, y)`가 되고, `x |> f(y) |> g(z)`는 `g(f(x, y), z)`가 됩니다. 코드에서 파이프를 "그런 다음(then)"이라고 발음해서 읽으면 코드를 이해하기가 더 쉬울 겁니다. 아직 세부 사항을 익히지 않았지만, 이제 다음 코드가 어떻게 작동하는지 감을 잡을 수 있을 겁니다.

```
flights |>
  filter(dest == "IAH") |>
  group_by(year, month, day) |>
  summarize(
    arr_delay = mean(arr_delay, na.rm = TRUE)
  )
```

dplyr 동사는 적용 대상에 따라 **행**, **열**, **그룹**, **테이블** 네 가지 종류로 분류할 수 있습니다. 다음 절에서는 행, 열, 그룹에 적용하는 중요한 동사들을 익힙니다. 테이블에 적용하는 결합(join) 동사는 19장에서 자세히 살펴보겠습니다. 그럼 시작합시다!

행

데이터셋의 행에 적용하는 중요한 동사는 일부 행을 추출하면서 행 순서는 변경하지 않는 `filter()`, 전체 행을 그대로 두고 행 순서만 변경하는 `arrange()`입니다. 두 함수 모두 행에만 영향을 미치고 열을 바꾸지는 않습니다. 나중에 고윳값을 가진 행을 찾는 distinct()도 다룰 텐데, distinct()는 arrange()나 filter()와 달리 열에도 선택적으로 적용할 수 있습니다.

filter()

filter()를 사용하면 열의 값 기준으로 행을 추출할 수 있습니다.[1] filter()의 첫 번째 인자는 데이터 프레임입니다. 두 번째부터 입력하는 인자들은 추출할 행의 조건입니다. 입력한 조건이 참(true)인 행을 추출하는 것입니다. 예를 들어 다음과 같이 120분(2시간)을 초과해 출발한 모든 항공편을 찾을 수 있습니다.

```
flights |>
  filter(dep_delay > 120)
#> # A tibble: 9,723 × 19
#>    year month   day dep_time sched_dep_time dep_delay arr_time sched_arr_time
#>   <int> <int> <int>    <int>          <int>     <dbl>    <int>          <int>
#> 1  2013     1     1      848           1835       853     1001           1950
#> 2  2013     1     1      957            733       144     1056            853
#> 3  2013     1     1     1114            900       134     1447           1222
#> 4  2013     1     1     1540           1338       122     2020           1825
#> 5  2013     1     1     1815           1325       290     2120           1542
#> 6  2013     1     1     1842           1422       260     1958           1535
#> # i 9,717 more rows
#> # i 11 more variables: arr_delay <dbl>, carrier <chr>, flight <int>, …
```

>(보다 큼, 초과) 외에 >=(크거나 같음, 이상), <(보다 작음, 미만), <=(작거나 같음, 이하), ==(같음), !=(같지 않음) 기호를 사용할 수 있습니다. 여러 조건이 모두 참인지 확인하려면 "그리고(and)"를 의미하는 & 또는 ,를 이용해 조건을 나열하면 됩니다. 여러 조건 중 하나 이상이 참인지 확인하려면 "또는(or)"을 의미하는 |를 이용해 조건을 나열하면 됩니다.

```
# 1월 1일에 출발한 항공편
flights |>
  filter(month == 1 & day == 1)
#> # A tibble: 842 × 19
#>    year month   day dep_time sched_dep_time dep_delay arr_time sched_arr_time
#>   <int> <int> <int>    <int>          <int>     <dbl>    <int>          <int>
#> 1  2013     1     1      517            515         2      830            819
```

1 위치를 기준으로 행을 추출하는 slice_*() 계열 함수도 나중에 익힙니다.

```
#> 2  2013     1     1      533            529         4      850            830
#> 3  2013     1     1      542            540         2      923            850
#> 4  2013     1     1      544            545        -1     1004           1022
#> 5  2013     1     1      554            600        -6      812            837
#> 6  2013     1     1      554            558        -4      740            728
#> # ℹ 836 more rows
#> # ℹ 11 more variables: arr_delay <dbl>, carrier <chr>, flight <int>, …

# 1월 또는 2월에 출발한 항공편
flights |>
  filter(month == 1 | month == 2)
#> # A tibble: 51,955 × 19
#>    year month   day dep_time sched_dep_time dep_delay arr_time sched_arr_time
#>   <int> <int> <int>    <int>          <int>     <dbl>    <int>          <int>
#> 1  2013     1     1      517            515         2      830            819
#> 2  2013     1     1      533            529         4      850            830
#> 3  2013     1     1      542            540         2      923            850
#> 4  2013     1     1      544            545        -1     1004           1022
#> 5  2013     1     1      554            600        -6      812            837
#> 6  2013     1     1      554            558        -4      740            728
#> # ℹ 51,949 more rows
#> # ℹ 11 more variables: arr_delay <dbl>, carrier <chr>, flight <int>, …
```

|와 ==를 결합할 때 %in%를 사용하면 편리합니다. %in%는 변수의 값이 오른쪽의 값 중 하나와 같으면 행을 추출합니다.

```
# 1월 또는 2월 출발 항공편을 더 간단히 추출하는 방법
flights |>
  filter(month %in% c(1, 2))
#> # A tibble: 51,955 × 19
#>    year month   day dep_time sched_dep_time dep_delay arr_time sched_arr_time
#>   <int> <int> <int>    <int>          <int>     <dbl>    <int>          <int>
#> 1  2013     1     1      517            515         2      830            819
#> 2  2013     1     1      533            529         4      850            830
#> 3  2013     1     1      542            540         2      923            850
#> 4  2013     1     1      544            545        -1     1004           1022
#> 5  2013     1     1      554            600        -6      812            837
#> 6  2013     1     1      554            558        -4      740            728
#> # ℹ 51,949 more rows
#> # ℹ 11 more variables: arr_delay <dbl>, carrier <chr>, flight <int>, …
```

이런 비교 연산자와 논리 연산자는 12장에서 더 자세히 살펴보겠습니다.

filter()를 실행하면 dplyr은 필터링 연산을 실행해 새 데이터 프레임을 생성한 다음 이를 출력합니다. dplyr 함수는 입력한 데이터 프레임을 수정하지 않습니다.

따라서 기존 flights 데이터셋은 바뀌지 않습니다. 결과를 저장하려면 할당 연산자 <-를 사용해야 합니다.

```
jan1 <- flights |>
  filter(month == 1 & day == 1)
```

자주하는 실수

R을 처음 사용할 때 가장 많이 하는 실수는 값이 같은지 확인할 때 == 대신 =를 사용하는 것입니다. 이런 실수를 하면 filter()가 알려 줍니다.

```
flights |>
  filter(month = 1)
#> Error in `filter()`:
#> ! We detected a named input.
#> i This usually means that you've used `=` instead of `==`.
#> i Did you mean `month == 1`?
```

또 다른 실수는 영어 문장을 쓸 때처럼 "or" 조건을 작성하는 것입니다.

```
flights |>
  filter(month == 1 | 2)
```

이 코드는 에러를 발생시키지 않기 때문에 "작동"하기는 합니다. 하지만 |가 먼저 month == 1이라는 조건을 검사한 다음 제대로 된 조건이 아닌 2라는 조건을 검사하기 때문에 의도한 작업을 수행하지 않습니다. 어떤 원리로 이런 현상이 일어나는지는 315쪽의 "불 연산"에서 자세히 다루겠습니다.

arrange()

arrange()는 열의 값을 기준으로 행의 순서를 변경합니다. arrange()에 데이터 프레임과 정렬 기준으로 삼을 열 이름을 입력하면 됩니다. 보다 복잡한 표현식을 정렬 기준으로 입력할 수도 있습니다. 열 이름을 두 개 이상 입력할 경우 추가로 입력한 열은 이전 열의 값이 동점인 행이 있을 때 처리 기준으로 사용됩니다. 예를 들어 다음 코드는 4개의 열로 구성된 출발 시각 기준으로 행을 정렬합니다. 이 코드는 우선 year가 가장 작은 값을 추출하고, 그다음으로 같은 year 내에서 month가 가장 작은 값을 추출하는 식으로 작동합니다.

```
flights |>
  arrange(year, month, day, dep_time)
#> # A tibble: 336,776 × 19
#>    year month   day dep_time sched_dep_time dep_delay arr_time sched_arr_time
#>   <int> <int> <int>    <int>          <int>     <dbl>    <int>          <int>
#> 1  2013     1     1      517            515         2      830            819
#> 2  2013     1     1      533            529         4      850            830
#> 3  2013     1     1      542            540         2      923            850
#> 4  2013     1     1      544            545        -1     1004           1022
#> 5  2013     1     1      554            600        -6      812            837
#> 6  2013     1     1      554            558        -4      740            728
#> # ℹ 336,770 more rows
#> # ℹ 11 more variables: arr_delay <dbl>, carrier <chr>, flight <int>, …
```

데이터 프레임을 열 기준으로 내림차순(큰 순서에서 작은 순서) 정렬하고자 한다면 arrange()에 desc()를 적용하면 됩니다. 예를 들어 이 코드는 출발이 가장 많이 지연된 항공편부터 가장 적게 지연된 항공편 순으로 행을 정렬합니다.

```
flights |>
  arrange(desc(dep_delay))
#> # A tibble: 336,776 × 19
#>    year month   day dep_time sched_dep_time dep_delay arr_time sched_arr_time
#>   <int> <int> <int>    <int>          <int>     <dbl>    <int>          <int>
#> 1  2013     1     9      641            900      1301     1242           1530
#> 2  2013     6    15     1432           1935      1137     1607           2120
#> 3  2013     1    10     1121           1635      1126     1239           1810
#> 4  2013     9    20     1139           1845      1014     1457           2210
#> 5  2013     7    22      845           1600      1005     1044           1815
#> 6  2013     4    10     1100           1900       960     1342           2211
#> # ℹ 336,770 more rows
#> # ℹ 11 more variables: arr_delay <dbl>, carrier <chr>, flight <int>, …
```

행의 개수는 변경되지 않았다는 사실을 유념하세요. arrange()는 데이터를 정렬할 뿐이지 필터링하지는 않습니다.

distinct()

distinct()는 데이터셋에서 모든 고유한 행을 찾으므로 기술적 의미에서 행에 작용한다고 할 수 있습니다. 그러나 여러 변수에 걸쳐 고유한 행을 찾을 때가 많기 때문에 선택적으로 distinct()에 열 이름을 여러 개 입력할 수도 있습니다.

```
# 중복 행이 있으면 제거하기
flights |>
  distinct()
#> # A tibble: 336,776 × 19
#>    year month   day dep_time sched_dep_time dep_delay arr_time sched_arr_time
#>   <int> <int> <int>    <int>          <int>     <dbl>    <int>          <int>
#> 1  2013     1     1      517            515         2      830            819
#> 2  2013     1     1      533            529         4      850            830
#> 3  2013     1     1      542            540         2      923            850
#> 4  2013     1     1      544            545        -1     1004           1022
#> 5  2013     1     1      554            600        -6      812            837
#> 6  2013     1     1      554            558        -4      740            728
#> # ℹ 336,770 more rows
#> # ℹ 11 more variables: arr_delay <dbl>, carrier <chr>, flight <int>, …

# 모든 고유한 출발지 및 목적지 쌍 찾기
flights |>
  distinct(origin, dest)
#> # A tibble: 224 × 2
#>   origin dest
#>   <chr>  <chr>
#> 1 EWR    IAH
#> 2 LGA    IAH
#> 3 JFK    MIA
#> 4 JFK    BQN
#> 5 LGA    ATL
#> 6 EWR    ORD
#> # ℹ 218 more rows
```

고유한 행을 추출할 때 다른 열을 유지하려면 `.keep_all = TRUE` 옵션을 사용하면 됩니다.

```
flights |>
  distinct(origin, dest, .keep_all = TRUE)
#> # A tibble: 224 × 19
#>    year month   day dep_time sched_dep_time dep_delay arr_time sched_arr_time
#>   <int> <int> <int>    <int>          <int>     <dbl>    <int>          <int>
#> 1  2013     1     1      517            515         2      830            819
#> 2  2013     1     1      533            529         4      850            830
#> 3  2013     1     1      542            540         2      923            850
#> 4  2013     1     1      544            545        -1     1004           1022
#> 5  2013     1     1      554            600        -6      812            837
#> 6  2013     1     1      554            558        -4      740            728
#> # ℹ 218 more rows
#> # ℹ 11 more variables: arr_delay <dbl>, carrier <chr>, flight <int>, …
```

추출된 항공편이 전부 1월 1일에 출발한 것은 우연이 아닙니다. distinct()는 데이터셋에서 첫 번째로 발견한 고유한 행만 남기고 나머지는 버립니다.

고유한 행을 남기는 게 아니라 고유한 행의 개수를 알고 싶다면 distinct() 대신 count()를 사용하고 sort = TRUE 인자를 이용해 발생 횟수 기준으로 내림차순 정렬하는 게 더 낫습니다. count는 246쪽에서 자세히 다룹니다.

```
flights |>
  count(origin, dest, sort = TRUE)
#> # A tibble: 224 × 3
#>   origin dest      n
#>   <chr>  <chr> <int>
#> 1 JFK    LAX   11262
#> 2 LGA    ATL   10263
#> 3 LGA    ORD    8857
#> 4 JFK    SFO    8204
#> 5 LGA    CLT    6168
#> 6 EWR    ORD    6100
#> # ℹ 218 more rows
```

연습문제

1. 파이프라인을 하나만 이용해서 각 조건을 충족하는 항공편을 찾아보세요.
   - 도착 시각을 2시간 이상 지연한 항공편
   - 휴스턴(Houston)으로 비행한 항공편(IAH 또는 HOU)
   - United, American, Delta 항공사가 운행한 항공편
   - 여름철(7월, 8월, 9월)에 출발한 항공편
   - 2시간 이상 늦게 도착했지만, 출발은 늦지 않은 항공편
   - 1시간 이상 지연되었지만, 비행 중에 30분 이상 만회한 항공편
2. flights를 정렬해서 출발 지연 시간이 가장 긴 항공편을 찾아보세요. 아침에 가장 일찍 출발한 항공편을 찾아보세요.
3. flights를 정렬해서 속력이 가장 빠른 항공편을 찾아보세요. (힌트: 함수에 수학 계산식을 입력해 보세요.)
4. 2013년에는 항공편이 매일 있었나요?
5. 가장 먼 거리를 이동한 항공편은 무엇인가요? 가장 짧은 거리를 이동한 항공편은 무엇인가요?

6. filter()와 arrange()를 모두 사용한 경우 순서가 중요할까요? 이유가 무엇인가요? 함수 실행 결과와 함수의 작업량을 생각해 보세요.

열

열에 영향을 미치지만, 행에는 변화를 주지 않는 네 가지 주요 동사가 있습니다. mutate()는 기존 열에서 파생한 새 열을 만들고, select()는 열을 추출합니다. rename()은 열의 이름을 변경하고, relocate()는 열의 위치를 변경합니다.

mutate()

mutate()는 기존 열로 계산한 값으로 새 열을 추가하는 역할을 합니다. 이 장에서는 여러 가지 변수 타입을 처리하는 다양한 함수를 익힙니다. 우선 지금은 단순한 계산을 해서 지연된 항공편이 공중에서 시간을 얼마나 만회했는지 나타낸 gain 열과 시간당 몇 마일을 이동했는지 나타낸 speed 열을 추가하겠습니다.

```
flights |>
  mutate(
    gain = dep_delay - arr_delay,
    speed = distance / air_time * 60
  )
#> # A tibble: 336,776 × 21
#>    year month   day dep_time sched_dep_time dep_delay arr_time sched_arr_time
#>   <int> <int> <int>    <int>          <int>     <dbl>    <int>          <int>
#> 1  2013     1     1      517            515         2      830            819
#> 2  2013     1     1      533            529         4      850            830
#> 3  2013     1     1      542            540         2      923            850
#> 4  2013     1     1      544            545        -1     1004           1022
#> 5  2013     1     1      554            600        -6      812            837
#> 6  2013     1     1      554            558        -4      740            728
#> # i 336,770 more rows
#> # i 13 more variables: arr_delay <dbl>, carrier <chr>, flight <int>, …
```

기본적으로 mutate()는 데이터셋의 오른쪽에 새 열을 추가하기 때문에 새로 추가된 열을 확인하기 어렵습니다. .before 인자를 사용하면 변수를 왼쪽에 추가할 수 있습니다.[2]

2 RStudio에서 열이 많은 데이터셋을 살펴보는 가장 쉬운 방법은 View()를 실행하는 것이라는 사실을 기억하세요.

```
flights |>
  mutate(
    gain = dep_delay - arr_delay,
    speed = distance / air_time * 60,
    .before = 1
  )
#> # A tibble: 336,776 × 21
#>    gain speed  year month   day dep_time sched_dep_time dep_delay arr_time
#>   <dbl> <dbl> <int> <int> <int>    <int>          <int>     <dbl>    <int>
#> 1    -9  370.  2013     1     1      517            515         2      830
#> 2   -16  374.  2013     1     1      533            529         4      850
#> 3   -31  408.  2013     1     1      542            540         2      923
#> 4    17  517.  2013     1     1      544            545        -1     1004
#> 5    19  394.  2013     1     1      554            600        -6      812
#> 6   -16  288.  2013     1     1      554            558        -4      740
#> # i 336,770 more rows
#> # i 12 more variables: sched_arr_time <int>, arr_delay <dbl>, …
```

.은 .before가 새로 만드는 세 번째 변수의 이름이 아니라 함수에 입력하는 인자임을 나타내는 기호입니다. 변수 뒤에 새 열을 추가하려면 .after를 사용하면 됩니다. 그리고 .before, .after 모두에 위칫값 대신 변수 이름을 입력할 수 있습니다. 예를 들어 다음과 같이 day 뒤에 새 변수를 추가할 수 있습니다.

```
flights |>
  mutate(
    gain = dep_delay - arr_delay,
    speed = distance / air_time * 60,
    .after = day
  )
```

.keep 인자를 사용해 어떤 변수를 남길지 제어하는 방법도 있습니다. 특히 "used" 인자를 사용하면 mutate()에 활용되었거나 새로 생성된 열만 남길 수 있어서 유용합니다. 예를 들어 다음 출력 결과에는 dep_delay, arr_delay, air_time, gain, hours, gain_per_hour 변수만 남습니다.

```
flights |>
  mutate(
    gain = dep_delay - arr_delay,
    hours = air_time / 60,
    gain_per_hour = gain / hours,
    .keep = "used"
  )
```

계산 결과를 flights에 다시 할당하지는 않았기 때문에 새 변수 gain, hours, gain_per_hour는 출력만 되고 데이터 프레임에 저장되지는 않는다는 사실을 유념하세요. 변수를 나중에 사용할 수 있도록 데이터 프레임에 포함하고 싶다면 출력 결과를 다시 flights에 할당해서 기존 데이터 프레임을 새 변수와 함께 덮어쓰도록 할지 아니면 새 객체에 할당할지 신중하게 생각해야 합니다. 가장 좋은 방법은 delay_gain처럼 무엇이 들어 있는지 알 수 있도록 이름을 지어 새 객체에 할당하는 것이지만, 때로는 flights를 덮어써야 할 때도 있을 겁니다.

select()

수백, 수천 개의 변수로 구성된 데이터셋을 다뤄야 할 때가 꽤 있습니다. 이런 상황에서의 첫 번째 과제는 일반적으로 관심 있는 변수에 집중하는 것입니다. 이럴 때 select()를 사용하면 변수 이름으로 연산해서 데이터의 관심 부분에 빠르게 집중할 수 있습니다.

- 다음과 같이 열 이름으로 선택합니다.

```
flights |>
  select(year, month, day)
```

- year부터 day까지의 모든 열을 선택합니다.

```
flights |>
  select(year:day)
```

- year부터 day까지만 제외하고 모든 열을 선택합니다.

```
flights |>
  select(!year:day)
```

변수를 제외할 때 ! 대신 -를 사용할 수 있으며 실제로도 자주 쓰입니다. 하지만 !가 "아니다(not)"라는 의미를 지니며 &, |와 결합하여 사용하기 좋기 때문에 !를 사용하길 권합니다.

- 모든 문자 타입 열을 선택합니다.

```
flights |>
  select(where(is.character))
```

select()와 함께 사용할 수 있는 여러 가지 도우미 함수가 있습니다.

starts_with("abc")

  열 이름이 "abc"로 시작함

ends_with("xyz")

  열 이름이 "xyz"로 끝남

contains("ijk")

  열 이름에 "ijk"가 들어 있음

num_range("x", 1:3)

  열 이름이 x1, x2, x3과 같음

자세한 내용을 알아보려면 ?select를 실행하세요. 정규 표현식을 안다면 matches()를 사용해 패턴과 일치하는 변수를 선택할 수도 있습니다. 이 내용은 15장에서 자세히 다룹니다.

변수를 선택할 때 =를 사용하면 변수 이름을 바꿀 수 있습니다. =의 왼쪽에 새 이름, 오른쪽에 기존 이름을 입력하면 됩니다.

```
flights |>
  select(tail_num = tailnum)
#> # A tibble: 336,776 × 1
#>   tail_num
#>   <chr>
#> 1 N14228
#> 2 N24211
#> 3 N619AA
#> 4 N804JB
#> 5 N668DN
#> 6 N39463
#> # i 336,770 more rows
```

rename()

기존 변수를 모두 유지하고 변수 이름만 바꾸려면 select() 대신 rename()을 사용하면 됩니다.

```
flights |>
  rename(tail_num = tailnum)
#> # A tibble: 336,776 × 19
#>    year month   day dep_time sched_dep_time dep_delay arr_time sched_arr_time
#>   <int> <int> <int>    <int>          <int>     <dbl>    <int>          <int>
#> 1  2013     1     1      517            515         2      830            819
#> 2  2013     1     1      533            529         4      850            830
#> 3  2013     1     1      542            540         2      923            850
#> 4  2013     1     1      544            545        -1     1004           1022
#> 5  2013     1     1      554            600        -6      812            837
#> 6  2013     1     1      554            558        -4      740            728
#> # i 336,770 more rows
#> # i 11 more variables: arr_delay <dbl>, carrier <chr>, flight <int>, …
```

일관성 없이 이름 지어진 변수가 굉장히 많아서 일일이 하나씩 수정하기 번거롭다면 janitor::clean_names()를 확인해 보세요. 이 함수는 자동으로 변수 이름을 정리하는 유용한 기능이 있습니다.

relocate()

변수의 위치를 옮기려면 relocate()를 사용하면 됩니다. 관련 있는 변수를 한곳에 모으거나 중요한 변수를 앞쪽으로 옮겨야 할 때가 있습니다. 기본적으로 relocate()는 변수를 앞쪽으로 이동시킵니다.

```
flights |>
  relocate(time_hour, air_time)
#> # A tibble: 336,776 × 19
#>   time_hour           air_time  year month   day dep_time sched_dep_time
#>   <dttm>                 <dbl> <int> <int> <int>    <int>          <int>
#> 1 2013-01-01 05:00:00      227  2013     1     1      517            515
#> 2 2013-01-01 05:00:00      227  2013     1     1      533            529
#> 3 2013-01-01 05:00:00      160  2013     1     1      542            540
#> 4 2013-01-01 05:00:00      183  2013     1     1      544            545
#> 5 2013-01-01 06:00:00      116  2013     1     1      554            600
#> 6 2013-01-01 05:00:00      150  2013     1     1      554            558
#> # i 336,770 more rows
#> # i 12 more variables: dep_delay <dbl>, arr_time <int>, …
```

mutate()처럼 .before, .after 인자를 사용해 변수를 넣을 위치를 지정할 수도 있습니다.

```
flights |>
  relocate(year:dep_time, .after = time_hour)
flights |>
  relocate(starts_with("arr"), .before = dep_time)
```

연습문제

1. dep_time, sched_dep_time, dep_delay를 비교해 보세요. 이 세 숫자는 서로 어떻게 연관되어 있나요?
2. flights에서 dep_time, dep_delay, arr_time, arr_delay를 어떻게 추출할 수 있을지 최대한 다양한 방법을 찾아보세요.
3. select()에 같은 변수 이름을 여러 번 입력하면 어떻게 될까요?
4. any_of() 함수는 어떤 기능을 하나요? 이 함수를 다음 벡터와 함께 사용하면 뭐가 좋을까요?

   ```
   variables <- c("year", "month", "day", "dep_delay", "arr_delay")
   ```

5. 다음 코드 실행 결과에 놀라운 점이 있나요? 도우미 함수는 대문자와 소문자를 기본적으로 어떻게 처리할까요? 이 기본값을 변경하려면 어떻게 해야 할까요?

   ```
   flights |> select(contains("TIME"))
   ```

6. 변수 이름에 측정 단위를 나타낼 수 있도록 air_time을 air_time_min으로 변경한 다음 이 변수를 데이터 프레임의 시작 부분으로 이동시켜 보세요.
7. 다음 코드가 작동하지 않는 이유가 무엇일까요? 에러 메시지의 의미가 무엇인가요?

   ```
   flights |>
     select(tailnum) |>
     arrange(arr_delay)
   #> Error in `arrange()`:
   #> i In argument: `..1 = arr_delay`.
   ```

```
#> Caused by error:
#> ! object 'arr_delay' not found
```

파이프

앞에서 파이프 사용 예제를 간단히 살펴보았지만, 파이프는 여러 동사를 결합할 때 진정한 힘을 발휘합니다.

예를 들어 휴스턴의 IAH 공항으로 가는 빠른 항공편을 찾으려고 한다고 가정해 봅시다. 그러려면 `filter()`, `mutate()`, `select()`, `arrange()`를 결합해 사용해야 합니다.

```
flights |>
  filter(dest == "IAH") |>
  mutate(speed = distance / air_time * 60) |>
  select(year:day, dep_time, carrier, flight, speed) |>
  arrange(desc(speed))
#> # A tibble: 7,198 × 7
#>    year month   day dep_time carrier flight speed
#>   <int> <int> <int>    <int> <chr>    <int> <dbl>
#> 1  2013     7     9      707 UA         226  522.
#> 2  2013     8    27     1850 UA        1128  521.
#> 3  2013     8    28      902 UA        1711  519.
#> 4  2013     8    28     2122 UA        1022  519.
#> 5  2013     6    11     1628 UA        1178  515.
#> 6  2013     8    27     1017 UA         333  515.
#> # i 7,192 more rows
```

이 파이프라인은 네 단계로 구성되어 있지만, 동사가 각 줄의 시작 부분에 나오기 때문에 한눈에 쉽게 훑어볼 수 있습니다. 코드는 `flights` 데이터로 시작해서 filter, mutate, select, arrange 순으로 작동합니다.

만약 파이프를 사용하지 않으면 어떻게 될까요? 각 함수를 이전 함수에 중첩하면 됩니다.

```
arrange(
  select(
    mutate(
      filter(
        flights,
        dest == "IAH"
      ),
```

```
      speed = distance / air_time * 60
    ),
    year:day, dep_time, carrier, flight, speed
  ),
  desc(speed)
)
```

아니면 여러 개의 중간 객체를 사용할 수도 있습니다.

```
flights1 <- filter(flights, dest == "IAH")
flights2 <- mutate(flights1, speed = distance / air_time * 60)
flights3 <- select(flights2, year:day, dep_time, carrier, flight, speed)
arrange(flights3, desc(speed))
```

두 방법 모두 필요할 때가 있겠지만, 일반적으로 파이프를 사용하면 데이터 분석 코드를 쉽게 작성할 수 있고 이렇게 작성한 코드가 읽기도 편합니다.

코드에 파이프를 추가하려면 단축키 Ctrl + Shift + M(맥OS에서는 Cmd + Shift + M)을 사용하길 권합니다. `%>%` 대신 `|>`를 사용하려면 그림 3-1과 같이 RStudio 옵션을 변경해야 합니다. `%>%`는 곧 자세히 설명하겠습니다.

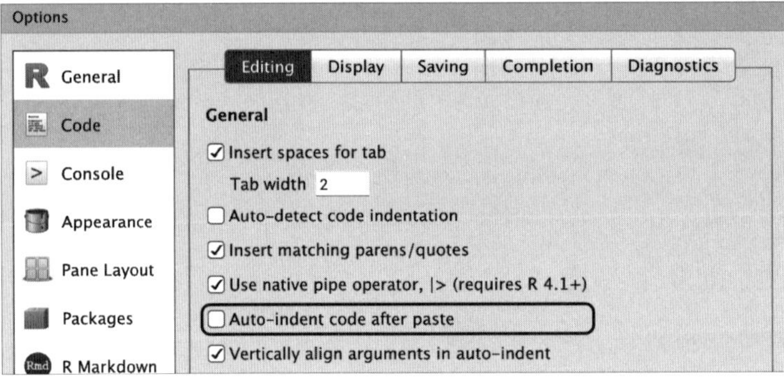

그림 3-1 |>를 사용하려면 "Use native pipe operator" 옵션을 체크해야 합니다.

magrittr

tidyverse를 사용해 왔다면 magrittr 패키지가 제공하는 `%>%` 파이프에 익숙할 겁니다. magrittr는 핵심 tidyverse 패키지이기 때문에 tidyverse를 로드하면 언제든 `%>%`를 사용할 수 있습니다.

```
library(tidyverse)

mtcars %>%
  group_by(cyl) %>%
  summarize(n = n())
```

단순한 상황에서는 |>와 %>%는 동일하게 작동합니다. 그렇다면 왜 기본 파이프 |>를 권장할까요? 첫째, |>는 base R의 일부이기 때문에 tidyverse를 사용하지 않고도 쓸 수 있습니다. 둘째, |>는 %>%보다 훨씬 간단하게 구현되어 있습니다. 2014년 %>%가 발명된 이후 2021년 R 4.1.0에 |>가 포함될 때까지의 시간 동안 개발자들은 파이프를 더 잘 이해하게 되었습니다. 그래서 자주 사용되지 않거나 중요하지 않은 기능을 파이프에서 덜어 낼 수 있게 된 것입니다.

그룹화

지금까지 행과 열에 적용하는 함수를 알아보았습니다. 여기에 데이터를 그룹별로 다루는 함수를 추가하면 dplyr은 더 강력해집니다. 이 절에서는 데이터를 다룰 때 가장 중요한 함수인 `group_by()`, `summarize()`와 slice 계열 함수를 중점적으로 다룹니다.

group_by()

`group_by()`를 사용하면 데이터셋을 분석에 의미 있는 집단으로 나눌 수 있습니다.

```
flights |>
  group_by(month)
#> # A tibble: 336,776 × 19
#> # Groups:   month [12]
#>    year month   day dep_time sched_dep_time dep_delay arr_time sched_arr_time
#>   <int> <int> <int>    <int>          <int>     <dbl>    <int>          <int>
#> 1  2013     1     1      517            515         2      830            819
#> 2  2013     1     1      533            529         4      850            830
#> 3  2013     1     1      542            540         2      923            850
#> 4  2013     1     1      544            545        -1     1004           1022
#> 5  2013     1     1      554            600        -6      812            837
#> 6  2013     1     1      554            558        -4      740            728
#> # i 336,770 more rows
#> # i 11 more variables: arr_delay <dbl>, carrier <chr>, flight <int>, …
```

`group_by()`를 사용해도 데이터가 바뀌지는 않지만, 출력 결과를 자세히 살펴보면 데이터가 월별로 "그룹화"(`Groups: month [12]`)된 것을 알 수 있습니다. 이는, 후속 작업은 "월별로" 작동한다는 의미입니다. `group_by()`는 이처럼 그룹화된 속성인 클래스

(class)를 데이터 프레임에 추가합니다. 이후 사용하는 동사는 데이터에 적용되는 방식이 바뀝니다.

summarize()

그룹화 연산에서 가장 중요한 일은 데이터를 요약하는 것입니다. 한 가지 요약 통계량을 계산할 경우 데이터 프레임을 그룹별로 한 행씩만 남도록 축소합니다. dplyr의 summarize()[3]를 사용하면 데이터를 요약할 수 있습니다. 다음은 월별 평균 출발 시간을 계산하는 예제입니다.

```
flights |>
  group_by(month) |>
  summarize(
    avg_delay = mean(dep_delay)
  )
#> # A tibble: 12 × 2
#>   month avg_delay
#>   <int>     <dbl>
#> 1     1        NA
#> 2     2        NA
#> 3     3        NA
#> 4     4        NA
#> 5     5        NA
#> 6     6        NA
#> # i 6 more rows
```

앗, 뭔가 잘못되었는지 모든 결괏값이 R에서 결측치를 나타내는 기호인 NA가 되었습니다(NA는 "엔에이"라고 읽습니다). NA가 생긴 이유는 일부 항공편의 dep_delay 값이 누락되어 있는데, 누락된 값을 포함한 상태로 평균값을 계산했기 때문입니다. 결측치는 18장에서 자세히 설명합니다. 지금은 일단 mean() 함수의 na.rm 인자를 TRUE로 설정해 모든 결측치를 무시하겠습니다.

```
flights |>
  group_by(month) |>
  summarize(
    delay = mean(dep_delay, na.rm = TRUE)
  )
#> # A tibble: 12 × 2
```

3 영국식 영어를 선호한다면 summarise()를 사용해도 됩니다.

```
#>   month delay
#>   <int> <dbl>
#> 1     1  10.0
#> 2     2  10.8
#> 3     3  13.2
#> 4     4  13.9
#> 5     5  13.0
#> 6     6  20.8
#> # i 6 more rows
```

summarize()를 한 번만 사용해서 여러 요약 통계량을 함께 구할 수 있습니다. 다음 장에서 여러 가지 유용한 요약 함수를 익히겠지만, 그중 매우 유용한 함수는 그룹별 행 수를 반환하는 n()입니다.

```
flights |>
  group_by(month) |>
  summarize(
    delay = mean(dep_delay, na.rm = TRUE),
    n = n()
  )
#> # A tibble: 12 × 3
#>   month delay     n
#>   <int> <dbl> <int>
#> 1     1  10.0 27004
#> 2     2  10.8 24951
#> 3     3  13.2 28834
#> 4     4  13.9 28330
#> 5     5  13.0 28796
#> 6     6  20.8 28243
#> # i 6 more rows
```

평균과 빈도를 구하는 것만으로도 데이터 과학에서 굉장히 많은 것을 알 수 있습니다.

slice_ 함수들

각 그룹에서 특정 행을 추출할 때 사용할 수 있는 다섯 가지 편리한 함수가 있습니다.

df |> slice_head(n = 1)

각 그룹에서 첫 번째 행을 추출합니다.

df |> slice_tail(n = 1)

각 그룹의 마지막 행을 추출합니다.

df |> slice_min(x, n = 1)

x 열의 값이 가장 작은 행을 추출합니다.

df |> slice_max(x, n = 1)

x 열의 값이 가장 큰 행을 추출합니다.

df |> slice_sample(n = 1)

랜덤하게 행 하나를 가져옵니다.

n을 변경해서 하나 이상의 행을 추출할 수도 있고, n = 대신 prop =를 사용해서 각 그룹의 행을 일정 비율씩 선택할 수도 있습니다. 예를 들어 prop = 0.1을 입력하면 각 그룹에서 행을 10%씩 선택합니다. 예를 들어 다음 코드는 목적지별로 가장 많이 지연된 항공편을 찾습니다.

```
flights |>
  group_by(dest) |>
  slice_max(arr_delay, n = 1) |>
  relocate(dest)
#> # A tibble: 108 × 19
#> # Groups:   dest [105]
#>   dest   year month   day dep_time sched_dep_time dep_delay arr_time
#>   <chr> <int> <int> <int>    <int>          <int>     <dbl>    <int>
#> 1 ABQ    2013     7    22     2145           2007        98      132
#> 2 ACK    2013     7    23     1139            800       219     1250
#> 3 ALB    2013     1    25      123           2000       323      229
#> 4 ANC    2013     8    17     1740           1625        75     2042
#> 5 ATL    2013     7    22     2257            759       898      121
#> 6 AUS    2013     7    10     2056           1505       351     2347
#> # i 102 more rows
#> # i 11 more variables: sched_arr_time <int>, arr_delay <dbl>, …
```

목적지는 105개가 있는데 출력 결과를 보면 108개의 행이 있습니다. 왜 그럴까요? slice_min(), slice_max()는 동점이 있으면 값을 유지합니다. n = 1은 가장 큰 값을 가진 모든 행을 추출한다는 의미입니다. 행을 그룹별로 정확히 하나씩만 남기려면 with_ties = FALSE를 설정하면 됩니다.

이 방법은 summarize()를 이용해 delay 최댓값을 계산하는 것과 비슷해 보이지만, 실제로는 하나의 요약 통계량을 얻는 게 아니라 조건에 해당하는 전체 행을 남긴다는 점이 다릅니다.

여러 변수로 그룹화하기

둘 이상의 변수를 사용해 그룹을 만들 수 있습니다. 예를 들어 다음과 같이 날짜별로 그룹을 만들 수 있습니다.

```
daily <- flights |>
  group_by(year, month, day)
daily
#> # A tibble: 336,776 × 19
#> # Groups:   year, month, day [365]
#>    year month   day dep_time sched_dep_time dep_delay arr_time sched_arr_time
#>   <int> <int> <int>    <int>          <int>     <dbl>    <int>          <int>
#> 1  2013     1     1      517            515         2      830            819
#> 2  2013     1     1      533            529         4      850            830
#> 3  2013     1     1      542            540         2      923            850
#> 4  2013     1     1      544            545        -1     1004           1022
#> 5  2013     1     1      554            600        -6      812            837
#> 6  2013     1     1      554            558        -4      740            728
#> # ℹ 336,770 more rows
#> # ℹ 11 more variables: arr_delay <dbl>, carrier <chr>, flight <int>, …
```

두 개 이상의 변수로 그룹화된 티블에 summarize를 적용하면 마지막 변수는 그룹이 해제됩니다. 함수 개발자로서 돌이켜 생각해 보면, 이 함수를 이런 식으로 작동하게 만든 것은 좋은 선택이 아닙니다. 하지만 이미 작성된 코드들을 손상시킬 위험이 있기 때문에 이 함수를 수정하기는 어렵습니다. 함수의 결과물이 어떻게 만들어졌는지 명확하게 알려 주기 위해서 dplyr은 함수 작동을 변경하는 방법을 설명하는 메시지를 출력합니다.

```
daily_flights <- daily |>
  summarize(n = n())
#> `summarise()` has grouped output by 'year', 'month'. You can override using
#> the `.groups` argument.
```

함수가 암묵적으로 작동하는 게 마음에 들지 않는다면 작동 방식을 명시적으로 입력하고 메시지가 출력되지 않도록 할 수 있습니다.

```
daily_flights <- daily |>
  summarize(
    n = n(),
    .groups = "drop_last"
  )
```

또는 .groups에 다른 값을 입력하여 기본 작동 방식을 바꿀 수 있습니다. 예를 들어 "drop"을 입력하면 모든 그룹을 삭제하고, "keep"을 입력하면 그룹을 그대로 유지합니다.

그룹 해제하기

summarize()를 사용하지 않고 데이터 프레임에서 그룹을 해제할 수 있습니다. 다음과 같이 ungroup()을 사용하면 됩니다.

```
daily |>
  ungroup()
#> # A tibble: 336,776 × 19
#>    year month   day dep_time sched_dep_time dep_delay arr_time sched_arr_time
#>   <int> <int> <int>    <int>          <int>     <dbl>    <int>          <int>
#> 1  2013     1     1      517            515         2      830            819
#> 2  2013     1     1      533            529         4      850            830
#> 3  2013     1     1      542            540         2      923            850
#> 4  2013     1     1      544            545        -1     1004           1022
#> 5  2013     1     1      554            600        -6      812            837
#> 6  2013     1     1      554            558        -4      740            728
#> # i 336,770 more rows
#> # i 11 more variables: arr_delay <dbl>, carrier <chr>, flight <int>, …
```

그룹이 해제된 데이터 프레임을 요약하면 어떻게 되는지 살펴보겠습니다.

```
daily |>
  ungroup() |>
  summarize(
    avg_delay = mean(dep_delay, na.rm = TRUE),
    flights = n()
  )
#> # A tibble: 1 × 2
#>   avg_delay flights
#>       <dbl>   <int>
#> 1      12.6  336776
```

dplyr은 데이터 프레임의 그룹이 해제되면 모든 행이 한 그룹에 속한 것으로 취급하기 때문에 하나의 행만 반환합니다.

.by

dplyr 1.1.0에는 연산별 그룹화(per operation grouping)를 하는 데 사용되는 새로운 실험적 구문인 `.by` 인자가 있습니다. `group_by()`와 `ungroup()`이 dplyr에서 없어진 것은 아니지만, `.by`를 이용하면 함수 하나만 사용해서 그룹화된 결과물을 만들 수 있습니다.

```
flights |>
  summarize(
    delay = mean(dep_delay, na.rm = TRUE),
    n = n(),
    .by = month
  )
```

다음과 같이 여러 변수 기준으로 그룹화할 수 있습니다.

```
flights |>
  summarize(
    delay = mean(dep_delay, na.rm = TRUE),
    n = n(),
    .by = c(origin, dest)
  )
```

`.by`는 모든 동사에 사용할 수 있고, 그룹화 메시지를 출력하지 않기 위해 `.groups` 인자를 사용할 필요가 없고, 작업이 끝난 후 `ungroup()`을 사용하지 않아도 된다는 장점이 있습니다.

이 기능은 집필 시점 기준으로 새로 생긴 지 얼마 되지 않았기 때문에 자세히 다루지 않았습니다. 하지만 높은 잠재력을 가지고 있고 앞으로 많이 사용되리라 생각하므로 언급하고 싶었습니다. 자세한 내용은 dplyr 1.1.0 블로그 포스트(*https://www.tidyverse.org/blog/2023/02/dplyr-1-1-0-per-operation-grouping*)에서 확인해 보세요.

연습문제

1. 어느 항공사가 평균 지연 시간이 가장 긴가요? 공항과 항공사가 지연에 미치는 영향을 분리해서 파악할 수 있을까요? 가능하다면 혹은 불가능하다면 그 이유는 무엇인가요? (힌트: `flights |> group_by(carrier, dest) |> summarize(n())`를 생각해 보세요.)

2. 목적지별로 출발할 때 가장 많이 지연된 항공편을 찾아보세요.

3. 지연은 하루 중 언제 가장 심하고 언제 덜 심한가요? 질문에 답할 수 있는 그래프를 만들어 보세요.

4. `slice_min()` 계열 함수에 `n`을 입력할 때 -를 붙이면 어떻게 되나요?

5. `count()`가 dplyr 동사에서 어떻게 작동하는지 설명해 보세요. `count()`의 `sort` 인자는 어떤 역할을 하나요?

6. 다음과 같은 작은 데이터 프레임이 있다고 가정해 봅시다.

```
df <- tibble(
  x = 1:5,
  y = c("a", "b", "a", "a", "b"),
  z = c("K", "K", "L", "L", "K")
)
```

   a. 다음 코드를 실행하면 결과물이 어떨지 예상해 적어 본 다음 예상이 맞았는지 확인해 보세요. 코드에서 `group_by()`가 어떤 역할을 하는지 설명해 보세요.

```
df |>
  group_by(y)
```

   b. 다음 코드를 실행하면 결과물이 어떨지 예상해 적어 본 다음 예상이 맞았는지 확인해 보세요. 코드에서 `arrange()`가 어떤 역할을 하는지 설명해 보세요. 또한 앞 문제의 코드에 사용된 `group_by()`와 역할이 어떻게 다른지도 설명해 보세요.

```
df |>
  arrange(y)
```

c. 다음 코드를 실행하면 결과물이 어떨지 예상해 적어 본 다음 예상이 맞았는지 확인해 보세요. 파이프라인이 어떤 절차로 작동하는지 설명해 보세요.

```
df |>
  group_by(y) |>
  summarize(mean_x = mean(x))
```

d. 다음 코드를 실행하면 결과물이 어떨지 예상해 적어 본 다음 예상이 맞았는지 확인해 보세요. 파이프라인이 어떤 절차로 작동하는지 설명해 보세요. 그런 다음 출력된 메시지의 의미를 설명해 보세요.

```
df |>
  group_by(y, z) |>
  summarize(mean_x = mean(x))
```

e. 다음 코드를 실행하면 결과물이 어떨지 예상해 적어 본 다음 예상이 맞았는지 확인해 보세요. 파이프라인이 어떤 절차로 작동하는지 설명해 보세요. 출력 결과물이 앞 문제 코드와 다른 점은 무엇인가요?

```
df |>
  group_by(y, z) |>
  summarize(mean_x = mean(x), .groups = "drop")
```

f. 다음 코드를 실행하면 결과물이 어떨지 예상해 적어 본 다음 예상이 맞았는지 확인해 보세요. 파이프라인이 어떤 절차로 작동하는지 설명해 보세요. 다음 두 파이프라인은 어떻게 다른가요?

```
df |>
  group_by(y, z) |>
  summarize(mean_x = mean(x))

df |>
  group_by(y, z) |>
  mutate(mean_x = mean(x))
```

사례 연구: 집계와 샘플 크기

데이터를 집계할 때는 항상 n()을 이용해 빈도를 함께 구하는 게 좋습니다. 그래야만 아주 적은 데이터에만 근거해 결론을 내리는 실수를 피할 수 있습니다. Lahman

패키지의 야구 데이터를 이용해 이를 시연해 보겠습니다. 구체적으로는 선수의 안타(H) 비율과 방망이를 휘두른 횟수(AB)를 비교해 보겠습니다.

```
batters <- Lahman::Batting |>
  group_by(playerID) |>
  summarize(
    performance = sum(H, na.rm = TRUE) / sum(AB, na.rm = TRUE),
    n = sum(AB, na.rm = TRUE)
  )
batters
#> # A tibble: 20,469 × 3
#>   playerID  performance     n
#>   <chr>           <dbl> <int>
#> 1 aardsda01      0          4
#> 2 aaronha01      0.305  12364
#> 3 aaronto01      0.229    944
#> 4 aasedo01       0          5
#> 5 abadan01       0.0952    21
#> 6 abadfe01       0.111      9
#> # i 20,463 more rows
```

타자의 실력(타율로 계산한 performance)과 방망이를 휘두른 횟수(AB로 계산한 n)의 관계를 그래프로 표현하면 두 가지 패턴을 알 수 있습니다.

- 방망이를 휘두른 횟수가 적은 선수일수록 performance의 분산이 더 큽니다. 이 그래프는 매우 전형적인 특징을 보여 줍니다. 평균값 같은 요약 통계량과 집단 크기의 관계를 그래프로 표현하면 표본 크기가 클수록 분산이 감소합니다.[4]
- 타자의 실력(performance)과 방망이를 휘두른 횟수(n) 간 양의 상관관계가 있습니다. 팀에서 실력이 좋은 타자에게 공을 칠 기회가 더 많이 주어지기 때문입니다.

```
batters |>
  filter(n > 100) |>
  ggplot(aes(x = n, y = performance)) +
  geom_point(alpha = 1 / 10) +
  geom_smooth(se = FALSE)
```

4 큰 수의 법칙이라는 게 있다죠?

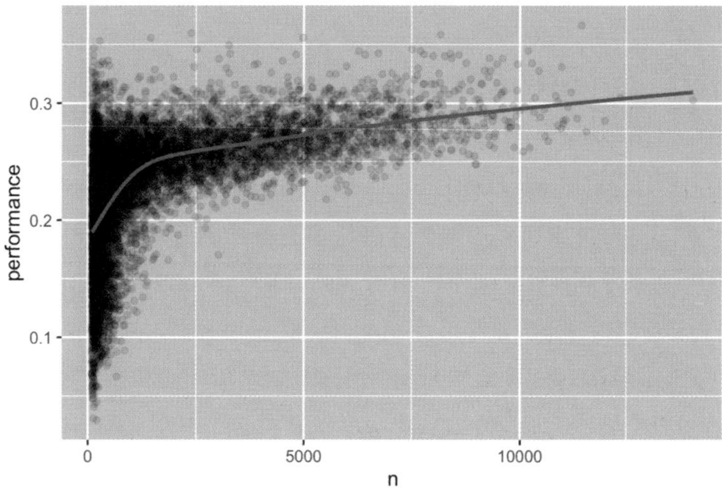

이 코드에서 ggplot2와 dplyr을 결합하는 게 얼마나 간단한지 보세요. 데이터셋을 처리할 때는 |>를 쓰다가 그래프에 레이어를 추가할 때는 +로 바꾸면 됩니다.

앞의 분석을 통해 알게 된 사실은 순위를 정할 때도 중요하게 작용합니다. 단순히 desc(performance)를 이용해 performance 기준으로 내림차순 정렬하면 방망이를 아주 적게 휘둘러서 어쩌다 안타를 친 선수가 실력이 가장 뛰어난 선수로 뽑힐 겁니다. 이런 선수를 가장 실력이 뛰어나다고 할 수는 없습니다.

```
batters |>
  arrange(desc(performance))
#> # A tibble: 20,469 × 3
#>   playerID  performance     n
#>   <chr>           <dbl> <int>
#> 1 abramge01           1     1
#> 2 alberan01           1     1
#> 3 banisje01           1     1
#> 4 bartocl01           1     1
#> 5 bassdo01            1     1
#> 6 birasst01           1     2
#> # i 20,463 more rows
```

이 문제에 대한 좋은 해설과 해결 방법은 데이비드 로빈슨(David Robinson, *http://varianceexplained.org/r/empirical_bayes_baseball*)과 에반 빌러(Evan Miller, *https://www.evanmiller.org/how-not-to-sort-by-average-rating.html*)의 블로그에서 찾을 수 있습니다.

요약

이 장에서는 데이터 프레임을 다룰 때 사용하는 dplyr을 익혔습니다. dplyr 함수는 크게 `filter()`, `arrange()`처럼 행을 처리하는 함수, `select()`, `mutate()`처럼 열을 처리하는 함수, `group_by()`, `summarize()`처럼 그룹을 처리하는 함수, 이렇게 세 범주로 구분할 수 있습니다. 이 장에서는 "데이터 프레임 전체"에 적용하는 도구에 중점을 두었고, 개별 변수에 적용하는 함수는 아직 자세히 다루지 않았습니다. 다양한 변수 타입을 어떻게 처리해야 하는지 다룰 때 이 함수들을 다시 살펴보겠습니다.

다음 장에서는 워크플로우로 다시 돌아가 코드 스타일의 중요성을 논의하겠습니다. 자기 자신과 다른 사람들이 코드를 쉽게 읽고 이해할 수 있도록 하려면 코드 스타일을 유지하며 코드를 작성하는 게 중요합니다.

4장

R for Data Science Second Edition

워크플로우: 코드 스타일

문장에 쉼표를 넣는 것처럼, 좋은 코딩 스타일을 유지하는 일은 신경 쓰지 않아도 되기는 합니다. 하지만신경쓰면분명읽기편하죠. 초보 개발자라도 코딩 스타일을 정해서 작업하는 게 좋습니다. 코딩 스타일을 일관되게 유지하면 미래의 나 자신은 물론 다른 사람도 코드를 읽기 편해집니다. 특히 다른 사람의 도움을 받아야 한다면 코딩 스타일을 유지하는 게 중요합니다. 이 장에서는 tidyverse 스타일 가이드(*https://style.tidyverse.org*)의 핵심 내용을 소개합니다. 이 책의 코드는 전부 이 가이드를 따르고 있습니다.

코딩 스타일을 따르는 게 처음에는 조금 지루하게 느껴질 수 있지만, 연습하다 보면 곧 몸에 배어 습관이 될 겁니다. 게다가 로렌츠 발테르트(Lorenz Walthert)가 만든 styler(*https://styler.r-lib.org*) 패키지처럼 기존 코드에 스타일을 자동으로 바꿔 주는 훌륭한 도구도 있습니다. `install.packages("styler")`로 패키지를 설치하고 나면 RStudio의 **명령어 팔레트**(command palette)로 이 기능을 쉽게 사용할 수 있습니다. 명령어 팔레트를 이용하면 RStudio에 내장되어 있거나 패키지를 이용해 설치할 수 있는 다양한 추가 기능을 사용할 수 있습니다. 그림 4-1처럼 Ctrl + Shift + P(맥OS에서는 Cmd + Shift + P)로 명령어 팔레트를 연 다음 "styler"를 입력하면 styler 패키지의 단축키를 볼 수 있습니다.

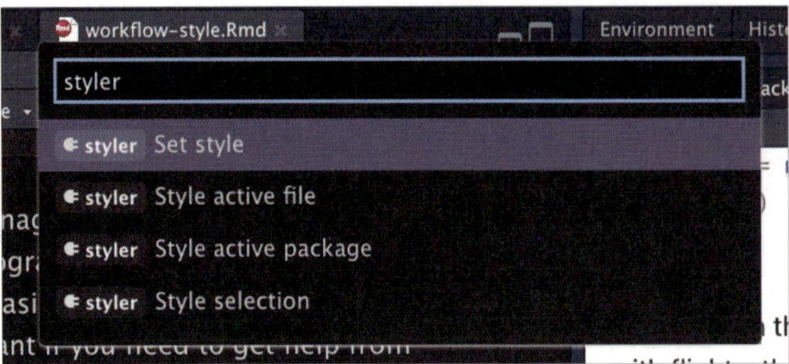

그림 4-1 명령어 팔레트를 이용하면 키보드만 써서 RStudio의 모든 명령어를 쉽게 사용할 수 있습니다.

이 장의 예시 코드에서는 tidyverse와 nycflights13 패키지를 사용하겠습니다.

```
library(tidyverse)
library(nycflights13)
```

이름 짓기

이름 짓는 방법에 관해서는 35쪽 "이름을 어떻게 지을까?"에서 간략하게 이야기했습니다. <-나 mutate()로 변수를 만들 때 변수 이름에는 소문자, 숫자, _만 들어가야 한다는 점을 기억하세요. 변수 이름이 여러 단어로 되어 있으면 _를 넣어 단어를 구분하세요.

```
# 권장하는 방식
short_flights <- flights |> filter(air_time < 60)

# 피해야 하는 방식
SHORTFLIGHTS <- flights |> filter(air_time < 60)
```

대체로 입력하기 편한 짧은 이름보다는 이해하기 쉽고, 길고, 기능이 잘 드러난 이름을 사용하는 게 좋습니다. 변수 이름이 짧으면 코드를 작성할 때 상대적으로 시간을 절약할 수 있다는 장점이 있지만(특히 자동 완성 기능을 이용하면 빠르게 입력할 수 있으니까), 오히려 줄임말로 작성된 암호문 같은 변수 이름이 무엇을 뜻하는지 알아내느라 이전에 작성한 코드를 살펴보게 될 확률이 높아져 시간이 더 많이 걸릴 수 있습니다.

서로 관련된 변수를 여러 개 만들 때는 변수 이름의 일관성을 유지하기 위해 신경 써야 합니다. 변수 이름 짓는 규칙을 잊어버려서 변수 이름의 일관성이 깨질 때가 많습니다. 자주 있는 일이니 다시 돌아가 변수 이름을 바꿔야 한다고 해서 기분 나빠 하지 않아도 됩니다. 공통 주제로 여러 변수를 만들 때는 일반적으로 변수 이름의 접미사보다는 접두사를 통일하는 게 좋습니다. 자동 완성 기능을 사용할 때 변수 이름의 시작 부분을 입력하기 때문입니다.

공백 넣기

^을 제외하고 +, -, ==, < 등 산술 연산자 양쪽에 공백을 넣으세요. 할당 연산자 <-도 마찬가지입니다.

```
# 권장하는 방식
z <- (a + b)^2 / d

# 피해야 하는 방식
z<-( a + b ) ^ 2/d
```

일반 함수를 사용할 때는 괄호 앞뒤에 공백을 넣지 마세요. 영어 문장을 쓸 때와 마찬가지로 쉼표 뒤에는 항상 공백을 넣으세요.

```
# 권장하는 방식
mean(x, na.rm = TRUE)

# 피해야 하는 방식
mean (x ,na.rm=TRUE)
```

코드의 줄을 맞추기 위해 공백을 더 넣는 것은 괜찮습니다. 예를 들어 mutate()로 여러 변수를 만들 때 공백을 넣어서 = 기준으로 줄을 맞출 수 있습니다.[1] 이렇게 하면 전체 코드 구조를 한눈에 보기 좋습니다.

```
flights |>
  mutate(
    speed      = distance / air_time,
    dep_hour   = dep_time %/% 100,
    dep_minute = dep_time %%  100
  )
```

1 dep_time이 HMM 또는 HHMM 형식으로 되어 있기 때문에 시간을 추출할 때는 %/%를 사용해 나눗셈의 몫을 구하고, 분을 추출할 때는 %%를 사용해 나머지 연산을 수행해 나눗셈의 나머지를 구했습니다.

파이프

|> 앞에는 항상 공백을 넣어야 하며, 일반적으로 코드 한 줄의 끝부분에 입력해야 합니다. 이렇게 하면 코드에 새 단계를 추가하고, 기존 단계의 순서를 바꾸고, 단계 내의 요소를 수정하기 쉬워집니다. 또한 왼쪽에 나열된 동사를 훑어보면서 전체적인 관점으로 코드의 구조를 파악할 수 있습니다.

```
# 권장하는 방식
flights |>
  filter(!is.na(arr_delay), !is.na(tailnum)) |>
  count(dest)

# 피해야 하는 방식
flights|>filter(!is.na(arr_delay), !is.na(tailnum))|>count(dest)
```

파이프를 연결할 때 mutate()나 summarize()처럼 인자의 이름을 입력하는 함수는 인자별로 새 줄에 입력합니다. select()나 filter()처럼 인자의 이름을 입력하지 않는 함수는 모든 인자를 한 줄에 입력합니다. 인자가 한 줄에 다 들어가지 않을 때만 인자별로 새 줄에 입력합니다.

```
# 권장하는 방식
flights |>
  group_by(tailnum) |>
  summarize(
    delay = mean(arr_delay, na.rm = TRUE),
    n = n()
  )

# 피해야 하는 방식
flights |>
  group_by(
    tailnum
  ) |>
  summarize(delay = mean(arr_delay, na.rm = TRUE), n = n())
```

파이프라인의 첫 번째 단계 이후로는 각 줄을 두 칸씩 들여쓰기합니다. RStudio는 |> 뒤에서 줄을 바꾸면 자동으로 공백을 넣어 줍니다. 함수의 인자를 별도의 줄에 입력할 경우 두 칸 더 들여쓰기합니다.)는 새 줄에 따로 입력해야 하고, 들여쓰기 없이 함수 이름 시작 위치와 줄이 맞아야 합니다.

```
# 권장하는 방식
flights |>
  group_by(tailnum) |>
  summarize(
    delay = mean(arr_delay, na.rm = TRUE),
    n = n()
  )

# 피해야 하는 방식
flights|>
  group_by(tailnum) |>
  summarize(
           delay = mean(arr_delay, na.rm = TRUE),
           n = n()
         )

# 피해야 하는 방식
flights|>
  group_by(tailnum) |>
  summarize(
  delay = mean(arr_delay, na.rm = TRUE),
  n = n()
  )
```

파이프라인이 한 줄에 쉽게 들어간다면, 이런 규칙 중 일부를 어기는 것도 괜찮습니다. 하지만 경험상 짧은 코드 조각이 점점 길어질 때가 많기 때문에 처음부터 세로로 줄을 맞추며 코드를 작성하는 것이 장기적으로 시간을 절약하는 길입니다.

```
# 간결하게 한 줄에 들어가는 코드
df |> mutate(y = x + 1)

# 이 코드는 줄이 4배 많지만
# 변수나 단계를 추가하며 확장하기 쉽다
df |>
  mutate(
    y = x + 1
  )
```

마지막으로, 코드를 10~15줄 이상으로 너무 길게 작성하지 않도록 주의하세요. 코드가 길어지면 작은 하위 작업으로 나눈 다음 각 작업에 의미를 나타낸 이름을 붙이세요. 이름을 붙이면 코드가 무슨 기능을 하는지 이해하기 쉽고, 중간 결과가 예상대로 나왔는지 확인하기도 쉽습니다. 무언가 의미를 나타내는 이름을 붙일 수 있는 상황이라면 언제든 이름을 붙여야 합니다. 예를 들어 데이터를 피벗하거나 요약하는 등 데이터 구조를 근본적으로 변경하는 경우가 그렇습니다. 처음부터 한 번에 이름을 잘 붙일 수 있을 거라고 기대하지 마세요! 이름 붙이기에 적당한 중간 단계가 있을 때는 긴 파이프라인을 여러 단계로 분리해야 합니다.

ggplot2

파이프에 적용되는 기본 규칙이 ggplot2에도 똑같이 적용됩니다. +를 |>처럼 대하면 됩니다.

```
flights |>
  group_by(month) |>
  summarize(
    delay = mean(arr_delay, na.rm = TRUE)
  ) |>
  ggplot(aes(x = month, y = delay)) +
  geom_point() +
  geom_line()
```

다시 말하지만, 함수의 모든 인자를 한 줄에 넣을 수 없을 때는 각 인자를 새 줄에 넣으면 됩니다.

```
flights |>
  group_by(dest) |>
  summarize(
    distance = mean(distance),
    speed = mean(distance / air_time, na.rm = TRUE)
  ) |>
  ggplot(aes(x = distance, y = speed)) +
  geom_smooth(
    method = "loess",
    span = 0.5,
    se = FALSE,
    color = "white",
    linewidth = 4
  ) +
  geom_point()
```

|>가 +로 바뀌는 부분을 잘 보세요. 특수 기호를 바꾸지 않고 쓸 수 있다면 좋을 텐데, 안타깝게도 ggplot2는 파이프가 개발되기 전에 만들어졌습니다.

구획 나누기 주석

스크립트가 길어지면 **구획 나누기**(sectioning) 주석을 사용해서 파일을 관리하기 쉽도록 작은 조각으로 나눌 수 있습니다.

```
# 데이터 불러오기 ----------------------------------------

# 그래프 출력하기 ----------------------------------------
```

RStudio에서 Ctrl + Shift + R(맥OS에서는 Cmd + Shift + R)을 누르면 이런 헤더를 쉽게 만들 수 있습니다. 헤더를 만들면 스크립트 에디터 창 왼쪽 아래에 있는 코드 탐색 도구의 드롭다운 메뉴에 그림 4-2처럼 표시됩니다.

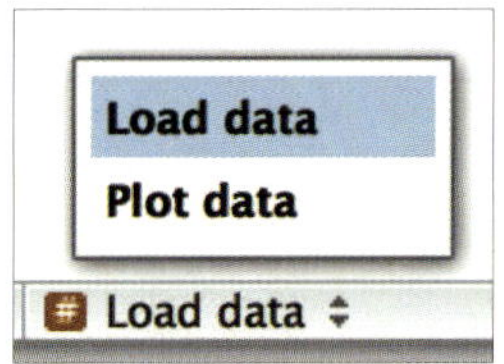

그림 4-2 스크립트에 절을 나타낸 주석을 추가하고 나면 스크립트 에디터 창 왼쪽 아래에 있는 코드 탐색 도구를 사용해서 해당 절을 쉽게 찾을 수 있습니다.

연습문제

1. 앞에서 익힌 가이드라인에 따라 다음 파이프라인을 수정하세요.

```
flights|>filter(dest=="IAH")|>group_by(year,month,day)|>summarize(n=n(),
delay=mean(arr_delay,na.rm=TRUE))|>filter(n>10)

flights|>filter(carrier=="UA",dest%in%c("IAH","HOU"),sched_dep_time>
0900,sched_arr_time<2000)|>group_by(flight)|>summarize(delay=mean(
arr_delay,na.rm=TRUE),cancelled=sum(is.na(arr_delay)),n=n())|>filter(n>10)
```

요약

이 장에서는 코딩 스타일에서 가장 중요한 원칙을 익혔습니다. 이런 규칙들이 처음에는 제멋대로인 것처럼 느껴질 수 있습니다(실제로도 그렇습니다!). 하지만 시간이 지나고 코드를 많이 작성하며 사람들과 공유하다 보면 일관된 스타일로 코드를 작성하는 게 얼마나 중요한지 알게 될 것입니다. 그리고 styler 패키지를 잊지 마세요. styler 패키지를 사용하는 것도 스타일이 일관되지 않은 코드의 품질을 빠르게 개선할 때 사용할 수 있는 좋은 방법입니다.

다음 장에서는 다시 데이터 과학 도구로 돌아가서 정돈된 데이터를 다룹니다. 정돈된 데이터를 사용하면 tidyverse 전반에 걸쳐 사용되는 방식으로 데이터 프레임을 일관성 있게 정리할 수 있습니다. 데이터를 일관성 있게 만들면 삶이 편해집니다. 왜냐하면 일관성 있는, 정돈된 데이터를 만들면 tidyverse 함수 대다수에 문제없이 적용할 수 있기 때문입니다. 물론, 삶은 결코 쉽지 않습니다. 실전에서 접하는 대부분의 데이터셋은 지저분할 겁니다. 따라서 tidyr 패키지를 이용해서 지저분한 데이터를 정돈하는 방법도 알아봅니다.

5장

R for Data Science Second Edition

데이터 정돈하기

들어가며

> "행복한 가정은 모두 비슷하지만, 불행한 가정은 제각각의 이유로 불행하다"
>
> — 레오 톨스토이(Leo Tolstoy)

> "정돈된 데이터셋은 모두 비슷하지만, 지저분한 데이터는 제각각의 형태로 지저분하다"
>
> — 해들리 위컴(Hadley Wickham)

이 장에서는 R에서 **정돈된 데이터**(tidy data)라는 시스템을 사용해 데이터를 일관성 있게 정리하는 방법을 익힙니다. 데이터를 일관된 방식으로 변형하려면 약간의 사전 작업을 해야 하지만, 길게 보면 그만한 가치가 있습니다. 정돈된 데이터와 tidyverse 패키지의 정돈 도구를 사용하면 데이터 구조를 바꾸는 데 들이는 시간을 크게 줄일 수 있으므로 관심 있는 데이터 문제에 더 많은 시간을 쏟을 수 있습니다.

이 장에서는 먼저 정돈된 데이터의 정의를 알아본 다음 간단한 장난감 데이터셋에 적용해 봅니다. 그런 다음 데이터를 정돈할 때 사용하는 기본 도구인 피벗을 자세히 살펴봅니다. 피벗을 하면 데이터셋의 값은 유지하면서 구조만 바꿀 수 있습니다.

준비하기

이 장에서는 지저분한 데이터셋을 정리하는 데 도움이 되는, 다양한 도구를 내장한 tidyr 패키지를 집중적으로 살펴봅니다.

tidyr도 핵심 tidyverse 패키지 중 하나입니다.

```
library(tidyverse)
```

이 장부터는 library(tidyverse)를 실행하면 출력되는 로딩 메시지를 표시하지 않겠습니다.

정돈된 데이터

똑같은 원자료(raw data)를 여러 가지 다른 방식으로 나타낼 수 있습니다. 다음 예시는 동일한 데이터를 세 가지 다른 방식으로 나타낸 것입니다. 모든 데이터셋은 country, year, population, case(공식 발표된 결핵 환자 수) 네 변수로 구성되어 있고 값도 같지만, 값을 구성하는 방식이 서로 다릅니다.

```
table1
#> # A tibble: 6 × 4
#>   country      year  cases population
#>   <chr>       <dbl>  <dbl>      <dbl>
#> 1 Afghanistan  1999    745   19987071
#> 2 Afghanistan  2000   2666   20595360
#> 3 Brazil       1999  37737  172006362
#> 4 Brazil       2000  80488  174504898
#> 5 China        1999 212258 1272915272
#> 6 China        2000 213766 1280428583

table2
#> # A tibble: 12 × 4
#>   country      year type           count
#>   <chr>       <dbl> <chr>          <dbl>
#> 1 Afghanistan  1999 cases            745
#> 2 Afghanistan  1999 population  19987071
#> 3 Afghanistan  2000 cases           2666
#> 4 Afghanistan  2000 population  20595360
#> 5 Brazil       1999 cases          37737
#> 6 Brazil       1999 population 172006362
#> # ℹ 6 more rows

table3
#> # A tibble: 6 × 3
#>   country      year rate
#>   <chr>       <dbl> <chr>
#> 1 Afghanistan  1999 745/19987071
```

```
#> 2 Afghanistan  2000 2666/20595360
#> 3 Brazil       1999 37737/172006362
#> 4 Brazil       2000 80488/174504898
#> 5 China        1999 212258/1272915272
#> 6 China        2000 213766/1280428583
```

이들은 모두 똑같은 원자료를 나타낸 것이지만, 데이터를 다루는 난이도는 서로 다릅니다. 이 중 `table1`은 **정돈된**(tidy) 데이터이기 때문에 tidyverse 패키지로 다루기가 훨씬 쉬울 겁니다.

데이터셋을 정돈하는 데는 세 가지 상호 관련된 규칙이 있습니다.

1. 각 변수는 열이고, 각 열은 변수입니다.
2. 각 관측치는 행이고, 각 행은 관측치입니다.
3. 각 값은 셀이며, 각 셀은 단일 값입니다.

그림 5-1은 이런 규칙을 시각적으로 표현한 것입니다.

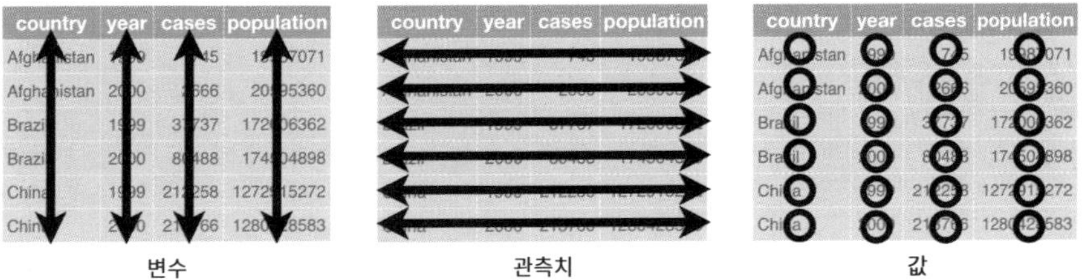

그림 5-1 변수는 열, 관측치는 행, 값은 셀, 세 가지 규칙으로 데이터셋을 정돈할 수 있습니다.

데이터를 정돈해야 하는 이유가 무엇일까요? 두 가지 이점이 있습니다.

1. 데이터를 일관되게 저장하는 방법을 한 가지 선택하면 데이터 구조가 일관되고 데이터 형태에 통일성이 생기기 때문에 데이터를 다루는 도구들을 쉽게 익힐 수 있습니다.
2. 변수를 열에 배치하면 R의 벡터화 기능을 잘 활용할 수 있습니다. 앞서 51쪽 "mutate()", 60쪽 "summarize()"에서 다뤘듯이 R 내장 함수는 대부분 변수가 벡터화되어 있을 때 잘 작동합니다. 그러므로 R에서는 데이터를 정돈된 데이터로 변형하는 것이 특히 자연스럽습니다.

dplyr, ggplot2, 그 외 tidyverse의 모든 패키지는 정돈된 데이터로 작업하도록 설계되었습니다.

table1을 다루는 방법을 보여 주는 예시를 몇 가지 살펴보겠습니다.

```
# 만분율 구하기
table1 |>
  mutate(rate = cases / population * 10000)
#> # A tibble: 6 × 5
#>   country      year  cases population  rate
#>   <chr>       <dbl>  <dbl>      <dbl> <dbl>
#> 1 Afghanistan  1999    745   19987071 0.373
#> 2 Afghanistan  2000   2666   20595360 1.29
#> 3 Brazil       1999  37737  172006362 2.19
#> 4 Brazil       2000  80488  174504898 4.61
#> 5 China        1999 212258 1272915272 1.67
#> 6 China        2000 213766 1280428583 1.67

# 연도별 합계 구하기
table1 |>
  group_by(year) |>
  summarize(total_cases = sum(cases))
#> # A tibble: 2 × 2
#>    year total_cases
#>   <dbl>       <dbl>
#> 1  1999      250740
#> 2  2000      296920

# 시간에 따른 변화 시각화하기
ggplot(table1, aes(x = year, y = cases)) +
  geom_line(aes(group = country), color = "grey50") +
  geom_point(aes(color = country, shape = country)) +
  scale_x_continuous(breaks = c(1999, 2000)) # x-axis breaks at 1999 and 2000
```

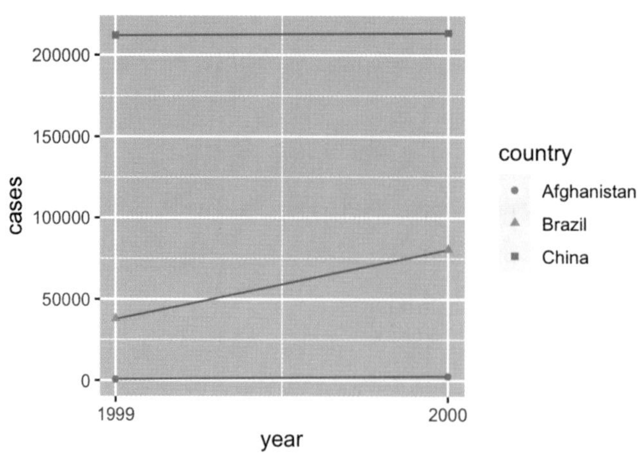

연습문제

1. 각 테이블의 관측치와 열이 무엇을 나타내는지 설명해 보세요.
2. `table2`와 `table3`를 이용해 `rate`를 계산하는 절차를 구상해 보세요. 다음 네 가지 작업을 수행해야 합니다.
   a. 연도 및 국가별 결핵 환자 수를 구합니다.
   b. 연도 및 국가별 인구를 구합니다.
   c. 결핵 환자 수를 인구로 나눈 다음 10,000을 곱합니다.
   d. 구한 값을 적당한 위치에 저장합니다.

   아직 이런 작업을 하는 데 필요한 모든 기능을 익히지는 않았지만, 이렇게 하려면 데이터를 어떻게 변환해야 하는지는 생각해 낼 수 있어야 합니다.

데이터를 세로로 늘이기

데이터를 정돈해서 사용해야 한다는 원칙, 즉 정돈된 데이터 원칙은 너무 당연해 보이기 때문에 정돈되지 않은 데이터셋이 존재할까 싶은 의문이 들 수도 있습니다. 하지만 안타깝게도 실제 데이터는 대부분 정돈되어 있지 않습니다. 여기에는 두 가지 주요 이유가 있습니다.

1. 분석이 아닌 다른 목적을 위해 데이터 구조를 결정할 때가 많습니다. 예를 들면 분석이 아니라 입력 작업을 쉽게 하려고 데이터 구조를 정할 때가 많습니다.
2. 대부분 사람은 정돈된 데이터 원칙에 익숙하지 않고, 데이터를 많이 다루어 보지 않는 한 이런 원칙을 스스로 도출하기는 어렵습니다.

즉, 실제 분석 작업을 할 때는 대부분 어느 정도 데이터를 정돈하게 됩니다. 데이터를 정돈하려면 먼저 데이터에서 변수와 관측치가 무엇을 나타내는지 파악해야 합니다. 이 작업이 쉬울 때도 있지만, 때로는 데이터를 처음 만든 사람과 상의해야 할 때도 있습니다. 그런 다음 변수를 열에, 관측치를 행에 배치해 데이터를 정돈된 구조로 변형하는 **피벗**(pivot) 작업을 합니다.

tidyr 패키지에는 데이터를 피벗할 때 사용하는 `pivot_longer()`와 `pivot_wider()` 두 함수가 있습니다. 일반적으로 가장 많이 사용되는 `pivot_longer()`부터 다루겠습니다. 몇 가지 예제를 자세히 살펴봅시다.

열 이름에 데이터가 들어 있을 때

billboard 데이터셋은 2000년 빌보드 차트에 오른 노래의 순위를 담고 있습니다.

```
billboard
#> # A tibble: 317 × 79
#>   artist       track                date.entered   wk1   wk2   wk3   wk4   wk5
#>   <chr>        <chr>                <date>       <dbl> <dbl> <dbl> <dbl> <dbl>
#> 1 2 Pac        Baby Don't Cry (Ke… 2000-02-26      87    82    72    77    87
#> 2 2Ge+her      The Hardest Part O… 2000-09-02      91    87    92    NA    NA
#> 3 3 Doors Down Kryptonite           2000-04-08      81    70    68    67    66
#> 4 3 Doors Down Loser                2000-10-21      76    76    72    69    67
#> 5 504 Boyz     Wobble Wobble        2000-04-15      57    34    25    17    17
#> 6 98^0         Give Me Just One N… 2000-08-19      51    39    34    26    26
#> # i 311 more rows
#> # i 71 more variables: wk6 <dbl>, wk7 <dbl>, wk8 <dbl>, wk9 <dbl>, …
```

이 데이터셋에서 각 관측치는 노래를 나타냅니다. 처음 세 열 artist, track, date.entered는 노래의 특징을 나타낸 변수입니다. 그 뒤에 있는 76개의 열 wk1-wk76은 주별 순위를 나타냅니다.[1] 여기서 열 이름은 하나의 변수(week)를 나타내고, 셀에 있는 값은 또 다른 변수(rank)를 나타냅니다.

이 데이터를 정돈하려면 pivot_longer()를 사용해야 합니다.

```
billboard |>
  pivot_longer(
    cols = starts_with("wk"),
    names_to = "week",
    values_to = "rank"
  )
#> # A tibble: 24,092 × 5
#>    artist track                   date.entered week   rank
#>    <chr>  <chr>                   <date>       <chr> <dbl>
#>  1 2 Pac  Baby Don't Cry (Keep... 2000-02-26   wk1      87
#>  2 2 Pac  Baby Don't Cry (Keep... 2000-02-26   wk2      82
#>  3 2 Pac  Baby Don't Cry (Keep... 2000-02-26   wk3      72
#>  4 2 Pac  Baby Don't Cry (Keep... 2000-02-26   wk4      77
#>  5 2 Pac  Baby Don't Cry (Keep... 2000-02-26   wk5      87
#>  6 2 Pac  Baby Don't Cry (Keep... 2000-02-26   wk6      94
#>  7 2 Pac  Baby Don't Cry (Keep... 2000-02-26   wk7      99
#>  8 2 Pac  Baby Don't Cry (Keep... 2000-02-26   wk8      NA
#>  9 2 Pac  Baby Don't Cry (Keep... 2000-02-26   wk9      NA
```

1 데이터셋의 노래는 2000년 중 어느 시점이든 한 번이라도 탑 100에 든 적이 있는 노래입니다. 노래가 탑 100에 한 번 들면 72주간의 순위를 추적합니다.

```
#> 10 2 Pac  Baby Don't Cry (Keep... 2000-02-26   wk10      NA
#> # i 24,082 more rows
```

함수에는 데이터셋 이름 다음으로 세 가지 주요 인자를 입력해야 합니다.

Cols

피벗할 열 이름을 입력합니다. 즉, 변수가 아닌 열 이름을 입력합니다. 이 인자는 select()와 같은 문법 구조로 입력할 수 있습니다. 따라서 여기서는 !c(artist, track, date.entered) 또는 starts_with("wk")를 사용하면 됩니다.

names_to

열 이름을 넣을 변수 이름을 정합니다. 여기서는 이 변수 이름을 week라고 정했습니다.

values_to

셀의 값을 넣을 변수 이름을 정합니다. 여기서는 이 변수 이름을 rank라고 정했습니다.

코드에서 "week"와 "rank"가 따옴표로 묶여 있는 것에 주목하세요. 이 변수들은 새로 만들 변수이고 pivot_longer()를 실행할 때는 아직 데이터에 없기 때문에 따옴표에 넣어 입력합니다.

이제 코드를 실행한 결과로 길어진 데이터 프레임을 살펴보겠습니다. 어떤 노래가 탑 100에 76주 미만 동안 들면 데이터셋에 어떻게 나타날까요? 예를 들어 투팍(2 Pac)의 “baby don’t cry”를 살펴봅시다. 앞 코드의 출력 결과를 보면 이 노래는 7주간 탑 100에 들었고 이후로는 모두 결측치로 채워져 있습니다. 이런 NA는 실제로 알려지지 않은 관측치가 있어서가 아니라 데이터셋 구조 때문에 강제로 생긴 것입니다.[2] pivot_longer()에 values_drop_na = TRUE를 설정하면 이를 제거할 수 있습니다.

```
billboard |>
  pivot_longer(
    cols = starts_with("wk"),
    names_to = "week",
    values_to = "rank",
    values_drop_na = TRUE
  )
```

2 이 문제는 18장에서 다시 다룹니다.

```
#> # A tibble: 5,307 × 5
#>   artist track                   date.entered week   rank
#>   <chr>  <chr>                   <date>       <chr> <dbl>
#> 1 2 Pac  Baby Don't Cry (Keep... 2000-02-26   wk1      87
#> 2 2 Pac  Baby Don't Cry (Keep... 2000-02-26   wk2      82
#> 3 2 Pac  Baby Don't Cry (Keep... 2000-02-26   wk3      72
#> 4 2 Pac  Baby Don't Cry (Keep... 2000-02-26   wk4      77
#> 5 2 Pac  Baby Don't Cry (Keep... 2000-02-26   wk5      87
#> 6 2 Pac  Baby Don't Cry (Keep... 2000-02-26   wk6      94
#> # i 5,301 more rows
```

값이 NA인 행이 많이 삭제되어 행 수가 훨씬 줄어들었습니다.

탑 100에 76주 이상 든 노래가 있다면 데이터셋이 어떤 형태일지도 궁금하지 않나요? 출력된 결과만으로는 아직 알 수 없지만, 아마도 데이터셋에 wk77, wk78, 등의 열이 더 있었을 거라고 예상할 수 있습니다.

지금도 데이터가 정돈되어 있기는 합니다. 하지만 연산 작업을 더 쉽게 하기 위해서 mutate()와 readr::parse_number()를 사용해 week의 값을 문자에서 숫자로 변환하겠습니다. parse_number()는 문자열에서 다른 모든 문자를 무시하고 첫 번째 숫자만 추출하는 편리한 함수입니다.

```
billboard_longer <- billboard |>
  pivot_longer(
    cols = starts_with("wk"),
    names_to = "week",
    values_to = "rank",
    values_drop_na = TRUE
  ) |>
  mutate(
    week = parse_number(week)
  )
billboard_longer
#> # A tibble: 5,307 × 5
#>   artist track                   date.entered  week  rank
#>   <chr>  <chr>                   <date>       <dbl> <dbl>
#> 1 2 Pac  Baby Don't Cry (Keep... 2000-02-26       1    87
#> 2 2 Pac  Baby Don't Cry (Keep... 2000-02-26       2    82
#> 3 2 Pac  Baby Don't Cry (Keep... 2000-02-26       3    72
#> 4 2 Pac  Baby Don't Cry (Keep... 2000-02-26       4    77
#> 5 2 Pac  Baby Don't Cry (Keep... 2000-02-26       5    87
#> 6 2 Pac  Baby Don't Cry (Keep... 2000-02-26       6    94
#> # i 5,301 more rows
```

이제 모든 주 번호가 한 변수에 있고, 모든 순위 값이 다른 변수에 들어 있습니다. 이제 노래의 순위가 시간이 지남에 따라 어떻게 변하는지 쉽게 시각화할 수 있습니다. 다음 코드를 실행하면 그림 5-2와 같은 그래프가 만들어집니다. 그래프를 보면 탑 100에 20주 이상 머무는 노래가 거의 없다는 사실을 알 수 있습니다.

```
billboard_longer |>
  ggplot(aes(x = week, y = rank, group = track)) +
  geom_line(alpha = 0.25) +
  scale_y_reverse()
```

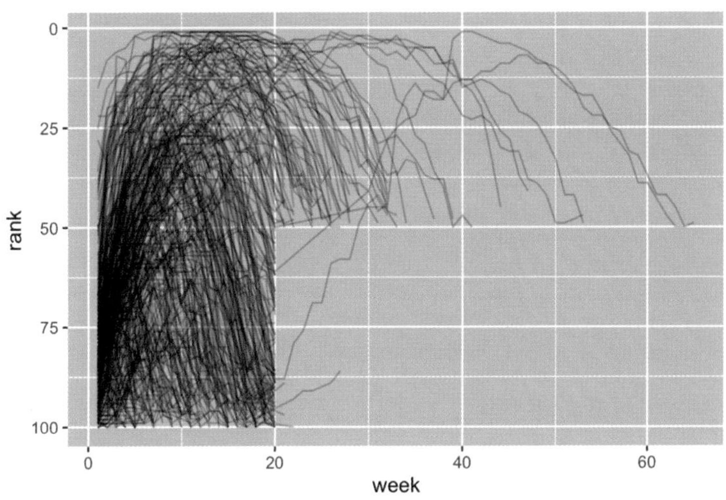

그림 5-2 노래의 순위가 시간이 지남에 따라 어떻게 변하는지 나타낸 선 그래프

데이터를 피벗하는 원리

데이터를 피벗해 구조를 바꾸는 방법을 살펴보았으니, 이번에는 데이터를 피벗하면 어떤 일이 일어나는지 감을 잡는 시간을 갖겠습니다. 데이터가 변해가는 과정을 쉽게 알 수 있도록 아주 간단한 데이터셋을 만드는 것으로부터 시작하겠습니다. id가 a, b, c인 환자 3명이 있고, 각 환자의 혈압을 두 번씩 측정했다고 가정한 다음 tribble()을 이용해 데이터셋을 만들겠습니다. tribble()은 작은 tibble 데이터를 손쉽게 만들 수 있는 함수입니다.

```
df <- tribble(
  ~id,  ~bp1, ~bp2,
   "A",  100,  120,
```

```
  "B", 140, 115,
  "C", 120, 125
)
```

데이터셋을 id(기존 데이터셋에 이미 있는), measurement(열 이름), value(셀 값) 세 변수로 구성하려고 합니다. 그러려면 df를 피벗해서 길게 만들어야 합니다.

```
df |>
  pivot_longer(
    cols = bp1:bp2,
    names_to = "measurement",
    values_to = "value"
  )
#> # A tibble: 6 × 3
#>   id    measurement value
#>   <chr> <chr>       <dbl>
#> 1 A     bp1           100
#> 2 A     bp2           120
#> 3 B     bp1           140
#> 4 B     bp2           115
#> 5 C     bp1           120
#> 6 C     bp2           125
```

데이터 구조가 어떻게 바뀌었나요? 열별로 생각해 보면 쉽게 이해할 수 있습니다. 그림 5-3에서 보듯이 원본 데이터셋에서 원래 변수였던 id 열의 값은 피벗되는 두 열 bp1과 bp2에 한 번씩 대응해 반복됩니다.

id	bp1	bp2
A	100	120
B	140	115
C	120	125

id	name	value
A	bp1	100
A	bp2	120
B	bp1	140
B	bp2	115
C	bp1	120
C	bp2	125

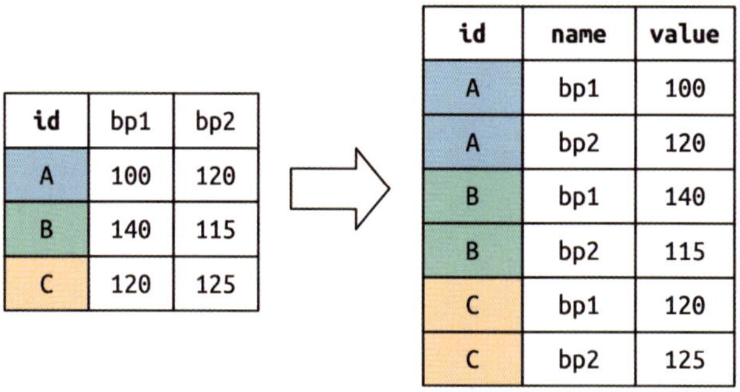

그림 5-3 원래 변수였던 열은 피벗되는 열에 한 번씩 대응해 반복됩니다.

그림 5-4에서 보듯 열 이름은 names_to에 입력한 새 변수의 값이 됩니다. 열 이름은 원본 데이터셋의 각 행에 한 번씩 대응해 반복됩니다.

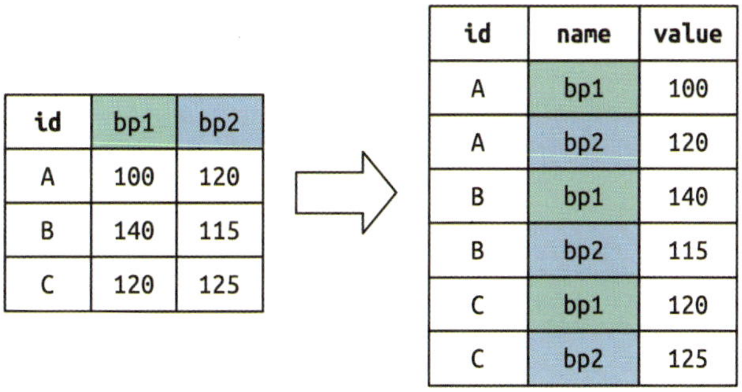

id	bp1	bp2
A	100	120
B	140	115
C	120	125

id	name	value
A	bp1	100
A	bp2	120
B	bp1	140
B	bp2	115
C	bp1	120
C	bp2	125

그림 5-4 원본 데이터셋의 열 이름이 새로 만든 열의 값이 됩니다. 원본 데이터셋의 각 행에 한 번씩 대응해 반복됩니다.

또한 셀 값은 values_to에 입력한 새 변수의 값이 됩니다. 셀 값은 각 행에 배치됩니다. 그림 5-5는 이 과정을 보여 줍니다.

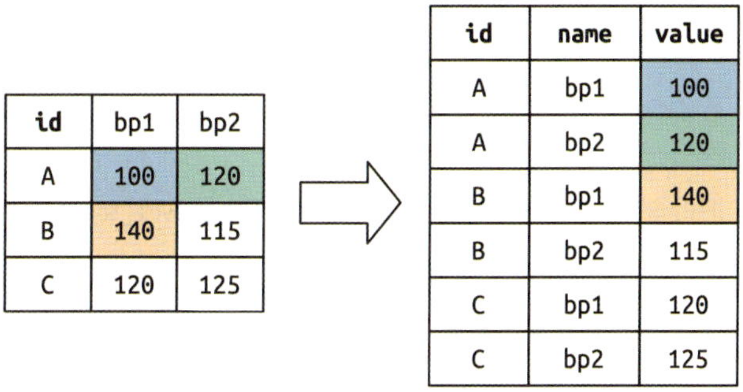

id	bp1	bp2
A	100	120
B	140	115
C	120	125

id	name	value
A	bp1	100
A	bp2	120
B	bp1	140
B	bp2	115
C	bp1	120
C	bp2	125

그림 5-5 값은 반복되지 않고 그대로 유지되면서 각 행에 배치됩니다.

변수 이름으로 여러 변수 만들기

열 이름에 여러 정보가 함께 들어 있는데 이를 별도의 새 변수에 저장하려면 더 복잡한 상황이 생깁니다. 예를 들어 앞에서 본 table1의 출처인 who2 데이터셋을 살펴보겠습니다.

```
who2
#> # A tibble: 7,240 × 58
#>   country      year sp_m_014 sp_m_1524 sp_m_2534 sp_m_3544 sp_m_4554
#>   <chr>       <dbl>    <dbl>     <dbl>     <dbl>     <dbl>     <dbl>
#> 1 Afghanistan  1980       NA        NA        NA        NA        NA
#> 2 Afghanistan  1981       NA        NA        NA        NA        NA
#> 3 Afghanistan  1982       NA        NA        NA        NA        NA
#> 4 Afghanistan  1983       NA        NA        NA        NA        NA
```

```
#> 5 Afghanistan  1984      NA      NA      NA      NA      NA
#> 6 Afghanistan  1985      NA      NA      NA      NA      NA
#> # ℹ 7,234 more rows
#> # ℹ 51 more variables: sp_m_5564 <dbl>, sp_m_65 <dbl>, sp_f_014 <dbl>, …
```

세계보건기구(World Health Organization, WHO)에서 수집한 이 데이터셋은 결핵 진단 기록 정보를 담고 있습니다. 두 열 country와 year는 이미 변수로 되어 있어 해석하기 쉽습니다. 그다음으로 sp_m_014, ep_m_4554, rel_m_3544 같은 열이 56개 있습니다. 이 열들을 한참 쳐다보고 있으면 패턴이 있다는 사실을 발견하게 될 겁니다. 각 열 이름은 _로 구분된 세 조각으로 구성됩니다. 첫 번째 조각 sp/rel/ep는 진단 방법을 나타냅니다. 두 번째 조각 m/f는 성별을 나타냅니다. 이 데이터셋에서는 성별이 이진 변수로 코딩되어 있습니다. 세 번째 조각 014/1524/2534/3544/4554/5564/65는 나이 범위를 나타냅니다. 예를 들어 014는 0-14세를 뜻합니다.

따라서 이 경우 who2 데이터셋에는 이미 열로 구성된 국가와 연도, 하나의 열 이름에 함께 들어 있는 진단 방법, 성별 범주, 연령대 범주, 마지막으로 셀 값으로 구성된 범주별 환자 수, 이렇게 여섯 가지 정보 조각이 기록되어 있습니다. 이 여섯 가지 정보를 분리해 여섯 개의 열로 구성하겠습니다. pivot_longer()의 names_to에 열 이름 벡터를 입력하고 names_sep에 기존 변수 이름을 분리할 때 기준으로 삼을 값을 입력합니다. values_to에는 새로 만들 열 이름을 입력합니다.

```
who2 |>
  pivot_longer(
    cols = !(country:year),
    names_to = c("diagnosis", "gender", "age"),
    names_sep = "_",
    values_to = "count"
  )
#> # A tibble: 405,440 × 6
#>   country      year diagnosis gender age   count
#>   <chr>       <dbl> <chr>     <chr>  <chr> <dbl>
#> 1 Afghanistan  1980 sp        m      014      NA
#> 2 Afghanistan  1980 sp        m      1524     NA
#> 3 Afghanistan  1980 sp        m      2534     NA
#> 4 Afghanistan  1980 sp        m      3544     NA
#> 5 Afghanistan  1980 sp        m      4554     NA
#> 6 Afghanistan  1980 sp        m      5564     NA
#> # ℹ 405,434 more rows
```

names_sep 대신 names_pattern을 사용하면 더 복잡한 정보를 담고 있는 열 이름에서 변수를 추출할 수 있습니다. 15장에서 정규 표현식을 익히고 나면 이 기능을 사용할 수 있을 것입니다.

이 사례는 앞에서 봤던 간단한 사례를 약간 변형한 것일 뿐 개념은 같습니다. 그림 5-6에 기본 개념을 나타냈습니다. 열 이름이 한 열이 아니라 여러 열로 피벗한 것입니다. 이 작업이 피벗을 하고 나서 분리하는 식으로 두 단계로 진행할 것 같지만, 실제로는 한 번에 이루어집니다. 한 번에 처리하는 게 더 빠르기 때문입니다.

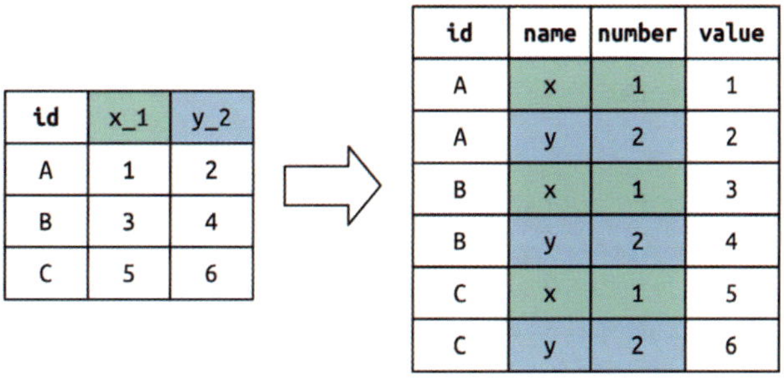

id	x_1	y_2
A	1	2
B	3	4
C	5	6

id	name	number	value
A	x	1	1
A	y	2	2
B	x	1	3
B	y	2	4
C	x	1	5
C	y	2	6

그림 5-6 이름에 여러 정보가 들어 있는 열을 피벗하면 열 이름이 새로 만든 여러 열의 값을 채웁니다.

열 이름에 데이터와 변수 이름이 함께 들어 있을 때

열 이름에 변수의 값과 변수 이름이 함께 섞여 있는 경우에도 복잡한 상황이 생깁니다. household 데이터셋을 예로 들겠습니다.

```
household
#> # A tibble: 5 × 5
#>   family dob_child1 dob_child2 name_child1 name_child2
#>    <int> <date>     <date>     <chr>       <chr>
#> 1      1 1998-11-26 2000-01-29 Susan       Jose
#> 2      2 1996-06-22 NA         Mark        <NA>
#> 3      3 2002-07-11 2004-04-05 Sam         Seth
#> 4      4 2004-10-10 2009-08-27 Craig       Khai
#> 5      5 2000-12-05 2005-02-28 Parker      Gracie
```

이 데이터셋은 다섯 가족의 정보를 담고 있습니다. 각 가족은 자녀가 최대 두 명 있고, 데이터셋에 자녀의 이름과 생년월일 정보가 들어 있습니다. 이 데이터셋의 복잡한 점은 열 이름에 두 변수의 이름(dob, name)이 들어 있는데 또 다른 변수의 값(1 또는 2로 된 child)까지 함께 들어 있다는 것입니다. 이 문제를 해결하려면 마찬가지로 names_to에 벡터를 입력하면 되는데, 이번에는 ".value"라는 특수한 끝 표시값(sentinel)을 사용하겠습니다. ".value"는 변수 이름이 아니라 pivot_longer()가 특수한 작업을 수행하도록 입력하는 고유한 값입니다. 이렇게 하면 일반적으로 사용해 온 values_to 인자의 기능을 대체해서 피벗할 열 이름의 첫 번째 구성 요소를 새 변수의 이름으로 만듭니다.

```
household |>
  pivot_longer(
    cols = !family,
    names_to = c(".value", "child"),
    names_sep = "_",
    values_drop_na = TRUE
  )
#> # A tibble: 9 × 4
#>   family child  dob        name
#>    <int> <chr>  <date>     <chr>
#> 1      1 child1 1998-11-26 Susan
#> 2      1 child2 2000-01-29 Jose
#> 3      2 child1 1996-06-22 Mark
#> 4      3 child1 2002-07-11 Sam
#> 5      3 child2 2004-04-05 Seth
#> 6      4 child1 2004-10-10 Craig
#> # i 3 more rows
```

여기서도 결측치를 제거하도록 values_drop_na = TRUE를 사용했습니다. 입력 데이터셋에 자녀가 한 명뿐인 가족이 있어서 명시적인 결측치가 만들어지기 때문입니다.

그림 5-7은 간단한 예시를 들어 기본 개념을 보여 줍니다. names_to에 ".value"를 사용하면 출력 데이터셋의 값과 변수 이름 모두 입력 데이터셋의 열 이름에 기반해 만들어집니다.

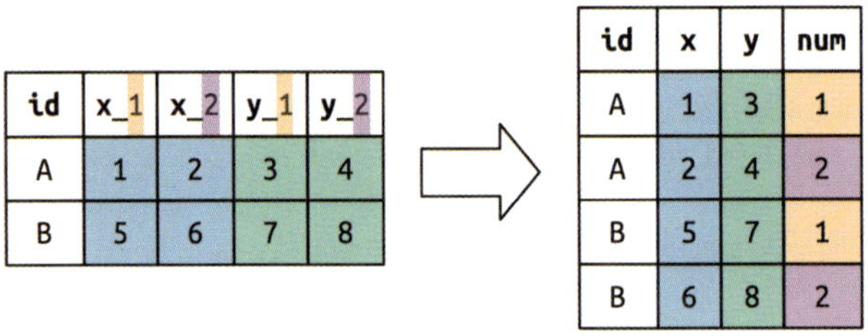

id	x_1	x_2	y_1	y_2
A	1	2	3	4
B	5	6	7	8

id	x	y	num
A	1	3	1
A	2	4	2
B	5	7	1
B	6	8	2

그림 5-7 names_to = c(".value", "num")를 사용해 피벗하면 열 이름이 두 가지 구성 요소로 나뉩니다. 열 이름의 첫 번째 요소는 출력 데이터셋의 열 이름이 됩니다(x 또는 y). 두 번째 요소는 출력 데이터셋 num 열의 값이 됩니다.

데이터를 가로로 넓히기

지금까지는 값이 열 이름 끝에 들어 있는 일반적인 문제를 해결하기 위해 pivot_longer()를 사용했습니다. 이번에는 데이터셋을 피벗하는 방법을 피벗할 겁니다(하하하). 지금부터는 데이터셋의 열 개수를 늘리고 행 개수를 줄여서 데이터셋을 가로로 넓게(wider) 만드는 pivot_wider()를 사용하겠습니다. 데이터셋에 한 관측치가 여러 행에 걸쳐 있을 때 이렇게 가로로 넓히면 다루기 편합니다. 실전에서는 이런 데이터셋 형태가 드물지만, 정부에서 발간한 데이터셋은 이렇게 생긴 경우가 꽤 많습니다.

먼저 미국 보험청(US Centers of Medicare and Medicaid services)에서 환자 경험을 수집해 만든 cms_patient_experience 데이터셋을 살펴보겠습니다.

```
cms_patient_experience
#> # A tibble: 500 × 5
#>   org_pac_id org_nm                     measure_cd   measure_title   prf_rate
#>   <chr>      <chr>                      <chr>        <chr>              <dbl>
#> 1 0446157747 USC CARE MEDICAL GROUP INC CAHPS_GRP_1  CAHPS for MIPS…       63
#> 2 0446157747 USC CARE MEDICAL GROUP INC CAHPS_GRP_2  CAHPS for MIPS…       87
#> 3 0446157747 USC CARE MEDICAL GROUP INC CAHPS_GRP_3  CAHPS for MIPS…       86
#> 4 0446157747 USC CARE MEDICAL GROUP INC CAHPS_GRP_5  CAHPS for MIPS…       57
#> 5 0446157747 USC CARE MEDICAL GROUP INC CAHPS_GRP_8  CAHPS for MIPS…       85
#> 6 0446157747 USC CARE MEDICAL GROUP INC CAHPS_GRP_12 CAHPS for MIPS…       24
#> # i 494 more rows
```

핵심적인 연구 단위는 "조직"이지만, 각 조직이 6행에 걸쳐 있습니다. 각 행은 서로 다른 설문조사 기관에서 측정한 측정치를 담고 있습니다. distinct()를 사용하면 measure_cd, measure_title의 전체 값 집합을 확인할 수 있습니다.

```
cms_patient_experience |> 
  distinct(measure_cd, measure_title)
#> # A tibble: 6 × 2
#>   measure_cd   measure_title
#>   <chr>        <chr>
#> 1 CAHPS_GRP_1  CAHPS for MIPS SSM: Getting Timely Care, Appointments, and In…
#> 2 CAHPS_GRP_2  CAHPS for MIPS SSM: How Well Providers Communicate
#> 3 CAHPS_GRP_3  CAHPS for MIPS SSM: Patient's Rating of Provider
#> 4 CAHPS_GRP_5  CAHPS for MIPS SSM: Health Promotion and Education
#> 5 CAHPS_GRP_8  CAHPS for MIPS SSM: Courteous and Helpful Office Staff
#> 6 CAHPS_GRP_12 CAHPS for MIPS SSM: Stewardship of Patient Resources
```

두 변수의 값 모두 좋은 변수 이름을 만드는 데 적합하지 않습니다. measure_cd의 값은 변수의 의미를 나타내지 않고, measure_title의 값은 공백이 들어 있는 긴 문장으로 되어 있습니다. 지금은 measure_cd를 새 열 이름을 짓는데 재료로 사용하겠지만, 실제로 분석할 때는 짧고 의미 있는 변수 이름을 직접 만드는 게 나을 겁니다.

pivot_wider()는 pivot_longer()와 반대되는 구조로 구성되어 있습니다. 즉, 새로 만들 열 이름을 입력하는 대신 원본 데이터셋의 어떤 열을 사용해서 값(values_from)과 열 이름(names_from)을 정할 건지 입력해야 합니다.

```
cms_patient_experience |>
  pivot_wider(
    names_from = measure_cd,
    values_from = prf_rate
  )
#> # A tibble: 500 × 9
#>   org_pac_id org_nm                     measure_title   CAHPS_GRP_1 CAHPS_GRP_2
#>   <chr>      <chr>                      <chr>                 <dbl>       <dbl>
#> 1 0446157747 USC CARE MEDICAL GROUP … CAHPS for MIPS…          63          NA
#> 2 0446157747 USC CARE MEDICAL GROUP … CAHPS for MIPS…          NA          87
#> 3 0446157747 USC CARE MEDICAL GROUP … CAHPS for MIPS…          NA          NA
#> 4 0446157747 USC CARE MEDICAL GROUP … CAHPS for MIPS…          NA          NA
#> 5 0446157747 USC CARE MEDICAL GROUP … CAHPS for MIPS…          NA          NA
#> 6 0446157747 USC CARE MEDICAL GROUP … CAHPS for MIPS…          NA          NA
#> # ℹ 494 more rows
#> # ℹ 4 more variables: CAHPS_GRP_3 <dbl>, CAHPS_GRP_5 <dbl>, …
```

출력 결과를 보면 여전히 조직별로 여러 행이 있어서 마음에 들지 않습니다. 이를 해결하려면 각 행의 고유 식별값이 어느 열에 있는지를 pivot_wider()에 입력해야 합니다. 여기서는 "org"로 시작하는 변수들을 입력하면 됩니다. 이렇게 하면 원하는 결과를 얻을 수 있습니다.

```
cms_patient_experience |>
  pivot_wider(
    id_cols = starts_with("org"),
    names_from = measure_cd,
    values_from = prf_rate
  )
#> # A tibble: 95 × 8
#>   org_pac_id org_nm           CAHPS_GRP_1 CAHPS_GRP_2 CAHPS_GRP_3 CAHPS_GRP_5
#>   <chr>      <chr>                  <dbl>       <dbl>       <dbl>       <dbl>
#> 1 0446157747 USC CARE MEDICA…          63          87          86          57
#> 2 0446162697 ASSOCIATION OF …          59          85          83          63
```

```
#> 3 0547164295 BEAVER MEDICAL …          49          NA          75          44
#> 4 0749333730 CAPE PHYSICIANS…          67          84          85          65
#> 5 0840104360 ALLIANCE PHYSIC…          66          87          87          64
#> 6 0840109864 REX HOSPITAL INC          73          87          84          67
#> # i 89 more rows
#> # i 2 more variables: CAHPS_GRP_8 <dbl>, CAHPS_GRP_12 <dbl>
```

pivot_wider() 작동 원리

pivot_wider()가 어떻게 작동하는지 이해하기 위해 다시 아주 간단한 데이터셋을 만들겠습니다. 이번에는 id가 A와 B인 두 명의 환자가 있습니다. 혈압을 환자 A한테 세 번, 환자 B한테 두 번 측정했습니다.

```
df <- tribble(
  ~id, ~measurement, ~value,
  "A",        "bp1",    100,
  "B",        "bp1",    140,
  "B",        "bp2",    115,
  "A",        "bp2",    120,
  "A",        "bp3",    105
)
```

이제 값은 value 열에서 가져오고, 변수 이름은 measurement 열에서 가져오겠습니다.

```
df |>
  pivot_wider(
    names_from = measurement,
    values_from = value
  )
#> # A tibble: 2 × 4
#>   id      bp1   bp2   bp3
#>   <chr> <dbl> <dbl> <dbl>
#> 1 A       100   120   105
#> 2 B       140   115    NA
```

pivot_wider()가 가장 먼저 하는 작업은 행과 열에 무엇을 넣을지 파악하는 것입니다. 새 열 이름은 measurement의 고윳값으로 만들어질 겁니다.

```
df |>
  distinct(measurement) |>
  pull()
#> [1] "bp1" "bp2" "bp3"
```

기본적으로 출력 데이터셋의 행은 새 열 이름이나 값에 들어가지 않을 모든 변수에 의해 정해집니다. 이를 id_cols라 합니다. 여기서는 열이 하나만 있지만, 여러 열이 있는 경우도 많습니다

```
df |>
  select(-measurement, -value) |>
  distinct()
#> # A tibble: 2 × 1
#>   id
#>   <chr>
#> 1 A
#> 2 B
```

이제 pivot_wider()는 이 결과물들을 결합해 빈 데이터 프레임을 만듭니다.

```
df |>
  select(-measurement, -value) |>
  distinct() |>
  mutate(x = NA, y = NA, z = NA)
#> # A tibble: 2 × 4
#>   id    x     y     z
#>   <chr> <lgl> <lgl> <lgl>
#> 1 A     NA    NA    NA
#> 2 B     NA    NA    NA
```

그런 다음 입력 데이터셋을 이용해 결측치를 채웁니다. 여기서는 출력값의 모든 셀에 대응하는 입력값이 있지는 않습니다. 예를 들어 환자 B는 세 번째 혈압 측정치가 없습니다. 따라서 이 셀은 결측치로 남아 있게 됩니다. pivot_wider()가 결측치를 "만드는" 이런 현상은 18장에서 다시 다루겠습니다.

또한 출력 데이터셋의 한 셀에 대응하는 값이 입력 데이터셋에 여러 행 있으면 어떻게 되는지 궁금할 겁니다. 다음 예제를 보면 id가 "A", measurement가 "bp1"인 행이 두 개 있습니다.

```
df <- tribble(
  ~id, ~measurement, ~value,
  "A",        "bp1",    100,
  "A",        "bp1",    102,
  "A",        "bp2",    120,
  "B",        "bp1",    140,
  "B",        "bp2",    115
)
```

이 데이터셋을 피벗하면 list 구조의 열이 만들어집니다. 이에 대해서는 23장에서 자세히 알아보겠습니다.

```
df |>
  pivot_wider(
    names_from = measurement,
    values_from = value
  )
#> Warning: Values from `value` are not uniquely identified; output will contain
#> list-cols.
#> • Use `values_fn = list` to suppress this warning.
#> • Use `values_fn = {summary_fun}` to summarise duplicates.
#> • Use the following dplyr code to identify duplicates.
#>   {data} |>
#>   dplyr::summarise(n = dplyr::n(), .by = c(id, measurement)) |>
#>   dplyr::filter(n > 1L)
#> # A tibble: 2 × 3
#>   id    bp1       bp2
#>   <chr> <list>    <list>
#> 1 A     <dbl [2]> <dbl [1]>
#> 2 B     <dbl [1]> <dbl [1]>
```

아직 list 구조의 데이터를 다루는 방법을 모르기 때문에 경고 메시지의 힌트를 보고 문제가 무엇인지 파악해야 합니다.

```
df |>
  group_by(id, measurement) |>
  summarize(n = n(), .groups = "drop") |>
  filter(n > 1)
#> # A tibble: 1 × 3
#>   id    measurement     n
#>   <chr> <chr>       <int>
#> 1 A     bp1             2
```

그런 다음 데이터에 무슨 문제가 있는지 알아내서 문제를 근본적으로 해결하거나 아니면 그룹별로 요약하는 기술을 사용해 행과 열의 조합이 하나씩만 남도록 해야 합니다. 어떤 방법을 사용할지는 데이터를 다루는 사람이 결정해야 합니다.

요약

이 장에서는 정돈된 데이터를 익혔습니다. 정돈된 데이터는 열에는 변수, 행에는 관측치가 있습니다. 정돈된 데이터는 대부분 함수가 잘 처리할 수 있도록 구조가 일관되기 때문에 tidyverse 패키지를 활용하면 쉽게 분석할 수 있습니다. 주요 과제는 주어진 데이터 구조가 어떠하든 우선 정돈된 데이터로 변형하는 것입니다. 이를 위해 다양한 형태의 지저분한 데이터를 정돈해 주는 `pivot_longer()`와 `pivot_wider()`를 익혔습니다. 이 장에서 소개한 예제는 `vignette("pivot", package = "tidyr")`의 일부입니다. 이 장에서 다룬 방법만으로 해결하기 어려운 문제가 있다면 이 문서를 참고하세요.

또 다른 문제는 데이터를 길게 만들거나 넓게 만들어도 정돈하기 어려운 데이터가 주어질 수 있다는 것입니다. 이는 정돈된 데이터를 어떻게 정의할 것인가와 일부 관련된 문제입니다. 정돈된 데이터는 각 열에 하나의 변수만 있어야 한다고 앞에서 설명했지만, 실제로 변수가 무엇인지는 정의하지 않았습니다. 변수를 정의하는 것은 놀랍도록 어려운 일입니다. 데이터 분석을 하는 데 도움이 되는 것이라면 무엇이든 변수라고 실용적인 관점으로 단순하게 정의해도 전혀 문제 될 게 없습니다. 그러므로 어떤 연산을 어떻게 해야 할지 고민에 빠졌다면 데이터 구조를 바꾸는 것을 고려해 보세요. 필요에 따라 데이터를 뒤죽박죽으로 만들고, 변형하고, 다시 정돈하면 되니까 두려워하지 마세요!

이 장의 내용이 흥미로워서 기반 이론을 더 자세히 알고 싶다면 통계 소프트웨어 저널(Journal of Statistical Software)에 게재된 논문 〈Tidy Data〉(*https://www.jstatsoft.org/article/view/v059i10*)를 읽어 보세요. 관련 역사와 이론적 토대를 자세히 알 수 있습니다.

이제 상당한 양의 R 코드를 작성하게 되었으니, 코드를 파일과 디렉터리로 구조화하는 방법을 자세히 알아볼 차례입니다. 다음 장에서는 스크립트와 프로젝트를 만들면 어떤 이점이 있는지 알아보고 데이터 과학자의 삶을 편안하게 만들어 주는 다양한 도구를 익힙니다.

6장

R for Data Science Second Edition

워크플로우: 스크립트와 프로젝트

이 장에서는 코드를 구조화하는 데 사용하는 핵심 도구인 스크립트와 프로젝트를 소개합니다.

스크립트

지금까지는 코드를 실행할 때 콘솔 창을 사용했습니다. 콘솔 창은 처음 코드를 작성할 때는 괜찮지만, ggplot2로 복잡한 그래프를 만들거나 dplyr 파이프라인이 길어지면 금방 비좁게 느낄 겁니다. 스크립트 에디터를 사용하면 코드를 작성할 공간을 넓게 쓸 수 있습니다. File 메뉴에서 New File 〉 R script를 클릭해 스크립트 에디터를 엽니다. 아니면 Ctrl + Shift + N(맥OS에서는 Cmd + Shift + N)을 눌러도 됩니다. 그러면 그림 6-1과 같이 4개의 창이 표시됩니다. 스크립트 에디터는 코드를 실험하기에 좋은 장소입니다. 무언가 바꾸고 싶을 때 전체 코드를 다시 입력할 필요 없이 스크립트를 편집해서 다시 실행하기만 하면 됩니다. 원하는 대로 잘 작동하는 코드를 완성하면 스크립트 파일로 저장한 다음 필요할 때 불러오면 됩니다.

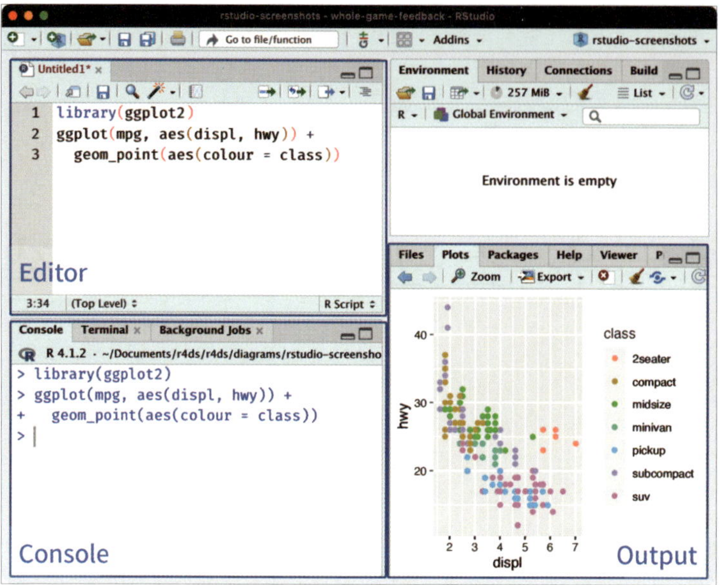

그림 6-1 스크립트 에디터를 열면 RStudio 왼쪽 위에 새 창이 생깁니다.

코드 실행하기

스크립트 편집기를 이용하면 복잡한 ggplot2 그래프나 긴 dplyr 파이프라인 코드를 편하게 작성할 수 있습니다. 스크립트 편집기를 편하게 사용하려면 단축키 Ctrl + Enter(맥OS에서는 Cmd + Return)를 꼭 외워야 합니다. 스크립트 편집기에서 Ctrl + Enter를 누르면 콘솔 창에서 R 구문이 실행됩니다. 예를 들어 다음 코드를 실행해 보겠습니다.

```
library(dplyr)
library(nycflights13)

not_cancelled <- flights |>
  filter(!is.na(dep_delay)█, !is.na(arr_delay))

not_cancelled |>
  group_by(year, month, day) |>
  summarize(mean = mean(dep_delay))
```

커서가 █에 있을 때 Ctrl + Enter를 누르면 not_cancelled를 만드는 전체 명령어 구문이 실행됩니다. 이후 커서는 다음 명령어 not_cancelled |>의 시작 부분으로 이동합

니다. 이런 기능 덕에 Ctrl + Enter를 반복해서 누르는 것만으로 전체 스크립트를 순서대로 실행할 수 있습니다.

코드를 구문별로 실행하는 대신 전체 스크립트를 한 번에 실행하려면 Ctrl + Shift + S(맥OS에서는 Cmd + Shift + S)를 누르면 됩니다. 스크립트에 중요한 부분을 빠짐없이 작성했는지 확인하기 위해 정기적으로 Ctrl + Shift + S를 눌러 전체 스크립트를 실행해 보는 것도 좋습니다.

스크립트를 작성할 때는 항상 필요한 패키지를 로드하는 코드부터 작성하는 게 좋습니다. 이렇게 하면 누군가 코드를 공유받았을 때 어떤 패키지를 설치해야 하는지 쉽게 알 수 있습니다. 하지만 공유할 스크립트에는 `install.packages()`를 절대 넣어 두면 안 됩니다. 상대방의 컴퓨터 환경을 변경할 수 있는 스크립트를 공유하는 것은 배려 없는 행동이므로 주의해야 합니다.

앞으로는 책의 내용을 실습할 때 코드를 스크립트 편집기에 입력한 다음 단축키를 눌러 실행하세요. 그러다 보면 점점 이런 식으로 콘솔에 코드를 보내는 게 너무 자연스러워져서 의식도 하지 않게 될 겁니다.

RStudio의 코드 진단 기능

스크립트 에디터에 입력한 코드에 오류가 있으면 오류가 있는 부분에 빨간색 물결 표시가 나타나고 RStudio 사이드바에 가위표가 나타납니다.

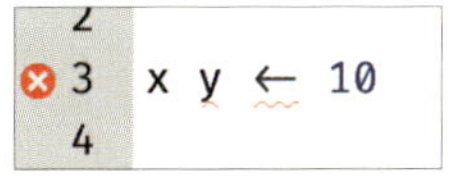

가위표 위에 마우스 커서를 올리면 무엇이 문제인지 알 수 있습니다.

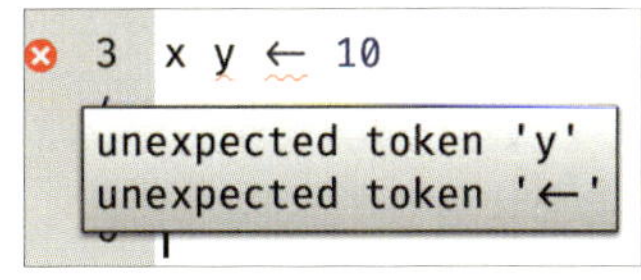

RStudio는 문제가 될 수 있는 부분을 알려 줍니다.

저장하고 이름 짓기

RStudio를 종료하면 스크립트 편집기의 내용을 자동으로 저장하고, RStudio를 다시 열면 자동으로 불러옵니다. 스크립트의 내용이 자동으로 저장되기는 하지만, Untitled1, Untitled2, Untitled3처럼 스크립트 이름이 지정됩니다. 이와 같이 스크립트를 이름 없이 두기보다는 내용을 드러내는 이름을 지어 파일로 저장하는 게 좋습니다.

파일 이름을 `code.r`, `myscript.r`처럼 단순하게 짓고 싶은 마음이 들겠지만, 조금 신중하게 생각해서 이름을 정할 필요가 있습니다. 파일 이름을 정하는 세 가지 주요 원칙이 있습니다.

1. 기계가 읽을 수 있어야 합니다. 공백, 기호, 특수 문자를 피하세요. 파일을 대소문자 차이로 구분하는 식으로 파일 이름을 정하지 마세요.
2. 사람이 읽을 수 있어야 합니다. 파일에 무엇이 들어 있는지 알 수 있도록 파일 이름을 정하세요.
3. 정렬하기 편해야 합니다. 알파벳순으로 정렬하기 편하도록 앞에 숫자를 붙여 파일 이름을 정하세요.

예를 들어 프로젝트 폴더에 다음과 같은 파일이 있다고 가정해 보겠습니다.

```
alternative model.R
code for exploratory analysis.r
finalreport.qmd
FinalReport.qmd
fig 1.png
Figure_02.png
model_first_try.R
run-first.r
temp.txt
```

파일 이름에 여러 가지 문제가 있습니다. 우선 어떤 파일을 가장 먼저 실행해야 하는지 알기 어렵습니다. 공백이 들어 있는 파일 이름, 대소문자만 다른 파일 이름(`finalreport`, `Finalreport`[1]), 무엇이 들어 있는지 알 수 없는 파일 이름도 있습니다(`run-first`, `temp`).

1 파일 이름에 "final"을 넣고 싶은 유혹이 들겠지만 누구도 미래를 알 수 없습니다. 〈Piled Higher and Deeper〉라는 만화에서 이에 관한 재미있는 에피소드를 다뤘습니다(*https://phdcomics.com/comics/archive.php?comicid=1531*).

같은 파일을 다음과 같이 더 나은 방법으로 이름 지어 구조화할 수 있습니다.

```
01-load-data.R
02-exploratory-analysis.R
03-model-approach-1.R
04-model-approach-2.R
fig-01.png
fig-02.png
report-2022-03-20.qmd
report-2022-04-02.qmd
report-draft-notes.txt
```

주요 스크립트에 번호를 매겨서 어떤 순서로 실행해야 하는지 명확히 알 수 있게 했습니다. 일관된 규칙에 따라 이름을 정해서 파일들이 서로 어떻게 다른지 쉽게 파악할 수 있도록 했습니다. 또한 그림 파일끼리 비슷하게 이름 짓고, 보고서 파일은 날짜를 넣어 구분하고, `temp`는 파일 내용이 무엇인지 알 수 있도록 `report-draft-notes`로 이름을 바꿨습니다. 만약 한 디렉터리에 매우 많은 파일이 있다면 한 단계 더 나아가 파일 유형별로 서로 다른 디렉터리에 배치하는 것이 좋습니다. 예를 들면 스크립트, 그림, 기타 파일로 나누어 각 디렉터리에 배치하는 것입니다.

프로젝트

데이터를 분석하다 보면 때로는 R을 종료하고 다른 작업을 하다가 나중에 다시 데이터를 분석하러 돌아오게 될 겁니다. 때로는 여러 분석을 동시에 진행하다가 각 분석을 따로 분리해서 진행해야 할 겁니다. 때로는 외부에서 데이터를 R로 가져와 분석한 다음 분석 결과물인 수치와 그래프를 다시 외부에 공개해야 할 겁니다.

실전에서 이런 일들을 처리하다 보면 다음 두 가지를 결정해야 합니다.

1. 코드 실행 결과를 항상 같게 하려면 어떻게 해야 하는가? 최근 작업 기록을 보존하려면 무엇을 저장해야 하는가?
2. 분석 작업물을 어디에 저장할 것인가?

코드 실행 결과를 항상 같게 하려면?

초보자라면 기본 작업 환경에서 분석하고 작업물을 만들어도 괜찮습니다. 하지만 대규모 프로젝트를 진행하거나 여러 사람과 협업하려면 R 스크립트를 사용해야 합니다. R 스크립트와 데이터 파일을 활용하면 작업 환경을 똑같이 다시 만들 수 있습니다. 기본 작업 환경만 사용하면 R 스크립트를 다시 똑같이 만들기가 훨씬 어렵습니다. 메모리에 저장된 수많은 코드를 다시 입력하다가 실수가 생길 수도 있고 코드 실행 기록이 들어 있는 R history를 다시 꼼꼼히 살펴봐야 할 수도 있습니다.

코드 실행 결과를 항상 같게 하려면 RStudio 세션을 종료할 때 작업 상태가 보존되지 않도록 반드시 설정해야 합니다. 그러려면 `usethis::use_blank_slate()`[2]를 실행하거나 그림 6-2와 같이 RStudio 옵션을 설정하면 됩니다. 이렇게 하면 단기적으로는 불편할 수 있습니다. RStudio를 다시 시작하면 이전에 실행한 코드, 만들었던 객체, 불러왔던 데이터셋이 더 이상 남아 있지 않기 때문입니다. 그러나 이런 짧은 통증이 장기적인 고통을 줄여 줍니다. 이렇게 해야 코드에 담긴 모든 중요한 절차를 그대로 박제할 수 있습니다. 코드에 계산 과정은 기록하지 않고 결괏값만 저장해

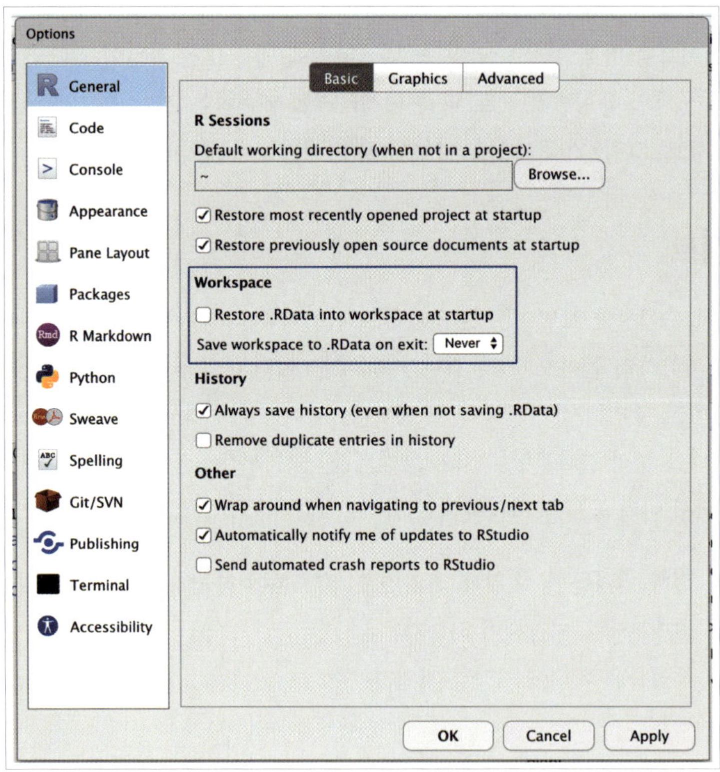

그림 6-2 RStudio 세션이 항상 깨끗한 상태로 시작되도록 옵션을 그림과 같이 설정하세요.

2 usethis 패키지를 설치하지 않았다면 `install.packages("usethis")`를 실행해 설치하세요.

됐다는 사실을 3개월이 지나서야 발견하게 되는 것만큼 끔찍한 상황도 없습니다.

코드의 주요 부분을 그대로 보존하기 위해 짝으로 함께 사용하는 두 가지 단축키가 있습니다.

1. Ctrl + Shift + F10(맥OS에서는 Cmd + Shift + F10): R을 재시작합니다.
2. Ctrl + Shift + S(맥OS에서는 Cmd + Shift + S): 현재 열려 있는 스크립트를 전부 재실행합니다.

이 책의 저자들은 두 단축키를 순서대로 누르는 패턴을 일주일에 수백 번씩 반복합니다.

단축키를 안 쓰려면 메뉴에서 Session 〉 Restart R을 클릭한 다음 스크립트를 마우스로 드래그한 뒤 다시 실행해야 합니다.

RStudio 서버

RStudio 서버에서는 기본적으로 R 세션이 재시작되지 않습니다. RStudio 서버 탭을 닫으면 R이 종료될 것 같지만, 실제로는 백그라운드에서 서버가 계속 실행됩니다. 다음에 다시 실행하면 이전과 완전히 똑같은 상태가 됩니다. 따라서 깨끗한 상태에서 다시 작업을 시작하려면 반드시 정기적으로 R을 재실행해야 합니다.

분석 작업물을 어디에 저장할 것인가?

R에는 **워킹 디렉터리**(working directory)라는 중요한 개념이 있습니다. 워킹 디렉터리는 R에서 로드할 파일을 찾거나 작업물을 저장할 때 사용하는 공간입니다. RStudio 콘솔 윗부분을 보면 현재 워킹 디렉터리 위치가 표시되어 있습니다.

`getwd()`를 실행해 워킹 디렉터리 경로를 출력할 수도 있습니다.

```
getwd()
#> [1] "/Users/hadley/Documents/r4ds"
```

이 R 세션에서 "집"과 같은 역할을 하는 현재 작업 디렉터리는 해들리의 문서 폴더에 있는 r4ds라는 하위 폴더에 있습니다. 이 코드를 여러분이 실행하면 해들리와 컴퓨터 디렉터리 구조가 다르기 때문에 다른 결과가 반환됩니다!

초보자라면 워킹 디렉터리를 홈 디렉터리, 내 문서, 컴퓨터의 다른 이상한 디렉터리 어디로 설정해도 괜찮습니다. 하지만 이 책의 7장에 다다랐으니 더 이상 초보자가 아닙니다. 이제는 프로젝트별로 디렉터리를 만들고, 프로젝트를 진행할 때는 우선 R의 워킹 디렉터리를 프로젝트 디렉터리로 설정해야 합니다.

워킹 디렉터리를 다음과 같이 R 코드를 이용해 설정할 수도 있지만, 이 방법은 "권장하지 않습니다."

```
setwd("/path/to/my/CoolProject")
```

전문가처럼 R로 작업할 수 있는 더 좋은 방법이 있습니다. 그것은 바로 RStudio의 프로젝트 기능을 사용하는 것입니다.

RStudio의 프로젝트 기능

입력 데이터, R 스크립트, 분석 결과, 그림 파일 등 프로젝트와 관련된 모든 파일을 한 디렉터리에 함께 보관하는 것은 매우 현명하고 실용적인 방법입니다. RStudio의 **프로젝트**(projects) 기능을 이용하면 프로젝트를 만들 수 있습니다. 앞으로 이 책으로 실습하며 사용할 프로젝트를 만들어 보겠습니다. 메뉴에서 File 〉 New Project를 클릭한 다음 그림 6-3을 보고 따라해 보세요.

프로젝트 이름을 `r4ds`로 정하고 프로젝트를 어느 하위 디렉터리에 저장할지 신중하게 결정하세요. 적당한 곳에 저장하지 않으면 나중에 찾기가 어려울 수 있습니다!

이 절차에 따라 작업을 완료하면 이 책을 실습할 때 사용할 전용 RStudio 프로젝트가 새로 만들어집니다. 프로젝트의 "home"이 현재 작업 디렉터리로 설정되어 있는지 확인해 보세요.

```
getwd()
#> [1] /Users/hadley/Documents/r4ds
```

이제 스크립트 편집기에 다음 명령어를 입력하고 파일 이름을 `diamonds.R`로 지정하고 저장하세요. 그런 다음 `data`라는 새 폴더를 만드세요. RStudio의 파일 패널에서 "New Folder" 버튼을 클릭하면 폴더를 만들 수 있습니다. 마지막으로 전체 스크립

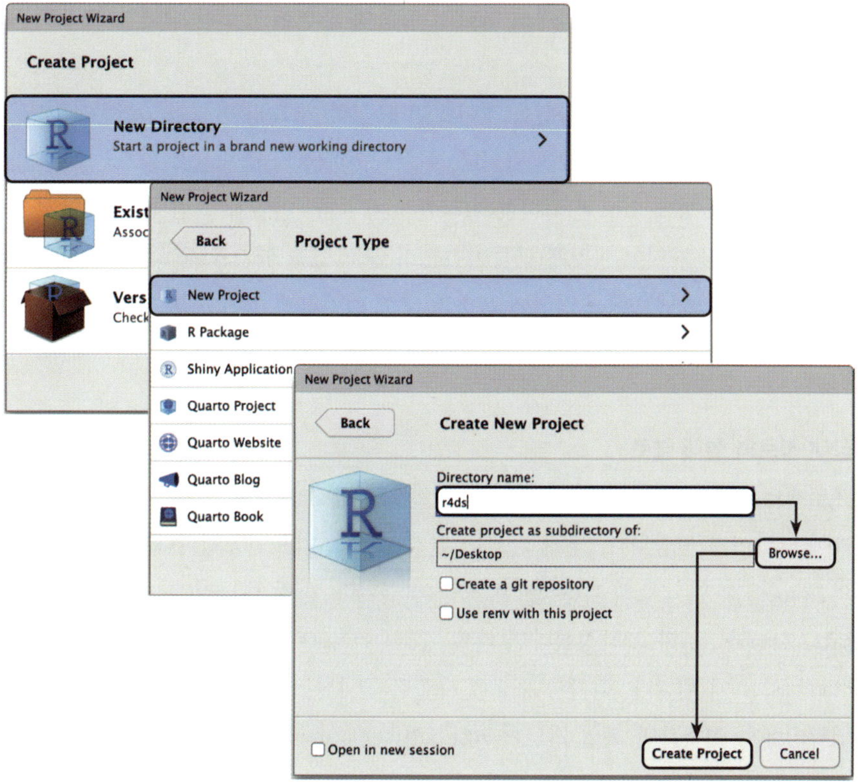

그림 6-3 새 프로젝트 만들기: (위) New Directory > (가운데) New Project를 클릭합니다. 그리고 (아래) 디렉터리(프로젝트) 이름을 입력하고 디렉터리를 저장할 하위 디렉터리를 선택한 후 Create Project를 클릭합니다.

트를 실행해서 PNG 파일과 CSV 파일을 프로젝트 디렉터리에 저장하세요. 자세한 내용은 나중에 뒤에서 익힐 테니 걱정하지 마세요.

```
library(tidyverse)

ggplot(diamonds, aes(x = carat, y = price)) +
  geom_hex()
ggsave("diamonds.png")

write_csv(diamonds, "data/diamonds.csv")
```

RStudio를 종료하세요. 프로젝트 폴더를 열어 `.Rproj` 파일이 있는지 살펴보세요. `.Rproj` 파일을 더블클릭하면 프로젝트가 다시 열립니다. 그러면 이제 RStudio를 종료했을 때 시점으로 돌아갔다는 사실을 알 수 있습니다. 워킹 디렉터리 위치, 실행한 명령어가 기록된 history가 동일하고 작업하던 모든 파일도 그대로 열려 있습니다. 앞에서 설명한 절차를 그대로 따랐기 때문에 완전히 깨끗한 상태가 보장된 새 작업 환경이 된 것입니다.

컴퓨터에서 diamonds.png 파일을 찾아보면 당연히 이 그림 파일을 만드는 데 사용한 diamonds.R 파일도 함께 있을 겁니다. 이처럼 출력물과 출력물을 만드는 데 사용한 스크립트가 함께 있으면 커다란 이점이 있습니다. 언젠가 그림 파일을 다시 만들거나 이 그림 파일이 어떻게 만들어졌는지 알고 싶을 때가 있을 겁니다. 그림 파일을 마우스나 클립보드를 전혀 사용하지 않고 철저하게 "R 코드"로 만들었다면 이전에 만든 것과 똑같은 그림 파일을 쉽게 재현할 수 있을 겁니다!

상대 경로와 절대 경로

프로젝트를 열었다면 반드시 절대 경로가 아닌 상대 경로를 사용해야 합니다. 둘 간에는 차이가 있습니다. 상대 경로는 워킹 디렉터리와 연동됩니다. 즉, 프로젝트의 home을 파일 경로의 기준점으로 삼는 것입니다. 만약 해들리(Hadley)가 코드를 data/diamonds.csv라고 작성했다면 파일 경로는 /Users/hadley/Documents/r4ds/data/diamonds.csv가 됩니다. 여기서 중요한 사실은 만약 이 코드를 미네(Mine)가 자신의 컴퓨터에서 실행하면 파일 경로가 /Users/Mine/Documents/r4ds/data/diamonds.csv가 된다는 것입니다. 이것이 바로 상대 경로가 중요한 이유입니다. 상대 경로를 사용하면 R 프로젝트 폴더가 어디에 있든 상관없이 잘 작동합니다.

절대 경로를 사용하면 작업 디렉터리가 어디에 있든 관계없이 같은 경로를 가리키게 됩니다. 표시되는 모양은 운영체제에 따라 약간 다릅니다. 윈도우에서는 C:처럼 드라이브 문자 또는 \\servername처럼 백슬래시 두 개로 시작하고, 맥OS나 리눅스에서는 /users/hadley처럼 슬래시로 시작합니다. "결코" 스크립트에 절대 경로를 사용하지 마세요. 절대 경로를 사용하면 스크립트를 공유하는 데 방해가 됩니다. 나와 똑같은 디렉터리 구성을 가지고 있는 사람은 아무도 없을 겁니다.

경로의 구성 요소를 구분하는 방식에도 운영체제마다 중요한 차이가 있습니다. 맥과 리눅스는 data/diamonds.csv처럼 슬래시를 사용합니다. 하지만 윈도우는 data\diamonds.csv처럼 백슬래시를 사용합니다. R 코드는 어떤 운영 체제를 사용하든 두 유형 모두 잘 작동합니다. 하지만 안타깝게도 백슬래시는 R에서 특별한 기능이 있어서 경로에 백슬래시를 입력할 때 두 번씩 입력해야 합니다! 백슬래시를 두 번씩 입력하려면 삶이 피곤해질 테니 맥OS나 리눅스 스타일로 정방향 슬래시만 사용하길 권합니다.

연습문제

1. RStudio 팁을 담은 트위터 계정(*https://twitter.com/rstudiotips*)에 접속해서 흥미로워 보이는 팁을 하나 찾아 사용해 보세요!
2. RStudio의 코드 진단 기능을 이용하면 어떤 오류를 찾아낼 수 있나요? 코드 진단 기능을 다룬 글(*https://support.posit.co/hc/en-us/articles/205753617-Code-Diagnostics-in-the-RStudio-IDE*)을 읽어 보세요.

요약

이 장에서는 R 코드를 스크립트(파일)와 프로젝트(디렉터리)로 구조화하는 방법을 익혔습니다. 이런 작업도 코딩 스타일을 지키는 것과 마찬가지로 처음에는 번거롭게 느껴질 수 있습니다. 하지만 여러 프로젝트를 진행하며 코드가 많이 만들어질수록 스크립트와 프로젝트를 미리 만들어 두는 게 시간을 얼마나 많이 아껴 주는지 알게 될 겁니다.

요약하자면 스크립트와 프로젝트는 미래에도 잘 활용할 수 있도록 견고한 워크플로우를 만들어 두기 위해 필요한 도구입니다.

- 데이터 분석 프로젝트별로 하나씩 RStudio 프로젝트를 만드세요.
- 스크립트 내용을 알 수 있게 이름 지어 프로젝트로 저장하고, 편집하고, 일부만 실행하거나 전체를 한 번에 실행하세요.
- 스크립트에 중요한 작업을 모두 담아 뒀는지 확인할 수 있도록 R을 자주 재실행하세요.
- 상대 경로만 사용하고 절대 경로는 사용하지 마세요.

이렇게 하면 작업에 필요한 모든 파일이 같은 위치에 있게 되고, 다른 프로젝트와 깔끔하게 분리되어 섞이지 않습니다.

지금까지는 R 패키지 안에 함께 들어 있는 데이터셋을 이용했습니다. 이렇게 미리 준비된 데이터셋을 이용하면 연습할 때 편리하지만, 실전에서 마주하는 데이터는 이런 식으로 활용할 수 없습니다. 따라서 다음 장에서는 readr 패키지를 사용해 디스크에 있는 데이터를 R 세션으로 로드하는 방법을 알아봅니다.

7장

R for Data Science Second Edition

데이터 불러오기

들어가며

데이터 과학 도구를 익힐 때 R 패키지에 들어 있는 데이터를 활용하는 것은 좋은 방법입니다. 하지만 언젠가는 익힌 내용을 자신의 데이터에 적용하고 싶을 겁니다. 이 장에서는 데이터 파일을 R로 불러오는 기본 방법을 알아봅니다.

특히 이 장에서는 직사각형 모양의 일반 텍스트 파일을 불러오는 방법을 집중적으로 다룹니다. 열 이름, 타입, 결측치 등 실제 작업을 할 때 알면 유용한 실전 팁을 먼저 알아봅니다. 그런 다음 여러 파일을 한 번에 불러오는 방법, R에서 다룬 데이터를 파일로 저장하는 방법을 알아봅니다. 마지막으로 R에서 데이터 프레임을 직접 만드는 방법을 알아봅니다.

준비하기

이 장에서는 플랫 파일을 R로 로드하는 방법을 익힐 때 핵심 tidyverse 패키지 중 하나인 readr 패키지를 사용합니다.

```
library(tidyverse)
```

파일에서 데이터 불러오기

우선 가장 일반적인 직사각형 데이터 파일 유형인 CSV를 다뤄 보겠습니다. CSV는 쉼표로 구분된 값(comma separated values)의 줄임말입니다. 단순한 CSV 파일의 모양은 이렇습니다. 첫 번째 행은 열 이름을 나타내며 일반적으로 헤더(header)라고 부릅니다. 뒤이은 여섯 행은 데이터를 나타냅니다. 열은 쉼표로 구분되어 있습니다. 쉼표는 구분자(delimited)라고 부릅니다.

```
Student ID,Full Name,favourite.food,mealPlan,AGE
1,Sunil Huffmann,Strawberry yoghurt,Lunch only,4
2,Barclay Lynn,French fries,Lunch only,5
3,Jayendra Lyne,N/A,Breakfast and lunch,7
4,Leon Rossini,Anchovies,Lunch only,
5,Chidiegwu Dunkel,Pizza,Breakfast and lunch,five
6,Güvenç Attila,Ice cream,Lunch only,6
```

그림 7-1은 같은 데이터를 표로 나타낸 것입니다.

표 7.1 표로 나타낸 students.csv 파일의 데이터

Student ID	Full Name	favourite.food	mealPlan	AGE
1	Sunil Huffmann	Strawberry yoghurt	Lunch only	4
2	Barclay Lynn	French fries	Lunch only	5
3	Jayendra Lyne	N/A	Breakfast and lunch	7
4	Leon Rossini	Anchovies	Lunch only	NA
5	Chidiegwu Dunkel	Pizza	Breakfast and lunch	five
6	Güvenç Attila	Ice cream	Lunch only	6

read_csv()를 사용해 이 파일을 R로 불러올 수 있습니다. 함수의 첫 번째 인자에 파일 경로를 입력하면 되는데, 이 부분이 가장 중요합니다. 파일 경로는 파일의 주소라고 생각하면 됩니다. 여기서 불러올 파일의 이름은 students.csv이고, data라는 폴더에 살고 있습니다.

```
students <- read_csv("data/students.csv")
#> Rows: 6 Columns: 5
#> ── Column specification ────────────────────────────────────────
#> Delimiter: ","
#> chr (4): Full Name, favourite.food, mealPlan, AGE
#> dbl (1): Student ID
#>
#> i Use `spec()` to retrieve the full column specification for this data.
#> i Specify the column types or set `show_col_types = FALSE` to quiet this
   message.
```

이 코드는 프로젝트에 data 폴더가 있고 그 안에 students.csv 파일이 있어야 작동합니다. students.csv 파일(*https://pos.it/r4ds-students-csv*)을 다운로드해서 불러와도 되고 아니면 다음과 같이 URL을 직접 입력해서 파일을 불러와도 됩니다.

```
students <- read_csv("https://pos.it/r4ds-students-csv")
```

read_csv()를 실행하면 데이터의 행과 열 수, 사용된 구분자, 열의 특징(데이터 타입별 열 이름)을 나타낸 메시지가 출력됩니다. 또한 전체 열 특징을 알아보는 방법, 이 메시지를 출력하지 않도록 하는 방법 등 몇 가지 정보가 출력됩니다. 이 메시지는 readr 패키지의 중요한 특징을 보여 줍니다. 이에 관해서는 120쪽 "열 타입 다루기"에서 다시 살펴보겠습니다.

실전 팁

데이터를 불러온 다음 일반적으로 가장 먼저 하는 작업은 데이터를 분석하기 쉽도록 여러 가지 방법으로 변형하는 것입니다. 이를 염두에 두고 students 데이터를 다시 살펴보겠습니다.

```
students
#> # A tibble: 6 × 5
#>   `Student ID` `Full Name`      favourite.food     mealPlan            AGE
#>          <dbl> <chr>            <chr>              <chr>               <chr>
#> 1            1 Sunil Huffmann   Strawberry yoghurt Lunch only          4
#> 2            2 Barclay Lynn     French fries       Lunch only          5
#> 3            3 Jayendra Lyne    N/A                Breakfast and lunch 7
#> 4            4 Leon Rossini     Anchovies          Lunch only          <NA>
#> 5            5 Chidiegwu Dunkel Pizza              Breakfast and lunch five
#> 6            6 Güvenç Attila    Ice cream          Lunch only          6
```

favourite.food 열에는 여러 음식 이름이 들어 있는데, 그중 N/A라는 문자도 있습니다. N/A는 문자로 되어 있으면 안 되고, R에서 인식할 수 있게 NA로 되어 있어야 합니다. NA는 "알 수 없음(not available)"을 나타내는 값입니다. 이 문제는 na 인자를 사용해 해결할 수 있습니다. 기본적으로 read_csv()는 데이터셋의 빈 문자("")만 NA로 인식합니다. 다음과 같이 입력하면 문자 "N/A"도 NA로 인식합니다.

```
students <- read_csv("data/students.csv", na = c("N/A", ""))

students
#> # A tibble: 6 × 5
#>   `Student ID` `Full Name`      favourite.food     mealPlan            AGE
#>          <dbl> <chr>            <chr>              <chr>               <chr>
#> 1            1 Sunil Huffmann   Strawberry yoghurt Lunch only          4
#> 2            2 Barclay Lynn     French fries       Lunch only          5
#> 3            3 Jayendra Lyne    <NA>               Breakfast and lunch 7
#> 4            4 Leon Rossini     Anchovies          Lunch only          <NA>
#> 5            5 Chidiegwu Dunkel Pizza              Breakfast and lunch five
#> 6            6 Güvenç Attila    Ice cream          Lunch only          6
```

출력 결과를 보면 `Student ID`와 `Full Name`이라는 변수 이름이 백틱 기호로 감싸여 있습니다. R의 일반적인 변수 이름 짓기 규칙을 어기고 열 이름에 공백이 들어 있기 때문에 이렇게 백틱으로 감싸여 있는 것입니다. 이런 열 이름은 **문법에 맞지 않는**(non syntactic) 이름입니다. 이와 같이 변수를 사용할 때는 변수 이름을 백틱 기호 `로 감싸야 합니다.

```
students |>
  rename(
    student_id = `Student ID`,
    full_name = `Full Name`
  )
#> # A tibble: 6 × 5
#>   student_id full_name        favourite.food     mealPlan            AGE
#>        <dbl> <chr>            <chr>              <chr>               <chr>
#> 1          1 Sunil Huffmann   Strawberry yoghurt Lunch only          4
#> 2          2 Barclay Lynn     French fries       Lunch only          5
#> 3          3 Jayendra Lyne    <NA>               Breakfast and lunch 7
#> 4          4 Leon Rossini     Anchovies          Lunch only          <NA>
#> 5          5 Chidiegwu Dunkel Pizza              Breakfast and lunch five
#> 6          6 Güvenç Attila    Ice cream          Lunch only          6
```

`janitor::clean_names()`를 사용하는 것도 좋은 방법입니다. `janitor::clean_names()`를 사용하면 변수 이름들을 몇 가지 직관적인 규칙을 이용해 한 번에 스네이크 케이스로 바꿔 줍니다.[1]

1 janitor 패키지(*https://sfirke.github.io/janitor*)는 tidyverse에 속하지 않지만, 편리하게 데이터를 정제할 수 있는 함수들을 담고 있습니다. |>를 이용해 데이터 파이프라인에 연결해도 잘 작동합니다.

```
students |> janitor::clean_names()
#> # A tibble: 6 × 5
#>   student_id full_name        favourite_food     meal_plan           age
#>        <dbl> <chr>            <chr>              <chr>               <chr>
#> 1          1 Sunil Huffmann   Strawberry yoghurt Lunch only          4
#> 2          2 Barclay Lynn     French fries       Lunch only          5
#> 3          3 Jayendra Lyne    <NA>               Breakfast and lunch 7
#> 4          4 Leon Rossini     Anchovies          Lunch only          <NA>
#> 5          5 Chidiegwu Dunkel Pizza              Breakfast and lunch five
#> 6          6 Güvenç Attila    Ice cream          Lunch only          6
```

데이터를 불러오고 나서 그다음으로 많이 하는 작업은 변수 타입을 정리하는 것입니다. 예를 들어 meal_plan은 값의 종류가 한정되어 있는 범주형 변수입니다. 범주형 변수는 R에서 팩터로 나타내야 합니다.

```
students |>
  janitor::clean_names() |>
  mutate(meal_plan = factor(meal_plan))
#> # A tibble: 6 × 5
#>   student_id full_name        favourite_food     meal_plan           age
#>        <dbl> <chr>            <chr>              <fct>               <chr>
#> 1          1 Sunil Huffmann   Strawberry yoghurt Lunch only          4
#> 2          2 Barclay Lynn     French fries       Lunch only          5
#> 3          3 Jayendra Lyne    <NA>               Breakfast and lunch 7
#> 4          4 Leon Rossini     Anchovies          Lunch only          <NA>
#> 5          5 Chidiegwu Dunkel Pizza              Breakfast and lunch five
#> 6          6 Güvenç Attila    Ice cream          Lunch only          6
```

meal_plan 변수의 값은 그대로지만, 변수 이름 아래에 표시된 변수 타입이 문자를 나타내는 <chr>에서 팩터를 나타내는 <fct>로 변경되었음을 눈여겨보세요. 팩터 타입에 관해서는 16장에서 자세히 다룹니다.

이 데이터를 분석하기 전에 먼저 age와 id 열을 수정하고 싶을 겁니다. 현재는 age의 관측치 중 하나가 숫자 5 대신 문자 five로 입력되어 있기 때문에 문사 타입으로 되어 있습니다. 이런 문제를 수정하는 자세한 방법은 20장에서 다룹니다.

```
students <- students |>
  janitor::clean_names() |>
  mutate(
    meal_plan = factor(meal_plan),
    age = parse_number(if_else(age == "five", "5", age))
  )
```

```
students
#> # A tibble: 6 × 5
#>   student_id full_name        favourite_food     meal_plan             age
#>        <dbl> <chr>            <chr>              <fct>               <dbl>
#> 1          1 Sunil Huffmann   Strawberry yoghurt Lunch only              4
#> 2          2 Barclay Lynn     French fries       Lunch only              5
#> 3          3 Jayendra Lyne    <NA>               Breakfast and lunch     7
#> 4          4 Leon Rossini     Anchovies          Lunch only             NA
#> 5          5 Chidiegwu Dunkel Pizza              Breakfast and lunch     5
#> 6          6 Güvenç Attila    Ice cream          Lunch only              6
```

여기서 새로운 함수 if_else()를 사용했습니다. if_else()에는 세 가지 인자를 입력해야 합니다. 첫 번째 인자 test에는 논리형 벡터를 입력합니다. test가 TRUE면 함수 출력 결과는 두 번째 인자에 입력한 값 yes가 되고, test가 FALSE면 함수 출력 결과는 세 번째 인자에 입력한 값 no가 됩니다. 여기서는 age가 문자 "five"면 "5"로 바꾸고 그렇지 않으면 age의 값을 그대로 두라고 입력한 것입니다. if_else()와 논리형 벡터는 12장에서 자세히 다룹니다.

그 외 인자들

알아 둬야 할 몇 가지 중요한 인자가 더 있습니다. 쉽게 설명하기 위해 먼저 유용한 팁을 한 가지 살펴보겠습니다. read_csv()를 이용하면 CSV 파일과 같은 구조로 만들어진 문자를 읽을 수 있습니다.

```
read_csv(
  "a,b,c
  1,2,3
  4,5,6"
)
#> # A tibble: 2 × 3
#>       a     b     c
#>   <dbl> <dbl> <dbl>
#> 1     1     2     3
#> 2     4     5     6
```

일반적으로 read_csv()는 데이터의 첫 번째 줄을 열 이름으로 인식합니다. 이는 CSV 파일을 만들 때 매우 일반적인 규칙입니다. 하지만 파일 윗부분에 몇 줄의 메타 데이터가 포함되는 경우도 드물지 않습니다. 이럴 때 skip = n 사용해 윗부분 n줄을 건너뛰거나 comment = "#"을 사용해 #으로 시작하는 모든 줄을 삭제할 수 있습니다.

```
read_csv(
  "The first line of metadata
  The second line of metadata
  x,y,z
  1,2,3",
  skip = 2
)
#> # A tibble: 1 × 3
#>       x     y     z
#>   <dbl> <dbl> <dbl>
#> 1     1     2     3

read_csv(
  "# A comment I want to skip
  x,y,z
  1,2,3",
  comment = "#"
)
#> # A tibble: 1 × 3
#>       x     y     z
#>   <dbl> <dbl> <dbl>
#> 1     1     2     3
```

데이터에 열 이름이 없는 경우도 있습니다. 이럴 때 `col_names = FALSE`를 사용하면 첫 번째 행의 값을 열 이름으로 취급하지 않고 대신 `X1`부터 `Xn`까지 순서대로 열 이름을 지정합니다.

```
read_csv(
  "1,2,3
  4,5,6",
  col_names = FALSE
)
#> # A tibble: 2 × 3
#>      X1    X2    X3
#>   <dbl> <dbl> <dbl>
#> 1     1     2     3
#> 2     4     5     6
```

`col_names`에 열 이름으로 사용할 문자형 벡터를 입력하는 방법도 있습니다.

```
read_csv(
  "1,2,3
  4,5,6",
  col_names = c("x", "y", "z")
)
```

```
#> # A tibble: 2 × 3
#>       x     y     z
#>   <dbl> <dbl> <dbl>
#> 1     1     2     3
#> 2     4     5     6
```

이 정도 인자들만 알고 있으면 실전에서 접하는 대부분의 CSV 파일을 불러올 수 있습니다. 더 알고 싶다면 가지고 있는 `.csv` 파일을 주의 깊게 살펴보고, `read_csv()` 설명 문서에 있는 다른 인자들에 관한 설명을 읽어 보세요.

다른 파일 유형

`read_csv()`를 익히고 나면 readr의 다른 함수들도 쉽게 사용할 수 있습니다. 어떤 함수를 사용해야 하는지만 알면 됩니다.

`read_csv2()`

세미콜론으로 값이 구분된 파일을 불러옵니다. 이 함수는 `,` 대신 `;`를 사용해 필드를 구분합니다. 소수점 기호로 `,`를 사용하는 국가에서 일반적으로 사용됩니다.

`read_tsv()`

탭으로 값이 구분된 파일을 불러옵니다.

`read_delim()`

모든 종류의 구분 기호로 값이 구분된 파일을 불러옵니다. 구분 기호를 지정하지 않으면 자동으로 구분 기호를 추측합니다.

`read_fwf()`

고정 너비로 값이 구분된 파일을 불러옵니다. `fwf_widths()`를 사용해 필드의 너비를 지정하거나 `fwf_positions()`를 사용해 필드의 위치를 지정할 수 있습니다.

`read_table()`

열이 공백으로 구분된 다양한 종류의 고정 너비 파일을 불러옵니다.

`read_log()`

아파치 형식의 로그 파일을 불러옵니다.

연습문제

1. 필드가 "|"로 구분된 파일을 읽으려면 어떤 함수를 사용해야 할까요?

2. file, skip, comment 외에 어떤 인자를 read_csv()와 read_tsv()에 공통으로 사용할 수 있나요?

3. read_fwf()의 가장 중요한 인자는 무엇인가요?

4. CSV 파일에 들어 있는 문자에 쉼표가 들어 있을 때가 있습니다. 이런 파일을 오류 없이 불러오려면 문자를 "나 '와 같은 인용 부호로 감싸야 합니다. 기본적으로 read_csv()는 인용 부호가 "로 되어 있다고 가정합니다. 다음 텍스트를 데이터 프레임으로 불러오려면 read_csv()에 어떤 인자를 지정해야 할까요?

```
    #| eval: false

    "x,y\n1,'a,b'"
#> [1] "x,y\n1,'a,b'"
```

5. 다음 CSV 파일에 무슨 문제가 있는지 파악하세요. 코드를 실행하면 어떻게 되나요?

```
read_csv("a,b\n1,2,3\n4,5,6")
read_csv("a,b,c\n1,2\n1,2,3,4")
read_csv("a,b\n\"1")
read_csv("a,b\n1,2\na,b")
read_csv("a;b\n1;3")
```

6. 다음 코드를 실행해 변수 이름이 문법에 맞지 않는 데이터 프레임을 만든 다음 변수를 활용하는 연습을 해 보세요.
   a. 변수 1을 추출하세요.
   b. 변수 1과 2의 관계를 나타낸 산점도를 만들어 보세요.
   c. 변수 2를 1로 나누어 3이라는 새 변수를 만들어 보세요.
   d. 열 이름을 각각 one, two, three로 바꿔 보세요.

```
annoying <- tibble(
  `1` = 1:10,
  `2` = `1` * 2 + rnorm(length(`1`))
)
```

열 타입 다루기

CSV 파일에는 각 변수가 논리형, 수치형, 문자열 등 어떤 타입인지 나타낸 정보가 없습니다. 따라서 readr은 변수 타입을 추정해서 지정합니다. 이 절에서는 변수 타입을 추정하는 원리, 변수 타입 추정에 실패했을 때 일반적으로 문제를 해결할 수 있는 방법, 열 타입을 직접 지정하는 방법을 알아봅니다. 마지막으로 readr이 변수 타입을 추정하는 데 심각하게 실패했거나 삭제 파일 구조를 자세하게 이해하고 싶을 때 알아 두면 유용한 몇 가지 전략을 설명하겠습니다.

변수 타입 추정하기

readr은 직관적인 규칙을 이용해 열 타입을 파악합니다. 각 열에 대해 첫 번째 행부터 마지막 행까지 동일 간격으로 1,000[2] 행의 값을 가져옵니다. 결측치는 무시합니다. 그리고 다음 질문에 답하며 변수 타입을 추정합니다.

- 대소문자는 무시하고 열에 `F`, `T`, `FALSE`, `TRUE`만 들어 있다면 논리형입니다.
- 열에 `1`, `-4.5`, `5e6`, `Inf` 같은 숫자만 들어 있다면 수치형입니다.
- 열에 날짜 시간 데이터 표준 규격 ISO8601을 따르는 값만 들어 있다면 날짜형 또는 날짜-시간형입니다(날짜-시간형은 338쪽 "날짜-시간형 변수 만들기"에서 자세히 다룹니다).
- 그 외에는 문자형입니다.

다음 예제를 보면 변수 타입 추정 절차가 어떻게 작동하는지 알 수 있습니다.

```
read_csv("
  logical,numeric,date,string
  TRUE,1,2021-01-15,abc
  false,4.5,2021-02-15,def
  T,Inf,2021-02-16,ghi
")
#> # A tibble: 3 × 4
#>   logical numeric date       string
#>   <lgl>     <dbl> <date>     <chr>
#> 1 TRUE        1   2021-01-15 abc
#> 2 FALSE       4.5 2021-02-15 def
#> 3 TRUE      Inf   2021-02-16 ghi
```

2 `guess_max` 인자를 사용해 기본값 1000을 다른 값으로 바꿀 수 있습니다.

이런 직관적인 규칙은 깨끗한 데이터셋에서는 잘 작동하지만, 실제 환경에서는 이상하고 환상적인 실패 사례를 맞딱들이게 될 겁니다.

결측치, 열 타입, 기타 문제들

가장 일반적으로 타입 추정에 실패하는 경우는 열에 예상치 못한 값이 들어 있을 때입니다. 그러면 변수는 특정 타입이 아니라 문자형 타입이 됩니다. 그리고 결측치가 만들어질 때는 readr이 인식하는 NA가 아닌 다른 값으로 결측치가 표시되는 경우가 가장 흔합니다.

열 하나로 구성된 간단한 CSV 파일을 예로 들겠습니다.

```
simple_csv <- "
  x
  10
  .
  20
  30"
```

별도로 인자를 입력하지 않으면 x의 타입은 문자형이 됩니다.

```
read_csv(simple_csv)
#> # A tibble: 4 × 1
#>   x
#>   <chr>
#> 1 10
#> 2 .
#> 3 20
#> 4 30
```

이 예에서는 데이터셋이 작기 때문에 결측치가 .으로 표시되어 있다는 사실을 금방 알 수 있습니다. 하지만 데이터셋에 수천 행이 있고 결측치를 나타낸 .이 행 사이사이에 몇 개만 끼어 있다면 어떨까요? 한 가지 접근 방법은 x의 타입을 수치형으로 지정해 불러온 다음 어느 행에서 데이터를 읽는 데 실패하는지 살펴보는 것입니다. 그러려면 col_types 인자를 사용해야 합니다. CSV 파일의 열 이름과 일치하는 이름으로 만든 list를 col_types에 입력하면 됩니다.

```
df <- read_csv(
  simple_csv,
  col_types = list(x = col_double())
```

```
)
#> Warning: One or more parsing issues, call `problems()` on your data frame for
#> details, e.g.:
#>   dat <- vroom(...)
#>   problems(dat)
```

출력된 메시지를 보면 데이터를 불러오는 과정에 문제가 발생했고 자세히 알아보려면 problems()를 실행하면 된다는 사실을 알 수 있습니다.

```
problems(df)
#> # A tibble: 1 × 5
#>     row   col expected actual file
#>   <int> <int> <chr>    <chr>  <chr>
#> 1     3     1 a double .      C:/Users/USER/AppData/Local/Temp/RtmpW6tRmg/fi…
```

출력 결과를 보면 3 행 1열의 값에 문제가 있었습니다. readr은 이 값을 부동소수점 타입으로 예상했지만, 실제값은 .이었습니다. 이 내용을 보면 데이터셋에 결측치가 .으로 표시되어 있다고 짐작할 수 있습니다. 이제 na = "."을 설정하면 타입 추정에 성공해 기대한 대로 열 타입이 수치형이 됩니다.

```
read_csv(simple_csv, na = ".")
#> # A tibble: 4 × 1
#>       x
#>   <dbl>
#> 1    10
#> 2    NA
#> 3    20
#> 4    30
```

열 타입 지정하기

readr에 열 타입을 지정하는 함수 9개를 사용할 수 있습니다.

- col_logical(), col_double(): 각각 논리값과 실수를 읽습니다. 두 속성은 readr이 대부분 자동으로 잘 추측하기 때문에 앞에서 다룬 경우 외에는 비교적 드물게 사용됩니다.
- col_integer(): 정수로 읽습니다. 정수와 복수는 기능이 같기 때문에 이 책에서는 대체로 구분해서 다루지 않습니다. 하지만 정수는 복수의 절반 밖에 메모리를 차지하지 않기 때문에 정수를 지정해 읽는 게 유용할 때가 있습니다.

- col_character(): 문자열로 읽습니다. 변수의 값이 대상을 식별할 수 있는 긴 연속 숫자이고 수학 연산을 하는 것이 적합하지 않을 때 이 함수를 이용하면 명시적으로 변수 속성을 지정할 수 있습니다. 예로 전화번호, 주민등록번호, 신용카드 번호 등을 들 수 있습니다.
- col_factor(), col_date(), col_datetime(): 각각 팩터, 날짜, 날짜-시간형 변수를 만듭니다. 이런 변수 속성에 관해서는 16장과 17장에서 자세히 알아보겠습니다.
- col_number(): 이 함수는 숫자가 아닌 요소를 무시하고 숫자로 읽는 기능을 합니다. 특히 변수의 값이 화폐 단위일 때 유용하게 사용됩니다. 이에 관해서는 13장에서 자세히 다룹니다.
- col_skip(): 열을 건너뛰어 결과물에 포함되지 않게 합니다. 대용량 CSV 파일을 불러올 때 일부 열만 사용하도록 선택하면 데이터를 불러오는 속도를 높일 수 있어 유용합니다.

불러올 열의 기본 속성을 바꿀 수도 있습니다. list() 대신 cols()를 사용한 다음 .default에 함수를 지정하면 됩니다.

```
another_csv <- "
x,y,z
1,2,3"

read_csv(
  another_csv,
  col_types = cols(.default = col_character())
)
#> # A tibble: 1 × 3
#>   x     y     z
#>   <chr> <chr> <chr>
#> 1 1     2     3
```

지정한 열만 읽는 cols_only()도 유용하게 사용되는 함수입니다.

```
read_csv(
  another_csv,
  col_types = cols_only(x = col_character())
)
#> # A tibble: 1 × 1
#>   x
#>   <chr>
#> 1 1
```

여러 파일에서 데이터 불러오기

데이터가 한 파일이 아니라 여러 파일에 분산되어 있을 때가 있습니다. 예를 들어 월별 판매 데이터가 1월은 `01-sales.csv`, 2월은 `02-sales.csv`, 3월은 `03-sales.csv`처럼 월별로 서로 다른 파일에 있을 수 있습니다. `read_csv()`를 사용하면 이런 데이터를 한 번에 불러와 하나의 데이터 프레임으로 쌓을 수 있습니다.

```
sales_files <- c("data/01-sales.csv", "data/02-sales.csv", "data/03-sales.csv")
read_csv(sales_files, id = "file")
#> # A tibble: 19 × 6
#>   file              month    year brand  item     n
#>   <chr>             <chr>   <dbl> <dbl> <dbl> <dbl>
#> 1 data/01-sales.csv January  2019     1  1234     3
#> 2 data/01-sales.csv January  2019     1  8721     9
#> 3 data/01-sales.csv January  2019     1  1822     2
#> 4 data/01-sales.csv January  2019     2  3333     1
#> 5 data/01-sales.csv January  2019     2  2156     9
#> 6 data/01-sales.csv January  2019     2  3987     6
#> # i 13 more rows
```

다시 한번 강조하지만, 프로젝트의 `data` 폴더에 CSV 파일이 있어야 이 코드가 작동합니다. 이 파일들은 *https://pos.it/r4ds-01-sales*, *https://pos.it/r4ds-02-sales*, *https://pos.it/r4ds-03-sales*에서 다운로드할 수 있습니다. 아니면 다음과 같이 URL을 직접 입력해서 불러와도 됩니다.

```
sales_files <- c(
  "https://pos.it/r4ds-01-sales",
  "https://pos.it/r4ds-02-sales",
  "https://pos.it/r4ds-03-sales"
)
read_csv(sales_files, id = "file")
```

이와 같이 `id` 인자에 `"file"`를 입력하면 데이터가 어떤 파일에서 왔는지 식별할 수 있는 `file`이라는 새로운 열을 출력할 데이터 프레임에 추가합니다. 이 기능은 불러올 파일에 데이터 출처를 확인하는 데 도움이 되는 열이 없을 때 사용하면 특히 유용합니다.

불러올 파일이 많으면 파일 이름을 리스트로 작성하는 게 번거로울 수 있습니다. 리스트를 만드는 대신 R Base 함수인 `list.files()`를 사용하면 지정한 파일 이름 패턴에 맞는 파일을 찾을 수 있습니다. 이와 같은 패턴에 관해서는 15장에서 자세히 다룹니다.

```
sales_files <- list.files("data", pattern = "sales\\.csv$", full.names = TRUE)
sales_files
#> [1] "data/01-sales.csv" "data/02-sales.csv" "data/03-sales.csv"
```

데이터를 파일로 저장하기

readr에는 데이터를 디스크에 저장하는 데 유용한 두 가지 함수 write_csv(), write_tsv()가 있습니다. 이 함수의 가장 중요한 인자는 저장할 데이터 프레임을 지정하는 x와 저장할 위치를 지정하는 file입니다. 또한 결측치를 na로 입력할지를 na 인자로 지정할 수 있고, 기존 파일에 덮어쓸지를 append 인자로 지정할 수 있습니다.

```
write_csv(students, "students.csv",)
```

데이터를 CSV 파일로 저장하면 다시 단순한 텍스트 파일이 되기 때문에 이전에 설정한 변수 속성 정보가 손실된다는 점에 유의하세요.

```
students
#> # A tibble: 6 × 5
#>   student_id full_name        favourite_food     meal_plan             age
#>        <dbl> <chr>            <chr>              <fct>               <dbl>
#> 1          1 Sunil Huffmann   Strawberry yoghurt Lunch only              4
#> 2          2 Barclay Lynn     French fries       Lunch only              5
#> 3          3 Jayendra Lyne    <NA>               Breakfast and lunch     7
#> 4          4 Leon Rossini     Anchovies          Lunch only             NA
#> 5          5 Chidiegwu Dunkel Pizza              Breakfast and lunch     5
#> 6          6 Güvenç Attila    Ice cream          Lunch only              6
write_csv(students, "students-2.csv")
read_csv("students-2.csv")
#> # A tibble: 6 × 5
#>   student_id full_name        favourite_food     meal_plan             age
#>        <dbl> <chr>            <chr>              <chr>               <dbl>
#> 1          1 Sunil Huffmann   Strawberry yoghurt Lunch only              4
#> 2          2 Barclay Lynn     French fries       Lunch only              5
#> 3          3 Jayendra Lyne    <NA>               Breakfast and lunch     7
#> 4          4 Leon Rossini     Anchovies          Lunch only             NA
#> 5          5 Chidiegwu Dunkel Pizza              Breakfast and lunch     5
#> 6          6 Güvenç Attila    Ice cream          Lunch only              6
```

CSV는 중간 결과를 임시 저장하기에 약간 불안정합니다. 매번 데이터를 불러올 때마다 열의 설정을 다시 해야 하기 때문입니다. CSV 대신 사용할 수 있는 두 가지 대안이 있습니다.

- write_rds()와 read_rds()는 기본 함수인 readRDS()와 saveRDS()를 더 편리하게 사용할 수 있게 만든 함수입니다. 이 함수들은 데이터를 R 전용 바이너리 형식 파일인 RDS로 저장합니다. 따라서 객체를 다시 로드하면 저장한 것과 완전히 똑같은 R 객체를 로드하게 됩니다.

```
write_rds(students, "students.rds")
read_rds("students.rds")
#> # A tibble: 6 × 5
#>   student_id full_name        favourite_food     meal_plan             age
#>        <dbl> <chr>            <chr>              <fct>               <dbl>
#> 1          1 Sunil Huffmann   Strawberry yoghurt Lunch only              4
#> 2          2 Barclay Lynn     French fries       Lunch only              5
#> 3          3 Jayendra Lyne    <NA>               Breakfast and lunch     7
#> 4          4 Leon Rossini     Anchovies          Lunch only             NA
#> 5          5 Chidiegwu Dunkel Pizza              Breakfast and lunch     5
#> 6          6 Güvenç Attila    Ice cream          Lunch only              6
```

- arrow 패키지를 사용하면 파케이 파일을 읽고 쓸 수 있습니다. 파케이(parquet)는 읽고 쓰는 속도가 빠른 바이너리 형식 파일이며 여러 프로그래밍 언어 간 공유할 수 있습니다. arrow 패키지는 22장에서 자세히 살펴보겠습니다.

```
library(arrow)
write_parquet(students, "students.parquet")
read_parquet("students.parquet")
#> # A tibble: 6 × 5
#>   student_id full_name        favourite_food     meal_plan             age
#>        <dbl> <chr>            <chr>              <fct>               <dbl>
#> 1          1 Sunil Huffmann   Strawberry yoghurt Lunch only              4
#> 2          2 Barclay Lynn     French fries       Lunch only              5
#> 3          3 Jayendra Lyne    NA                 Breakfast and lunch     7
#> 4          4 Leon Rossini     Anchovies          Lunch only             NA
#> 5          5 Chidiegwu Dunkel Pizza              Breakfast and lunch     5
#> 6          6 Güvenç Attila    Ice cream          Lunch only              6
```

파케이는 RDS보다 훨씬 빠르고 R 외부에서도 사용할 수 있지만, arrow 패키지를 로드해야 사용할 수 있습니다.

데이터 입력하기

가끔 R 스크립트에 약간의 데이터를 "직접 손으로" 입력해서 티블을 만들어야 할 때가 있습니다. 이 작업을 하는 데 도움이 되는 두 가지 유용한 함수가 있습니다. 티블을 열 기준으로 구성할지 아니면 행 기준으로 구성할지에 따라 사용할 함수가 달라집니다. `tibble()`은 티블을 열 기준으로 구성할 때 사용합니다.

```
tibble(
  x = c(1, 2, 5),
  y = c("h", "m", "g"),
  z = c(0.08, 0.83, 0.60)
)
#> # A tibble: 3 × 3
#>       x y         z
#>   <dbl> <chr> <dbl>
#> 1     1 h      0.08
#> 2     2 m      0.83
#> 3     5 g      0.6
```

열별로 데이터를 구성하면 행이 어떻게 연관되어 있는지 파악하기 어렵습니다. 따라서 대안으로 `tribble()`을 사용하면 데이터를 행별로 구성할 수 있습니다. tribble은 전치된(transposed) 티블(tibble)의 줄임말입니다. `tribble()`은 코드에 데이터를 입력하기 적합하게 만들어진 함수입니다. 열 이름은 ~로 시작하고, 각 항목은 쉼표로 구분합니다. 이런 데이터 입력 방식 덕에 작은 양의 데이터를 읽기 쉬운 모양으로 구성할 수 있습니다.

```
tribble(
  ~x, ~y, ~z,
  1, "h", 0.08,
  2, "m", 0.83,
  5, "g", 0.60
)
#> # A tibble: 3 × 3
#>       x y         z
#>   <dbl> <chr> <dbl>
#> 1     1 h      0.08
#> 2     2 m      0.83
#> 3     5 g      0.6
```

요약

이 장에서는 `read_csv()`로 CSV 파일을 로드하는 방법, `tibble()`과 `tribble()`로 데이터를 직접 입력하는 방법을 다뤘습니다. 또한 csv 파일의 작동 방식, 발생할 수 있는 몇 가지 문제, 그리고 이를 해결하는 방법도 다뤘습니다. 데이터를 불러오는 방법은 이 책에서 몇 번 더 다룰 것입니다. 20장에서는 엑셀과 구글 스프레드시트, 21장에서는 데이터베이스, 22장에서는 파케이 파일, 23장에서는 JSON, 24장에서는 웹사이트에서 데이터를 불러오는 방법을 알아봅니다.

이 절은 거의 끝났지만, 마지막으로 다뤄야 할 중요한 주제가 하나 있습니다. 그것은 바로 도움을 구하는 방법입니다. 다음 장에서는 도움을 구하기에 좋은 장소, 좋은 답변을 받을 가능성을 높이기 위해 재현 가능한 예제(reprex)를 만드는 방법, R의 세계와 발맞추기 위한 몇 가지 조언을 다룹니다.

8장

R for Data Science Second Edition

워크플로우: 도움 구하기

이 책은 독립된 섬이 아니라 다른 자료들과 연결되어 있습니다. 책 한 권만으로 R을 완벽하게 마스터할 수는 없습니다. 이 책에서 다룬 기술을 자신의 데이터에 적용하다 보면 해결하기 어려운 문제를 발견하게 될 것입니다. 이 장에서는 도움을 구하는 방법과 학습을 계속하는 데 도움이 되는 몇 가지 팁을 설명합니다.

구글은 우리의 친구

R로 작업하다가 앞길을 막는 문제와 마주했다면 구글링부터 시작하세요. 일반적으로 검색어에 "R"을 추가하면 R 관련 결과만 검색하도록 제한할 수 있습니다. 검색 결과가 유용하지 않다면 R에만 국한된 검색 결과가 없기 때문일 수 있습니다. 또한 검색어에 "tidyverse" 또는 "ggplot2" 같은 패키지 이름을 추가하면 사용자에게 더 친숙한 코드로 검색 결과를 좁히는 데 도움이 됩니다. 예를 들어 "R에서 상자 그림 만드는 방법"이 아니라 "R에서 ggplot2로 상자 그림 만드는 방법"으로 검색하는 것입니다. 구글링은 에러 메시지를 검색할 때 특히 유용합니다. 에러 메시지가 떴는데 무슨 뜻인지 모르겠다면 구글링을 해 보세요! 아마도 다른 누군가가 같은 문제로 어려움을 겪었을 것이고, 인터넷 어딘가에 답변이 있을 겁니다(에러 메시지가 영문으로 되어 있지 않다면 `Sys.setenv(LANGUAGE = "en")`을 실행한 다음 다시 코드를 실행해 보세요. 영문 에러 메시지로 검색하면 도움말을 찾을 가능성이 더 높습니다).

구글링으로 해결되지 않는다면 스택오버플로우(Stack Overflow)(*https://stack*

overflow.com/questions)를 사용해 보세요. 검색어에 `[R]`을 포함해 검색하면 R을 사용하는 질문과 답변만 출력하도록 검색 대상을 제한할 수 있습니다.

reprex 만들기

구글 검색으로 유용한 답변을 못 찾았을 때는 최소한의 재현 가능한 예시인 **reprex**를 만들면 큰 도움이 됩니다. reprex는 재현 가능한 예제(**repr**oducible **ex**ample)의 줄임말입니다. reprex를 잘 만들면 다른 사람들의 도움을 더 쉽게 받을 수 있습니다. 그리고 reprex를 만드는 과정에서 스스로 문제를 해결하는 경우도 많습니다. reprex를 만들 때는 두 부분을 염두에 두어야 합니다.

- 첫째, 코드를 재현 가능하게 만들어야 합니다. 이는 코드에 모든 것을 담아야 한다는 의미입니다. 예를 들어 `library()`로 패키지를 호출하고 필요한 모든 객체를 만드는 절차가 코드에 담겨 있어야 합니다. 이를 확인하는 가장 쉬운 방법은 reprex 패키지를 사용하는 것입니다.
- 둘째, 최소한으로 줄여야 합니다. 문제와 직접 관련이 없는 모든 것을 제거하세요. 일반적으로 실제 문제에서 사용하는 객체보다 훨씬 작고 단순한 R 객체를 만들거나 내장 데이터를 사용하는 것이 좋습니다.

해야 할 일이 많을 것 같지만, 충분히 그럴만한 가치가 있습니다.

- 문제가 생겼을 때 80%는 훌륭한 reprex를 만드는 것만으로도 원인을 알아낼 수 있습니다. 독립적인 최소한의 예시를 작성하는 과정에서 놀라울 정도로 자주 질문에 스스로 답할 수 있게 됩니다.
- 나머지 20%의 경우, 다른 사람들이 쉽게 이해할 수 있는 방식으로 문제의 본질을 파악하며 reprex를 만들었을 것입니다. reprex를 이렇게 만들면 도움을 받을 확률이 크게 높아집니다!

직접 reprex를 만들면 실수로 무언가를 놓쳐서 다른 사람의 컴퓨터에서 코드를 실행할 수 없을 때가 많습니다. reprex 패키지를 사용하면 이런 문제를 방지할 수 있습니다. reprex는 tidyverse를 설치할 때 함께 설치됩니다. 다음 코드를 클립보드에 복사한다고 가정해 보겠습니다. RStudio 서버나 클라우드 등에 복사할 때도 마찬가지입니다.

```
y <- 1:4
mean(y)
```

이제 reprex()를 호출합니다. 기본 출력 결과는 GitHub 포맷으로 되어 있습니다.

```
reprex::reprex()
```

RStudio를 사용한다면 훌륭하게 렌더링된 HTML 미리보기가 RStudio 뷰어나 기본 웹 브라우저에 표시됩니다. reprex는 출력 결과를 자동으로 클립보드에 복사합니다. RStudio 서버나 클라우드를 사용한다면 직접 복사해야 합니다.

````
``` r
y <- 1:4
mean(y)
#> [1] 2.5
```
````

이 텍스트는 마크다운이라는 특수한 형식으로 구성되어 있습니다. 이 마크다운을 스택오버플로우나 GitHub에 붙여 넣으면 코드처럼 보이도록 자동으로 렌더링됩니다. GitHub에서 마크다운이 렌더링되면 다음과 같이 보입니다.

```
y <- 1:4
mean(y)
#> [1] 2.5
```

이렇게 렌더링되면 누구나 코드를 바로 복사, 붙여 넣기, 실행할 수 있습니다.

예제를 재현 가능하게 만들려면 필수 패키지, 데이터, 코드 세 가지를 포함해야 합니다.

- 예제에 필요한 패키지를 쉽게 알 수 있도록 스크립트 상단에 패키지를 로드해야 합니다. 우선 최신 버전 패키지를 사용하고 있는지 확인하면 좋습니다. 패키지를 설치하거나 마지막으로 업데이트할 때 발견한 버그가 이제는 해결됐을 수도 있습니다. tidyverse에 들어 있는 패키지는 `tidyverse_update()`를 실행하면 패키지가 업데이트되었는지 쉽게 확인할 수 있습니다.
- 스크립트에 데이터를 포함하는 가장 쉬운 방법은 `dput()`를 사용해 데이터를 생성하는 코드를 작성하는 것입니다. 예를 들어 R에서 `mtcars` 데이터셋을 생성하려

면 다음 단계로 작업합니다.
  - R에서 `dput(mtcars)`를 실행합니다.
  - 출력 결과를 복사합니다.
  - reprex에 `mtcars <-`를 입력한 다음 복사한 내용을 붙여 넣습니다.

- 데이터에서 문제를 드러내는 가장 작은 일부만 사용해야 합니다.
- 다른 사람들이 쉽게 읽을 수 있도록 공들여서 코드를 작성해야 합니다.
  - 공백을 사용하고 변수 이름이 간결하면서도 중요한 정보를 담고 있는지 확인하세요.
  - 주석을 사용해 문제가 어디에서 발생하는지 표시하세요.
  - 문제와 관련이 없는 것은 최선을 다해 전부 제거하세요.

  코드가 짧을수록 이해하기 쉽고, 이해하기 쉬워야 수정하기도 쉽습니다.

마지막으로 R 세션을 새로 시작한 다음 스크립트를 복사 붙여 넣기해서 재현 가능한 예제를 만들었는지 확인합니다.

reprex 만들기는 결코 쉬운 일이 아닙니다. 품질이 좋으면서도 정말로 간단한 reprex를 만들려면 연습이 조금 필요합니다. 그러나 코드를 이용해 질문하는 방법을 익히고 재현 가능한 스크립트를 만드는 데 공을 들이는 것은 R을 익히고 숙달하는 데 지속적으로 도움이 되므로 충분한 가치가 있습니다.

자신에게 투자하기

문제가 발생하기 전에 스스로 해결할 수 있도록 훈련하는 데 시간을 들이는 것도 중요합니다. 매일 조금씩 시간을 투자해 R을 익히면 장기적으로 큰 도움이 될 것입니다. 한 가지 방법은 tidyverse 블로그(*https://tidyverse.org/blog*)에서 tidyverse 팀이 무엇을 하고 있는지 지속적으로 살펴보는 것입니다. R 커뮤니티를 더 폭넓게 파악하려면 R Weekly(*https://rweekly.org*)를 읽어 보세요. 커뮤니티가 애써서 만들고 있는 R Weekly는 매주 R 커뮤니티에서 가장 흥미로웠던 뉴스를 모아서 전달합니다.

요약

이 장을 끝으로 1부 "전체 흐름"을 마무리합니다. 지금까지 데이터 과학 프로세스에서 가장 중요한 부분인 시각화하기, 변형하기, 정돈하기, 불러오기를 살펴보았습니다. 전체 과정에 대한 전반적인 시각을 갖게 되었으니 이제 작은 부분의 세부 사항으로 들어가겠습니다.

2부 "시각화하기"에서는 그래픽 문법, ggplot2로 데이터를 시각화하는 방법을 자세히 알아봅니다. 또한 지금까지 익힌 도구를 사용해 탐색적 데이터 분석을 하는 방법을 살펴보고 의사소통하는 데 도움이 되는 그래프의 모범 사례를 소개합니다.

시각화하기

책의 첫 부분을 읽으면서 데이터 과학을 수행하는 데 필요한 핵심 도구가 무엇인지 깊게는 아니더라도 전반적으로 알게 되었을 것입니다. 이제 세부 내용으로 파고들 차례입니다. 2부에서는 데이터 시각화를 좀 더 깊이 있게 다룹니다.

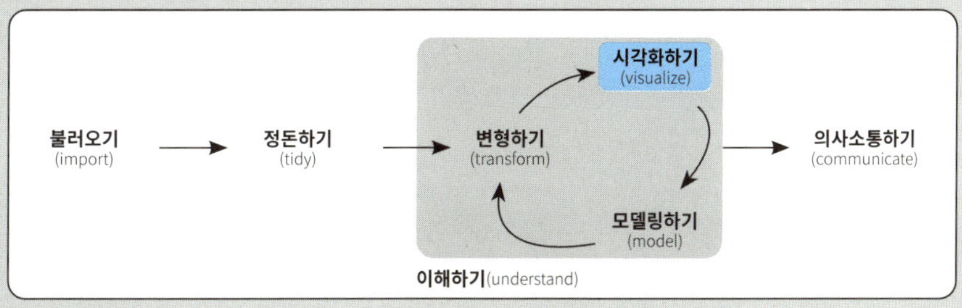

그림 II-1 데이터 탐색의 첫 번째 단계로 데이터 시각화를 할 때가 많습니다.

각 장은 데이터 시각화를 하는 데 필요한 몇 가지 측면을 다룹니다.

- 9장에서는 그래프를 만들 때 사용하는 레이어 문법 구조를 다룹니다.
- 10장에서는 호기심과 비판적인 관점을 가지고 데이터를 시각화하면서 흥미로운 질문을 던지고 답을 찾는 방법을 다룹니다.
- 마지막으로 11장에서는 데이터를 탐색하는 그래프를 발전시켜서 데이터를 설명하는 그래프로 만드는 방법을 다룹니다. 이렇게 하면 데이터 분석을 처음 접하는 사람도 가능한 한 쉽고 빠르게 그래프를 이해할 수 있습니다.

이 세 장은 데이터 시각화의 세계로 첫걸음을 내딛는 데 도움이 되지만, 이 외에 알아야 할 게 훨씬 더 많습니다. 데이터 시각화를 더 자세히 알고 싶다면 《ggplot2: Elegant graphics for data analysis》(*https://ggplot2-book.org*)를 가장 추천합니다. 이 책은 데이터 시각화의 기반이 되는 이론을 훨씬 더 깊게 다루고, 여러 시각화 방법을 결합해서 실제 문제를 해결하는 방법을 다룬 예시가 매우 많습니다.

ggplot2 확장 패키지 갤러리(*https://exts.ggplot2.tidyverse.org/gallery*)도 매우 훌륭한 자료입니다. 이 사이트에는 ggplot2를 확장해서 새로운 그래프 모양과 스케일을 사용할 수 있게 해 주는 다양한 패키지가 소개되어 있습니다. ggplot2로 만들기 어려운 그래프를 다루고 있다면 우선 이 사이트를 살펴보세요.

9장

R for Data Science Second Edition

레이어

들어가며

1장에서는 산점도, 막대 차트, 상자 그림 등 여러 가지 시각화 방법을 다뤘습니다. ggplot2로 "모든" 유형의 그래프를 만들 때 적용할 수 있는 기초 개념을 익힌 것입니다.

이 장에서는 그래픽 문법의 레이어 구조를 배우면서 기초 개념을 확장합니다. 먼저 시각적 속성을 매핑하는 방법, 기하학 객체, 패싯을 자세히 살펴봅니다. 그런 다음 ggplot2가 그래프를 만들 때 내부적으로 통계적인 변환을 어떻게 수행하는지 살펴봅니다. 이런 변환 작업은 막대 차트의 막대 높이나 상자 그림의 중앙값처럼 새로운 값을 계산해서 시각화할 때 이루어집니다. 또한 그래프에 도형이 표시되는 방법을 바꿔서 위치를 조정하는 방법을 익힙니다. 마지막으로는 좌표계에 대해 간략하게 소개합니다.

레이어와 관련한 모든 함수와 옵션을 다루지는 않겠지만, ggplot2에 적용할 수 있는 가장 중요하고 자주 사용되는 기능을 안내합니다. 그뿐 아니라 ggplot2를 확장하는 패키지도 소개합니다.

준비하기

이 장은 ggplot2에 중점을 둡니다. 이 장에서 사용하는 데이터셋, 도움말 페이지, 함수를 사용하기 위해 다음 코드를 실행해 tidyverse를 로드하세요.

```
library(tidyverse)
```

시각적 속성 매핑

> "시각화는 전혀 예상하지 못한 것을 발견하게 하기 때문에 큰 가치가 있다."
>
> — 존 터키(John Tukey)

ggplot2 패키지에 번들로 들어 있는 mpg 데이터 프레임에는 38개 자동차 모델에 관한 234개 관측치가 들어 있습니다.

```
mpg
#> # A tibble: 234 × 11
#>   manufacturer model displ  year   cyl trans      drv     cty   hwy fl
#>   <chr>        <chr> <dbl> <int> <int> <chr>      <chr> <int> <int> <chr>
#> 1 audi         a4      1.8  1999     4 auto(l5)   f        18    29 p
#> 2 audi         a4      1.8  1999     4 manual(m5) f        21    29 p
#> 3 audi         a4      2    2008     4 manual(m6) f        20    31 p
#> 4 audi         a4      2    2008     4 auto(av)   f        21    30 p
#> 5 audi         a4      2.8  1999     6 auto(l5)   f        16    26 p
#> 6 audi         a4      2.8  1999     6 manual(m5) f        18    26 p
#> # i 228 more rows
#> # i 1 more variable: class <chr>
```

mpg에는 다음과 같은 변수가 들어 있습니다.

displ

자동차의 엔진 크기, 리터 단위. 수치형 변수.

hwy

자동차의 고속도로 주행 연비, 갤런당 마일(mpg) 단위. 같은 거리를 주행할 때 연비가 낮은 자동차는 연비가 높은 자동차보다 더 많은 연료를 소모합니다. 수치형 변수.

class

자동차 종류. 범주형 변수

자동차의 displ과 hwy의 관계를 여러 class별로 시각화하는 것부터 시작하겠습니다. 이런 변수를 시각화할 때는 산점도를 이용하는 게 좋습니다. 수치형 변수는 x와 y 시각적 속성에 매핑하고, 범주형 변수는 color나 shape와 같은 시각적 속성에 매핑하면 됩니다.

```
# 왼쪽
ggplot(mpg, aes(x = displ, y = hwy, color = class)) +
  geom_point()

# 오른쪽
ggplot(mpg, aes(x = displ, y = hwy, shape = class)) +
  geom_point()
#> Warning: The shape palette can deal with a maximum of 6 discrete values
because more
#> than 6 becomes difficult to discriminate
#> i you have requested 7 values. Consider specifying shapes manually if you
#>   need that many have them.
#> Warning: Removed 62 rows containing missing values or values outside the scale
range
#> (`geom_point()`).
```

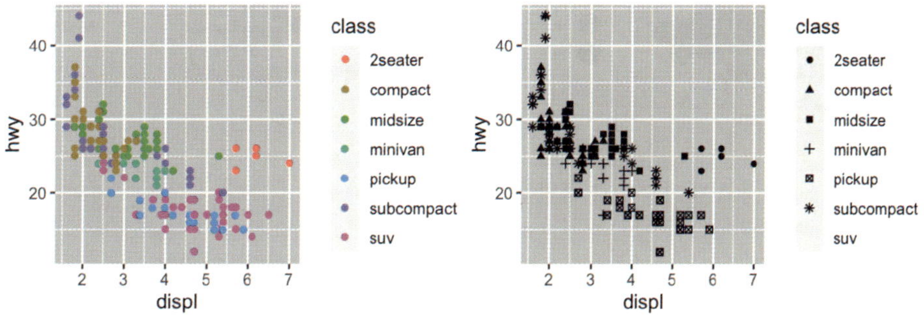

class를 shape에 매핑하면 두 가지 경고 메시지가 출력됩니다.

1. shape 팔레트는 최대 6개까지 불연속형 값을 처리할 수 있습니다. 6개를 초과하면 구분이 어려워집니다. 입력한 데이터에 불연속형 값이 7개 있습니다. 꼭 필요하다면 shape를 수동으로 지정하는 게 좋습니다.
2. geom_point()에서 결측치를 포함해 62개의 행이 제거되었습니다.

ggplot2는 기본적으로 한 번에 6개의 도형만 사용합니다. shape 시각적 속성을 사용할 때 6개를 초과한 그룹은 그래프에 표현되지 않습니다. 두 번째 경고 메시지는 데이터셋에 있는 62개의 suv가 그래프에 표현되지 않은 것과 관련이 있습니다.

비슷한 방법으로 크기를 조정하는 size나 투명도를 조정하는 alpha에 class를 매핑할 수 있습니다.

```
# 왼쪽
ggplot(mpg, aes(x = displ, y = hwy, size = class)) +
```

```
  geom_point()
#> Warning: Using size for a discrete variable is not advised.

# 오른쪽
ggplot(mpg, aes(x = displ, y = hwy, alpha = class)) +
  geom_point()
#> Warning: Using alpha for a discrete variable is not advised.
```

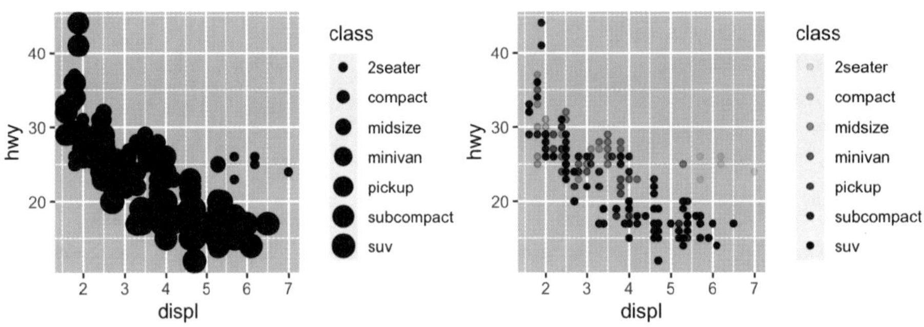

두 코드 모두 경고 메시지를 출력합니다.

> 불연속형 변수를 alpha에 적용하는 것은 권장하지 않습니다.

class처럼 순서가 없는 불연속형(범주형) 변수를 size나 alpha와 같은 순서가 있는 시각적 속성에 매핑하는 것은 일반적으로 좋은 생각이 아닙니다. 실제로는 순서가 없는데도 마치 순서가 있는 것처럼 시각화하게 되기 때문입니다.

시각적 속성을 매핑하면 나머지는 ggplot2가 알아서 처리합니다. 시각적 속성에 사용할 적절한 배율을 선택하고, 레벨과 값이 어떻게 매핑됐는지 보여 주는 범례를 만듭니다. x와 y를 매핑하면 범례를 만드는 대신 눈금 표시와 레이블로 구성된 축(axis)을 만듭니다. 축은 범례와 동일한 정보를 나타냅니다. 축을 보면 위치와 값이 어떻게 매핑됐는지 알 수 있습니다.

변수 매핑에 의존해 그래프 모양을 결정하는 대신 aes() "외부"의 geom 함수에서 인자를 이용해 시각적 속성을 직접 설정할 수도 있습니다. 예를 들어 다음과 같이 그래프의 모든 점을 파란색으로 만들 수 있습니다.

```
ggplot(mpg, aes(x = displ, y = hwy)) +
  geom_point(color = "blue")
```

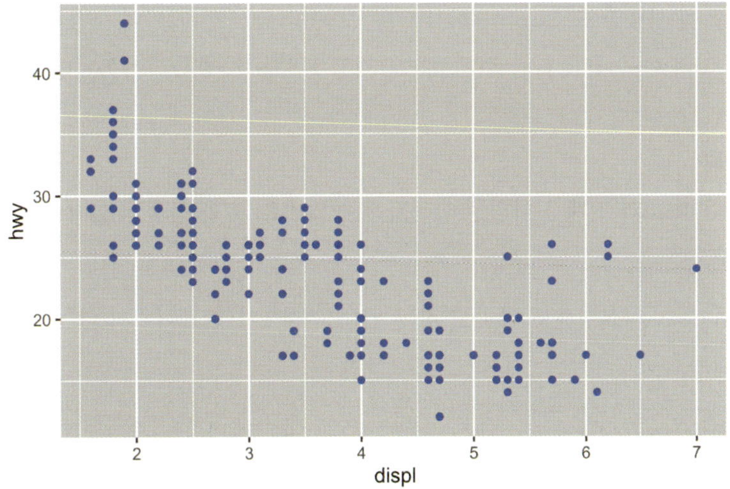

여기서 color는 변수의 정보를 전달하지 않고 단순히 그래프의 모양을 바꿉니다. 이렇게 직접 설정할 때는 시각적 속성에 적합한 값을 선택해야 합니다.

- 색상을 정하는 color에는 `color = "blue"`처럼 문자열을 입력합니다.
- 점의 크기를 정하는 size에는 `size = 1`처럼 mm 단위를 입력합니다.
- 점의 모양을 결정하는 shape에는 `shape = 1`처럼 숫자를 입력합니다. 그림 9-1을 참고하세요.

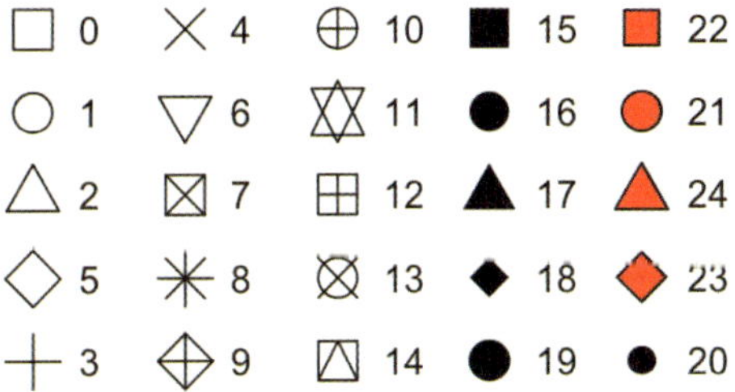

그림 9-1 R에는 숫자로 구별되는 25개의 기본 도형이 있는데, 똑같아 보이는 도형이 몇 개 있습니다. 예를 들어 0, 15, 22는 모두 정사각형입니다. 그러나 `color`와 `fill` 시각적 속성의 상호작용에 따라 도형의 형태가 달라집니다. 속이 빈(hollow) 도형은 `color`에 따라 테두리 색이 결정됩니다(0~14). 속만 있는(solid) 도형은 `color`에 따라 내부의 색이 결정됩니다(15~20). 속이 채워진(filled) 도형은 테두리는 `color`, 내부는 `fill`에 따라 색이 결정됩니다(21~24). 도형은 서로 비슷한 형태끼리 나란히 배열되어 있습니다.

지금까지 점 도형을 이용해 산점도를 만들 때 매핑하거나 설정할 수 있는 시각적 속성을 알아봤습니다. 이외에 매핑할 수 있는 시각적 속성을 전부 알고 싶다면 비네트(*https://ggplot2.tidyverse.org/articles/ggplot2-specs.html*)를 읽어 보세요.

그래프에 사용할 수 있는 시각적 속성은 데이터를 표현하는 데 사용하는 그래프 모양에 따라 다릅니다. 다음 절에서는 그래프 모양을 자세히 알아봅니다.

연습문제

1. hwy와 displ의 관계를 나타낸 산점도를 만드세요. 점을 분홍색 삼각형으로 나타내세요.
2. 다음 코드를 실행해도 파란색 점이 있는 그래프가 만들어지지 않는 이유가 무엇인가요?

```
ggplot(mpg) +
  geom_point(aes(x = displ, y = hwy, color = "blue"))
```

3. stroke는 무슨 역할을 하는 시각적 속성인가요? 어떤 도형에 사용해야 어울리나요? (힌트: ?geom_point를 실행해 보세요.)
4. aes(color = displ < 5)처럼 변수 이름 외에 다른 코드를 시각적 속성에 매핑하면 어떻게 되나요? 참고로 x와 y도 지정해야 합니다.

기하학 객체

이 두 그래프의 공통점은 무엇일까요?

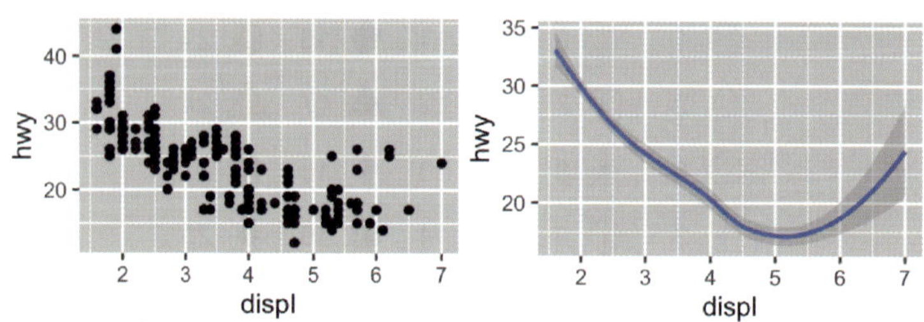

두 그래프 모두 같은 x 변수, y 변수, 데이터를 표현합니다. 하지만 두 그래프는 똑같지 않습니다. 서로 다른 기하학 객체를 사용해 데이터를 표현합니다. 즉, 그래프 모양(geom)이 다릅니다. 왼쪽 그래프는 점(point) 모양을 사용하는 반면, 오른쪽 그래프는 데이터를 곡선으로 표현하기 위해 곡선(smooth) 모양을 사용합니다.

그래프의 모양을 바꾸려면 ggplot()에 덧붙이는 geom 함수를 바꾸면 됩니다. 예를 들어 앞에서 본 그래프를 만들려면 코드를 다음과 같이 작성합니다.

```
# 왼쪽
ggplot(mpg, aes(x = displ, y = hwy)) +
  geom_point()

# 오른쪽
ggplot(mpg, aes(x = displ, y = hwy)) +
  geom_smooth()
#> `geom_smooth()` using method = 'loess' and formula = 'y ~ x'
```

ggplot2의 모든 geom 함수에는 `mapping` 인자가 있습니다. 이 인자는 geom 레이어에서 지역적으로 정의할 수도 있고 `ggplot()` 레이어에서 전역적으로 정의할 수도 있습니다. 그러나 모든 시각적 속성을 모든 geom 함수에 사용할 수 있는 것은 아닙니다. 예를 들어 "shape"을 이용해 점의 모양은 설정할 수 있지만, 선의 모양은 설정할 수 없습니다. 이런 시도를 하면 ggplot2는 시각적 속성 매핑을 자동으로 무시합니다. "굳이" 원한다면 linetype을 이용해 선의 유형을 설정할 수도 있습니다. `geom_smooth()`는 linetype에 매핑한 변수의 값에 따라서 서로 다른 모양으로 여러 선을 그립니다.

```
# 왼쪽
ggplot(mpg, aes(x = displ, y = hwy, shape = drv)) +
  geom_smooth()

# 오른쪽
ggplot(mpg, aes(x = displ, y = hwy, linetype = drv)) +
  geom_smooth()
```

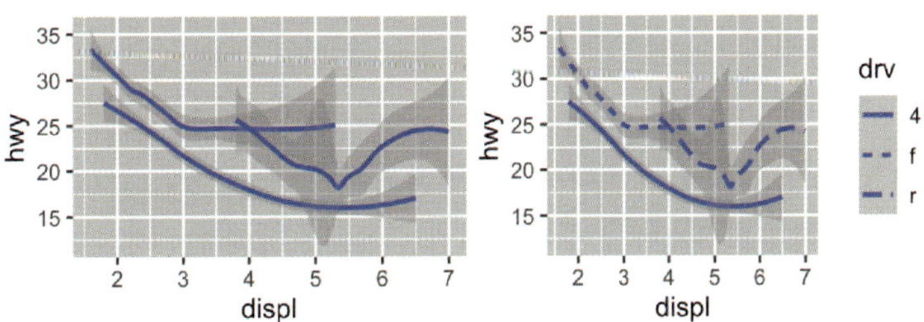

여기서 `geom_smooth()`는 구동 방식을 나타내는 `drv`의 값에 따라 자동차를 선 세 개로 나누어 표현합니다. `4`, `f`, `r` 각각 서로 다른 선으로 나타나고, 해당 값을 전부 표현합니다. `drv` 변수에서 `4`는 사륜구동, `f`는 전륜구동, `r`은 후륜구동을 뜻합니다.

그래프가 이해하기 어렵다면 다음과 같이 원자료 위에 선을 그리고 drv별로 다른 색을 입혀서 더 분명하게 표현할 수 있습니다.

```
ggplot(mpg, aes(x = displ, y = hwy, color = drv)) +
  geom_point() +
  geom_smooth(aes(linetype = drv))
```

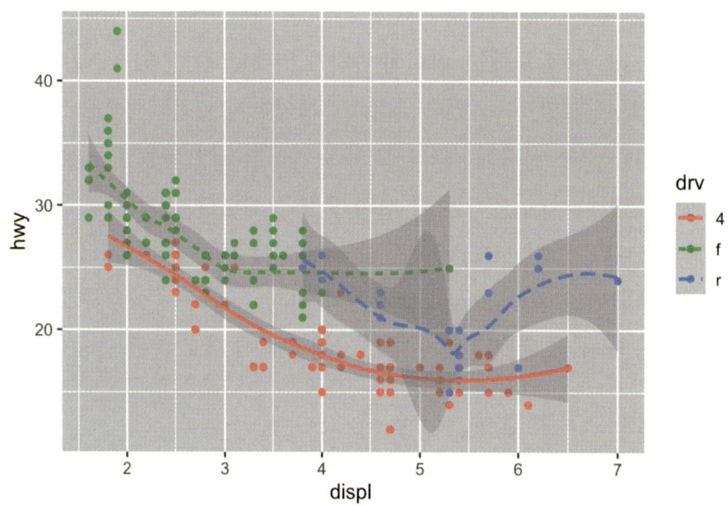

한 그래프에 두 종류의 geom이 함께 있다는 점을 눈여겨보세요.

geom_smooth()처럼 기하학 객체 하나로 여러 행의 데이터를 표현하는 geom이 많이 있습니다. 이런 geom을 사용할 때 group 시각적 속성에 범주형 변수를 설정하면 여러 대상을 구별되게 표현할 수 있습니다. ggplot2는 그룹 변수의 고윳값별로 각각 그림을 그립니다. 실제로 앞에서 본 linetype 예제와 같이 불연속형 변수를 어떤 시각적 속성에 매핑할 때마다 ggplot2는 geom에 표현할 데이터를 자동으로 그룹화합니다. group 시각적 속성만 사용하면 범례를 추가하지도 않고 그래프를 변수의 값별로 구별되게 표현하지도 않기 때문에 이런 기능을 사용하는 게 좋습니다.

```
# 왼쪽
ggplot(mpg, aes(x = displ, y = hwy)) +
  geom_smooth()

# 가운데
ggplot(mpg, aes(x = displ, y = hwy)) +
  geom_smooth(aes(group = drv))
```

```
# 오른쪽
ggplot(mpg, aes(x = displ, y = hwy)) +
  geom_smooth(aes(color = drv), show.legend = FALSE)
```

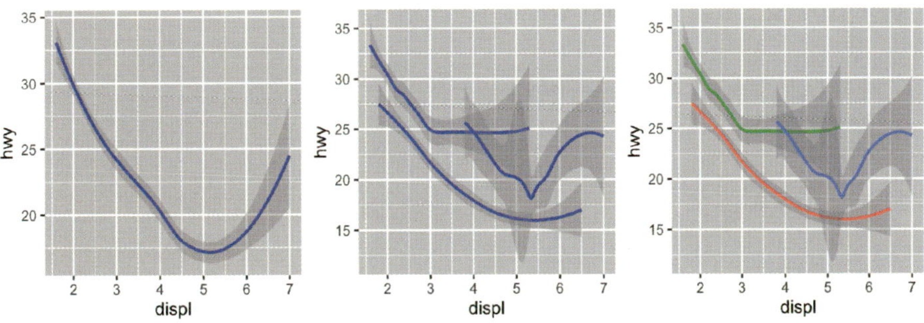

geom 함수에서 매핑을 하면 ggplot2는 이를 해당 레이어에 대한 지역적인 매핑으로 처리합니다. 해당 레이어에 한해서만 전역 매핑을 확장하거나 덮어쓰게 되는 것입니다. 이런 특징을 이용하면 여러 레이어에 서로 다른 시각적 속성을 표현할 수 있습니다.

```
ggplot(mpg, aes(x = displ, y = hwy)) +
  geom_point(aes(color = class)) +
  geom_smooth()
```

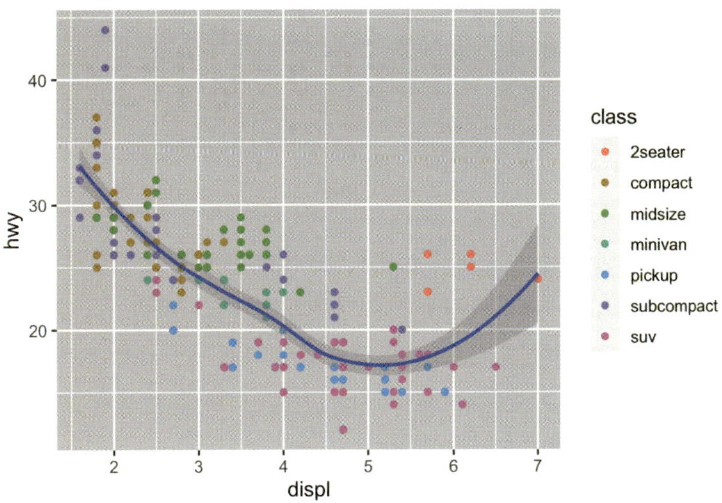

같은 방식으로 여러 레이어에 서로 다른 data를 지정할 수 있습니다. 다음 예시 그래프를 보면 빨간색 점과 속이 빈 원 도형을 함께 사용해 2인승 자동차를 강조했습니다. geom_point()에 지역 데이터 인자를 입력했기 때문에 해당 레이어에 대해서만 ggplot()에 입력된 전역 데이터 인자를 덮어쓰게 됩니다.

```
ggplot(mpg, aes(x = displ, y = hwy)) +
  geom_point() +
  geom_point(
    data = mpg |> filter(class == "2seater"),
    color = "red"
  ) +
  geom_point(
    data = mpg |> filter(class == "2seater"),
    shape = "circle open", size = 3, color = "red"
  )
```

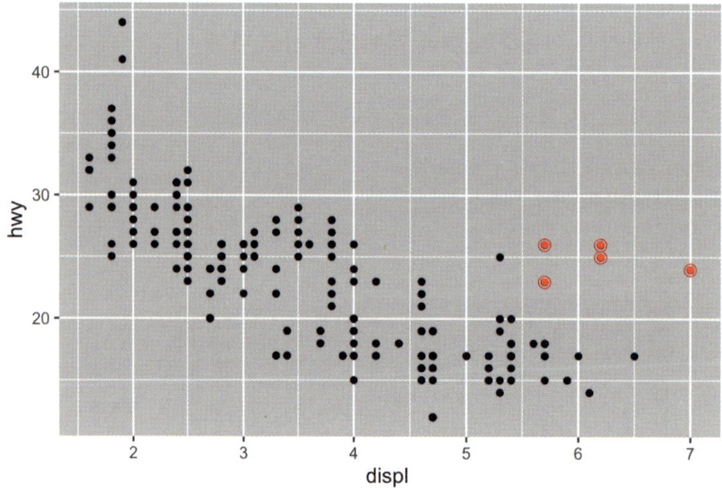

geom은 ggplot2의 기본 구성 요소입니다. geom을 바꾸면 그래프 모양을 완전히 바꿀 수 있고, 데이터의 여러 특징을 서로 다른 도형으로 나타낼 수도 있습니다. 예를 들어 다음 그래프에서 히스토그램과 밀도 함수 그래프는 고속도로 주행 거리가 이봉 분포(bimodal)이고 오른쪽으로 치우쳐 있음을 나타내며, 상자 그림은 잠재적 이상치가 2개 있다는 사실을 나타냅니다.

```
# 왼쪽
ggplot(mpg, aes(x = hwy)) +
  geom_histogram(binwidth = 2)
```

```
# 가운데
ggplot(mpg, aes(x = hwy)) +
  geom_density()

# 오른쪽
ggplot(mpg, aes(x = hwy)) +
  geom_boxplot()
```

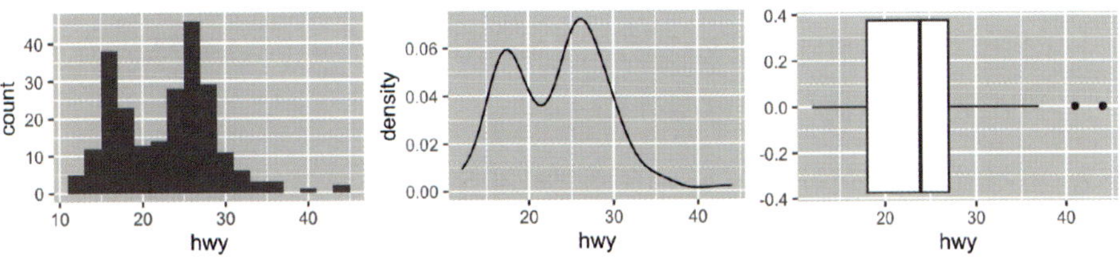

ggplot2에도 geom이 40개 이상 있기는 하지만, ggplot2만으로 모든 그래프를 만들 수 있는 것은 아닙니다. 다른 그래프를 만들고 싶다면 누군가 이미 구현해 둔 것이 있는지 확장 패키지(*https://exts.ggplot2.tidyverse.org/gallery*)를 확인해 보는 것이 좋습니다. 예를 들어 ggridges 패키지(*https://wilkelab.org/ggridges*)를 이용하면 수치형 변수의 밀도 함수 그래프를 범주형 변수 수준별로 나타낸 능선(ridgeline) 그래프를 만들 수 있습니다. 다음 그래프는 `geom_density_ridges()`라는 새로운 geom을 사용하고, `drv`를 `y`, `fill`, `color`에 입력하는 식으로 같은 변수를 여러 시각적 속성에 매핑해 만들었습니다. 또한 밀도 함수 곡선을 투명하게 만들도록 `alpha = 0.5`를 입력해 시각적 속성을 설정했습니다.

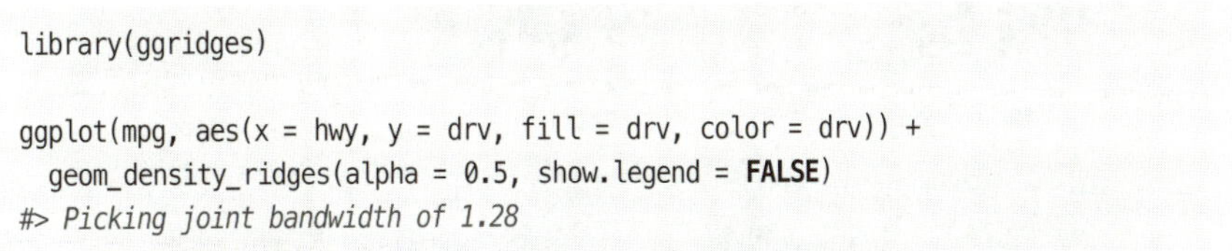

```
library(ggridges)

ggplot(mpg, aes(x = hwy, y = drv, fill = drv, color = drv)) +
  geom_density_ridges(alpha = 0.5, show.legend = FALSE)
#> Picking joint bandwidth of 1.28
```

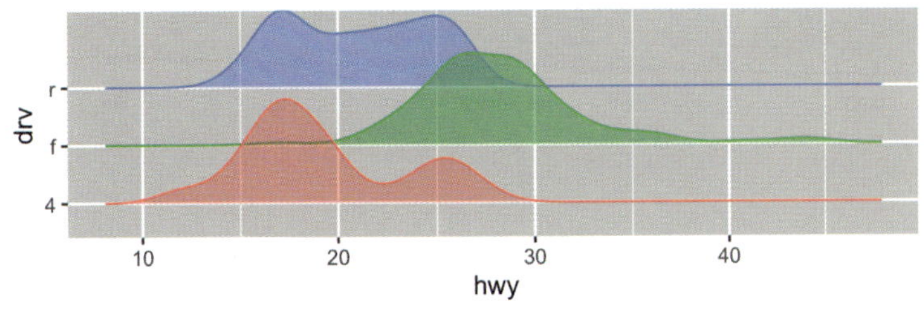

ggplot2로 만들 수 있는 모든 geom과 패키지의 모든 함수를 한눈에 보고 싶다면 공식 페이지(*https://ggplot2.tidyverse.org/reference*)를 살펴보는 게 가장 좋은 방법입니다. 각 geom을 자세히 알아보려면 ?geom_smooth와 같이 코드를 작성해 도움말을 참고하세요.

연습문제

1. 선 차트를 만들려면 어떤 geom을 사용해야 할까요? 상자 그림, 히스토그램, 아니면 영역 차트를 사용해야 할까요?

2. 이 장의 앞부분에서 show.legend를 설명하지 않고 코드에 사용했습니다.

   ```
   ggplot(mpg, aes(x = displ, y = hwy)) +
     geom_smooth(aes(color = drv), show.legend = FALSE)
   ```

   여기서 show.legend = FALSE는 어떤 역할을 할까요? 이 부분을 제거하면 어떻게 될까요? 앞에서 이 코드를 사용한 이유가 무엇일까요?

3. geom_smooth()의 se 인자는 어떤 역할을 할까요?

4. 다음 코드를 수정해서 그래프를 만들어 보세요. 그래프에서 사용된 범주형 변수는 모두 drv라는 점을 유의하세요.

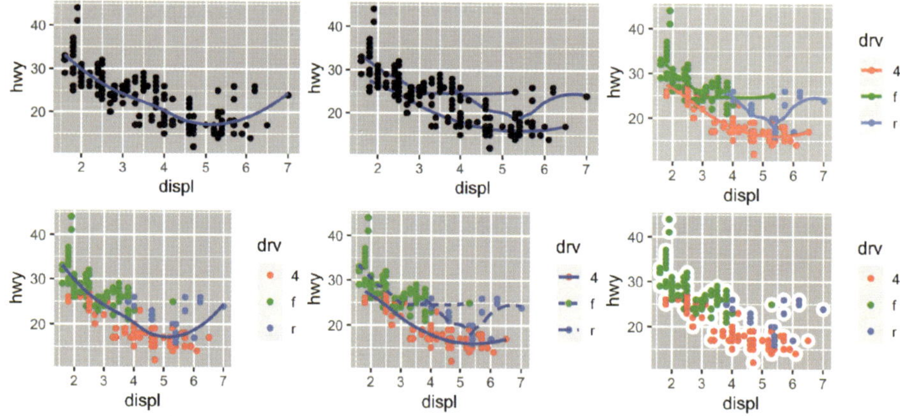

패싯

1장에서 facet_wrap()을 이용해 그래프를 분할하는 패싯을 익혔습니다. 이 함수는 그래프를 범주형 변수의 값에 따라 하위 집단으로 나누는 기능을 합니다.

```
ggplot(mpg, aes(x = displ, y = hwy)) +
  geom_point() +
  facet_wrap(~cyl)
```

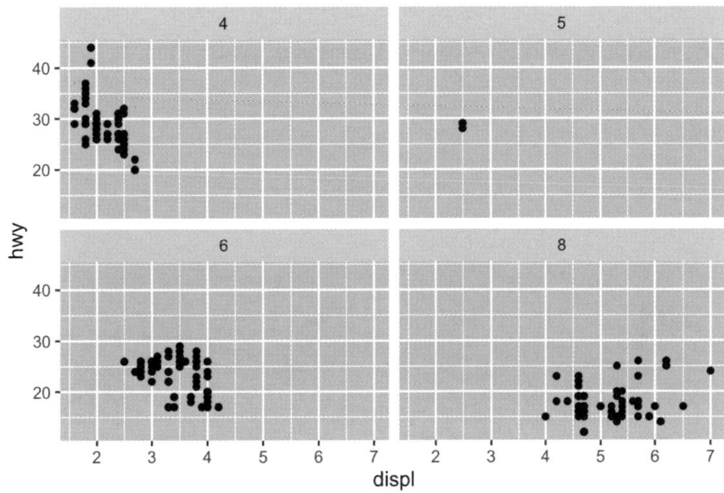

그래프를 두 변수의 조합에 따라 패싯화하려면 facet_wrap() 대신 facet_grid()를 사용하면 됩니다. facet_wrap()과 마찬가지로 facet_grid()의 첫 번째 인자에 공식을 입력해야 합니다. 단, **행 ~ 열** 형태로 양쪽에 변수를 넣은 공식을 입력해야 합니다.

```
ggplot(mpg, aes(x = displ, y = hwy)) +
  geom_point() +
  facet_grid(drv ~ cyl)
```

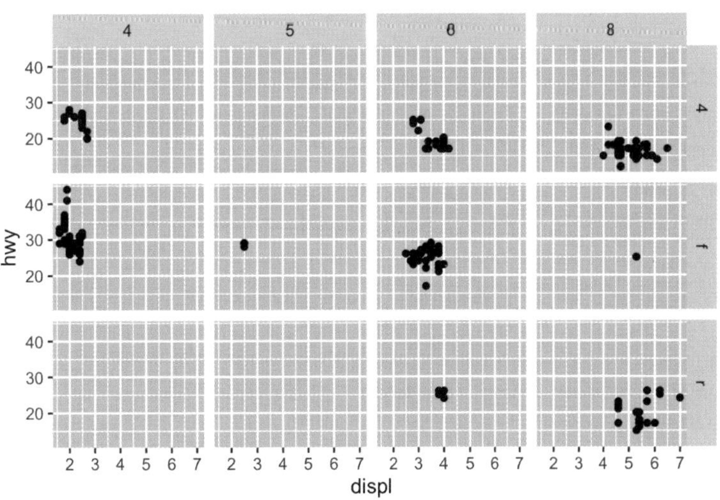

기본적으로 모든 하위 그래프의 x, y축은 스케일과 범위가 같습니다. 이런 형태는 하위 그래프끼리 데이터를 비교할 때는 유용하지만, 각 하위 그래프 내에서 변수 간의 관계를 살펴볼 때는 적절하지 않습니다. 패싯 함수의 scales 인자를 "free"로 설정하면 행과 열 모두 그래프별로 축 스케일이 달라집니다. "free_x"를 사용하면 행, "free_y"를 사용하면 열의 스케일이 그래프별로 달라집니다.

```
ggplot(mpg, aes(x = displ, y = hwy)) +
  geom_point() +
  facet_grid(drv ~ cyl, scales = "free_y")
```

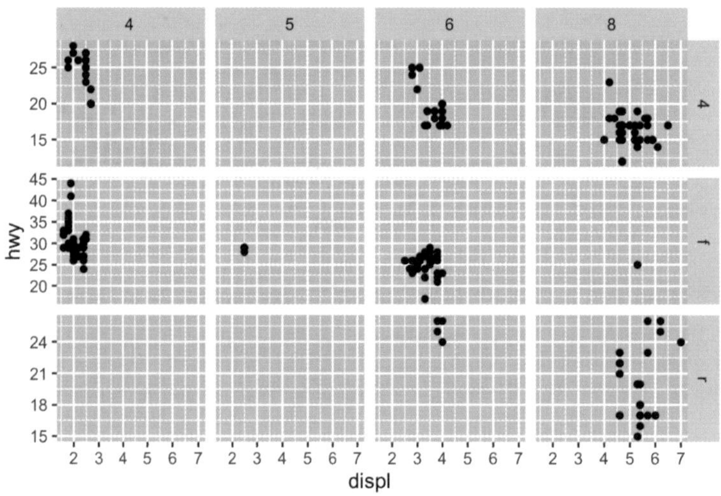

연습문제

1. 연속형 변수를 이용해 패싯하면 어떻게 될까요?
2. facet_grid(drv ~ cyl)를 실행해 만든 앞의 그래프에서 빈 셀은 어떤 의미일까요? 다음 코드를 실행해 보세요. 이 그래프와 어떤 관련이 있을까요?

```
ggplot(mpg) +
  geom_point(aes(x = drv, y = cyl))
```

3. 다음 코드를 실행하면 어떤 그래프가 만들어질까요? .은 어떤 역할을 할까요?

```
ggplot(mpg) +
  geom_point(aes(x = displ, y = hwy)) +
  facet_grid(drv ~ .)
```

```
ggplot(mpg) +
  geom_point(aes(x = displ, y = hwy)) +
  facet_grid(. ~ cyl)
```

4. 이 절에서 처음 등장한 그래프를 출력해 보겠습니다.

```
ggplot(mpg) +
  geom_point(aes(x = displ, y = hwy)) +
  facet_wrap(~ class, nrow = 2)
```

color 시각적 속성 대신 패싯을 사용하면 어떤 장점이 있을까요? 단점은 무엇일까요? 데이터셋이 더 크면 형태가 어떤 식으로 달라질까요?

5. ?facet_wrap을 실행해서 메뉴얼을 읽어 보세요. nrow, ncol은 각각 무슨 기능을 하나요? 개별 패널의 레이아웃을 조정하는 옵션은 어떤 것이 있나요? facet_grid()에 nrow, ncol 인자가 없는 이유는 무엇일까요?

6. 다음 중 엔진 크기(displ)를 구동 방식별로 비교하기 쉬운 그래프는 무엇인가요? 이 그래프를 보고, 패싯할 때 변수를 행, 열 중 어디에 배치해야 할지 판단 기준을 생각해 보세요.

```
ggplot(mpg, aes(x = displ)) +
  geom_histogram() +
  facet_grid(drv ~ .)

ggplot(mpg, aes(x = displ)) +
  geom_histogram() +
  facet_grid(. ~ drv)
```

7. 다음 코드에 facet_grid() 대신 facet_wrap()을 넣어 그래프를 다시 만들어 보세요. 패싯 레이블의 위치가 어떻게 바뀌나요?

```
ggplot(mpg) +
  geom_point(aes(x = displ, y = hwy)) +
  facet_grid(drv ~ .)
```

통계적 변환

geom_bar() 또는 geom_col()로 만든 기본 막대 차트를 예로 들어 보겠습니다. 다음 그래프는 diamonds 데이터셋의 총 다이아몬드 수를 cut별로 그룹화해 표현합니다. ggplot2 패키지에 들어 있는 diamonds 데이터셋은 54,000개 다이아몬드 각각의 price, carat, color, clarity, cut 정보를 담고 있습니다. 차트를 보면 품질이 낮은 컷보다 품질이 높은 컷의 다이아몬드가 더 많다는 사실을 알 수 있습니다.

```
ggplot(diamonds, aes(x = cut)) +
  geom_bar()
```

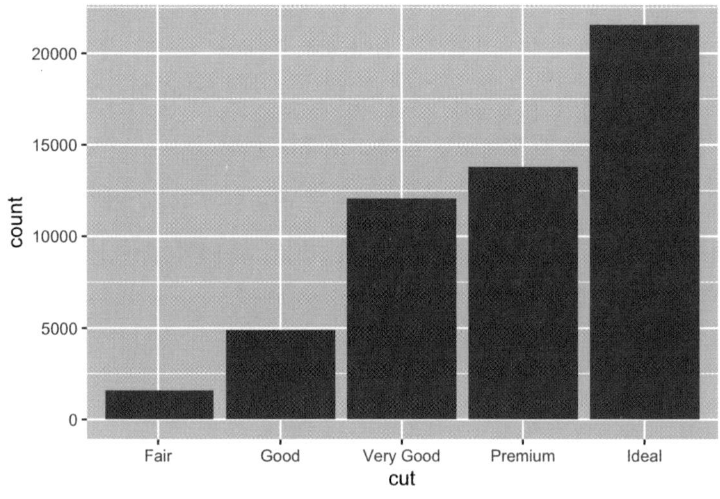

차트의 x축에는 diamonds 데이터셋의 변수인 cut이 표현되어 있습니다. y축에는 개수(count)가 표현되어 있습니다. 그런데 개수는 diamonds의 변수가 아닙니다! 개수는 어디에서 온 걸까요? 산점도처럼 데이터셋의 원사료를 직접 표시하는 그래프도 있지만, 막대 차트처럼 새로운 값을 계산해서 표시하는 그래프도 있습니다.

- 막대 차트, 히스토그램, 도수 분포 다각형은 데이터를 계급 구간별로 나누어 각 구간에 들어가는 값의 개수를 구한 다음 그래프에 표현합니다.
- 스무딩 유형의 그래프는 데이터로 모델을 만들어 예측값을 구한 다음 그래프에 표현합니다.
- 상자 그림은 데이터로 분포를 나타낸 다섯 종류의 요약값을 계산한 다음 특수한 모양의 상자로 표현합니다.

이처럼 그래프에 표현할 새 값을 계산하는 알고리즘을 통계적 변환(statistical transformation)의 줄임말인 stat이라고 합니다. 그림 9-2는 geom_bar()에서 이런 절차가 어떻게 이루어지는지 보여 줍니다.

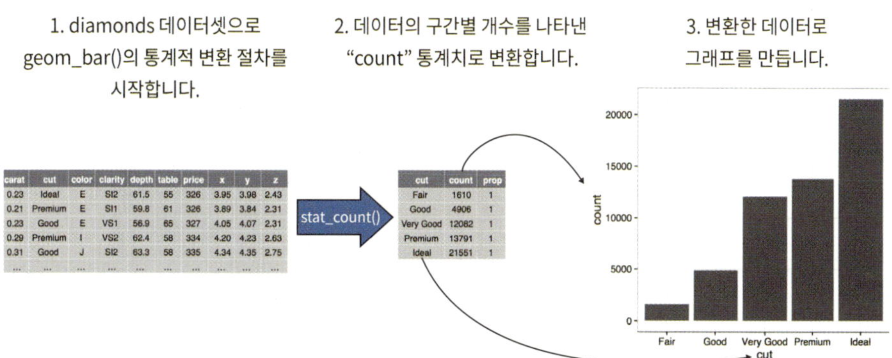

그림 9-2 막대 차트를 만들 때는 먼저 원자료에서 시작해서 막대별 관측치 수를 집계하고 마지막으로 이렇게 계산한 변수를 그래프의 시각적 속성에 매핑합니다.

stat 인자의 기본값을 보면 어떤 통계치가 사용됐는지 알 수 있습니다. 예를 들어 ?geom_bar를 실행하면 stat의 기본값이 "count"임을 보여 줍니다. 이는 geom_bar()가 stat_count()를 사용한다는 뜻입니다. geom_bar() 설명서에 stat_count()에 관한 내용도 함께 들어 있습니다. 아래로 스크롤해 "Computed variables" 부분을 보면 stat_count()가 count와 prop이라는 두 가지 새 변수를 계산한다고 설명되어 있습니다.

그래프 모양별로 기본 stat이 정해져 있고, stat도 기본 그래프 모양이 정해져 있습니다. 따라서 일반적으로는 통계적 변환을 신경 쓰지 않고 그래프 모양을 사용하면 됩니다. 하지만 다음과 같은 세 가지 경우에는 stat을 명시적으로 지정해야 합니다.

1. 기본 통계치를 바꾸고 싶을 때가 있습니다. 다음 코드를 보면 geom_bar()의 stat 인자 기본값 count를 identity로 바꿨습니다. 이렇게 하면 막대의 높이에 y 변수의 원자료를 매핑할 수 있습니다.

```
diamonds |>
  count(cut) |>
  ggplot(aes(x = cut, y = n)) +
  geom_bar(stat = "identity")
```

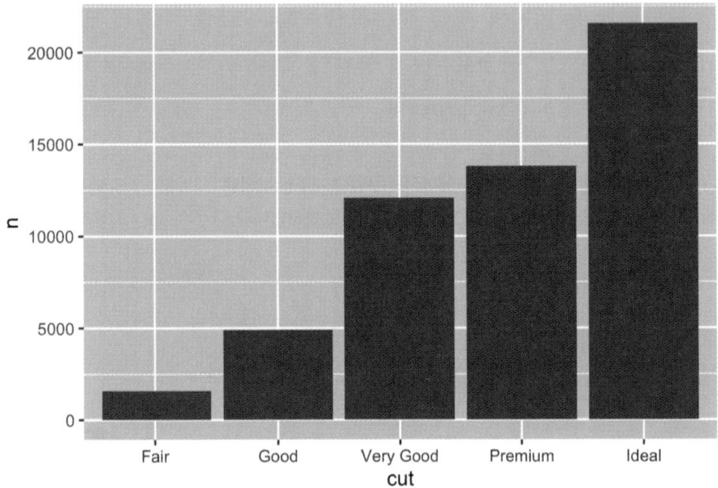

2. 다른 통계적 변환 값을 시각적 속성에 지정하고 싶을 때가 있습니다. 예를 들어 막대 차트에 빈도가 아니라 비율을 표현하고 싶을 수 있습니다.

```
ggplot(diamonds, aes(x = cut, y = after_stat(prop), group = 1)) +
  geom_bar()
```

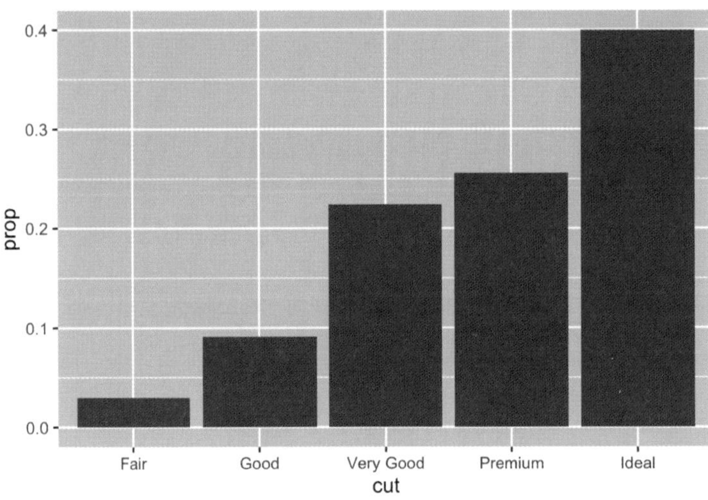

그래프에 어떤 통계치를 사용할 수 있는지 알아보려면 geom_bar() 도움말에서 “computed variables” 부분을 읽어 보세요.

3. 그래프를 만들 때 통계적 변환 방법을 구체적으로 설정하고 싶을 때가 있습니다. 예를 들어 `stat_summary()`를 사용하면 x의 값별로 y의 요약값을 구하는 식으로, 계산할 요약값을 직접 설정할 수 있습니다.

```
ggplot(diamonds) +
  stat_summary(
    aes(x = cut, y = depth),
    fun.min = min,
    fun.max = max,
    fun = median
  )
```

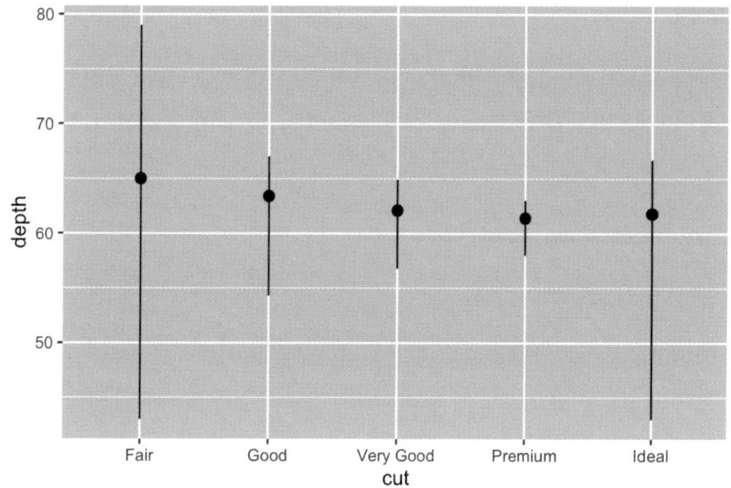

20개가 넘는 stat을 ggplot2에 사용할 수 있습니다. stat도 하나의 함수이므로 `?stat_bin`처럼 코드를 작성하면 도움말을 볼 수 있습니다.

연습문제

1. `stat_summary()`에 기본값으로 설정된 그래프 모양은 무엇인가요? 이전에 작성한 그래프를 stat 함수 대신에 geom 함수를 사용하도록 수정하려면 어떻게 해야 하나요?

2. `geom_col()`의 기능은 무엇인가요? `geom_bar()`와 무엇이 다른가요?

3. 그래프 모양과 stat은 대부분 짝을 이루어 함께 사용됩니다. 그래프 모양과 stat을 짝지어 나열해 보세요. 어떤 공통점이 있나요? (힌트: 도움말을 읽어 보세요.)

4. stat_smooth()는 어떤 변수를 계산하나요? 이 함수의 동작을 제어하려면 어떤 인자를 사용해야 하나요?

5. 비율 막대 차트를 만들려면 group = 1을 입력해야 합니다. 왜 그럴까요? 바꿔 말하면, 다음 두 그래프의 문제점이 무엇일까요?

```
ggplot(diamonds, aes(x = cut, y = after_stat(prop))) +
  geom_bar()
ggplot(diamonds, aes(x = cut, fill = color, y = after_stat(prop))) +
  geom_bar()
```

위치 조정

막대 차트에 사용할 수 있는 마법 같은 기능이 하나 더 있습니다. 시각적 속성 color를 이용하면 막대 차트에 색을 넣을 수 있습니다. fill은 더 유용합니다.

```
# 왼쪽
ggplot(mpg, aes(x = drv, color = drv)) +
  geom_bar()

# 오른쪽
ggplot(mpg, aes(x = drv, fill = drv)) +
  geom_bar()
```

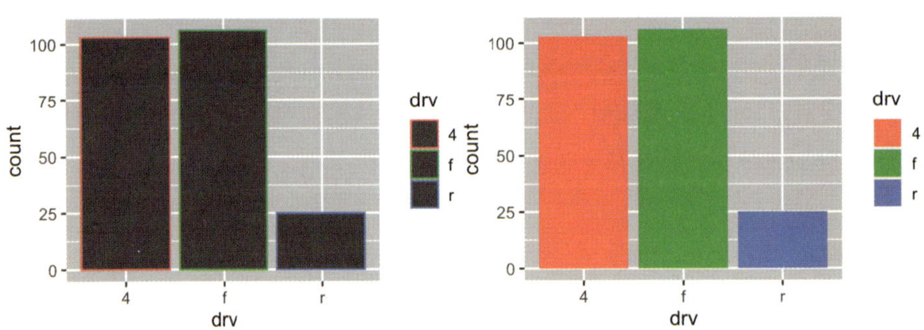

fill에 class 같은 변수를 매핑하면 어떻게 되는지 주목하세요. 다음과 같이 막대가 자동으로 누적됩니다. 서로 다른 색이 칠해진 직사각형은 drv와 class의 조합을 보여 줍니다.

```
ggplot(mpg, aes(x = drv, fill = class)) +
  geom_bar()
```

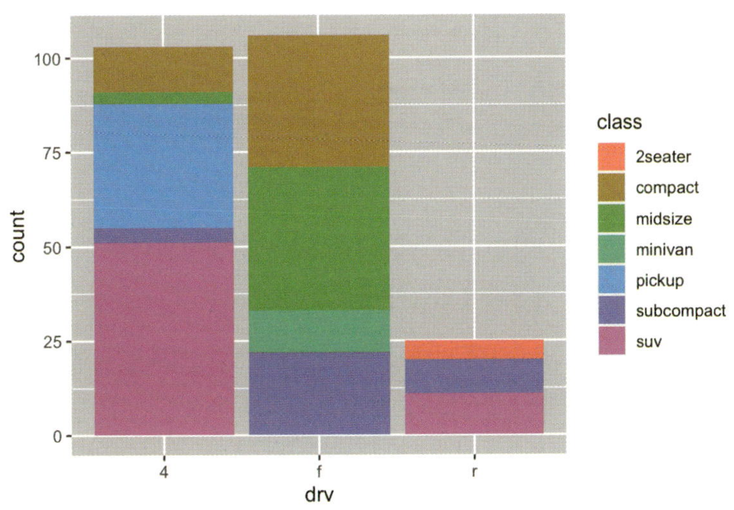

position 인자를 지정하면 **위치 조정** 기능에 의해 자동으로 누적 작업이 이루어집니다. 누적 막대 차트를 만들고 싶지 않으면 "identity", "dodge", "fill" 중 하나를 선택해 사용하면 됩니다.

- position = "identity"를 입력하면 그래프 내에서 각 대상을 정확한 위치에 배치합니다. 이 설정은 막대 차트를 만들 때는 그다지 적합하지 않습니다. 막대들이 서로 겹치기 때문입니다. 겹치는 부분을 보이게 하려면 alpha를 작은 값으로 설정해서 막대를 약간 투명하게 만들거나 fill = na를 설정해서 완전히 투명하게 만들면 됩니다.

```
# 왼쪽
ggplot(mpg, aes(x = drv, fill = class)) +
  geom_bar(alpha = 1/5, position = "identity")

# 오른쪽
ggplot(mpg, aes(x = drv, color = class)) +
  geom_bar(fill = NA, position = "identity")
```

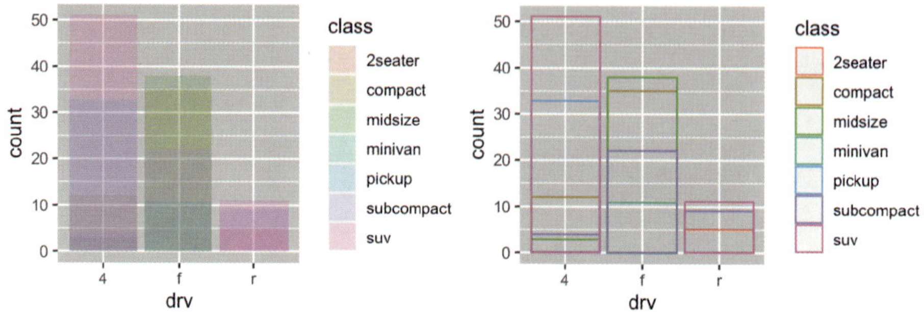

pidentity 위치 조정은 산점도 같은 2차원 그래프에 더 유용합니다. 이런 그래프는 identity가 기본값으로 설정되어 있습니다.

- position = "fill"을 입력하면 막대를 누적하면서 막대 세트의 높이를 동일하게 만듭니다. 이렇게 하면 그룹 간 비율을 쉽게 비교할 수 있습니다.
- position = "dodge"를 입력하면 겹치는 대상을 바로 "옆"에 배치합니다. 이렇게 하면 개별 값을 비교하기가 더 쉬워집니다.

```
# 왼쪽
ggplot(mpg, aes(x = drv, fill = class)) +
  geom_bar(position = "fill")

# 오른쪽
ggplot(mpg, aes(x = drv, fill = class)) +
  geom_bar(position = "dodge")
```

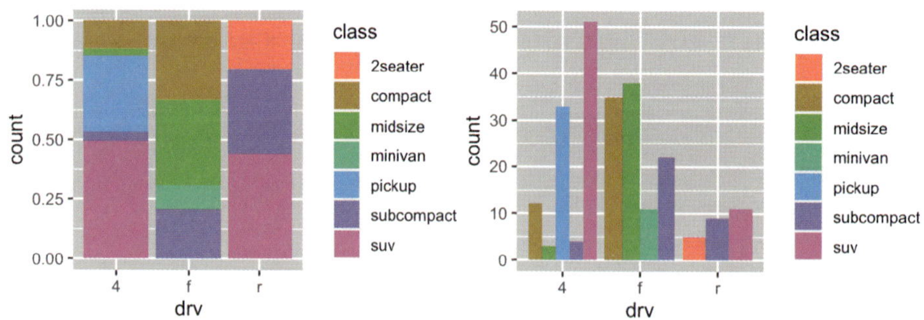

막대 차트에는 유용하지 않지만, 산점도에는 매우 유용한 위치 조정 방식이 하나 더 있습니다. 처음에 만들었던 산점도를 다시 살펴보겠습니다. 데이터셋에 관측치가 234개 있는데 그래프에는 점이 126개만 표시된 것을 눈치챘나요?

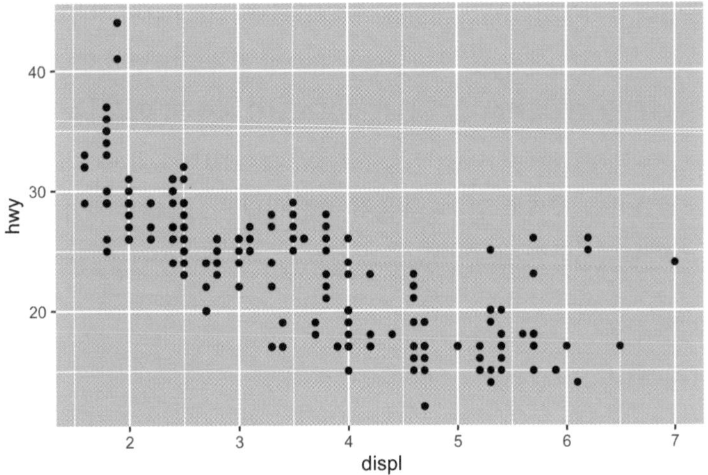

hwy와 displ의 실제값이 반올림된 다음 격자 위에 표시되기 때문에 많은 점이 서로 겹쳐 있는 것입니다. 이런 문제를 **오버플로팅**(overplotting)이라고 합니다. 데이터를 이렇게 배치하면 분포를 파악하기 어렵습니다. 데이터 포인트들이 그래프 전반에 고르게 분포되어 있는지 혹은 hwy와 displ가 똑같은 값이 109개나 되는지 알 수 없습니다.

위치 조정 방식을 "jitter"로 설정하면 격자에 이런 문제가 발생하는 것을 피할 수 있습니다. position = "jitter"를 입력하면 각 점에 무작위한 노이즈를 조금씩 추가합니다. 두 점에 무작위 노이즈가 똑같은 정도로 생길 가능성은 적기 때문에 이렇게 하면 점들이 서로 떨어지게 됩니다.

```
ggplot(mpg, aes(x = displ, y = hwy)) +
  geom_point(position = "jitter")
```

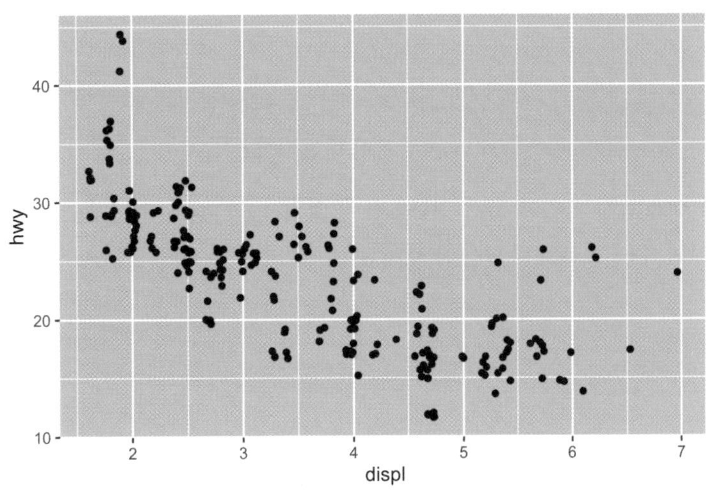

무작위한 값을 추가해서 그래프 모양을 개선하는 게 이상해 보일 수 있습니다. 하지만 그래프의 스케일이 작을 때 이 방법을 사용하면 정확도가 떨어지지만, 스케일이 클 때는 그래프를 "더" 명확하게 만듭니다. 이 방법은 매우 유용하기 때문에 ggplot2에는 `geom_point(position = "jitter")`의 축약형인 `geom_jitter()`가 따로 있습니다.

위치 조정 방법을 자세히 알아보려면 각 조정 방법의 도움말을 찾아보세요. 다음과 같이 코드를 작성하면 됩니다.

- `?position_dodge`
- `?position_fill`
- `?position_identity`
- `?position_jitter`
- `?position_stack`

연습문제

1. 다음 그래프는 어떤 문제가 있나요? 어떻게 개선하면 좋을까요?

```
ggplot(mpg, aes(x = cty, y = hwy)) +
  geom_point()
```

2. 두 그래프에 어떤 차이점이 있나요? 차이점이 있다면 혹은 없다면, 그 이유는 무엇인가요?

```
ggplot(mpg, aes(x = displ, y = hwy)) +
  geom_point()
ggplot(mpg, aes(x = displ, y = hwy)) +
  geom_point(position = "identity")
```

3. `geom_jitter()`에서 무작위 정도를 조정하려면 어떤 인자를 사용해야 하나요?

4. `geom_jitter()`와 `geom_count()`는 무엇이 다른가요?

5. `geom_boxplot()`의 위치 조정 기본값은 무엇인가요? `mpg` 데이터셋을 이용해서 이를 보여 주는 그래프를 만들어 보세요.

좌표계

좌표계는 아마도 ggplot2에서 가장 복잡한 부분일 것입니다. 기본적인 좌표계는 x와 y의 위치가 독립적으로 작용해 각 점의 위치를 정하는 데카르트 좌표계입니다. 이외에 때때로 유용한 다른 두 가지 좌표 시스템이 있습니다.

- coord_quickmap()을 이용하면 지형 지도에 맞는 종횡비를 설정할 수 있습니다. 이 방법은 공간 데이터를 이용해 ggplot2로 그래프를 만들 때 매우 중요합니다.
  이 책에서는 지면의 한계로 지도를 만드는 방법을 자세히 다루지 않습니다. 지도를 만드는 방법을 익히려면 《ggplot2: Elegant graphics for data analysis》의 "Maps" 장(*https://ggplot2-book.org/maps.html*)을 읽어 보세요.

```
nz <- map_data("nz")

ggplot(nz, aes(x = long, y = lat, group = group)) +
  geom_polygon(fill = "white", color = "black")

ggplot(nz, aes(x = long, y = lat, group = group)) +
  geom_polygon(fill = "white", color = "black") +
  coord_quickmap()
```

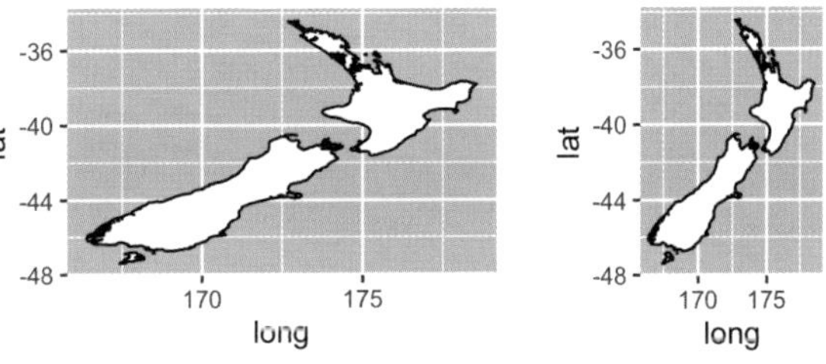

- coord_polar()를 이용하면 극좌표계를 사용할 수 있습니다. 극좌표계를 사용하면 막대 차트와 장미 차트 사이의 흥미로운 관계를 볼 수 있습니다.

```
bar <- ggplot(data = diamonds) +
  geom_bar(
    mapping = aes(x = clarity, fill = clarity),
    show.legend = FALSE,
    width = 1
  ) +
  theme(aspect.ratio = 1)
```

```
bar + coord_flip()
bar + coord_polar()
```

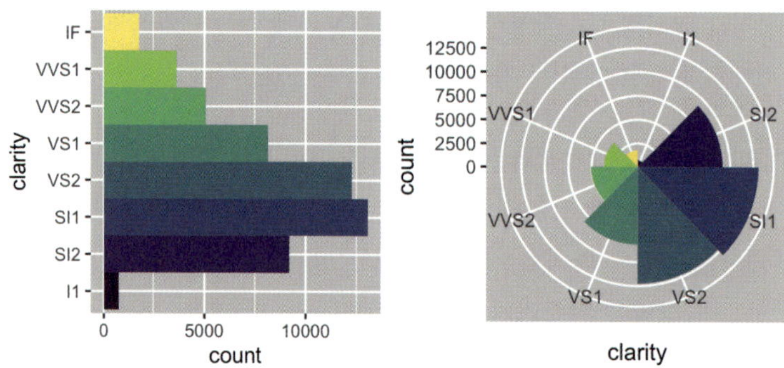

연습문제

1. coord_polar()를 이용해서 누적 막대 차트를 파이 차트로 바꿔 보세요.
2. coord_quickmap()과 coord_map()의 차이점이 무엇인가요?
3. 다음 그래프는 도시 연비와 고속도로 연비 사이에 어떤 관계가 있음을 보여 주나요? coord_fixed()가 중요한 이유는 무엇인가요? geom_abline()은 무슨 기능을 하나요?

```
ggplot(data = mpg, mapping = aes(x = cty, y = hwy)) +
  geom_point() +
  geom_abline() +
  coord_fixed()
```

그래픽 문법의 레이어 구조

1장의 "ggplot2 호출하기"에서 다룬 바와 같이 위치 조정, 통계 변환, 좌표계, 패싯을 추가해서 그래프 탬플릿을 확장할 수 있습니다.

```
ggplot(data = <DATA>) +
  <GEOM_FUNCTION>(
     mapping = aes(<MAPPINGS>),
     stat = <STAT>,
     position = <POSITION>
  ) +
  <COORDINATE_FUNCTION> +
  <FACET_FUNCTION>
```

이 탬플릿은 7가지 매개변수를 사용합니다. 탬플릿에서 ⟨⟩로 묶인 단어 각각이 매개변수입니다. 실제로는 데이터, 매핑, 그래프 모양 함수를 제외하고는 모든 항목에 적절한 기본값이 ggplot2에 지정되어 있기 때문에 그래프를 만들 때 7가지 매개변수를 모두 입력하는 경우는 거의 없습니다.

탬플릿에 있는 7가지 매개변수는 그래프를 만드는 정형화된 시스템인 그래픽 문법을 구성하는 하위 요소입니다. 그래픽 문법은 데이터셋, 그래프 모양, 매핑, 통계적 변환, 위치 조정, 좌표계, 패싯, 테마를 조합하면 "모든" 그래프를 독립적으로 설명할 수 있다는 관점에 바탕을 두고 있습니다.

그래픽 문법이 어떻게 작동하는지 이해하기 위해 기본적인 그래프를 작성하는 순서를 떠올려 봅시다. 먼저 데이터셋 원자료로 시작해서 stat을 이용해 그래프에 표시할 형태로 값을 통계적으로 변환합니다. 변환된 데이터의 각 관측치를 표현할 그래프 모양을 선택합니다. 그래프 모양의 시각적 속성을 사용해 데이터의 변수를 표현합니다. 각 변수의 값을 시각적 속성의 레벨에 맞춰 매핑합니다. 그림 9-3에 이러한 단계가 설명되어 있습니다. 그러고 나면 그래프 모양을 배치할 좌표계를 선택합니다. 이 과정에서 그래프에 표현할 대상의 위치를 이용해 x, y 변수의 값을 표현하게 됩니다. 이 또한 하나의 시각적 속성입니다.

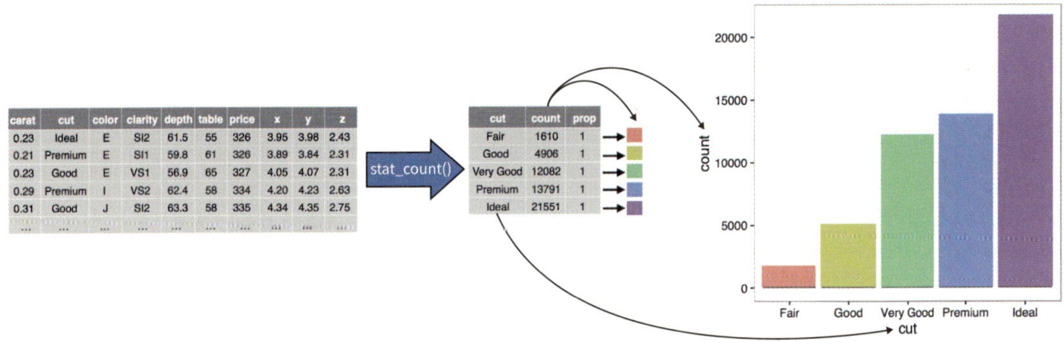

그림 9-3 이 그림은 원자료가 빈도표로 변하고, 빈도표가 막대 높이에 빈도를 나타낸 막대 차트로 변해 가는 단계를 보여 줍니다.

여기까지만 해도 그래프가 완성되지만 좌표계에서 그래프 모양의 위치를 조정하거나(위치 조정) 그래프를 하위 그래프로 분할하는 작업(패싯)을 추가할 수 있습니다. 또한 레이어를 여러 개 더 추가해서 그래프를 더 확장할 수도 있습니다. 추가할 레이어에도 데이터셋, 그래프 모양, 매핑 방법, 통계적 변환, 위치 조정을 사용할 수 있습니다.

이런 방법으로 상상하는 "모든" 그래프를 만들 수 있습니다. 즉, 이 장에서 배운 코드 탬플릿을 사용하면 수십만 종류의 고유한 그래프를 만들 수 있는 것입니다.

ggplot2이 어떤 이론에 바탕을 두고 있는지 더 자세히 알고 싶다면 ggplot2의 이론을 자세히 설명한 논문 〈A Layered Grammar of Graphics〉(Journal of Computational and Graphical Statistics, 2010)(*https://vita.had.co.nz/papers/layered-grammar.pdf*)를 읽어 보세요.

요약

이 장에서는 그래픽 문법의 레이어 구조를 익혔습니다. 간단한 그래프를 만들기 위한 시각적 속성과 그래프 모양으로 시작해서 그래프를 하위 그룹으로 분할하는 패싯, 원자료를 그래프에 표현할 값으로 변환하는 통계적 변환, 그래프가 겹칠 때 위치를 제어하는 위치 조정, x와 y의 의미를 근본적으로 바꾸는 좌표계까지 다뤘습니다. 테마 레이어는 아직 다루지 않았는데, 이는 215쪽에서 설명합니다.

전반적인 ggplot2 기능의 개요를 파악하려면 ggplot2 치트시트(*https://posit.co/resources/cheatsheets*)와 ggplot2 패키지 웹사이트(*https://ggplot2.tidyverse.org/articles/ggplot2-specs.html*)를 참고하세요. 매우 유용한 자료입니다.

이 장에서 얻어야 할 중요한 교훈을 한 가지 알려 드리겠습니다. ggplot2가 지원하지 않는 그래프 모양이 있을 경우, 직접 구현하기에 앞서 이미 누군가 그런 그래프 모양을 지원하는 ggplot2 확장 패키지를 만들어 두지는 않았는지 알아봐야 합니다.

10장

R for Data Science Second Edition

탐색적 자료 분석

들어가며

이 장에서는 데이터를 시각화하고 변형하며 체계적으로 탐색하는 방법을 살펴봅니다. 통계학자들은 이런 작업을 탐색적 자료 분석(exploratory data analysis), 줄여서 EDA라고 부릅니다. EDA는 다음과 같은 다음과 같은 반복적인 사이클로 이루어집니다.

1. 데이터에 관한 질문을 만든다.
2. 데이터를 시각화, 변형, 모델링하며 답을 찾는다.
3. 학습한 내용을 토대로 질문을 구체화하고 새로운 질문을 만든다.

EDA에 엄격한 규칙이 있거나 공식적인 절차가 있는 것은 아닙니다. EDA는 무엇보다도 하나의 마인드셋이라고 할 수 있습니다. EDA 초기 단계에서는 떠오르는 모든 아이디어를 자유롭게 검토해야 합니다. 이런 아이디어 중 일부는 실현될 수도 있고 일부는 막다른 골목에 부딪힐 수도 있습니다. 탐색을 계속하다 보면 몇 가지 특히 생산적인 인사이트를 발견할 것이고, 이를 문서로 작성해 다른 사람들에게 전달하게 됩니다.

EDA는 모든 데이터 분석 작업에서 중요한 부분입니다. 중요한 연구 질문이 한꺼번에 주어지더라도 항상 데이터 품질을 먼저 검토해야 하기 때문입니다. 데이터 정제는 데이터가 기대에 부합하는지를 파악하는 EDA의 한 가지 응용 분야일 뿐입니다. 데이터를 정제하려면 시각화, 변형, 모델링 등 EDA의 모든 도구를 꺼내 들어야 합니다.

준비하기

이 장에서는 앞에서 익힌 dplyr과 ggplot2를 함께 사용하면서 질문을 던지고, 데이터에 기반해 답하고, 새로운 질문을 하는 방법을 다룹니다.

```
library(tidyverse)
```

질문

> "반복적인 통계학적 질문이란 존재하지 않는다. 오직 의심스러운 반복적인 통계학적 절차가 존재할 뿐이다."
>
> — 데이비드 콕스 경(Sir David Cox)

> "잘못된 질문에 정밀하고 정확한 답변을 하기보다는, 올바른 질문에 모호하지만 대략적인 답변을 하는 게 훨씬 낫다."
>
> — 존 터키(John Tukey)

EDA의 목표는 데이터를 더 잘 이해하는 데 있습니다. 이를 위한 가장 쉬운 방법은 질문을 만들어서 데이터 탐색 과정을 안내하는 도구로 활용하는 것입니다. 질문을 하면 데이터셋의 특정 부분에 주의를 집중하게 되기 때문에 어떤 그래프나 모델을 만들지, 어떤 데이터 변형 작업을 할지 결정하는 데 도움이 됩니다.

EDA는 본질적으로 창의적인 작업 절차입니다. 그리고 대부분의 창의적인 절차가 그렇듯 "질 좋은" 질문을 던지려면 많은 "양"의 질문을 만드는 게 중요합니다. 데이터 분석 시작 단계에서 통찰력 있는 질문을 하기는 어렵습니다. 데이터셋에서 어떤 인사이트를 얻을 수 있을지 아직 알 수 없기 때문입니다. 반면 새로운 질문을 할 때마다 데이터의 새로운 측면을 보게 되고 새로운 사실을 발견할 가능성이 높아집니다. 발견한 내용을 토대로 새로운 질문을 이어 가면 데이터에서 가장 흥미로운 부분을 찾아 빠르게 파고들 수 있고, 호기심을 자극하는 질문을 만들 수 있습니다.

연구를 진행하기 위해 어떤 질문을 해야 하는지에 관한 정해진 규칙은 없습니다. 하지만 데이터에서 새로운 발견을 하는 데 유용한 두 가지 질문 유형이 있습니다. 이런 질문들은 대략 다음과 같이 표현할 수 있습니다.

1. 변수에 어떤 유형의 변동(variation)이 있는가?
2. 변수 간 어떤 유형의 공변동(covariation)이 있는가?

이 장의 나머지 부분에서 이 두 가지 질문을 살펴봅니다. 변동과 공변동이 무엇인지 알아보고, 두 질문에 답하는 방법을 몇 가지 소개합니다.

변동

변동(variation)은 변수의 값이 측정할 때마다 변하는 경향을 말합니다. 변동은 실생활에서도 쉽게 발견됩니다. 연속형 변수를 두 번 측정하면 두 가지 다른 결과를 얻게 될 겁니다. 이것은 빛의 속도처럼 변하지 않는 값을 측정하더라도 마찬가지입니다. 측정할 때마다 조금씩 다른 작은 오차가 측정값에 포함될 겁니다. 변수의 값은 여러 사람의 눈 색상을 측정하는 것처럼 서로 다른 대상을 측정할 때 달라질 수 있고, 시간에 따른 전자의 에너지 수준을 측정하는 것처럼 측정 시점이 바뀌어도 달라질 수 있습니다. 모든 변수에는 고유한 변화 패턴이 있으며, 이를 통해 여러 관찰 대상 간 측정값 변화도 알 수 있고 같은 관찰 대상의 측정값 간 변화에 관해서도 흥미로운 정보를 알 수 있습니다. 이런 패턴을 알아내는 가장 좋은 방법은 1장에서 다룬 것과 같이 변수의 값 분포를 시각화하는 것입니다.

diamonds 데이터셋에 있는 다이아몬드 54,000개의 무게(carat) 분포를 시각화하면서 탐색을 시작하겠습니다. carat은 수치형 변수이므로 히스토그램을 사용하면 됩니다.

```
ggplot(diamonds, aes(x = carat)) +
  geom_histogram(binwidth = 0.5)
```

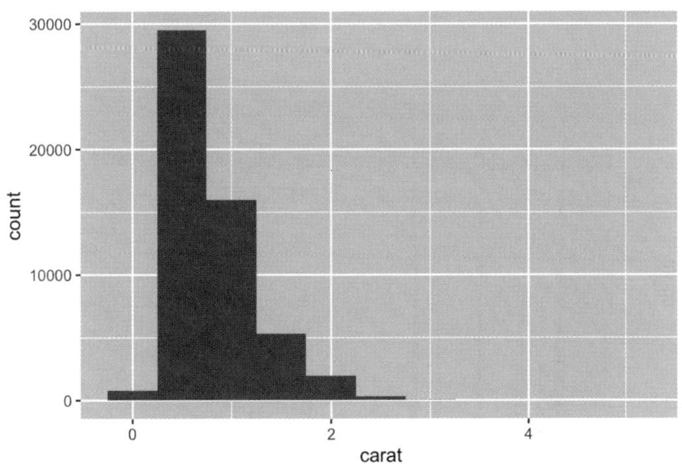

이제 변동을 시각화했습니다. 이 그래프에서 무엇에 집중해야 할까요? 그리고 어떤 후속 질문을 해야 할까요? 그래프를 통해 알 수 있는 가장 유용한 정보가 무엇인지, 그리고 이런 정보를 보고 할 수 있는 후속 질문들을 뒤에 정리해 두었습니다. 좋은 후속 질문을 할 때 핵심은 호기심을 가지는 것입니다. 그래프를 보고 무엇을 더 알고 싶은가요? 비판적으로 바라보는 것도 중요합니다. 그래프가 오해를 불러일으킬 소지가 있나요?

전형적인 값

막대 차트와 히스토그램에서 높은 막대는 변수에 흔한 값, 낮은 막대는 덜 흔한 값을 나타냅니다. 막대가 없는 부분은 데이터에 발견되지 않는 값을 나타냅니다. 이 정보를 토대로 유용한 후속 질문을 하려면 예상치 못한 것이 있는지 찾아봐야 합니다.

- 어떤 값이 가장 흔한가? 이유는 무엇인가?
- 어떤 값이 드물게 나타나는가? 이유는 무엇인가? 기대했던 것과 같은가?
- 특이한 패턴이 보이는가? 그런 패턴이 생긴 이유는 무엇인가?

작은 다이아몬드만 추출해서 carat의 분포를 살펴보겠습니다.

```
smaller <- diamonds |>
  filter(carat < 3)

ggplot(smaller, aes(x = carat)) +
  geom_histogram(binwidth = 0.01)
```

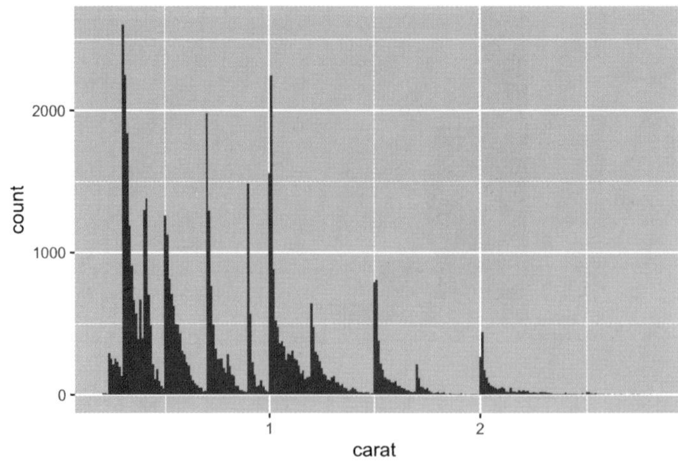

이 히스토그램을 보면 몇 가지 흥미로운 질문이 떠오릅니다.

- 캐럿의 값이 정수이거나 전형적인 분수일 때 다이아몬드가 더 많은 이유는 무엇인가?
- 각 봉우리의 약간 왼쪽보다 약간 오른쪽에 다이아몬드가 더 많은 이유는 무엇인가?

시각화를 하면 데이터에 하위 그룹이 있음을 암시하는 군집이 드러나기도 합니다. 하위 그룹을 이해하려면 다음과 같이 질문하면 됩니다.

- 각 하위 그룹에 속하는 관측값은 서로 얼마나 비슷한가?
- 각 군집의 관측값은 서로 얼마나 다른가?
- 군집들을 어떻게 설명하거나 묘사할 수 있는가?
- 군집들의 형태가 오해를 불러일으킬 소지가 있는가?

이런 질문 중 일부는 데이터만 보고 답할 수 있지만, 일부는 데이터에 관한 도메인 전문 지식이 필요합니다. 많은 질문이 분석가가 변수들 "사이"의 관계를 탐구하게 만들 겁니다. 예를 들어 어떤 변수의 값이 다른 변수의 패턴을 설명할 수 있는지 확인해 보는 것입니다. 이에 관해서는 잠시 후에 알아봅니다.

특이한 값

이상치는 비정상적인 관측치, 즉 패턴에 맞지 않는 데이터 포인트를 뜻합니다. 이상치는 데이터 입력 오류일 때도 있고, 데이터 수집 과정에서 우연히 관찰된 극단적인 값일 때도 있고, 중요한 새 발견을 암시하는 값일 때도 있습니다. 데이터가 많으면 히스토그램에서 이상치를 확인하기 어려울 수 있습니다. 예를 들어 다이아몬드 데이터셋에서 y 변수의 분포를 살펴보면 x축 범위가 비정상적으로 넓다는 것 외에는 이상치를 암시하는 흔적이 없습니다.

```
ggplot(diamonds, aes(x = y)) +
  geom_histogram(binwidth = 0.5)
```

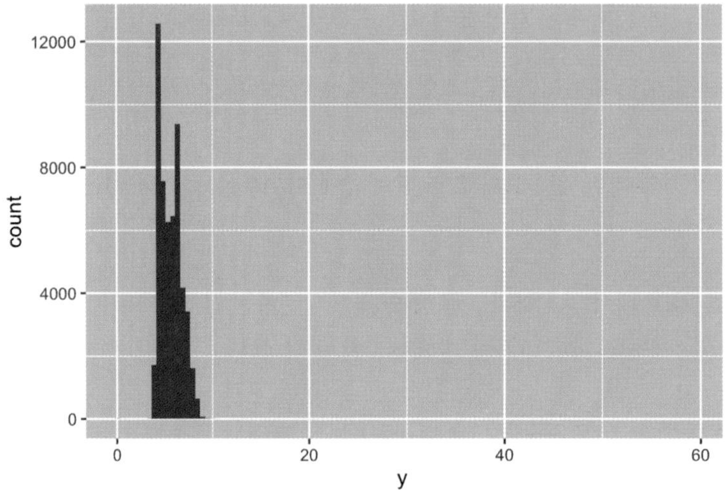

값이 흔한 계급 구간에 관측치가 너무 많기 때문에 값이 드문 계급 구간의 막대가 너무 짧아져서 이런 값들을 확인하기가 매우 어렵습니다. 물론, 0 부분을 뚫어지게 쳐다보면 무언가 발견할 수도 있겠지만요. 이런 드문 값을 잘 보이게 하려면 coord_cartesian()을 사용해서 y축의 작은 값 부분을 확대하면 됩니다.

```
ggplot(diamonds, aes(x = y)) +
  geom_histogram(binwidth = 0.5) +
  coord_cartesian(ylim = c(0, 50))
```

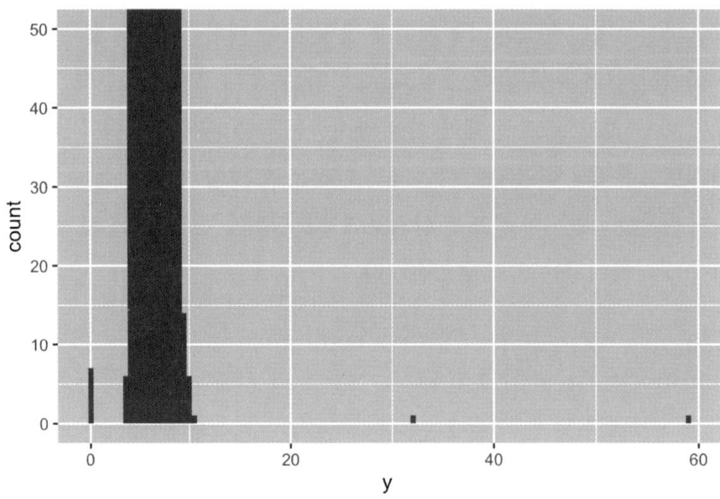

coord_cartesian()에는 x축을 확대할 때 사용하는 xlim() 인자도 있습니다. ggplot2에는 xlim(), ylim()도 있는데, 이 함수들은 범위를 벗어난 구간에 값이 있으면 제거해 버리기 때문에 작동 방식이 약간 다릅니다.

그래프를 이렇게 바꿨더니 0, 30 근처, 60 근처에 있는 특이한 값 세 개가 보입니다. dplyr로 이 값을 추출하겠습니다.

```
unusual <- diamonds |>
  filter(y < 3 | y > 20) |>
  select(price, x, y, z) |>
  arrange(y)
unusual
#> # A tibble: 9 × 4
#>   price     x     y     z
#>   <int> <dbl> <dbl> <dbl>
#> 1  5139  0      0    0
#> 2  6381  0      0    0
#> 3 12800  0      0    0
#> 4 15686  0      0    0
#> 5 18034  0      0    0
#> 6  2130  0      0    0
#> 7  2130  0      0    0
#> 8  2075  5.15  31.8  5.12
#> 9 12210  8.09  58.9  8.06
```

y 변수는 다이아몬드의 세 가지 차원 중 하나를 mm 단위로 측정한 값입니다. 다이아몬드의 너비가 0mm일 수 없는 없으므로 0은 값은 잘못된 값입니다. EDA 작업을 한 덕분에 0으로 코딩된 결측치를 발견한 것입니다. 만약 단순히 결측치를 의미하는 NA가 있는지 검색했더라면 결코 발견하지 못했을 겁니다. 이후 분석 작업에서 계산 실수를 하지 않도록 이런 값을 NA로 다시 코딩하는 것도 좋은 방법입니다. 또한 추출한 데이터를 보면서 32mm와 59mm라는 측정치가 의심스럽다고 생각할 수 있습니다. 다이아몬드 크기가 1인치가 넘는데도 가격이 몇십만 달러밖에 안 된다는 것이니까요.

이상치가 있을 때는 이상치를 포함하기도 하고 제거하기도 하면서 반복 분석해 보는 게 좋습니다. 이상치가 결과에 미치는 영향이 미미하고 이상치가 생긴 원인을 파악할 수 없을 때는 이상치를 제거하고 분석하는 것이 합리적입니다. 그러나 이상치가 결과에 큰 영향을 미칠 때는 정당한 이유 없이 제거하면 안 됩니다. 이럴 때는 데이터 입력 오류 등 이상치가 생긴 원인을 파악하고 이상치를 제거했다는 사실을 보고서에 명시해야 합니다.

연습문제

1. diamonds 데이터셋의 x, y, z 변수의 분포를 각각 살펴보세요. 이를 통해 무엇을 알 수 있나요? 다이아몬드의 형태를 떠올리면서 어떤 차원이 길이, 폭, 깊이를 나타내는지 생각해 보세요.
2. price의 분포를 살펴보세요. 뭔가 특이하거나 놀랄 만한 부분을 발견했나요? (힌트: binwidth를 신중하게 생각해 보고 범위를 여러 값으로 달리하며 실험해 보세요.)
3. 0.99 캐럿짜리 다이아몬드가 몇 개나 있나요? 1 캐럿짜리 다이아몬드는 몇 개나 있나요? 이런 차이가 생긴 원인이 무엇이라고 생각하나요?
4. 히스토그램을 확대하기 위해 coord_cartesian()을 사용할 때와 xlim()과 ylim()을 사용할 때 무슨 차이가 있나요? binwidth를 설정하지 않으면 그래프가 어떻게 되나요? 막대의 절반만 나타나도록 확대하면 그래프가 어떻게 되나요?

특이한 값

데이터셋에서 특이한 값을 발견했을 때 다른 단계로 그냥 넘어가고 싶다면 두 가지 선택지가 있습니다.

1. 특이한 값이 있는 행 전체를 삭제합니다.

   ```
   diamonds2 <- diamonds |>
     filter(between(y, 3, 20))
   ```

   이 방법은 추천하지 않습니다. 이상한 값이 하나 있다고 해서 해당 관측치의 다른 값들까지 모두 이상하다는 의미는 아닙니다. 게다가 데이터 품질이 낮을 때 모든 변수에 이런 방법을 적용하면 남는 데이터가 없어질 수도 있습니다!

2. 그렇게 하기보다는 특이한 값을 결측치로 대체하는 것이 좋습니다. 가장 쉬운 방법은 mutate()를 사용해 변수의 값을 바꾸는 것입니다. if_else() 함수를 사용하면 특이한 값을 NA로 대체할 수 있습니다.

   ```
   diamonds2 <- diamonds |>
     mutate(y = if_else(y < 3 | y > 20, NA, y))
   ```

ggplot2 함수를 실행하면 결측치를 어떻게 표현해야 할지 명확하지 않으므로 제외하고 그래프를 출력합니다. 경고 메시지를 보면 결측치를 제거했다는 내용이 있습니다.

```
ggplot(diamonds2, aes(x = x, y = y)) +
  geom_point()
#> Warning: Removed 9 rows containing missing values or values outside the scale
      range
#> (`geom_point()`).
```

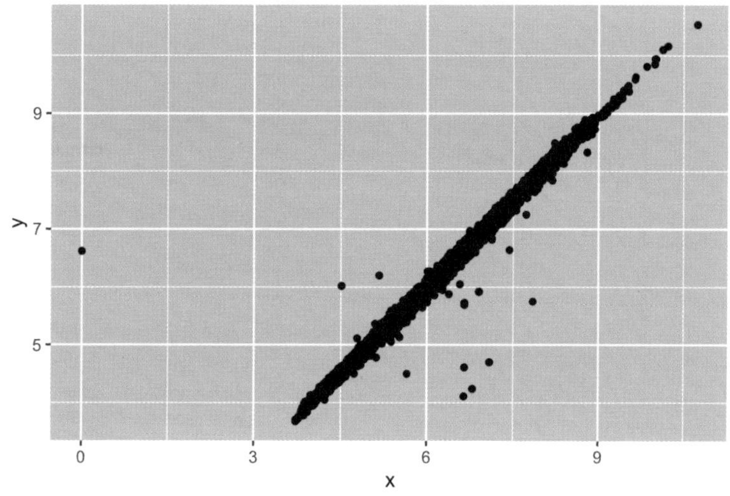

경고 메시지를 출력하고 싶지 않으면 함수에 na.rm = TRUE를 설정하면 됩니다.

```
ggplot(diamonds2, aes(x = x, y = y)) +
  geom_point(na.rm = TRUE)
```

때로는 값이 있는 관측치와 결측치가 있는 관측치가 어떻게 다른지 알아보고 싶을 수 있습니다. 예를 들어 nycflights13::flights[1] dep_time 변수에 결측치가 있으면 해당 항공편이 취소됐음을 의미하는데, 취소된 항공편과 취소되지 않은 항공편의 예정된 출발 시간을 비교해 보고 싶을 수 있습니다. dep_time에 결측치가 있는지 확인하려면 is.na()를 사용해 새 변수를 만들면 됩니다.

1 함수나 데이터셋이 어디에서 왔는지 명확히 해야 할 경우 package::function() 또는 package::dataset이라는 특별한 형식을 사용한다는 점을 기억하세요.

```
nycflights13::flights |>
  mutate(
    cancelled = is.na(dep_time),
    sched_hour = sched_dep_time %/% 100,
    sched_min = sched_dep_time %% 100,
    sched_dep_time = sched_hour + (sched_min / 60)
  ) |>
  ggplot(aes(x = sched_dep_time)) +
  geom_freqpoly(aes(color = cancelled), binwidth = 1/4)
```

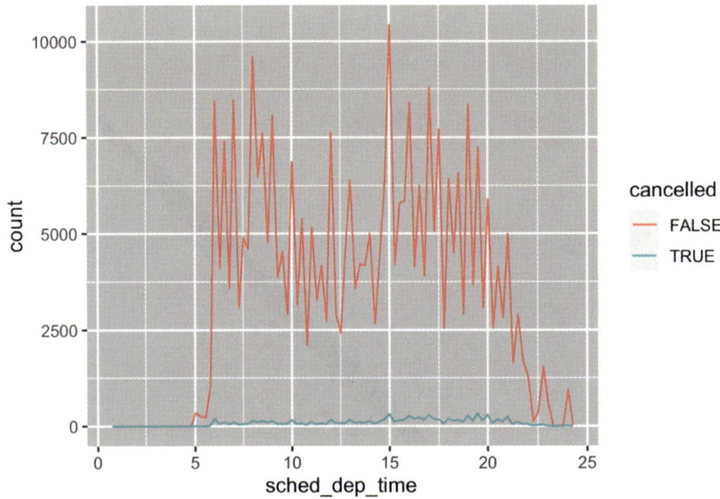

하지만 이 그래프는 취소되지 않은 항공편이 취소된 항공편보다 훨씬 많기 때문에 별로 훌륭해 보이지 않습니다. 다음 절에서 이렇게 비교하는 작업을 할 때 사용하면 유용한 기술들을 알아보겠습니다.

연습문제

1. 결측치가 있을 때 히스토그램을 만들면 어떻게 되나요? 결측치가 있을 때 막대 차트를 만들면 어떻게 되나요? 히스토그램과 막대 차트를 만들었을 때 결측치를 처리되는 방식이 다른 이유는 무엇일까요?
2. `mean()`과 `sum()`에서 `na.rm = TRUE` 옵션이 하는 역할은 무엇인가요?
3. `scheduled_dep_time`의 빈도 그래프를 다시 그려 보세요. 항공편 취소 여부에 따라 색상을 다르게 설정해 보세요. `cancelled` 변수를 사용해 그래프를 하위 집단

별로 나누어 보세요. 패싯 함수에서 scales의 값을 바꿔 보면서 취소된 항공편이 취소되지 않은 항공편보다 영향을 더 많이 받는지 실험해 보세요.

공변동

변동이 변수 내부(within)의 형태를 나타낸다면, 공변동은 여러 변수 사이(between)의 형태를 의미합니다. **공변량**(covariation)은 둘 이상의 변수가 관련이 있어서 함께 변하는 경향을 뜻합니다. 공변량을 찾아내는 가장 좋은 방법은 두 개 이상의 변수 간 관계를 시각화하는 것입니다.

범주형 변수와 수치형 변수의 공변동

예를 들어 다이아몬드 가격이 품질(cut)에 따라 어떻게 달라지는지 살펴보겠습니다. geom_freqpoly()를 사용하면 됩니다.

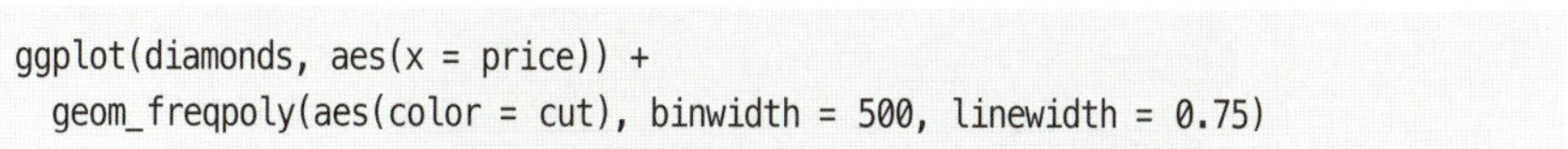

```
ggplot(diamonds, aes(x = price)) +
  geom_freqpoly(aes(color = cut), binwidth = 500, linewidth = 0.75)
```

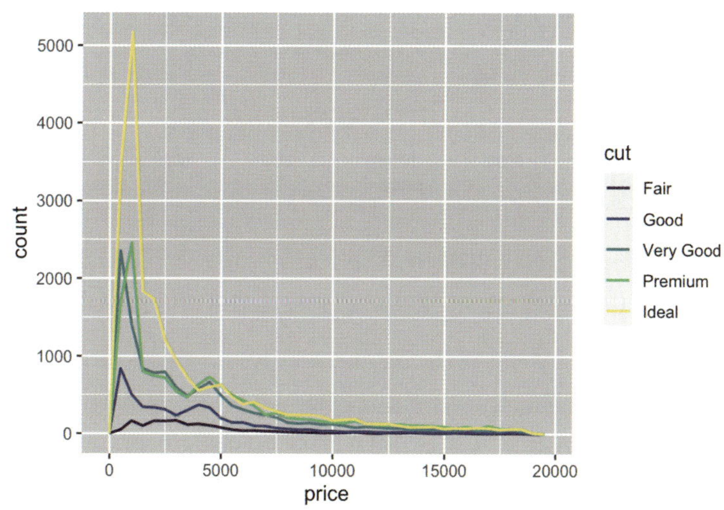

데이터에서 cut이 순서가 있는 팩터 변수로 정의되어 있기 때문에 ggplot2 함수를 실행하면 순서가 있는 색상 목록을 사용합니다. 이에 대해서는 335쪽에서 자세히 다룹니다.

geom_freqpoly()의 기본 모양은 그래프의 높이를 전체 개수로 정하는데, 지금의 경우에는 이런 모양이 별로 적합하지 않습니다. cut별로 높이가 너무 많이 달라서 분포의 모양 차이를 확인하기 어렵기 때문입니다.

차이가 잘 드러나게 하기 위해 y축에 표시할 값을 개수 대신 **밀도**(density)로 바꾸겠습니다. 밀도를 사용하면 개수가 표준화되기 때문에 각 다각형의 면적이 동일하게 1이 됩니다.

```
ggplot(diamonds, aes(x = price, y = after_stat(density))) +
  geom_freqpoly(aes(color = cut), binwidth = 500, linewidth = 0.75)
```

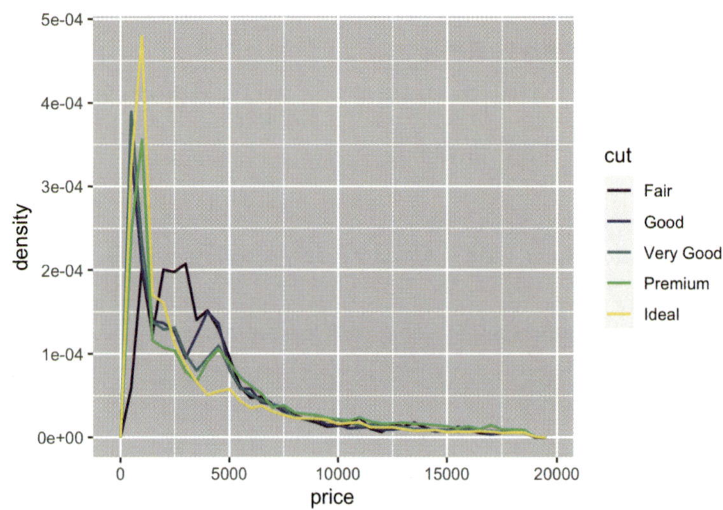

y에 밀도를 매핑해야 하지만, diamonds 데이터셋에 density 변수가 없으므로 이를 먼저 계산해야 합니다. 앞의 코드를 보면 이렇게 하기 위해 after_stat() 함수를 사용했습니다.

그래프를 보면 놀랍게도 품질이 가장 낮은 fair 다이아몬드의 가격이 평균적으로 가장 높습니다! 하지만 도수 분포 다각형은 담고 있는 정보가 너무 많아서 해석하기가 쉽지 않습니다.

이런 관계를 더 간단하게 시각화하려면 다음과 같이 상자 그림을 나란히 배치하면 됩니다.

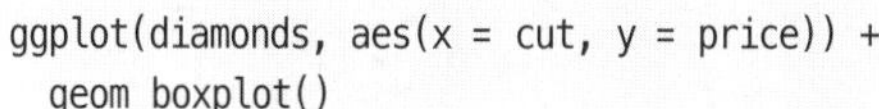

```
ggplot(diamonds, aes(x = cut, y = price)) +
  geom_boxplot()
```

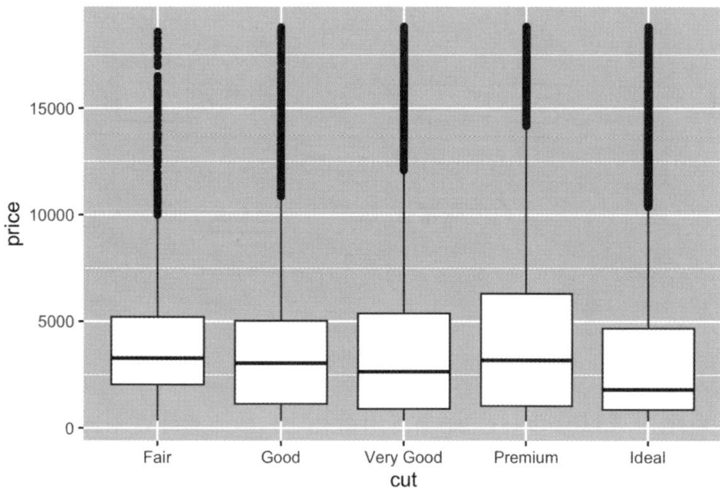

상자 그림은 분포에 관한 정보는 적지만, 훨씬 더 간결해서 비교하기 쉽고 한 화면에 더 많은 정보를 나타낼 수 있습니다. 이 그래프는 앞에서 발견한 것처럼 질 좋은 다이아몬드가 일반적으로 가격이 싸다는 직관적이지 않은 현상을 뒷받침합니다! 연습문제에서 이런 현상의 원인을 찾아보는 도전을 해 보겠습니다.

cut은 순서가 있는 팩터 변수입니다. fair는 good보다 품질이 낮고, good은 very good보다 품질이 낮은 식입니다. 대다수 범주형 변수는 이런 본질적인 순서가 없기 때문에 시각적으로 잘 배치하려면 우선 변수의 값을 정렬해야 할 때가 있습니다. 한 가지 방법은 `fct_reorder()`를 사용하는 겁니다. 이 함수는 327쪽 "팩터 순서 바꾸기"에서 자세히 다루게 될 텐데, 너무 유용한 함수라 여기서 미리 살펴보겠습니다. 예를 들어 `mpg` 데이터셋의 `class` 변수를 살펴봅니다. 고속도로 연비가 클래스별로 어떻게 다른지 궁금한 상황이라고 가정해 보겠습니다.

```
ggplot(mpg, aes(x = class, y = hwy)) +
  geom_boxplot()
```

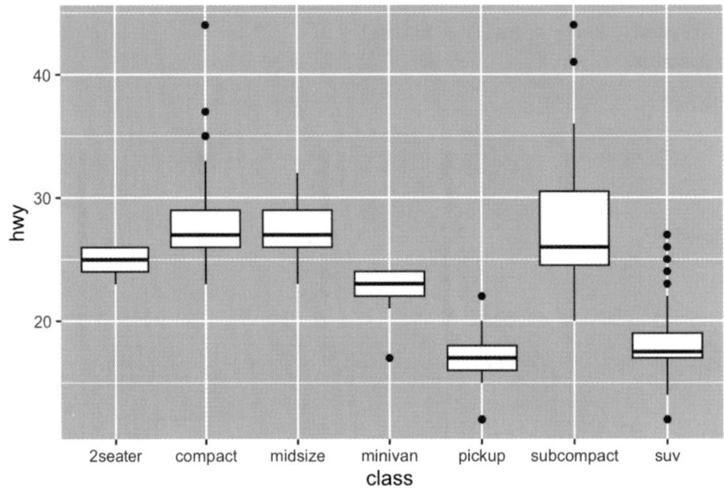

추세를 더 쉽게 보려면 class를 hwy의 중앙값 기준으로 정렬하면 됩니다.

```
ggplot(mpg, aes(x = fct_reorder(class, hwy, median), y = hwy)) +
  geom_boxplot()
```

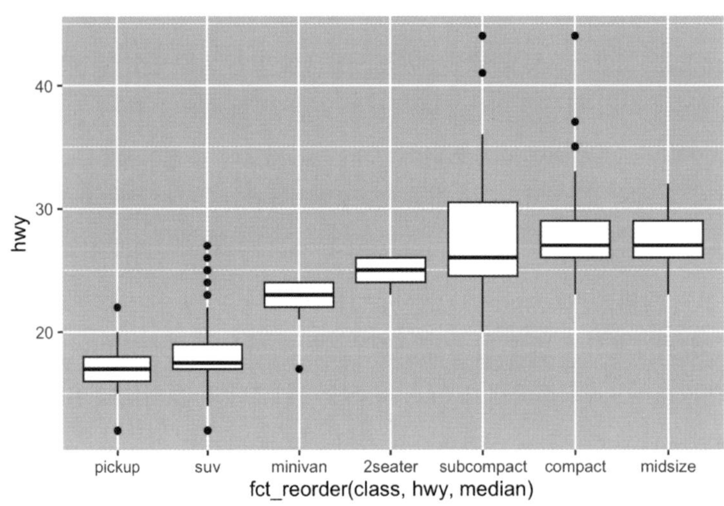

변수의 값이 너무 길면 geom_boxplot()을 90도 회전시키는 게 좋습니다. 시각적 속성 x와 y에 매핑한 값을 서로 바꾸면 됩니다.

```
ggplot(mpg, aes(x = hwy, y = fct_reorder(class, hwy, median))) +
  geom_boxplot()
```

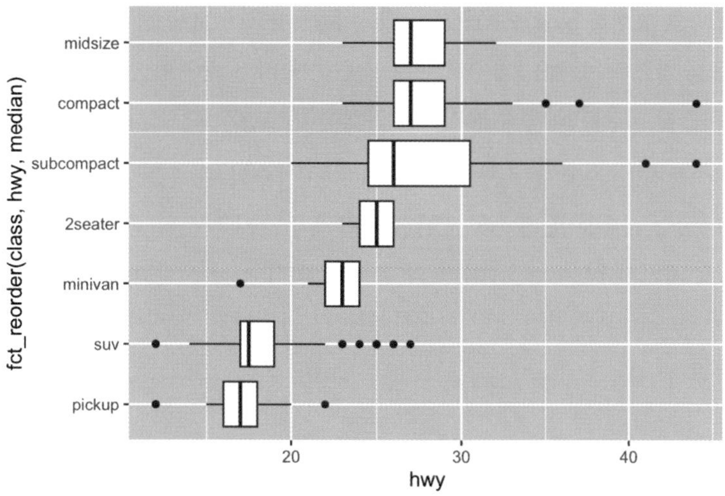

연습문제

1. 앞에서 익힌 내용을 활용해 취소된 항공편과 취소되지 않은 항공편의 출발 시각을 나타낸 그래프를 개선해 보세요.

2. 다이아몬드 데이터셋으로 EDA를 해서 다이아몬드 가격을 예측하는 데 가장 중요한 변수가 무엇인지 알아보세요. 그 변수는 cut과 어떤 관계가 있나요? 이런 관계가 품질이 낮은 다이아몬드가 비싸게 판매되는 현상을 어떻게 초래하는지 설명해 보세요.

3. x와 y에 입력하는 변수를 바꾸는 대신 `coord_flip()` 레이어를 추가해서 세로 방향 상자 그림을 가로 방향으로 만들어 보세요. 이 방법이 변수를 바꿀 때와 어떻게 다른지 비교해 보세요.

4. 상자 그림의 한 가지 문제점은 지금보다 훨씬 작은 데이터셋을 분석하던 시대에 개발되었기 때문에 "이상치"로 표시되는 값이 너무 많을 수도 있다는 점입니다. 이 문제를 해결하는 한 가지 방법은 레터 벨류(letter value) 그래프를 사용하는 것입니다. lvplot 패키지를 설치한 다음 `geom_lv()`를 사용해서 다이아몬드의 컷과 가격 분포의 관계를 나타낸 그래프를 만들어 보세요. 이 그래프를 만들면서 알게 된 사실이 무엇인가요? 이 그래프를 어떻게 해석해야 할까요?

5. `diamonds` 데이터셋의 가격과 범주형 변수들의 관계를 나타낸 그래프를 `geom_violin()`, 하위 그룹별로 나눈 `geom_histogram()`, 색상별로 표현한 `geom_freqpoly()`,

색상별로 표현한 geom_density()의 네 종류로 만들어 보세요. 그리고 네 가지 그래프를 비교해 보세요. 범주형 변수의 수준에 따라 수치형 변수의 분포가 어떻게 다른지 시각화할 때 각 방법의 장단점은 무엇인가요?

6. 작은 데이터셋으로 연속형 변수와 범주형 변수의 관계를 표현할 경우 geom_jitter()를 사용하면 데이터 포인트가 겹치지 않기 때문에 유용합니다. ggbeeswarm 패키지에는 geom_jitter()와 유사한 여러 가지 시각화 함수가 있습니다. ggbeeswarm 패키지에 어떤 함수가 있는지 나열하고 각 함수를 간단히 설명해 보세요.

두 범주형 변수

범주형 변수 간 공변동을 시각화하려면 우선 범주형 변수들의 범주 조합별 관측치 수를 세어야 합니다. 한 가지 방법은 ggplot2에 내장된 geom_count() 함수를 사용하는 것입니다.

```
ggplot(diamonds, aes(x = cut, y = color)) +
  geom_count()
```

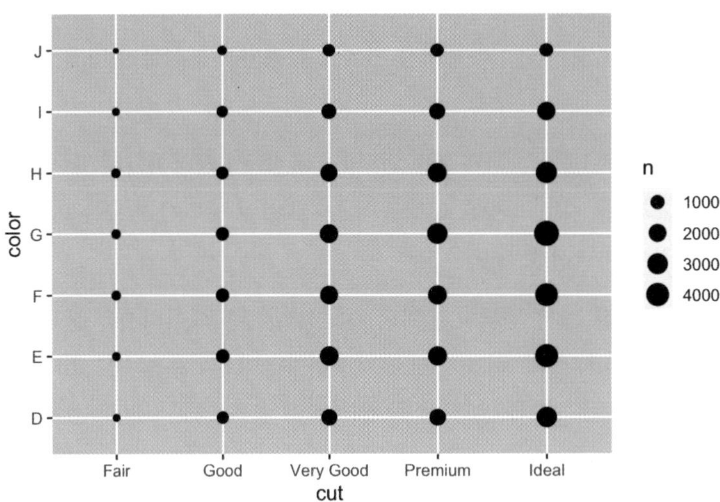

그래프에서 원의 크기는 각 범주 조합에 나타난 관측치 개수를 의미합니다. 공변동이 있으면 특정한 x값과 y값 사이에 뚜렷한 상관관계가 나타납니다.

이런 변수 간 관계를 탐구하는 다른 방법으로는 dplyr을 사용해 개수를 계산하는 것이 있습니다.

```
diamonds |>
  count(color, cut)
#> # A tibble: 35 × 3
#>   color cut           n
#>   <ord> <ord>     <int>
#> 1 D     Fair        163
#> 2 D     Good        662
#> 3 D     Very Good  1513
#> 4 D     Premium    1603
#> 5 D     Ideal      2834
#> 6 E     Fair        224
#> # i 29 more rows
```

그러고 나면 geom_tile()과 시각적 속성 fill을 이용해 시각화하면 됩니다.

```
diamonds |>
  count(color, cut) |>
  ggplot(aes(x = color, y = cut)) +
  geom_tile(aes(fill = n))
```

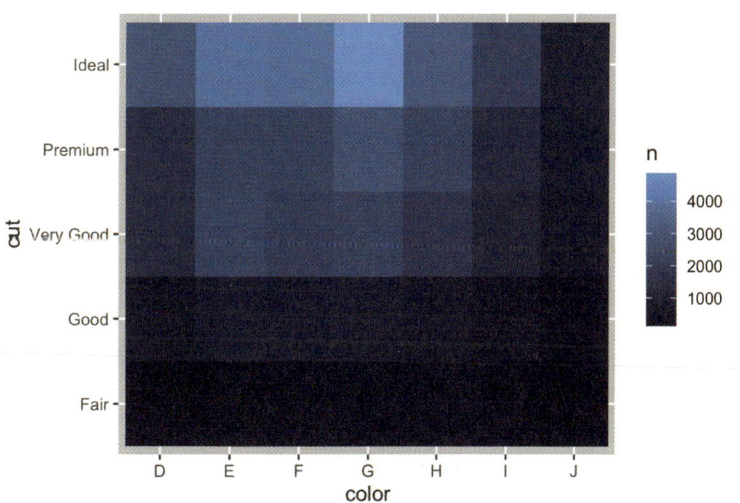

범주형 변수가 정렬되어 있지 않을 때는 seriation 패키지를 이용해 행과 열을 동시에 정렬하면 흥미로운 패턴을 더욱 명확하게 드러낼 수 있습니다. 더 큰 그래프를 만들 때는 heatmaply 패키지를 사용해서 상호작용이 가능한 그래프를 만들어 보는 것도 좋습니다.

연습문제

1. 색상에 따라 컷별 분포가 어떻게 다른지 혹은 컷에 따라 색상별 분포가 어떻게 다른지 더 명확하게 드러내려면 앞에서 만든 개수 데이터의 값을 어떻게 바꾸면 될까요?
2. 색상을 시각적 속성 x에 cut을 시각적 속성 fill에 매핑해서 분할된 막대 차트를 만들어 보세요. 이 그래프를 통해 새로 얻게 된 인사이트가 있나요? 부분별로 관측치가 몇 개씩 있는지 계산해 보세요.
3. 평균 비행 출발 지연시간이 목적지와 연도 및 월에 따라 어떻게 달라지는지 geom_tile()과 dplyr을 활용해서 탐색해 보세요. 이 그래프를 해석하기 어려운 이유가 무엇인가요? 개선하려면 어떻게 해야 할까요?

두 수치형 변수

두 수치형 변수의 공변동을 시각화할 때 geom_point()를 사용해 산점도를 만들면 좋다는 사실은 앞에서 이미 살펴봤습니다. 점들의 패턴을 보면 공변동이 있는지 알 수 있습니다. 예를 들어 다음 그래프를 보면 캐럿 크기와 다이아몬드 가격 사이에 정적인 관계가 있음을 알 수 있습니다. 캐럿이 높을수록 가격도 높습니다. 두 변수의 관계는 지수적으로 점점 커집니다.

```
ggplot(smaller, aes(x = carat, y = price)) +
  geom_point()
```

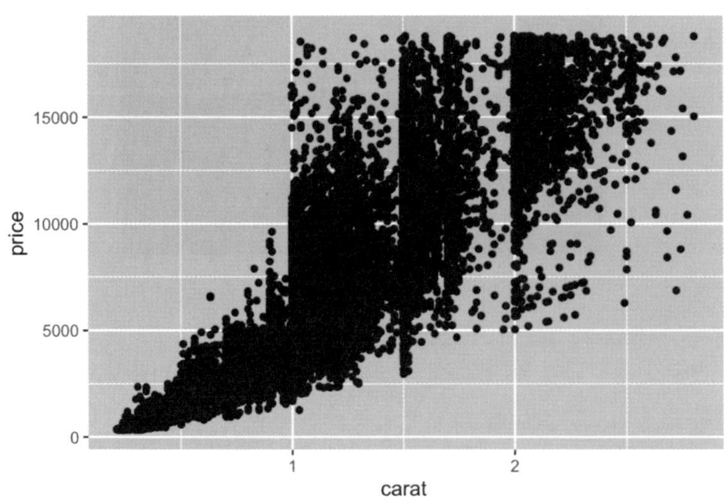

(데이터셋의 대다수를 차지하는 3 캐럿 미만 다이아몬드에 초점을 맞출 수 있도록 smaller 데이터셋을 사용하겠습니다.)

산점도는 데이터셋 크기가 커질수록 유용성이 떨어집니다. 데이터셋이 커질수록 점들이 서로 겹치고 검정색 영역으로 모여들기 때문에 2차원 공간에서는 데이터의 밀도 차이를 판단하기 힘들고 추세도 파악하기 어렵습니다. 이 문제를 해결하는 한 가지 방법을 앞에서 이미 다뤘습니다. 시각적 속성 alpha를 사용해 투명도를 조절하는 것입니다.

```
ggplot(smaller, aes(x = carat, y = price)) +
  geom_point(alpha = 1 / 100)
```

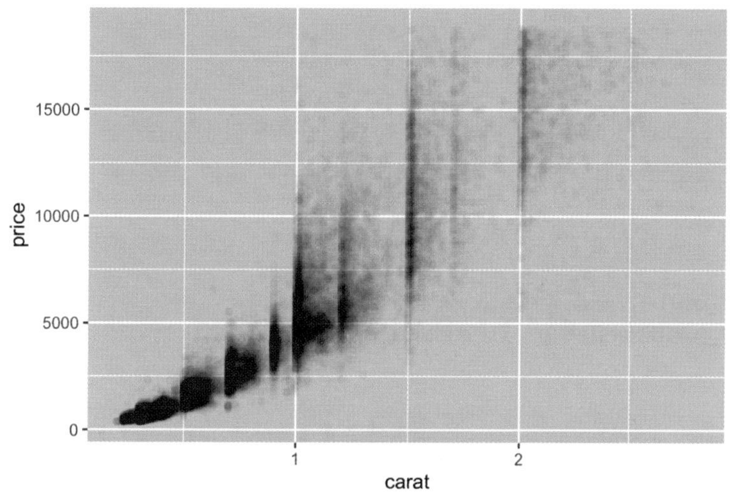

하지만 데이터셋이 매우 크면 투명도를 조절하는 게 적절하지 않을 수 있습니다. 다른 방법은 구간을 나누는 것입니다. 앞에서는 geom_histogram()과 geom_freqpoly()를 사용해서 한 차원으로 구간을 나눴습니다. 이번에는 두 차원으로 구간을 나누는 geom_bin2d()와 geom_hex()를 알아봅니다.

geom_bin2d()와 geom_hex()는 좌표 평면을 2차원 구간으로 나누고 각 구간에 들어가는 점의 수를 색으로 나타내 비교할 수 있도록 해 줍니다. geom_bin2d()는 사각형 모양, geom_hex()는 육각형 모양으로 구간을 만듭니다. geom_hex()를 사용하려면 hexbin 패키지를 설치해야 합니다.

```
ggplot(smaller, aes(x = carat, y = price)) +
  geom_bin2d()

# install.packages("hexbin")
ggplot(smaller, aes(x = carat, y = price)) +
  geom_hex()
```

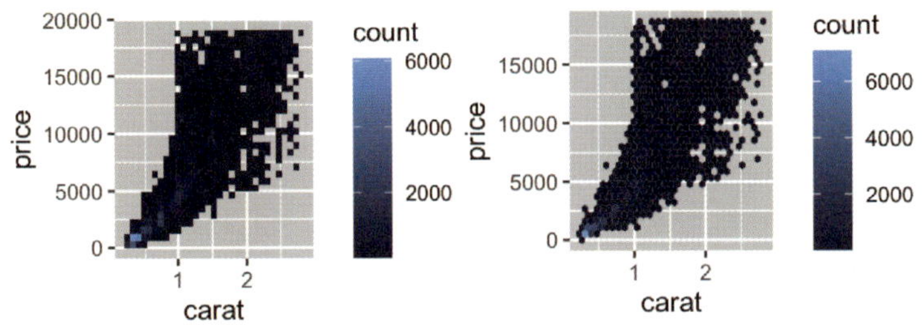

연속형 변수를 구간별로 나누어서 범주형 변수처럼 만드는 것도 좋은 방법이 될 수 있습니다. 그렇게 하면 앞서 다뤘듯이 연속형 변수와 범주형 변수를 조합해 시각화하는 기법을 활용할 수 있습니다. 예를 들어 carat을 여러 구간으로 나누어 구간별 상자 그림을 만들 수 있습니다.

```
ggplot(smaller, aes(x = carat, y = price)) +
  geom_boxplot(aes(group = cut_width(carat, 0.1)))
```

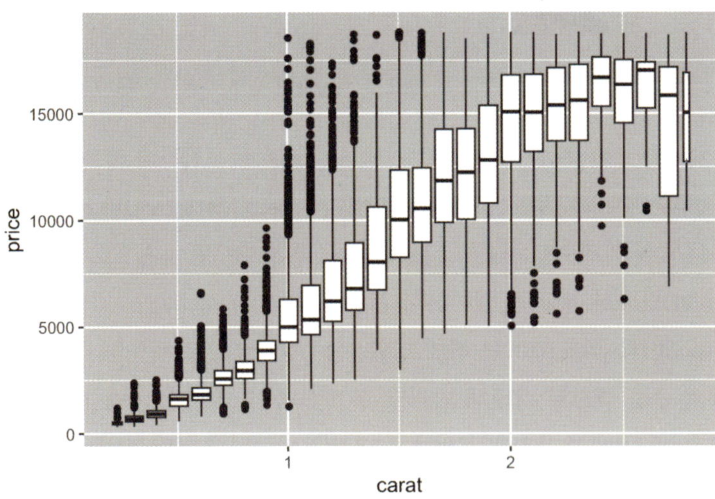

앞의 코드에 사용한 cut_width(x, width)는 x를 width에 입력한 너비 구간으로 나누는 역할을 합니다. 일반적으로 상자 그림은 관측치의 개수와 상관없이 대체로 비슷

한 모습을 보입니다(이상치의 수를 제외하고). 따라서 각 상자 그림이 서로 다른 개수의 데이터 포인트를 요약하고 있더라도 파악하기가 어렵습니다. 이런 차이를 드러내는 한 방법은 상자 그림의 너비를 데이터 포인트의 수에 비례하도록 varwidth = TRUE를 설정하는 것입니다.

연습문제

1. 조건에 따른 분포를 요약해서 상자 그림으로 표현하는 대신 도수 분포 다각형을 만들어 보세요. cut_width()와 cut_number()를 사용할 때 각각 어떤 점을 고려해야 할까요? 이런 차이가 carat과 price의 2차원 분포를 시각화하는 데 어떤 영향을 미칠까요?

2. carat의 분포가 price에 따라 어떻게 달라지는지를 표현한 그래프를 만들어 보세요.

3. 큰 다이아몬드와 작은 다이아몬드의 가격 분포는 어떻게 다른가요? 그래프가 예상했던 것과 같나요 아니면 놀랄만한 점이 있나요?

4. 앞에서 다룬 시각화 방법 중 두 가지를 결합해서 컷, 캐럿, 가격의 분포를 시각화해 보세요.

5. 2차원 그래프는 1차원 그래프에서 볼 수 없는 이상치를 드러냅니다. 예를 들어 다음 그래프의 일부 점들은 x와 y 값을 각각 별도로 보면 정상적인 값으로 보이지만, x와 y 값을 조합해서 보면 이상치로 보입니다. 이런 경우 구간별 빈도를 나타낸 그래프보다 산점도를 사용하는 게 더 나은 이유는 무엇인가요?

   ```
   diamonds |>
     filter(x >= 4) |>
     ggplot(aes(x = x, y = y)) +
     geom_point() +
     coord_cartesian(xlim = c(4, 11), ylim = c(4, 11))
   ```

6. cut_width()를 이용해 너비가 일정한 상자를 여러 개 만드는 대신 cut_number()를 사용해 대략 같은 개수의 데이터를 표현한 상자를 여러 개 만드는 방법도 있습니다. 두 방법의 장점과 단점은 무엇일까요?

   ```
   ggplot(smaller, aes(x = carat, y = price)) +
     geom_boxplot(aes(group = cut_number(carat, 20)))
   ```

패턴과 모델

두 변수 간 체계적인 관계가 있다면 데이터에 패턴으로 드러납니다. 패턴을 발견하면 다음과 같은 질문을 던져 보세요.

- 이 패턴이 우연히, 무작위로 발생한 것일 수도 있을까요?
- 패턴에 드러난 관계를 어떻게 설명할 수 있나요?
- 패턴에 드러난 관계가 얼마나 강한가요?
- 이 관계에 영향을 줄 수 있는 다른 변수들이 있나요?
- 데이터를 하위 그룹별로 각각 살펴보면 관계가 변하나요?

데이터의 패턴은 변수간 관계, 즉 공변량을 드러내는 단서입니다. 변동이 불확실성을 만드는 현상이라면, 공변동은 불확실성을 줄이는 현상입니다. 두 변수가 함께 변한다면 한 변수의 값을 이용해 다른 변수의 값을 더 잘 예측할 수 있습니다. 만약 인과 관계에 의해 공변동이 생긴 특수한 경우라면 한 변수의 값을 조절해서 다른 변수의 값을 조절할 수 있습니다.

모델은 데이터에서 패턴을 추출하는 도구입니다. 예를 들어 다이아몬드 데이터를 살펴보면 컷과 가격 사이의 관계를 이해하기 어려운데, 이는 컷과 캐럿, 그리고 캐럿과 가격이 밀접하게 관련되어 있기 때문입니다. 이럴 때 모델을 활용하면 가격과 캐럿 사이의 강한 관계를 제거한 다음 남아 있는 차이를 정교하게 탐색할 수 있습니다. 다음 코드에서는 carat으로 price를 예측하는 모델을 만든 다음, 잔차(예측값과 실제값의 차이)를 계산합니다. 잔차를 보면 캐럿의 영향을 제거한 후의 다이아몬드 가격을 이해할 수 있습니다. 여기서는 모델을 적합할 때 price와 carat의 원래 값을 그대로 사용하지 않고 먼저 로그 변환했다는 점을 유의하세요. 그런 다음 계산된 잔차를 다시 지수 변환해 원래 가격 단위로 되돌립니다.

```
library(tidymodels)

diamonds <- diamonds |>
  mutate(
    log_price = log(price),
    log_carat = log(carat)
  )

diamonds_fit <- linear_reg() |>
  fit(log_price ~ log_carat, data = diamonds)
```

```
diamonds_aug <- augment(diamonds_fit, new_data = diamonds) |>
  mutate(.resid = exp(.resid))

ggplot(diamonds_aug, aes(x = carat, y = .resid)) +
  geom_point()
```

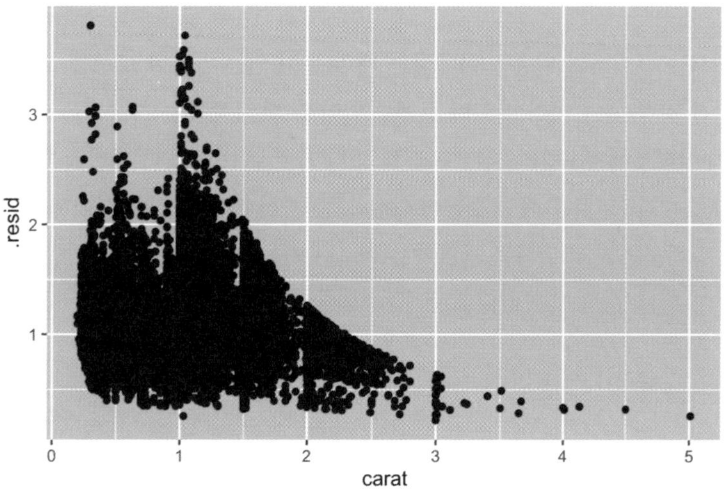

캐럿과 가격 사이의 강한 관계를 제거하고 나면 컷과 가격의 관계가 기대했던 대로 드러나는 것을 볼 수 있습니다. 다이아몬드의 크기에 비례해서, 품질이 좋을수록 가격도 높습니다.

```
ggplot(diamonds_aug, aes(x = cut, y = .resid)) +
  geom_boxplot()
```

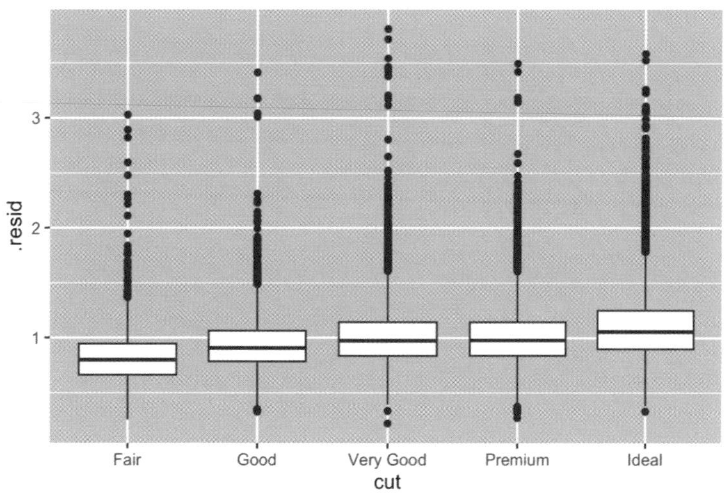

데이터 처리와 프로그래밍 도구를 먼저 익혀야 모델이 무엇이고 작동 방식이 어떠한지도 쉽게 이해할 수 있기 때문에 이 책에서는 모델링을 자세히 다루지는 않습니다.

요약

이 장에서는 데이터의 변동을 이해하는 데 도움이 되는 다양한 도구를 익혔습니다. 한 변수를 다룰 때나 여러 변수의 관계를 알아볼 때 사용하는 기술들을 살펴보았습니다. 데이터셋에 변수가 수십, 수백 개 있다면 이런 기술들이 제한적이라고 느껴질 수 있습니다. 하지만 이 기술들이 다른 모든 분석 기술의 기반을 이룹니다.

다음 장에서는 분석 결과를 전달하는 데 사용하는 도구들을 살펴보겠습니다.

11장

R for Data Science Second Edition

의사소통

들어가며

10장에서는 그래프를 "탐색" 도구로 사용하는 방법을 익혔습니다. 데이터를 탐색하는 그래프를 만들 때, 어떤 변수가 그래프에 어떻게 표시될지 미리 알고 있는 상태로 시작합니다. 각 그래프는 구체적인 목적을 가지고 만들며, 한 그래프를 빠르게 확인하고 나면 다음 그래프로 넘어갑니다. 대부분 분석 과정에서 수십, 수백 개의 그래프를 만들게 되는데, 이 중 대부분은 즉시 버려집니다.

이제 데이터를 분석해 알게 된 정보를 다른 사람들에게 전달하며 "의사소통"을 할 차례입니다. 대상 청중은 분석가와 같은 배경지식을 가지고 있지 않을 수도 있고, 데이터에 깊은 관심을 가지고 있지 않을 수도 있습니다. 청중이 데이터를 빠르고 쉽게 이해하게 하려면 그래프를 가능한 한 명확하고 이해하기 쉽게 만드는 데 노력을 기울여야 합니다. 이 장에서는 이런 전달 작업을 하는 데 사용되는 ggplot2의 여러 도구를 다룹니다.

이 장은 좋은 그래프를 만드는 데 필요한 도구에 집중합니다. 이런 도구를 사용하려면 우선 무엇을 원하는지는 스스로 알고 있어야 합니다. 이 장에서는 그것을 달성하는 방법만 다룹니다. 이 장을 읽을 때 좋은 시각화가 무엇인지를 다룬 책을 꼭 함께 보길 권합니다. 특히 알베르토 카이로(Albert Cairo)의 《진실을 드러내는 데이터 시각화의 과학과 예술(The Truthful Artt)》(인사이트, 2019)을 추천합니다. 이 책은 그래프를 만드는 기술보다는 효과적인 그래프를 만들 때 생각해 봐야 하는 점을 중점적으로 다룹니다.

준비하기

이 장에서는 ggplot2를 다시 집중적으로 다룹니다. 또한 데이터 처리 작업에 dplyr 패키지를, 눈금, 레이블, 데이터 변환, 팔레트 수정 작업에 scales 패키지를 사용합니다. 이외에 카밀 슬로비콥스키(Kamil Slowikowski)가 만든 ggrepel(*https://ggrepel.slowkow.com*), 토마스 린 페데르센(Thomas Lin Pedersen)이 만든 patchwork(*https://patchwork.data-imaginist.com*) 등 몇 가지 ggplot2 확장 패키지를 사용합니다. 이 패키지들을 아직 설치하지 않았다면 `install.packages()`를 사용해 설치하세요.

```
library(tidyverse)
library(scales)
library(ggrepel)
library(patchwork)
```

레이블

데이터를 탐색하는 그래프를, 데이터를 설명하는 그래프로 바꾸고자 할 때 가장 먼저 적용할 수 있는 쉬운 방법은 레이블을 사용하는 것입니다. `labs()` 함수를 이용하면 그래프에 레이블을 추가할 수 있습니다.

```
ggplot(mpg, aes(x = displ, y = hwy)) +
  geom_point(aes(color = class)) +
  geom_smooth(se = FALSE) +
  labs(
    x = "Engine displacement (L)",
    y = "Highway fuel economy (mpg)",
    color = "Car type",
    title = "Fuel efficiency generally decreases with engine size",
    subtitle = "Two seaters (sports cars) are an exception because of their light
                weight",
    caption = "Data from fueleconomy.gov"
  )
```

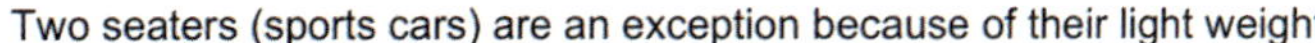

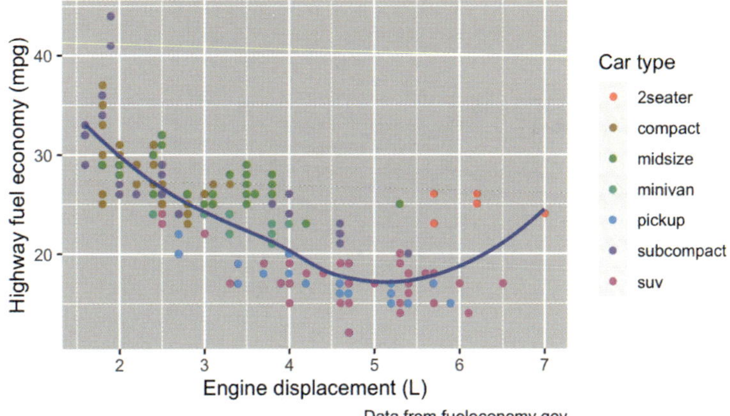

그래프 제목을 넣는 이유는 데이터에서 발견한 사실을 요약하기 위함입니다. “엔진 배기량과 연비의 관계를 나타낸 산점도”처럼 단지 무슨 그래프인지 설명하는 제목을 만드는 것은 피하는 게 좋습니다. 글자를 더 많이 추가해야 할 경우 subtitle과 caption 레이블을 사용하면 유용합니다. subtitle은 제목 아래에 세부 사항을 작은 글씨로 추가하는 기능을 합니다. caption은 그래프 오른쪽 아래에 텍스트를 추가하는 기능을 하는데, 주로 데이터 출처를 적을 때 사용됩니다. labs()를 사용하면 축 제목과 범례 제목을 바꿀 수 있습니다. 일반적으로 변수를 자세히 설명하고 변수의 단위를 넣어 작성하는 것이 좋습니다.

축 제목에 문자 대신 수학 공식을 넣을 수도 있습니다. ""를 quote()로 바꾸면 됩니다. ?plotmath를 실행해서 어떤 옵션을 사용할 수 있는지 살펴보세요.

```
df <- tibble(
  x = 1:10,
  y = cumsum(x^2)
)

ggplot(df, aes(x, y)) +
  geom_point() +
  labs(
    x = quote(x[i]),
    y = quote(sum(x[i] ^ 2, i == 1, n))
  )
```

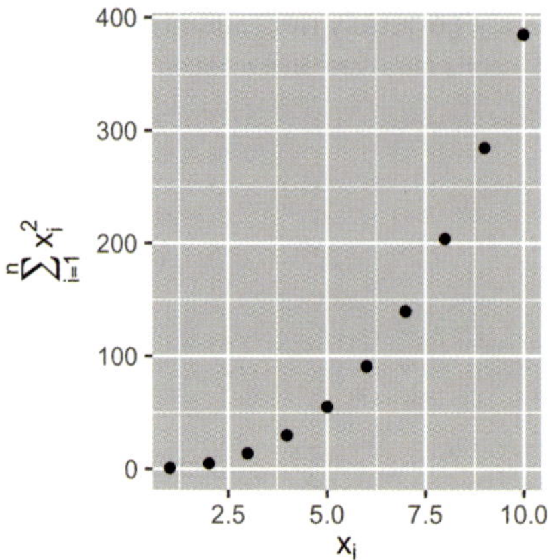

연습문제

1. `title`, `subtitle`, `caption`, `x`, `y`, `color` 레이블을 수정해 가며 mpg 데이터셋으로 그래프를 만들어 보세요.

2. mpg 데이터셋을 이용해 다음과 같은 그래프를 만들어 보세요. 구동 방식에 따라 점의 색상과 모양이 달라야 합니다.

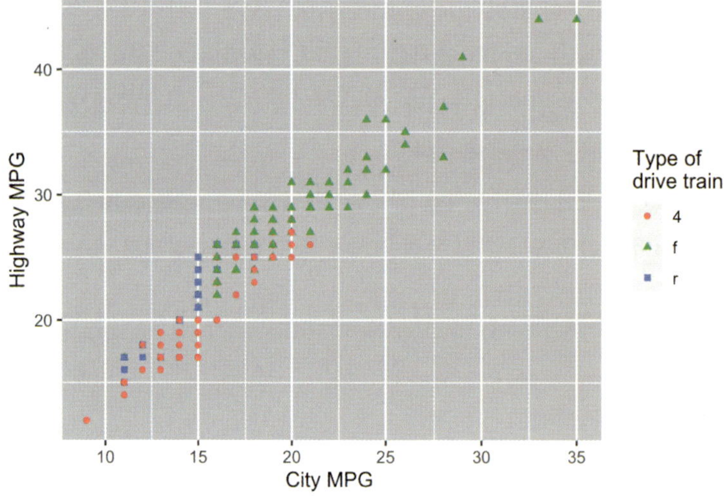

3. 지난 한 달 동안 만든 그래프 중 데이터를 탐색하는 그래프를 하나 가져와서 다른 사람들이 이해하기 쉽게 제목을 지어 보세요.

주석

그래프의 주요 부분에 레이블을 붙이는 것에 더해 개별 관측치나 관측치 그룹에 레이블을 붙이는 것도 좋은 방법입니다. 이렇게 하려면 우선 geom_text()를 사용해야 합니다. geom_text()는 geom_point()와 비슷하지만, 그래프에 텍스트 레이블을 추가해 주는 label이라는 시각적 속성을 사용할 수 있다는 점이 다릅니다.

레이블을 만들 때는 두 가지 재료를 사용합니다. 가장 먼저 레이블이 들어 있는 tibble이 필요합니다. 그래프를 만드는 데 사용하기 위해서 구동 방식별로 엔진 크기가 가장 큰 차량들을 추출해 label_info라는 새로운 데이터 프레임으로 저장하겠습니다.

```
label_info <- mpg |>
  group_by(drv) |>
  arrange(desc(displ)) |>
  slice_head(n = 1) |>
  mutate(
    drive_type = case_when(
      drv == "f" ~ "front-wheel drive",
      drv == "r" ~ "rear-wheel drive",
      drv == "4" ~ "4-wheel drive"
    )
  ) |>
  select(displ, hwy, drv, drive_type)

label_info
#> # A tibble: 3 × 4
#> # Groups:   drv [3]
#>   displ   hwy drv   drive_type
#>   <dbl> <int> <chr> <chr>
#> 1   6.5    17 4     4-wheel drive
#> 2   5.3    25 f     front-wheel drive
#> 3   7      24 r     rear-wheel drive
```

그러고 나면 이렇게 만든 새 데이터 프레임을 이용해서 그래프 위에 레이블을 배치합니다. 그러면 세 그룹을 범례 이름 대신 레이블로 직접 나타낼 수 있습니다. 그래프를 보면 레이블이 다른 텍스트보다 더 크고 굵게 표시되어 있다는 사실을 알 수 있습니다. (theme(legend.position = "none")은 범례를 숨기는 기능을 합니다. 이 기능은 뒤에서 더 자세히 다루겠습니다.)

```
ggplot(mpg, aes(x = displ, y = hwy, color = drv)) +
  geom_point(alpha = 0.3) +
  geom_smooth(se = FALSE) +
  geom_text(
    data = label_info,
    aes(x = displ, y = hwy, label = drive_type),
    fontface = "bold", size = 5, hjust = "right", vjust = "bottom"
  ) +
  theme(legend.position = "none")
#> `geom_smooth()` using method = 'loess' and formula = 'y ~ x'
```

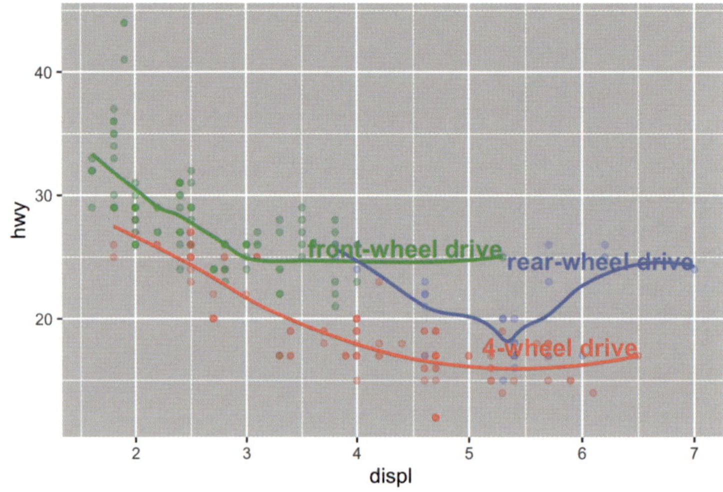

코드를 보면 hjust로 수평, vjust로 수직 위치를 조정한 것을 알 수 있습니다.

그런데 앞에서 만든 그래프의 주석을 보면 레이블이 서로 겹치거나 점과 겹쳐서 읽기가 어렵습니다. ggrepel 패키지의 geom_label_repel() 함수를 사용하면 이런 문제를 해결할 수 있습니다. 이 패키지는 자동으로 레이블 위치를 조정해서 서로 겹치지 않도록 하는 매우 유용한 기능이 있습니다.

```
ggplot(mpg, aes(x = displ, y = hwy, color = drv)) +
  geom_point(alpha = 0.3) +
  geom_smooth(se = FALSE) +
  geom_label_repel(
    data = label_info,
    aes(x = displ, y = hwy, label = drive_type),
    fontface = "bold", size = 5, nudge_y = 2
  ) +
```

```
  theme(legend.position = "none")
#> `geom_smooth()` using method = 'loess' and formula = 'y ~ x'
```

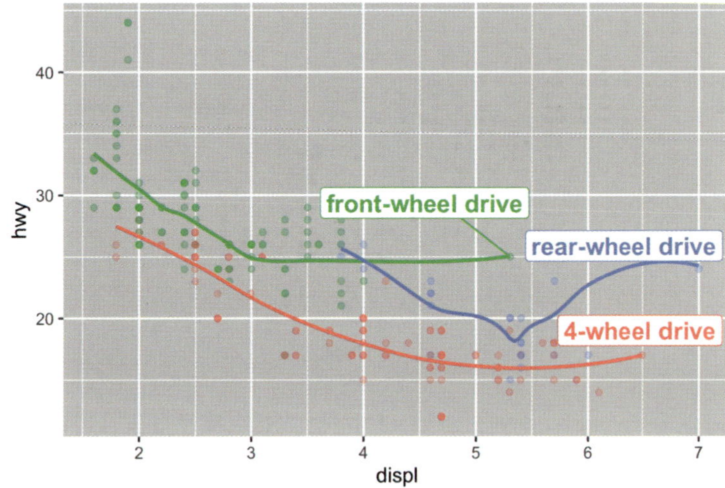

같은 방식으로 ggrepel 패키지의 `geom_text_repel()`을 사용해서 그래프의 특정 포인트를 강조할 수도 있습니다. 간단한 기술을 사용하면 됩니다. 다음 코드를 보면 레이블이 달린 점을 부각하기 위해 크고 빈 원을 만드는 두 번째 레이어를 추가했습니다.

```
potential_outliers <- mpg |>
  filter(hwy > 40 | (hwy > 20 & displ > 5))

ggplot(mpg, aes(x = displ, y = hwy)) +
  geom_point() +
  geom_text_repel(data = potential_outliers, aes(label = model)) +
  geom_point(data = potential_outliers, color = "red") +
  geom_point(
    data = potential_outliers,
    color = "red", size = 3, shape = "circle open"
  )
```

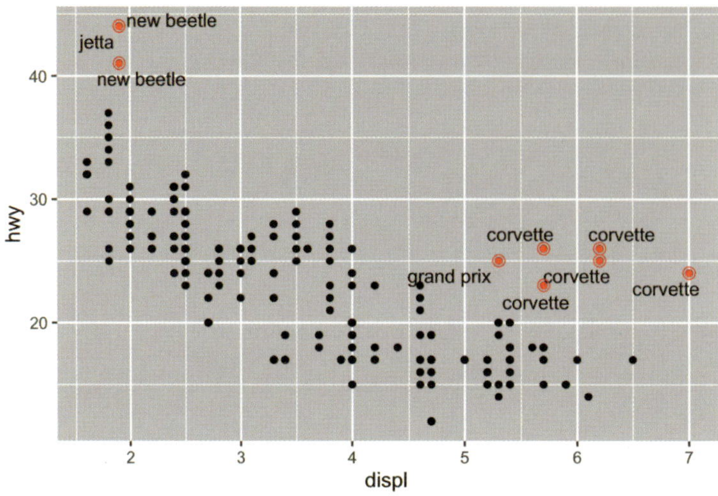

geom_text(), geom_label() 외에도 ggplot2에서는 그래프에 주석을 추가하는 다양한 geom 함수가 있습니다. 주석을 추가할 때 활용할 수 있는 몇 가지 팁을 설명하면 다음과 같습니다.

- 지시선을 넣고 싶다면 geom_hline()과 geom_vline()을 활용해 보세요. 일반적으로 지시선은 두께를 두껍게(linewidth = 2) 설정하고, 흰색(color = white)으로 지정해서 데이터의 아래쪽에 배치합니다. 이렇게 하면 데이터에서 주의가 분산되지 않으면서도 지시선이 잘 보이게 할 수 있습니다.
- 관심 있는 데이터 포인트를 돋보이게 하려면 geom_rect()를 사용해 사각형을 그려 넣어 보세요. 사각형의 경계는 시각적 속성 xmin, xmax, ymin, ymax로 설정할 수 있습니다. 또 다른 방법으로 ggforce 패키지(*https://ggforce.data-imaginist.com/index.html*)를 사용할 수 있습니다. 특히 geom_mark_hull() 함수를 사용하면 데이터 포인트 일부 집합에 외곽선을 넣어서 강조할 수 있습니다.
- 화살표를 사용해 특정 데이터 포인트에 집중하도록 만들려면 geom_segment()의 arrow 인자를 사용하면 됩니다. 화살표 시작 위치는 시각적 속성 x, y, 끝나는 위치는 시각적 속성 xend, yend로 설정할 수 있습니다.

annotate()도 그래프에 주석을 추가할 때 사용하면 편리합니다. 보통 geom 함수들은 데이터의 특정 부분을 강조하는 데 적합하지만, annotate()는 그래프에 간단한 주석 몇 개를 추가할 때 유용합니다.

annotate() 사용법을 알아보기 위해 그래프에 추가할 텍스트를 만들겠습니다. 텍스트가 좀 기니까 문자 수에 따라 자동으로 줄 바꿈을 해 주는 stringr::str_wrap() 함수를 사용하겠습니다.

```
trend_text <- "엔진 크기가 클수록 연비가 낮아지는 경향이 있습니다." |>
  str_wrap(width = 30)
trend_text
#> [1] "엔진 크기가 클수록 연비가\n낮아지는 경향이 있습니다."
```

이제 두 가지 주석 레이어를 추가하겠습니다. geom이 하나는 label이고, 다른 하나는 segment입니다. 두 geom 모두 x, y 시각적 속성으로 시작 위치를 정합니다. geom이 segment일 때는 xend, yend 시각적 속성을 이용해 세그먼트의 끝나는 위치를 정합니다. 세그먼트가 화살표 모양인 것에도 주목해 주세요.

```
ggplot(mpg, aes(x = displ, y = hwy)) +
  geom_point() +
  annotate(
    geom = "label", x = 3.5, y = 38,
    label = trend_text,
    hjust = "left", color = "red"
  ) +
  annotate(
    geom = "segment",
    x = 3, y = 35, xend = 5, yend = 25, color = "red",
    arrow = arrow(type = "closed")
  )
```

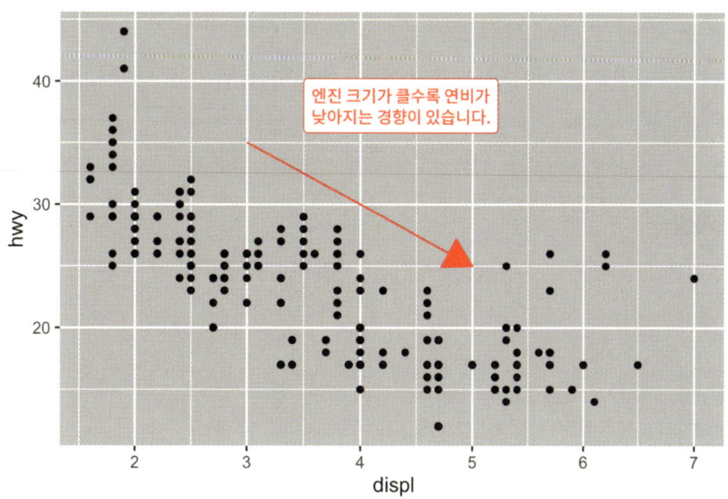

주석은 그래프의 중요한 내용이나 흥미로운 특징을 전달하는 데 매우 유용한 도구입니다. 주석을 추가할 때 유일하게 어려운 점은 상상력(과 주석을 시각적으로 보기 좋게 배치하는 데 필요한 인내심)이 있어야 한다는 것입니다.

연습문제

1. geom_text()에 무한대를 나타낸 값을 위칫값으로 사용해서 그래프 네 모서리에 텍스트를 배치해 보세요.
2. tibble을 따로 만들지 않고 annotate()만 사용해 마지막 그래프 중앙에 산점도를 추가해 보세요. 점의 모양, 크기, 색상을 직접 설정해 보세요.
3. geom_text()의 레이블과 패싯은 서로 어떤 영향을 미치나요? 분할된 그래프 한 곳에만 레이블을 넣으려면 어떻게 해야 하나요? 분할된 그래프 각각에 서로 다른 레이블을 넣으려면 어떻게 해야 할까요? (힌트: geom_text()에 입력하는 데이터셋을 생각해 보세요.)
4. 배경 상자의 모양을 결정하는 geom_label()에 어떤 인자들이 들어 있나요?
5. arrow()에 입력하는 네 가지 인자는 각각 무엇인가요? 이 인자들은 어떻게 작동하나요? 주요 옵션에 따라 그래프가 어떻게 달라지는지 알 수 있도록 연속해서 그래프를 만들어 보세요.

스케일

의사소통을 잘하기 위해 그래프를 개선하는 세 번째 방법은 스케일을 조정하는 것입니다. 스케일을 조정하면 시각적 속성 매핑이 표현되는 방식을 바꿀 수 있습니다.

기본 스케일

일반적으로 ggplot2는 자동으로 스케일을 정합니다. 예를 들어 다음 코드를 실행해 보겠습니다.

```
ggplot(mpg, aes(x = displ, y = hwy)) +
  geom_point(aes(color = class))
```

그래프를 보면 ggplot2가 그래프 배경에 기본 스케일을 자동으로 추가한 것을 알 수 있습니다.

```
ggplot(mpg, aes(x = displ, y = hwy)) +
  geom_point(aes(color = class)) +
  scale_x_continuous() +
  scale_y_continuous() +
  scale_color_discrete()
```

스케일 함수 이름에는 규칙이 있습니다. scale_ 다음에 시각적 속성 이름이 오고, _ 다음에는 스케일 이름이 옵니다. 기본 스케일의 이름은 연속형, 불연속형, 날짜 시간, 날짜 등 변수 타입을 따라 지어졌습니다. 예를 들어 scale_x_continuous()는 displ에서 나온 연속된 숫자를 x축에 연속적인 숫자선으로 표현하고, scale_color_discrete()는 자동차의 class별로 서로 다른 색상을 선택하는 식입니다. 뒤에서 이런 기본 스케일 외에 다양한 스케일을 다룹니다.

기본 스케일은 어떤 입력값이든 잘 대응하도록 신중하게 정해서 만들어졌습니다. 그럼에도 다음과 같이 기본 설정을 재정의하고 싶을 때가 두 가지 있습니다.

- 기본 스케일의 매개변수를 약간 조정하고 싶을 때가 있습니다. 그렇게 하면 축의 눈금이나 범례의 키 레이블을 바꿀 수 있습니다.
- 완전히 다른 알고리즘을 사용하도록 스케일을 교체하고 싶을 때가 있습니다. 데이터의 특징을 잘 알고 있다면 기본값으로 둘 때보다 스케일을 바꿔서 데이터를 더 잘 표현할 수 있습니다.

축 눈금과 범례 키

축과 범례를 합쳐서 가이드(guides)라고 부릅니다. 축은 x와 y 시각적 속성에 사용되고, 범례는 그 외 다른 모든 시각적 속성에 사용됩니다.

축 눈금과 범례 키의 모양을 결정하는 주요한 두 가지 인자는 breaks와 labels입니다. breaks는 눈금의 위치나 키에 연결된 값들을 조정합니다. labels는 각 눈금이나 키에 대응하는 텍스트 레이블을 조정합니다. breaks를 사용하는 가장 기본적인 방법은 기본값을 덮어쓰는 것입니다.

```
ggplot(mpg, aes(x = displ, y = hwy, color = drv)) +
  geom_point() +
  scale_y_continuous(breaks = seq(15, 40, by = 5))
```

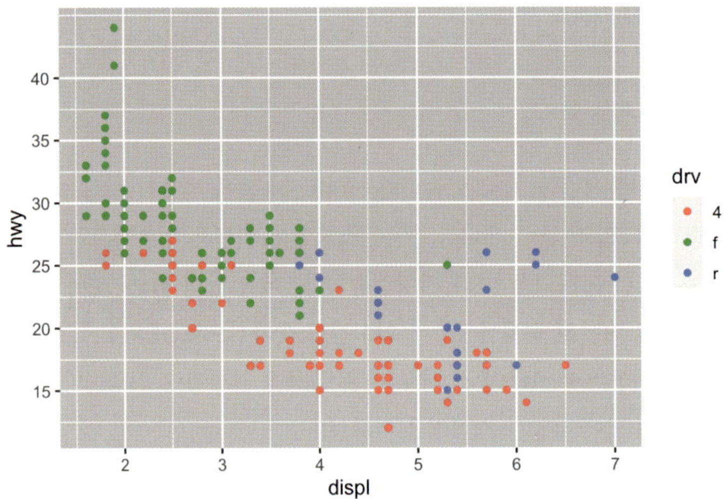

labels도 breaks와 같은 방식으로 사용할 수 있습니다. labels는 명령어의 글자 수가 breaks와 같습니다. 혹은 NULL로 설정해서 레이블을 완전히 숨길 수도 있습니다. 이 방법은 지도나 인쇄용 그래프처럼 그래프에 절댓값을 모두 표시할 수 없을 때 유용합니다. breaks와 labels를 사용해 범례의 모양도 조절할 수 있습니다. 범주형 변수처럼 불연속 스케일을 사용할 때는 기존 변수의 레벨(level) 이름과 바꿀 레벨 이름을 담은 목록을 labels에 입력할 수 있습니다.

```
ggplot(mpg, aes(x = displ, y = hwy, color = drv)) +
  geom_point() +
  scale_x_continuous(labels = NULL) +
  scale_y_continuous(labels = NULL) +
  scale_color_discrete(labels = c("4" = "4-wheel", "f" = "front", "r" = "rear"))
```

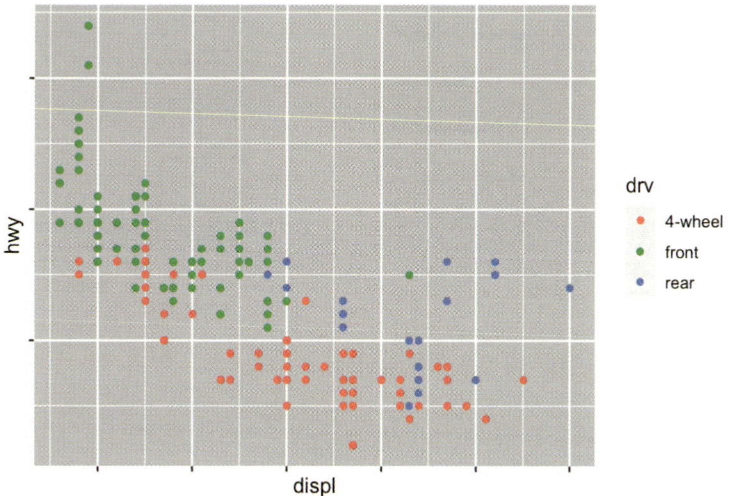

labels 인자는 scales 패키지의 레이블링 함수와 함께 사용하는데, 특히 화폐, 백분율 등으로 숫자 포맷을 바꿀 때 유용합니다. 왼쪽 그래프는 label_dollar()를 사용해 달러 기호와 천 단위 구분 쉼표를 넣는 기본 레이블링을 적용한 것입니다. 오른쪽 그래프는 달러를 1,000으로 나누고 "천"을 의미하는 "K" 접미사를 넣는 설정을 추가한 것입니다. breaks는 원본 데이터의 스케일에 맞춰 설정된 것입니다.

```
# 왼쪽
ggplot(diamonds, aes(x = price, y = cut)) +
  geom_boxplot(alpha = 0.05) +
  scale_x_continuous(labels = label_dollar())

# 오른쪽
ggplot(diamonds, aes(x = price, y = cut)) +
  geom_boxplot(alpha = 0.05) +
  scale_x_continuous(
    labels = label_dollar(scale = 1/1000, suffix = "K"),
    breaks = seq(1000, 19000, by = 6000)
  )
```

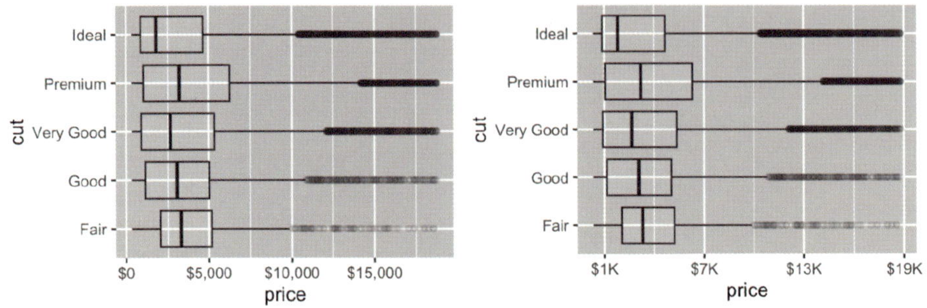

label_percent()도 유용한 레이블 함수입니다.

```
ggplot(diamonds, aes(x = cut, fill = clarity)) +
  geom_bar(position = "fill") +
  scale_y_continuous(name = "Percentage", labels = label_percent())
```

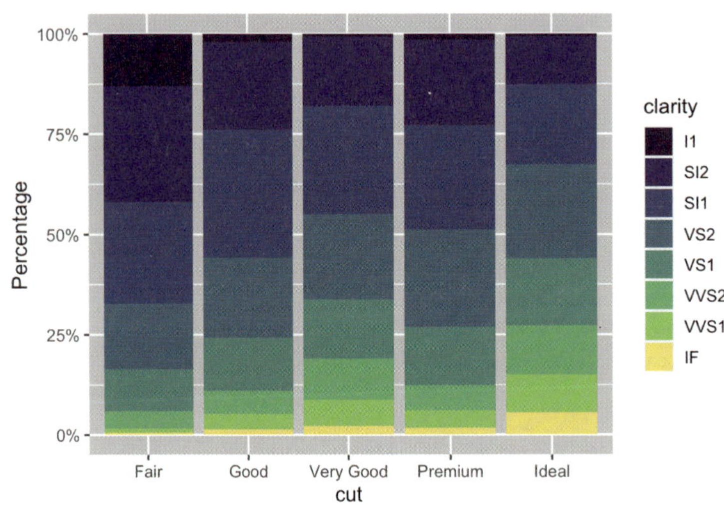

데이터 포인트가 상대적으로 적고 관측치가 정확히 언제 발생했는지 강조하고 싶을 때도 breaks를 사용하면 유용합니다. 예를 들어 다음 그래프는 미국 대통령별 임기 시작, 종료 시점을 보여 줍니다.

```
presidential |>
  mutate(id = 33 + row_number()) |>
  ggplot(aes(x = start, y = id)) +
  geom_point() +
```

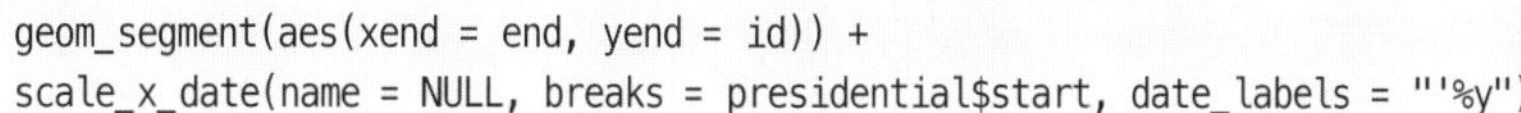

```
geom_segment(aes(xend = end, yend = id)) +
scale_x_date(name = NULL, breaks = presidential$start, date_labels = "'%y")
```

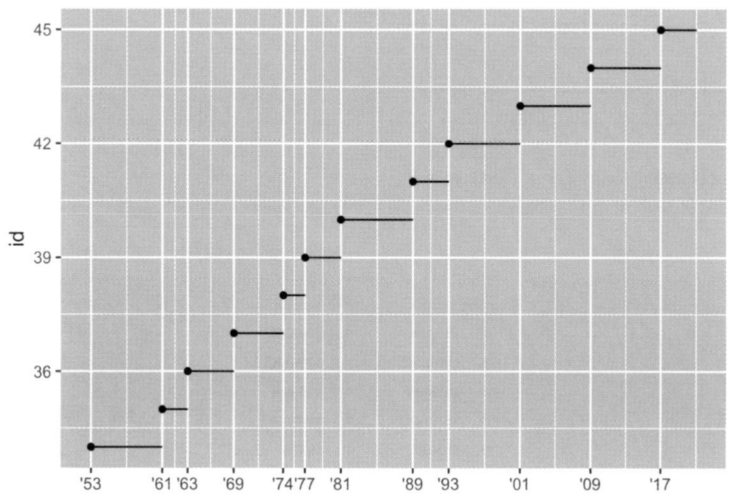

코드에서 breaks 인자에 presidential$start를 지정해서 start 변수의 벡터를 추출해 입력한 것을 주목해 주세요. 이 인자에는 시각적 속성을 매핑할 수 없기 때문에 이렇게 작성한 것입니다. 또한 코드에서 날짜와 날짜-시간 스케일의 눈금과 레이블도 조금 다르게 설정했습니다.

- date_labels에는 parse_datetime()을 사용할 때와 같은 형식으로 값을 입력해야 합니다.
- date_breaks에는 "2 days"나 "1 month"처럼 문자열을 입력해야 합니다. 여기서는 사용하지 않았습니다.

범례 레이아웃

breaks와 labels를 사용해 축을 조정할 때가 많습니다. 이 두 가지는 범례를 조정할 때도 사용할 수 있는데, 이외에 더 자주 사용되는 몇 가지 기술이 있습니다.

범례의 위치는 theme()을 이용해 설정할 수 있습니다. 이 장의 마지막 부분에서 테마를 다시 다룰 텐데, 간단히 말하자면 테마는 그래프에서 데이터가 아닌 요소를 결정하는 역할을 합니다. legend.position으로 테마를 설정하면 범례의 위치를 조절할 수 있습니다.

```
base <- ggplot(mpg, aes(x = displ, y = hwy)) +
  geom_point(aes(color = class))

base + theme(legend.position = "right") # 기본값
base + theme(legend.position = "left")
base +
  theme(legend.position = "top") +
  guides(color = guide_legend(nrow = 3))
base +
  theme(legend.position = "bottom") +
  guides(color = guide_legend(nrow = 3))
```

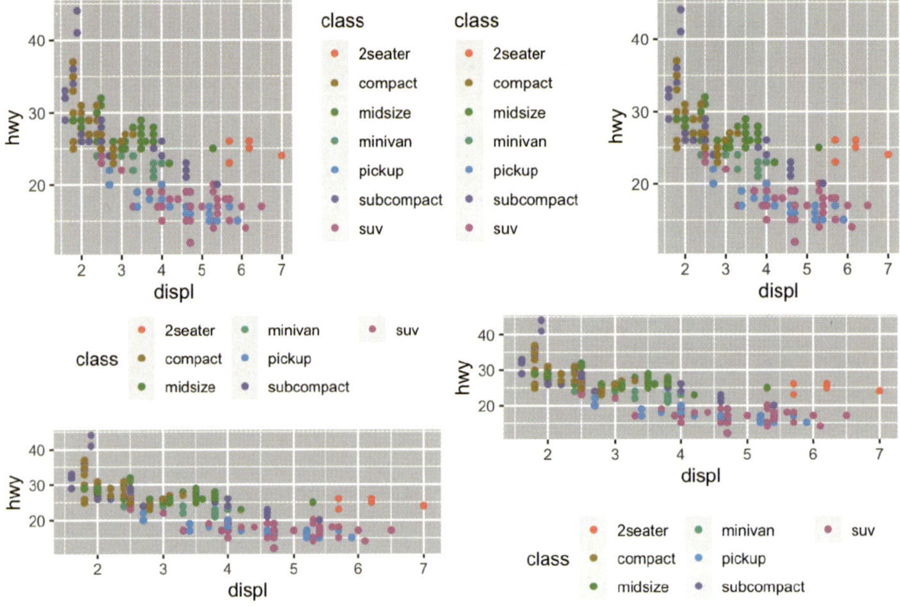

그래프가 세로로 짧고 가로로 넓다면 범례를 위나 아래에 두는 게 좋고, 그래프가 세로로 길고 가로로 좁다면 왼쪽이나 오른쪽에 두는 게 좋습니다. legend.position = "none"을 사용해 범례를 완전히 없앨 수도 있습니다.

개별 범례의 모양을 조절하고자 한다면 guides()와 함께 guide_legend()나 guide_colorbar()를 사용하면 됩니다. 다음 예제에는 두 가지 중요한 설정이 있습니다. nrow로 범례의 값을 표시할 행 수를 설정하고, 시각적 속성을 하나 사용해서 점의 크기를 더 크게 설정했습니다. 특히 그래프에 표시할 점이 많아서 alpha 값을 낮게 설정했을 때 이렇게 설정하면 유용합니다.

```
ggplot(mpg, aes(x = displ, y = hwy)) +
  geom_point(aes(color = class)) +
  geom_smooth(se = FALSE) +
  theme(legend.position = "bottom") +
  guides(color = guide_legend(nrow = 2, override.aes = list(size = 4)))
#> `geom_smooth()` using method = 'loess' and formula = 'y ~ x'
```

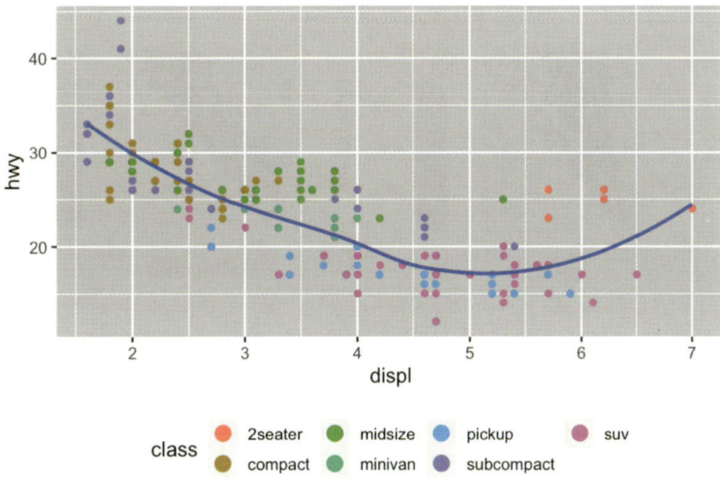

labs()와 마찬가지로 guides()에 입력한 인자의 이름이 시각적 속성의 이름과 같다는 점을 주목하세요.

스케일 바꾸기

스케일의 세부 사항을 조금씩 조정하는 게 아니라 스케일 전체를 바꿀 수도 있습니다. 주로 연속 위치 스케일과 색상 스케일 두 유형을 교체할 때가 많습니다. 다행히 다른 모든 시각적 속성에 똑같은 원리가 적용되므로 위치와 색상 스케일을 바꾸는 방법만 익히면 다른 스케일을 교체하는 방법도 쉽게 익힐 수 있습니다.

변수를 변형해서 그래프로 표현하면 매우 유용합니다. 예를 들어 로그 변환을 해서 그래프를 만들면 carat과 price 간 어떤 관계가 있는지 훨씬 더 분명하게 알 수 있습니다.

```
# 왼쪽
ggplot(diamonds, aes(x = carat, y = price)) +
  geom_bin2d()

# 오른쪽
ggplot(diamonds, aes(x = log10(carat), y = log10(price))) +
  geom_bin2d()
```

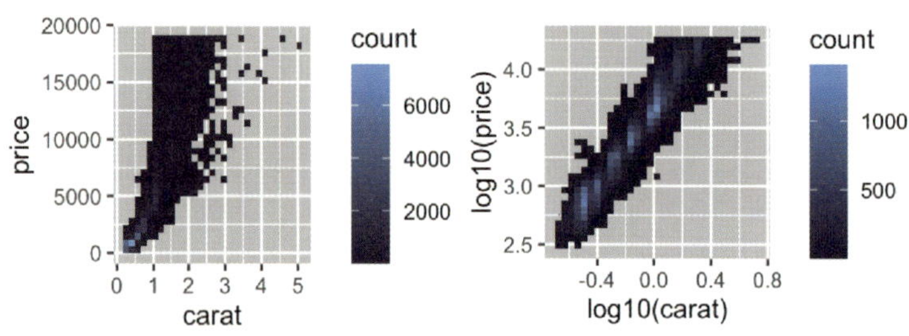

하지만 변수를 변형하면 축 이름이 변환된 값으로 바뀌어서 그래프를 해석하기 어려워진다는 단점이 있습니다. 변수를 변형해서 시각적 속성에 매핑하는 대신 스케일을 바꾸는 방법이 있습니다. 이렇게 하면 그래프는 똑같이 표현되면서 축은 원래 데이터 스케일을 유지합니다.

```
ggplot(diamonds, aes(x = carat, y = price)) +
  geom_bin2d() +
  scale_x_log10() +
  scale_y_log10()
```

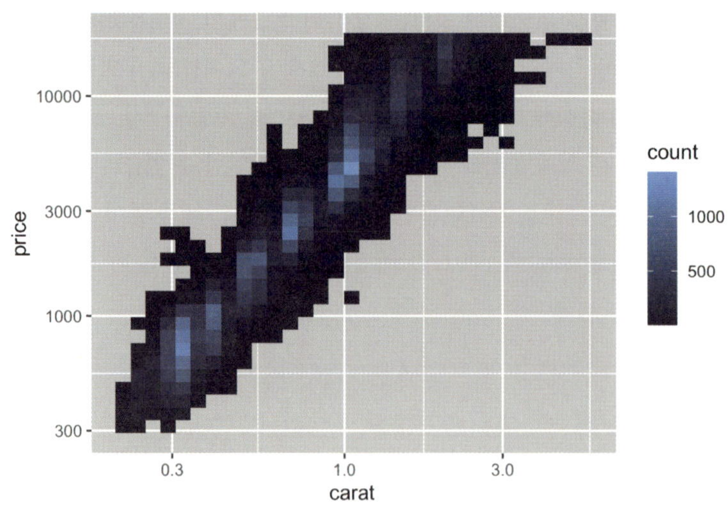

색상 스케일을 조절할 때도 많습니다. 범주형 변수를 이용해 그래프를 만들면 기본값으로, 색상환(color wheel) 기준으로 간격이 균일한 색상을 사용하게 됩니다. 그 대신 ColorBrewer 스케일을 사용하면 일반적인 색각 이상이 있는 사람들도 잘 구분할 수 있는 색상을 사용할 수 있습니다. 다음 두 그래프는 비슷해 보이지만, 오른쪽 그래프는 빨간색과 초록색의 음영 차이가 커서 적록색맹인 사람들도 점의 색상을 잘 구별할 수 있습니다.[1]

```
ggplot(mpg, aes(x = displ, y = hwy)) +
  geom_point(aes(color = drv))

ggplot(mpg, aes(x = displ, y = hwy)) +
  geom_point(aes(color = drv)) +
  scale_color_brewer(palette = "Set1")
```

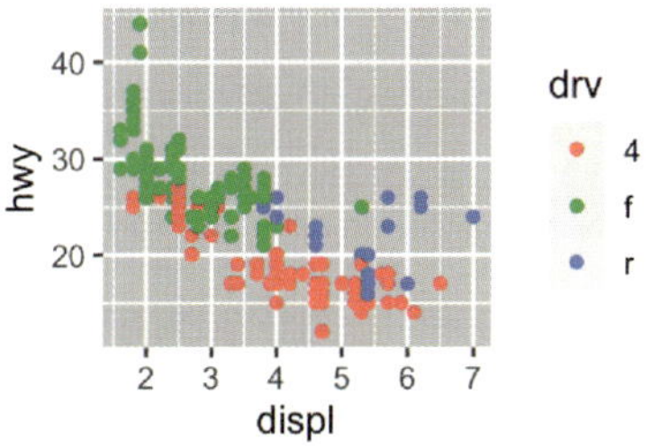

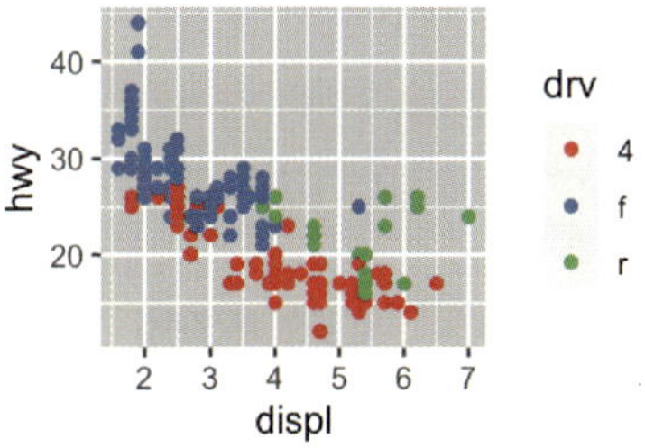

간단한 기술만으로도 신체 조건이 다른 사람들의 접근성을 높일 수 있다는 사실을 잊지 마세요. 색상이 몇 개밖에 없다면 값을 서로 다른 모양으로 표현하는 것도 좋은 방법입니다. 이렇게 하면 그래프를 흑백으로 표현해야 할 때도 그래프를 잘 이해하게 만들 수 있습니다.

```
ggplot(mpg, aes(x = displ, y = hwy)) +
  geom_point(aes(color = drv, shape = drv)) +
  scale_color_brewer(palette = "Set1")
```

1 SimDaltonism(*https://michelf.ca/projects/sim-daltonism*)과 같은 도구를 사용하면 색각 이상이 있는 사람들한테 이미지가 어떻게 보이는지 테스트해 볼 수 있습니다.

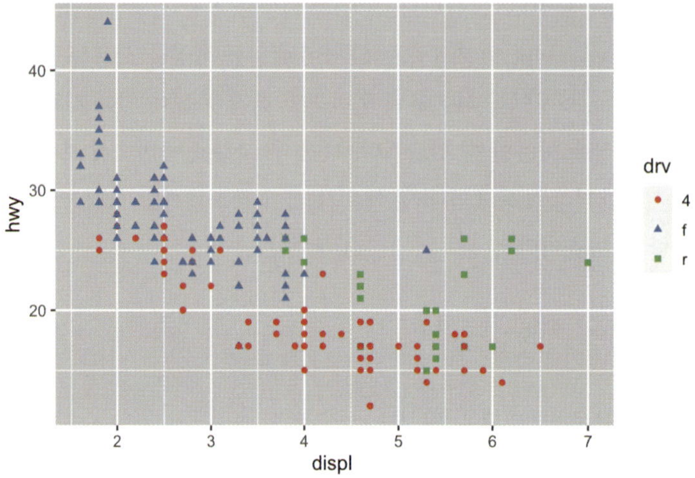

ColorBrewer 스케일에 관해 자세히 알아보려면 *https://colorbrewer2.org*를 방문해 보세요. R에서는 에리히 노이비르트(Erich Neuwirth)가 만든 RColorBrewer 패키지를 이용할 수 있습니다. 그림 11-1은 전체 팔레트 목록을 보여 줍니다.

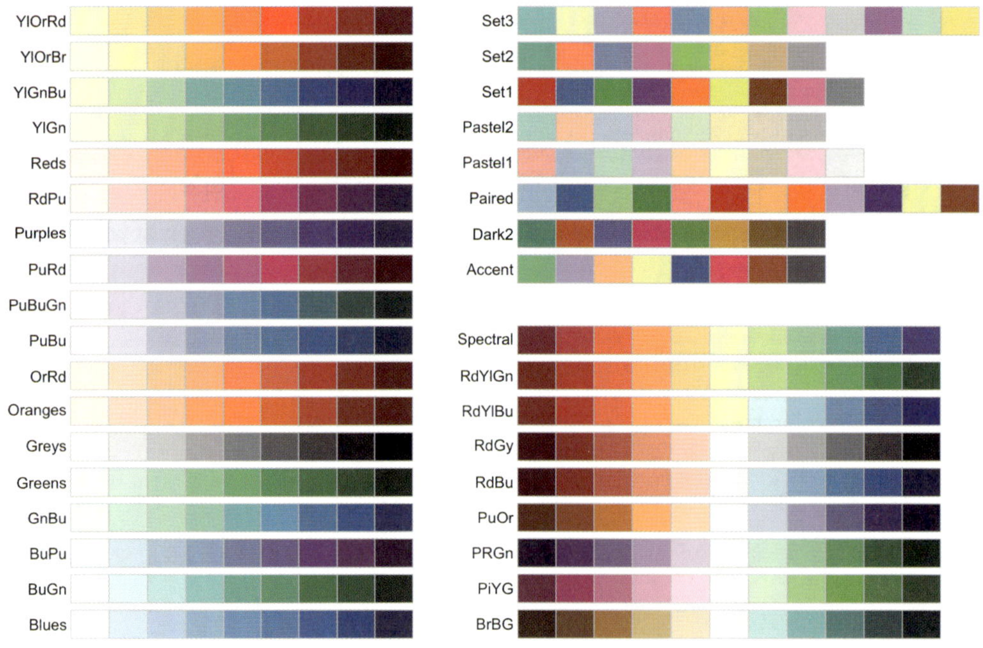

그림 11-1 RColorBrewer 패키지의 스케일

순차적(sequential) 팔레트(그림 11-1 왼쪽)와 분기형(diverging) 팔레트(그림 11-1 오른쪽)는 값에 순서가 있거나, 값 사이에 "중간"이 있을 때 사용하면 특히 유용합니다. 이런 팔레트는 연속형 변수를, cut()을 사용해 범주형 변수로 변환했을 때 자주 사용합니다.

어떤 값을 무슨 색상으로 표현할지 직접 정하고 싶을 때는 scale_color_manual()을 사용하면 됩니다. 예를 들어 미국 대통령의 소속 정당을 색상으로 구분해 표현할 때 일반적으로 공화당에 빨간색, 민주당에 파란색을 사용합니다. 16진수 색상 코드를 사용하면 색상을 직접 정할 수 있습니다.

```
presidential |>
  mutate(id = 33 + row_number()) |>
  ggplot(aes(x = start, y = id, color = party)) +
  geom_point() +
  geom_segment(aes(xend = end, yend = id)) +
  scale_color_manual(values = c(Republican = "#E81B23", Democratic = "#00AEF3"))
```

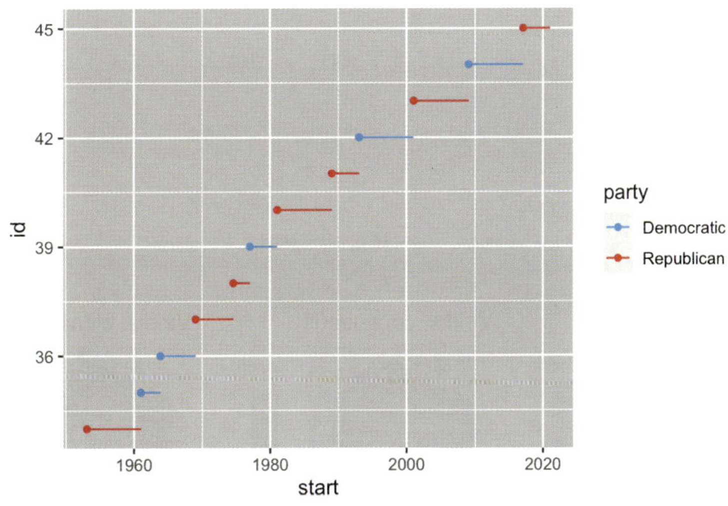

연속된 색상을 표현하려면 scale_color_gradient()나 scale_fill_gradient()를 사용하면 됩니다. 분기형 스케일을 적용하려면 scale_color_gradient2()를 사용하면 됩니다. 이 함수를 사용하면 양수와 음수를 서로 다른 색상으로 나타낼 수 있습니다. 특히 이 방법은 평균 이상 값과 이하 값을 서로 다른 색상으로 구분해 표현하고 싶을 때 사용하면 유용합니다.

viridis 색상 스케일을 사용하는 방법도 있습니다. 디자이너인 나다니엘 스미스(Nathaniel Smith)와 스테펀 반 더 월트(Stéfan van der Walt)는 다양한 형태의 색각 이상이 있는 사람도 잘 구분할 수 있으며, 컬러와 흑백 모두에서 지각적으로 균일한 연속적인 색 구성표를 신중하게 조정했습니다. ggplot2에서 이런 색상 스케일들은 연속(c), 불연속(d), 구간을 나눈(b) 팔레트를 지정해 사용할 수 있습니다.

```
df <- tibble(
  x = rnorm(10000),
  y = rnorm(10000)
)

ggplot(df, aes(x, y)) +
  geom_hex() +
  coord_fixed() +
  labs(title = "Default, continuous", x = NULL, y = NULL)

ggplot(df, aes(x, y)) +
  geom_hex() +
  coord_fixed() +
  scale_fill_viridis_c() +
  labs(title = "Viridis, continuous", x = NULL, y = NULL)

ggplot(df, aes(x, y)) +
  geom_hex() +
  coord_fixed() +
  scale_fill_viridis_b() +
  labs(title = "Viridis, binned", x = NULL, y = NULL)
```

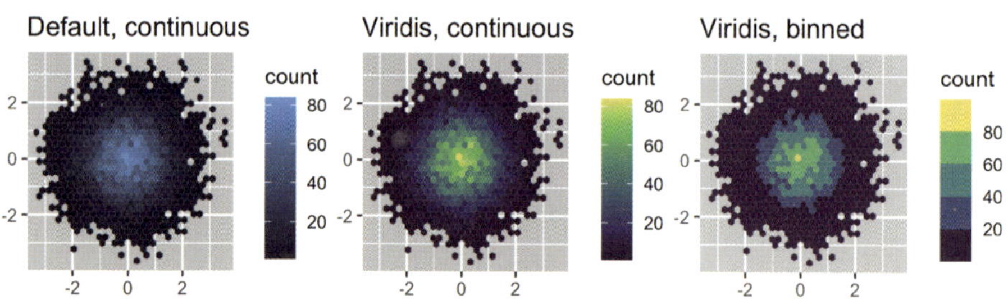

모든 색상 스케일은 scale_color_*()와 scale_fill_*()의 두 종류로 선택할 수 있습니다. 두 함수는 각각 시각적 속성 color와 fill에 대응합니다. 스케일 이름의 철자는 영국식으로 입력해도 되고 미국식으로 입력해도 됩니다.

확대

그래프의 범위를 조절하는 세 가지 방법이 있습니다.

1. 그래프에 표현할 데이터를 조정한다.
2. 축 범위를 설정한다.
3. coord_cartesian()의 xlim과 ylim을 설정한다.

몇 가지 그래프를 만들어서 이런 방법들을 살펴보겠습니다. 왼쪽 그래프는 엔진 크기와 연비의 관계를 보여 주며, 구동 방식에 따라 서로 다른 색상으로 표현되어 있습니다. 오른쪽 그래프는 같은 변수의 관계를 나타내지만, 데이터 일부만 보여 줍니다. 데이터 일부만 추출해 그래프를 만들면 x, y축 스케일뿐 아니라 변수의 관계를 나타내는 곡선도 영향을 받습니다.

```
# 왼쪽
ggplot(mpg, aes(x = displ, y = hwy)) +
  geom_point(aes(color = drv)) +
  geom_smooth()

# 오른쪽
mpg |>
  filter(displ >= 5 & displ <= 6 & hwy >= 10 & hwy <= 25) |>
  ggplot(aes(x = displ, y = hwy)) +
  geom_point(aes(color = drv)) +
  geom_smooth()
```

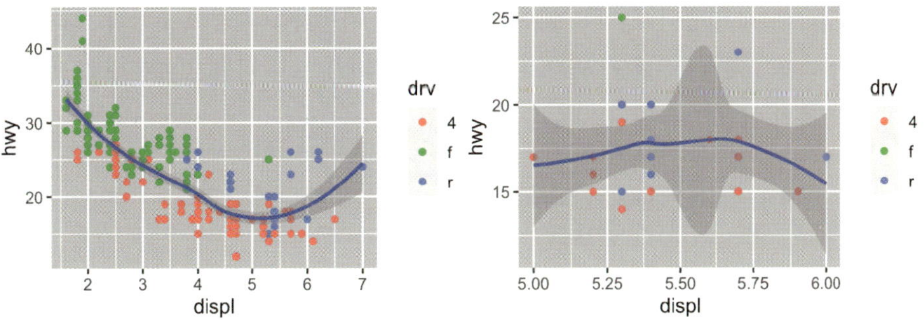

이제 다음 두 그래프를 비교해 보겠습니다. 왼쪽 그래프는 축을 limits로 설정했고, 오른쪽 그래프는 coord_cartesian()으로 설정했습니다. limits로 범위를 줄이는 것은 데이터 일부를 추출해 사용하는 것과 같다는 사실을 알 수 있습니다. 그러므로 일반적으로 그래프의 특정 부분을 확대하고 싶을 때는 coord_cartesian()을 사용하는 게 가장 좋습니다.

```
# 왼쪽
ggplot(mpg, aes(x = displ, y = hwy)) +
  geom_point(aes(color = drv)) +
  geom_smooth() +
  scale_x_continuous(limits = c(5, 6)) +
  scale_y_continuous(limits = c(10, 25))

# 오른쪽
ggplot(mpg, aes(x = displ, y = hwy)) +
  geom_point(aes(color = drv)) +
  geom_smooth() +
  coord_cartesian(xlim = c(5, 6), ylim = c(10, 25))
```

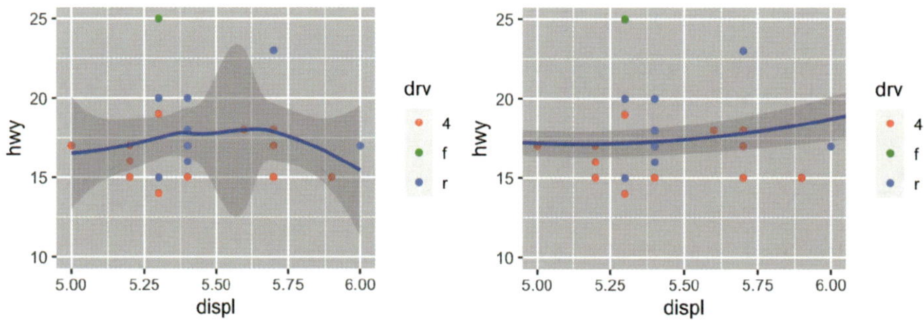

반면 여러 그래프의 축을 통일하는 식으로 축 범위를 "확장"할 때는 축별로 limits를 설정하는 게 좋습니다. 예를 들어 두 클래스의 자동차를 추출해서 각각 그래프를 만든다면 x축, y축, 색상, 세 가지 스케일의 범위가 모두 다르기 때문에 그래프를 비교하기 어렵습니다.

```
suv <- mpg |> filter(class == "suv")
compact <- mpg |> filter(class == "compact")

# 왼쪽
ggplot(suv, aes(x = displ, y = hwy, color = drv)) +
  geom_point()

# 오른쪽
ggplot(compact, aes(x = displ, y = hwy, color = drv)) +
  geom_point()
```

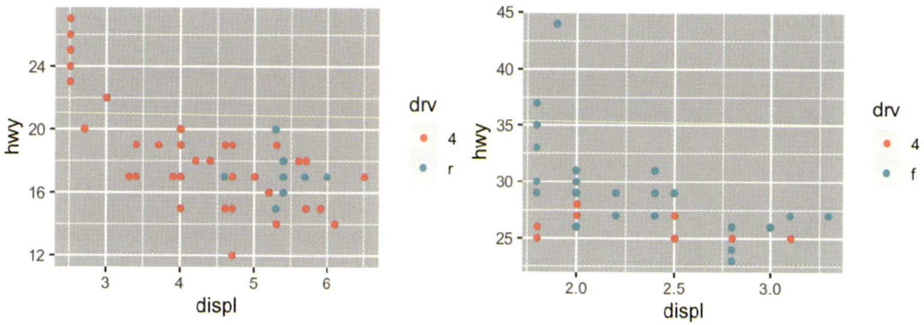

전체 데이터를 이용해 범위를 구해서 limits를 정한 다음 여러 그래프에 이 스케일을 공통적으로 적용하면 이 문제를 해결할 수 있습니다.

```
x_scale <- scale_x_continuous(limits = range(mpg$displ))
y_scale <- scale_y_continuous(limits = range(mpg$hwy))
col_scale <- scale_color_discrete(limits = unique(mpg$drv))

# 왼쪽
ggplot(suv, aes(x = displ, y = hwy, color = drv)) +
  geom_point() +
  x_scale +
  y_scale +
  col_scale

# 오른쪽
ggplot(compact, aes(x = displ, y = hwy, color = drv)) +
  geom_point() +
  x_scale +
  y_scale +
  col_scale
```

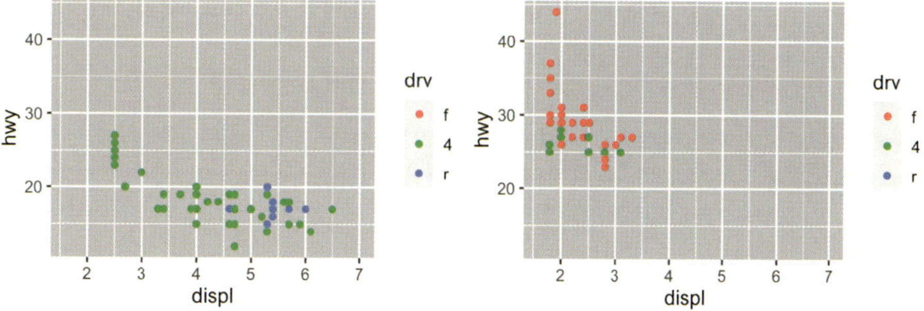

이런 경우에는 간단히 패싯을 사용하고 싶을 수도 있습니다. 하지만 일반적으로 보고서의 여러 페이지에 걸쳐 그래프를 나열할 때는 이런 식으로 그래프를 만드는 게 더 유용합니다.

연습문제

1. 다음 코드를 실행해도 기본 스케일이 바뀌지 않는 이유가 무엇일까요?

```
df <- tibble(
  x = rnorm(10000),
  y = rnorm(10000)
)

ggplot(df, aes(x, y)) +
  geom_hex() +
  scale_color_gradient(low = "white", high = "red") +
  coord_fixed()
```

2. 모든 스케일 함수에서 첫 번째 인자는 무엇인가요? labs()를 사용할 때와 무엇이 다른가요?

3. 미국 대통령 임기를 표현하는 방법을 다음과 같이 바꿔 보세요.
   a. 색상과 x축 눈금을 함께 바꿔 보세요.
   b. y축을 바꿔 보세요.
   c. 각각의 재임 기간에 대통령 이름을 표시해 보세요.
   d. 중요한 사실을 알려 주는 레이블을 추가해 보세요.
   e. 눈금을 4년 단위로 바꿔 표현해 보세요(생각보다 어려울 겁니다!).

4. 먼저 다음 코드로 그래프를 만들어 보세요. 그런 다음 override.aes를 사용해 범례가 더 잘 보이도록 수정해 보세요.

```
ggplot(diamonds, aes(x = carat, y = price)) +
  geom_point(aes(color = cut), alpha = 1/20)
```

테마

마지막으로 테마를 사용해 그래프에서 데이터 이외의 요소를 설정하는 방법을 알아보겠습니다.

```
ggplot(mpg, aes(x = displ, y = hwy)) +
  geom_point(aes(color = class)) +
  geom_smooth(se = FALSE) +
  theme_bw()
```

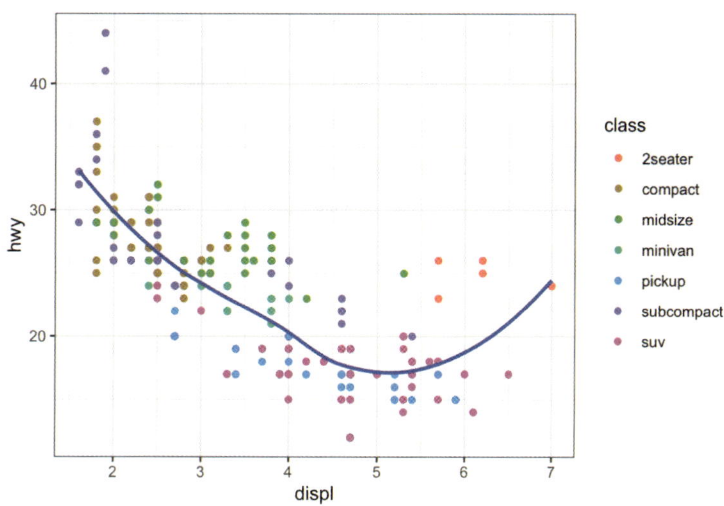

그림 11-2에서 보듯이 ggplot2에는 여덟 개의 테마가 있습니다. 기본값은 `theme_gray()`입니다.[2] 제프리 아놀드(Jeffrey Arnold)가 만든 ggthemes(*https://jrnold.github.io/ggthemes*)와 같은 확장 패키지를 사용하면 더 다양한 테마를 사용할 수 있습니다. 특정 회사나 저널 양식에 맞춰서 자신만의 테마를 만들 수도 있습니다.

2 기본 테마의 배경 색이 회색인 이유를 궁금해하는 사람이 많습니다. 이는 격자선이 잘 보이면서도 데이터가 전면에 잘 드러나도록 하기 위해 의도적으로 설정된 것입니다. 격자선이 흰색이면 보이기는 하지만, 시각적 효과가 거의 없어서 그래프를 볼 때 무시하게 됩니다. 격자는 값의 위치를 판단할 때 중요한 요소입니다. 회색은 문서의 글자 색과 비슷하기 때문에 그래프 배경색을 회색으로 하면 밝은 흰색일 때 보다 문서와 자연스럽게 어울리고 과하게 도드라지지 않습니다. 마지막으로 회색 배경을 사용하면 그래프를 한 덩어리처럼 보이게 만들어서 통합된 느낌을 주고 그래프를 하나의 시각적 대상으로 인식하게 됩니다.

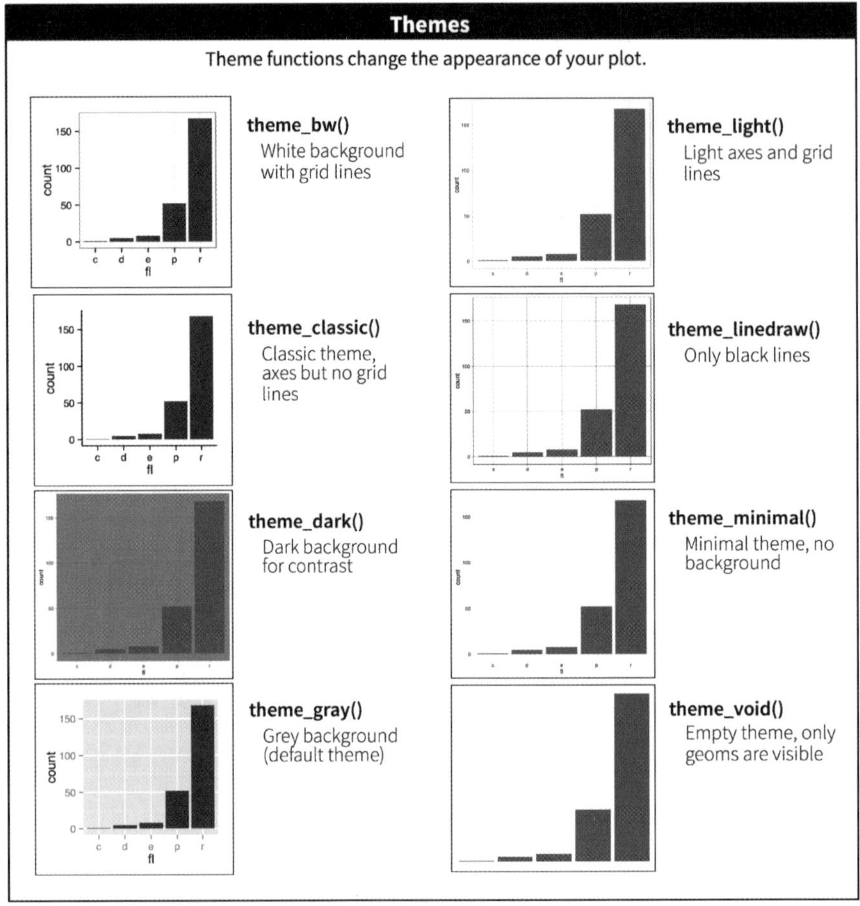

그림 11-2 ggplot2에 내장된 8가지 테마

각 테마의 개별 구성 요소를 조절할 수도 있습니다. 예를 들어 y축의 글꼴 크기나 색상을 조절할 수 있습니다. 이미 앞에서 legend.position으로 범례 위치를 조정하는 방법을 다뤘습니다. theme()을 사용하면 이외에도 범례의 다른 여러 가지 속성도 조절할 수 있습니다. 예를 들어 다음 그래프에서는 범례의 방향을 바꾸고 검은색 테두리를 추가했습니다. 범례 상자와 그래프 제목의 테마를 바꿀 때 element_*()로 시작하는 함수를 사용한 것에 주목하세요. 이 함수는 데이터 이외의 구성 요소 스타일을 정할 때 사용합니다. 예를 들어 제목 텍스트를 굵게 만들고 싶다면 element_text()의 face 인자, 범례 테두리 색상을 바꾸려면 element_rect()의 color 인자를 사용하면 됩니다. 마찬가지로 제목 위치의 경우 plot.title.position, 캡션 위치의 경우 plot.caption.position로 조정할 수 있습니다. 다음 코드를 보면 이런 테마 요소들이 "plot"으로 시작하는 인자에 설정되어 있다는 사실을 알 수 있습니다. 이를 통해 테마 요소가 데이터를 출력하는 기본 패널이 아니라 그래프 전체 영역에 영향을 미친다는 사실을 알 수 있습니다. 이외에 제목과 캡션 문자의 위치와 포맷을 변경하기 위해 몇 가지 다른 theme() 요소도 코드에 사용했습니다.

```
ggplot(mpg, aes(x = displ, y = hwy, color = drv)) +
  geom_point() +
  labs(
    title = "Larger engine sizes tend to have lower fuel economy",
    caption = "Source: https://fueleconomy.gov."
  ) +
  theme(
    legend.position = c(0.6, 0.7),
    legend.direction = "horizontal",
    legend.box.background = element_rect(color = "black"),
    plot.title = element_text(face = "bold"),
    plot.title.position = "plot",
    plot.caption.position = "plot",
    plot.caption = element_text(hjust = 0)
  )
#> Warning: A numeric `legend.position` argument in `theme()` was deprecated in
            ggplot2
#> 3.5.0.
#> i Please use the `legend.position.inside` argument of `theme()` instead.
```

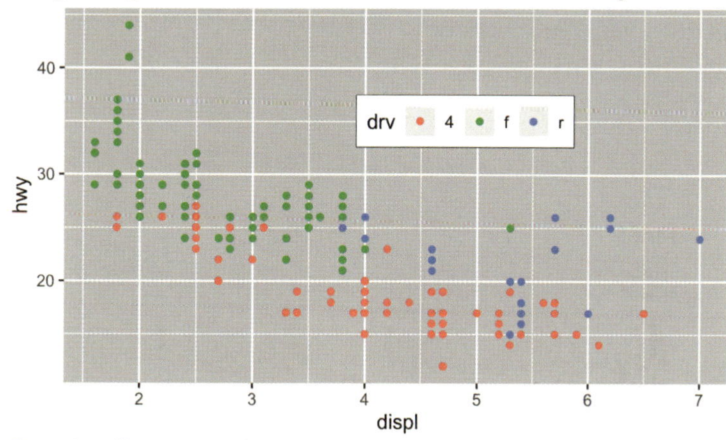

theme()에 어떤 요소가 있는지 전반적으로 살펴보려면 ?theme을 실행해 보세요. 또한 《ggplot2: Elegant graphics for data analysis》(*https://ggplot2-book.org*)를 보면 테마를 이용하는 더 자세한 방법을 알 수 있습니다.

연습문제

1. ggthemes 패키지의 테마 중 하나를 선택해서 마지막으로 만든 그래프에 적용해 보세요.
2. 그래프의 축 이름을 파란색의 굵은 글씨로 바꿔 보세요.

레이아웃

지금까지 그래프를 한 개 만들어서 수정하는 방법을 다뤘습니다. 그런데 그래프 여러 개를 원하는 형태로 배열하고 싶다면 어떻게 해야 할까요? patchwork 패키지를 활용하면 다양한 그래프를 결합해서 하나로 만들 수 있습니다. 이 패키지는 이번 장의 시작 부분에서 이미 불러왔습니다.

두 그래프를 나란히 배치하려면 그냥 서로 더하면 됩니다. 우선 다음 코드의 p1과 p2처럼 그래프를 만들어 객체로 저장해야 합니다. 그런 다음 +를 사용해 나란히 배치하면 됩니다.

```
p1 <- ggplot(mpg, aes(x = displ, y = hwy)) +
  geom_point() +
  labs(title = "Plot 1")
p2 <- ggplot(mpg, aes(x = drv, y = hwy)) +
  geom_boxplot() +
  labs(title = "Plot 2")
p1 + p2
```

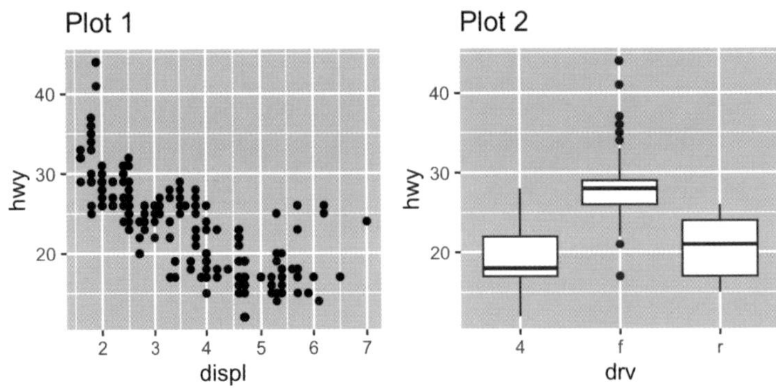

이 코드에서 patchwork 패키지의 함수를 따로 사용하지 않았음을 주목하세요. patchwork 패키지는 + 연산자에 새로운 기능을 추가해 줍니다.

patchwork를 사용하면 복잡한 그래프 레이아웃도 만들 수 있습니다. 다음 예시에서 |는 p1과 p3을 나란히 배치하고, /는 p2를 다음 줄로 옮기는 기능을 합니다.

```
p3 <- ggplot(mpg, aes(x = cty, y = hwy)) +
  geom_point() +
  labs(title = "Plot 3")
(p1 | p3) / p2
```

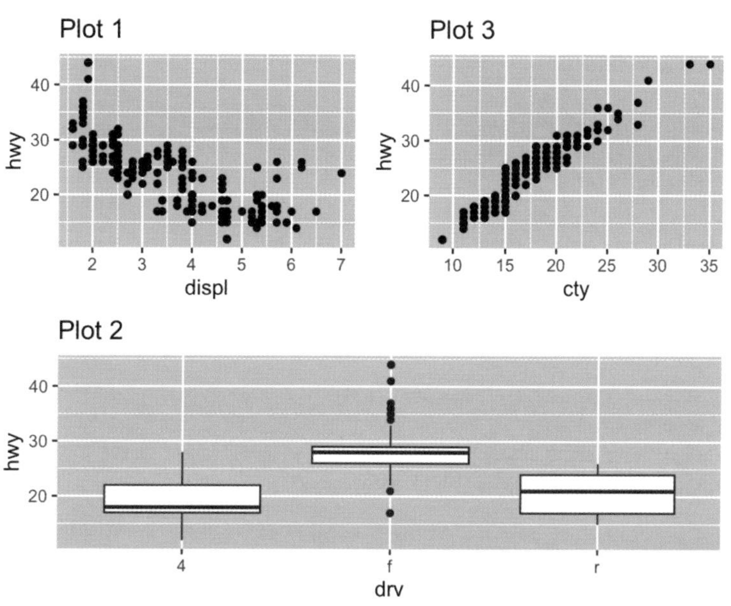

또한 patchwork를 사용하면 여러 그래프의 범례를 하나로 합치고, 범례 위치와 그래프 크기를 정하고, 그래프에 공통 제목, 부제목, 캡션 등을 추가할 수 있습니다. 다음 예시를 보면 그래프 다섯 개를 만들어 하나로 합칩니다. 상자 그림과 산점도는 범례를 제거했으며, 밀도 함수 그래프의 범례는 그래프 상단에 배치하도록 & theme(legend.position = "top")을 사용했습니다. 여기서 + 대신 &를 사용한 것에 주목하세요. 개별 ggplot이 아니라 patchwork 그래프의 테마를 수정하기 때문에 &를 사용한 것입니다. 범례 위치는 guide_area()로 정해지는데, 여기서는 상단에 배치됩니다. 마지막으로, heights를 이용해 patchwork의 구성 요소들의 높이를 설정했습니다. 가이드는 1, 상자 그림은 3, 밀도 함수 그래프는 2, 분할된 산점도는 4로 높이를 설정했습니다. Patchwork는 이 값에 따라 전체 영역을 분할한 다음 그래프 요소를 배치합니다.

```
p1 <- ggplot(mpg, aes(x = drv, y = cty, color = drv)) +
  geom_boxplot(show.legend = FALSE) +
  labs(title = "Plot 1")

p2 <- ggplot(mpg, aes(x = drv, y = hwy, color = drv)) +
  geom_boxplot(show.legend = FALSE) +
  labs(title = "Plot 2")

p3 <- ggplot(mpg, aes(x = cty, color = drv, fill = drv)) +
  geom_density(alpha = 0.5) +
  labs(title = "Plot 3")

p4 <- ggplot(mpg, aes(x = hwy, color = drv, fill = drv)) +
  geom_density(alpha = 0.5) +
  labs(title = "Plot 4")

p5 <- ggplot(mpg, aes(x = cty, y = hwy, color = drv)) +
  geom_point(show.legend = FALSE) +
  facet_wrap(~drv) +
  labs(title = "Plot 5")

(guide_area() / (p1 + p2) / (p3 + p4) / p5) +
  plot_annotation(
    title = "City and highway mileage for cars with different drive trains",
    caption = "Source: https://fueleconomy.gov."
  ) +
  plot_layout(
    guides = "collect",
    heights = c(1, 3, 2, 4)
    ) &
  theme(legend.position = "top")
```

patchwork를 이용해서 여러 그래프를 결합하고 배치하는 방법을 더 자세히 알고 싶다면 patchwork 패키지 웹사이트(*https://patchwork.data-imaginist.com*)를 참조하세요.

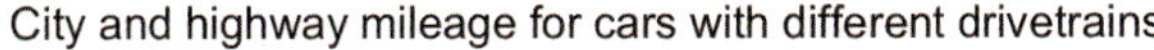

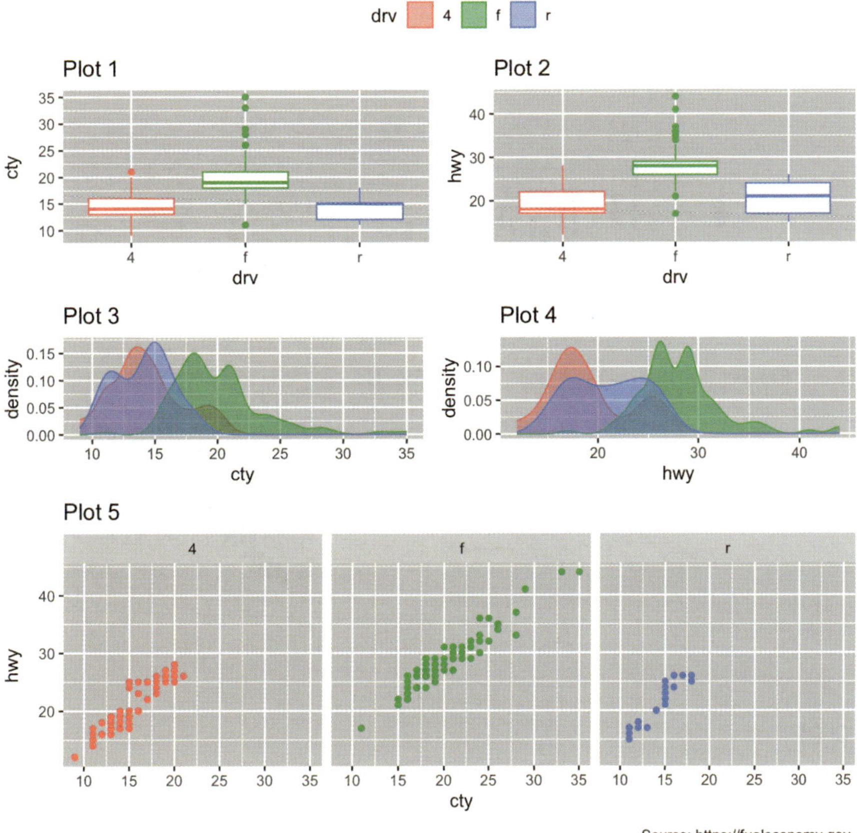

연습문제

1. 다음 그래프 레이아웃에서 괄호를 생략하면 어떻게 되나요? 왜 그런 현상이 일어나는지 설명해 보세요.

```
p1 <- ggplot(mpg, aes(x = displ, y = hwy)) +
  geom_point() +
  labs(title = "Plot 1")
p2 <- ggplot(mpg, aes(x = drv, y = hwy)) +
  geom_boxplot() +
  labs(title = "Plot 2")
p3 <- ggplot(mpg, aes(x = cty, y = hwy)) +
  geom_point() +
  labs(title = "Plot 3")

(p1 | p2) / p3
```

2. 앞 문제에서 만든 세 개의 그래프를 patchwork를 이용해 다음과 같이 배치해 보세요.

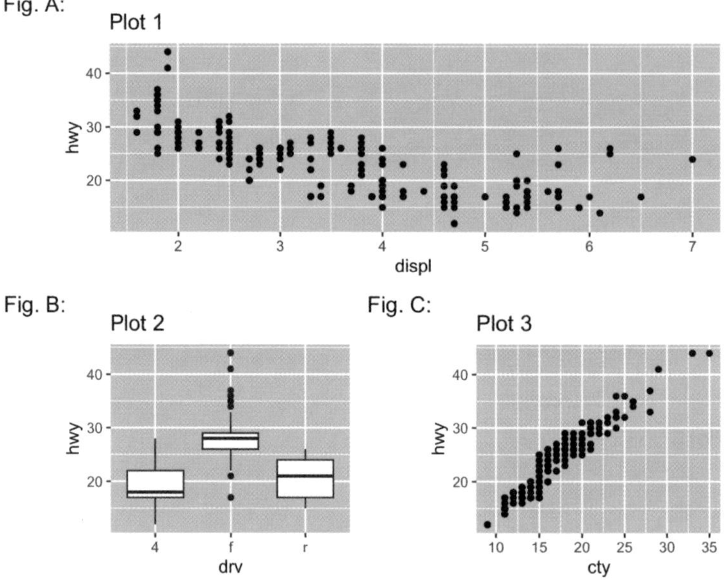

요약

이 장에서는 제목, 부제목, 캡션 등 그래프에 레이블을 추가하는 방법, 축 이름을 수정하는 방법, 그래프의 정보를 나타낸 문장을 주석으로 추가하는 방법, 특정 데이터 포인트를 강조하는 방법, 축 스케일을 수정하는 방법, 그래프 테마를 바꾸는 방법을 다뤘습니다. 또한 여러 그래프를 하나로 합쳐서 구조가 단순한 레이아웃, 복잡한 레이아웃으로 만드는 방법도 살펴봤습니다.

다양한 그래프 유형을 만들고 여러 기술을 이용해 원하는 모양으로 수정하는 방법을 배웠지만, 이는 ggplot2로 할 수 있는 것의 일부에 불과합니다. ggplot2를 보다 깊이 있게 이해하고 싶다면 《ggplot2: Elegant Graphics for Data Analysis》(*https://ggplot2-book.org*)를 읽어 보세요. 또한 윈스턴 창(Winston Chang)의 《R Graphics Cookbook》(인사이트, 2013)(*https://r-graphics.org*), 클라우스 윌케(Claus Wilke)의 《데이터 시각화 교과서(Fundamentals of Data Visualization)》(책만, 2020)(*https://clauswilke.com/dataviz*)도 좋은 자료입니다.

변형하기

2부에서는 데이터 시각화를 깊이 있게 다뤘습니다. 3부에서는 데이터 프레임을 다룰 때 가장 자주 접하게 될 주요 변수 타입을 알아보고 이런 변수들을 활용할 때 사용하는 도구들을 익힙니다.

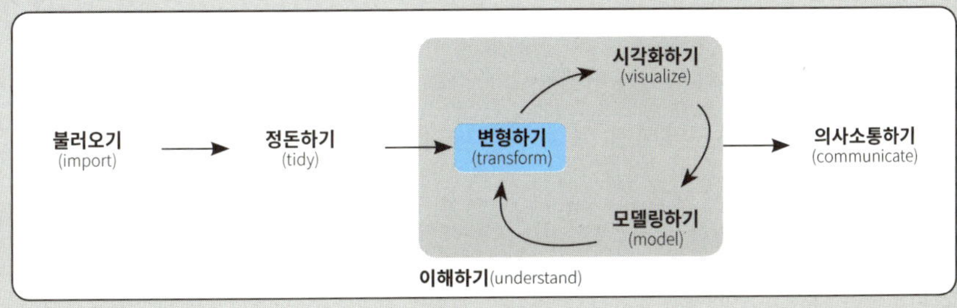

그림 III-1 다루고 있는 데이터 유형에 따라서 3부에서 소개하는 데이터 변환 도구를 선택하게 됩니다.

이 부에 있는 장들은 필요에 따라 선택해서 읽어도 됩니다. 각 장이 대부분 독립적으로 구성되어 있으므로 순서에 상관없이 읽을 수 있습니다.

- 12장에서는 논리형 벡터를 알아봅니다. 논리형 벡터는 가장 단순한 벡터 타입이지만 매우 유용합니다. 논리형 벡터를 숫자 비교를 통해 만드는 방법, 불 대수로 결합하는 방법, 값을 요약할 때 활용하는 방법, 조건 변환에 사용하는 방법을 다룹니다.
- 13장에서는 데이터 과학의 핵심 도구인 수치형 벡터를 알아봅니다. 개수를 세는

법, 여러 가지 중요한 변형 함수와 요약 함수를 다룹니다.

- 14장에서는 문자열을 다루는 도구를 알아봅니다. 문자열에서 일부를 추출하고, 나누고, 다시 결합하는 방법을 다룹니다. 여기서는 주로 stringr 패키지에 초점을 맞추지만, 문자열에서 데이터를 추출할 때 사용하는 tidyr 패키지도 다룹니다.
- 15장에서는 문자열을 다룰 때 매우 유용한 도구인 정규 표현식을 다룹니다. 이 장을 읽고 나면 고양이가 키보드 위를 지나가면서 만들어진 이상한 문자열처럼 복잡해 보이던 정규 표현식 패턴을 이해하고 활용할 수 있게 될 겁니다.
- 16장에서는 R이 범주형 데이터를 저장할 때 사용하는 데이터 타입인 팩터를 다룹니다. 변수의 값이 범주 몇 개로 한정되어 있을 때, 문자열을 알파벳순이 아닌 다른 순서로 정렬하고 싶을 때 팩터를 사용합니다.
- 17장에서는 날짜와 날짜-시간 데이터를 다루는 주요 도구를 알아봅니다. 날짜-시간 데이터는 알면 알수록 더 복잡해 보이기도 하는데, lubridate 패키지를 활용하면 일반적인 문제들은 대부분 해결할 수 있습니다.
- 18장에서는 결측치를 더 깊이 다룹니다. 앞서 몇 차례 간단히 살펴보기는 했지만, 이제 암시적 결측치와 명시적 결측치의 차이를 이해하고 이들을 서로 변환하는 방법과 그렇게 하는 이유를 알아야 합니다.
- 19장에서는 3부를 마무리하면서 두 개 이상의 데이터 프레임을 결합하는 도구를 다룹니다. 조인을 익히기 위해 키라는 개념과 씨름하면서 데이터셋의 각 행을 어떻게 식별할 수 있는지 고민하게 될 겁니다.

12장

R for Data Science Second Edition

논리형 벡터

들어가며

이 장에서는 논리형 벡터를 다루는 방법을 익힙니다. 논리형 벡터는 벡터 요소가 TRUE, FALSE, NA 중 하나로만 구성되므로 벡터 타입 중 가장 단순한 형태입니다. 원자료에 논리형 벡터가 들어 있는 경우는 별로 없지만, 데이터를 분석할 때 거의 항상 논리형 벡터를 만들어 활용하게 됩니다.

우선 논리형 벡터를 만들어서 숫자 비교를 하는 방법을 알아봅니다. 이 작업은 논리형 벡터를 사용하는 가장 흔한 예입니다. 그런 다음 불 대수를 이용해 여러 가지 논리형 벡터를 조합하는 방법, 값을 요약하는 유용한 몇 가지 방법을 다룹니다. 마지막으로 논리형 벡터를 활용해 조건에 따라 값을 바꿀 때 사용하는 유용한 두 함수 if_else()와 case_when()을 살펴봅니다.

준비하기

이 장에서 다룰 대부분의 함수는 base R 함수이므로 tidyverse가 필요하지 않습니다. 하지만 데이터 프레임을 다루기 위해 mutate(), filter() 등을 사용할 것이므로 tidyverse를 계속해서 로드하겠습니다. 또한 이번에도 nycflights13::flights 데이터셋을 예시 데이터로 사용하겠습니다.

```
library(tidyverse)
library(nycflights13)
```

사용할 도구가 많아질수록 예시로 들기에 알맞은 실제 데이터가 없을 수 있습니다. 그럴 때는 c()를 사용해 가상의 데이터를 만들어 사용하겠습니다.

```
x <- c(1, 2, 3, 5, 7, 11, 13)
x * 2
#> [1]  2  4  6 10 14 22 26
```

이렇게 하면 개별 함수를 설명하기는 쉬워지지만, 실제 데이터 문제에 어떻게 적용할 수 있을지 알기는 어려워집니다. 개별 벡터에 적용할 수 있는 작업은 mutate() 등의 함수를 사용해 데이터 프레임에 들어 있는 변수에도 똑같이 적용할 수 있다는 점만 기억해 주세요.

```
df <- tibble(x)
df |>
  mutate(y = x * 2)
#> # A tibble: 7 × 2
#>       x     y
#>   <dbl> <dbl>
#> 1     1     2
#> 2     2     4
#> 3     3     6
#> 4     5    10
#> 5     7    14
#> 6    11    22
#> # i 1 more row
```

비교하기

논리형 벡터는 <, <=, >, >=, !=, ==를 이용해 숫자를 비교할 때 가장 많이 사용됩니다. 지금까지는 대부분 filter()를 사용할 때 임시로 논리형 변수를 만든 다음 계산 작업이 끝나고 나면 없어지도록 했습니다. 예를 들어 다음 코드는 정시에 가깝게 도착한 낮 출발 항공편을 찾습니다.

```
flights |>
  filter(dep_time > 600 & dep_time < 2000 & abs(arr_delay) < 20)
#> # A tibble: 172,286 × 19
#>    year month   day dep_time sched_dep_time dep_delay arr_time sched_arr_time
#>   <int> <int> <int>    <int>          <int>     <dbl>    <int>          <int>
#> 1  2013     1     1      601            600         1      844            850
#> 2  2013     1     1      602            610        -8      812            820
```

```
#> 3  2013     1     1      602            605        -3      821            805
#> 4  2013     1     1      606            610        -4      858            910
#> 5  2013     1     1      606            610        -4      837            845
#> 6  2013     1     1      607            607         0      858            915
#> # ℹ 172,280 more rows
#> # ℹ 11 more variables: arr_delay <dbl>, carrier <chr>, flight <int>, …
```

이런 방법도 유용하지만, 축약 방식이라는 점을 알아 두어야 합니다. mutate()를 사용하면 명시적으로 논리형 변수를 만들 수 있습니다.

```
flights |>
  mutate(
    daytime = dep_time > 600 & dep_time < 2000,
    approx_ontime = abs(arr_delay) < 20,
    .keep = "used"
  )
#> # A tibble: 336,776 × 4
#>   dep_time arr_delay daytime approx_ontime
#>      <int>     <dbl> <lgl>   <lgl>
#> 1      517        11 FALSE   TRUE
#> 2      533        20 FALSE   FALSE
#> 3      542        33 FALSE   FALSE
#> 4      544       -18 FALSE   TRUE
#> 5      554       -25 FALSE   FALSE
#> 6      554        12 FALSE   TRUE
#> # ℹ 336,770 more rows
```

특히 복잡한 논리를 사용할 때 명시적으로 논리형 변수를 만들면 좋습니다. 중간 단계에 이름을 붙이면 코드를 읽기 쉽고 각 단계가 올바르게 계산되었는지 확인하기도 쉽습니다.

처음에 사용한 코드는 다음과 같이 작성한 코드와 결과물이 같습니다.

```
flights |>
  mutate(
    daytime = dep_time > 600 & dep_time < 2000,
    approx_ontime = abs(arr_delay) < 20,
  ) |>
  filter(daytime & approx_ontime)
```

부동 소수점 비교하기

숫자와 함께 ==를 사용할 때는 주의해야 합니다. 예를 들어 다음 코드로 만든 벡터에는 숫자 1과 2가 들어 있는 것처럼 보입니다.

```
x <- c(1 / 49 * 49, sqrt(2) ^ 2)
x
#> [1] 1 2
```

그러나 동등성 여부를 테스트하면 FALSE가 반환됩니다.

```
x == c(1, 2)
#> [1] FALSE FALSE
```

왜 이런 현상이 일어나는 걸까요? 컴퓨터는 소수점 이하 자릿수를 고정된 숫자로 저장하기 때문에 1/49나 sqrt(2)와 같은 숫자를 정확히 표현할 수 없습니다. 그래서 후속해서 하는 계산에 아주 미세한 오차가 생기게 됩니다. 정확한 값을 확인하려면 print()를 호출하면서 digits 인자를 사용하면 됩니다.[1]

```
print(x, digits = 16)
#> [1] 0.9999999999999999 2.0000000000000004
```

출력 결과를 보면 R이 이 숫자들을 자동으로 반올림하는 이유를 알 수 있습니다. 결괏값이 예상한 값에 매우 근접하기 때문입니다.

지금까지 ==로 동등성 여부를 테스트하면 FALSE가 반환되는 이유를 살펴봤습니다. 그렇다면 이제 이 문제를 어떻게 해결하면 될까요? 한 가지 해결 방법은 작은 차이를 무시하는 dplyr::near()를 사용하는 것입니다.

```
near(x, c(1, 2))
#> [1] TRUE TRUE
```

결측치

결측치는 알 수 없는 값을 뜻하는데, 다른 값에 "전염되는" 특징이 있습니다. 알 수 없는 값을 이용해 연산하면 어떤 연산을 하든 그 결과도 대부분 알 수 없습니다.

```
NA > 5
#> [1] NA
10 == NA
#> [1] NA
```

1 R은 보통 따로 입력하지 않아도 자동으로 print()를 호출합니다. 즉, x는 print(x)의 단축형입니다. 함수의 다른 인자를 사용하려면 함수를 명시적으로 호출하면 됩니다.

가장 혼란스러운 것은 다음과 같은 경우입니다.

```
NA == NA
#> [1] NA
```

이게 왜 맞는 결과인지 이해하기 위해 구체적인 맥락을 조금 더 추가해 보겠습니다.

```
# 우리는 Mary의 나이를 모릅니다.
age_mary <- NA

# 우리는 John의 나이를 모릅니다.
age_john <- NA

# Mary와 John의 나이가 같은가요?
age_mary == age_john
#> [1] NA
# 모릅니다!
```

따라서 dep_time이 결측치인 모든 항공편을 찾고 싶을 때 코드를 다음과 같이 작성하면 안 됩니다. 왜냐하면 dep_time == NA는 모든 행에 대해 NA를 반환하고 filter()는 결측치를 자동으로 제외하기 때문입니다.

```
flights |>
  filter(dep_time == NA)
#> # A tibble: 0 × 19
#> # i 19 variables: year <int>, month <int>, day <int>, dep_time <int>,
#> #   sched_dep_time <int>, dep_delay <dbl>, arr_time <int>, …
```

결측치를 찾고 싶다면 is.na()라는 새로운 도구를 사용해야 합니다.

is.na()

is.na(x) 값이 결측치면 TRUE, 결측치가 아니면 FALSE를 반환합니다. is.na(x)는 모든 벡터 타입에 적용할 수 있습니다.

```
is.na(c(TRUE, NA, FALSE))
#> [1] FALSE  TRUE FALSE
is.na(c(1, NA, 3))
#> [1] FALSE  TRUE FALSE
is.na(c("a", NA, "b"))
#> [1] FALSE  TRUE FALSE
```

is.na()를 사용하면 dep_time이 결측치인 모든 행을 찾을 수 있습니다.

```
flights |>
  filter(is.na(dep_time))
#> # A tibble: 8,255 × 19
#>    year month   day dep_time sched_dep_time dep_delay arr_time sched_arr_time
#>   <int> <int> <int>    <int>          <int>     <dbl>    <int>          <int>
#> 1  2013     1     1       NA           1630        NA       NA           1815
#> 2  2013     1     1       NA           1935        NA       NA           2240
#> 3  2013     1     1       NA           1500        NA       NA           1825
#> 4  2013     1     1       NA            600        NA       NA            901
#> 5  2013     1     2       NA           1540        NA       NA           1747
#> 6  2013     1     2       NA           1620        NA       NA           1746
#> # i 8,249 more rows
#> # i 11 more variables: arr_delay <dbl>, carrier <chr>, flight <int>, …
```

is.na()를 arrange()와 함께 사용하면 유용합니다. arrange()는 보통 결측치를 마지막에 배치하는데, is.na()로 먼저 정렬하면 이런 기본 설정을 바꿀 수 있습니다.

```
flights |>
  filter(month == 1, day == 1) |>
  arrange(dep_time)
#> # A tibble: 842 × 19
#>    year month   day dep_time sched_dep_time dep_delay arr_time sched_arr_time
#>   <int> <int> <int>    <int>          <int>     <dbl>    <int>          <int>
#> 1  2013     1     1      517            515         2      830            819
#> 2  2013     1     1      533            529         4      850            830
#> 3  2013     1     1      542            540         2      923            850
#> 4  2013     1     1      544            545        -1     1004           1022
#> 5  2013     1     1      554            600        -6      812            837
#> 6  2013     1     1      554            558        -4      740            728
#> # i 836 more rows
#> # i 11 more variables: arr_delay <dbl>, carrier <chr>, flight <int>, …

flights |>
  filter(month == 1, day == 1) |>
  arrange(desc(is.na(dep_time)), dep_time)
#> # A tibble: 842 × 19
#>    year month   day dep_time sched_dep_time dep_delay arr_time sched_arr_time
#>   <int> <int> <int>    <int>          <int>     <dbl>    <int>          <int>
#> 1  2013     1     1       NA           1630        NA       NA           1815
#> 2  2013     1     1       NA           1935        NA       NA           2240
#> 3  2013     1     1       NA           1500        NA       NA           1825
#> 4  2013     1     1       NA            600        NA       NA            901
#> 5  2013     1     1      517            515         2      830            819
#> 6  2013     1     1      533            529         4      850            830
```

```
#> # i 836 more rows
#> # i 11 more variables: arr_delay <dbl>, carrier <chr>, flight <int>, …
```

결측치는 18장에서 더 자세히 다루겠습니다.

연습문제

1. dplyr::near()는 어떤 원리로 작동하나요? near를 실행해서 소스 코드를 살펴보세요. sqrt(2)^2는 2에 가까운가요?
2. mutate(), is.na(), count()를 함께 사용해 dep_time, sched_dep_time, dep_delay의 결측치가 서로 어떻게 관련되는지 설명해 보세요.

불 대수

논리형 벡터 여러 개를 결합하려면 불 대수(boolean algebra)를 사용하면 됩니다. R에서 &는 "그리고(and)", |는 "또는(or)", !는 "아니다(not)", xor()는 배타적 논리합[2]을 나타냅니다. 예를 들어 df |> filter(!is.na(x))는 x가 결측치가 아닌 모든 행을 찾고 df |> filter(x < -10 | x > 0)은 x가 -10보다 작거나 0보다 큰 모든 행을 찾습니다. 그림 12-1은 불 대수 조합 연산의 작동 원리를 보여 줍니다.

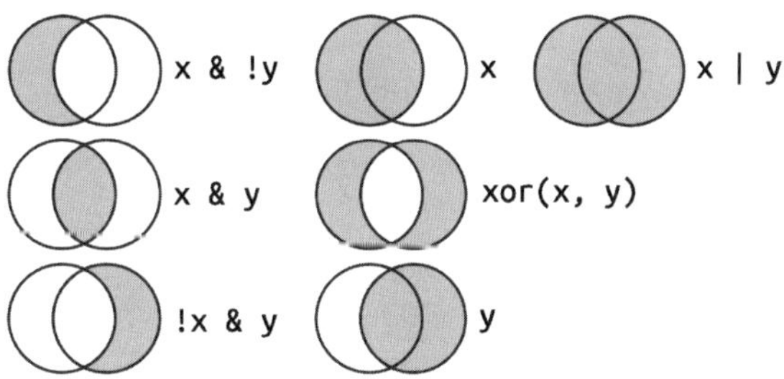

그림 12-1 불 대수 연산의 모든 조합. x는 왼쪽 동그라미, y는 오른쪽 동그라미, 색칠된 영역은 각 연산자가 선택한 부분을 나타냅니다.

R에는 &와 | 외에 &&와 ||도 있습니다. 하지만 이를 dplyr 함수에 사용하지 마세요! 이런 연산자를 **쇼트 서킷 연산자**(short circuiting operator)라고 하는데, TRUE나 FALSE

2 즉, xor(x, y)는 x만 참이거나 y만 참일 때만 참이 됩니다. x, y 둘 다 참이면 거짓이 됩니다. 영어에서는 "or"가 보통 이런 의미로 사용됩니다. "아이스크림과 케이크 중 무엇을 드시겠습니까?"라고 질문했을 때 "둘 다"라고 대답하는 것은 보통 적절한 답변으로 여겨지지 않습니다.

를 하나만 반환합니다. 프로그래밍할 때는 이런 연산자가 중요하지만, 데이터 과학에서는 잘 사용하지 않습니다.

결측치

불 대수로 결측치를 다루는 규칙은 언뜻 보면 일관성이 없어서 설명하기가 조금 까다롭습니다.

```
df <- tibble(x = c(TRUE, FALSE, NA))

df |>
  mutate(
    and = x & NA,
    or = x | NA
  )
#> # A tibble: 3 × 3
#>   x     and   or
#>   <lgl> <lgl> <lgl>
#> 1 TRUE  NA    TRUE
#> 2 FALSE FALSE NA
#> 3 NA    NA    NA
```

이를 이해하려면 NA | TRUE(NA 또는 TRUE)를 생각해 봐야 합니다. 논리형 벡터에서 결측치는 값이 TRUE일 수도 있고 FALSE일 수도 있다는 사실을 의미합니다. TRUE | TRUE와 FALSE | TRUE는 하나 이상 TRUE이기 때문에 둘 다 TRUE가 됩니다. NA | TRUE는 NA가 TRUE일 수도 있고 FALSE일 수도 있지만, 어느 경우든 TRUE가 됩니다. 하지만 NA | FALSE는 NA가 TRUE인지 FALSE인지 모르기 때문에 NA가 됩니다. NA & FALSE에도 비슷한 논리가 적용됩니다.

연산 순서

연산 순서가 영어 문장과는 다르다는 점을 주의해야 합니다. 다음 코드는 11월이나 12월에 출발한 모든 항공편을 찾는 기능을 합니다.

```
flights |>
   filter(month == 11 | month == 12)
```

"11월이나 12월에 출발한 모든 항공편을 찾아라"라는 영어 문장을 쓰는 것처럼 다음과 같이 코드를 작성하고 싶을 수 있습니다.

```
flights |>
  filter(month == 11 | 12)
#> # A tibble: 336,776 × 19
#>    year month   day dep_time sched_dep_time dep_delay arr_time sched_arr_time
#>   <int> <int> <int>    <int>          <int>     <dbl>    <int>          <int>
#> 1  2013     1     1      517            515         2      830            819
#> 2  2013     1     1      533            529         4      850            830
#> 3  2013     1     1      542            540         2      923            850
#> 4  2013     1     1      544            545        -1     1004           1022
#> 5  2013     1     1      554            600        -6      812            837
#> 6  2013     1     1      554            558        -4      740            728
#> # i 336,770 more rows
#> # i 11 more variables: arr_delay <dbl>, carrier <chr>, flight <int>, …
```

이 코드는 오류가 나지는 않지만, 예상대로 작동하지 않습니다. 무슨 일이 일어난 걸까요? R은 먼저 month == 11을 평가해서 논리형 벡터를 만듭니다. 이렇게 만든 값을 nov라고 하겠습니다. 그런 다음 R은 nov | 12를 평가합니다. 논리 연산자와 숫자를 함께 사용하면 0을 제외한 모든 값을 TRUE로 바꿉니다. 따라서 nov | 12는 nov | TRUE가 되고, 결과가 항상 TRUE이므로 모든 행이 선택된 것입니다.

```
flights |>
  mutate(
    nov = month == 11,
    final = nov | 12,
    .keep = "used"
  )
#> # A tibble: 336,776 × 3
#>   month nov   final
#>   <int> <lgl> <lgl>
#> 1     1 FALSE TRUE
#> 2     1 FALSE TRUE
#> 3     1 FALSE TRUE
#> 4     1 FALSE TRUE
#> 5     1 FALSE TRUE
#> 6     1 FALSE TRUE
#> # i 336,770 more rows
```

%in%

==나 |를 순서에 맞게 입력하기 어려울 때 %in%를 사용하면 편리합니다. x %in% y는 x의 값이 y의 어느 위치든 포함되어 있기만 하면 x와 길이가 같은 논리형 벡터 TRUE를 반환합니다.

```
1:12 %in% c(1, 5, 11)
#>  [1]  TRUE FALSE FALSE FALSE  TRUE FALSE FALSE FALSE FALSE FALSE  TRUE FALSE
letters[1:10] %in% c("a", "e", "i", "o", "u")
#>  [1]  TRUE FALSE FALSE FALSE  TRUE FALSE FALSE FALSE  TRUE FALSE
```

그래서 11월과 12월의 모든 항공편을 찾고 싶다면 다음과 같이 작성할 수 있습니다.

```
flights |>
  filter(month %in% c(11, 12))
```

%in%는 ==와 규칙이 다르는 것을 기억하세요. NA %in% NA는 TRUE입니다.

```
c(1, 2, NA) == NA
#> [1] NA NA NA
c(1, 2, NA) %in% NA
#> [1] FALSE FALSE  TRUE
```

이런 특징 덕에 다음과 같이 편리하게 사용할 수 있습니다.

```
flights |>
  filter(dep_time %in% c(NA, 0800))
#> # A tibble: 8,803 × 19
#>    year month   day dep_time sched_dep_time dep_delay arr_time sched_arr_time
#>   <int> <int> <int>    <int>          <int>     <dbl>    <int>          <int>
#> 1  2013     1     1      800            800         0     1022           1014
#> 2  2013     1     1      800            810       -10      949            955
#> 3  2013     1     1       NA           1630        NA       NA           1815
#> 4  2013     1     1       NA           1935        NA       NA           2240
#> 5  2013     1     1       NA           1500        NA       NA           1825
#> 6  2013     1     1       NA            600        NA       NA            901
#> # i 8,797 more rows
#> # i 11 more variables: arr_delay <dbl>, carrier <chr>, flight <int>, …
```

연습문제

1. arr_delay는 결측치이지만, dep_delay는 값이 있는 모든 항공편을 찾아보세요. arr_time과 sched_arr_time은 값이 있지만, arr_delay가 결측치인 항공편도 찾아보세요.
2. dep_time이 결측치인 항공편은 몇 개인가요? 이 경우 어떤 다른 변수들이 결측치일까요? 이런 항공편들은 무엇을 의미할까요?

3. dep_time이 결측치이면 항공편이 취소되었다고 가정하고, 일일 취소 항공편 수를 알아보세요. 어떤 패턴이 있나요? 취소 항공편 비율과 취소되지 않은 항공편의 평균 지연시간 사이에 관련성이 있나요?

요약하기

이 절에서는 논리형 벡터를 요약하는 유용한 방법들을 소개하겠습니다. 어떤 함수는 논리형 벡터에만 사용할 수 있지만, 어떤 함수는 수치형 벡터에도 사용할 수 있습니다.

논리 요약

주요한 논리 요약 함수로 any()와 all() 두 종류가 있습니다. any(x)는 |와 같은 역할을 해서 x 안에 TRUE가 하나라도 있으면 TRUE를 반환합니다. all(x)는 &와 같은 역할을 해서 x의 모든 값이 TRUE일 때만 TRUE를 반환합니다. 요약 함수들은 결측치가 있으면 NA를 반환하는데, 다른 함수와 마찬가지로 na.rm = TRUE를 사용해 결측치를 제외할 수 있습니다.

예를 들어 모든 항공편이 최대 1시간 지연 출발한 적이 있는지 알아보거나 5시간 이상 지연해서 도착한 항공편이 하나라도 있는지 알아볼 때 all()과 any()를 사용하면 됩니다. 여기에 group_by()를 함께 사용하면 이를 날짜별로 살펴볼 수 있습니다.

```
flights |>
  group_by(year, month, day) |>
  summarize(
    all_delayed = all(dep_delay <= 60, na.rm = TRUE),
    any_long_delay = any(arr_delay >= 300, na.rm = TRUE),
    .groups = "drop"
  )
#> # A tibble: 365 × 5
#>    year month   day all_delayed any_long_delay
#>   <int> <int> <int> <lgl>       <lgl>
#> 1  2013     1     1 FALSE       TRUE
#> 2  2013     1     2 FALSE       TRUE
#> 3  2013     1     3 FALSE       FALSE
#> 4  2013     1     4 FALSE       FALSE
#> 5  2013     1     5 FALSE       TRUE
#> 6  2013     1     6 FALSE       FALSE
#> # i 359 more rows
```

any()와 all()만 사용하면 결과물을 이해하기 어렵기 때문에 대부분의 경우 이와 같은 처리를 한 다음 TRUE와 FALSE가 얼마나 많은지 알아보게 됩니다. 그러려면 수치 요약을 해야 합니다.

논리형 벡터로 수치 요약하기

논리형 벡터를 숫자로 활용하면 TRUE는 1, FALSE는 0이 됩니다. 이런 특성 덕분에 sum()과 mean() 함수를 논리형 벡터와 함께 사용하기에 아주 적합합니다 sum(x)는 TRUE의 개수를 반환하고, mean(x)는 TRUE의 비율을 반환합니다. mean()은 sum()을 length()로 나눈 값이므로 비율이 되는 것입니다.

이런 특성을 활용하면 최대 1시간 지연된 출발 항공편의 비율이나 5시간 이상 지연된 도착 항공편의 수를 쉽게 구할 수 있습니다.

```
flights |>
  group_by(year, month, day) |>
  summarize(
    all_delayed = mean(dep_delay <= 60, na.rm = TRUE),
    any_long_delay = sum(arr_delay >= 300, na.rm = TRUE),
    .groups = "drop"
  )
#> # A tibble: 365 × 5
#>    year month   day all_delayed any_long_delay
#>   <int> <int> <int>       <dbl>          <int>
#> 1  2013     1     1       0.939              3
#> 2  2013     1     2       0.914              3
#> 3  2013     1     3       0.941              0
#> 4  2013     1     4       0.953              0
#> 5  2013     1     5       0.964              1
#> 6  2013     1     6       0.959              0
#> # i 359 more rows
```

논리형 벡터로 데이터 추출하기

논리형 벡터를 사용하는 마지막 방법은 변수를 필터링해서 관심 있는 데이터를 추출하는 것입니다. 이 작업은 서브셋(subset)이라고 읽는 R 기본 연산자 [를 이용하는데, 이에 대해서는 564쪽에서 자세히 알아보겠습니다.

지연된 항공편만을 대상으로 평균 지연 시간을 알아보고 싶은 상황을 가정해 보겠습니다. 한 가지 방법은 항공편을 필터링한 다음 평균 지연 시간을 계산하는 것입니다.

```
flights |>
  filter(arr_delay > 0) |>
  group_by(year, month, day) |>
  summarize(
    behind = mean(arr_delay),
    n = n(),
    .groups = "drop"
  )
#> # A tibble: 365 × 5
#>    year month   day behind     n
#>   <int> <int> <int>  <dbl> <int>
#> 1  2013     1     1   32.5   461
#> 2  2013     1     2   32.0   535
#> 3  2013     1     3   27.7   460
#> 4  2013     1     4   28.3   297
#> 5  2013     1     5   22.6   238
#> 6  2013     1     6   24.4   381
#> # i 359 more rows
```

이렇게 해도 되겠지만, 만약 일찍 도착한 항공편의 평균 지연 시간도 계산하고 싶다면 어떻게 해야 할까요? 그러려면 각각 필터링을 한 다음 두 데이터 프레임을 하나로 합칠 방법을 고민해야 합니다.[3] 하지만 이럴 때 [를 이용하면 바로 필터링을 할 수 있습니다. `arr_delay[arr_delay > 0]`은 도착 지연 시간이 양수인 데이터만 추출합니다. 이를 이용해 코드를 다음과 같이 작성하면 됩니다.

```
flights |>
  group_by(year, month, day) |>
  summarize(
    behind = mean(arr_delay[arr_delay > 0], na.rm = TRUE),
    ahead = mean(arr_delay[arr_delay < 0], na.rm = TRUE),
    n = n(),
    .groups = "drop"
  )
#> # A tibble: 365 × 6
#>    year month   day behind ahead     n
#>   <int> <int> <int>  <dbl> <dbl> <int>
#> 1  2013     1     1   32.5 -12.5   842
#> 2  2013     1     2   32.0 -14.3   943
#> 3  2013     1     3   27.7 -18.2   914
#> 4  2013     1     4   28.3 -17.0   915
#> 5  2013     1     5   22.6 -14.0   720
#> 6  2013     1     6   24.4 -13.6   832
#> # i 359 more rows
```

3 이에 대해서는 19장에서 다룹니다.

두 방식의 빈도 차이도 살펴보세요. 첫 번째 코드에서 n()은 하루 동안 지연된 항공편 수를 구하지만, 두 번째 코드에서는 총 항공편 수를 구합니다.

연습문제

1. sum(is.na(x))의 결과는 무엇을 의미하나요? mean(is.na(x))의 결과는 무엇을 의미하나요?
2. 논리형 벡터에 prod() 함수를 적용하면 어떤 결과가 나오나요? 이 결과는 어떤 논리 요약 함수를 사용한 것과 같나요? 논리형 벡터에 min() 함수를 적용하면 어떤 결과가 나오나요? 이 결과는 어떤 논리 요약 함수를 사용한 것과 같나요? 함수 설명 문서를 읽어 보고 몇 가지 실험을 해 보세요.

조건부 변형

논리형 벡터는 조건부 변형에 활용할 수 있어서 매우 유용합니다. 예를 들어 x 조건에서는 어떤 작업을 하고 y 조건에서는 다른 작업을 하도록 지정할 수 있습니다. 조건부 변형을 하려면 두 가지 주요 도구 if_else()와 case_when()을 사용해야 합니다.

if_else()

어떤 조건이 TRUE일 때 특정 값을 부여하고, FALSE일 때는 다른 값을 부여하고 싶다면 dplyr::if_else()[4]를 사용하면 됩니다. if_else()를 사용할 때 처음 세 가지 인자를 항상 입력해야 합니다. 첫 번째 인자 condition에는 논리형 벡터, 두 번째 인자 true에는 조건이 참일 때의 결괏값, 세 번째 인자 false에는 거짓일 때의 결괏값을 입력하면 됩니다.

숫자 벡터에 "+ve"(positive) 또는 "-ve"(negative)라는 명칭을 부여하는 간단한 예를 들어 보겠습니다.

```
x <- c(-3:3, NA)
if_else(x > 0, "+ve", "-ve")
#> [1] "-ve" "-ve" "-ve" "-ve" "+ve" "+ve" "+ve" NA
```

4 dplyr의 if_else()는 base R의 ifelse()와 매우 비슷합니다. if_else()는 ifelse()에 비해서 결측치를 어떻게 처리할지 결정할 수 있고, 변수 타입에 문제가 있을 때 훨씬 자세한 에러 메시지를 출력한다는 두 가지 주요 장점이 있습니다.

네 번째 인자 missing도 사용할 수 있습니다. 이 인자는 입력값이 NA일 때 출력할 값을 정하는 기능을 합니다.

```
if_else(x > 0, "+ve", "-ve", "???")
#> [1] "-ve" "-ve" "-ve" "-ve" "+ve" "+ve" "+ve" "???"
```

true와 false 인자에 벡터를 입력할 수도 있습니다. 이를 이용하면 abs() 함수를 사용한 것과 같은 결과를 간단하게 구현할 수 있습니다.

```
if_else(x < 0, -x, x)
#> [1]  3  2  1  0  1  2  3 NA
```

지금까지는 함수의 인자에 벡터 하나만 활용했지만, 벡터 여러 개를 조합해서 사용할 수도 있습니다. 이를 이용하면 coalesce() 함수를 사용한 것과 같은 결과를 간단히 구현할 수 있습니다.

```
x1 <- c(NA, 1, 2, NA)
y1 <- c(3, NA, 4, 6)
if_else(is.na(x1), y1, x1)
#> [1] 3 1 2 6
```

앞에서 다뤘던 예시에 작은 논리적 오류가 있다는 사실을 발견했을 겁니다. 0은 양수도 아니고 음수도 아닙니다. 이 문제는 if_else()를 하나 더 추가하면 해결할 수 있습니다.

```
if_else(x == 0, "0", if_else(x < 0, "-ve", "+ve"), "???")
#> [1] "-ve" "-ve" "-ve" "0"   "+ve" "+ve" "+ve" "???"
```

벌써 코드가 복잡해지기 시작했는데, 만약 조건이 더 다양하다면 코드를 이해하기가 더 어려워질 것입니다. 그럴 때는 함수를 dplyr::case_when()으로 바꾸면 됩니다.

case_when()

dplyr의 case_when()은 SQL의 CASE 문을 모티브로 만들어졌습니다. case_when()을 사용하면 조건에 따라 서로 다른 계산을 하는 식으로 데이터를 유연하게 처리할 수 있습니다. case_when()에는 다른 tidyverse 함수와 다르게 condition ~ output과 같은 형태로 짝을 이루는 독특한 문법을 사용합니다. condition에는 논리형 벡터를 입력하면 됩니다. condition의 결괏값이 TRUE면 output의 값을 출력합니다.

따라서 이전 if_else()를 중첩해서 작성한 코드를 case_when()을 사용해 다음과 같이 만들 수 있습니다.

```
x <- c(-3:3, NA)
case_when(
  x == 0   ~ "0",
  x < 0    ~ "-ve",
  x > 0    ~ "+ve",
  is.na(x) ~ "???"
)
#> [1] "-ve" "-ve" "-ve" "0"   "+ve" "+ve" "+ve" "???"
```

코드가 더 길지만, 의미를 더 명료하게 알 수 있습니다.

case_when() 함수의 작동 원리를 알아보기 위해 간단한 예시를 몇 가지 살펴보겠습니다. 다음 코드는 어느 조건에도 맞지 않으면 NA를 출력합니다.

```
case_when(
  x < 0 ~ "-ve",
  x > 0 ~ "+ve"
)
#> [1] "-ve" "-ve" "-ve" NA    "+ve" "+ve" "+ve" NA
```

어느 조건에도 맞지 않을 때 반환할 기본값을 정하려면 .default를 사용하면 됩니다.

```
case_when(
  x < 0 ~ "-ve",
  x > 0 ~ "+ve",
  .default = "???"
)
#> [1] "-ve" "-ve" "-ve" "???" "+ve" "+ve" "+ve" "???"
```

여러 조건이 맞으면 첫 번째 조건의 결과만 출력한다는 점을 기억하세요.

```
case_when(
  x > 0 ~ "+ve",
  x > 2 ~ "big"
)
#> [1] NA    NA    NA    NA    "+ve" "+ve" "+ve" NA
```

if_else()와 마찬가지로 ~ 양쪽에 변수를 배치해 사용할 수 있고, 필요하면 여러 변수를 함께 사용할 수도 있습니다. case_when()을 활용해 항공편의 도착 지연 여부를 파악하기 쉽도록 레이블을 만드는 경우를 예로 들어 보겠습니다.

```
flights |>
  mutate(
    status = case_when(
      is.na(arr_delay)      ~ "cancelled",
      arr_delay < -30       ~ "very early",
      arr_delay < -15       ~ "early",
      abs(arr_delay) <= 15  ~ "on time",
      arr_delay < 60        ~ "late",
      arr_delay < Inf       ~ "very late",
    ),
    .keep = "used"
  )
#> # A tibble: 336,776 × 2
#>   arr_delay status
#>       <dbl> <chr>
#> 1        11 on time
#> 2        20 late
#> 3        33 late
#> 4       -18 early
#> 5       -25 early
#> 6        12 on time
#> # i 336,770 more rows
```

이런 복잡한 case_when() 문을 작성하실 때는 조심해야 합니다. 저자들도 이 코드를 처음 작성할 때 <와 >를 섞어 사용해서 조건들이 겹치는 실수를 했습니다.

호환되는 벡터 타입

if_else()와 case_when() 둘 다 결괏값에 호환되는 벡터 타입만 입력해야 한다는 점을 주의하세요. 호환되지 않는 벡터 타입을 입력하면 다음과 같이 에러 메시지를 보게 됩니다.

```
if_else(TRUE, "a", 1)
#> Error in `if_else()`:
#> ! Can't combine `true` <character> and `false` <double>.

case_when(
  x < -1 ~ TRUE,
  x > 0  ~ now()
```

```
)
#> Error in `case_when()`:
#> ! Can't combine `..1 (right)` <logical> and `..2 (right)` <datetime<local>>.
```

어떤 벡터 타입을 자동으로 다른 타입으로 변환하면 보통 오류를 일으키기 때문에 호환되는 벡터 타입은 대체로 몇 종류밖에 없습니다. 다음은 벡터 타입 간 호환되는 중요한 경우들입니다.

- 수치형 벡터와 논리형 벡터는 호환됩니다. 이 내용은 236쪽에서 다뤘습니다.
- 문자열과 팩터는 호환됩니다. 팩터는 범주가 몇 개로 제한된 문자열이라고 볼 수 있습니다. 이 내용은 16장에서 다룹니다.
- 날짜 타입은 날짜-시간 타입과 호환됩니다. 날짜 타입은 날짜-시간 타입의 한 가지 유형이라고 볼 수 있습니다. 이 내용은 17장에서 다룹니다.
- NA는 기본적으로 논리형 벡터입니다. 모든 벡터 타입이 결측치를 표현할 수 있기 때문에 NA는 모든 타입과 호환됩니다.

이런 규칙을 모두 기억할 필요는 없지만, tidyverse에서 일관되게 적용되기 때문에 시간이 지나면서 자연스럽게 익숙해질 겁니다.

연습문제

1. 어떤 숫자가 2로 나누어떨어지면 그 숫자는 짝수인데, 이는 R에서 `x %% 2 == 0`을 실행해 보면 확인할 수 있습니다. 이 방법을 `if_else()`에 적용해 0부터 20까지의 숫자가 각각 짝수인지 홀수인지 판별해 보세요.

2. `x <- c("Monday", "Saturday", "Wednesday")`를 실행해 요일을 나타낸 벡터를 만든 다음 `ifelse()` 문을 사용해 각 요일이 주말인지 평일인지를 나타내는 레이블을 붙여 보세요.

3. `ifelse()`를 사용해서 수치형 벡터 `x`의 절댓값을 구해 보세요.

4. `flights` 데이터셋의 `month`와 `day` 열을 활용해 해당 날짜가 새해 첫날, 독립기념일, 추수감사절, 크리스마스 등 미국 공휴일인지를 나타내는 열을 만들어 내는 `case_when()` 문을 작성해 보세요. 우선 `TRUE` 또는 `FALSE`를 나타낸 논리형 컬럼을 만든 다음, 공휴일 이름 또는 `NA`가 들어 있는 문자열 열(column)을 만드세요.

요약

논리형 벡터는 각 값이 TRUE, FALSE, NA 중 하나이기 때문에 간단하게 정의할 수 있지만 기능은 매우 강력합니다. 이 장에서는 >, <, <=, =>, ==, !=와 is.na()를 사용해 논리형 벡터를 만드는 방법을 다뤘습니다. 또한 !, &, |를 이용해 논리형 벡터를 결합하는 방법, any(), all(), sum(), mean()을 이용해 논리형 벡터를 요약하는 방법도 다뤘습니다. 또한 논리형 벡터의 값에 따라 다른 값을 반환하는 유용한 함수 if_else()와 case_when()도 다뤘습니다.

논리형 벡터는 이후 장에서도 등장하고 또 등장할 겁니다. 예를 들어 14장에서 str_detect(x, pattern)을 다루는데, 이 함수는 x의 요소 중 pattern과 일치하는 값이 있으면 논리형 벡터 TRUE를 반환합니다. 17장에서는 날짜와 시간을 비교해서 논리형 벡터를 만드는 방법을 다룹니다. 그러나 우선은 그다음으로 중요한 벡터 타입인 수치형 벡터부터 알아봅니다.

13장

R for Data Science Second Edition

수치형 벡터

들어가며

수치형 벡터는 데이터 과학의 기본입니다. 수치형 벡터는 앞에서 이미 여러 번 활용해 봤습니다. 이제 R에서 수치형 벡터를 효과적으로 사용하는 방법을 체계적으로 알아보겠습니다. 이를 통해 앞으로 수치형 벡터를 활용하는 문제를 잘 다룰 수 있게 될 겁니다.

우선 문자열로 된 숫자를 수치형 벡터로 만드는 몇 가지 방법을 살펴본 다음 count()를 조금 더 자세히 알아봅니다. 그리고 mutate()와 함께 자주 사용하는 여러 가지 수치 변환 방법을 살펴봅니다. 이 과정에서 다른 벡터 타입에 주로 사용하지만, 수치형 벡터에도 종종 사용되는 변환 방법도 다룹니다. 끝으로 summarize()와 함께 자주 사용되는 요약 함수를 다루고, 이들이 mutate()에는 어떻게 활용되는지 살펴봅니다.

준비하기

이 장에서는 패키지를 별도로 로드하지 않아도 사용할 수 있는 R 기본 함수들을 주로 활용하는데, mutate(), filter() 등 tidyverse 함수에 중첩해서 활용할 겁니다. 지난 장과 마찬가지로 실제 데이터가 필요할 때는 nycflights13을 사용하고, 샘플 데이터가 필요할 때는 c(), tribble()로 데이터를 만들어 사용하겠습니다.

```
library(tidyverse)
library(nycflights13)
```

숫자 만들기

대부분은 분석할 때 R의 숫자 변수 타입인 정수형이나 더블형으로 기록된 숫자 데이터를 사용합니다. 하지만 열 이름에서 데이터를 추출하거나 데이터를 불러오는 과정에서 문제가 생기는 등 문자열로 된 숫자를 만나는 경우도 있습니다.

readr 패키지의 두 함수 `parse_double()`과 `parse_number()`는 문자열을 숫자로 변환할 때 유용합니다. 문자열로 표현된 숫자를 다룰 때는 `parse_double()`을 사용하면 됩니다.

```
x <- c("1.2", "5.6", "1e3")
parse_double(x)
#> [1]    1.2    5.6 1000.0
```

문자열에 숫자가 아닌 다른 텍스트가 포함되어 있어서 이를 무시하고 싶다면 `parse_number()`를 사용하면 됩니다. 이 함수는 화폐나 백분율 데이터를 처리할 때 특히 유용합니다.

```
x <- c("$1,234", "USD 3,513", "59%")
parse_number(x)
#> [1] 1234 3513   59
```

개수 세기

놀랍게도 단순히 개수를 세는 것과 같은 기본적인 산술 연산만으로도 데이터 과학에서 많은 것을 할 수 있습니다. dplyr의 `count()`는 개수를 세는 작업을 가능한 한 쉽게 하기 위해 만들어진 함수입니다. 이 함수를 사용하면 분석 과정에서 데이터를 빠르게 탐색하고 확인할 수 있습니다.

```
flights |> count(dest)
#> # A tibble: 105 × 2
#>   dest      n
#>   <chr> <int>
#> 1 ABQ     254
#> 2 ACK     265
#> 3 ALB     439
#> 4 ANC       8
#> 5 ATL   17215
```

```
#> 6 AUS    2439
#> # i 99 more rows
```

count()는 보통 계산 결과가 맞는지 데이터를 빠르고 간단하게 확인하는 용도로 사용합니다. 따라서 4장에서 권한 방식과 달리 콘솔에 한 줄로 입력해서 실행합니다.

데이터에서 가장 흔한 값을 보려면 sort = TRUE를 추가하면 됩니다.

```
flights |> count(dest, sort = TRUE)
#> # A tibble: 105 × 2
#>   dest      n
#>   <chr> <int>
#> 1 ORD   17283
#> 2 ATL   17215
#> 3 LAX   16174
#> 4 BOS   15508
#> 5 MCO   14082
#> 6 CLT   14064
#> # i 99 more rows
```

모든 값을 보려면 |> View()나 |> print(n = Inf)를 사용하세요.

동일한 계산을 group_by(), summarize(), n()을 이용해 수동으로 할 수도 있습니다. 이 방법은 다른 요약 통계량을 함께 계산할 수 있어 유용합니다.

```
flights |>
  group_by(dest) |>
  summarize(
    n = n(),
    delay = mean(arr_delay, na.rm = TRUE)
  )
#> # A tibble: 105 × 3
#>   dest      n delay
#>   <chr> <int> <dbl>
#> 1 ABQ     254  4.38
#> 2 ACK     265  4.85
#> 3 ALB     439 14.4
#> 4 ANC       8 -2.5
#> 5 ATL   17215 11.3
#> 6 AUS    2439  6.02
#> # i 99 more rows
```

n()은 인자를 입력받지 않고 "현재" 그룹의 정보를 참조하는 특이하게 생긴 요약 함수입니다. 따라서 n()은 dplyr 함수 안에서만 작동할 수 있습니다.

```
n()
#> Error in `n()`:
#> ! Must only be used inside data-masking verbs like `mutate()`,
#>   `filter()`, and `group_by()`.
```

몇 가지 유용한 n()과 count() 변형 함수들이 있습니다.

- n_distinct(x)는 하나 이상의 변수에 중복되지 않는 값이 몇 개 들어 있는지 고윳값의 개수를 셉니다. 예를 들어 가장 많은 항공사가 취항하는 목적지를 알아낼 수 있습니다.

```
flights |>
  group_by(dest) |>
  summarize(carriers = n_distinct(carrier)) |>
  arrange(desc(carriers))
#> # A tibble: 105 × 2
#>   dest  carriers
#>   <chr>    <int>
#> 1 ATL          7
#> 2 BOS          7
#> 3 CLT          7
#> 4 ORD          7
#> 5 TPA          7
#> 6 AUS          6
#> # i 99 more rows
```

- 가중 빈도(weighted count)는 합계와 같습니다. 예를 들어 각 비행기의 비행 거리를 다음과 같이 구할 수 있습니다.

```
flights |>
  group_by(tailnum) |>
  summarize(miles = sum(distance))
#> # A tibble: 4,044 × 2
#>   tailnum  miles
#>   <chr>    <dbl>
#> 1 D942DN    3418
#> 2 N0EGMQ  250866
#> 3 N10156  115966
#> 4 N102UW   25722
#> 5 N103US   24619
#> 6 N104UW   25157
#> # i 4,038 more rows
```

- 가중 빈도는 자주 구하는 값이기 때문에 count()에는 가중 빈도를 구할 때 사용하는 wt 인자가 있습니다.

```
flights |> count(tailnum, wt = distance)
```

- sum()과 is.na()를 결합해 결측치를 셀 수 있습니다. flights 데이터셋에서 결측치는 취소된 항공편을 의미합니다.

```
flights |>
  group_by(dest) |>
  summarize(n_cancelled = sum(is.na(dep_time)))
#> # A tibble: 105 × 2
#>   dest  n_cancelled
#>   <chr>       <int>
#> 1 ABQ             0
#> 2 ACK             0
#> 3 ALB            20
#> 4 ANC             0
#> 5 ATL           317
#> 6 AUS            21
#> # i 99 more rows
```

연습문제

1. count()를 사용해서 변수의 결측치 개수를 세려면 어떻게 해야 할까요?
2. 다음 count() 함수를 group_by(), summarize(), arrange()를 사용하는 방식으로 바꿔 보세요.
   a. flights |> count(dest, sort = TRUE)
   b. flights |> count(tailnum, wt = distance)

수치 변환

변환 함수는 출력값과 입력값의 길이가 같아서 mutate()와 함께 잘 작동합니다. 변환 함수는 대부분 이미 base R에 내장되어 있습니다. 함수가 너무 많아서 모두 나열하기는 어렵기 때문에 이 절에서는 유용한 함수들만 살펴볼 것입니다. 예를 들어 R에는 상상할 수 있는 삼각 함수가 전부 다 있지만, 데이터 과학에 사용하는 경우는 거의 없어서 여기에서 살펴보지는 않을 겁니다.

산술 규칙과 재활용 규칙

2장에서 소개한 기본 산술 함수(+, -, *, /, ^)는 앞에서 여러 번 사용했었습니다. 이런 함수는 초등학교에서 이미 배웠을 테니 자세히 설명할 필요는 없을 겁니다. 하지만 **재활용**(recycling) 규칙은 간단히 이야기할 필요가 있습니다. 코드에서 왼쪽과 오른쪽에 입력된 값의 길이가 다를 때 재활용 규칙이 적용됩니다. `flights |> mutate(air_time = air_time / 60)`과 같은 연산을 수행할 때 재활용 규칙이 적용됩니다. 이 연산에서 `/`의 왼쪽에는 336,776개의 숫자가 있지만, 오른쪽에는 하나만 있습니다.

R은 값의 길이가 일치하지 않을 때 길이가 짧은 벡터를 **재활용** 또는 반복 사용합니다. 벡터를 따로 만들어 시험해 보면 작동 방식을 더 쉽게 확인할 수 있습니다.

```
x <- c(1, 2, 10, 20)
x / 5
#> [1] 0.2 0.4 2.0 4.0
# 이 코드는 다음 코드를 줄여 쓴 것과 같습니다
x / c(5, 5, 5, 5)
#> [1] 0.2 0.4 2.0 4.0
```

일반적으로 벡터 길이가 1인 숫자 한 개만 재활용하고 싶겠지만, R은 숫자가 1개 이상이어도 벡터가 짧은 쪽을 재활용합니다. 긴 벡터가 짧은 벡터의 배수가 아니면 항상 그렇지는 않지만, 일반적으로 경고 메시지를 출력합니다.

```
x * c(1, 2)
#> [1]  1  4 10 40
x * c(1, 2, 3)
#> Warning in x * c(1, 2, 3): longer object length is not a multiple of shorter
#> object length
#> [1]  1  4 30 20
```

이런 재활용 규칙은 ==, <, <=, >, >=, !=를 사용하는 논리 비교에도 적용되는데, 실수로 `%in%` 대신 `==`를 사용했거나 데이터 프레임의 행 수가 너무 많을 경우 예상치 못한 결과가 나올 수 있습니다. 예를 들어 1월과 2월의 모든 항공편을 찾기 위해 다음과 같이 코드를 작성했다고 가정해 봅시다.

```
flights |>
  filter(month == c(1, 2))
#> # A tibble: 25,977 × 19
```

```
#>    year month   day dep_time sched_dep_time dep_delay arr_time sched_arr_time
#>   <int> <int> <int>    <int>          <int>     <dbl>    <int>          <int>
#> 1  2013     1     1      517            515         2      830            819
#> 2  2013     1     1      542            540         2      923            850
#> 3  2013     1     1      554            600        -6      812            837
#> 4  2013     1     1      555            600        -5      913            854
#> 5  2013     1     1      557            600        -3      838            846
#> 6  2013     1     1      558            600        -2      849            851
#> # i 25,971 more rows
#> # i 11 more variables: arr_delay <dbl>, carrier <chr>, flight <int>, …
```

코드가 오류 없이 실행되기는 하지만, 원하는 결과를 출력하지 않습니다. 재활용 규칙이 적용됐기 때문에 1월에 출발한 홀수 행 항공편과 2월에 출발한 짝수 행 항공편만 찾은 것입니다. 안타깝게도 flights 데이터셋의 행 수가 짝수라서 경고 메시지도 표시되지 않았습니다.

이렇게 원인도 모른 채 실수를 범하는 문제를 막기 위해서 tidyverse 함수는 대부분 단일 값만 재활용하는 엄격한 재활용 규칙을 사용합니다. 하지만 아쉽게도 방금 본 예제처럼 핵심 계산 절차가 filter()가 아닌 base R 함수 ==에 의해 수행될 때는 이런 방식이 도움이 되지 않습니다.

최솟값과 최댓값

산술 함수에 여러 변수를 입력해서 사용할 수 있습니다. pmin()과 pmax()는 작동 방식이 비슷합니다. 두 개 이상의 변수가 주어졌을 때 pmin()은 각 행에서 가장 작은 값을 반환하고, pmax()는 가장 큰 값을 반환합니다.

```
df <- tribble(
  ~x, ~y,
  1, 3,
  5, 2,
  7, NA,
)

df |>
  mutate(
    min = pmin(x, y, na.rm = TRUE),
    max = pmax(x, y, na.rm = TRUE)
  )
#> # A tibble: 3 × 4
#>       x     y   min   max
#>   <dbl> <dbl> <dbl> <dbl>
```

```
#> 1     1     3     1     3
#> 2     5     2     2     5
#> 3     7    NA     7     7
```

이 함수들은 관측값을 여러 개 입력하면 요약값을 한 개 반환하는 min(), max()와 같은 요약 함수와 다릅니다. 다음과 같이 출력 결과에서 최솟값과 최댓값이 전부 같으면 함수를 잘못 사용했다고 생각하면 됩니다.

```
df |>
  mutate(
    min = min(x, y, na.rm = TRUE),
    max = max(x, y, na.rm = TRUE)
  )
#> # A tibble: 3 × 4
#>       x     y   min   max
#>   <dbl> <dbl> <dbl> <dbl>
#> 1     1     3     1     7
#> 2     5     2     1     7
#> 3     7    NA     1     7
```

모듈러 연산

모듈러 연산(modular arithmetic)은 소수점 이하 자릿수를 배우기 전에 했던 산수 즉, 나눗셈을 해서 정수와 나머지를 구하는 작업을 가리키는 전문 용어입니다. R에서 나눗셈을 할 때 %/%를 사용하면 정수를 구하고 %%를 사용하면 나머지를 구합니다.

```
1:10 %/% 3
#>  [1] 0 0 1 1 1 2 2 2 3 3
1:10 %% 3
#>  [1] 1 2 0 1 2 0 1 2 0 1
```

flights 데이터셋에서 sched_dep_time 변수를 hour와 minute으로 분리할 때 모듈러 연산을 사용하면 편리합니다.

```
flights |>
  mutate(
    hour = sched_dep_time %/% 100,
    minute = sched_dep_time %% 100,
    .keep = "used"
```

```
  )
#> # A tibble: 336,776 × 3
#>   sched_dep_time  hour minute
#>            <int> <dbl>  <dbl>
#> 1            515     5     15
#> 2            529     5     29
#> 3            540     5     40
#> 4            545     5     45
#> 5            600     6      0
#> 6            558     5     58
#> # i 336,770 more rows
```

이를 235쪽에서 다룬 mean(is.na(x)) 트릭과 결합하면 취소 항공편 비율이 하루 동안 어떻게 달라지는지 알아볼 수 있습니다. 다음 코드를 실행하면 그림 13-1과 같은 그래프가 출력됩니다.

```
flights |>
  group_by(hour = sched_dep_time %/% 100) |>
  summarize(prop_cancelled = mean(is.na(dep_time)), n = n()) |>
  filter(hour > 1) |>
  ggplot(aes(x = hour, y = prop_cancelled)) +
  geom_line(color = "grey50") +
  geom_point(aes(size = n))
```

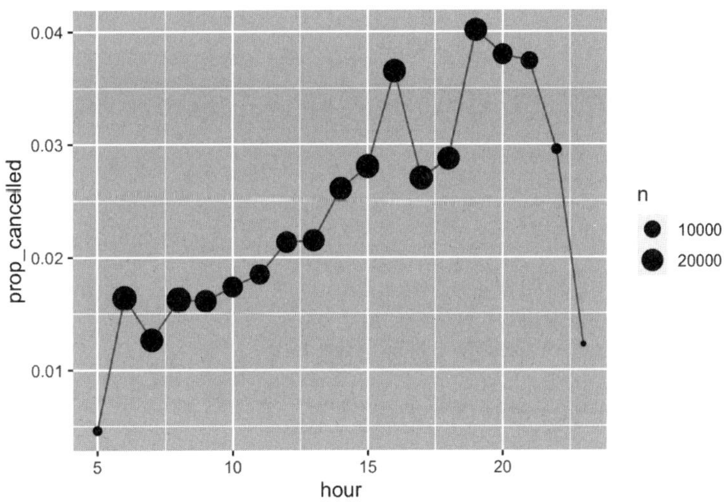

그림 13-1 선 그래프의 x축은 예정된 출발 시각, y축은 취소된 항공편 비율을 나타냅니다. 취소된 항공편은 하루 중 점점 늘어나 오후 8시쯤 가장 많아지는 경향이 있습니다. 매우 늦은 시각에 출발한 항공편은 취소될 가능성이 상대적으로 낮습니다.

로그

로그는 크기가 다양한 데이터를 다루고 지수적으로 증가하는 값을 선형적으로 증가하는 값으로 바꿀 때 매우 유용한 변환 방법입니다. R에서는 세 가지 로그 함수를 사용할 수 있습니다. 밑이 e인 자연 로그는 `log()`, 밑이 2인 로그는 `log2()`, 밑이 10인 로그는 `log10()`으로 구하면 됩니다. 되도록 `log2()` 또는 `log10()`을 사용하길 권합니다. `log2()`를 사용할 경우 로그 값이 1만큼 차이 나면 원래 스케일에서 두 배 차이가 나고, −1만큼 차이 나면 원래 스케일에서 한 값이 다른 값의 절반임을 의미하므로 값을 해석하기 쉽습니다. `log10()`을 사용하면 역변환하기 쉽다는 장점이 있습니다. 예를 들어 로그 값이 3이면 10^3 = 1000이므로 1000이 됩니다. `log()`의 역함수는 `exp()`로 구할 수 있습니다. `log2()`의 역함수는 `2^`, `log10()`의 역함수는 `10^`을 입력해 구하면 됩니다.

반올림

`round(x)`를 사용하면 숫자를 가장 가까운 정수로 반올림할 수 있습니다.

```
round(123.456)
#> [1] 123
```

두 번째 인자인 `digits`를 이용해 반올림의 정밀도를 조절할 수 있습니다. `round(x, digits)`는 `10^-n`에 가장 가까운 수로 반올림하므로 `digits = 2`는 0.01 단위로 반올림합니다. 마찬가지 방식으로 `round(x, -3)`처럼 입력하면 값을 가장 가까운 천 단위로 반올림하기 때문에 매우 유용하게 사용할 수 있습니다.

```
round(123.456, 2)  # 소수점 둘째 자리까지 반올림
#> [1] 123.46
round(123.456, 1)  # 소수점 첫째 자리까지 반올림
#> [1] 123.5
round(123.456, -1) # 가장 가까운 천의 자리로 반올림
#> [1] 120
round(123.456, -2) # 가장 가까운 백의 자리로 반올림
#> [1] 100
```

`round()`에는 처음 보면 이상하게 느껴지는 특징이 있습니다.

```
round(c(1.5, 2.5))
#> [1] 2 2
```

round()는 "오사오입(round half to even)" 또는 은행원 반올림(Banker's rounding)이라고 불리는 방법을 사용합니다. 숫자가 두 정수 사이의 중간이면 짝수로 반올림합니다. 이 방법을 사용하면 모든 0.5 중 절반은 올림되고 절반은 내림되기 때문에 반올림이 공정하게 유지됩니다.

round()와 더불어 항상 내림하는 floor(), 항상 올림하는 ceiling()도 자주 사용됩니다.

```
x <- 123.456

floor(x)
#> [1] 123
ceiling(x)
#> [1] 124
```

이 함수들에는 digits 인자가 없기 때문에 수를 낮춘 다음 반올림하고 다시 원래대로 올리는 방법으로 자릿수를 정할 수 있습니다.

```
# 가장 가까운 두 자리로 내림
floor(x / 0.01) * 0.01
#> [1] 123.45
# 가장 가까운 두 자리로 올림
ceiling(x / 0.01) * 0.01
#> [1] 123.46
```

다른 숫자의 배수로 round()하고 싶을 때도 같은 방법을 사용할 수 있습니다.

```
# 가장 가까운 4의 배수로 반올림
round(x / 4) * 4
#> [1] 124

# 가장 가까운 0.25의 배수로 반올림
round(x / 0.25) * 0.25
#> [1] 123.5
```

숫자를 구간으로 나누기

cut() 함수를 이용하면 수치형 벡터를 여러 개의 불연속적인 구간으로 나눌 수 있습니다.[1]

```
x <- c(1, 2, 5, 10, 15, 20)
cut(x, breaks = c(0, 5, 10, 15, 20))
#> [1] (0,5]   (0,5]   (0,5]   (5,10]  (10,15] (15,20]
#> Levels: (0,5] (5,10] (10,15] (15,20]
```

구간은 균일한 간격으로 설정하지 않아도 됩니다.

```
cut(x, breaks = c(0, 5, 10, 100))
#> [1] (0,5]    (0,5]    (0,5]    (5,10]   (10,100] (10,100]
#> Levels: (0,5] (5,10] (10,100]
```

필요에 따라 각 구간에 labels를 설정할 수 있습니다. labels의 수는 breaks보다 한 개 적어야 한다는 점을 주의하세요.

```
cut(x,
  breaks = c(0, 5, 10, 15, 20),
  labels = c("sm", "md", "lg", "xl")
)
#> [1] sm sm sm md lg xl
#> Levels: sm md lg xl
```

구간 범위 밖의 값들은 NA가 됩니다.

```
y <- c(NA, -10, 5, 10, 30)
cut(y, breaks = c(0, 5, 10, 15, 20))
#> [1] <NA>    <NA>    (0,5]   (5,10]  <NA>
#> Levels: (0,5] (5,10] (10,15] (15,20]
```

cut()에는 구간을 [a, b) 또는 (a, b]로 정하는 right, 최소 구간을 [a, b]로 정하는 include.lowest 등 유용한 옵션들이 있습니다. 함수 설명 문서를 살펴보세요.

1 ggplot2에는 구간을 나눌 때 사용하면 유용한 함수 cut_interval(), cut_number(), cut_width()가 있습니다. ggplot2에 이런 함수들이 있는 게 이상하게 보일 수 있지만, 이 함수들은 히스토그램을 만드는 계산 과정에서 중요한 역할을 합니다. 또한 이 함수들은 다른 tidyverse 함수들이 생기기 전에 만들어졌습니다.

누적 및 롤링 집계

base R에는 누적값을 계산하는 여러 함수가 있습니다. 누적합은 cumsum(), 누적곱은 cumprod(), 누적최솟값은 cummin(), 누적최댓값은 cummax()로 구할 수 있습니다. dplyr에는 누적 평균을 계산하는 cummean()이 있습니다. 실제로는 누적합이 자주 사용됩니다.

```
x <- 1:10
cumsum(x)
#>  [1]  1  3  6 10 15 21 28 36 45 55
```

더 복잡한 롤링 집계나 슬라이딩 집계를 해야 한다면 slider(*https://slider.r-lib.org*) 패키지를 사용해 보세요.

연습문제

1. 그림 13-1을 만들기 위해 사용한 코드의 각 행이 무엇을 의미하는지 설명해 보세요.
2. R에서 사용할 수 있는 삼각 함수에는 어떤 것들이 있을까요? 함수 이름을 추측해 보고 설명 문서를 확인해 보세요. 이 함수들은 각도 단위를 사용하나요 아니면 라디안 단위를 사용하나요?
3. flights 데이터셋의 dep_time과 sched_dep_time은 값을 보기에는 편리하지만, 계산 작업에는 적합하지 않습니다. 왜냐하면 값이 실제로는 연속적이지 않기 때문입니다. 다음 코드를 실행하면 시간 사이에 간격이 있는 문제를 볼 수 있습니다.

```
flights |>
  filter(month == 1, day == 1) |>
  ggplot(aes(x = sched_dep_time, y = dep_delay)) +
  geom_point()
```

   이 변수들을 분수로 표현된 시간이나 자정부터 몇 분 지났는지 등 보다 사실적인 시간 표현으로 변환해 보세요.

4. dep_time과 arr_time을 가장 가까운 5분 단위로 반올림해 보세요.

일반적인 변형 방법들

이번 절에서는 몇 가지 일반적으로 자주 사용되는 변형 방법들을 알아봅니다. 이 방법들은 수치형 벡터에 주로 사용되지만, 다른 열 타입에도 모두 적용할 수 있습니다.

순위

dplyr에는 SQL에서 착안해 만든 다양한 순위 함수가 있습니다. 처음에는 dplyr::min_rank()를 사용하는 것이 좋습니다. 이 함수는 동점이 있을 때 일반적으로 많이 사용되는 방식을 따르기 때문에 1위, 2위, 2위, 4위처럼 값에 순위를 매길 수 있습니다.

```
x <- c(1, 2, 2, 3, 4, NA)
min_rank(x)
#> [1]  1  2  2  4  5 NA
```

가장 작은 값이 가장 낮은 순위 값을 받게 된다는 사실을 주의하세요. 가장 큰 값에 가장 낮은 순위 값을 매기고 싶다면 desc(x)를 사용하면 됩니다.

```
min_rank(desc(x))
#> [1]  5  3  3  2  1 NA
```

min_rank()로 원하는 결과를 얻지 못했다면, dplyr::row_number(), dplyr::dense_rank(), dplyr::percent_rank(), dplyr::cume_dist()와 같은 다른 함수들을 살펴보는 것이 좋습니다. 이들에 대한 자세한 정보는 설명 문서에서 찾아볼 수 있습니다.

```
df <- tibble(x = x)
df |>
  mutate(
    row_number = row_number(x),
    dense_rank = dense_rank(x),
    percent_rank = percent_rank(x),
    cume_dist = cume_dist(x)
  )
#> # A tibble: 6 × 5
#>       x row_number dense_rank percent_rank cume_dist
#>   <dbl>      <int>      <int>        <dbl>     <dbl>
#> 1     1          1          1            0       0.2
```

```
#> 2    2      2      2     0.25    0.6
#> 3    2      3      2     0.25    0.6
#> 4    3      4      3     0.75    0.8
#> 5    4      5      4     1       1
#> 6   NA     NA     NA    NA      NA
```

base R의 rank()에 적절한 ties.method 인자를 사용하면 같은 결과를 얻을 수 있습니다. 여기에 na.last = "keep"도 함께 설정하면 NA의 값을 그대로 NA로 유지할 수 있습니다.

row_number() 함수는 dplyr의 다른 명령어 안에서 인자 없이도 사용할 수 있습니다. 이 경우 현재 행의 번호를 알려 줍니다. %%나 %/%와 함께 사용하면 데이터를 비슷한 크기의 그룹으로 나누는 데 도움이 됩니다.

```
df <- tibble(id = 1:10)

df |>
  mutate(
    row0 = row_number() - 1,
    three_groups = row0 %% 3,
    three_in_each_group = row0 %/% 3
  )
#> # A tibble: 10 × 4
#>      id  row0 three_groups three_in_each_group
#>   <int> <dbl>        <dbl>               <dbl>
#> 1     1     0            0                   0
#> 2     2     1            1                   0
#> 3     3     2            2                   0
#> 4     4     3            0                   1
#> 5     5     4            1                   1
#> 6     6     5            2                   1
#> # i 4 more rows
```

오프셋

dplyr::lead()와 dplyr::lag()를 사용하면 "현재" 값의 바로 앞이나 바로 뒤에 있는 값을 참조할 수 있습니다. 이 함수는 입력한 값과 같은 길이의 벡터를 반환하는데, 맨 앞이나 맨 뒤에는 NA가 추가됩니다.

```
x <- c(2, 5, 11, 11, 19, 35)
lag(x)
#> [1] NA  2  5 11 11 19
```

```
lead(x)
#> [1]  5 11 11 19 35 NA
```

- x - lag(x)를 실행하면 현재 값과 이전 값의 차이를 구할 수 있습니다.

```
x - lag(x)
#> [1] NA  3  6  0  8 16
```

- x == lag(x)를 실행하면 현재 값이 언제부터 바뀌는지 알 수 있습니다.

```
x == lag(x)
#> [1]    NA FALSE FALSE  TRUE FALSE FALSE
```

두 번째 인자인 n을 사용하면 두 개 이상 앞이나 뒤에 있는 값을 참조할 수 있습니다.

연속 식별자

특정 사건이 발생할 때마다 새 그룹으로 분류하고 싶을 때가 있습니다. 예를 들어 웹사이트 데이터를 분석할 때 마지막 활동 이후 몇 분이 지나면 일반적으로 새 활동이 시작된 것으로 간주합니다. 다음과 같이 어떤 사람이 웹사이트를 방문한 시간 데이터가 있다고 가정해 보겠습니다.

```
events <- tibble(
  time = c(0, 1, 2, 3, 5, 10, 12, 15, 17, 19, 20, 27, 28, 30)
)
```

이제 각 이벤트의 시간 간격을 계산해서 그룹을 나눌 만큼 시간이 지난 경우가 있는지 알아보겠습니다.

```
events <- events |>
  mutate(
    diff = time - lag(time, default = first(time)),
    has_gap = diff >= 5
  )
events
#> # A tibble: 14 × 3
#>    time  diff has_gap
#>   <dbl> <dbl> <lgl>
#> 1     0     0 FALSE
```

```
#> 2     1      1 FALSE
#> 3     2      1 FALSE
#> 4     3      1 FALSE
#> 5     5      2 FALSE
#> 6    10      5 TRUE
#> # i 8 more rows
```

논리형 벡터를 group_by()에 활용하려면 이제 무엇을 만들어야 할까요? 이럴 때 257쪽 "누적 및 롤링 집계"에서 익힌 cumsum()이 우리를 구원해 줍니다. cumsum()은 차이를 나타낸 has_gap이 TRUE일 때 group을 1씩 증가시킵니다(236쪽 "논리형 벡터로 수치 요약하기"를 참고하세요).

```
events |> mutate(
  group = cumsum(has_gap)
)
#> # A tibble: 14 × 4
#>    time  diff has_gap group
#>   <dbl> <dbl> <lgl>   <int>
#> 1     0      0 FALSE       0
#> 2     1      1 FALSE       0
#> 3     2      1 FALSE       0
#> 4     3      1 FALSE       0
#> 5     5      2 FALSE       0
#> 6    10      5 TRUE        1
#> # i 8 more rows
```

그룹 변수를 만드는 또 다른 방법은 consecutive_id()를 사용하는 것입니다. 이 함수는 주어진 인자가 변경될 때마다 새 그룹을 시작합니다. 반복되는 값들로 구성된 데이터 프레임을 예로 들어 보겠습니다. 이 예제는 스택오버플로우에 올라온 질문에서 영감을 얻어 만들었습니다.

```
df <- tibble(
  x = c("a", "a", "a", "b", "c", "c", "d", "e", "a", "a", "b", "b"),
  y = c(1, 2, 3, 2, 4, 1, 3, 9, 4, 8, 10, 199)
)
```

group_by(), consecutive_id(), slice_head()를 사용하면 x가 반복되는 구간에서 x가 처음 나왔을 때의 행만 유지할 수 있습니다.

```
df |>
  group_by(id = consecutive_id(x)) |>
```

```
  slice_head(n = 1)
#> # A tibble: 7 × 3
#> # Groups:   id [7]
#>   x         y    id
#>   <chr> <dbl> <int>
#> 1 a         1     1
#> 2 b         2     2
#> 3 c         4     3
#> 4 d         3     4
#> 5 e         9     5
#> 6 a         4     6
#> # i 1 more row
```

연습문제

1. 순위 함수를 이용해서 가장 많이 지연된 항공편 상위 10개를 찾아보세요. 동점일 때는 어떻게 처리해야 할까요? `min_rank()` 설명 문서를 자세히 읽어 보세요.

2. 정시 운항을 가장 덜한 비행기(`tailnum`)는 무엇인가요?

3. 지연을 최대한 줄이려면 하루 중 언제 비행하는 것이 좋을까요?

4. `flights |> group_by(dest) |> filter(row_number() < 4)`는 어떤 기능을 하나요? `flights |> group_by(dest) |> filter(row_number(dep_delay) < 4)`는 어떤 기능을 하나요?

5. 항공편별로 목적지 지연 총 시간 중에서 각 목적지가 차지하는 비율을 구하세요. 목적지별 지연 총 시간 중에서 각 항공편의 지연 시간이 차지하는 비율을 계산해 보세요.

6. 항공편의 지연 시간은 보통 서로 관련되어 있습니다. 이전 항공편의 문제가 해결되었더라도 이전 항공편을 먼저 출발시키기 위해 이후 항공편이 지연될 수 있습니다. `lag()`를 사용해 1시간 동안의 평균 지연 시간이 이전 1시간 동안의 평균 지연 시간과 어떤 관련이 있는지 알아보세요.

```
flights |>
  mutate(hour = dep_time %/% 100) |>
  group_by(year, month, day, hour) |>
  summarize(
    dep_delay = mean(dep_delay, na.rm = TRUE),
    n = n(),
```

```
    .groups = "drop"
  ) |>
  filter(n > 5)
```

7. 각 목적지를 살펴보세요. 데이터 입력 오류가 아닌지 의심스러울 정도로 빠른 항공편이 있나요? 각 목적지로 가장 빨리 가는 항공편의 비행 시간과 각 항공편의 비행 시간이 얼마나 차이 나는지 계산해 보세요. 어떤 항공편이 공중에서 가장 지연이 많이 됐나요?
8. 최소 두 개 이상 항공사에서 운항하는 목적지를 전부 찾아보세요. 이 목적지들을 기준으로 해서 같은 목적지로 운항하는 항공사들의 실적을 비교해 상대적인 순위를 매겨 보세요.

수치 요약

개수 구하기, 평균, 합계 같은 기본적인 요약 방법만으로도 데이터를 충분히 잘 요약할 수 있지만, R에는 이외에 다양하고 유용한 요약 함수들이 있습니다. 유용한 수치 요약 함수들을 살펴보겠습니다.

중심경향치

지금까지는 벡터의 값들을 요약해서 데이터 분포의 중심을 나타내는 중심경향치를 구할 때 대부분 mean()을 사용했습니다. 67쪽 "사례 연구: 집계와 샘플 크기"에서 살펴본 것처럼 평균은 합계를 개수로 나눈 것이므로 드물게 나타나는 높거나 낮은 값들에 민감하게 영향을 받습니다. 대안으로 벡터의 "중앙"에 위치한 값을 찾아내는 median()을 사용할 수 있습니다. 중앙값을 구하면 50%의 값은 중앙값보다 높고 나머지 50%는 중앙값보다 낮게 됩니다. 다루고 있는 변수의 분포 형태에 따라 평균이나 중앙값 중 중심을 더 잘 나타내는 값이 다를 수 있습니다. 예를 들어 분포가 대칭적이면 평균, 한쪽으로 치우치면 중앙값을 주로 사용합니다.

그림 13-2는 각 목적지별 출발 지연 시간(분)을 구할 때 평균을 사용했을 때와 중앙값을 사용했을 때 어떤 차이가 있는지 보여 줍니다. 비행기가 몇 시간 늦게 출발할 수는 있지만, 몇 시간 일찍 출발하는 경우는 없기 때문에 중앙값이 평균보다 항상 작습니다.

```
flights |>
  group_by(year, month, day) |>
  summarize(
    mean = mean(dep_delay, na.rm = TRUE),
    median = median(dep_delay, na.rm = TRUE),
    n = n(),
    .groups = "drop"
  ) |>
  ggplot(aes(x = mean, y = median)) +
  geom_abline(slope = 1, intercept = 0, color = "white", linewidth = 2) +
  geom_point()
```

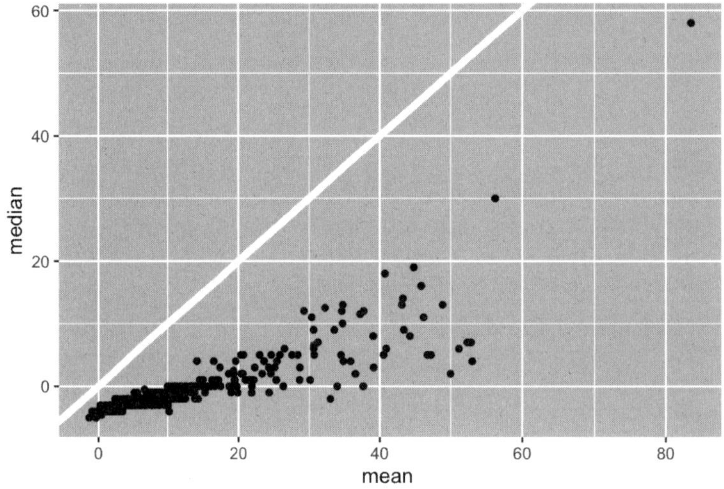

그림 13-2 이 산점도는 일일 지연 시간을 요약할 때 평균과 중앙값의 차이를 보여 줍니다.

가장 자주 나타나는 값인 **최빈값**(mode)을 구하는 방법도 있습니다. 최빈값은 매우 단순한 상황에서만 유용합니다. 아마 단순한 데이터에 적용할 수 있기 때문에 고등학교에서 가르치는 것이기도 할 겁니다. 하지만 실제 데이터셋을 다룰 때는 최빈값이 적합하지 않을 때가 많습니다. 데이터가 불연속적일 때는 가장 자주 나타나는 값이 여러 개일 수 있고 데이터가 연속적일 때는 모든 값이 조금씩 달라서 가장 자주 나타나는 값이 없을 수도 있습니다. 이런 이유로 통계학자들은 최빈값을 잘 사용하지 않으려 하며 base R에도 최빈값을 구하는 함수가 없습니다.[2]

2 base R의 `mode()` 함수는 전혀 다른 기능을 합니다!

최솟값, 최댓값, 분위수

중앙값 외에 데이터의 다른 위치에 관심이 있다면 어떻게 해야 할까요? min()은 가장 작은 값, max()는 가장 큰 값을 구할 때 사용할 수 있습니다. 또한 quantile()도 매우 유용한 도구인데, 중앙값을 확장할 때 사용할 수 있습니다. 예를 들어 보면 quantile(x, 0.25)는 x 값 중 25% 이상에 해당하는 값을, quantile(x, 0.5)는 중앙값을, quantile(x, 0.95)는 95% 이상에 해당하는 값을 찾습니다.

flights 데이터를 분석할 때 지연 시간 최댓값보다는 95% 분위수를 보는 것이 더 나을 수 있습니다. 이렇게 하면 가장 많이 지연된 상위 5%의 항공편이 제외되는데, 이런 항공편들은 상당히 극단적일 수 있기 때문입니다.

```
flights |>
  group_by(year, month, day) |>
  summarize(
    max = max(dep_delay, na.rm = TRUE),
    q95 = quantile(dep_delay, 0.95, na.rm = TRUE),
    .groups = "drop"
  )
#> # A tibble: 365 × 5
#>    year month   day   max   q95
#>   <int> <int> <int> <dbl> <dbl>
#> 1  2013     1     1   853  70.1
#> 2  2013     1     2   379  85
#> 3  2013     1     3   291  68
#> 4  2013     1     4   288  60
#> 5  2013     1     5   327  41
#> 6  2013     1     6   202  51
#> # i 359 more rows
```

분산

데이터가 어디에 있는지보다는 얼마나 퍼져 있는지에 관심이 있을 때가 있습니다. 표준편차를 구할 때는 sd(x), 사분위수 범위를 구할 때는 IQR()을 자주 사용합니다. 표준편차는 익숙할 테니 sd()에 관한 설명은 생략하겠습니다. IQR()은 생소할 수 있을 텐데, quantile(x, 0.75) - quantile(x, 0.25)를 나타내는 함수로 이는 데이터의 중간 부분 50%에 해당하는 범위를 의미합니다.

IQR()을 사용하면 flights 데이터에서 한 가지 이상한 점을 발견할 수 있습니다. 공항 위치가 달라지지 않는 한 출발지와 목적지 사이의 거리 분포는 0일 거라고 생각되는데, 다음 코드를 실행하면 EGE(*https://en.wikipedia.org/wiki/Eagle_County_Regional_Airport*) 공항 데이터에서 이상한 점을 발견하게 됩니다.

```
flights |>
  group_by(origin, dest) |>
  summarize(
    distance_sd = IQR(distance),
    n = n(),
    .groups = "drop"
  ) |>
  filter(distance_sd > 0)
#> # A tibble: 2 × 4
#>   origin dest  distance_sd     n
#>   <chr>  <chr>       <dbl> <int>
#> 1 EWR    EGE             1   110
#> 2 JFK    EGE             1   103
```

분포

앞에서 다룬 모든 요약 통계치는 분포를 단 하나의 수치로 축소한 것이라는 점을 유념하세요. 이런 통계치는 본질적으로 현상을 단순화하는 것이기 때문에 잘못된 요약 통계치를 선택하면 그룹 사이의 중요한 차이를 놓치기 쉽습니다. 따라서 요약 통계치를 구하기 전에 먼저 분포를 시각화해 봐야 합니다.

그림 13-3은 전체 출발 지연의 분포를 나타냅니다. 분포가 심하게 한쪽으로 쏠려 있어서 데이터 대부분을 보려면 확대해야 합니다. 이 그래프는 평균이 적절한 요약값이 아닐 수 있음을 나타냅니다. 여기서는 중앙값을 사용하는 게 나을 겁니다.

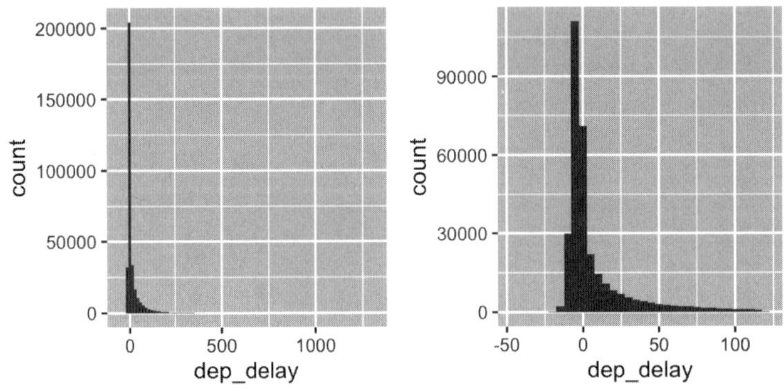

그림 13-3 (왼쪽) 전체 데이터를 표현한 히스토그램이 극단적으로 한쪽으로 쏠려 있어서 데이터를 세부적으로 파악하기 어렵습니다. (오른쪽) 2시간 미만 지연만 나타내도록 확대하면 대부분의 관측치가 어떤 특성을 보이는지 확인할 수 있습니다.

하위 그룹들의 분포가 전체와 비슷한지 확인하는 것도 좋은 방법입니다. 다음 그래프는 dep_delay를 나타낸 도수 분포 다각형이 하루에 하나씩, 총 365개 겹쳐 있습니다. 이 분포들은 일반적인 패턴을 따르는 것처럼 보이므로 날짜별로 같은 요약값을 사용해도 괜찮을 겁니다.

```
flights |>
  filter(dep_delay < 120) |>
  ggplot(aes(x = dep_delay, group = interaction(day, month))) +
  geom_freqpoly(binwidth = 5, alpha = 1/5)
```

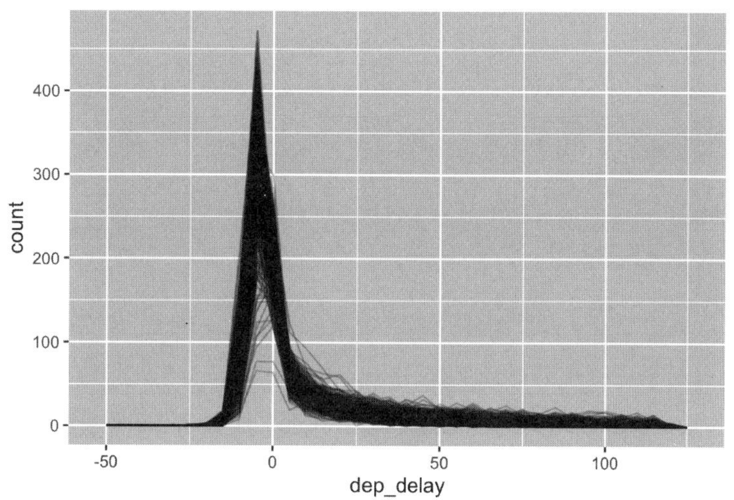

작업 중인 데이터에만 특별히 들어맞는 자신만의 요약 방법을 탐색하는 것을 두려워하지 마세요. 지금의 경우 일찍 출발한 항공편과 늦게 출발한 항공편을 각각 따로 요약하거나, 값이 한쪽으로 심하게 쏠려 있으므로 로그 변환을 수행해 볼 수도 있을 겁니다. 끝으로 67쪽 "사례 연구: 집계와 샘플 크기"에서 배운 것을 잊지 마세요. 수치 요약값을 구할 때는 각 그룹의 관측치 수도 함께 구하는 게 좋습니다.

위칫값

수치형 벡터를 요약할 때 `first(x)`, `last(x)`, `nth(x, n)`을 이용해서 특정 위치에 있는 값을 추출하는 방법도 유용하게 사용됩니다. 이 방법은 다른 모든 벡터 타입에도 적용할 수 있습니다.

예를 들어 날짜별로 첫 번째와 마지막 출발 시간을 알아보겠습니다.

```
flights |>
  group_by(year, month, day) |>
```

```
  summarize(
    first_dep = first(dep_time, na_rm = TRUE),
    fifth_dep = nth(dep_time, 5, na_rm = TRUE),
    last_dep = last(dep_time, na_rm = TRUE)
  )
#> `summarise()` has grouped output by 'year', 'month'. You can override using
#> the `.groups` argument.
#> # A tibble: 365 × 6
#> # Groups:   year, month [12]
#>    year month   day first_dep fifth_dep last_dep
#>   <int> <int> <int>     <int>     <int>    <int>
#> 1  2013     1     1       517       554     2356
#> 2  2013     1     2        42       535     2354
#> 3  2013     1     3        32       520     2349
#> 4  2013     1     4        25       531     2358
#> 5  2013     1     5        14       534     2357
#> 6  2013     1     6        16       555     2355
#> # i 359 more rows
```

(참고: dplyr 함수들은 함수 이름과 인자 이름을 구분하기 위해 _를 사용합니다. 코드를 보면 함수에 na.rm 대신 na_rm이 사용됐습니다.)

564쪽 "[로 여러 요소 선택하기"에서 다룰 대괄호에 이미 익숙하다면 이런 함수가 왜 따로 필요한지 궁금할 수 있습니다. 이 함수들을 사용하면 default 인자로 지정된 위치가 존재하지 않을 때 기본값을 설정할 수 있고, order_by 인자로 행 순서를 임시로 변경할 수 있고, na_rm 인자로 결측치를 제외할 수 있다는 이점이 있습니다.

특정 위치의 값을 추출하는 방법과 특정 순위의 값을 필터링하는 방법은 상호 보완적입니다. 필터링을 하면 각 관측치의 모든 변수를 별도의 행에 표시할 수 있습니다.

```
flights |>
  group_by(year, month, day) |>
  mutate(r = min_rank(sched_dep_time)) |>
  filter(r %in% c(1, max(r)))
#> # A tibble: 1,195 × 20
#> # Groups:   year, month, day [365]
#>    year month   day dep_time sched_dep_time dep_delay arr_time sched_arr_time
#>   <int> <int> <int>    <int>          <int>     <dbl>    <int>          <int>
#> 1  2013     1     1      517            515         2      830            819
#> 2  2013     1     1     2353           2359        -6      425            445
#> 3  2013     1     1     2353           2359        -6      418            442
#> 4  2013     1     1     2356           2359        -3      425            437
#> 5  2013     1     2       42           2359        43      518            442
```

```
#> 6  2013     1     2      458              500         -2      703              650
#> # i 1,189 more rows
#> # i 12 more variables: arr_delay <dbl>, carrier <chr>, flight <int>, …
```

mutate()와 함께 사용하기

일반적으로 요약 함수들은 함수 이름에서 알 수 있듯이 summarize()와 함께 사용됩니다. 하지만 250쪽 "산술 규칙과 재활용 규칙"에서 다룬 재활용 규칙 덕분에 그룹별로 값을 표준화하는 작업을 할 때는 mutate()를 사용하면 편리합니다. 예를 들어 다음과 같이 활용할 수 있습니다.

x / sum(x)
: 전체 합계에서 차지하는 비율을 구합니다.

(x - mean(x)) / sd(x)
: 평균 0, 표준편차 1로 표준화된 Z 점수를 구합니다.

(x - min(x)) / (max(x) - min(x))
: 범위를 [0, 1]로 표준화합니다.

x / first(x)
: 첫 번째 관측치에 대비한 값을 구합니다.

연습문제

1. 항공편 지연 정도를 평가하는 방법을 다섯 가지 이상 구상해 보세요. mean()은 언제 유용할까요? median()은 언제 유용할까요? 다른 방법을 사용해야 할 때는 언제일까요? 도착 지연과 출발 지연 중 어느 것을 사용하는 것이 좋을까요? planes 데이터를 사용해야 할 때는 언제일까요?

2. 어떤 목적지가 비행 속도의 분산이 가장 큰가요?

3. 그래프를 만들어서 EGE 공항으로 가는 항공편을 더 깊이 있게 탐색해 보세요. 공항 위치가 바뀌었다는 증거가 있나요? 이런 차이를 설명할 수 있는 다른 변수가 있나요?

요약

이전에도 숫자를 다루는 다양한 도구에 이미 익숙했을 겁니다. 이 장을 통해 그런 도구들을 R에서 사용하는 방법을 알게 됐을 겁니다. 또한 순위 함수나 오프셋 함수 등 몇 가지 유용한 변환 방법을 다뤘습니다. 이런 방법들은 주로 수치형 벡터에 자주 사용되지만, 다른 타입의 벡터에도 사용됩니다. 마지막으로, 다양한 수치 요약 방법을 살펴보고 통계치를 다룰 때 주의해야 할 점들을 살펴봤습니다.

이어서 stringr 패키지를 활용해 문자열을 처리하는 방법을 알아봅니다. 문자열은 방대한 주제이기 때문에 두 장에 걸쳐 다룹니다. 첫 번째 장(14장)에서는 기본적인 문자열 처리 방법, 두 번째 장(15장)에서는 정규 표현식을 다룹니다.

14장

R for Data Science Second Edition

문자열

들어가며

이전에도 문자열을 자주 활용했겠지만, 세부 내용을 많이 알지는 못했을 겁니다. 이 장에서는 문자열을 자세히 알아봅니다. 문자열이 작동하는 원리를 알아보고 문자열을 자유롭게 다룰 수 있는 유용한 도구들을 익힙니다.

우선 문자열과 문자형 벡터를 만드는 방법을 알아봅니다. 그다음에는 데이터로 문자열을 만드는 방법, 반대로 데이터에서 문자열을 추출하는 방법을 알아봅니다. 이어서 각각의 문자를 다루는 도구를 살펴봅니다. 마지막으로 각각의 문자를 다루는 함수를 살펴보고, 다른 언어를 영어처럼 다루면 생길 수 있는 문제를 논의하며 이 장을 마치겠습니다.

다음 장에서도 정규 표현식의 유용한 기능을 알아보면서 문자열 처리 방법을 계속 다룹니다.

준비하기

이 장에서는 tidyverse의 핵심 패키지인 stringr의 함수들을 사용합니다. 그리고 문자열 처리 작업을 재미있게 만들어 줄 babynames 데이터를 이용합니다.

```
library(tidyverse)
library(babynames)
```

모든 stringr 함수는 `str_`로 시작하므로 쉽게 알아볼 수 있습니다. RStudio에서 `str_`을 입력하면 자동 완성 기능이 작동하기 때문에 사용할 수 있는 함수들을 쉽게 떠올릴 수 있습니다.

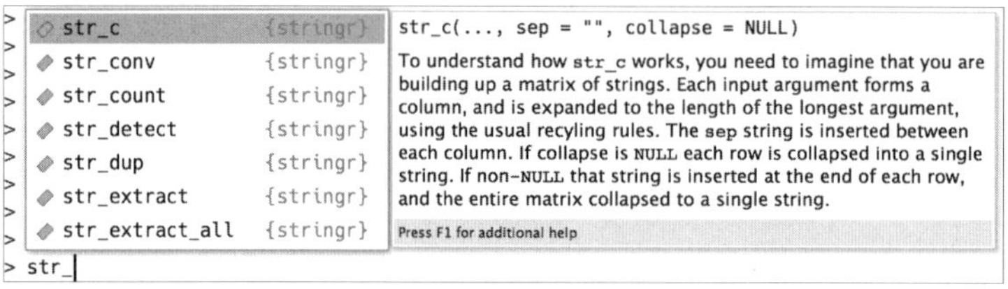

```
> str_c              {stringr}   str_c(..., sep = "", collapse = NULL)
> str_conv           {stringr}   To understand how str_c works, you need to imagine that you are
> str_count          {stringr}   building up a matrix of strings. Each input argument forms a
> str_detect         {stringr}   column, and is expanded to the length of the longest argument,
> str_dup            {stringr}   using the usual recyling rules. The sep string is inserted between
> str_extract        {stringr}   each column. If collapse is NULL each row is collapsed into a single
> str_extract_all    {stringr}   string. If non-NULL that string is inserted at the end of each row,
                                 and the entire matrix collapsed to a single string.
                                 Press F1 for additional help
> str_
```

문자열 만들기

앞에서도 문자열을 간단히 만들어 봤지만, 세부 내용은 살펴보지 않았습니다. 먼저, 문자열은 작은따옴표 ' 또는 큰따옴표 "를 사용해 만들 수 있습니다. 둘 중 무엇을 사용해도 차이가 없지만, tidyverse 스타일 가이드(*https://style.tidyverse.org/syntax.html#character-vectors*)에서는 일관성을 유지하기 위해 문자열에 "가 여러 개 들어 있는 경우 외에는 큰따옴표를 사용하길 권장합니다.

```
string1 <- "이것은 문자열입니다"
string2 <- '문자열 안에 "따옴표"를 넣고 싶을 때 작은따옴표를 사용합니다.'
```

닫는 따옴표를 빠뜨리면 프롬프트에 +가 표시되는데, 이는 코드를 계속 입력해야 한다는 뜻입니다.

```
> "이것은 닫는 따옴표를 빠뜨린 문자열입니다
+
+
+ 살려주세요. 문자열에 갇혔습니다
```

만약 이런 상황이 발생했는데 어떤 따옴표를 입력해서 닫아야 할지 모르겠다면 ESC 키를 눌러 취소하고 다시 시도해 보세요.

이스케이프

문자열에 작은따옴표 혹은 큰따옴표 문자를 넣으려면 이스케이프 기호 \를 사용하면 됩니다.

```
double_quote <- "\"" # 또는 '"'
single_quote <- '\'' # 또는 "'"
```

마찬가지로 문자열에 백슬래시 문자를 넣으려면 "\\"와 같이 입력해야 합니다.

```
backslash <- "\\"
```

문자열이 출력된 모습은 입력한 문자열과 같지 않다는 사실을 주의하세요. 문자열을 출력하면 이스케이프 기호도 함께 나타납니다. 따라서 출력한 문자열을 복사 붙여 넣기 하면 똑같은 문자열을 다시 만들 수 있습니다. 문자열의 원본 내용을 확인하려면 str_view() 함수를 사용하면 됩니다.[1]

```
x <- c(single_quote, double_quote, backslash)
x
#> [1] "'"  "\"" "\\"

str_view(x)
#> [1] │ '
#> [2] │ "
#> [3] │ \
```

원문자 표현법

따옴표나 백슬래시가 여러 개 들어 있는 문자열을 만들면 혼란스러울 수 있습니다. 이 문제를 설명하기 위해 double_quote와 single_quote 변수를 만드는 코드가 들어 있는 문자열을 만들어 보겠습니다.

```
tricky <- "double_quote <- \"\\\"\" # 또는 '\"'
single_quote <- '\\'' # 또는 \"'\""
str_view(tricky)
#> [1] │ double_quote <- "\"" # 또는 '"'
#>     │ single_quote <- '\'' # 또는 "'"
```

백슬래시가 너무 많습니다! 이런 문제를 기울어진 이쑤시개 증후군(leaning toothpick syndrome)이라고 부릅니다. 이스케이프 기호를 없애려면 **원문자 표현법**(raw string)[2]을 사용하면 됩니다.

1 또는 writeLines() 함수를 사용해도 됩니다.
2 원문자 표현법은 R 4.0.0 버전 이상에서 사용할 수 있습니다.

```
tricky <- r"(double_quote <- "\"" # 또는 '"'
single_quote <- '\'' # 또는 "'")"
str_view(tricky)
#> [1] │ double_quote <- "\"" # 또는 '"'
#>     │ single_quote <- '\'' # 또는 "'"
```

원문자 표현법은 보통 r"(로 시작하고)"로 끝납니다. 하지만 문자열에)"가 들어 있다면 r"[]" 또는 r"{}"를 대신 사용하면 됩니다. 그래도 부족하다면 대시를 몇 개 넣어서 괄호쌍을 고유하게 만들면 됩니다. 예를 들어 `r"--()--"`, `r"---()---"`처럼 입력하면 됩니다. 원문자 표현법은 매우 유연해서 어떤 텍스트든 처리할 수 있습니다.

다른 특수 문자들

\", \', \\ 외에도 유용한 특수 문자들이 있습니다. 가장 자주 보게 되는 것은 줄 바꿈을 나타내는 \n, 탭을 나타내는 \t입니다. 가끔 \u 또는 \U로 시작하는 문자열을 보게 될 텐데 이는 유니코드 이스케이프를 나타냅니다. 유니코드 이스케이프는 영어가 아닌 문자를 표현할 때 사용하며, 모든 시스템에서 작동합니다. ?Quotes를 실행하면 특수 문자 전체 목록을 확인할 수 있습니다.

```
x <- c("one\ntwo", "one\ttwo", "\u00b5", "\U0001f604")
x
#> [1] "one\ntwo" "one\ttwo" "µ"          "😄" str_view(x)
#> [1] │ one
#>     │ two
#> [2] │ one{\t}two
#> [3] │ µ
#> [4] │ 😄
```

str_view()는 파란색 배경을 사용해서 공백을 쉽게 구분할 수 있게 해 줍니다. 텍스트에 사용할 수 있는 공백은 여러 종류가 있어서 알아차리기 어려운데 이렇게 배경이 있으면 텍스트에 뭔가 이상한 것이 있다는 것을 알아차리기 쉽습니다.

연습문제

1. 다음 값을 넣어서 문자열을 만들어 보세요.
    a. 그는 "That's amazing!"이라고 말했다

b. `\a\b\c\d`

c. `\\\\\\`

2. R 세션에서 다음 문자열을 만들어 출력해 보세요. "\u00a0"가 어떻게 출력되나요? str_view()를 사용하면 출력 결과가 어떻게 달라지나요? 인터넷에서 검색해서 이 특수 문자가 무엇을 뜻하는지 알아보세요.

```
x <- "This\u00a0is\u00a0tricky"
```

데이터를 이용해 여러 문자열 만들기

수작업으로 문자열을 한두 개 만드는 기본적인 방법을 익혔으니, 이제 다른 문자열을 이용해서 새 문자열을 생성하는 방법을 자세히 알아보겠습니다. 직접 작성한 텍스트를 데이터 프레임의 문자열에 결합할 때가 많은데, 이런 기법이 이런 문제를 해결하는 데 도움이 될 것입니다. 예를 들어 "Hello"라는 문자를 name 변수에 결합해 인사말을 만들 수 있습니다.

우선 str_c()와 str_glue()를 사용하는 방법, 이 함수들을 mutate()와 함께 사용하는 방법을 다룹니다. 이 함수를 사용하다 보면 summarize()와 함께 사용할 수 있는 stringr 함수가 무엇인지 궁금해질 텐데, 이 절의 마지막에서 문자열 요약 함수인 str_flatten()을 알아봅니다.

str_c()

str_c()는 여러 벡터를 인자로 받아 하나의 문자형 벡터를 반환합니다.

```
str_c("x", "y")
#> [1] "xy"
str_c("x", "y", "z")
#> [1] "xyz"
str_c("Hello ", c("John", "Susan"))
#> [1] "Hello John"  "Hello Susan"
```

str_c()는 기본 함수인 paste0()과 매우 비슷하지만, 일반적인 tidyverse 규칙에 따라 결측치를 재사용하고 전파하도록 설계되어 있어서 mutate()와 함께 사용하기 좋습니다.

```
df <- tibble(name = c("Flora", "David", "Terra", NA))
df |> mutate(greeting = str_c("Hi ", name, "!"))
#> # A tibble: 4 × 2
#>   name  greeting
#>   <chr> <chr>
#> 1 Flora Hi Flora!
#> 2 David Hi David!
#> 3 Terra Hi Terra!
#> 4 <NA>  <NA>
```

결측치를 다르게 표시하고 싶다면 coalesce()를 사용해 값을 대체할 수 있습니다. 원하는 결과에 따라 str_c()의 안이나 밖에서 사용할 수 있습니다.

```
df |>
  mutate(
    greeting1 = str_c("Hi ", coalesce(name, "you"), "!"),
    greeting2 = coalesce(str_c("Hi ", name, "!"), "Hi!")
  )
#> # A tibble: 4 × 3
#>   name  greeting1 greeting2
#>   <chr> <chr>     <chr>
#> 1 Flora Hi Flora! Hi Flora!
#> 2 David Hi David! Hi David!
#> 3 Terra Hi Terra! Hi Terra!
#> 4 <NA>  Hi you!   Hi!
```

str_glue()

str_c()를 이용해 문자열과 변수에 들어 있는 문자열을 섞어 사용하다 보면 " 기호를 많이 입력하게 되어 코드의 전체적인 목적을 파악하기 어려울 수 있습니다. 이럴 때 대안적으로 glue 패키지(*https://glue.tidyverse.org*)의 str_glue()를 사용할 수 있습니다.[3] 이 함수를 사용하면 {} 안에 입력한 문자를 마치 따옴표 밖에 있는 것처럼 처리할 수 있습니다.

```
df |> mutate(greeting = str_glue("Hi {name}!"))
#> # A tibble: 4 × 2
#>   name  greeting
#>   <chr> <glue>
#> 1 Flora Hi Flora!
```

3 Stringr을 사용하는 대신 glue::glue() 처럼 입력해서 함수를 직접 사용할 수 있습니다.

```
#> 2 David Hi David!
#> 3 Terra Hi Terra!
#> 4 <NA>  Hi NA!
```

출력 결과에서 볼 수 있듯 str_glue()는 안타깝게도 결측치를 "NA"라는 문자열로 바꿉니다. 즉, 결측치 처리 방식이 str_c()와 다릅니다.

문자열에 {나 }를 포함시키려면 어떻게 해야 하는지 궁금할 겁니다. "뭔가 이스케이프를 활용해야 하지 않을까?"라고 추측했다면 맞습니다. glue는 이스케이프를 조금 다른 방식으로 활용합니다. \ 같은 특수 문자로 시작하는 대신 특수 문자를 반복해 입력하면 됩니다.

```
df |> mutate(greeting = str_glue("{{Hi {name}!}}"))
#> # A tibble: 4 × 2
#>   name  greeting
#>   <chr> <glue>
#> 1 Flora {Hi Flora!}
#> 2 David {Hi David!}
#> 3 Terra {Hi Terra!}
#> 4 <NA>  {Hi NA!}
```

str_flatten()

str_c()와 str_glue()는 출력물의 길이가 입력한 값과 같기 때문에 mutate()와 잘 어울립니다. 그런데 만약 문자열을 단 하나만 반환해서 summarize()에 활용하고 싶다면 어떻게 해야 할까요? 이럴 때 str_flatten()을 사용하면 됩니다.[4] 이 함수는 여러 문자열 벡터를 입력받아 하나의 문자열로 합치는 기능을 합니다.

```
str_flatten(c("x", "y", "z"))
#> [1] "xyz"
str_flatten(c("x", "y", "z"), ", ")
#> [1] "x, y, z"
str_flatten(c("x", "y", "z"), ", ", last = ", and ")
#> [1] "x, y, and z"
```

이 기능 덕분에 summarize()와 함께 사용하기 좋습니다.

4 base R 함수 paste()의 collapse 인자가 이와 비슷한 기능을 합니다.

```
df <- tribble(
  ~ name, ~ fruit,
  "Carmen", "banana",
  "Carmen", "apple",
  "Marvin", "nectarine",
  "Terence", "cantaloupe",
  "Terence", "papaya",
  "Terence", "mandarin"
)
df |>
  group_by(name) |>
  summarize(fruits = str_flatten(fruit, ", "))
#> # A tibble: 3 × 2
#>   name    fruits
#>   <chr>   <chr>
#> 1 Carmen  banana, apple
#> 2 Marvin  nectarine
#> 3 Terence cantaloupe, papaya, mandarin
```

연습문제

1. 다음 입력값을 이용해서 paste0()과 str_c()의 출력 결과를 비교해 보세요.

   ```
   str_c("hi ", NA)
   str_c(letters[1:2], letters[1:3])
   ```

2. paste()와 paste0()의 차이점은 무엇일까요? str_c()를 사용해서 paste()와 같은 효과를 내려면 어떻게 해야 할까요?

3. str_c()와 str_glue()를 서로 바꿔서 같은 출력 결과를 만들어 보세요.

   a. str_c("The price of ", food, " is ", price)

   b. str_glue("I'm {age} years old and live in {country}")

   c. str_c("\\section{", title, "}")

문자열에서 데이터 추출하기

하나의 문자열에 여러 변수가 함께 들어 있는 경우가 자주 있습니다. 이 절에서는 문자열에서 변수를 추출할 때 사용하는 네 가지 tidyr 함수를 익힙니다.

- df |> separate_longer_delim(col, delim)
- df |> separate_longer_position(col, width)

- df |> separate_wider_delim(col, delim, names)
- df |> separate_wider_position(col, widths)

이 함수들을 자세히 살펴보면 공통된 패턴을 발견할 수 있습니다. separate_ 다음에 longer 또는 wider가 옵니다. 그 뒤에 _가 붙고 delim 또는 position이 옵니다. 이는 이 네 가지 함수가 두 가지 기본 함수의 조합으로 구성되기 때문입니다.

- pivot_longer()와 pivot_wider()처럼, _longer 함수는 새로운 행을 만들어 입력 데이터 프레임을 세로로 길게 만들고, _wider 함수는 새로운 열을 만들어 데이터 프레임을 가로로 넓게 만듭니다.
- delim은 문자열을 ", "나 " "와 같은 구분자로 나누고, position은 c(3, 5, 2)와 같은 정해진 길이에 따라 나눕니다.

이 함수 세트에 마지막으로 separate_wider_regex()가 있는데, 나중에 15장에서 다루겠습니다. 이 함수는 wider 함수 중에서 가장 유연한데, 우선 정규 표현식을 알아야 활용할 수 있습니다.

이어지는 다음 두 절에서는 이 분리 함수들의 기본 개념을 알아볼 겁니다. 행으로 나누는 더 간단한 방법을 먼저 다룬 다음 열로 나누는 방법을 살펴보겠습니다. 마지막으로 wider 함수가 문제 해결에 어떤 도움을 주는지에 대해서도 논의하겠습니다.

여러 행으로 나누기

각 행에 들어 있는 문자의 개수가 서로 다를 때 문자열을 여러 행으로 나누면 특히 유용합니다. 가장 자주 사용되는 방법은 구분자를 기준으로 분리하는 separate_longer_delim()을 사용하는 것입니다.

```
df1 <- tibble(x = c("a,b,c", "d,e", "f"))
df1 |>
  separate_longer_delim(x, delim = ",")
#> # A tibble: 6 × 1
#>   x
#>   <chr>
#> 1 a
#> 2 b
#> 3 c
#> 4 d
```

```
#> 5 e
#> 6 f
```

드물기는 하지만 오래된 데이터셋은 각 문자가 특정 값을 나타내는 식으로 매우 간결한 형식을 사용할 때가 있습니다. 이와 같은 경우에는 separate_longer_position()을 사용하기도 합니다.

```
df2 <- tibble(x = c("1211", "131", "21"))
df2 |>
  separate_longer_position(x, width = 1)
#> # A tibble: 9 × 1
#>   x
#>   <chr>
#> 1 1
#> 2 2
#> 3 1
#> 4 1
#> 5 1
#> 6 3
#> # i 3 more rows
```

여러 열로 나누기

각 문자열에 일정한 수의 구성 요소가 있고 이를 여러 개의 열로 나누어야 할 때 문자열을 열로 나누는 방법을 사용하면 유용합니다. 이 방법은 열마다 이름을 정해줘야 하기 때문에 longer 버전의 함수들보다 사용 방법이 약간 더 복잡합니다. 예를 들어 다음 데이터셋에서 x는 코드, 판본 번호, 연도로 이루어져 있고, 각 값이 "."로 구분되어 있습니다. separate_wider_delim()을 사용하려면 구분자와 열 이름을 두 인자에 입력해야 합니다.

```
df3 <- tibble(x = c("a10.1.2022", "b10.2.2011", "e15.1.2015"))
df3 |>
  separate_wider_delim(
    x,
    delim = ".",
    names = c("code", "edition", "year")
  )
#> # A tibble: 3 × 3
#>   code  edition year
#>   <chr> <chr>   <chr>
#> 1 a10   1       2022
```

```
#> 2 b10   2     2011
#> 3 e15   1     2015
```

특정 부분이 필요 없으면 NA를 넣어 결과에서 제외할 수 있습니다.

```
df3 |>
  separate_wider_delim(
    x,
    delim = ".",
    names = c("code", NA, "year")
  )
#> # A tibble: 3 × 2
#>   code  year
#>   <chr> <chr>
#> 1 a10   2022
#> 2 b10   2011
#> 3 e15   2015
```

separate_wider_position()은 작동 방식이 약간 다른데, 각 열의 너비를 지정하고 싶을 때 사용합니다. 이 함수를 사용할 때는 새 열의 이름과 해당 열이 차지할 문자 수를 정수 벡터로 입력해야 합니다. 출력 결과에서 특정 값을 생략하고 싶다면 그 값의 이름을 지정하지 않으면 됩니다.

```
df4 <- tibble(x = c("202215TX", "202122LA", "202325CA"))
df4 |>
  separate_wider_position(
    x,
    widths = c(year = 4, age = 2, state = 2)
  )
#> # A tibble: 3 × 3
#>   year  age   state
#>   <chr> <chr> <chr>
#> 1 2022  15    TX
#> 2 2021  22    LA
#> 3 2023  25    CA
```

문제 진단하기

separate_wider_delim()[5]을 사용하려면 열 개수를 알아야 하고 개수가 고정되어 있어야 합니다. 만약 어떤 행에 들어 있는 구성 요소의 개수가 예상과 다르면 어떻게

5 separate_wider_position()과 separate_wider_regex()에도 같은 원리가 적용됩니다.

될까요? 구성 요소가 너무 적거나 너무 많은 두 가지 문제가 있을 수 있습니다. 이 두 가지 문제를 해결하기 위해 separate_wider_delim()에는 too_few와 too_many라는 두 개의 인자가 있습니다. 우선 예제 데이터셋을 통해 too_few를 사용하는 상황을 알아보겠습니다.

```
df <- tibble(x = c("1-1-1", "1-1-2", "1-3", "1-3-2", "1"))

df |>
  separate_wider_delim(
    x,
    delim = "-",
    names = c("x", "y", "z")
  )
#> Error in `separate_wider_delim()`:
#> ! Expected 3 pieces in each element of `x`.
#> ! 2 values were too short.
#> i Use `too_few = "debug"` to diagnose the problem.
#> i Use `too_few = "align_start"/"align_end"` to silence this message.
```

출력 결과를 보면 에러 메시지에서 추가로 어떤 작업을 수행하면 좋을지 제안을 해 주고 있다는 것을 알 수 있습니다. 문제를 디버깅하는 것부터 시작해 보겠습니다.

```
debug <- df |>
  separate_wider_delim(
    x,
    delim = "-",
    names = c("x", "y", "z"),
    too_few = "debug"
  )
#> Warning: Debug mode activated: adding variables `x_ok`, `x_pieces`, and
#> `x_remainder`.
debug
#> # A tibble: 5 × 6
#>   x     y     z     x_ok  x_pieces x_remainder
#>   <chr> <chr> <chr> <lgl>    <int> <chr>
#> 1 1-1-1 1     1     TRUE         3 ""
#> 2 1-1-2 1     2     TRUE         3 ""
#> 3 1-3   3     <NA>  FALSE        2 ""
#> 4 1-3-2 3     2     TRUE         3 ""
#> 5 1     <NA>  <NA>  FALSE        1 ""
```

디버그 모드를 사용하면 x_ok, x_pieces, x_remainder라는 세 열이 추가됩니다. 접두사는 변수를 분리할 때 사용한 이름에 따라 달라집니다. x_ok를 보면 문자열을 나누는 작업에 실패한 입력값을 금방 찾을 수 있습니다.

```
debug |> filter(!x_ok)
#> # A tibble: 2 × 6
#>   x     y     z     x_ok  x_pieces x_remainder
#>   <chr> <chr> <chr> <lgl>    <int> <chr>
#> 1 1-3   3     <NA>  FALSE        2 ""
#> 2 1     <NA>  <NA>  FALSE        1 ""
```

x_pieces는 예상했던 3개(names의 길이)와 비교해 발견된 조각 수가 몇 개나 다른지 알려 줍니다. x_remainder는 예상보다 조각이 적을 때는 유용하지 않은데, 뒤에서 곧 다시 살펴보겠습니다.

디버깅 정보를 보면 문자열을 구분하는 방법에 문제가 있거나 문자열을 분리하기 전에 전처리를 더 해야 한다는 사실을 알 수 있습니다. 이럴 때는 문제를 더 앞 단계에서 해결하고, 새로운 에러가 발생하는지 확인하기 위해 too_few = "debug" 옵션을 제거하면 됩니다.

때로는 누락된 조각을 NA로 채우고 계속 진행하고 싶을 수 있습니다. 이럴 때는 too_few = "align_start"와 too_few = "align_end"를 사용해서 NA가 들어갈 위치를 정하면 됩니다.

```
df |>
  separate_wider_delim(
    x,
    delim = "-",
    names = c("x", "y", "z"),
    too_few = "align_start"
  )
#> # A tibble: 5 × 3
#>   x     y     z
#>   <chr> <chr> <chr>
#> 1 1     1     1
#> 2 1     1     2
#> 3 1     3     <NA>
#> 4 1     3     2
#> 5 1     <NA>  <NA>
```

조각이 너무 많은 경우에도 같은 원리가 적용됩니다.

```
df <- tibble(x = c("1-1-1", "1-1-2", "1-3-5-6", "1-3-2", "1-3-5-7-9"))

df |>
```

```
  separate_wider_delim(
    x,
    delim = "-",
    names = c("x", "y", "z")
  )
#> Error in `separate_wider_delim()`:
#> ! Expected 3 pieces in each element of `x`.
#> ! 2 values were too long.
#> i Use `too_many = "debug"` to diagnose the problem.
#> i Use `too_many = "drop"/"merge"` to silence this message.
```

하지만 결과를 디버깅해 보면 x_remainder의 용도를 알 수 있습니다.

```
debug <- df |>
  separate_wider_delim(
    x,
    delim = "-",
    names = c("x", "y", "z"),
    too_many = "debug"
  )
#> Warning: Debug mode activated: adding variables `x_ok`, `x_pieces`, and
#> `x_remainder`.
debug |> filter(!x_ok)
#> # A tibble: 2 × 6
#>   x         y     z     x_ok  x_pieces x_remainder
#>   <chr>     <chr> <chr> <lgl>    <int> <chr>
#> 1 1-3-5-6   3     5     FALSE        4 -6
#> 2 1-3-5-7-9 3     5     FALSE        5 -7-9
```

조각이 너무 많을 때는 사용할 수 있는 선택지가 약간 다릅니다. 추가 조각을 조용히 "제거"하거나 아니면 마지막 열에 "병합"할 수 있습니다.

```
df |>
  separate_wider_delim(
    x,
    delim = "-",
    names = c("x", "y", "z"),
    too_many = "drop"
  )
#> # A tibble: 5 × 3
#>   x     y     z
#>   <chr> <chr> <chr>
#> 1 1     1     1
#> 2 1     1     2
#> 3 1     3     5
```

```
#> 4 1     3     2
#> 5 1     3     5

df |>
  separate_wider_delim(
    x,
    delim = "-",
    names = c("x", "y", "z"),
    too_many = "merge"
  )
#> # A tibble: 5 × 3
#>   x     y     z
#>   <chr> <chr> <chr>
#> 1 1     1     1
#> 2 1     1     2
#> 3 1     3     5-6
#> 4 1     3     2
#> 5 1     3     5-7-9
```

글자 다루기

이 절에서는 문자열 안에 있는 각각의 글자를 다루는 함수를 소개합니다. 문자열의 길이를 구하는 방법, 문자열 일부를 추출하는 방법, 그래프와 표에서 긴 문자열을 다루는 방법을 익힙니다.

문자열 길이

`str_length()`는 문자열의 글자 수를 알려 줍니다.

```
str_length(c("a", "R for data science", NA))
#> [1]  1 18 NA
```

이 함수를 `count()`와 함께 사용하면 미국 아기 이름의 길이 분포를 알 수 있습니다. 그런 다음 `filter()`를 사용하면 가장 긴 이름을 알아낼 수 있습니다. 가장 긴 이름은 15자군요.[6]

6 이 항목들을 보면 아기 이름 데이터는 공백이나 하이픈을 제거하고 15자 이후로는 잘라낸 것으로 추측할 수 있습니다.

```
babynames |>
  count(length = str_length(name), wt = n)
#> # A tibble: 14 × 2
#>   length        n
#>    <int>    <int>
#> 1      2   338150
#> 2      3  8589596
#> 3      4 48506739
#> 4      5 87011607
#> 5      6 90749404
#> 6      7 72120767
#> # i 8 more rows

babynames |>
  filter(str_length(name) == 15) |>
  count(name, wt = n, sort = TRUE)
#> # A tibble: 34 × 2
#>   name                n
#>   <chr>           <int>
#> 1 Franciscojavier   123
#> 2 Christopherjohn   118
#> 3 Johnchristopher   118
#> 4 Christopherjame   108
#> 5 Christophermich    52
#> 6 Ryanchristopher    45
#> # i 28 more rows
```

추출하기

str_sub(string, start, end)를 사용하면 문자열의 일부를 추출할 수 있습니다. 여기서 start와 end는 추출할 문자의 시작 위치와 끝 위치를 나타냅니다. 추출할 때 start와 end에 입력한 문자까지 포함하므로 반환하는 문자열의 길이는 end - start + 1이 됩니다.

```
x <- c("Apple", "Banana", "Pear")
str_sub(x, 1, 3)
#> [1] "App" "Ban" "Pea"
```

문자열 끝에서부터 거꾸로 세려면 음수를 사용하면 됩니다. -1은 마지막 문자, -2는 끝에서 두 번째 문자를 나타내는 식입니다.

```
str_sub(x, -3, -1)
#> [1] "ple" "ana" "ear"
```

str_sub() 함수는 문자열이 너무 짧아도 오류를 내지 않습니다. 다만 가능한 만큼만 반환할 뿐입니다.

```
str_sub("a", 1, 5)
#> [1] "a"
```

str_sub()를 mutate()와 함께 사용하면 각 이름의 첫 글자와 마지막 글자를 찾을 수 있습니다.

```
babynames |>
  mutate(
    first = str_sub(name, 1, 1),
    last = str_sub(name, -1, -1)
  )
#> # A tibble: 1,924,665 × 7
#>    year sex   name          n   prop first last
#>   <dbl> <chr> <chr>     <int>  <dbl> <chr> <chr>
#> 1  1880 F     Mary       7065 0.0724 M     y
#> 2  1880 F     Anna       2604 0.0267 A     a
#> 3  1880 F     Emma       2003 0.0205 E     a
#> 4  1880 F     Elizabeth  1939 0.0199 E     h
#> 5  1880 F     Minnie     1746 0.0179 M     e
#> 6  1880 F     Margaret   1578 0.0162 M     t
#> # i 1,924,659 more rows
```

연습문제

1. 아기 이름의 길이 분포를 계산할 때, 왜 wt = n을 사용했을까요?
2. str_length()와 str_sub()를 사용해 각 아기 이름의 가운데 글자를 추출해 보세요. 만약 글자 수가 짝수라면 어떻게 해야 할까요?
3. 시간이 지남에 따라 아기 이름 길이에 주요한 변화 추세가 있나요? 인기 있는 첫 글자와 마지막 글자가 달라졌나요?

비영어 텍스트

지금까지 영어 텍스트를 주로 다뤘는데, 영어는 두 가지 이유로 다루기가 특히 쉽습니다. 첫째, 영어 알파벳은 비교적 간단해서 글자가 26개밖에 없습니다. 둘째, 더 중요한 점은 우리가 현재 사용하는 컴퓨팅 시스템이 주로 영어 사용자들에 의해 설계되었다는 것입니다. 안타깝게도 비영어권 언어를 완전히 다룰 여력은 없습니다. 그래도 비영어권 언어를 다룰 때 맞닥뜨릴 수 있는 가장 큰 난관 몇 가지, 즉 인코딩, 문자 변형, 로케일 종속 함수 등에 대해서는 주의를 환기하고 싶습니다.

인코딩

영어가 아닌 텍스트를 다룰 때 가장 먼저 부딪히는 난관은 대개 **인코딩**(encoding) 문제입니다. 이게 무슨 뜻인지 이해하려면 컴퓨터가 문자열을 내부적으로 어떻게 표현하는지 깊이 파고들어야 합니다. R에서는 `charToRaw()` 함수를 사용해 문자열이 실제로 어떻게 표현되는지 볼 수 있습니다.

```
charToRaw("Hadley")
#> [1] 48 61 64 6c 65 79
```

이 여섯 개의 16진수는 각각 하나의 문자를 나타냅니다. `48`은 H, `61`은 a를 나타내는 식입니다. 16진수와 문자의 이런 대응 관계를 인코딩이라고 하며, 이 경우에는 ASCII 인코딩입니다. ASCII는 American Standard Code for Information Interchange의 줄임말로 미국 표준 코드이기 때문에 영어 문자 표현에 탁월합니다.

하지만 영어 외 다른 언어는 그렇게 간단하지 않습니다. 초기 컴퓨팅 시절에는 비영어 문자를 인코딩하는 표준이 여럿 경쟁했습니다. 예를 들어 유럽에는 두 가지 다른 인코딩이 있었는데, Latin1(ISO-8859-1)은 서유럽 언어에, Latin2(ISO-8859-2)는 중앙 유럽 언어에 쓰였습니다. Latin1에서 바이트 `b1`은 "±"이지만 Latin2에서는 "ą"입니다! 다행히 요즘은 UTF-8이라는 표준이 거의 모든 곳에서 사용됩니다. UTF-8은 현대인이 쓰는 거의 모든 문자뿐 아니라 이모지 같은 여러 추가 기호까지 인코딩할 수 있습니다.

readr은 모든 곳에서 UTF-8을 씁니다. UTF-8은 기본값으로 좋기는 하지만 UTF-8을 쓰지 않는 구식 시스템에서 만든 데이터에 적용하면 제대로 작동하지 않습니다. 그럴 경우 문자열을 출력하면 이상하게 나옵니다. 가끔은 한두 문자만 깨지기도 하지만, 심하면 완전히 알아볼 수 없는 글자가 되기도 합니다. 예로 특이하게 인코딩된 인라인 CSV 두 개를 들어 보겠습니다.[7]

7 바이너리 데이터를 문자열에 직접 인코딩하기 위해 특수 문자 \x를 사용했습니다.

```
x1 <- "text\nEl Ni\xf1o was particularly bad this year"
read_csv(x1)$text
#> [1] "El Ni\xf1o was particularly bad this year"

x2 <- "text\n\x82\xb1\x82\xf1\x82\xc9\x82\xbf\x82\xcd"
read_csv(x2)$text
#> [1] "\x82\xb1\x82\xf1\x82\xc9\xbf\x82\xcd"
```

이 글자를 제대로 출력하려면 locale 인자에 인코딩을 설정해야 합니다.

```
read_csv(x1, locale = locale(encoding = "Latin1"))$text
#> [1] "El Niño was particularly bad this year"

read_csv(x2, locale = locale(encoding = "Shift-JIS"))$text
#> [1] "こんにちは"
```

올바른 인코딩을 어떻게 찾을 수 있을까요? 운이 좋다면 데이터 문서의 어딘가에 포함되어 있겠지만, 안타깝게도 그런 경우는 드뭅니다. 그래서 readr 패키지에는 인코딩을 알아내는 것을 돕는 guess_encoding()이 있습니다. 이 함수는 완벽하지는 않고 앞의 예제와 달리 텍스트가 많을 때 더 잘 작동하지만, 시작할 때 사용하기에는 괜찮습니다. 보통은 올바른 인코딩을 찾기 전에 몇 가지 다른 인코딩을 시도해 보게 될 것입니다.

인코딩은 알아볼 게 많고 복잡한 주제이므로 여기서는 맛보기 정도로 간략하게만 다루었습니다. 인코딩을 더 자세히 공부하고 싶다면 *https://kunststube.net/encoding*에 있는 상세한 설명을 읽어 보기 바랍니다.

문자를 표현하는 다양한 방법

악센트가 있는 언어로 작업할 때는 문자의 위치를 결정하는 게 상당히 어려울 수 있습니다. 예를 들어 str_length()나 str_sub() 함수를 사용할 때 말이죠. 악센트 있는 문자가 ü처럼 하나의 문자로 인코딩되기도 하고, 악센트 없는 문자 u와 발음 구별 부호 ¨를 조합해서 두 개의 문자로 인코딩되기도 하기 때문입니다. 다음 코드를 보면, 겉보기로는 똑같은 ü를 표현하는 두 가지 방식이 있다고 생각할 수 있습니다.

```
u <- c("\u00fc", "u\u0308")
str_view(u)
```

```
#> [1] | ü
#> [2] | ü
```

하지만 두 문자열은 길이가 다르고 첫 번째 문자도 다릅니다.

```
str_length(u)
#> [1] 1 2
str_sub(u, 1, 1)
#> [1] "ü" "u"
```

== 연산자로 이 문자열들을 비교하면 서로 다른 것으로 간주하지만, stringr 패키지의 유용한 `str_equal()` 함수는 두 문자열이 겉보기에는 똑같다는 걸 알아차립니다.

```
u[[1]] == u[[2]]
#> [1] FALSE

str_equal(u[[1]], u[[2]])
#> [1] TRUE
```

로케일에 따라 달라지는 함수

stringr 패키지에는 로케일에 따라 작동 방식이 달라지는 함수가 몇 개 있습니다. 로케일은 언어와 비슷하지만, 같은 언어라도 지역에 따라 차이가 있을 수 있으므로 선택적으로 지역을 나타내는 식별자가 포함됩니다. 로케일은 언어를 나타내는 소문자 줄임말로 지정하며, 선택적으로 _ 기호와 대문자로 된 지역 식별자가 뒤에 붙을 수 있습니다. 예를 들어 "en"은 영문자를, "en_GB"는 영국식 영문자를, "en_US"는 미국식 영문자를 뜻합니다. 자신의 언어 코드를 모른다면 위키피디아에 잘 정리된 목록(*https://en.wikipedia.org/wiki/List_of_ISO_639_language_codes*)이 있으니 참고하세요. stringr 패키지에서 지원하는 언어는 `stringi::stri_locale_list()`로 확인할 수 있습니다.

base R의 문자열 함수는 자동으로 운영체제에 설정된 로케일을 사용합니다. 따라서 base R 문자열 함수는 사용자의 언어에 맞게 기대한 대로 동작하지만, 다른 나라 사람과 코드를 공유하면 다르게 작동할 수 있습니다. stringr 패키지는 이런 문제를 피하기 위해 기본값으로 "en" 로케일을 사용해 영문자 규칙을 적용하며, 이를 바꾸려면 `locale` 인자를 직접 지정해야 합니다. 다행히 로케일에 따라 기능이 달라지는 함수는 대소문자를 바꾸는 함수와 정렬하는 함수, 두 종류밖에 없습니다.

대소문자를 바꾸는 규칙은 언어마다 다릅니다. 예를 들어 터키 문자에는 점이 있는 i와 점이 없는 ı, 두 가지가 있습니다. 이 둘은 별개의 문자이므로 대문자로 바꿀 때도 다르게 처리해야 합니다.

```
str_to_upper(c("i", "ı"))
#> [1] "I" "I"
str_to_upper(c("i", "ı"), locale = "tr")
#> [1] "İ" "I"
```

문자열을 정렬할 때는 알파벳 순서를 따르는데, 언어마다 알파벳 순서가 다를 수 있습니다.[8] 예를 들어 체코 문자에서는 "ch"가 하나의 복합 문자로 취급되어 알파벳에서 h 다음에 옵니다.

```
str_sort(c("a", "c", "ch", "h", "z"))
#> [1] "a"  "c"  "ch" "h"  "z"
str_sort(c("a", "c", "ch", "h", "z"), locale = "cs")
#> [1] "a"  "c"  "h"  "ch" "z"
```

`dplyr::arrange()`로 문자열을 정렬할 때도 마찬가지인데, 바로 이런 이유로 `arrange()`에도 `locale` 인자가 있는 것입니다.

요약

이 장에서는 stringr 패키지의 강력한 기능들을 익혔습니다. 문자열을 만들고, 결합하고, 추출하는 방법과 비영어권 문자열을 다룰 때 마주칠 수 있는 여러 문제를 알아보았습니다. 이제 문자열을 다룰 때 중요하고 강력한 도구 중 하나인 정규 표현식을 익힐 차례입니다. 정규 표현식은 문자열 안에 있는 패턴을 표현하는 데 사용하는 언어인데, 표현은 매우 간결하지만 표현력은 매우 풍부합니다. 다음 장에서 정규 표현식을 알아보겠습니다.

8 한자처럼 알파벳이 없는 언어는 문자 정렬 방법이 더욱 복잡합니다.

15장

R for Data Science Second Edition

정규 표현식

들어가며

14장에서 문자열을 다루는 데 유용한 여러 함수를 익혔습니다. 이 장에서는 문자열 안의 패턴을 표현하는 간결하면서도 강력한 언어인 **정규 표현식**(regular expressions)을 사용하는 함수에 초점을 맞출 겁니다. "정규 표현식"이라는 단어는 좀 길기 때문에 대부분의 사람은 "regex"[1]나 "regexp"로 줄여 부릅니다.

이 장은 정규 표현식의 기초를 익힌 다음 데이터 분석에 가장 유용하게 사용되는 stringr 함수를 소개하는 것부터 시작합니다. 그런 다음 패턴에 대한 지식을 넓히고 이스케이프, 앵커링, 문자 클래스, 단축 클래스, 수량자, 연산자 우선순위, 그룹화라는 일곱 가지 중요한 주제를 다룹니다. 이어서 stringr 함수가 다룰 수 있는 다른 유형의 패턴과 정규 표현식의 동작을 조정하는 여러 가지 "플래그"를 다룹니다. 마지막으로 tidyverse와 base R에서 정규 표현식을 사용하는 다른 사례들을 살펴봅니다.

준비하기

이 장에서는 tidyverse의 핵심 패키지인 stringr과 tidyr의 정규 표현식 함수를 사용합니다. 그리고 babynames 패키지의 데이터를 사용합니다.

1 regex를 발음할 때 g에 강세를 둬서 레그-엑스(reg-x)로 발음하기도 하고 g를 약하게 해서 레즈-엑스(rej-x)로 발음하기도 합니다.

```
library(tidyverse)
library(babynames)
```

이 장 전체에 걸쳐서 기본 개념을 익히기 위해 아기 이름 데이터와 stringr의 세 가지 문자형 벡터를 함께 사용합니다.

- `fruit`에는 80개 과일의 이름이 들어 있습니다.
- `words`에는 980개의 일반적인 영어 단어가 들어 있습니다.
- `sentences`에는 720개의 짧은 문장이 들어 있습니다.

기본적인 패턴

`str_view()` 함수로 정규 표현식 패턴이 어떻게 작동하는지 알아보겠습니다. 지난 장에서는 문자열과 출력된 표현이 어떻게 다른지 이해하기 위해 `str_view()`를 사용했는데, 이제는 이 함수의 두 번째 인자인 정규 표현식을 함께 사용해 보겠습니다. 정규 표현식을 지정하면 `str_view()`는 패턴과 매칭되는 문자열 벡터의 요소만 보여주고, 각 매칭 부분을 <>로 감싸며, 가능하면 파란색으로 강조해 줍니다.

가장 단순한 패턴은 글자와 숫자로 이뤄져 있고, 정확히 같은 글자나 숫자와 매칭되는 형태입니다.

```
str_view(fruit, "berry")
#>  [6] │ bil<berry>
#>  [7] │ black<berry>
#> [10] │ blue<berry>
#> [11] │ boysen<berry>
#> [19] │ cloud<berry>
#> [21] │ cran<berry>
#> ... and 8 more
```

글자와 숫자가 정확히 일치하는 것을 **리터럴 문자**(literal characters)라고 합니다. `.`, `+`, `*`, `[`, `]`, `?` 같은 구두점 문자는 대부분 특별한 의미를 가지는데[2], 이를 **메타 문자**(metacharacters)라고 합니다. 예를 들어 `.`은 모든 문자와 매칭되므로[3] `"a."`은 "a" 다음에 어떤 문자가 오든, 모든 문자열과 매칭됩니다.

2 이런 특수 문자의 의미를 무시하는 방법은 303쪽 "이스케이프"에서 다룹니다.
3 사실 `\n`을 제외한 모든 문자와 매칭됩니다.

```
str_view(c("a", "ab", "ae", "bd", "ea", "eab"), "a.")
#> [2] │ <ab>
#> [3] │ <ae>
#> [6] │ e<ab>
```

"a" 다음에 아무 글자 세 개가 오고 그 뒤에 "e"가 오는 과일을 모두 찾아볼 수도 있습니다.

```
str_view(fruit, "a...e")
#>  [1] │ <apple>
#>  [7] │ bl<ackbe>rry
#> [48] │ mand<arine>
#> [51] │ nect<arine>
#> [62] │ pine<apple>
#> [64] │ pomegr<anate>
#> ... and 2 more
```

수량자(quantifiers)로 패턴이 몇 번이나 매칭될 수 있는지 조절할 수 있습니다.

- ?를 쓰면 패턴이 선택 사항이 됩니다(즉, 0번 또는 한 번 매칭됩니다).
- +를 쓰면 패턴이 반복됩니다(즉, 적어도 한 번 이상 매칭됩니다).
- *를 쓰면 패턴이 선택 사항이 되거나 반복됩니다(즉, 0번을 포함해 매칭 횟수에 제한이 없습니다).

```
# ab?는 "a" 다음에 "b"가 있어도 되고 없어도 되는 패턴과 매칭됩니다.
str_view(c("a", "ab", "abb"), "ab?")
#> [1] │ <a>
#> [2] │ <ab>
#> [3] │ <ab>b

# ab+는 "a" 다음에 "b"가 하나 이상 있는 패턴과 매칭됩니다.
str_view(c("a", "ab", "abb"), "ab+")
#> [2] │ <ab>
#> [3] │ <abb>

# ab*는 "a" 다음에 "b"가 몇 개든 올 수 있는 패턴과 매칭됩니다.
str_view(c("a", "ab", "abb"), "ab*")
#> [1] │ <a>
#> [2] │ <ab>
#> [3] │ <abb>
```

문자 클래스(Character class)를 [] 안에 정의하면 문자 집합을 매칭시킬 수 있습니다. 예를 들어 [abcd]는 "a", "b", "c", "d" 중 하나와 매칭됩니다. ^를 앞에 붙여서 매칭을 반전시킬 수도 있습니다. [^abcd]는 "a", "b", "c", "d"를 제외한 모든 문자와 매칭됩니다. 이 방식으로 모음 사이에 있는 "x"나 자음 사이에 있는 "y"를 포함한 단어를 찾아낼 수 있습니다.

```
str_view(words, "[aeiou]x[aeiou]")
#> [284] │ <exa>ct
#> [285] │ <exa>mple
#> [288] │ <exe>rcise
#> [289] │ <exi>st
str_view(words, "[^aeiou]y[^aeiou]")
#> [836] │ <sys>tem
#> [901] │ <typ>e
```

또는 기호(alternation)인 |로 둘 이상의 패턴 중에서 하나를 고를 수 있습니다. 예를 들어 다음은 "apple", "melon", "nut"가 들어간 과일을 찾는 패턴과 반복되는 모음이 있는 과일을 찾는 패턴입니다.

```
str_view(fruit, "apple|melon|nut")
#>  [1] │ <apple>
#> [13] │ canary <melon>
#> [20] │ coco<nut>
#> [52] │ <nut>
#> [62] │ pine<apple>
#> [72] │ rock <melon>
#> ... and 1 more
str_view(fruit, "aa|ee|ii|oo|uu")
#>  [9] │ bl<oo>d orange
#> [33] │ g<oo>seberry
#> [47] │ lych<ee>
#> [66] │ purple mangost<ee>n
```

정규 표현식은 매우 간결하면서도 문장부호를 많이 사용하므로 처음에는 너무 어려워 보이고 읽기 힘들 수 있습니다. 하지만 걱정할 필요 없습니다. 연습하다 보면 점점 익숙해지고 간단한 패턴은 금방 익힐 수 있을 겁니다. 그럼 유용한 stringr 함수를 연습하면서 정규 표현식을 익혀 보겠습니다.

핵심 함수

이제 정규 표현식의 기본을 익혔으니 stringr, tidyr 함수와 함께 사용해 보겠습니다. 다음 절에서는 매칭 항목이 있는지 없는지 탐지하는 방법, 매칭 항목 개수를 세는 방법, 매칭 항목을 정해 둔 텍스트로 바꾸는 방법, 패턴을 사용해 텍스트를 추출하는 방법을 익힙니다.

매칭 항목 탐지하기

str_detect()는 패턴이 문자형 벡터의 요소와 매칭되면 논리형 벡터 TRUE를 반환하고 그렇지 않으면 FALSE를 반환합니다.

```
str_detect(c("a", "b", "c"), "[aeiou]")
#> [1]  TRUE FALSE FALSE
```

str_detect()는 입력한 벡터와 길이가 같은 논리형 벡터를 반환하므로 filter()와 함께 쓰기 좋습니다. 예를 들어 다음 코드는 소문자 "x"를 포함하는 가장 인기 있는 이름을 모두 찾습니다.

```
babynames |>
  filter(str_detect(name, "x")) |>
  count(name, wt = n, sort = TRUE)
#> # A tibble: 974 × 2
#>   name           n
#>   <chr>      <int>
#> 1 Alexander 665492
#> 2 Alexis    399551
#> 3 Alex      278705
#> 4 Alexandra 232223
#> 5 Max       148787
#> 6 Alexa     123032
#> # i 968 more rows
```

str_detect()를 sum()이나 mean()에 넣어서 summarize()에 사용할 수도 있습니다. sum(str_detect(x, pattern))은 매칭되는 관측치의 수를, mean(str_detect(x, pattern))은 일치하는 비율을 알려 줍니다. 예를 들어 다음 코드는 연도별로 "x"를 포함하는 아기 이름[4]의 비율을 계산하고 시각화합니다. 최근 이런 이름의 인기가 급격히 높아졌나 보네요!

```
babynames |>
  group_by(year) |>
  summarize(prop_x = mean(str_detect(name, "x"))) |>
  ggplot(aes(x = year, y = prop_x)) +
  geom_line()
```

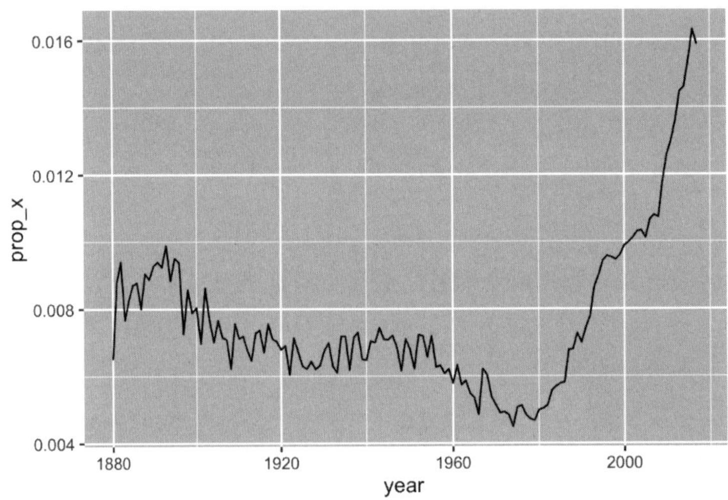

str_detect()와 밀접한 관련이 있는 두 가지 함수가 있습니다. str_subset()과 str_which()입니다. str_subset()은 매칭되는 문자열로만 이루어진 문자형 벡터를 반환합니다. str_which()는 매칭되는 문자열의 위치를 나타내는 정수 벡터를 반환합니다.

매칭 횟수 세기

str_detect()보다 한 단계 더 복잡한 것은 str_count()입니다. str_count()는 TRUE나 FALSE를 반환하지 않고 각 문자열에서 매칭된 횟수를 알려 줍니다.

```
x <- c("apple", "banana", "pear")
str_count(x, "p")
#> [1] 2 0 1
```

4 이는 "x"를 포함하는 names의 비율을 알려 줍니다. x를 포함하는 이름을 가진 아기의 비율을 확인하려면 가중 평균을 계산해야 합니다.

주의할 점은 매칭이 항상 이전 매칭이 끝난 지점에서 시작한다는 것입니다. 즉, 정규 표현식 매칭은 서로 겹치지 않습니다. 예를 들어 "abababa"에서 "aba" 패턴은 몇 번이나 매칭될까요? 정규 표현식에 따르면 세 번이 아니라 두 번입니다.

```
str_count("abababa", "aba")
#> [1] 2
str_view("abababa", "aba")
#> [1] │ <aba>b<aba>
```

str_count()는 mutate()와 함께 쓰기 좋습니다. 다음 예제에서는 str_count()를 문자 클래스와 함께 사용해서 각 이름에 들어 있는 모음과 자음의 개수를 셉니다.

```
babynames |>
  count(name) |>
  mutate(
    vowels = str_count(name, "[aeiou]"),
    consonants = str_count(name, "[^aeiou]")
  )
#> # A tibble: 97,310 × 4
#>   name          n vowels consonants
#>   <chr>     <int>  <int>      <int>
#> 1 Aaban        10      2          3
#> 2 Aabha         5      2          3
#> 3 Aabid         2      2          3
#> 4 Aabir         1      2          3
#> 5 Aabriella     5      4          5
#> 6 Aada          1      2          2
#> # i 97,304 more rows
```

잘 보면 계산한 것에 문제가 있다는 사실을 알 수 있습니다. "Aaban"에는 "a"가 세 개 있는데 계산 결과를 보면 모음이 두 개밖에 없다고 나옵니다. 이런 문제가 발생하는 이유는 정규 표현식이 대소문자를 구분하기 때문입니다. 이 문제는 다음 세 가지 방법으로 해결할 수 있습니다.

- 문자 클래스에 대문자 모음 추가하기: str_count(name, "\[aeiouAEIOU\]")
- 정규 표현식에 대소문자를 무시하라고 지정하기: str_count(name, regex("\[aeiou\]", ignore_case = TRUE)) 이에 대해서는 311쪽 "정규 표현식 플래그"에서 자세히 다루겠습니다.
- str_to_lower()로 이름을 소문자로 바꾸기: str_count(str_to_lower(name), "\[aeiou\]")

이렇게 다양한 접근법을 사용하는 것은 문자열을 다룰 때 흔히 있는 일입니다. 복잡한 패턴을 만들거나 문자열을 미리 가공하는 등 목표를 달성하는 방법이 여러 가지라서 그렇습니다. 한 방식으로 접근하다 막히면 방향을 틀어 다른 관점에서 문제를 풀어 보는 게 도움이 될 때가 많습니다. 여기서는 이름에 두 가지 함수를 적용하므로 우선 변환 먼저 하는 게 쉬울 것 같습니다.

```
babynames |>
  count(name) |>
  mutate(
    name = str_to_lower(name),
    vowels = str_count(name, "[aeiou]"),
    consonants = str_count(name, "[^aeiou]")
  )
#> # A tibble: 97,310 × 4
#>   name          n vowels consonants
#>   <chr>     <int>  <int>      <int>
#> 1 aaban        10      3          2
#> 2 aabha         5      3          2
#> 3 aabid         2      3          2
#> 4 aabir         1      3          2
#> 5 aabriella     5      5          4
#> 6 aada          1      3          1
#> # i 97,304 more rows
```

값 바꾸기

매칭된 값을 탐지하고 세는 것 외에도 str_replace()와 str_replace_all()을 이용해 값을 수정할 수도 있습니다. str_replace()는 첫 번째로 매칭된 값만 대체합니다. str_replace_all()은 이름에서 알 수 있듯이 매칭된 모든 값을 대체합니다.

```
x <- c("apple", "pear", "banana")
str_replace_all(x, "[aeiou]", "-")
#> [1] "-ppl-"  "p--r"   "b-n-n-"
```

str_remove()와 str_remove_all()은 str_replace(x, pattern, "")를 더 편리하게 쓸 수 있게 만든 함수입니다.

```
x <- c("apple", "pear", "banana")
str_remove_all(x, "[aeiou]")
#> [1] "ppl" "pr"  "bnn"
```

이런 함수들은 데이터를 정리할 때 mutate()와 자연스럽게 함께 쓰이고, 일관성 없는 형식을 없애기 위해 여러 번 반복 사용하는 경우가 많습니다.

변수 추출하기

마지막으로 다룰 함수는 정규 표현식으로 한 열에서 데이터를 추출해 하나 이상의 새 열로 만드는 separate_wider_regex()입니다. 이 함수는 280쪽 "여러 열로 나누기"에서 다룬 separate_wider_position(), separate_wider_delim() 함수와 비슷한 역할을 합니다. 이 함수들은 개별 벡터가 아니라 데이터 프레임의 열을 다루기 때문에 tidyr 패키지에 들어 있습니다.

그럼 간단한 데이터셋을 만들어 이 함수가 어떻게 작동하는지 알아보겠습니다. 여기 babynames에서 가져온 데이터가 있는데 이름, 성별, 나이가 좀 이상한 형식으로 되어 있습니다.[5]

```
df <- tribble(
  ~str,
  "<Sheryl>-F_34",
  "<Kisha>-F_45",
  "<Brandon>-N_33",
  "<Sharon>-F_38",
  "<Penny>-F_58",
  "<Justin>-M_41",
  "<Patricia>-F_84",
)
```

separate_wider_regex()를 이용해 데이터를 추출하려면 각 부분에 매칭되는 정규 표현식을 차례로 작성하기만 하면 됩니다. 추출한 내용을 결과에 포함시키고 싶다면 이름을 붙여 주면 됩니다.

```
df |>
  separate_wider_regex(
    str,
    patterns = c(
      "<",
      name = "[A-Za-z]+",
      ">-",
```

5 현실에서 이렇게까지 이상한 데이터를 보고 싶지 않겠지만, 안타깝게도 일을 하다 보면 이것보다 훨씬 더 이상한 데이터를 만나게 될 겁니다!

```
    gender = ".", "_",
    age = "[0-9]+"
  )
 )
#> # A tibble: 7 × 3
#>   name    gender age
#>   <chr>   <chr>  <chr>
#> 1 Sheryl  F      34
#> 2 Kisha   F      45
#> 3 Brandon N      33
#> 4 Sharon  F      38
#> 5 Penny   F      58
#> 6 Justin  M      41
#> # i 1 more row
```

매칭에 실패하면 separate_wider_delim()이나 separate_wider_position()을 쓸 때처럼 too_short = "debug" 옵션을 써서 무엇이 잘못됐는지 찾아볼 수 있습니다.

연습문제

1. 아기 이름 중에서 모음이 가장 많은 이름은 무엇인가요? 모음 비율이 가장 높은 이름은 무엇인가요? (힌트: 분모가 뭘까요?)
2. "a/b/c/d/e"에서 모든 슬래시를 백슬래시로 바꿔 보세요. 반대로 모든 백슬래시를 슬래시로 바꿔서 원래대로 돌리려고 하면 어떻게 해야 할까요? (이 문제는 곧 다시 살펴보겠습니다)
3. str_replace_all()을 사용해서 str_to_lower() 함수를 간단히 구현해 보세요.
4. 전화번호 형식에 매칭되는 정규 표현식을 만들어 보세요.

패턴 세부 사항

패턴 언어의 기초와 이를 stringr, tidyr 함수와 함께 사용하는 방법을 이해했으니 이제 더 자세한 내용을 살펴보겠습니다. 우선 메타 문자를 특수 문자가 아닌 일반 문자로 매칭시킬 수 있게 해 주는 **이스케이프**부터 살펴봅니다. 다음으로 문자열의 시작이나 끝을 매칭할 수 있는 **앵커**를 다룹니다. 그런 다음 문자 집합에서 아무 문자나 매칭할 수 있는 **문자 클래스**와 문자 클래스를 간단하게 줄여서 표현하는 방법을 알아봅니다. 그다음에는 패턴 매칭 횟수를 정할 때 사용하는 **수량자**를 자세히 다룹니다. 그리고 중요하지만 복잡한 주제인 **연산자 우선순위**와 괄호도 짚어 봐야 합니다. 마지막으로 패턴의 구성 요소를 **그룹화**하는 방법을 자세히 알아봅니다.

여기서 사용하는 용어는 각 구성 요소의 전문 용어입니다. 직관적으로 이해하기 쉬운 용어는 아니지만 정확한 용어를 알고 있으면 나중에 더 자세한 내용을 알아보기 위해 구글링할 때 도움이 됩니다.

이스케이프

.을 있는 그대로 매칭시키려면 정규 표현식에게 메타 문자[6]를 문자 그대로 취급하라고 알려 주는 **이스케이프**(escape)가 필요합니다. 문자열처럼 정규 표현식도 이스케이프에 백슬래시를 씁니다. 그래서 .을 매칭시키려면 \.이라는 정규 표현식을 써야 합니다. 그런데 여기서 문제가 생깁니다. 정규 표현식은 문자열로 표현하는데, 문자열에서도 \가 이스케이프 기호로 쓰이거든요. 따라서 \.이라는 정규 표현식을 만들려면 다음 예시처럼 "\\."이라는 문자열을 써야 합니다.

```
# \.이라는 정규 표현식을 만들려면 \\.이라고 써야 합니다.
dot <- "\\."

# 하지만 정규 표현식 자체에는 \가 하나만 들어 있습니다.
str_view(dot)
#> [1] │ \.

# 이렇게 하면 R이 문자 그대로의 .을 찾게 됩니다.
str_view(c("abc", "a.c", "bef"), "a\\.c")
#> [2] │ <a.c>
```

이 책에서는 보통 \.처럼 따옴표 없이 정규 표현식을 씁니다. 실제로 입력할 내용을 강조해야 할 때는 "\\."처럼 따옴표로 묶고 추가 이스케이프를 넣습니다.

정규 표현식에서 \가 이스케이프 문자로 쓰인다면 문자 그대로의 \는 어떻게 매칭시킬까요? 그러려면 \를 이스케이프해서 정규 표현식 \\을 만들어야 합니다. 그런데 이 정규 표현식을 만들려면 \도 이스케이프하는 문자열을 써야 합니다. 즉, 문자 그대로의 \를 매칭시키려면 "\\\\"를 써야 합니다. 문자 하나 매칭시키려고 백슬래시 네 개가 필요한 겁니다!

6 메타 문자는 .^$\|*+?{}[]()로 구성됩니다.

```
x <- "a\\b"
str_view(x)
#> [1] │ a\b
str_view(x, "\\\\")
#> [1] │ a<\>b
```

아니면 273쪽 "원문자 표현법"에서 다룬 원시 문자열을 쓰는 게 더 쉬울 수도 있습니다. 그러면 이스케이프를 한 겹 덜 쓸 수 있습니다.

```
str_view(x, r"{\\}")
#> [1] │ a<\>b
```

문자 그대로의 ., $, |, *, +, ?, {, }, (,)를 매칭시키려면 백슬래시로 이스케이프하는 방법 말고도 또 다른 방법이 있습니다. 바로 [.], [$], [|]처럼 문자 클래스를 사용하는 겁니다. 이렇게 하면 모두 해당 기호를 있는 그대로 매칭시킬 수 있습니다.

```
str_view(c("abc", "a.c", "a*c", "a c"), "a[.]c")
#> [2] │ <a.c>
str_view(c("abc", "a.c", "a*c", "a c"), ".[*]c")
#> [3] │ <a*c>
```

앵커

정규 표현식은 기본적으로 문자열의 모든 부분과 매칭됩니다. 문자열의 시작이나 끝에서 매칭시키고 싶다면 시작 지점은 ^ **앵커**, 끝 지점은 $ **앵커**를 넣어 정규 표현식을 고정(anchor)해야 합니다.

```
str_view(fruit, "^a")
#> [1] │ <a>pple
#> [2] │ <a>pricot
#> [3] │ <a>vocado
str_view(fruit, "a$")
#>  [4] │ banan<a>
#> [15] │ cherimoy<a>
#> [30] │ feijo<a>
#> [36] │ guav<a>
#> [56] │ papay<a>
#> [74] │ satsum<a>
```

달러 금액을 쓸 때는 보통 숫자 앞에 $를 넣으니까 $가 문자열의 시작과 매칭되어야 할 것 같지만, 정규 표현식에서는 그렇지 않습니다.

정규 표현식이 전체 문자열하고만 매칭되도록 강제하려면 ^와 $ 앵커를 둘 다 써서 고정하면 됩니다.

```
str_view(fruit, "apple")
#>  [1] │ <apple>
#> [62] │ pine<apple>
str_view(fruit, "^apple$")
#> [1] │ <apple>
```

\b를 쓰면 단어 사이의 경계, 즉 단어의 시작이나 끝과 매칭시킬 수도 있습니다. 이 패턴은 RStudio의 찾기 바꾸기 기능을 쓸 때 특히 유용합니다. 예를 들어 sum()을 쓴 모든 곳을 찾고자 할 때 \bsum\b을 검색하면 summarize, summary, rowsum 등과는 매칭되지 않습니다.

```
x <- c("summary(x)", "summarize(df)", "rowsum(x)", "sum(x)")
str_view(x, "sum")
#> [1] │ <sum>mary(x)
#> [2] │ <sum>marize(df)
#> [3] │ row<sum>(x)
#> [4] │ <sum>(x)
str_view(x, "\\bsum\\b")
#> [4] │ <sum>(x)
```

앵커를 단독으로 쓰면 길이가 0인 빈 문자열과 매칭됩니다.

```
str_view("abc", c("$", "^", "\\b"))
#> [1] │ abc<>
#> [2] │ <>abc
#> [3] │ <>abc<>
```

다음과 같이 코드를 작성하면 단독으로 쓴 앵커를 다른 것으로 바꿨을 때 어떻게 되는지 쉽게 이해할 수 있습니다.

```
str_replace_all("abc", c("$", "^", "\\b"), "--")
#> [1] "abc--"   "--abc"   "--abc--"
```

문자 클래스

문자 클래스(character class)나 문자 **집합**(set)을 사용하면 집합에 포함된 아무 문자와 매칭시킬 수 있습니다. 앞에서 설명한 것처럼 []로 직접 집합을 만들 수 있습니다. [abc]는 "a", "b", "c" 중 하나와 매칭되고, [^abc]는 "a", "b", "c"를 제외한 모든 문자와 매칭됩니다. ^ 말고도 [] 안에서 특별한 의미를 갖는 문자가 두 개 더 있습니다.

- -는 범위를 나타냅니다. 예를 들어 [a-z]는 모든 소문자와 매칭되고, [0-9]는 모든 숫자와 매칭됩니다.
- \는 특수 문자를 이스케이프하므로 [\^\-\]]는 ^, -,] 중 하나와 매칭됩니다.

몇 가지 예시를 들어 보겠습니다.

```
x <- "abcd ABCD 12345 -!@#%."
str_view(x, "[abc]+")
#> [1] │ <abc>d ABCD 12345 -!@#%.
str_view(x, "[a-z]+")
#> [1] │ <abcd> ABCD 12345 -!@#%.
str_view(x, "[^a-z0-9]+")
#> [1] │ abcd< ABCD >12345< -!@#%.>

# []에서 특수 문자로 취급되는 기호를 매칭시키려면
# 이스케이프를 사용해야 합니다.
str_view("a-b-c", "[a-c]")
#> [1] │ <a>-<b>-<c>
str_view("a-b-c", "[a\\-c]")
#> [1] │ <a><->b<-><c>
```

어떤 문자 클래스는 너무 자주 쓰여서 전용 단축 표현이 있습니다. 줄 바꿈 문자를 제외한 모든 문자와 매칭되는 .은 앞에서 이미 다뤘습니다. 이외에 특히 유용한 세 쌍[7]이 더 있습니다.

- \d는 모든 숫자와 매칭됩니다.
  \D는 숫자가 아닌 것 모두와 매칭됩니다.
- \s는 모든 공백 문자(스페이스, 탭, 개행 등)와 매칭됩니다.
  \S는 공백이 아닌 것 모두와 매칭됩니다.

7 \d나 \s가 들어간 정규 표현식을 만들려면 문자열에서 \를 이스케이프해야 하므로 "\\d"나 "\\s"처럼 써야 한다는 점을 기억하세요.

- \w는 모든 문자나 숫자와 같은 "단어" 문자와 매칭됩니다.
  \W는 모든 "비단어" 문자와 매칭됩니다.

다음 코드는 문자, 숫자, 문장부호가 들어 있는 문자열에서 여섯 가지 단축 표현을 사용하는 예시입니다.

```
x <- "abcd ABCD 12345 -!@#%."
str_view(x, "\\d+")
#> [1] │ abcd ABCD <12345> -!@#%.
str_view(x, "\\D+")
#> [1] │ <abcd ABCD >12345< -!@#%.>
str_view(x, "\\s+")
#> [1] │ abcd< >ABCD< >12345< >-!@#%.
str_view(x, "\\S+")
#> [1] │ <abcd> <ABCD> <12345> <-!@#%.>
str_view(x, "\\w+")
#> [1] │ <abcd> <ABCD> <12345> -!@#%.
str_view(x, "\\W+")
#> [1] │ abcd< >ABCD< >12345< -!@#%.>
```

수량자

수량자(quantifiers)로 패턴이 몇 번 매칭될지 조절할 수 있습니다. 앞서 294쪽 "기본적인 패턴"에서 ?(0번 또는 한 번 매칭), +(한 번 이상 매칭), *(0번 이상 매칭)를 다뤘습니다. 예를 들어 colou?r은 영국식 철자 colour, 미국식 철자 color에 모두 매칭되고, \d+는 숫자가 하나 이상 있을 때 매칭되며, \s?는 공백 문자와 선택적으로 매칭됩니다. {}를 사용해서 매칭 횟수를 정확히 지정할 수도 있습니다.

- {n}은 정확히 n번 매칭됩니다.
- {n,}은 최소 n번 매칭됩니다.
- {n,m}은 n번에서 m번 사이로 매칭됩니다.

연산자 우선순위와 괄호

ab+는 무엇과 매칭될까요? "a" 다음에 하나 이상 "b"가 오는 것과 매칭될까요, 아니면 "ab"가 몇 번이든 반복되는 것과 매칭될까요? ^a|b$는 무엇과 매칭될까요? 문자열 전체가 a이거나 b인 것과 매칭될까요, 아니면 a로 시작하거나 b로 끝나는 문자열과 매칭될까요?

이럴 때는 학교에서 배운 혼합 계산 순서와 비슷하게 연산자의 우선순위에 따라 결정됩니다. a + b * c가 (a + b) * c가 아니라 a + (b * c)와 같은 것처럼 *는 +보다 우선순위가 높아서 + 전에 *를 계산해야 합니다.

정규 표현식에도 마찬가지로 고유한 우선순위 규칙이 있습니다. 수량자는 우선순위가 높고 대안 표현은 우선순위가 낮아서 ab+는 a(b+)와 같고, ^a|b$는 (^a)|(b$)와 같습니다. 대수학에서처럼 괄호를 사용하면 기본 우선순위를 무시할 수도 있습니다. 하지만 대수학과 달리 정규 표현식의 우선순위 규칙을 다 외우기는 어려우니 그냥 마음껏 괄호를 사용하세요.

그룹화와 캡처

괄호는 연산자 우선순위를 무시하는 것 외에도 중요한 역할을 하나 더 합니다. 바로 매칭 결과의 하위 구성 요소를 사용할 수 있게 해 주는 **캡처 그룹**을 만드는 것입니다.

캡처 그룹을 사용하는 첫 번째 방법은 **역참조**를 통해 매칭 내에서 이를 참조하는 것입니다. \1은 첫 번째 괄호에 포함된 매칭을, \2는 두 번째 괄호에 포함된 매칭을 참조하는 식입니다. 예를 들어 다음 패턴은 같은 문자가 두 번 연속으로 나오는 모든 과일을 찾습니다.

```
str_view(fruit, "(..)\\1")
#>  [4] │ b<anan>a
#> [20] │ <coco>nut
#> [22] │ <cucu>mber
#> [41] │ <juju>be
#> [56] │ <papa>ya
#> [73] │ s<alal> berry
```

그리고 이 패턴은 시작과 끝이 똑같은 문자로 쌍을 이루는 모든 단어를 찾습니다.

```
str_view(words, "^(..).*\\1$")
#> [152] │ <church>
#> [217] │ <decide>
#> [617] │ <photograph>
#> [699] │ <require>
#> [739] │ <sense>
```

str_replace()에서도 역참조를 사용할 수 있습니다. 예를 들어 이 코드는 sentences에서 두 번째 단어와 세 번째 단어의 순서를 바꿉니다.

```
sentences |>
  str_replace("(\\w+) (\\w+) (\\w+)", "\\1 \\3 \\2") |>
  str_view()
#> [1] │ The canoe birch slid on the smooth planks.
#> [2] │ Glue sheet the to the dark blue background.
#> [3] │ It's to easy tell the depth of a well.
#> [4] │ These a days chicken leg is a rare dish.
#> [5] │ Rice often is served in round bowls.
#> [6] │ The of juice lemons makes fine punch.
#> ... and 714 more
```

각 그룹에 대한 매칭 결과를 추출하려면 str_match()를 사용하면 됩니다. 하지만 str_match()는 행렬을 반환하기 때문에 다루기가 그리 쉽지 않습니다.[8]

```
sentences |>
  str_match("the (\\w+) (\\w+)") |>
  head()
#>      [,1]                [,2]     [,3]
#> [1,] "the smooth planks" "smooth" "planks"
#> [2,] "the sheet to"      "sheet"  "to"
#> [3,] "the depth of"      "depth"  "of"
#> [4,] NA                  NA       NA
#> [5,] NA                  NA       NA
#> [6,] NA                  NA       NA
```

티블로 변환하면 열 이름을 지정할 수도 있습니다.

```
sentences |>
  str_match("the (\\w+) (\\w+)") |>
  as_tibble(.name_repair = "minimal") |>
  set_names("match", "word1", "word2")
#> # A tibble: 720 × 3
#>   match             word1  word2
#>   <chr>             <chr>  <chr>
#> 1 the smooth planks smooth planks
#> 2 the sheet to      sheet  to
#> 3 the depth of      depth  of
#> 4 <NA>              <NA>   <NA>
```

8 행렬은 이 책에서 전혀 다루지 않으니까요!

```
#> 5 <NA>                <NA>    <NA>
#> 6 <NA>                <NA>    <NA>
#> # i 714 more rows
```

하지만 이렇게 하면 사실상 separate_wider_regex()를 직접 구현한 거나 다름없습니다. separate_wider_regex()는 내부적으로 패턴 벡터를 하나의 정규 표현식으로 바꾸는데, 이 정규 표현식은 그룹화를 사용해서 이름이 붙은 구성 요소를 뽑아냅니다.

때로는 매칭 그룹을 만들지 않고 괄호를 사용하고 싶을 때가 있습니다. 이럴 때는 (?:)를 사용해 비캡처 그룹을 만들 수 있습니다.

```
x <- c("a gray cat", "a grey dog")
str_match(x, "gr(e|a)y")
#>      [,1]   [,2]
#> [1,] "gray" "a"
#> [2,] "grey" "e"
str_match(x, "gr(?:e|a)y")
#>      [,1]
#> [1,] "gray"
#> [2,] "grey"
```

연습문제

1. 리터럴 문자 "'\은 어떻게 매칭시킬 수 있을까요? "$^$"는 어떻게 매칭시켜야 할까요?
2. 다음 패턴이 \와 매칭되지 않는 이유를 설명해 보세요: "\", "\\", "\\\".
3. stringr::words에 있는 흔한 단어 말뭉치를 사용해서 다음 단어를 모두 찾는 정규 표현식을 만들어 보세요.
   a. "y"로 시작하는 단어
   b. "y"로 시작하지 않는 단어
   c. "x"로 끝나는 단어
   d. 정확히 세 글자로 된 단어(str_length() 쓰면 반칙!)
   e. 일곱 글자 이상으로 된 단어
   f. 모음-자음 쌍이 들어 있는 단어
   g. 연속해서 최소 두 개의 모음-자음 쌍이 들어 있는 단어
   h. 반복되는 모음-자음 쌍으로만 이뤄진 단어

4. 다음 각 단어의 영국식 또는 미국식 철자법과 매칭되는 11개의 정규 표현식을 만들어 보세요. 가능한 짧은 정규 표현식을 만들어 보세요!

   airplane/aeroplane, aluminum/aluminium, analog/analogue, ass/arse, center/centre, defense/defence, donut/doughnut, gray/grey, modeling/modelling, skeptic/sceptic, summarize/summarise

5. `word`에 있는 단어를 이용해 첫 번째 문자와 마지막 문자를 서로 바꿔 보세요. 여전히 `words`에 있는 단어는 무엇일까요?

6. 다음 정규 표현식이 매칭되는 내용을 말로 설명해 보세요(각 항목이 정규 표현식인지, 정규 표현식을 정의하는 문자열인지 잘 살펴보세요).

   a. `^.*$`

   b. `"\\{.+\\}"`

   c. `\d{4}-\d{2}-\d{2}`

   d. `"\\\\{4}"`

   e. `\..\..\..`

   f. `(.)\1\1`

   g. `"(..)\\1"`

7. *https://regexcrossword.com/challenges/beginner*에서 초보자용 정규 표현식 십자말풀이를 해결해 보세요.

패턴 제어하기

문자열 대신 패턴 객체를 사용하면 매칭의 세부 사항을 더 잘 제어할 수 있습니다. 이를 통해 정규 표현식 플래그를 제어하고 뒤에서 살펴볼 다양한 고정 문자열 타입을 매칭시킬 수 있습니다.

정규 표현식 플래그

정규 표현식의 세부 사항을 제어하는 데 사용할 수 있는 여러 가지 설정이 있습니다. 다른 프로그래밍 언어에서는 이런 설정을 플래그라고 부르는 경우가 많습니다. stringr에서는 `regex()`로 패턴을 감싸는 방식으로 이런 설정을 사용할 수 있습니다. 가장 유용한 플래그는 `ignore_case = TRUE`일 겁니다. 이 플래그를 쓰면 문자를 대문자, 소문자 형식 모두와 매칭시킬 수 있기 때문입니다.

```
bananas <- c("banana", "Banana", "BANANA")
str_view(bananas, "banana")
#> [1] │ <banana>
str_view(bananas, regex("banana", ignore_case = TRUE))
#> [1] │ <banana>
#> [2] │ <Banana>
#> [3] │ <BANANA>
```

\n이 들어 있는 등 여러 줄로 된 문자열을 다룰 때는 dotall과 multiline이 유용할 겁니다.

- dotall = TRUE를 설정하면 .이 \n을 포함해 모든 문자와 일치하게 됩니다.

```
x <- "Line 1\nLine 2\nLine 3"
str_view(x, ".Line")
str_view(x, regex(".Line", dotall = TRUE))
#> [1] │ Line 1<
#>     │ Line> 2<
#>     │ Line> 3
```

- multiline = TRUE를 설정하면 ^와 $가 전체 문자열의 시작과 끝이 아니라 각 줄의 시작과 끝에 매칭됩니다.

```
x <- "Line 1\nLine 2\nLine 3"
str_view(x, "^Line")
#> [1] │ <Line> 1
#>     │ Line 2
#>     │ Line 3
str_view(x, regex("^Line", multiline = TRUE))
#> [1] │ <Line> 1
#>     │ <Line> 2
#>     │ <Line> 3
```

마지막으로 복잡한 정규 표현식을 만들면 나중에 헷갈릴까 봐 걱정된다면 comments = TRUE를 써보는 것도 좋습니다. comments = TRUE는 패턴에서 공백과 줄 바꿈, 그리고 # 뒤에 나오는 모든 것을 무시하게 만듭니다. 다음 예제에서 볼 수 있듯이 이 플래그를 쓰면 주석과 공백을 활용해서 복잡한 정규 표현식을 이해하기 쉽게 만들 수 있습니다.[9]

9 여기서 사용한 것처럼 comments = TRUE는 원시 문자열과 함께 쓰면 특히 효과적입니다.

```
phone <- regex(
  r"(
    \(?     # optional opening parens
    (\d{3}) # area code
    [)\-]?  # optional closing parens or dash
    \ ?     # optional space
    (\d{3}) # another three numbers
    [\ -]?  # optional space or dash
    (\d{4}) # four more numbers
  )",
  comments = TRUE
)

str_extract(c("514-791-8141", "(123) 456 7890", "123456"), phone)
#> [1] "514-791-8141"   "(123) 456 7890" NA
```

주석을 쓰면서 공백, 줄 바꿈, #를 매칭시키려면 \를 써서 이스케이프해야 합니다.

고정 매칭

fixed()를 사용하면 정규 표현식 규칙을 적용하지 않고 패턴을 그대로 매칭할 수 있습니다.

```
str_view(c("", "a", "."), fixed("."))
#> [3] │ <.>
```

fixed()에도 대소문자를 무시할 수 있는 기능이 있습니다.

```
str_view("x X", "X")
#> [1] │ x <X>
str_view("x X", fixed("X", ignore_case = TRUE))
#> [1] │ <x> <X>
```

영어 외의 텍스트로 작업할 때는 fixed() 대신 coll()을 사용하는 게 좋습니다. coll()은 지정한 locale에서 쓰는 대소문자 규칙을 모두 구현합니다. 로케일에 대한 자세한 내용은 287쪽 "비영어 텍스트"를 참고하세요.

```
str_view("i İ ı I", fixed("İ", ignore_case = TRUE))
#> [1] │ i <İ> ı I
str_view("i İ ı I", coll("İ", ignore_case = TRUE, locale = "tr"))
#> [1] │ <i> <İ> ı I
```

연습해 보기

이런 아이디어를 실제로 적용해 보기 위해 몇 가지 실제 문제와 비슷한 문제를 해결해 보겠습니다. 다음과 같은 세 가지 일반적인 기법에 대해 알아봅니다.

- 간단한 양성 대조군과 음성 대조군을 만들어서 작업 결과 확인하기
- 정규 표현식과 불 대수를 조합해서 사용하기
- 문자열 조작을 활용해 복잡한 패턴 만들기

작업 확인하기

먼저 "The"로 시작하는 모든 문장을 찾아봅시다. ^ 앵커만으로는 부족합니다.

```
str_view(sentences, "^The")
#>  [1] │ <The> birch canoe slid on the smooth planks.
#>  [4] │ <The>se days a chicken leg is a rare dish.
#>  [6] │ <The> juice of lemons makes fine punch.
#>  [7] │ <The> box was thrown beside the parked truck.
#>  [8] │ <The> hogs were fed chopped corn and garbage.
#> [11] │ <The> boy was there when the sun rose.
#> ... and 271 more
```

^ 앵커만으로 안되는 이유는 They나 These 같은 단어로 시작하는 문장도 매칭되기 때문입니다. "e"가 단어의 마지막 글자인지 확인해야 합니다. 단어 경계를 추가하면 됩니다.

```
str_view(sentences, "^The\\b")
#>  [1] │ <The> birch canoe slid on the smooth planks.
#>  [6] │ <The> juice of lemons makes fine punch.
#>  [7] │ <The> box was thrown beside the parked truck.
#>  [8] │ <The> hogs were fed chopped corn and garbage.
#> [11] │ <The> boy was there when the sun rose.
#> [13] │ <The> source of the huge river is the clear spring.
#> ... and 250 more
```

대명사로 시작하는 모든 문장을 찾으려면 어떻게 해야 할까요?

```
str_view(sentences, "^She|He|It|They\\b")
#>  [3] │ <It>'s easy to tell the depth of a well.
#> [15] │ <He>lp the woman get back to her feet.
#> [27] │ <He>r purse was full of useless trash.
```

```
#> [29] | <It> snowed, rained, and hailed the same morning.
#> [63] | <He> ran half way to the hardware store.
#> [90] | <He> lay prone and hardly moved a limb.
#> ... and 57 more
```

결과를 간단히 살펴보니 잘못 매칭된 게 좀 있네요. 괄호 쓰는 걸 잊었기 때문입니다.

```
str_view(sentences, "^(She|He|It|They)\\b")
#>   [3] | <It>'s easy to tell the depth of a well.
#>  [29] | <It> snowed, rained, and hailed the same morning.
#>  [63] | <He> ran half way to the hardware store.
#>  [90] | <He> lay prone and hardly moved a limb.
#> [116] | <He> ordered peach pie with ice cream.
#> [127] | <It> caught its hind paw in a rusty trap.
#> ... and 51 more
```

이런 오류가 처음 몇 개 매칭에서 발생하지 않을 경우 이런 실수를 발견하려면 어떻게 해야 할까요? 좋은 방법은 간단한 양성 및 음성 매칭을 몇 개 만들어서 패턴이 예상대로 작동하는지 테스트하는 겁니다.

```
pos <- c("He is a boy", "She had a good time")
neg <- c("Shells come from the sea", "Hadley said 'It's a great day'")

pattern <- "^(She|He|It|They)\\b"
str_detect(pos, pattern)
#> [1] TRUE TRUE
str_detect(neg, pattern)
#> [1] FALSE FALSE
```

보통 양성 예시를 만드는 게 음성 예시를 만든 것보다 훨씬 쉽습니다. 정규 표현식을 충분히 잘 다루지 못하면 문제를 찾아내는 데 시간이 걸리기 때문이죠. 그래도 이 방법은 유용합니다. 문제를 풀면서 실수를 여러 번 하다 보면 나중에는 같은 실수를 하지 않을 겁니다.

불 연산

자음으로만 이루어진 단어를 찾는 상황을 가정해 봅시다. 한 가지 방법은 모음을 제외한 모든 문자를 포함하는 문자 클래스([^aeiou])를 만든 다음, 이 클래스에 속한 문자가 몇 개든 매칭되도록 하고([^aeiou]+), 시작과 끝에 앵커를 사용해 전체 문자열과 일치하도록 강제하는 것입니다(^[^aeiou]+$).

```
str_view(words, "^[^aeiou]+$")
#> [123] │ <by>
#> [249] │ <dry>
#> [328] │ <fly>
#> [538] │ <mrs>
#> [895] │ <try>
#> [952] │ <why>
```

하지만 문제를 반대로 생각하면 좀 더 쉽게 접근할 수 있습니다. 자음으로만 이뤄진 단어를 찾는 대신, 모음이 하나도 없는 단어를 찾는 겁니다.

```
str_view(words[!str_detect(words, "[aeiou]")])
#> [1] │ by
#> [2] │ dry
#> [3] │ fly
#> [4] │ mrs
#> [5] │ try
#> [6] │ why
```

이 방법은 특히 "그리고(and)"나 "아님(not)"을 포함하는 논리 조합을 다룰 때 유용합니다. 예를 들어 "a"와 "b"를 모두 포함하는 모든 단어를 찾고 싶다고 가정해 봅시다 정규 표현식에는 "그리고(and)" 연산자가 내장되어 있지 않기 때문에, "a" 다음에 "b"가 오는 모든 단어를 찾거나 "b" 다음에 "a"가 오는 모든 단어를 찾는 식으로 접근해야 합니다.

```
str_view(words, "a.*b|b.*a")
#>  [2] │ <ab>le
#>  [3] │ <ab>out
#>  [4] │ <ab>solute
#> [62] │ <availab>le
#> [66] │ <ba>by
#> [67] │ <ba>ck
#> ... and 24 more
```

str_detect() 출력 결과를 두 개 조합하면 더 간단합니다.

```
words[str_detect(words, "a") & str_detect(words, "b")]
#>  [1] "able"      "about"      "absolute"  "available" "baby"       "back"
```

```
#>  [7] "bad"      "bag"      "balance"  "ball"      "bank"      "bar"
#> [13] "base"     "basis"    "bear"     "beat"      "beauty"    "because"
#> [19] "black"    "board"    "boat"     "break"     "brilliant" "britain"
#> [25] "debate"   "husband"  "labour"   "maybe"     "probable"  "table"
```

모든 모음을 포함하는 단어가 있는지 알아보려면 어떻게 해야 할까요? 패턴을 사용한다면 5!(120)개의 서로 다른 패턴을 만들어야 할 겁니다.

```
words[str_detect(words, "a.*e.*i.*o.*u")]
# ...
words[str_detect(words, "u.*o.*i.*e.*a")]
```

str_detect()를 다섯 번 조합하면 훨씬 간단합니다.

```
words[
  str_detect(words, "a") &
  str_detect(words, "e") &
  str_detect(words, "i") &
  str_detect(words, "o") &
  str_detect(words, "u")
]
#> character(0)
```

정규 표현식 하나로 문제를 해결하기 어려울 때는 한 걸음 물러나서 문제를 더 작은 조각으로 나눌 수 있는지 생각해 보고, 각 조각의 문제를 하나씩 해결하면서 다음 단계로 나아가 보세요.

코드로 패턴 만들기

sentences에서 색상을 언급한 문장을 모두 찾으려면 어떻게 해야 할까요? 기본 아이디어는 간단합니다. 다음과 같이 기호와 단어 경계를 결합하기만 하면 됩니다.

```
str_view(sentences, "\\b(red|green|blue)\\b")
#>   [2] │ Glue the sheet to the dark <blue> background.
#>  [26] │ Two <blue> fish swam in the tank.
#>  [92] │ A wisp of cloud hung in the <blue> air.
#> [148] │ The spot on the blotter was made by <green> ink.
#> [160] │ The sofa cushion is <red> and of light weight.
#> [174] │ The sky that morning was clear and bright <blue>.
#> ... and 20 more
```

하지만 색상의 수가 늘어나면 이 패턴을 손으로 만들기 번거로울 겁니다. 색상을 벡터에 저장할 수 있다면 좋겠죠?

```
rgb <- c("red", "green", "blue")
```

네, 가능합니다! str_c()와 str_flatten()으로 벡터를 활용해 패턴을 만들면 됩니다.

```
str_c("\\b(", str_flatten(rgb, "|"), ")\\b")
#> [1] "\\b(red|green|blue)\\b"
```

쓸만한 색상 목록이 있다면 이 패턴을 더 포괄적으로 만들 수 있습니다. 처음으로 써 보기 좋은 것은 R에 그래프에 사용하기 위해 내장된 색상 목록입니다.

```
str_view(colors())
#> [1] │ white
#> [2] │ aliceblue
#> [3] │ antiquewhite
#> [4] │ antiquewhite1
#> [5] │ antiquewhite2
#> [6] │ antiquewhite3
#> ... and 651 more
```

우선 번호가 붙은 변형 버전을 제거하겠습니다.

```
cols <- colors()
cols <- cols[!str_detect(cols, "\\d")]
str_view(cols)
#> [1] │ white
#> [2] │ aliceblue
#> [3] │ antiquewhite
#> [4] │ aquamarine
#> [5] │ azure
#> [6] │ beige
#> ... and 137 more
```

이제 이 목록을 하나의 거대한 패턴으로 바꾸면 됩니다. 패턴이 너무 커서 여기서 다 보여 줄 수는 없지만, 다음과 같이 작동하는 모습을 확인할 수 있습니다.

```
pattern <- str_c("\\b(", str_flatten(cols, "|"), ")\\b")
str_view(sentences, pattern)
#>  [2] │ Glue the sheet to the dark <blue> background.
```

```
#>  [12] │ A rod is used to catch <pink> <salmon>.
#>  [26] │ Two <blue> fish swam in the tank.
#>  [66] │ Cars and busses stalled in <snow> drifts.
#>  [92] │ A wisp of cloud hung in the <blue> air.
#> [112] │ Leaves turn <brown> and <yellow> in the fall.
#> ... and 57 more
```

이 예시에서 cols는 숫자와 문자만 담고 있어서 메타 문자를 신경 쓸 필요가 없습니다. 하지만 보통은 기존 문자열로 패턴을 만들 때마다 str_escape()를 실행해서 글자 그대로 매칭되는지 확인하는 게 현명합니다.

연습문제

1. 다음 과제들을 단일 정규 표현식을 쓰는 방법과 여러 개의 str_detect() 호출을 조합하는 방법, 두 가지로 풀어 보세요.
   a. x로 시작하거나 끝나는 words를 모두 찾아보세요.
   b. 모음으로 시작해서 자음으로 끝나는 words를 모두 찾아보세요.
   c. 서로 다른 모음을 하나 이상 포함하는 words가 있나요?
2. 영어 철자법에는 "c 뒤에 오는 경우를 제외하고는 e가 i 앞에 온다(i before e except after c)"는 규칙이 있습니다. 이 규칙의 증거를 찾는 패턴을 만들어 보세요.
3. colors()에는 "lightgray"나 "darkblue" 같은 수식어가 여럿 들어 있습니다. 이런 수식어를 자동으로 찾아내려면 어떻게 해야 할까요? (힌트: 수식어가 붙은 색상을 탐지한 다음 제거하는 방법을 고민해 보세요.)
4. 모든 base R 데이터셋을 찾는 정규 표현식을 만드세요. data() 함수를 응용해서 data(package = "datasets")$results[, "Item"]라고 작성하면 이런 데이터셋 목록을 구할 수 있습니다. 오래된 데이터셋 중에는 개별 벡터로 된 게 많다는 점을 유의하세요. 벡터에는 괄호 안에 그룹화된 "데이터 프레임" 이름이 들어가 있어서 괄호를 제거해야 합니다.

다른 곳에서 정규 표현식 사용하기

stringr과 tidyr의 함수처럼 R에는 정규 표현식을 사용할 수 있는 곳이 많습니다. 다음 절에서는 tidyverse와 base R의 다른 유용한 함수를 소개합니다.

tidyverse

정규 표현식을 사용할 때 특히 유용한 함수가 세 가지 있습니다.

- "tidyselect" 패키지의 matches(pattern)을 사용하면 입력한 패턴과 변수 이름이 매칭하는 모든 변수를 선택할 수 있습니다. 변수를 선택하는 모든 tidyverse 함수(select(), rename_with(), across() 등)에 이 함수를 적용할 수 있습니다.
- separate_wider_regex()와 마찬가지로 pivot_longer()의 names_pattern 인자에 정규 표현식 벡터를 입력할 수 있습니다. 복잡한 구조의 변수 이름에서 데이터를 추출할 때 유용하게 사용할 수 있습니다.
- separate_longer_delim()과 separate_wider_delim()의 delim 인자는 보통 고정 문자열과 매칭하지만, regex()를 사용하면 패턴과 매칭시킬 수 있습니다. 예를 들어 쉼표 뒤에 공백이 있거나 없는 경우를 매칭할 때 regex(", ?")와 같은 식으로 사용하면 유용합니다.

base R

apropos(pattern)는 전역 환경에 있는 객체 중 입력한 패턴과 매칭되는 모든 객체를 찾아 줍니다. 이 함수는 함수 이름이 정확히 기억나지 않을 때 유용하게 사용할 수 있습니다.

```
apropos("replace")
#> [1] "%+replace%"       "replace"          "replace_na"
#> [4] "setReplaceMethod" "str_replace"      "str_replace_all"
#> [7] "str_replace_na"   "theme_replace"
```

list.files(path, pattern)은 path에서 정규 표현식 pattern과 매칭하는 모든 파일을 나열합니다. 예를 들어 현재 디렉터리에서 모든 R 마크다운 파일을 찾으려면 다음과 같이 입력하면 됩니다.

```
head(list.files(pattern = "\\.Rmd$"))
#> character(0)
```

base R에서 사용하는 패턴 언어가 stringr에서 사용하는 것과 아주 조금 다르다는 점을 알아 둘 필요가 있습니다. 이런 차이가 있는 이유는 stringr이 stringi 패키지(*https://stringi.gagolewski.com*)를 기반으로 만들어졌고 이는 다시 ICU 엔진(*https://*

unicode-org.github.io/icu/userguide/strings/regexp.html)을 기반으로 하는 반면 base R 함수는 `perl = TRUE` 설정 여부에 따라 TRE 엔진(*https://github.com/laurikari/tre*)이나 PCRE 엔진(*https://www.pcre.org*)을 사용하기 때문입니다. 다행히 정규 표현식의 기본은 잘 정립되어 있어서 이 책에서 배울 패턴으로 작업할 때는 거의 차이를 느끼지 못할 겁니다. 복잡한 유니코드 문자 범위나 `(?…)` 구문을 사용하는 특수 기능 등 고급 기능을 사용하기 시작할 때만 이런 차이를 알아 둘 필요가 있습니다.

요약

구두점 하나하나가 특별한 의미를 담고 있어서 정규 표현식은 간결한 언어 중 하나입니다. 처음에는 분명 혼란스럽겠지만 눈으로 읽고 머리로 이해하는 훈련을 하다 보면 R과 다른 여러 곳에 사용할 수 있는 강력한 기술을 익히게 될 겁니다.

이 장에서는 유용한 stringr 함수와 정규 표현식 언어의 핵심 구성 요소를 배우면서 정규 표현식 마스터가 되기 위한 여정을 시작했습니다. 이외에도 더 익힐 만한 자료가 많이 있습니다.

`vignette("regular-expressions", package = "stringr")`(*https://stringr.tidyverse.org/articles/regular-expressions.html*)를 먼저 익혀 보세요. 이 문서에는 stringr이 지원하는 전체 문법 세트가 정리되어 있습니다. 또 다른 유용한 참고 자료로는 *https://www.regular-expressions.info/tutorial.html*가 있습니다. R에 한정된 건 아니지만, 정규 표현식의 고급 기능과 내부 작동 원리를 익힐 수 있습니다.

stringr이 마레크 가골레브스키(Marek Gagolewski)가 만든 stringi 패키지를 기반으로 구현되있다는 점도 알아 두면 좋습니다. stringr에서 원하는 기능을 찾기 어렵다면 주저하지 말고 stringi를 살펴보세요. stringr과 공유하는 규칙이 많기 때문에 stringi도 쉽게 익힐 수 있을 겁니다.

다음 장에서는 문자열과 밀접한 관련이 있는 데이터 구조인 팩터를 다룹니다. R에서는 범주형 데이터를 표현할 때 팩터를 사용합니다. 범주형 데이터란 나올 수 있는 값의 집합이 고정되어 있고 알려져 있으며, 문자열 벡터로 값을 식별하는 데이터를 말합니다.

16장

R for Data Science Second Edition

팩터

들어가며

팩터(factor)는 나올 수 있는 값의 집합이 고정되고 알려진 범주형 변수를 다룰 때 사용합니다. 문자형 벡터를 알파벳 순서가 아닌 다른 순서로 표시하고 싶을 때도 팩터를 유용하게 쓸 수 있습니다.

먼저 팩터가 데이터 분석에 왜 필요한지[1] 그리고 factor()로 어떻게 팩터를 만들 수 있는지 살펴봅니다. 그다음 gss_cat 데이터셋을 소개하는데, 이 데이터셋에는 다양한 범주형 변수가 포함되어 있어서 실험용으로 쓰기 좋습니다. gss_cat으로 팩터의 순서와 값을 수정하는 방법을 연습한 다음 마지막으로 순서형 팩터를 논의합니다.

준비하기

base R에는 팩터를 만들고 다룰 때 사용하는 몇 가지 기본 도구가 있습니다. 여기에 더해 tidyverse의 핵심 패키지 중 하나인 forcats 패키지를 사용하겠습니다. 이 패키지에는 팩터를 이용해 **범주**형 변수를 다루는 다양한 도구가 들어 있습니다(forcats는 factors의 철자를 재배열해서 만든 이름입니다!).

```
library(tidyverse)
```

1 모델링을 할 때도 정말 중요합니다.

팩터 기초

월을 기록한 변수가 있다고 가정해 보겠습니다.

```
x1 <- c("Dec", "Apr", "Jan", "Mar")
```

이 변수를 문자열로 처리하면 두 가지 문제가 생깁니다.

1. 입력 가능한 월 이름은 12개로 정해져 있는데 다른 문자를 잘못 입력해도 방지할 방법이 없습니다.

   ```
   x2 <- c("Dec", "Apr", "Jam", "Mar")
   ```

2. 원하는 방식으로 정렬되지 않습니다.

   ```
   sort(x1)
   #> [1] "Apr" "Dec" "Jan" "Mar"
   ```

팩터를 사용하면 이 두 가지 문제를 모두 해결할 수 있습니다. 팩터를 만들 때는 먼저 유효한 levels 목록을 만드는 것부터 시작해야 합니다.

```
month_levels <- c(
  "Jan", "Feb", "Mar", "Apr", "May", "Jun",
  "Jul", "Aug", "Sep", "Oct", "Nov", "Dec"
)
```

이제 팩터를 만들 수 있습니다.

```
y1 <- factor(x1, levels = month_levels)
y1
#> [1] Dec Apr Jan Mar
#> Levels: Jan Feb Mar Apr May Jun Jul Aug Sep Oct Nov Dec

sort(y1)
#> [1] Jan Mar Apr Dec
#> Levels: Jan Feb Mar Apr May Jun Jul Aug Sep Oct Nov Dec
```

레벨에 없는 값은 자동으로 NA로 바뀝니다.

```
y2 <- factor(x2, levels = month_levels)
y2
```

```
#> [1] Dec  Apr  <NA> Mar
#> Levels: Jan Feb Mar Apr May Jun Jul Aug Sep Oct Nov Dec
```

이렇게 값을 바꾸는 건 위험하니까 대신 forcats::fct()를 사용하는 게 나을 겁니다.

```
y2 <- fct(x2, levels = month_levels)
#> Error in `fct()`:
#> ! All values of `x` must appear in `levels` or `na`
#> i Missing level: "Jam"
```

레벨을 생략하면 알파벳순으로 레벨이 정해집니다.

```
factor(x1)
#> [1] Dec Apr Jan Mar
#> Levels: Apr Dec Jan Mar
```

알파벳순으로 정렬하는 것은 모든 컴퓨터가 문자열을 같은 방식으로 정렬하지 않기 때문에 약간 위험합니다. 그래서 forcats::fct()는 처음 나타난 순서대로 정렬합니다.

```
fct(x1)
#> [1] Dec Apr Jan Mar
#> Levels: Dec Apr Jan Mar
```

유효한 레벨 집합에 직접 접근해야 할 때는 levels()를 사용하면 됩니다.

```
levels(y2)
#>  [1] "Jan" "Feb" "Mar" "Apr" "May" "Jun" "Jul" "Aug" "Sep" "Oct" "Nov" "Dec"
```

readr로 데이터를 불러올 때 col_factor()를 사용해 팩터를 만들 수도 있습니다.

```
csv <- "
month,value
Jan,12
Feb,56
Mar,12"

df <- read_csv(csv, col_types = cols(month = col_factor(month_levels)))
df$month
#> [1] Jan Feb Mar
#> Levels: Jan Feb Mar Apr May Jun Jul Aug Sep Oct Nov Dec
```

종합사회조사

이 장 나머지 부분에서는 forcats::gss_cat을 사용하겠습니다. 이 데이터셋은 종합사회조사(the General Social Survey)(*https://gss.norc.org*)에서 추출한 샘플입니다. 종합사회조사는 시카고대학교 독립 연구기관 NORC에서 오랫동안 진행해 온 미국 조사인데, 수천 개 질문으로 구성됩니다. 이 중 범주형 변수를 다룰 때 흔히 마주치는 문제를 잘 보여 주는 질문 몇 개를 골라서 패키지 개발자 해들리 위컴이 gss_cat을 만들었습니다.

```
gss_cat
#> # A tibble: 21,483 × 9
#>    year marital         age race  rincome        partyid
#>   <int> <fct>         <int> <fct> <fct>          <fct>
#> 1  2000 Never married    26 White $8000 to 9999  Ind,near rep
#> 2  2000 Divorced         48 White $8000 to 9999  Not str republican
#> 3  2000 Widowed          67 White Not applicable Independent
#> 4  2000 Never married    39 White Not applicable Ind,near rep
#> 5  2000 Divorced         25 White Not applicable Not str democrat
#> 6  2000 Married          25 White $20000 - 24999 Strong democrat
#> # i 21,477 more rows
#> # i 3 more variables: relig <fct>, denom <fct>, tvhours <int>
```

(이 데이터셋은 패키지에 들어 있기 때문에 ?gss_cat을 실행하면 자세한 변수 정보를 확인할 수 있습니다.)

범주형 변수가 티블에 들어 있으면 범주가 무엇인지 알기 어렵습니다. 범주를 보는 한 가지 방법은 count()를 쓰는 겁니다.

```
gss_cat |>
  count(race)
#> # A tibble: 3 × 2
#>   race      n
#>   <fct> <int>
#> 1 Other  1959
#> 2 Black  3129
#> 3 White 16395
```

범주형 변수로 작업할 때 범주 순서를 바꾸거나 범주값을 바꾸는 두 작업을 가장 많이 합니다. 이 작업은 다음 절에서 다루겠습니다.

연습문제

1. rincome(자신이 보고한 소득)의 분포를 살펴보세요. 기본 막대 차트를 이해하기 어려운 이유가 뭘까요? 이 그래프를 어떻게 개선하면 좋을까요?

2. 이 조사에서 가장 흔한 relig는 무엇인가요? 가장 흔한 partyid는 뭔가요?

3. 어떤 denom(교파)이 어떤 relig에 속하나요? 이를 알아보려면 표를 어떻게 만들어야 할까요? 시각화는 어떻게 해야 할까요?

팩터 순서 바꾸기

시각화할 때 팩터 레벨의 순서를 바꾸면 유용할 때가 많습니다. 예를 들어 종교별 하루 평균 TV 시청 시간을 알아보고 싶다고 가정해 보겠습니다.

```
relig_summary <- gss_cat |>
  group_by(relig) |>
  summarize(
    tvhours = mean(tvhours, na.rm = TRUE),
    n = n()
  )

ggplot(relig_summary, aes(x = tvhours, y = relig)) +
  geom_point()
```

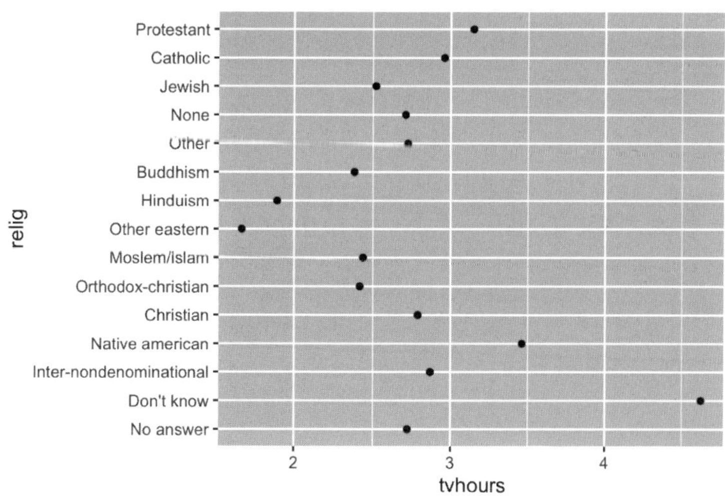

이 그래프는 전체적인 패턴이 보이지 않아 이해하기 힘듭니다. 이와 같은 경우에는 fct_reorder()로 relig의 레벨 순서를 조정하면 개선할 수 있습니다. fct_reorder()에는 다음 세 가지 인자를 입력합니다.

- f: 레벨을 수정할 팩터
- x: 레벨을 정렬할 때 기준으로 삼을 숫자형 벡터
- fun: 선택사항으로, 각 f 값에 여러 x 값이 대응될 때 사용하는 함수. 기본값은 median입니다.

```
ggplot(relig_summary, aes(x = tvhours, y = fct_reorder(relig, tvhours))) +
  geom_point()
```

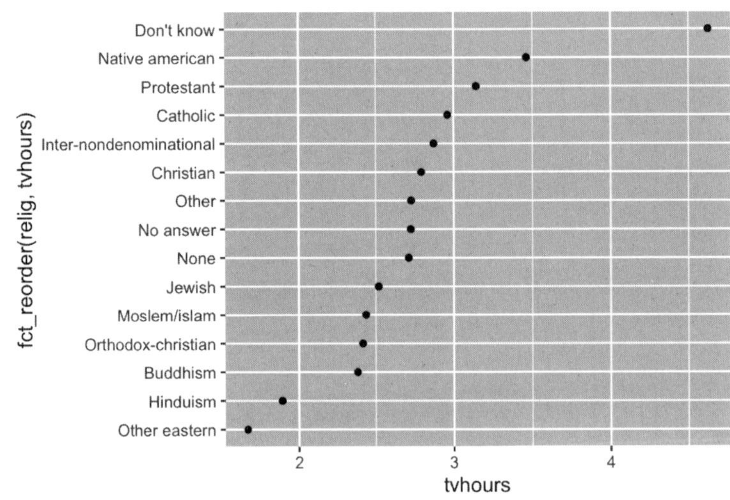

종교의 순서를 조정하니 "모름(Don't know)" 범주에 속한 사람들의 TV 시청 시간이 가장 길고, 힌두교와 기타 동양 종교는 훨씬 짧다는 점을 쉽게 파악할 수 있게 되었습니다.

변환 작업이 복잡해지면 aes() 밖으로 꺼내서 mutate() 단계를 별도로 두는 것이 좋습니다. 예를 들어 앞의 코드를 이렇게 작성할 수 있습니다.

```
relig_summary |>
  mutate(
    relig = fct_reorder(relig, tvhours)
  ) |>
  ggplot(aes(x = tvhours, y = relig)) +
  geom_point()
```

그럼 소득 수준별 평균 연령이 어떻게 다른지 나타내는 그래프를 만들려면 어떻게 해야 할까요?

```
rincome_summary <- gss_cat |>
  group_by(rincome) |>
  summarize(
    age = mean(age, na.rm = TRUE),
    n = n()
  )

ggplot(rincome_summary, aes(x = age, y = fct_reorder(rincome, age))) +
  geom_point()
```

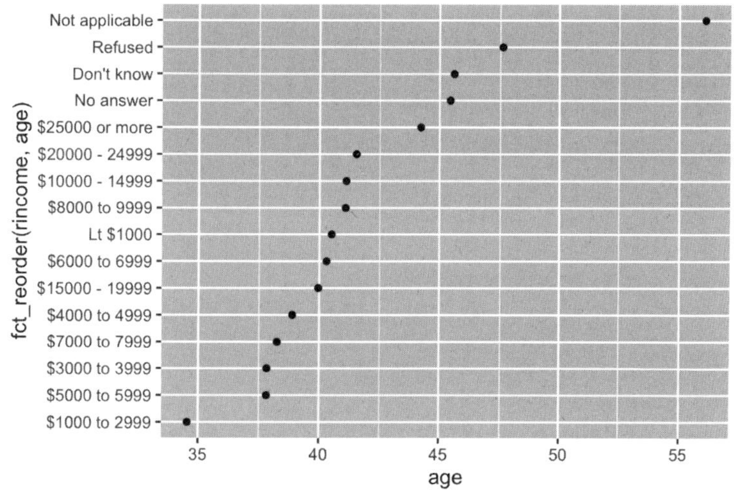

이 경우에는 수준 순서를 임의로 조정하면 안 됩니다. rincome에는 이미 건드리면 안 되는 순서 규칙이 있거든요. fct_reorder()는 순서가 임의로 정해져 있는 팩터에만 사용해야 합니다.

그렇지만 "해당 없음(Not applicable)"은 다른 특수한 레벨들과 함께 맨 앞으로 옮기는 게 말이 되어 보입니다. 이럴 때는 fct_relevel()을 쓰면 됩니다. 팩터 f를 입력한 다음 맨 앞으로 옮기고 싶은 레벨을 원하는 개수만큼 나열하면 됩니다.

```
ggplot(rincome_summary, aes(x = age, y = fct_relevel(rincome, "Not applicable"))) +
  geom_point()
```

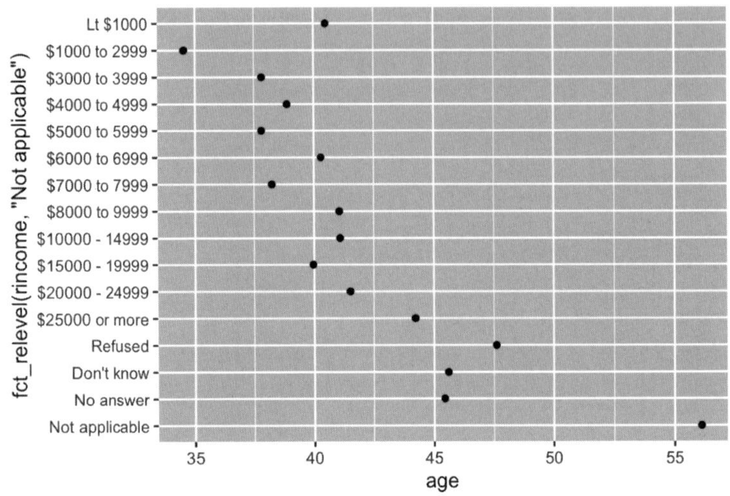

"해당 없음(Not applicable)" 범주의 평균 연령이 왜 이렇게 높을지 생각해 봅시다.

그래프 선에 색을 칠할 때 유용한 재정렬 방법이 있습니다. `fct_reorder2(f, x, y)`는 x 값이 가장 클 때의 y 값 기준으로 f의 순서를 조정합니다. 이렇게 하면 그래프 맨 오른쪽에 있는 선의 색과 범례 순서가 일치해서 그래프를 이해하기가 한결 쉬워집니다.

```
by_age <- gss_cat |>
  filter(!is.na(age)) |>
  count(age, marital) |>
  group_by(age) |>
  mutate(
    prop = n / sum(n)
  )

ggplot(by_age, aes(x = age, y = prop, color = marital)) +
  geom_line(linewidth = 1) +
  scale_color_brewer(palette = "Set1")

ggplot(by_age, aes(x = age, y = prop, color = fct_reorder2(marital, age, prop)))
+
  geom_line(linewidth = 1) +
  scale_color_brewer(palette = "Set1") +
  labs(color = "marital")
```

마지막으로 막대 차트를 만들 때는 fct_infreq()를 이용해 레벨을 빈도 기준으로 내림차순으로 정렬하면 좋습니다. 이 방법은 다른 추가 변수를 사용하지 않아도 되는 가장 간단한 재정렬 방법입니다. 큰 값이 왼쪽이 아니라 오른쪽에 오도록 오름차순 정렬하려면 fct_rev()와 함께 사용하면 됩니다.

```
gss_cat |>
  mutate(marital = marital |> fct_infreq() |> fct_rev()) |>
  ggplot(aes(x = marital)) +
  geom_bar()
```

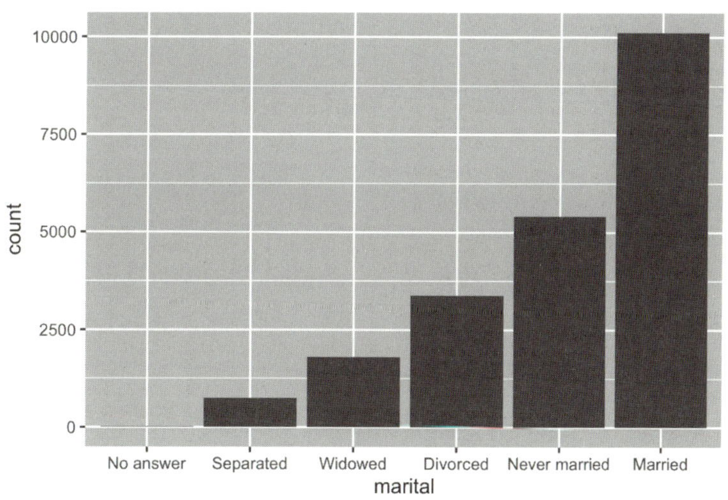

연습문제

1. tvhours에 의심스러울 정도로 큰 값들이 좀 있습니다. 평균을 사용해서 값을 요약하는 게 적절할까요?

2. gss_cat의 각 팩터 레벨 순서가 임의로 정해진 것인지 아니면 어떤 원칙이 있는 것인지 파악해 보세요.

3. "해당 없음(Not applicable)"을 레벨의 맨 앞으로 옮겼는데 그래프에서는 맨 아래로 갔습니다. 왜 그럴까요?

팩터 레벨 수정하기

레벨 순서를 바꾸는 것보다 더 강력한 방법은 레벨의 값을 바꾸는 것입니다. 이를 통해 출력할 레이블을 명확히 하고, 상위 수준으로 레벨을 묶어서 출력할 수 있습니다. 일반적으로 이런 작업을 하는데 가장 강력한 도구는 fct_recode()입니다. fct_recode()를 사용하면 레벨의 개별 값을 다시 입력하거나 바꿀 수 있습니다. 예를 들어 gss_cat 데이터 프레임의 partyid 변수를 살펴보겠습니다.

```
gss_cat |> count(partyid)
#> # A tibble: 10 × 2
#>   partyid                n
#>   <fct>              <int>
#> 1 No answer            154
#> 2 Don't know             1
#> 3 Other party          393
#> 4 Strong republican   2314
#> 5 Not str republican  3032
#> 6 Ind,near rep        1791
#> # i 4 more rows
```

레벨이 너무 짧고 일관성이 없네요. 레벨을 더 길고 병렬 구조가 되도록 수정해 보겠습니다. tidyverse의 이름 변경, 재코딩 함수가 대부분 그렇듯이 새로운 값은 왼쪽에, 기존 값은 오른쪽에 씁니다.

```
gss_cat |>
  mutate(
    partyid = fct_recode(partyid,
      "Republican, strong"    = "Strong republican",
      "Republican, weak"      = "Not str republican",
      "Independent, near rep" = "Ind,near rep",
      "Independent, near dem" = "Ind,near dem",
      "Democrat, weak"        = "Not str democrat",
      "Democrat, strong"      = "Strong democrat"
    )
```

```
  ) |>
  count(partyid)
#> # A tibble: 10 × 2
#>   partyid                 n
#>   <fct>               <int>
#> 1 No answer             154
#> 2 Don't know              1
#> 3 Other party           393
#> 4 Republican, strong   2314
#> 5 Republican, weak     3032
#> 6 Independent, near rep 1791
#> # i 4 more rows
```

fct_recode()는 명시적으로 언급되지 않은 레벨은 그대로 유지하고, 존재하지 않는 레벨을 실수로 참조하면 경고 메시지를 출력합니다.

여러 레벨을 묶어서 그룹으로 만들려면 기존 레벨 여러 개를 동일한 새 레벨에 할당하면 됩니다.

```
gss_cat |>
  mutate(
    partyid = fct_recode(partyid,
      "Republican, strong"    = "Strong republican",
      "Republican, weak"      = "Not str republican",
      "Independent, near rep" = "Ind,near rep",
      "Independent, near dem" = "Ind,near dem",
      "Democrat, weak"        = "Not str democrat",
      "Democrat, strong"      = "Strong democrat",
      "Other"                 = "No answer",
      "Other"                 = "Don't know",
      "Other"                 = "Other party"
    )
  )
```

실제로는 서로 다른 범주를 함께 묶으면 오해를 일으키는 결과가 나오므로 이 방법을 사용할 때는 주의해야 합니다.

여러 레벨을 소수의 레벨로 줄일 때는 fct_recode()의 변형 함수인 fct_collapse()를 사용하면 편리합니다. 기존 레벨 여러 개를 넣은 벡터를 새 값에 할당하면 됩니다.

```
gss_cat |>
  mutate(
    partyid = fct_collapse(partyid,
      "other" = c("No answer", "Don't know", "Other party"),
      "rep" = c("Strong republican", "Not str republican"),
      "ind" = c("Ind,near rep", "Independent", "Ind,near dem"),
      "dem" = c("Not str democrat", "Strong democrat")
    )
  ) |>
  count(partyid)
#> # A tibble: 4 × 2
#>   partyid     n
#>   <fct>   <int>
#> 1 other     548
#> 2 rep      5346
#> 3 ind      8409
#> 4 dem      7180
```

그래프나 표를 단순하게 만들기 위해 작은 그룹들을 하나로 묶고 싶을 때가 있습니다. 이런 역할을 하는 것이 fct_lump_*() 계열 함수입니다. fct_lump_lowfreq()부터 사용해 보겠습니다. 이 함수는 가장 작은 그룹들을 묶어서 "Other"로 만듭니다. 이때 "Other"는 항상 가장 작은 범주로 유지됩니다.

```
gss_cat |>
  mutate(relig = fct_lump_lowfreq(relig)) |>
  count(relig)
#> # A tibble: 2 × 2
#>   relig          n
#>   <fct>      <int>
#> 1 Protestant 10846
#> 2 Other      10637
```

이 경우에는 그다지 도움이 되지 않습니다. 이 조사에서 대다수 미국인이 개신교도(Protestant)인 건 맞지만, 우리는 좀 더 자세한 내용을 알고 싶을 겁니다. fct_lump_n()을 대신 사용하면 그룹 수가 정확히 10개가 되도록 지정할 수 있습니다.

```
gss_cat |>
  mutate(relig = fct_lump_n(relig, n = 10)) |>
  count(relig, sort = TRUE)
#> # A tibble: 10 × 2
#>   relig          n
#>   <fct>      <int>
```

```
#> 1 Protestant 10846
#> 2 Catholic    5124
#> 3 None        3523
#> 4 Christian    689
#> 5 Other        458
#> 6 Jewish       388
#> # i 4 more rows
```

`fct_lump_min()`, `fct_lump_prop()` 설명 문서를 읽어 보세요. 다른 경우에는 이 함수들을 유용하게 사용할 수 있습니다.

연습문제

1. 민주당(Democrat), 공화당(Republican), 무소속(Independent)이라고 밝힌 사람들의 비율이 시간이 지남에 따라 어떻게 변했나요?
2. `rincome`을 범주 몇 개로 묶으려면 어떻게 해야 할까요?
3. 앞에서 `fct_lump`를 사용한 예제에서 (other를 제외하면) 그룹이 9개 있습니다. 왜 10개가 아니라 9개일까요? (힌트: `?fct_lump`를 실행한 다음 설명 문서에서 `other_level` 인자의 기본값이 "Other"임을 찾아보세요.)

순서형 팩터

다음 장으로 넘어가기 전에 순서형 팩터(ordered factor)라는 특별한 팩터 타입이 있다는 것을 언급하겠습니다. 순서형 팩터는 `ordered()`로 만드는데, 레벨 사이에 순시와 일정한 간격이 정해져 있다고 가정합니다. 첫 번째 레벨이 두 번째 레벨보다 작고, 두 번째 레벨은 세 번째 레벨보다 같은 크기만큼 작은 식입니다. 출력했을 때 레벨 사이에 `<` 기호가 있으면 순서형 팩터라는 것을 알 수 있습니다.

```
ordered(c("a", "b", "c"))
#> [1] a b c
#> Levels: a < b < c
```

실제 작업에서는 순서형 팩터도 일반적인 팩터와 거의 비슷하게 작동합니다. 차이를 알 수 있는 부분은 딱 두 가지뿐입니다.

- 순서형 팩터를 ggplot2의 color나 fill에 매핑하면 순위를 나타내는 색상 스케일인 `scale_color_viridis()` 또는 `scale_fill_viridis()`가 기본값으로 설정됩니다.
- 선형 모형을 만들 때 `ordered()` 함수를 사용하면 "polygonal contrast"를 사용하게 됩니다. 이 방법은 유용한 면이 있지만, 통계학 박사가 아니라면 들어 본 적이 없을 거고, 통계학 박사 학위가 있더라도 자주 다뤄 보지는 않았을 겁니다. 더 자세히 알고 싶다면 `vignette("contrasts", package = "faux")`를 실행해서 리사 디브루인(Lisa DeBruine)이 쓴 글을 읽어 보세요.

뭐가 더 나은 방법인지는 논쟁의 여지가 있기 때문에 일반적으로 순서형 팩터를 사용하는 것은 추천하지 않습니다.

요약

이 장에서는 팩터를 다룰 때 유용한 forcats 패키지를 소개하고 가장 자주 사용되는 함수를 알아보았습니다. forcats에는 여기서 다루지 못한 다양한 유용한 함수가 많습니다. 팩터를 다루다가 처음 보는 문제에 직면하면 레퍼런스 인덱스(*https://forcats.tidyverse.org/reference/index.html*)를 훑어보고 도움이 될 만한 함수가 있는지 확인해 보세요.

팩터를 더 알고 싶다면 어밀리아 맥너마라(Amelia McNamara)와 니콜라스 호턴(Nicholas Horton)의 논문 〈Wrangling categorical data in R〉 (PeerJ Preprints, 2017)(*https://peerj.com/preprints/3163*)을 읽어 보길 추천합니다. 이 논문은 "stringsAsFactors: 허가받지 않은 전기(stringsAsFactors: An unauthorized biography)"와 "stringsAsFactors = (stringsAsFactors =)" 에서 논의된 역사를 일부 설명하고, 범주형 데이터를 다룰 때 이 책에서 설명한 tidy 접근 방식과 base R 방식에 어떤 차이가 있는지 비교합니다. 이 논문의 초기 버전 덕분에 forcats 패키지를 만들게 되었고, 패키지의 범위도 정할 수 있었습니다. 어밀리아, 닉, 고마워요!

다음 장에서는 주제를 바꿔서 R에서 날짜와 시간을 익히기 시작합니다. 곧 알게 되겠지만 날짜와 시간은 겉보기에는 간단해 보이지만 알면 알수록 복잡해집니다!

17장

R for Data Science Second Edition

날짜와 시간

들어가며

이 장에서는 R에서 날짜와 시간을 다루는 방법을 알아봅니다. 얼핏 보면 날짜와 시간은 간단해 보입니다. 우리는 일상생활에서 날짜와 시간을 항상 사용하고 있기 때문에 별로 혼란스럽게 느껴지지 않습니다. 하지만 날짜와 시간은 알면 알수록 더 복잡해 보일 겁니다!

워밍업으로 1년에 며칠이 있고 하루에 몇 시간이 있는지 생각해 보겠습니다. 여러분은 아마 대부분의 해에는 365일이 있지만 윤년에는 366일이 있다는 사실을 알고 있을 겁니다. 윤년을 결정하는 정확한 규칙을 알고 있나요?[1] 하루가 몇 시간으로 되어 있는지는 생각보다 분명하지 않습니다. 대부분 하루는 24시간이지만 일광 절약 시간제(DST)를 사용하는 곳에서는 일 년 중 하루는 23시간이고 또 다른 하루는 25시간입니다.

날짜와 시간이 다루기 어려운 이유는 두 가지 물리적 현상(지구의 자전과 태양 수위를 공선하는 것)을 월, 시간대, DST 등 모든 지정학적 현상과 조정해야 하기 때문입니다. 이 장에서는 날짜와 시간의 세부 사항을 전부 다루지는 않지만, 일반적인 데이터 분석 과제를 해결하는 데 도움이 되는 실용적인 기술을 다루면서 기초를 튼튼하게 다질 겁니다.

1 어떤 해가 4로 나누어 떨어지면 윤년이지만, 100으로도 나누어 떨어지면 윤년이 아닙니다. 하지만 여기서 400으로도 나누어 떨어지면 다시 윤년이 됩니다. 즉, 400년마다 97번의 윤년이 있다는 뜻입니다.

우선 다양한 입력값을 날짜-시간형 변수로 만드는 방법을 살펴본 다음 날짜-시간형 변수에서 연도, 월, 일과 같은 구성 요소를 추출하는 방법을 알아봅니다. 그런 다음 작업 목적에 따라 다양한 형태의 시간 범위를 활용하는 조금 까다로운 주제를 살펴봅니다. 마지막으로 시간대가 다를 때 생기는 부가적인 문제를 간단히 살펴봅니다.

준비하기

이 장에서는 R에서 날짜와 시간을 다루기 쉽게 해 주는 lubridate 패키지에 초점을 맞춥니다. lubridate는 tidyverse 최신 버전의 핵심 패키지 중 하나입니다. 실습에는 nycflights13 데이터를 활용하겠습니다.

```
library(tidyverse)
library(nycflights13)
```

날짜-시간형 변수 만들기

시간의 한순간을 나타내는 날짜-시간 데이터에는 세 가지 유형이 있습니다.

- date(날짜): 티블을 출력하면 `<date>`라고 표시됩니다.
- time(시간): 하루 중의 시각을 나타냅니다. 티블을 출력하면 `<time>`이라고 표시됩니다.
- date-time(날짜-시간): 날짜와 시간을 합친 것으로, 시간의 한순간을 고유하게 식별할 수 있는 값입니다. 일반적으로 가장 근접한 초 단위를 나타냅니다. 티블을 출력하면 `<dttm>`이라고 표시됩니다. base R에서는 이를 POSIXct라고 하는데, 정확히 발음하기는 쉽지 않습니다.

R에는 시간을 저장하는 기본 클래스가 없기 때문에 이 장에서는 날짜와 날짜-시간에 중점을 두겠습니다. 필요하다면 hms 패키지를 사용할 수도 있습니다.

항상 필요에 맞는 가장 간단한 데이터 타입을 사용해야 합니다. 즉, 날짜-시간 대신 날짜를 사용할 수 있다면 그렇게 해야 합니다. 날짜-시간은 시간대를 처리해야 하기 때문에 상당히 더 복잡합니다. 이에 대해서는 이 장의 마지막에 다시 살펴보겠습니다.

현재 날짜를 알아보려면 today(), 현재 날짜-시간을 알아보려면 now()를 사용하면 됩니다.

```
today()
#> [1] "2024-12-15"
now()
#> [1] "2024-12-15 14:16:04 KST"
```

이어서 날짜-시간형 변수를 만들 때 자주 사용하는 네 가지 방법을 설명합니다.

- readr로 파일을 읽을 때
- 문자열을 이용할 때
- 개별 날짜-시간 구성 요소를 이용할 때
- 기존 날짜-시간 객체를 이용할 때

데이터를 불러올 때

ISO8601 날짜나 날짜-시간이 포함된 CSV 파일은 readr이 자동으로 인식하기 때문에 그냥 불러오면 됩니다.

```
csv <- "
  date,datetime
  2022-01-02,2022-01-02 05:12
"
read_csv(csv)
#> # A tibble: 1 x 2
#>   date       datetime
#>   <date>     <dttm>
#> 1 2022-01-02 2022-01-02 05:12:00
```

ISO8601을 처음 들어 본 사람도 있을 겁니다. 이는 날짜를 표기할 때 날짜의 구성 요소를 -로 구분해서 큰 단위부터 작은 단위 순서로 나열하는 국제 표준[2]입니다. 예를 들어 ISO8601에서는 2022년 5월 3일을 2022-05-03로 씁니다. ISO8601 날짜에는 시간도 포함될 수 있는데 시, 분, 초는 :으로 구분하고, 날짜와 시간 구성 요소는 T나 공백으로 구분합니다. 예를 들어 2022년 5월 3일 오후 4시 26분은 2022-05-03 16:26 또는 2022-05-03T16:26으로 쓸 수 있습니다.

2 *https://xkcd.com/1179*

ISO8601 이외의 날짜-시간 형식은 col_types에 col_date()나 col_datetime()을 넣어서 날짜-시간 형식을 지정해야 합니다. readr에서 사용하는 날짜-시간 형식은 여러 프로그래밍 언어에서 공통으로 사용하는 표준인데, % 다음에 한 글자를 붙여서 날짜 구성 요소를 나타냅니다. 예를 들어 %Y-%m-%d는 연도, -, 월(숫자), -, 일로 구성된 날짜를 의미합니다. 표 17-1에 사용할 수 있는 모든 옵션이 나와 있습니다.

표 17-1 readr이 이해하는 모든 날짜 형식

유형	코드	의미	예시
년	%Y	4자리 연도	2021
	%y	2자리 연도	21
월	%m	숫자	2
	%b	줄임말 이름	Feb
	%B	전체 이름	February
일	%d	두 자리 숫자	02
	%e	한 자리 또는 두 자리 숫자	2
시간	%H	24시간제 시각	13
	%I	12시간제 시각	1
	%p	오전/오후	pm
	%M	분	35
	%S	초	45
	%OS	소수점 포함 초	45.35
	%Z	시간대 이름	America/Chicago
	%z	UTC 기준 오프셋	+0800
기타	%.	숫자가 아닌 값 하나 건너뛰기	:
	%*	숫자가 아닌 값 여러 개 건너뛰기	

다음 코드는 모호한 날짜에 여러 옵션을 적용했을 때 결과가 어떻게 달라지는지 보여 줍니다.

```
csv <- "
  date
  01/02/15
"

read_csv(csv, col_types = cols(date = col_date("%m/%d/%y")))
#> # A tibble: 1 x 1
```

```
#>   date
#>   <date>
#> 1 2015-01-02

read_csv(csv, col_types = cols(date = col_date("%d/%m/%y")))
#> # A tibble: 1 x 1
#>   date
#>   <date>
#> 1 2015-02-01

read_csv(csv, col_types = cols(date = col_date("%y/%m/%d")))
#> # A tibble: 1 x 1
#>   date
#>   <date>
#> 1 2001-02-15
```

R에 날짜를 가져오면 날짜 형식을 어떻게 지정했는지와 상관없이 항상 동일한 방식으로 표시된다는 점을 기억하세요.

%b나 %B를 사용해서 영어가 아닌 날짜를 다룰 때는 locale()도 지정해 주어야 합니다. date_names_langs()에서 기본으로 내장된 언어 목록을 확인해 보세요. date_names()로 직접 만드는 방법도 있습니다.

문자열로 만들기

날짜-시간을 지정하는 입력 규칙은 유용하지만 날짜 형식을 신중하게 분석해서 정해야 한다는 어려움이 있습니다. 대안으로 구성 요소 순서만 지정하면 날짜 형식을 자동으로 파악하는 lubridate의 도우미 함수를 사용할 수 있습니다. 이 함수들을 사용하려면 날짜에서 연, 월, 일이 나오는 순서를 확인한 다음 "y", "m", "d"를 같은 순서로 배열하기만 하면 됩니다. 이렇게 하면 날짜를 파싱하는 lubridate 함수 이름이 됩니다. 예를 들면 다음과 같습니다.

```
ymd("2017-01-31")
#> [1] "2017-01-31"
mdy("January 31st, 2017")
#> [1] "2017-01-31"
dmy("31-Jan-2017")
#> [1] "2017-01-31"
```

ymd() 계열 함수는 날짜를 만듭니다. 날짜-시간을 만들려면 파싱 함수 뒤에 밑줄과 "h", "m", "s" 중 하나 이상을 붙이면 됩니다.

```
ymd_hms("2017-01-31 20:11:59")
#> [1] "2017-01-31 20:11:59 UTC"
mdy_hm("01/31/2017 08:01")
#> [1] "2017-01-31 08:01:00 UTC"
```

날짜-시간에 시간대를 지정할 수도 있습니다.

```
ymd("2017-01-31", tz = "UTC")
#> [1] "2017-01-31 UTC"
```

여기서는 UTC[3] 시간대를 사용하는데, 이는 GMT나 그리니치 평균시로도 알려진 경도 0도의 시간입니다. UTC는 일광 절약 시간제를 사용하지 않아서 계산이 좀 더 쉽습니다.

개별 구성 요소로 만들기

가끔은 단일 문자열 대신에 날짜와 시간을 구성하는 요소들이 여러 열에 흩어져 있는 경우가 있습니다. `flights` 데이터가 바로 그런 경우입니다.

```
flights |>
  select(year, month, day, hour, minute)
#> # A tibble: 336,776 x 5
#>    year month   day  hour minute
#>   <int> <int> <int> <dbl>  <dbl>
#> 1  2013     1     1     5     15
#> 2  2013     1     1     5     29
#> 3  2013     1     1     5     40
#> 4  2013     1     1     5     45
#> 5  2013     1     1     6      0
#> 6  2013     1     1     5     58
#> # i 336,770 more rows
```

이런 식으로 입력된 데이터로 날짜나 시간을 만들 때 날짜는 `make_date()`, 날짜-시간은 `make_datetime()`을 사용하면 됩니다.

3 UTC가 무엇의 약자인지 궁금할 겁니다. UTC는 영어 "Coordinated Universal Time"와 프랑스어 "Temps Universel Coordonné"를 절충해서 만든 합성어입니다.

```
flights |>
  select(year, month, day, hour, minute) |>
  mutate(departure = make_datetime(year, month, day, hour, minute))
#> # A tibble: 336,776 x 6
#>    year month   day  hour minute departure
#>   <int> <int> <int> <dbl>  <dbl> <dttm>
#> 1  2013     1     1     5     15 2013-01-01 05:15:00
#> 2  2013     1     1     5     29 2013-01-01 05:29:00
#> 3  2013     1     1     5     40 2013-01-01 05:40:00
#> 4  2013     1     1     5     45 2013-01-01 05:45:00
#> 5  2013     1     1     6      0 2013-01-01 06:00:00
#> 6  2013     1     1     5     58 2013-01-01 05:58:00
#> # i 336,770 more rows
```

flights에 있는 4개의 시간 열로도 같은 작업을 해 보겠습니다. 시간이 조금 특이한 형식으로 표현되어 있어서 연산 작업을 추가해 시와 분 요소를 추출합니다. 날짜-시간을 만들고 나면 변수를 자세히 살펴보게 됩니다. 뒤에 이어서 작업하겠습니다.

```
make_datetime_100 <- function(year, month, day, time) {
  make_datetime(year, month, day, time %/% 100, time %% 100)
}

flights_dt <- flights |>
  filter(!is.na(dep_time), !is.na(arr_time)) |>
  mutate(
    dep_time = make_datetime_100(year, month, day, dep_time),
    arr_time = make_datetime_100(year, month, day, arr_time),
    sched_dep_time = make_datetime_100(year, month, day, sched_dep_time),
    sched_arr_time = make_datetime_100(year, month, day, sched_arr_time)
  ) |>
  select(origin, dest, ends_with("delay"), ends_with("time"))

flights_dt
#> # A tibble: 328,063 x 9
#>   origin dest  dep_delay arr_delay dep_time            sched_dep_time
#>   <chr>  <chr>     <dbl>     <dbl> <dttm>              <dttm>
#> 1 EWR    IAH           2        11 2013-01-01 05:17:00 2013-01-01 05:15:00
#> 2 LGA    IAH           4        20 2013-01-01 05:33:00 2013-01-01 05:29:00
#> 3 JFK    MIA           2        33 2013-01-01 05:42:00 2013-01-01 05:40:00
#> 4 JFK    BQN          -1       -18 2013-01-01 05:44:00 2013-01-01 05:45:00
#> 5 LGA    ATL          -6       -25 2013-01-01 05:54:00 2013-01-01 06:00:00
#> 6 EWR    ORD          -4        12 2013-01-01 05:54:00 2013-01-01 05:58:00
#> # i 328,057 more rows
#> # i 3 more variables: arr_time <dttm>, sched_arr_time <dttm>, ...
```

이 데이터를 이용하면 연중 출발 시각 분포를 시각화할 수 있습니다.

```
flights_dt |>
  ggplot(aes(x = dep_time)) +
  geom_freqpoly(binwidth = 86400) # 86400 초 = 하루
```

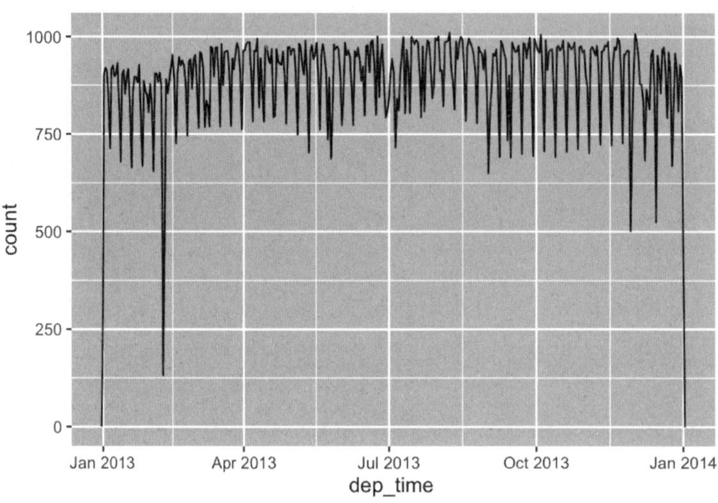

하루 동안의 분포도 볼 수 있습니다.

```
flights_dt |>
  filter(dep_time < ymd(20130102)) |>
  ggplot(aes(x = dep_time)) +
  geom_freqpoly(binwidth = 600) # 600초 = 10 분
```

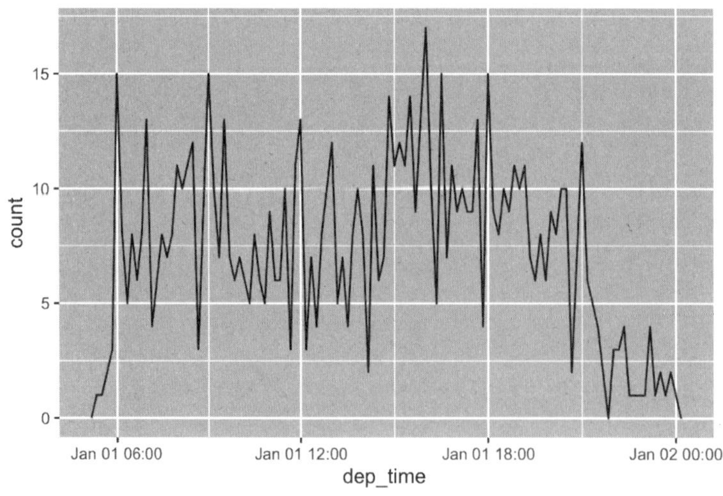

날짜-시간을 숫자로 다룰 때(히스토그램을 만들 때처럼) 1은 1초를 의미하므로 86400의 폭은 하루를 나타냅니다. 날짜에서는 1이 1일을 의미합니다.

다른 유형으로 변환하기

날짜-시간과 날짜 사이를 변환하고 싶을 때가 있습니다. 그럴 때는 as_datetime()과 as_date()를 사용하면 됩니다.

```
as_datetime(today())
#> [1] "2024-12-15 UTC"
as_date(now())
#> [1] "2024-12-15"
```

가끔 날짜나 시간이 "Unix Epoch", 즉 1970-01-01부터의 숫자 오프셋으로 되어 있을 때가 있습니다. 오프셋이 초 단위면 as_datetime(), 일 단위면 as_date()를 사용하면 됩니다.

```
as_datetime(60 * 60 * 10)
#> [1] "1970-01-01 10:00:00 UTC"
as_date(365 * 10 + 2)
#> [1] "1980-01-01"
```

연습문제

1. 잘못된 날짜가 들어 있는 문자열을 파싱하면 어떻게 될까요?

   ```
   ymd(c("2010-10-10", "bananas"))
   ```

2. today()의 tzone 인자는 무슨 역할을 하나요? 이게 왜 중요할까요?

3. 다음 날짜-시간을 readr로 날짜 형식을 지정하는 방법과 lubridate 함수를 이용하는 방법으로 파싱해 보세요.

   ```
   d1 <- "January 1, 2010"
   d2 <- "2015-Mar-07"
   d3 <- "06-Jun-2017"
   d4 <- c("August 19 (2015)", "July 1 (2015)")
   d5 <- "12/30/14" # 2014년 12월 30일
   t1 <- "1705"
   t2 <- "11:15:10.12 PM"
   ```

날짜-시간 구성 요소

앞에서 날짜 시간 데이터를 R의 날짜-시간 데이터 구조로 만드는 방법을 알아봤습니다. 이제 이 변수로 무엇을 할 수 있는지 살펴봅시다. 이번 절에서는 개별 구성 요소를 가져오고 설정할 수 있는 액세스 함수에 초점을 맞추겠습니다. 이어서 날짜-시간으로 산술 연산을 하는 방법을 알아봅니다.

구성 요소 가져오기

날짜의 각 부분을 가져오려면 year(), month(), mday()(월중 날짜 순번), yday()(연중 날짜 순번), wday()(주중 날짜 순번), hour(), minute(), second() 액세스 함수를 사용하면 됩니다. 이들은 make_datetime()의 반대 역할을 합니다.

```
datetime <- ymd_hms("2026-07-08 12:34:56")

year(datetime)
#> [1] 2026
month(datetime)
#> [1] 7
mday(datetime)
#> [1] 8

yday(datetime)
#> [1] 189
wday(datetime)
#> [1] 4
```

month()와 wday()에서 label = TRUE를 설정하면 월이나 요일의 줄임말 이름을 반환합니다. abbr = FALSE를 설정하면 전체 이름을 반환합니다.

```
month(datetime, label = TRUE)
#> [1] Jul
#> 12 Levels: Jan < Feb < Mar < Apr < May < Jun < Jul < Aug < Sep < ... < Dec
wday(datetime, label = TRUE, abbr = FALSE)
#> [1] Wednesday
#> 7 Levels: Sunday < Monday < Tuesday < Wednesday < Thursday < ... < Saturday
```

wday()를 사용하면 주말보다 평일에 더 많은 항공편이 출발한다는 사실을 알 수 있습니다.

```
flights_dt |>
  mutate(wday = wday(dep_time, label = TRUE)) |>
  ggplot(aes(x = wday)) +
  geom_bar()
```

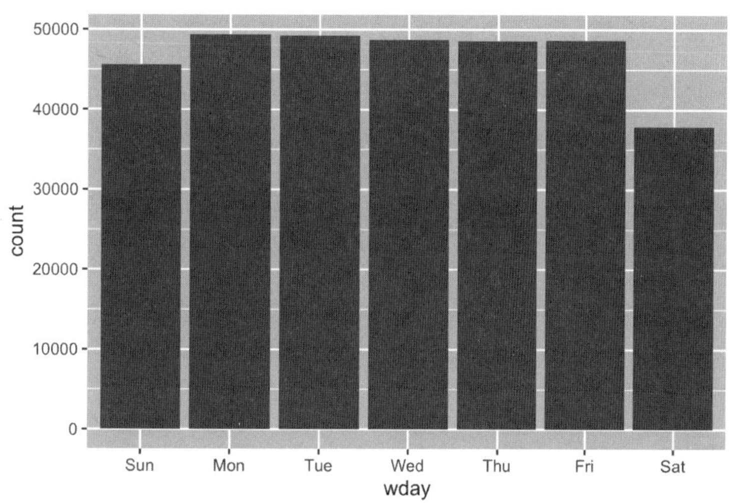

시간대별 평균 출발 지연 시간도 살펴볼 수 있습니다. 흥미로운 패턴이 있네요. 20-30분대와 50-60분대에 출발하는 항공편은 다른 시간대에 비해 지연 시간이 훨씬 짧습니다!

```
flights_dt |>
  mutate(minute = minute(dep_time)) |>
  group_by(minute) |>
  summarize(
    avg_delay = mean(dep_delay, na.rm = TRUE),
    n = n()
  ) |>
  ggplot(aes(x = minute, y = avg_delay)) +
  geom_line()
```

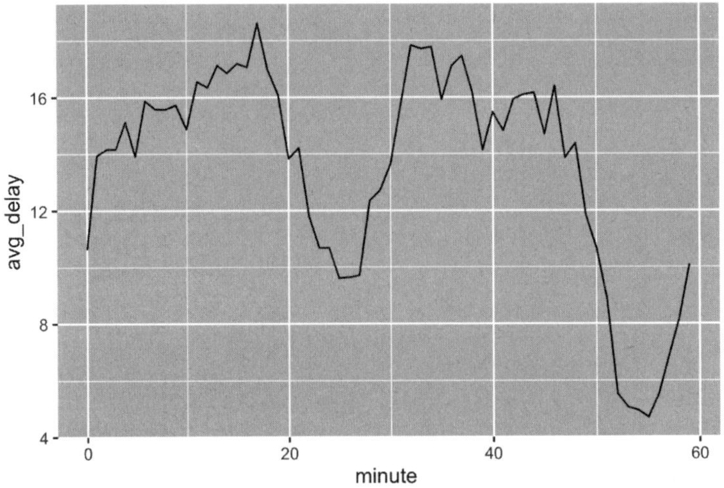

흥미롭게도 "출발 예정 시각"을 보면 그렇게 뚜렷한 패턴이 보이지 않습니다.

```
sched_dep <- flights_dt |>
  mutate(minute = minute(sched_dep_time)) |>
  group_by(minute) |>
  summarize(
    avg_delay = mean(arr_delay, na.rm = TRUE),
    n = n()
  )

ggplot(sched_dep, aes(x = minute, y = avg_delay)) +
  geom_line()
```

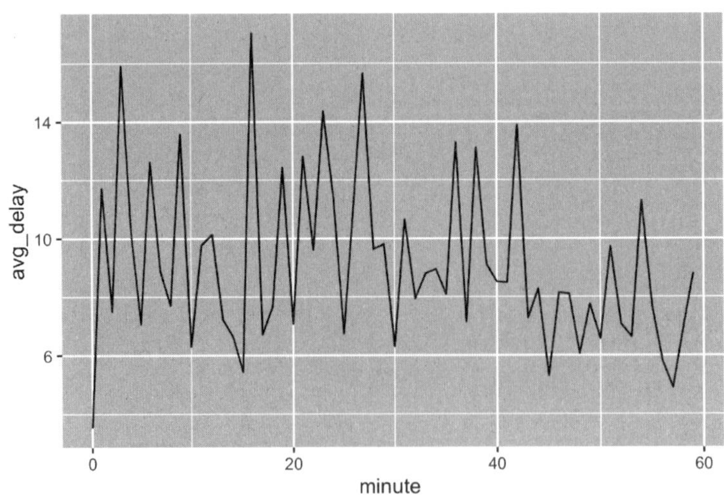

그렇다면 실제 출발 시간에 그런 패턴이 나타나는 이유가 뭘까요? 그림 17-1에서 볼 수 있듯이 사람으로부터 수집된 다른 데이터들과 마찬가지로 "보기 좋은" 출발 시각을 강하게 선호하는 경향이 있어서 그런 듯합니다. 사람의 판단이 개입된 데이터를 다룰 때는 항상 이런 식의 패턴에 주의해야 합니다!

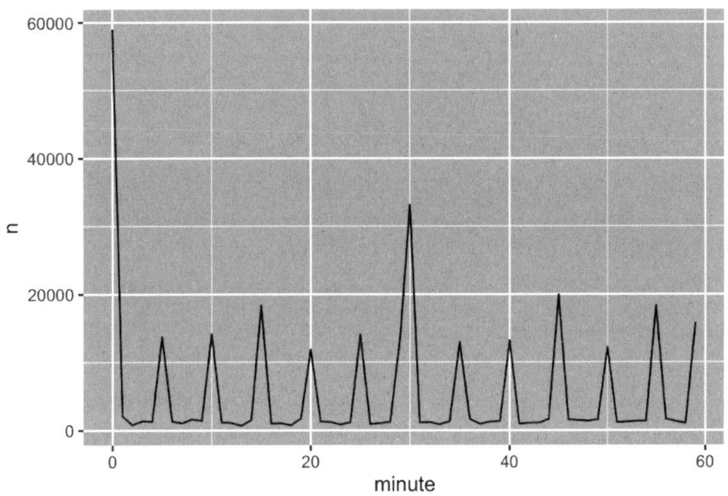

그림 17-1 시간별 출발 예정 항공편 수를 나타낸 도수 분포 다각형 그래프. 0분이나 30분 같이 반올림된 숫자와 5의 배수를 훨씬 선호하는 경향을 확인할 수 있습니다.

반올림하기

개별 요소를 그래프로 표현하는 대신에 `floor_date()`, `round_date()`, `ceiling_date()` 함수를 이용해 날짜를 가까운 시간 단위로 반올림하는 방법도 있습니다. 함수에 조정할 날짜 벡터를 입력한 다음 내림(floor), 올림(ceiling), 반올림할 단위의 이름을 입력하면 됩니다. 예를 들어 이를 활용하면 주당 항공편 수를 그래프로 나타낼 수 있습니다.

```
flights_dt |>
  count(week = floor_date(dep_time, "week")) |>
  ggplot(aes(x = week, y = n)) +
  geom_line() +
  geom_point()
```

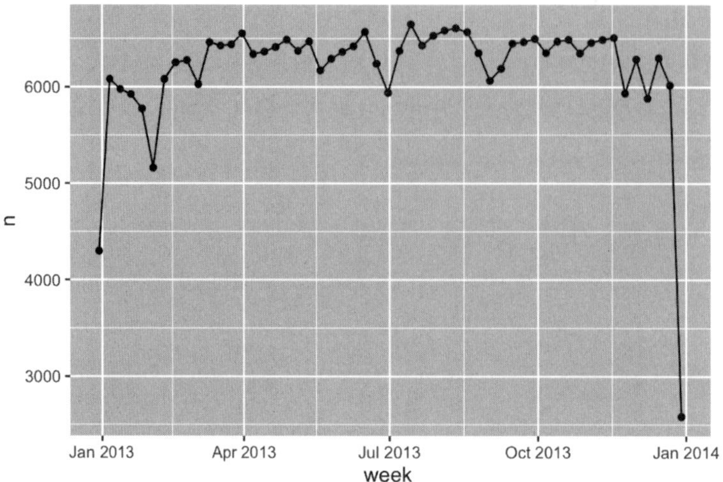

반올림을 이용하면 dep_time과 그 날의 가장 이른 시각 사이의 차이를 구해서 하루 동안의 항공편 분포를 확인할 수 있습니다.

```
flights_dt |>
  mutate(dep_hour = dep_time - floor_date(dep_time, "day")) |>
  ggplot(aes(x = dep_hour)) +
  geom_freqpoly(binwidth = 60 * 30)
#> Don't know how to automatically pick scale for object of type <difftime>.
#> Defaulting to continuous.
```

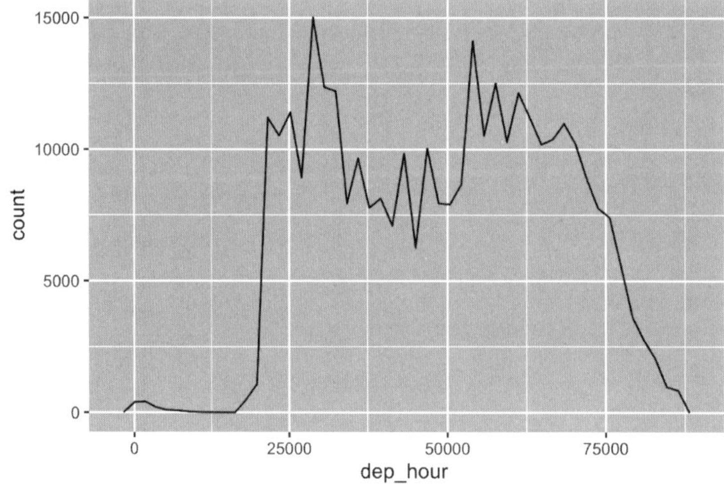

두 날짜-시간의 차이를 계산하면 difftime이 되는데(357쪽 "Interval"에서 자세히 다룹니다), 이것을 hms 객체로 바꾸면 x축을 더 알아보기 좋게 만들 수 있습니다.

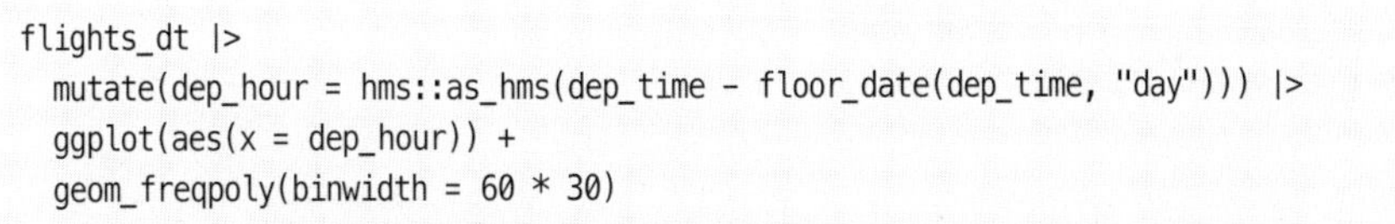

```
flights_dt |>
  mutate(dep_hour = hms::as_hms(dep_time - floor_date(dep_time, "day"))) |>
  ggplot(aes(x = dep_hour)) +
  geom_freqpoly(binwidth = 60 * 30)
```

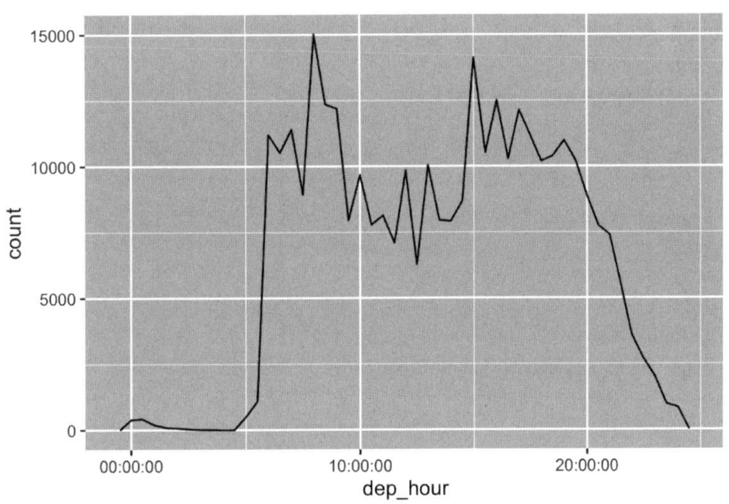

구성 요소 수정하기

각 액세스 함수로 날짜-시간의 구성 요소를 수정할 수도 있습니다. 데이터 분석에서 자주 쓰이지는 않지만, 분명하게 잘못된 날짜가 있는 데이터를 정리할 때 유용합니다.

```
(datetime <- ymd_hms("2026-07-08 12:34:56"))
#> [1] "2026-07-08 12:34:56 UTC"

year(datetime) <- 2030
datetime
#> [1] "2030-07-08 12:34:56 UTC"
month(datetime) <- 01
datetime
#> [1] "2030-01-08 12:34:56 UTC"
hour(datetime) <- hour(datetime) + 1
datetime
#> [1] "2030-01-08 13:34:56 UTC"
```

기존 변수를 수정하는 대신 update()로 새로운 날짜-시간을 만들 수도 있습니다. 이렇게 하면 여러 값을 한 번에 설정할 수 있습니다.

```
update(datetime, year = 2030, month = 2, mday = 2, hour = 2)
#> [1] "2030-02-02 02:34:56 UTC"
```

입력한 값이 너무 크면 다음 단위로 넘어갑니다.

```
update(ymd("2023-02-01"), mday = 30)
#> [1] "2023-03-02"
update(ymd("2023-02-01"), hour = 400)
#> [1] "2023-02-17 16:00:00 UTC"
```

연습문제

1. 하루 중 비행 시간 분포가 1년 중 점차 어떻게 달라지나요?
2. dep_time, sched_dep_time, dep_delay를 비교해 보세요. 일관성이 있나요? 발견한 점을 설명해 보세요.
3. air_time과 출발부터 도착까지 걸린 시간을 비교해 보세요. 발견한 점을 설명해 보세요. (힌트: 공항 위치를 고려하세요.)
4. 평균 지연 시간이 하루 중 어떻게 변하나요? 이를 알아보려면 dep_time을 사용해야 할까요, 아니면 sched_dep_time을 사용해야 할까요? 그 이유는 무엇인가요?
5. 항공편을 이용할 때 지연 가능성을 최소화하려면 무슨 요일에 출발하는 게 좋을까요?
6. diamonds$carat과 flights$sched_dep_time의 분포가 비슷해 보이는 이유가 무엇일까요?
7. 20-30분대와 50-60분대에 일찍 출발하는 항공편은 원래 일찍 출발하기로 예정된 비행기라는 가설을 확인해 보세요. (힌트: 비행기 지연 여부를 나타낸 이항 변수를 만드세요.)

시간 범위

이제 날짜로 빼기, 더하기, 나누기 같은 산술 연산을 어떻게 하는지 알아보겠습니다. 그 과정에서 시간 범위를 나타내는 세 가지 중요한 클래스를 익힙니다.

Duration
: 정확히 몇 초인지 나타냅니다.

Period
: 주나 월과 같이 사람에게 익숙한 단위를 나타냅니다.

Interval
: 시작점과 끝점을 나타냅니다.

이 중 무엇을 선택해야 할까요? 늘 그렇듯 문제를 해결하는 가장 간단한 데이터 구조를 선택하는 것이 좋습니다. 물리적 시간만 다루면 duration, 사람에게 익숙한 시간을 더해야 하면 period, 사람에게 익숙한 단위로 범위가 얼마나 긴지 알아내야 하면 interval을 사용하면 됩니다.

Duration

R에서 두 날짜의 차이를 구하면 difftime 객체를 반환합니다.

```
# 해들리의 나이는?
h_age <- today() - ymd("1979-10-14")
h_age
#> Time difference of 16499 days
```

`difftime` 클래스 객체에는 초, 분, 시간, 일, 주의 시간 범위가 기록되어 있습니다. 이런 모호함 때문에 difftime을 다루는 것이 조금 까다롭습니다. 그래서 lubridate에서는 항상 초 단위로 된 **duration**을 이용합니다.

```
as.duration(h_age)
#> [1] "1425513600s (~45.17 years)"
```

duration을 만들 때 사용할 수 있는 편리한 생성자가 많이 있습니다.

```
dseconds(15)
#> [1] "15s"
```

```
dminutes(10)
#> [1] "600s (~10 minutes)"
dhours(c(12, 24))
#> [1] "43200s (~12 hours)" "86400s (~1 days)"
ddays(0:5)
#> [1] "0s"                "86400s (~1 days)"  "172800s (~2 days)"
#> [4] "259200s (~3 days)" "345600s (~4 days)" "432000s (~5 days)"
dweeks(3)
#> [1] "1814400s (~3 weeks)"
dyears(1)
#> [1] "31557600s (~1 years)"
```

duration은 시간 범위를 항상 초 단위로 기록합니다. 더 큰 단위는 분, 시간, 일, 주, 연을 초로 변환해서 만들 수 있습니다. 1분은 60초, 1시간은 60분, 1일은 24시간, 1주는 7일입니다. 시간 단위가 커지면 문제가 복잡해집니다. 1년은 1년의 "평균"일수, 즉 365.25일을 사용합니다. 월을 duration으로 변환하는 방법은 없습니다. 변동이 너무 크기 때문입니다.

duration끼리 더하거나 곱할 수 있습니다.

```
2 * dyears(1)
#> [1] "63115200s (~2 years)"
dyears(1) + dweeks(12) + dhours(15)
#> [1] "38869200s (~1.23 years)"
```

duration을 day에 더하거나 뺄 수도 있습니다.

```
tomorrow <- today() + ddays(1)
last_year <- today() - dyears(1)
```

그런데 duration은 정확한 초를 나타내기 때문에 가끔 예상치 못한 결과가 나올 수 있습니다.

```
one_am <- ymd_hms("2026-03-08 01:00:00", tz = "America/New_York")

one_am
#> [1] "2026-03-08 01:00:00 EST"
one_am + ddays(1)
#> [1] "2026-03-09 02:00:00 EDT"
```

3월 8일 오전 1시에서 하루를 더했는데 3월 9일 오전 2시가 된 이유가 뭘까요? 날짜를 자세히 보면 시간대도 바뀐 것을 알 수 있습니다. 3월 8일은 일광 절약 시간제(DST)가 시작되는 날이라 23시간밖에 없습니다. 그래서 하루치의 초를 더하면 다른 시간이 되는 것입니다.

Period

이 문제를 해결하기 위해 lubridate에는 **period**가 있습니다. period는 시간 간격이지만 초 단위로 고정된 길이가 없고, 대신 일과 월처럼 "사람"의 시간 단위로 작동합니다. 덕분에 더 직관적으로 작업할 수 있습니다.

```
one_am
#> [1] "2026-03-08 01:00:00 EST"
one_am + days(1)
#> [1] "2026-03-09 01:00:00 EDT"
```

period도 duration과 마찬가지로 유용한 생성자 함수들을 사용해 만들 수 있습니다.

```
hours(c(12, 24))
#> [1] "12H 0M 0S" "24H 0M 0S"
days(7)
#> [1] "7d 0H 0M 0S"
months(1:6)
#> [1] "1m 0d 0H 0M 0S" "2m 0d 0H 0M 0S" "3m 0d 0H 0M 0S" "4m 0d 0H 0M 0S"
#> [5] "5m 0d 0H 0M 0S" "6m 0d 0H 0M 0S"
```

period를 이용해 더하거나 곱할 수 있습니다.

```
10 * (months(6) + days(1))
#> [1] "60m 10d 0H 0M 0S"
days(50) + hours(25) + minutes(2)
#> [1] "50d 25H 2M 0S"
```

물론 날짜에 더할 수도 있습니다. period는 duration에 비해 기대한 대로 작동할 가능성이 더 높습니다.

```
# 윤년
ymd("2024-01-01") + dyears(1)
#> [1] "2024-12-31 06:00:00 UTC"
ymd("2024-01-01") + years(1)
```

```
#> [1] "2025-01-01"

# 일광 절약 시간제
one_am + ddays(1)
#> [1] "2026-03-09 02:00:00 EDT"
one_am + days(1)
#> [1] "2026-03-09 01:00:00 EDT"
```

이제 period를 이용해서 항공편 날짜의 이상한 점을 수정해 봅시다. 일부 항공기는 뉴욕에서 출발하기도 "전에" 목적지에 도착한 것처럼 보입니다.

```
flights_dt |>
  filter(arr_time < dep_time)
#> # A tibble: 10,633 x 9
#>   origin dest  dep_delay arr_delay dep_time            sched_dep_time
#>   <chr>  <chr>     <dbl>     <dbl> <dttm>              <dttm>
#> 1 EWR    BQN           9        -4 2013-01-01 19:29:00 2013-01-01 19:20:00
#> 2 JFK    DFW          59        NA 2013-01-01 19:39:00 2013-01-01 18:40:00
#> 3 EWR    TPA          -2         9 2013-01-01 20:58:00 2013-01-01 21:00:00
#> 4 EWR    SJU          -6       -12 2013-01-01 21:02:00 2013-01-01 21:08:00
#> 5 EWR    SFO          11       -14 2013-01-01 21:08:00 2013-01-01 20:57:00
#> 6 LGA    FLL         -10        -2 2013-01-01 21:20:00 2013-01-01 21:30:00
#> # i 10,627 more rows
#> # i 3 more variables: arr_time <dttm>, sched_arr_time <dttm>, ...
```

이 항공기들은 야간에 비행한 항공기들입니다. 우리는 출발 시간과 도착 시간에 같은 날짜 정보를 사용했는데, 사실 이 비행기들이 다음 날 도착한 겁니다. 각 야간 항공편의 도착 시간에 `days(1)`을 더해 주면 이 문제를 해결할 수 있습니다.

```
flights_dt <- flights_dt |>
  mutate(
    overnight = arr_time < dep_time,
    arr_time = arr_time + days(overnight),
    sched_arr_time = sched_arr_time + days(overnight)
  )
```

이제 항공편들이 모두 물리 법칙을 지키게 되었네요.

```
flights_dt |>
  filter(arr_time < dep_time)
#> # A tibble: 0 x 10
#> # i 10 variables: origin <chr>, dest <chr>, dep_delay <dbl>,
#> #   arr_delay <dbl>, dep_time <dttm>, sched_dep_time <dttm>, ...
```

Interval

dyears(1) / ddays(365)의 결과는 무엇일까요? 정확히 1은 아닙니다. 왜냐하면 dyears()는 1년의 평균 초 수로 정의되는데, 이는 365.25일이기 때문이죠.

years(1) / days(1)의 결과는 어떨까요? 음, 만약 해당 연도가 2015년이면 365를 반환해야 하고, 2016년이면 366을 반환해야 합니다! 명확하게 한 가지 답변을 내놓기에는 lubridate가 가지고 있는 정보가 충분하지 않습니다. 그래서 다음과 같은 추정치를 출력합니다.

```
years(1) / days(1)
#> [1] 365.25
```

더 정확하게 측정하고 싶다면 **구간**(interval)을 사용해야 합니다. 구간은 시작 및 종료 날짜 시간의 쌍입니다. 시작점이 있는 duration이라고도 볼 수 있습니다.

구간은 start %--% end 형식으로 만들 수 있습니다.

```
y2023 <- ymd("2023-01-01") %--% ymd("2024-01-01")
y2024 <- ymd("2024-01-01") %--% ymd("2025-01-01")

y2023
#> [1] 2023-01-01 UTC--2024-01-01 UTC
y2024
#> [1] 2024-01-01 UTC--2025-01-01 UTC
```

그런 다음 구간을 days()로 나누면 해당 연도에 며칠이 있는지 알아낼 수 있습니다.

```
y2023 / days(1)
#> [1] 365
y2024 / days(1)
#> [1] 366
```

연습문제

1. R을 처음 배우기 시작한 사람에게 days(!overnight)와 days(overnight)를 설명해 보세요. 꼭 알아야 할 핵심은 무엇인가요?

2. 2015년의 매월 1일로 구성된 날짜 벡터를 만드세요. "현재" 연도의 매월 1일로 구성된 날짜 벡터를 만드세요.

3. 생일 날짜를 입력하면 나이를 연수(year)로 반환하는 함수를 작성하세요.

4. (today() %--% (today() + years(1))) / months(1)가 작동하지 않는 이유는 무엇일까요?

시간대

시간대(time zone)는 지정학적인 문제들과 상호작용하기 때문에 굉장히 복잡한 주제입니다. 다행히 데이터 분석 작업에 이런 문제가 전부 중요하게 작용하는 것은 아니라서 모든 내용을 깊이 알 필요는 없지만, 몇 가지 도전 과제는 정면 돌파해야 합니다.

첫 번째 도전 과제는 일상적으로 쓰는 시간대 이름이 모호하다는 것입니다. 예를 들어 미국인이라면 동부 표준시(EST)에 익숙할 겁니다. 그런데 호주와 캐나다에도 EST가 있습니다! 이런 혼란을 피하기 위해 R은 국제 표준인 IANA 시간대를 씁니다. IANA 시간대는 {area}/{location} 형식의 일관된 명명 규칙을 쓰는데, 보통 {continent}/{city} 또는 {ocean}/{city} 형태입니다. 예를 들어 "America/New_York", "Europe/Paris", "Pacific/Auckland"와 같이 씁니다.

보통 시간대를 국가나 국가 내 지역과 연관 지어 생각하는데, 왜 시간대 이름에 도시 이름을 쓰는지 궁금할 수 있습니다. 그 이유는 IANA 데이터베이스가 수십 년에 걸친 시간대 규칙을 모두 기록해야 하기 때문입니다. 수십 년이 지나면 국가는 이름이 바뀌거나 여러 국가로 분열하는 일이 꽤 잦지만, 도시 이름은 대체로 그대로 유지됩니다. 또 다른 문제는 시간대 이름이 현재 상황뿐 아니라 과거의 전체 기록도 반영해야 한다는 것입니다. 예를 들면 "America/New_York"과 "America/Detroit" 시간대가 따로 있습니다. 이 두 도시는 현재 모두 동부 표준시를 쓰지만, 1969-1972년에는 디트로이트가 있는 미시간주에서 일광 절약 시간제(DST)를 따르지 않았기 때문에 다른 이름이 필요한 것이죠. 이런 이야기를 알아보고 싶다면 원시 시간대 데이터베이스(*https://www.iana.org/time-zones*)에 있는 글을 읽어 보세요!

Sys.timezone()을 이용하면 R이 현재 시간대를 어떻게 인식하고 있는지 알 수 있습니다.

```
Sys.timezone()
#> [1] "Asia/Seoul"
```

(R이 시간대를 인식하지 못하면 NA를 출력합니다.)

OlsonNames()를 사용하면 시간대 이름 전체 목록을 볼 수 있습니다.

```
length(OlsonNames())
#> [1] 596
head(OlsonNames())
#> [1] "Africa/Abidjan"     "Africa/Accra"       "Africa/Addis_Ababa"
#> [4] "Africa/Algiers"     "Africa/Asmara"      "Africa/Asmera"
```

R에서 시간대는 출력 형식만 제어하는 날짜-시간의 한 가지 속성입니다. 예를 들어 다음 세 객체는 모두 같은 시각을 나타냅니다.

```
x1 <- ymd_hms("2024-06-01 12:00:00", tz = "America/New_York")
x1
#> [1] "2024-06-01 12:00:00 EDT"

x2 <- ymd_hms("2024-06-01 18:00:00", tz = "Europe/Copenhagen")
x2
#> [1] "2024-06-01 18:00:00 CEST"

x3 <- ymd_hms("2024-06-02 04:00:00", tz = "Pacific/Auckland")
x3
#> [1] "2024-06-02 04:00:00 NZST"
```

빼기 연산을 사용하면 같은 시점인지 확인할 수 있습니다.

```
x1 - x2
#> Time difference of 0 secs
x1 - x3
#> Time difference of 0 secs
```

lubridate는 따로 지정하지 않는 한 항상 UTC를 씁니다. UTC(협정 세계시)는 과학계에서 쓰는 표준 시간대로, GMT(그리니치 평균시)와 거의 같습니다. UTC는 일광 절약 시간제(DST)를 쓰지 않아서 계산 작업을 하기 편리한 표현법입니다. c()를 이용해 날짜-시간을 결합하는 연산을 하면 종종 시간대 정보가 사라집니다. 이 경우 첫 번째 원소의 시간대로 날짜-시간이 표시됩니다.

```
x4 <- c(x1, x2, x3)
x4
#> [1] "2024-06-01 12:00:00 EDT" "2024-06-01 12:00:00 EDT"
#> [3] "2024-06-01 12:00:00 EDT"
```

시간대는 두 가지 방법으로 바꿀 수 있습니다.

- 첫 번째, 시각은 그대로 두고 표시 방식만 바꾸는 방법입니다. 시각 자체는 맞는데 좀 더 자연스럽게 표시하고 싶을 때 이 방법을 쓰면 됩니다.

```
x4a <- with_tz(x4, tzone = "Australia/Lord_Howe")
x4a
#> [1] "2024-06-02 02:30:00 +1030" "2024-06-02 02:30:00 +1030"
#> [3] "2024-06-02 02:30:00 +1030"
x4a - x4
#> Time differences in secs
#> [1] 0 0 0
```

  (이 결과는 시간대와 관련된 또 다른 어려움을 보여 주기도 합니다. 모든 시간대가 정수 시간만큼 차이 나는 건 아니거든요!)

- 두 번째, 시각 자체를 바꾸는 방법입니다. 시각에 잘못된 시간대 이름표가 붙어 있어서 시간대를 제대로 고쳐야 할 때 이 방법을 쓰면 됩니다.

```
x4b <- force_tz(x4, tzone = "Australia/Lord_Howe")
x4b
#> [1] "2024-06-01 12:00:00 +1030" "2024-06-01 12:00:00 +1030"
#> [3] "2024-06-01 12:00:00 +1030"
x4b - x4
#> Time differences in hours
#> [1] -14.5 -14.5 -14.5
```

요약

이 장에서는 날짜-시간 데이터를 다룰 때 도움이 되는 lubridate를 살펴봤습니다. 날짜와 시간을 다루는 일이 생각 이상으로 어려워 보일 텐데요, 이 장을 읽고 그 이유를 알게 되었길 바랍니다. 날짜-시간은 보기보다 훨씬 복잡하고, 가능한 모든 상황을 처리하려면 더 복잡합니다. 여러분이 다루는 데이터에 일광 절약 시간제나 윤년이 없다고 해도 관련 함수는 이런 상황을 처리할 수 있어야 합니다.

다음 장에서는 결측치를 다루는 방법을 알아봅니다. 지금까지 결측치가 여러 번 등장했는데, 아마 분석하면서 직접 마주친 적도 있을 겁니다. 이제 결측치를 다루는 여러 가지 유용한 기법을 소개할 때가 되었습니다.

18장

R for Data Science Second Edition

결측치

들어가며

이 책의 앞부분에서 결측치의 기초를 이미 익혔습니다. 처음에는 1장에서 결측치 때문에 그래프를 그릴 때 경고가 발생하는 것을 보았고, 60쪽 "summarize()"에서는 요약 통계를 계산할 때 결측치가 방해되는 것을 보았습니다. 그리고 228쪽 "결측치"에서는 결측치가 확산되는 현상과 데이터에 결측치가 있는지 확인하는 방법을 다뤘습니다. 이제 결측치를 더 깊이 있게 살펴보겠습니다.

먼저 NA로 기록된 결측치를 다루는 일반적인 도구를 살펴봅니다. 다음으로 데이터에 빠져 있는 값을 의미하는 암묵적 결측치라는 개념을 알아보고 이를 명시적으로 만드는 도구 몇 가지를 소개합니다. 마지막으로 데이터에 존재하지 않는 팩터 레벨 때문에 생기는 빈 그룹을 다룹니다.

준비하기

결측치를 다루는 함수는 대부분 tidyverse의 핵심 패키지인 dplyr과 tidyr에 들어 있습니다.

```
library(tidyverse)
```

명시적 결측치

먼저 NA로 표시되는, 즉 명시적 결측치를 만들거나 제거하는 데 유용한 몇 가지 도구를 살펴보겠습니다.

마지막 관측치를 앞으로 가져오기

결측치를 자주 사용하는 이유는 데이터 입력의 편의성 때문입니다. 데이터를 손으로 입력할 때 결측치는 이전 행의 값이 반복되거나 그대로 이어져 내려왔음을 뜻하기도 합니다.

```
treatment <- tribble(
  ~person,           ~treatment, ~response,
  "Derrick Whitmore", 1,         7,
  NA,                 2,         10,
  NA,                 3,         NA,
  "Katherine Burke",  1,         4
)
```

tidyr::fill()로 이런 결측치를 채울 수 있습니다. 이 함수는 select()처럼 열 집합을 인자로 입력해 작동합니다.

```
treatment |>
  fill(everything())
#> # A tibble: 4 × 3
#>   person           treatment response
#>   <chr>                <dbl>    <dbl>
#> 1 Derrick Whitmore         1        7
#> 2 Derrick Whitmore         2       10
#> 3 Derrick Whitmore         3       10
#> 4 Katherine Burke          1        4
```

이런 방식을 "마지막 관측치를 앞으로 가져오기(last observation carried forward)"라고 하는데 줄여서 locf라고 부르기도 합니다. .direction 인자를 사용하면 좀 더 특이한 방식으로 생성된 결측치도 채울 수 있습니다.

고정된 값

결측치는 고정되고 알려져 있을 때도 있는데, 0으로 된 경우가 가장 흔합니다. dplyr::coalesce()를 사용하면 결측치를 대체할 수 있습니다.

```
x <- c(1, 4, 5, 7, NA)
coalesce(x, 0)
#> [1] 1 4 5 7 0
```

이와는 반대로 가끔, 구체적인 값이 결측치를 나타내는 문제에 부딪힐 때가 있습니다. 이런 문제는 오래된 소프트웨어로 생성한 데이터에서 주로 발생합니다. 결측치를 제대로 표현할 방법이 없어서 99나 −999 같은 특수한 값을 대신 사용해야 했기 때문입니다.

가능하면 이런 문제는 데이터를 불러올 때 처리하는 게 좋습니다. 예를 들어 readr::read_csv()의 na 인자를 사용해서 read_csv(path, na = "99")처럼 처리하면 됩니다. 문제를 나중에 발견했거나 불러올 데이터 소스에 이런 처리 방법을 사용할 수 없을 때는 dplyr::na_if()를 쓰면 됩니다.

```
x <- c(1, 4, 5, 7, -99)
na_if(x, -99)
#> [1]  1  4  5  7 NA
```

NaN

계속하기 전에, 가끔 마주칠 수 있는 특별한 유형의 결측치가 하나 있습니다. 숫자가 아님(not a number)을 뜻하는 NaN입니다. NaN은 "난(nan)"이라고 발음합니다. NaN은 대부분 NA와 똑같이 작동하기 때문에 크게 신경 쓸 필요는 없습니다.

```
x <- c(NA, NaN)
x * 10
#> [1]  NA NaN
x == 1
#> [1] NA NA
is.na(x)
#> [1] TRUE TRUE
```

드문 경우이긴 하지만, NA와 NaN을 구별해야 한다면 is.nan(x)를 쓰면 됩니다. 보통 수학 연산 결과가 불확실할 때 보통 NaN을 마주치게 됩니다.

```
0 / 0
#> [1] NaN
0 * Inf
#> [1] NaN
```

```
Inf - Inf
#> [1] NaN
sqrt(-1)
#> Warning in sqrt(-1): NaNs produced
#> [1] NaN
```

암묵적 결측치

지금까지는 **명시적 결측치**, 즉 데이터에 `NA`로 표시되는 결측치를 다뤘습니다. 하지만 데이터에서 행 전체가 아예 빠진 경우에는 **암묵적** 결측치가 있을 수도 있습니다. 간단한 데이터셋으로 차이점을 알아보겠습니다. 이 데이터셋은 분기별 주가를 담고 있습니다.

```
stocks <- tibble(
  year  = c(2020, 2020, 2020, 2020, 2021, 2021, 2021),
  qtr   = c(   1,    2,    3,    4,    2,    3,    4),
  price = c(1.88, 0.59, 0.35,   NA, 0.92, 0.17, 2.66)
)
```

이 데이터셋에는 누락된 관측치가 두 개 있습니다.

- 2020년 4분기 `price`는 명시적으로 누락되어 있습니다. 값이 `NA`이기 때문입니다.
- 2021년 1분기 `price`는 암묵적으로 누락되어 있습니다. 데이터셋에 아예 값이 없기 때문입니다.

이런 차이점을 이해하는 한 가지 방법은 다음과 같은 선문답 같은 화두를 떠올려 보는 겁니다.

> 명시적 결측치는 없음이 있는 것이다.
>
> 암묵적 결측치는 있음이 없는 것이다.

때로는 암묵적 결측치를 명시적으로 만들어서 다루고 싶을 수 있습니다. 반대로 데이터 구조 때문에 생긴 명시적 결측치를 제거하고 싶을 때도 있습니다. 다음 절에서 암묵적 결측치와 명시적 결측치를 오갈 때 사용하는 도구를 몇 가지 소개합니다.

피벗하기

암묵적 결측치를 명시적으로 만들거나 그 반대로 바꾸는 도구 하나는 앞에서 이미 다뤘습니다. 바로 피벗입니다. 데이터를 가로로 넓게 만들면 행과 새 열의 모든 조합에 반드시 어떤 값이 있어야 하므로 암묵적 결측치가 명시적 결측치가 됩니다. 예를 들어 stocks를 피벗해서 열에 quarter를 배치하면 두 결측치가 모두 명시적 결측치가 됩니다.

```
stocks |>
  pivot_wider(
    names_from = qtr,
    values_from = price
  )
#> # A tibble: 2 × 5
#>    year   `1`   `2`   `3`   `4`
#>   <dbl> <dbl> <dbl> <dbl> <dbl>
#> 1  2020  1.88  0.59  0.35 NA
#> 2  2021 NA     0.92  0.17  2.66
```

데이터를 세로로 길게 만들 때는 명시적 결측치를 유지하는 게 기본값입니다. 하지만 데이터가 정돈되지 않아서 결측치가 구조적으로 존재한다면 values_drop_na = TRUE를 설정해서 제거할 수 있습니다. 그러면 암묵적 결측치가 됩니다. 자세한 내용은 80쪽 "정돈된 데이터"의 예시를 참고하세요.

채우기

tidyr::complete()에 행을 결정하는 변수 조합을 입력하면 있어야 할 모든 조합을 계산해서 명시적인 결측치를 만들 수 있습니다. 예를 들어 stocks 데이터에 모든 year와 qtr의 조합이 있어야 한다는 사실을 알고 있습니다.

```
stocks |>
  complete(year, qtr)
#> # A tibble: 8 × 3
#>    year   qtr price
#>   <dbl> <dbl> <dbl>
#> 1  2020     1  1.88
#> 2  2020     2  0.59
#> 3  2020     3  0.35
#> 4  2020     4 NA
#> 5  2021     1 NA
#> 6  2021     2  0.92
#> # ℹ 2 more rows
```

보통은 complete()에 기존 변수 이름을 넣어서 누락된 조합을 채웁니다. 그런데 때로는 개별 변수 자체가 불완전해서 직접 데이터를 입력하는 경우도 있습니다. 예를 들어 stocks 데이터셋이 2019년부터 2021년까지 있어야 한다는 것을 알고 있다면, 그 값을 year에 명시적으로 넣어줄 수 있습니다.

```
stocks |>
  complete(year = 2019:2021, qtr)
#> # A tibble: 12 × 3
#>    year   qtr price
#>   <dbl> <dbl> <dbl>
#> 1  2019     1 NA
#> 2  2019     2 NA
#> 3  2019     3 NA
#> 4  2019     4 NA
#> 5  2020     1  1.88
#> 6  2020     2  0.59
#> # i 6 more rows
```

값의 범위는 맞는데 일부 값이 누락되었다면 full_seq(x, 1)를 사용해서 min(x)부터 max(x)까지 1 간격으로 된 모든 값을 만들 수 있습니다.

때로는 단순히 변수를 조합하는 것으로는 완전한 관측치 집합을 만들 수 없기도 합니다. 그럴 때는 complete()가 하는 일을 수동으로 처리할 수 있습니다. 즉, 어떤 방법을 동원하든 있어야 하는 모든 행이 들어 있는 데이터 프레임을 만든 다음 dplyr::full_join()을 이용해 원래 데이터셋에 결합하는 겁니다.

결합하기

이제 암묵적인 결측치를 찾아내는 또 다른 중요한 방법인 결합(join)을 다루겠습니다. 결합은 19장에서 더 자세히 살펴보겠지만, 여기서 간략히 언급하는 이유는 종종 데이터셋에 값이 빠졌다는 사실을 다른 데이터셋과 비교해 봐야만 알 수 있기 때문입니다.

dplyr::anti_join(x, y)는 x에는 있지만 y에는 없는 행만 추출하므로 이럴 때 특히 유용합니다. 예를 들어 anti_join()을 두 번 사용하면 flights에 공항 4개와 비행기 722대의 정보가 누락되었음을 알 수 있습니다.

```
library(nycflights13)

flights |>
```

```
  distinct(faa = dest) |>
  anti_join(airports)
#> Joining with `by = join_by(faa)`
#> # A tibble: 4 × 1
#>   faa
#>   <chr>
#> 1 BQN
#> 2 SJU
#> 3 STT
#> 4 PSE

flights |>
  distinct(tailnum) |>
  anti_join(planes)
#> Joining with `by = join_by(tailnum)`
#> # A tibble: 722 × 1
#>   tailnum
#>   <chr>
#> 1 N3ALAA
#> 2 N3DUAA
#> 3 N542MQ
#> 4 N730MQ
#> 5 N9EAMQ
#> 6 N532UA
#> # i 716 more rows
```

연습문제

1. 항공사와 planes에 누락된 것으로 보이는 행 사이에 어떤 관계가 있나요?

팩터와 빈 그룹

결측치의 마지막 유형은 빈 그룹입니다. 빈 그룹은 관측치가 없는 그룹을 말하는데, 팩터를 다룰 때 발생할 수 있습니다. 예를 들어 사람들의 건강 정보가 담긴 데이터셋이 있다고 가정해 보겠습니다.

```
health <- tibble(
  name   = c("Ikaia", "Oletta", "Leriah", "Dashay", "Tresaun"),
  smoker = factor(c("no", "no", "no", "no", "no"), levels = c("yes", "no")),
  age    = c(34, 88, 75, 47, 56),
)
```

흡연자 수를 세려면 dplyr::count()를 사용하면 됩니다.

```
health |> count(smoker)
#> # A tibble: 1 × 2
#>   smoker     n
#>   <fct>  <int>
#> 1 no         5
```

이 데이터셋에는 비흡연자만 들어 있지만, 흡연자도 존재한다는 사실을 알고 있습니다. 흡연자 그룹은 비어 있는 상태입니다. `.drop = FALSE`를 사용하면 `count()`가 데이터에 없는 그룹까지 모두 포함해서 출력할 수 있습니다.

```
health |> count(smoker, .drop = FALSE)
#> # A tibble: 2 × 2
#>   smoker     n
#>   <fct>  <int>
#> 1 yes        0
#> 2 no         5
```

같은 원리가 ggplot2의 불연속 축에도 적용되어서 값이 없는 범주는 그래프에서 빠집니다. 불연속 축에 `drop = FALSE`를 지정하면 값이 없는 범주도 강제로 표시할 수 있습니다.

```
ggplot(health, aes(x = smoker)) +
  geom_bar() +
  scale_x_discrete()

ggplot(health, aes(x = smoker)) +
  geom_bar() +
  scale_x_discrete(drop = FALSE)
```

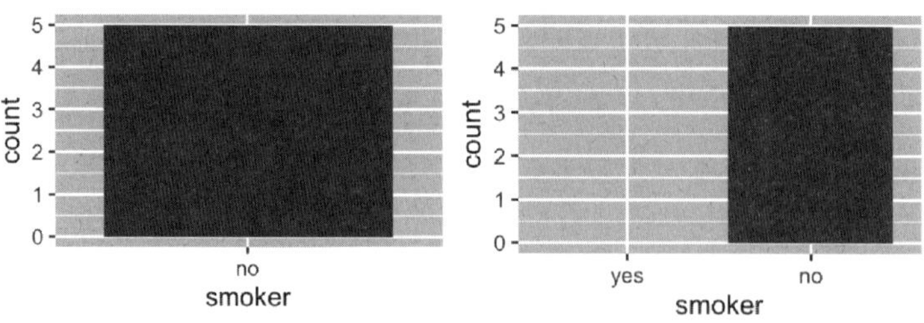

이런 문제가 일반적으로 `dplyr::group_by()`에서도 발생합니다. 여기서도 `.drop = FALSE`를 사용하면 팩터의 모든 레벨을 유지할 수 있습니다.

```
health |>
  group_by(smoker, .drop = FALSE) |>
  summarize(
    n = n(),
    mean_age = mean(age),
    min_age = min(age),
    max_age = max(age),
    sd_age = sd(age)
  )
#> # A tibble: 2 × 6
#>   smoker     n mean_age min_age max_age sd_age
#>   <fct>  <int>    <dbl>   <dbl>   <dbl>  <dbl>
#> 1 yes        0      NaN     Inf    -Inf   NA
#> 2 no         5       60      34      88   21.6
```

출력 결과를 보면 예상과 다를 겁니다. 이렇게 출력된 이유는 빈 그룹의 요약값을 구할 때 요약 함수가, 길이가 0인 벡터를 이용하기 때문입니다. 길이가 0인 빈 벡터와 길이가 1인 결측치 간에는 중요한 차이가 있습니다.

```
# 결측치가 두 개 들어 있는 벡터
x1 <- c(NA, NA)
length(x1)
#> [1] 2

# 아무 값도 들어 있지 않은 벡터
x2 <- numeric()
length(x2)
#> [1] 0
```

모든 요약 함수는 길이 0인 벡터에도 작동해서 처음 보면 의아할 수 있습니다. mean(age)의 결과가 NaN인 이유는 여기서 mean(age) = sum(age)/length(age)는 0/0이기 때문입니다. max()와 min()은 벡터가 비어 있으면 각각 -Inf와 Inf를 출력합니다. 그래서 출력 결과를 새 데이터의 비어 있지 않은 벡터와 결합해서 다시 계산하면 새 데이터의 최솟값과 최댓값을 얻게 됩니다.[1]

가끔은 요약값을 먼저 구한 다음 complete()를 이용해 암묵적 결측치를 명시적 결측치로 만드는 편이 더 간단합니다.

1 달리 말하면 min(c(x, y))는 min(min(x), min(y))와 항상 같습니다.

```
health |>
  group_by(smoker) |>
  summarize(
    n = n(),
    mean_age = mean(age),
    min_age = min(age),
    max_age = max(age),
    sd_age = sd(age)
  ) |>
  complete(smoker)
#> # A tibble: 2 × 6
#>   smoker     n mean_age min_age max_age sd_age
#>   <fct>  <int>    <dbl>   <dbl>   <dbl>  <dbl>
#> 1 yes       NA       NA      NA      NA   NA
#> 2 no         5       60      34      88   21.6
```

이런 접근 방법의 가장 큰 약점은 빈도가 0이어야 한다는 걸 알고 있는데도 NA가 나온다는 점입니다.

요약

결측치는 참 이상합니다! 가끔은 명시적 NA로 기록되지만, 다른 때는 값이 없다는 사실을 확인하고 나서야 알 수 있습니다. 이 장에서는 명시적 결측치를 다루는 도구, 암묵적 결측치를 찾아내는 도구, 암묵적 결측치를 명시적 결측치로 바꾸거나 반대로 바꾸는 방법을 알아봤습니다.

다음 장에서는 이 부의 마지막 주제인 조인을 살펴봅니다. 지금까지 다룬 내용과 좀 다른 것은 데이터 프레임 안에 무언가를 집어넣는 게 아니라 데이터 프레임을 통째로 다루는 도구라는 점입니다.

19장

R for Data Science Second Edition

조인

들어가며

데이터 분석을 할 때 단 하나의 데이터 프레임만 사용하는 경우는 드뭅니다. 보통은 여러 개의 데이터 프레임이 있고, 이 데이터 프레임들을 서로 **조인**(join)해야 관심 있는 질문에 답할 수 있습니다. 이 장에서는 두 가지 중요한 조인 방법을 소개하겠습니다.

- 뮤테이팅 조인(mutating join)은 다른 데이터 프레임에 매칭되는 관측치를 가져와서 데이터 프레임에 새 변수를 추가합니다.
- 필터링 조인(filtering join)은 한 데이터 프레임의 관측치가 다른 데이터 프레임의 관측치와 매칭되는지에 따라 관측치를 추출합니다.

먼저 키(key)에 대해 이야기하는 것부터 시작합니다. 키는 조인에서 두 데이터 프레임을 연결할 때 사용하는 변수입니다. nycflights13 패키지의 데이터셋에 있는 키를 자세히 살펴보면서 이론을 확실하게 다진 다음, 이 지식을 활용해 데이터 프레임을 결합합니다. 그다음에는 데이터를 결합하면 행에 무슨 일이 생기는지 살펴보면서 조인이 일어나는 과정을 알아봅니다. 마지막으로 일반적인 등가 조인보다 더 유연하게 키를 매칭할 수 있는 비등가 조인(non equi join) 방법을 살펴보면서 마무리합니다.

준비하기

이 장에서는 dplyr의 join 함수를 이용해서 nycflights13에 있는 서로 관련 있는 5개 데이터셋을 살펴보겠습니다.

```
library(tidyverse)
library(nycflights13)
```

키

조인을 이해하려면 우선 두 테이블에 각각 들어 있는 한 쌍의 키로 어떻게 테이블이 연결되는지부터 알아야 합니다. 이번 절에서는 키의 두 가지 유형에 대해 알아보고 nycflights13 패키지의 데이터셋에서 예시를 찾아봅니다. 키가 유효한지 확인하는 방법, 테이블에 키가 없을 때 처리하는 방법도 알아봅니다.

기본키와 외래키

모든 조인은 기본키(primary key)와 외래키(foreign key)라는 한 쌍의 키를 이용합니다. **기본키**는 각 관측치를 고유하게 식별하는 하나 이상의 변수입니다. 둘 이상의 변수가 필요할 때는 **복합키**(compound key)라고 부릅니다. 여기서 사용할 데이터셋 nycfights13를 예로 들면 다음과 같습니다.

- `airlines`는 항공사별로 항공사 코드와 항공사 이름이라는 두 가지 데이터가 기록되어 있습니다. 각 항공사는 두 글자짜리 항공사 코드로 식별할 수 있으므로 `carrier`가 기본키입니다.

```
airlines
#> # A tibble: 16 × 2
#>   carrier name
#>   <chr>   <chr>
#> 1 9E      Endeavor Air Inc.
#> 2 AA      American Airlines Inc.
#> 3 AS      Alaska Airlines Inc.
#> 4 B6      JetBlue Airways
#> 5 DL      Delta Air Lines Inc.
#> 6 EV      ExpressJet Airlines Inc.
#> # i 10 more rows
```

- airports에는 각 공항의 데이터가 들어 있습니다. 각 공항은 세 글자짜리 공항 코드로 식별할 수 있으므로 faa가 기본키입니다.

```
airports
#> # A tibble: 1,458 × 8
#>   faa   name                             lat   lon   alt    tz dst
#>   <chr> <chr>                          <dbl> <dbl> <dbl> <dbl> <chr>
#> 1 04G   Lansdowne Airport               41.1 -80.6  1044    -5 A
#> 2 06A   Moton Field Municipal Airport   32.5 -85.7   264    -6 A
#> 3 06C   Schaumburg Regional             42.0 -88.1   801    -6 A
#> 4 06N   Randall Airport                 41.4 -74.4   523    -5 A
#> 5 09J   Jekyll Island Airport           31.1 -81.4    11    -5 A
#> 6 0A9   Elizabethton Municipal Airpo…   36.4 -82.2  1593    -5 A
#> # i 1,452 more rows
#> # i 1 more variable: tzone <chr>
```

- planes에는 각 비행기의 데이터가 들어 있습니다. 비행기는 테일 넘버로 식별할 수 있으므로 tailnum이 기본키입니다.

```
planes
#> # A tibble: 3,322 × 9
#>   tailnum  year type              manufacturer    model     engines
#>   <chr>   <int> <chr>             <chr>           <chr>       <int>
#> 1 N10156   2004 Fixed wing multi… EMBRAER         EMB-145XR       2
#> 2 N102UW   1998 Fixed wing multi… AIRBUS INDUSTR… A320-214        2
#> 3 N103US   1999 Fixed wing multi… AIRBUS INDUSTR… A320-214        2
#> 4 N104UW   1999 Fixed wing multi… AIRBUS INDUSTR… A320-214        2
#> 5 N10575   2002 Fixed wing multi… EMBRAER         EMB-145LR       2
#> 6 N105UW   1999 Fixed wing multi… AIRBUS INDUSTR… A320-214        2
#> # i 3,316 more rows
#> # i 3 more variables: seats <int>, speed <int>, engine <chr>
```

- weather에는 출발한 공항의 날씨 데이터가 들어 있습니다. 각 관측치는 장소와 시간의 조합으로 식별할 수 있으므로 origin과 time_hour가 복합 기본키입니다.

```
weather
#> # A tibble: 26,115 × 15
#>   origin  year month   day  hour  temp  dewp humid wind_dir
#>   <chr>  <int> <int> <int> <int> <dbl> <dbl> <dbl>    <dbl>
#> 1 EWR     2013     1     1     1  39.0  26.1  59.4      270
#> 2 EWR     2013     1     1     2  39.0  27.0  61.6      250
#> 3 EWR     2013     1     1     3  39.0  28.0  64.4      240
#> 4 EWR     2013     1     1     4  39.9  28.0  62.2      250
```

```
#> 5 EWR     2013     1     1     5  39.0  28.0  64.4       260
#> 6 EWR     2013     1     1     6  37.9  28.0  67.2       240
#> # i 26,109 more rows
#> # i 6 more variables: wind_speed <dbl>, wind_gust <dbl>, …
```

외래키는 다른 테이블의 기본키에 대응하는 하나 이상의 변수입니다. 예를 들면 다음과 같습니다.

- flights$tailnum은 planes$tailnum 기본키에 대응하는 외래키입니다.
- flights$carrier는 airlines$carrier 기본키에 대응하는 외래키입니다.
- flights$origin은 airports$faa 기본키에 대응하는 외래키입니다.
- flights$dest는 airports$faa 기본키에 대응하는 외래키입니다.
- flights$origin-flights$time_hour는 weather$origin-weather$time_hour 복합 기본키에 대응하는 복합 외래키입니다.

그림 19-1에 이런 관계가 요약되어 있습니다.

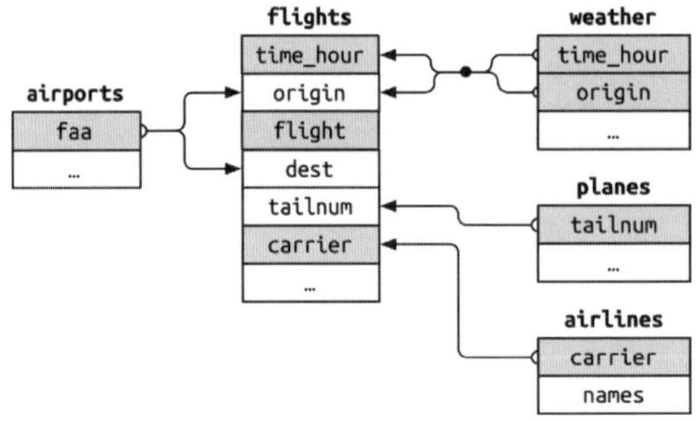

그림 19-1 nycflights13 패키지에 있는 5개 데이터 프레임 간 관계. 기본키가 되는 변수는 회색으로 칠해져 있고, 대응하는 외래키와 화살표로 연결되어 있습니다.

그림을 보면 잘 설계한 키의 특징을 볼 수 있습니다. 기본키와 외래키의 이름이 거의 항상 같은데, (곧 알게 되겠지만) 이렇게 하면 조인 작업이 한결 편해집니다. 반대 관계도 주목할 필요가 있습니다. 여러 테이블에 쓰이는 변수 이름은 어디에서나 의미가 같습니다. 딱 한 가지 예외가 있는데 year는 flights에서는 출발 연도, planes에서는 제조 연도를 뜻합니다. 실제로 테이블을 조인해 보면 이 점이 중요하게 작용합니다.

기본키가 고유한지 확인하기

이제 각 테이블의 기본키를 찾았으니 정말로 관측치를 고유하게 식별하는지 확인하는 게 좋겠습니다. 한 가지 방법은 count()로 기본키의 개수를 센 다음 n이 1보다 큰 항목이 있는지 확인하는 겁니다. planes, weather 모두 문제가 없어 보이네요.

```
planes |>
  count(tailnum) |>
  filter(n > 1)
#> # A tibble: 0 × 2
#> # i 2 variables: tailnum <chr>, n <int>

weather |>
  count(time_hour, origin) |>
  filter(n > 1)
#> # A tibble: 0 × 3
#> # i 3 variables: time_hour <dttm>, origin <chr>, n <int>
```

기본키에 결측치가 없는지도 확인해야 합니다. 값이 빠져 있으면 관측치를 식별할 수 없으니까요!

```
planes |>
  filter(is.na(tailnum))
#> # A tibble: 0 × 9
#> # i 9 variables: tailnum <chr>, year <int>, type <chr>, manufacturer <chr>,
#> #   model <chr>, engines <int>, seats <int>, speed <int>, engine <chr>

weather |>
  filter(is.na(time_hour) | is.na(origin))
#> # A tibble: 0 × 15
#> # i 15 variables: origin <chr>, year <int>, month <int>, day <int>,
#> #   hour <int>, temp <dbl>, dewp <dbl>, humid <dbl>, wind_dir <dbl>, …
```

대체키

지금까지 flights의 기본키에 대해서는 얘기하지 않았습니다. 이 키를 외래키로 사용하는 데이터 프레임이 없으니까 여기서는 엄청 중요하지는 않습니다. 하지만 고유한 키가 있으면 관측치를 다루기 쉽고 다른 사람에게 설명하기 좋으니까 고려해볼만한 가치는 있습니다.

약간의 고민과 실험 끝에 다음과 같이 함께 사용하면 각 항공편을 고유하게 식별할 수 있는 변수 세 개를 찾았습니다.

```
flights |>
  count(time_hour, carrier, flight) |>
  filter(n > 1)
#> # A tibble: 0 × 4
#> # i 4 variables: time_hour <dttm>, carrier <chr>, flight <int>, n <int>
```

time_hour-carrier-flight에 중복된 값이 없다고 해서 저절로 기본키가 될까요? 이는 물론 기본키가 될 만한 좋은 조건이긴 하지만, 그렇다고 무조건 기본키가 된다고 보장할 수는 없습니다. 예를 들어 airports를 예로 들면 고도와 위도가 과연 적절한 기본키가 될 수 있을까요?

```
airports |>
  count(alt, lat) |>
  filter(n > 1)
#> # A tibble: 1 × 3
#>     alt   lat     n
#>   <dbl> <dbl> <int>
#> 1    13  40.6     2
```

공항을 고도와 위도로 식별하는 건 분명 좋지 않은 발상입니다. 사실 데이터만 보고 어떤 변수 조합이 훌륭한 기본키가 될지 알아내는 것은 보통 불가능합니다. 하지만 항공편은 time_hour, carrier, flight 조합이 꽤 그럴듯해 보입니다. 만약 같은 시각에 같은 편명의 항공편이 두 개 이상 있다면 항공사도, 고객들도 무척 혼란스러울 테니까요.

그렇긴 해도 그냥 행 번호를 이용해 간단히 숫자로 된 대체 키를 만들어서 알려주는 게 더 나을 수도 있습니다.

```
flights2 <- flights |>
  mutate(id = row_number(), .before = 1)
flights2
#> # A tibble: 336,776 × 20
#>      id  year month   day dep_time sched_dep_time dep_delay arr_time
#>   <int> <int> <int> <int>    <int>          <int>     <dbl>    <int>
#> 1     1  2013     1     1      517            515         2      830
#> 2     2  2013     1     1      533            529         4      850
#> 3     3  2013     1     1      542            540         2      923
#> 4     4  2013     1     1      544            545        -1     1004
#> 5     5  2013     1     1      554            600        -6      812
#> 6     6  2013     1     1      554            558        -4      740
#> # i 336,770 more rows
#> # i 12 more variables: sched_arr_time <int>, arr_delay <dbl>, …
```

대체 키는 다른 사람과 소통할 때 특히 유용할 수 있습니다. 누군가에게 2013년 1월 3일 오전 9시에 출발한 UA430을 살펴보라고 하는 것보다 2001 항공편을 살펴보라고 하는 게 훨씬 더 쉬우니까요.

연습문제

1. 우리는 그림 19-1에서 `weather`와 `airports` 간 관계를 그리는 작업을 빼먹었습니다. 두 변수의 관계는 어떠하며 다이어그램에 어떻게 표시해야 할까요?
2. `weather`는 뉴욕에 있는 세 개의 출발 공항 정보만 담고 있습니다. 만약 미국 모든 공항의 기상 기록이 포함된다면 `flights`에 어떤 추가적인 연결고리를 만들 수 있을까요?
3. `year`, `month`, `day`, `hour`, `origin` 변수는 거의 `weather`의 복합키를 구성하지만 관측치가 중복된 시간대가 한 군데 있습니다. 이 시간대에 어떤 특별한 점이 있는지 알아보세요.
4. 일 년 중에는 크리스마스 이브나 크리스마스 같은 특별한 날이 있고 이런 날에는 항공편을 이용하는 사람이 평소보다 적다는 사실을 알고 있습니다. 이런 현상을 보여 주는 데이터 프레임을 만들려면 어떻게 해야 할까요? 무엇을 기본키로 사용해야 할까요? 기존 데이터 프레임과 어떻게 연결해야 할까요?
5. Lahman 패키지의 `Batting`, `People`, `Salaries` 데이터 프레임 사이의 연결을 표현한 다이어그램을 그려 보세요. `People`, `Managers`, `AwardsManagers` 사이의 관계를 표현한 또 다른 다이어그램을 그려 보세요. `Batting`, `Pitching`, `Fielding` 데이터 프레임은 서로 어떤 관계라고 할 수 있을까요?

기본적인 조인

이제 데이터 프레임이 키를 통해 어떻게 연결되는지 이해했으니, 조인을 하면서 `flights` 데이터셋을 더 깊이 파악할 준비가 됐습니다. dplyr에는 여섯 가지 조인 함수가 있습니다.

- `left_join()`
- `inner_join()`
- `right_join()`

- full_join()
- semi_join()
- anti_join()

이 함수들은 사용 방식이 모두 같습니다. 데이터 프레임 한 쌍(x와 y)을 입력하면 한 개의 데이터 프레임을 출력합니다. 출력 결과의 행과 열 순서는 기본적으로 x에 의해 결정됩니다.

이번 절에서는 뮤테이팅 조인 left_join()과 두 가지 필터링 조인 semi_join(), anti_join() 사용법을 다룹니다. 다음 절에서는 이 함수들이 작동하는 구체적인 원리를 살펴보고 나머지 inner_join(), right_join(), full_join()을 다룹니다.

뮤테이팅 조인

뮤테이팅 조인(mutating join)을 쓰면 두 데이터 프레임의 변수를 결합할 수 있습니다. 먼저 키를 이용해 관측치를 연결한 다음 한 데이터 프레임에서 다른 데이터 프레임으로 변수를 복사합니다. 조인 함수도 mutate()처럼 오른쪽에 변수를 추가하기 때문에 데이터셋에 변수가 많으면 새 변수가 보이지 않습니다. 조인을 하면 어떻게 되는지 쉽게 살펴보기 위해서 세로로 긴 변수 6개짜리 데이터셋을 만들겠습니다.[1]

```
flights2 <- flights |>
  select(year, time_hour, origin, dest, tailnum, carrier)
flights2
#> # A tibble: 336,776 × 6
#>    year time_hour           origin dest  tailnum carrier
#>   <int> <dttm>              <chr>  <chr> <chr>   <chr>
#> 1  2013 2013-01-01 05:00:00 EWR    IAH   N14228  UA
#> 2  2013 2013-01-01 05:00:00 LGA    IAH   N24211  UA
#> 3  2013 2013-01-01 05:00:00 JFK    MIA   N619AA  AA
#> 4  2013 2013-01-01 05:00:00 JFK    BQN   N804JB  B6
#> 5  2013 2013-01-01 06:00:00 LGA    ATL   N668DN  DL
#> 6  2013 2013-01-01 05:00:00 EWR    ORD   N39463  UA
#> # i 336,770 more rows
```

뮤테이팅 조인은 네 가지 유형이 있지만 가장 많이 쓰는 조인은 left_join() 한 가지입니다. left_join()이 특히 유용한 이유는 출력 결과의 행이 x와 항상 같기 때문입

1 RStudio에서 View()를 사용하면 이런 문제를 피할 수 있다는 사실을 잊지 마세요.

니다.[2] left_join()의 주 용도는 데이터에 메타데이터를 추가로 덧붙이는 것입니다. 예를 들어 left_join()을 이용하면 flights2 데이터에 항공사 전체 이름을 추가할 수 있습니다.

```
flights2 |>
  left_join(airlines)
#> Joining with `by = join_by(carrier)`
#> # A tibble: 336,776 × 7
#>    year time_hour           origin dest  tailnum carrier name
#>   <int> <dttm>              <chr>  <chr> <chr>   <chr>   <chr>
#> 1  2013 2013-01-01 05:00:00 EWR    IAH   N14228  UA      United Air Lines In…
#> 2  2013 2013-01-01 05:00:00 LGA    IAH   N24211  UA      United Air Lines In…
#> 3  2013 2013-01-01 05:00:00 JFK    MIA   N619AA  AA      American Airlines I…
#> 4  2013 2013-01-01 05:00:00 JFK    BQN   N804JB  B6      JetBlue Airways
#> 5  2013 2013-01-01 06:00:00 LGA    ATL   N668DN  DL      Delta Air Lines Inc.
#> 6  2013 2013-01-01 05:00:00 EWR    ORD   N39463  UA      United Air Lines In…
#> # i 336,770 more rows
```

각 비행기가 출발할 때 기온과 풍속이 어땠는지도 알아낼 수 있습니다.

```
flights2 |>
  left_join(weather |> select(origin, time_hour, temp, wind_speed))
#> Joining with `by = join_by(time_hour, origin)`
#> # A tibble: 336,776 × 8
#>    year time_hour           origin dest  tailnum carrier  temp wind_speed
#>   <int> <dttm>              <chr>  <chr> <chr>   <chr>   <dbl>      <dbl>
#> 1  2013 2013-01-01 05:00:00 EWR    IAH   N14228  UA       39.0       12.7
#> 2  2013 2013-01-01 05:00:00 LGA    IAH   N24211  UA       39.9       15.0
#> 3  2013 2013-01-01 05:00:00 JFK    MIA   N619AA  AA       39.0       15.0
#> 4  2013 2013-01-01 05:00:00 JFK    BQN   N804JB  B6       39.0       15.0
#> 5  2013 2013-01-01 06:00:00 LGA    ATL   N668DN  DL       39.9       16.1
#> 6  2013 2013-01-01 05:00:00 EWR    ORD   N39463  UA       39.0       12.7
#> # i 336,770 more rows
```

비행기 크기도 알아낼 수 있습니다.

```
flights2 |>
  left_join(planes |> select(tailnum, type, engines, seats))
#> Joining with `by = join_by(tailnum)`
#> # A tibble: 336,776 × 9
```

2 100% 맞는 말은 아닙니다. 하지만 그런 경우 경고 메시지를 출력합니다.

```
#>    year time_hour           origin dest  tailnum carrier type
#>   <int> <dttm>              <chr>  <chr> <chr>   <chr>   <chr>
#> 1  2013 2013-01-01 05:00:00 EWR    IAH   N14228  UA      Fixed wing multi en…
#> 2  2013 2013-01-01 05:00:00 LGA    IAH   N24211  UA      Fixed wing multi en…
#> 3  2013 2013-01-01 05:00:00 JFK    MIA   N619AA  AA      Fixed wing multi en…
#> 4  2013 2013-01-01 05:00:00 JFK    BQN   N804JB  B6      Fixed wing multi en…
#> 5  2013 2013-01-01 06:00:00 LGA    ATL   N668DN  DL      Fixed wing multi en…
#> 6  2013 2013-01-01 05:00:00 EWR    ORD   N39463  UA      Fixed wing multi en…
#> # i 336,770 more rows
#> # i 2 more variables: engines <int>, seats <int>
```

left_join()이 x의 행에 맞는 값을 찾지 못하면 새 변수를 결측치로 채웁니다. 예를 들어 테일 넘버 N3ALAA 비행기는 관련 정보가 없어서 type, engines, seats가 결측치가 됩니다.

```
flights2 |>
  filter(tailnum == "N3ALAA") |>
  left_join(planes |> select(tailnum, type, engines, seats))
#> Joining with `by = join_by(tailnum)`
#> # A tibble: 63 × 9
#>    year time_hour           origin dest  tailnum carrier type  engines seats
#>   <int> <dttm>              <chr>  <chr> <chr>   <chr>   <chr>   <int> <int>
#> 1  2013 2013-01-01 06:00:00 LGA    ORD   N3ALAA  AA      <NA>       NA    NA
#> 2  2013 2013-01-02 18:00:00 LGA    ORD   N3ALAA  AA      <NA>       NA    NA
#> 3  2013 2013-01-03 06:00:00 LGA    ORD   N3ALAA  AA      <NA>       NA    NA
#> 4  2013 2013-01-07 19:00:00 LGA    ORD   N3ALAA  AA      <NA>       NA    NA
#> 5  2013 2013-01-08 17:00:00 JFK    ORD   N3ALAA  AA      <NA>       NA    NA
#> 6  2013 2013-01-16 06:00:00 LGA    ORD   N3ALAA  AA      <NA>       NA    NA
#> # i 57 more rows
```

이 문제는 뒤에서 몇 번 더 다룰 겁니다.

조인 키 지정하기

left_join()은 기본적으로 두 데이터 프레임에 모두 등장하는 변수를 전부 조인 키로 사용하는데, 이를 **자연 조인**(natural join)이라고 합니다. 이 방식은 유용하기는 하지만 항상 잘 작동하지는 않습니다. 예를 들어 flights2에 planes 전체 데이터셋을 조인하면 어떻게 될까요?

```
flights2 |>
  left_join(planes)
#> Joining with `by = join_by(year, tailnum)`
```

```
#> # A tibble: 336,776 × 13
#>    year time_hour           origin dest  tailnum carrier type  manufacturer
#>   <int> <dttm>              <chr>  <chr> <chr>   <chr>   <chr> <chr>
#> 1  2013 2013-01-01 05:00:00 EWR    IAH   N14228  UA      <NA>  <NA>
#> 2  2013 2013-01-01 05:00:00 LGA    IAH   N24211  UA      <NA>  <NA>
#> 3  2013 2013-01-01 05:00:00 JFK    MIA   N619AA  AA      <NA>  <NA>
#> 4  2013 2013-01-01 05:00:00 JFK    BQN   N804JB  B6      <NA>  <NA>
#> 5  2013 2013-01-01 06:00:00 LGA    ATL   N668DN  DL      <NA>  <NA>
#> 6  2013 2013-01-01 05:00:00 EWR    ORD   N39463  UA      <NA>  <NA>
#> # i 336,770 more rows
#> # i 5 more variables: model <chr>, engines <int>, seats <int>, …
```

조인 결과에 누락된 매칭이 많이 생겼는데 이는 tailnum과 year를 복합키로 사용했기 때문입니다. flights와 planes에는 둘 다 year 열이 있지만 각각 다른 의미입니다. flights$year는 처음 비행한 연도, planes$year는 비행기 제작 연도입니다. tailnum으로만 조인하고 싶다면 join_by()에 기준을 명시적으로 입력해야 합니다.

```
flights2 |>
  left_join(planes, join_by(tailnum))
#> # A tibble: 336,776 × 14
#>   year.x time_hour           origin dest  tailnum carrier year.y
#>    <int> <dttm>              <chr>  <chr> <chr>   <chr>    <int>
#> 1   2013 2013-01-01 05:00:00 EWR    IAH   N14228  UA        1999
#> 2   2013 2013-01-01 05:00:00 LGA    IAH   N24211  UA        1998
#> 3   2013 2013-01-01 05:00:00 JFK    MIA   N619AA  AA        1990
#> 4   2013 2013-01-01 05:00:00 JFK    BQN   N804JB  B6        2012
#> 5   2013 2013-01-01 06:00:00 LGA    ATL   N668DN  DL        1991
#> 6   2013 2013-01-01 05:00:00 EWR    ORD   N39463  UA        2012
#> # i 336,770 more rows
#> # i 7 more variables: type <chr>, manufacturer <chr>, model <chr>, …
```

출력 결과에서 year 변수 이름 뒤에 붙은 접미사(year.x, year.y)를 보면 해당 변수가 x 인자에서 왔는지 y 인자에서 왔는지 알 수 있습니다. 접미사 기본값은 suffix 인자를 사용해 다른 이름으로 바꿀 수도 있습니다.

join_by(tailnum)은 join_by(tailnum == tailnum)을 줄여 쓴 것입니다. 이 코드 본래의 완전한 형태를 알아야 하는 이유가 두 가지 있습니다. 첫째, 두 테이블의 관계를 설명해 주기 때문입니다. 조인 키의 값은 반드시 서로 같아야 합니다. 그래서 이런 유형의 조인을 **등가 조인**(equi join)이라고 합니다. 383쪽에서 등가 조인이 아닌 필터링 조인도 다룰 겁니다.

둘째, 각 테이블의 서로 다른 조인 키를 지정하는 방법도 사용할 수 있기 때문입니다. 예를 들어 flight2와 airports 테이블을 조인할 때 두 가지 방법이 있습니다. dest를 기준으로 삼거나 origin을 기준으로 삼는 것입니다.

```
flights2 |>
  left_join(airports, join_by(dest == faa))
#> # A tibble: 336,776 × 13
#>    year time_hour           origin dest  tailnum carrier name
#>   <int> <dttm>              <chr>  <chr> <chr>   <chr>   <chr>
#> 1  2013 2013-01-01 05:00:00 EWR    IAH   N14228  UA      George Bush Interco…
#> 2  2013 2013-01-01 05:00:00 LGA    IAH   N24211  UA      George Bush Interco…
#> 3  2013 2013-01-01 05:00:00 JFK    MIA   N619AA  AA      Miami Intl
#> 4  2013 2013-01-01 05:00:00 JFK    BQN   N804JB  B6      <NA>
#> 5  2013 2013-01-01 06:00:00 LGA    ATL   N668DN  DL      Hartsfield Jackson …
#> 6  2013 2013-01-01 05:00:00 EWR    ORD   N39463  UA      Chicago Ohare Intl
#> # ℹ 336,770 more rows
#> # ℹ 6 more variables: lat <dbl>, lon <dbl>, alt <dbl>, tz <dbl>, …

flights2 |>
  left_join(airports, join_by(origin == faa))
#> # A tibble: 336,776 × 13
#>    year time_hour           origin dest  tailnum carrier name
#>   <int> <dttm>              <chr>  <chr> <chr>   <chr>   <chr>
#> 1  2013 2013-01-01 05:00:00 EWR    IAH   N14228  UA      Newark Liberty Intl
#> 2  2013 2013-01-01 05:00:00 LGA    IAH   N24211  UA      La Guardia
#> 3  2013 2013-01-01 05:00:00 JFK    MIA   N619AA  AA      John F Kennedy Intl
#> 4  2013 2013-01-01 05:00:00 JFK    BQN   N804JB  B6      John F Kennedy Intl
#> 5  2013 2013-01-01 06:00:00 LGA    ATL   N668DN  DL      La Guardia
#> 6  2013 2013-01-01 05:00:00 EWR    ORD   N39463  UA      Newark Liberty Intl
#> # ℹ 336,770 more rows
#> # ℹ 6 more variables: lat <dbl>, lon <dbl>, alt <dbl>, tz <dbl>, …
```

예전에 작성된 코드에서는 문자형 벡터를 사용해 조인 키를 지정하는 다른 방식을 본 적이 있을 겁니다.

- by = "x"는 join_by(x)와 같습니다.
- by = c("a" = "x")는 join_by(a == x)와 같습니다.

앞으로는 새로 만들어진 join_by()를 쓰길 권합니다. join_by()가 조인 기준을 더 명확하고 유연하게 표현합니다.

right_join(), full_join(), inner_join()은 left_join()과 사용 방법은 같고 어떤 행을 유지하느냐만 다릅니다. left_join()은 x의 모든 행을 유지하고, right_join()은 y의 모든 행을 유지합니다. full_join()은 x와 y에 있는 모든 행을 유지하고, inner_ join()은 x와 y 둘 모두에 있는 행만 유지합니다. 이 함수들은 나중에 자세히 살펴보겠습니다.

필터링 조인

이름에서 짐작할 수 있듯이 **필터링 조인**(filtering join)이 수행하는 주요 작업은 행을 걸러 내는 것입니다. 필터링 조인에는 세미 조인과 안티 조인, 두 가지 유형이 있습니다. **세미 조인**(semi join)은 y에 매칭되는 x의 모든 행을 유지합니다. 예를 들어 세미 조인을 사용해서 airports 데이터셋을 필터링하면 출발 공항만 출력할 수 있습니다.

```
airports |>
  semi_join(flights2, join_by(faa == origin))
#> # A tibble: 3 × 8
#>   faa   name                  lat   lon   alt    tz dst   tzone
#>   <chr> <chr>               <dbl> <dbl> <dbl> <dbl> <chr> <chr>
#> 1 EWR   Newark Liberty Intl  40.7 -74.2    18    -5 A     America/New_York
#> 2 JFK   John F Kennedy Intl  40.6 -73.8    13    -5 A     America/New_York
#> 3 LGA   La Guardia           40.8 -73.9    22    -5 A     America/New_York
```

또는 도착 공항만 출력할 수 있습니다.

```
airports |>
  semi_join(flights2, join_by(faa == dest))
#> # A tibble: 101 × 8
#>   faa   name                     lat    lon   alt    tz dst   tzone
#>   <chr> <chr>                  <dbl>  <dbl> <dbl> <dbl> <chr> <chr>
#> 1 ABQ   Albuquerque Internati…  35.0 -107.   5355    -7 A     America/Denver
#> 2 ACK   Nantucket Mem           41.3  -70.1    48    -5 A     America/New_Yo…
#> 3 ALB   Albany Intl             42.7  -73.8   285    -5 A     America/New_Yo…
#> 4 ANC   Ted Stevens Anchorage…  61.2 -150.    152    -9 A     America/Anchor…
#> 5 ATL   Hartsfield Jackson At…  33.6  -84.4  1026    -5 A     America/New_Yo…
#> 6 AUS   Austin Bergstrom Intl   30.2  -97.7   542    -6 A     America/Chicago
#> # ℹ 95 more rows
```

안티 조인(anti join)은 반대로 작동합니다. y에 매칭되지 않는 x의 모든 행을 반환합니다. 안티 조인은 364쪽 "암묵적 결측치"에서 다뤘던 **암묵적** 결측치를 찾을 때 유용합니다. 암묵적 결측치는 NA로 표시되지 않고 값이 없는지 확인해 봐야 알 수 있습니다. 예를 들어 airports에 없는 행을 찾으려면 도착 공항이 매칭되지 않는 항공편을 찾으면 됩니다.

```
flights2 |>
  anti_join(airports, join_by(dest == faa)) |>
  distinct(dest)
#> # A tibble: 4 × 1
#>   dest
#>   <chr>
#> 1 BQN
#> 2 SJU
#> 3 STT
#> 4 PSE
```

planes에 없는 tailnum을 찾을 수도 있습니다.

```
flights2 |>
  anti_join(planes, join_by(tailnum)) |>
  distinct(tailnum)
#> # A tibble: 722 × 1
#>   tailnum
#>   <chr>
#> 1 N3ALAA
#> 2 N3DUAA
#> 3 N542MQ
#> 4 N730MQ
#> 5 N9EAMQ
#> 6 N532UA
#> # i 716 more rows
```

연습문제

1. 일 년 전체에 걸쳐 지연이 가장 많이 됐던 48시간을 찾아보세요. 그 시간대를 weather 데이터와 비교해 보세요. 어떤 패턴이 보이나요?

2. 다음 코드를 사용해 가장 인기 있는 목적지 10곳을 찾았다고 가정해 봅시다.

   ```
   top_dest <- flights2 |>
     count(dest, sort = TRUE) |>
     head(10)
   ```

   이 목적지로 가는 모든 항공편을 찾으려면 어떻게 해야 할까요?

3. 모든 항공편에 출발 시각과 대응하는 날씨 데이터가 있나요?

4. planes에 매칭되는 기록이 없는 테일 넘버에 어떤 공통점이 있나요? (힌트: 문제의 90% 정도를 설명하는 변수가 하나 있습니다.)

5. planes에 각 비행기를 운항한 모든 carrier를 나열하는 열을 추가하세요. 각 비행기는 한 항공사에서 운항하므로 비행기와 항공사 사이에 암묵적 관계가 있을 겁니다. 이전 장에서 배운 도구를 사용해 이 가설을 확증하거나 기각해 보세요.

6. flights에 출발 공항과 도착 공항의 위도, 경도를 추가하세요. 열 이름을 바꾸는 작업을 조인 전에 하는 게 쉬울까요 아니면 조인 후에 하는 게 쉬울까요?

7. 도착 공항별로 평균 지연 시간을 계산한 다음 airports 데이터 프레임과 조인해서 지연이 공간적으로 어떻게 분포하는지 살펴보세요. 다음 코드를 이용하면 미국 지도를 간단히 그릴 수 있습니다.

```
airports |>
  semi_join(flights, join_by(faa == dest)) |>
  ggplot(aes(x = lon, y = lat)) +
    borders("state") +
    geom_point() +
    coord_quickmap()
```

   점의 size나 color를 활용해서 각 공항의 평균 지연 시간을 나타내 보세요.

8. 2013년 6월 13일에 무슨 일이 있었을까요? 먼저 지연 상황을 나타낸 지도를 그려 보세요. 그런 다음 구글 검색으로 그날 날씨가 어땠는지 찾아보세요.

조인은 어떻게 작동할까?

이제 조인을 몇 번 써 봤으니, 조인이 어떻게 작동하는지 더 자세히 알아볼 때입니다. x의 각 행이 y의 행과 어떻게 매칭되는지에 초점을 맞추겠습니다. 그림 19-2는 다음과 같은 간단한 티블을 이용해 조인을 시각적으로 표현한 것입니다. 이 예세에서는 key라는 단일 키와 val_x, val_y라는 단일 값을 사용하지만, 이 개념은 키나 값이 여럿일 때도 동일하게 적용됩니다.

```
x <- tribble(
  ~key, ~val_x,
     1, "x1",
     2, "x2",
     3, "x3"
)
y <- tribble(
  ~key, ~val_y,
     1, "y1",
```

```
    2, "y2",
    4, "y3"
)
```

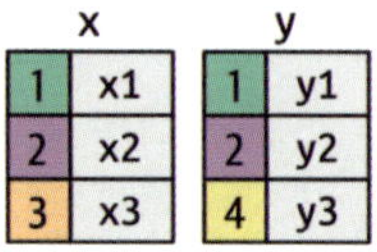

그림 19-2 두 개의 간단한 테이블을 표현한 그림. 색상이 있는 key 열은 key 값별로 배경색을 매핑합니다. 회색으로 표시된 열은 따라오는 "value" 열을 나타냅니다.

그림 19-3은 조인을 시각적으로 표현하는 기본적인 방법을 보여 줍니다. x의 각 행과 y의 각 행에서 선을 그었을 때 생기는 교차점이 x, y 사이에 가능한 모든 조합입니다. 출력물의 행과 열은 기본적으로 x에 의해 결정되므로 테이블 x가 가로로 놓인 다음 여기에 출력물의 줄이 맞춰집니다.

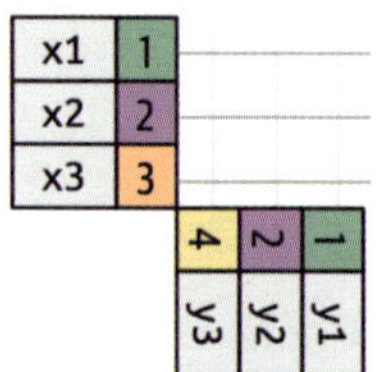

그림 19-3 가능한 모든 매칭 조합을 생각해 보면 조인이 어떻게 작동하는지 이해하는 데 도움이 됩니다. 이 그림은 연결선으로 격자무늬를 만들어서 가능한 조합을 표현합니다.

특정한 조인 방법을 설명하려면 매칭 부분을 점으로 표현하면 됩니다. 이 매칭 조합이 출력물의 행을 결정합니다. 출력하는 새 데이터 프레임은 키, x값, y값으로 구성됩니다. 예를 들어 그림 19-4는 키가 같은 행만 남기는 이너 조인을 나타냅니다.

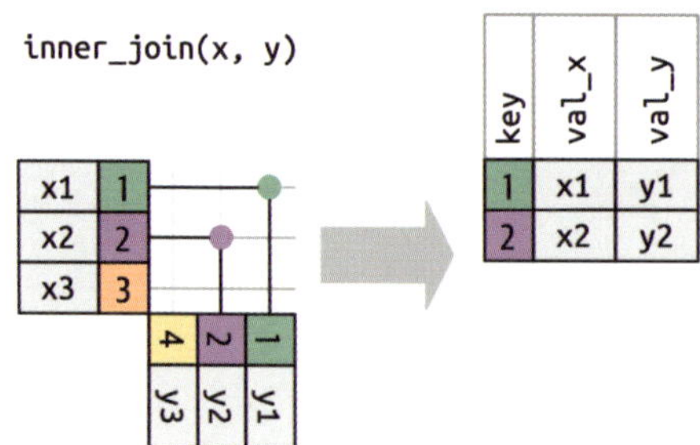

그림 19-4 이너 조인에서는 x의 각 행을 key 값이 같은 y 행과 매칭합니다. 이렇게 매칭된 값이 출력 결과의 행이 됩니다.

이 원리로 적어도 한쪽 데이터 프레임에 있는 관측치를 남기는 **아우터 조인**(outer join)을 설명할 수 있습니다. 이런 조인은 각 데이터 프레임에 "가상의" 관측치를 하나씩 더해 이뤄집니다. 이 관측치는 다른 키가 매칭되지 않으면 매칭되는 키를 갖고, 값은 NA로 채워집니다. 아우터 조인은 세 종류가 있습니다.

- **레프트 조인**(left join)은 x의 모든 관측치를 남깁니다(그림 19-5). x의 모든 행이 출력 결과에 보존되는 이유는 매칭되는 값이 없으면 y의 NA 행으로 채워지기 때문입니다.

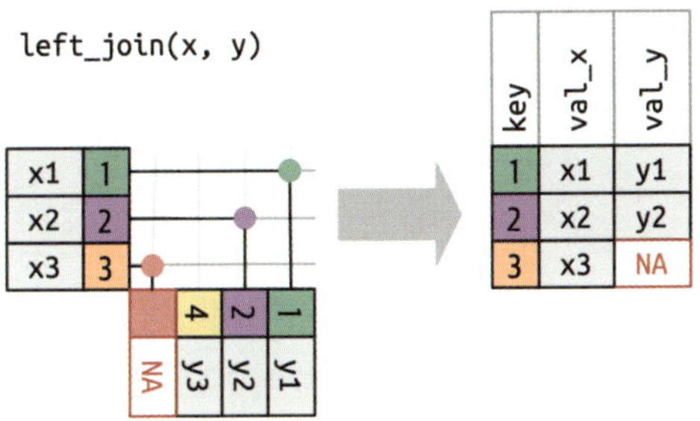

그림 19-5 x의 모든 행이 출력 결과에 나타나는 레프트 조인

- **라이트 조인**(right join)은 y의 모든 관측치를 남깁니다(그림 19-6). y의 모든 행이 출력 결과에 보존되는 이유는 매칭되는 값이 없으면 x의 NA 행으로 채워지기 때문입니다. 출력물은 마찬가지로 최대한 x와 먼저 매칭하고, 그다음 y에서 온 나머지 모든 행이 그 뒤에 추가됩니다.

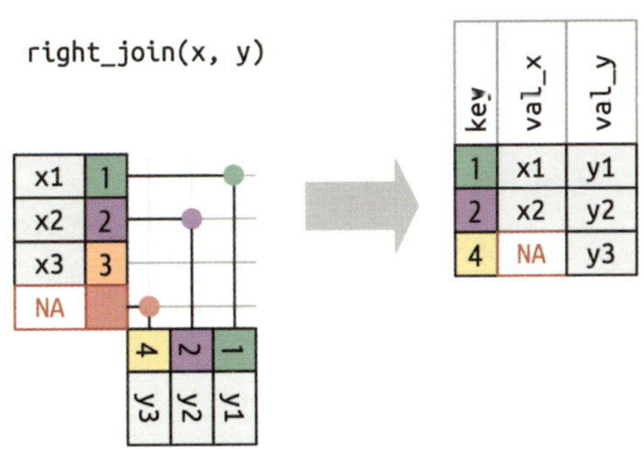

그림 19-6 y의 모든 행이 출력되는 라이트 조인

- **풀 조인**(full join)은 x와 y에 있는 모든 관측치를 남깁니다(그림 19-7). x와 y 둘 다 대체제 역할을 하는 NA 행이 매칭에 쓰이므로 x와 y의 모든 행이 출력물에 들어

갑니다. 다시 말하지만, 출력물은 우선 x의 모든 행으로 채워지고, 그다음 매칭되지 않은 y의 나머지 행이 추가됩니다.

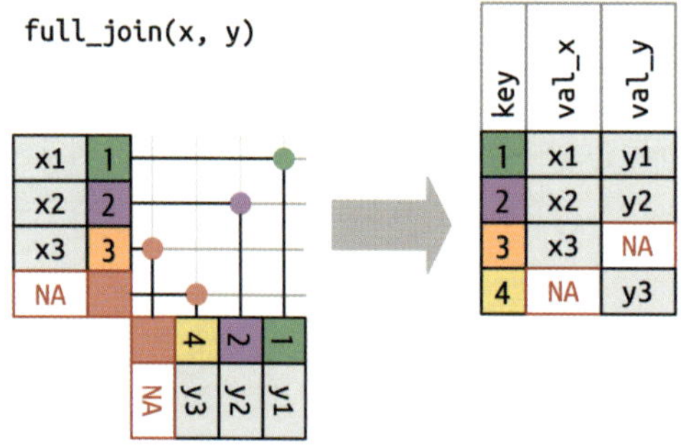

그림 19-7 x와 y의 모든 행이 출력 결과에 나타나는 풀 조인

그림 19-8처럼 아우터 조인 유형별 차이를 벤 다이어그램으로 표현할 수도 있습니다. 하지만 이 방법은 조인별로 어떤 행이 유지되는지 기억하는 데는 도움이 되지만 열에서 무슨 일이 일어나는지는 나타내지 못하므로 별로 좋은 표현 방법이 아닙니다.

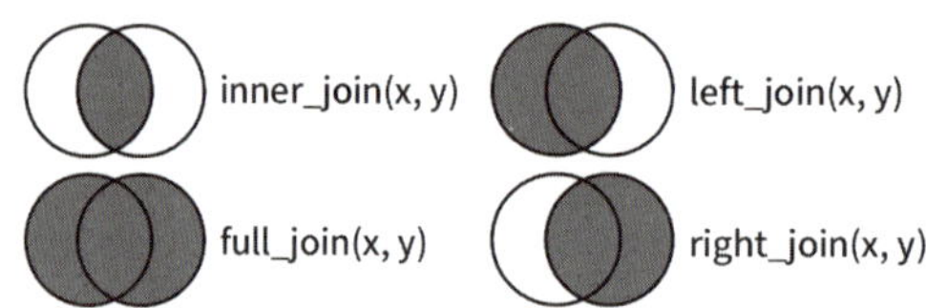

그림 19-8 이너 조인, 레프트 조인, 라이트 조인, 풀 조인의 차이를 나타낸 벤 다이어그램

지금까지 다룬 조인은 키가 같을 때 행이 매칭되는 **등가 조인**입니다. 등가 조인이 가장 일반적인 조인 유형이기 때문에 "등가 이너 조인"이라고 하기보다는 보통 "등가"를 생략하고 "이너 조인"이라고 부릅니다. 비등가 조인은 390쪽 "필터링 조인"에서 다시 다루겠습니다.

행 매칭

지금까지 x의 행이 y의 행 1개와 매칭되거나 매칭되지 않을 때 어떤 일이 벌어지는지 살펴봤습니다. 그럼 매칭되는 행이 2개 이상이면 어떻게 될까요? 무슨 일이 일어나는지 이해하기 위해 우선 `inner_join()`에 집중해서 그림으로 표현해 보겠습니다.

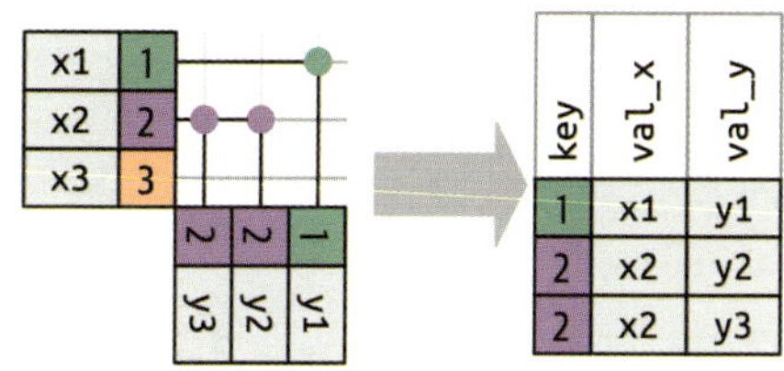

그림 19-9 x가 매칭되는 방식은 세 가지입니다. x1은 y의 한 행과 매칭되고, x2는 y의 두 행과 매칭되며, x3는 y의 어떤 행과도 매칭되지 않습니다. x에는 세 개의 행이 있고 출력 결과에도 세 개의 행이 있지만, 입력과 출력 행 사이에 일대일 대응 관계는 성립하지 않습니다.

x의 행이 매칭되는 방식에는 세 가지가 있습니다.

- 아무것도 매칭되지 않으면 제거한다.
- y 행과 한 개 매칭되면 유지한다.
- y 행과 두 개 이상 매칭되면 매칭될 때마다 한 번씩 복제한다.

이론적으로는 출력 결과의 행과 x의 행 사이에 일대일 대응이 보장되지 않지만, 실제로 문제가 되는 경우는 거의 없습니다. 그렇기는 하지만 행이 폭발적으로 늘어날 수 있는 아주 위험한 경우가 하나 있습니다. 다음 두 테이블을 조인하는 상황을 가정해 보겠습니다.

```
df1 <- tibble(key = c(1, 2, 2), val_x = c("x1", "x2", "x3"))
df2 <- tibble(key = c(1, 2, 2), val_y = c("y1", "y2", "y3"))
```

df1의 첫 행은 df2의 행 하나하고만 매칭되는데, 둘째 셋째 행은 각각 두 행과 매칭합니다. 이런 경우를 다대다 조인(many to many join)이라고 부르는데, 이런 문제가 생기면 dplyr이 경고 메시지를 출력합니다.

```
df1 |>
  inner_join(df2, join_by(key))
#> Warning in inner_join(df1, df2, join_by(key)): Detected an unexpected many-to-
many relationship between `x` and `y`.
#> i Row 2 of `x` matches multiple rows in `y`.
#> i Row 2 of `y` matches multiple rows in `x`.
#> i If a many-to-many relationship is expected, set `relationship =
#>   "many-to-many"` to silence this warning.
#> # A tibble: 5 × 3
#>     key val_x val_y
#>   <dbl> <chr> <chr>
#> 1     1 x1    y1
```

```
#> 2      2 x2    y2
#> 3      2 x2    y3
#> 4      2 x3    y2
#> 5      2 x3    y3
```

의도적으로 이렇게 하려는 거라면 경고 메시지에서 제안한 대로 `relationship = "many-to-many"`를 설정하면 하면 됩니다.

필터링 조인

필터링 조인에서도 매칭된 행의 개수에 따라서 조인 방식이 결정됩니다. 세미 조인은 y와 하나 이상 매칭되는 x의 행을 남깁니다(그림 19-10). 안티 조인은 y와 하나도 매칭되지 않는 x의 행을 남깁니다(그림 19-11). 두 경우 모두 매칭되는 행이 있는지만 중요하고 몇 번 매칭되는지는 중요하지 않습니다. 그래서 필터링 조인은 뮤테이팅 조인과 달리 행을 복제하지 않습니다.

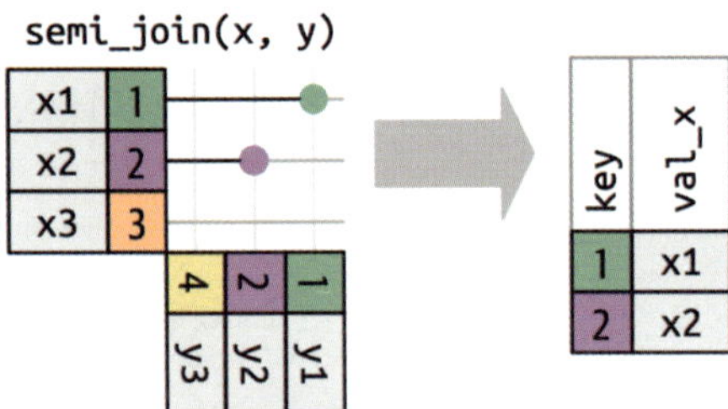

그림 19-10 세미 조인은 매칭되는 행이 있는지 여부만 중요합니다. y의 값 자체는 출력 결과에 영향을 미치지 않습니다.

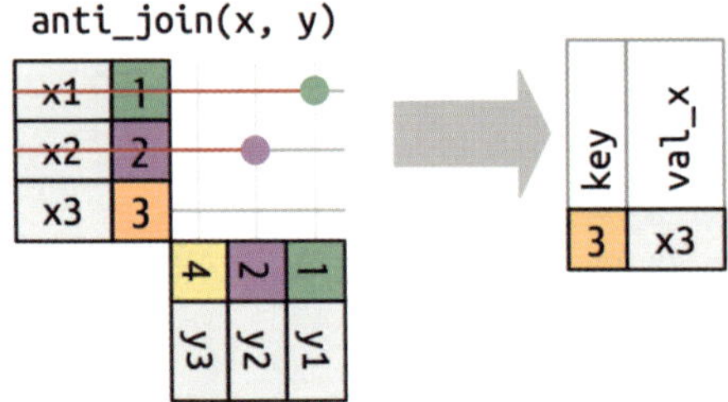

그림 19-11 안티 조인은 세미 조인의 반대 개념으로, y에 매칭되는 x의 행을 제외합니다.

비등가 조인

지금까지 x 키와 y 키가 서로 같은 행을 조인하는 등가 조인(equi join)만 살펴보았습니다. 이제부터는 이런 제약을 느슨하게 해서 두 행이 서로 일치하는지를 판단하는 다른 방법을 다뤄 보겠습니다.

그러나 우선 그 전에 앞에서 언급했던 내용을 다시 살펴봐야 합니다. 등가 조인에서는 x 키와 y 키가 항상 같기 때문에 출력 결과에는 둘 중 하나만 표시해도 충분합니다. 이때 다음 코드처럼 `keep = TRUE` 옵션을 지정하면 dplyr에게 두 키를 모두 유지하게 할 수 있습니다. 그림 19-12는 이 방식을 적용해서 `inner_join()` 결과를 다시 그림으로 나타낸 것입니다.

```
x |> left_join(y, by = "key", keep = TRUE)
#> # A tibble: 3 × 4
#>   key.x val_x key.y val_y
#>   <dbl> <chr> <dbl> <chr>
#> 1     1 x1        1 y1
#> 2     2 x2        2 y2
#> 3     3 x3       NA <NA>
```

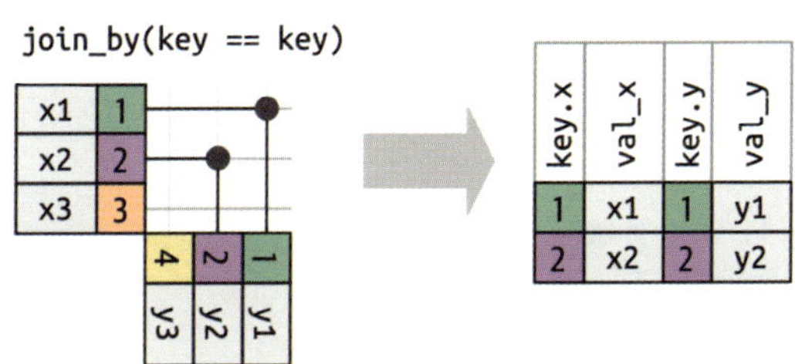

그림 19-12 이너 조인 출력 결과에 x 키와 y 키가 모두 표시되어 있습니다.

더 이상 등가 조인이 아니므로 항상 모든 키를 함께 표시해야 합니다. 키 값이 서로 다른 경우가 많기 때문입니다. 예를 들어 `x$key`와 `y$key`가 서로 같을 때만 일치시키는 대신 `x$key`가 `y$key`보다 크거나 같을 때마다 매칭시키면 그림 19-3과 같은 결과를 얻을 수 있습니다. dplyr의 조인 함수는 등가 조인과 비등가 조인의 이런 차이를 이해하기 때문에 비등가 조인을 수행하면 항상 두 키를 모두 보여 줍니다.

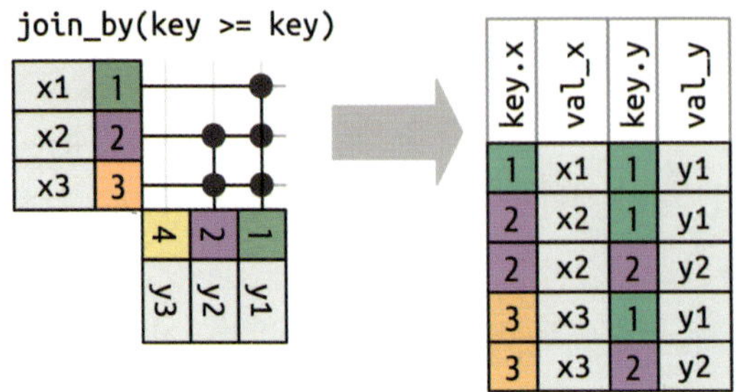

그림 19-13 x 키가 y 키보다 크거나 같을 때 매칭되는 비등가 조인. 이 경우 하나의 행이 여러 개의 행과 매칭될 수 있습니다.

비등가 조인이라는 용어는 조인이 정확히 무엇인지는 알려 주지 않고 그저 무엇이 아닌지만 말해주기 때문에 그다지 적절한 용어는 아닙니다. 하지만 dplyr에는 특히 유용한 4가지 비등가 조인 유형이 있어서 원하는 조인 방법을 선택할 때 도움이 됩니다.

- **크로스 조인**(Cross join)은 가능한 모든 행 쌍을 매칭시킵니다.
- **부등식 조인**(Inequality join)은 == 대신 <, <=, >, >= 연산자를 사용합니다.
- **롤링 조인**(Rolling join)은 부등식 조인과 비슷한데, 가장 근접한 매칭 결과만 찾아냅니다.
- **오버랩 조인**(Overlap join)은 범위를 다루는 데 특화된 부등식 조인입니다.

각 조인 유형은 이어지는 절에서 자세히 설명합니다.

크로스 조인

그림 19-14에서 볼 수 있듯이 크로스 조인(cross join)은 가능한 모든 행을 매칭해서 데카르트 곱을 만들어 냅니다. 따라서 출력 결과는 `nrow(x) * nrow(y)`개의 행을 가집니다.

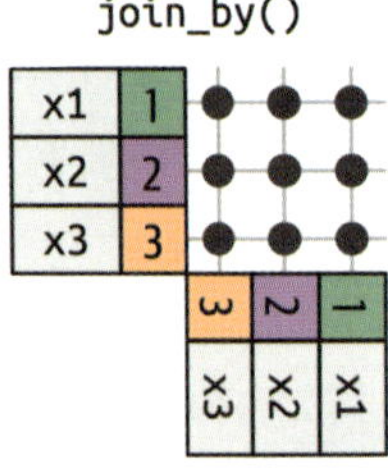

그림 19-14 x의 각 행을 y의 모든 행과 매칭하는 크로스 조인

크로스 조인은 순열을 만들 때 유용합니다. 예를 들어 다음 코드는 가능한 모든 이름 쌍을 만듭니다. 여기서는 df를 자기 자신과 조인하는 셀프 조인(self join)을 수행합니다. 크로스 조인은 모든 행을 매칭시키기 때문에 이너/레프트/라이트/풀 조인 방식별로 함수가 있는 게 아니라 크로스 조인 전용 함수를 사용해야 합니다.

```
df <- tibble(name = c("John", "Simon", "Tracy", "Max"))
df |> cross_join(df)
#> # A tibble: 16 × 2
#>   name.x name.y
#>   <chr>  <chr>
#> 1 John   John
#> 2 John   Simon
#> 3 John   Tracy
#> 4 John   Max
#> 5 Simon  John
#> 6 Simon  Simon
#> # i 10 more rows
```

부등식 조인

그림 19-13과 19-15에서 보듯이 부등식 조인(inequality join)은 <, <=, >=, > 연산자를 사용해서 매칭을 결정합니다.

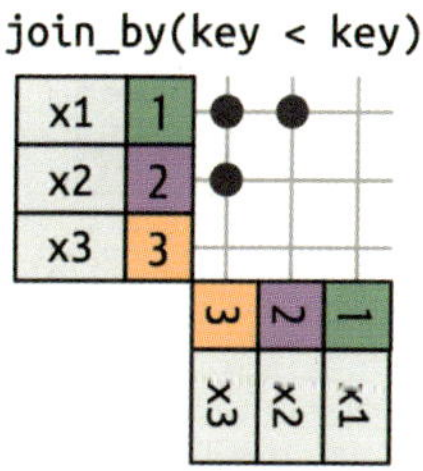

그림 19-15 x의 키가 y의 키보다 작은 행을 매칭시키는 부등식 조인. 이 조인을 수행하면 왼쪽 위 모서리에 삼각형 형태의 매칭 결과가 만들어집니다.

부등식 조인은 굉장히 널리 쓰이기 때문에 특정한 활용 사례를 떠올리기 어려울 정도입니다. 부등식 조인을 활용하는 간단하면서도 유용한 방법 중 하나는 크로스 조인을 제한해서 모든 순열을 만드는 대신 모든 조합을 만드는 것입니다.

```
df <- tibble(id = 1:4, name = c("John", "Simon", "Tracy", "Max"))

df |> left_join(df, join_by(id < id))
```

```
#> # A tibble: 7 × 4
#>    id.x name.x  id.y name.y
#>   <int> <chr>  <int> <chr>
#> 1     1 John       2 Simon
#> 2     1 John       3 Tracy
#> 3     1 John       4 Max
#> 4     2 Simon      3 Tracy
#> 5     2 Simon      4 Max
#> 6     3 Tracy      4 Max
#> # i 1 more row
```

롤링 조인

롤링 조인(rolling join)은 부등식 조인의 특수한 형태입니다. 부등식을 만족하는 모든 행을 찾는 대신 그림 19-16처럼 가장 근접한 행 하나만 매칭시킵니다. 부등식 조인에 `closest()` 함수를 추가하면 롤링 조인으로 바꿀 수 있습니다. 예를 들어 `join_by(closest(x <= y))`는 x보다 크거나 같은 값 중에서 가장 작은 y 값과 매칭되고, `join_by(closest(x > y))`는 x보다 작으면서 가장 큰 y 값과 매칭됩니다.

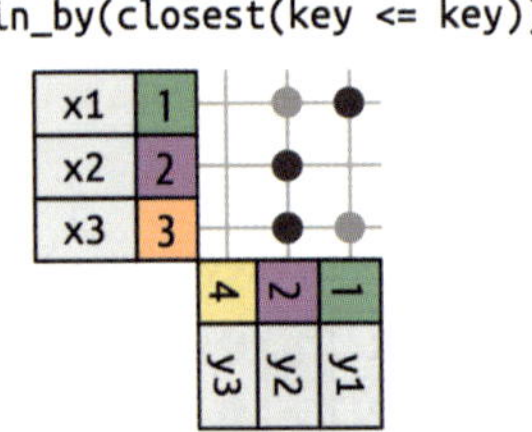

그림 19-16 롤링 조인은 크거나 같음 부등식 조인과 비슷하지만, 부등식을 만족하는 모든 값을 매칭시키는 대신 조건을 충족하는 첫 번째 값하고만 매칭시킨다는 점이 다릅니다.

롤링 조인은 완벽하게 정렬되지는 않은 날짜 테이블이 두 개 있을 때 테이블 2의 특정 날짜 이전 또는 이후에 가장 가까운 테이블 1의 날짜를 찾는 경우 특히 유용합니다.

예를 들어 회사에서 생일 파티를 기획하는 임무를 맡았다고 가정해 봅시다. 회사가 비용을 아끼느라 직원 생일마다 파티를 여는 대신 분기에 한 번씩만 파티를 엽니다. 파티 날짜를 정하는 규칙이 좀 복잡합니다. 파티는 늘 월요일에 열고, 직원들이 휴가를 많이 가는 1월 첫째 주는 건너뛰며, 2022년 3분기 첫 월요일이 7월 4일 독립기념일이라 일주일 미뤄야 합니다. 그래서 다음과 같은 파티 날짜가 정해졌습니다.

```
parties <- tibble(
  q = 1:4,
  party = ymd(c("2022-01-10", "2022-04-04", "2022-07-11", "2022-10-03"))
)
```

다음과 같이 직원들의 생일이 정리된 테이블이 있습니다.

```
employees <- tibble(
  name = sample(babynames::babynames$name, 100),
  birthday = ymd("2022-01-01") + (sample(365, 100, replace = TRUE) - 1)
)
employees
#> # A tibble: 100 × 2
#>   name    birthday
#>   <chr>   <date>
#> 1 Case    2022-09-13
#> 2 Shonnie 2022-03-30
#> 3 Burnard 2022-01-10
#> 4 Omer    2022-11-25
#> 5 Hillel  2022-07-30
#> 6 Curlie  2022-12-11
#> # i 94 more rows
```

각 직원의 생일과 동일하거나 그 이후에 처음으로 오는 파티 날짜를 찾아야 합니다. 롤링 조인을 사용하면 이를 쉽게 구현할 수 있습니다.

```
employees |>
  left_join(parties, join_by(closest(birthday >= party)))
#> # A tibble: 100 × 4
#>   name    birthday       q party
#>   <chr>   <date>     <int> <date>
#> 1 Case    2022-09-13     3 2022-07-11
#> 2 Shonnie 2022-03-30     1 2022-01-10
#> 3 Burnard 2022-01-10     1 2022-01-10
#> 4 Omer    2022-11-25     4 2022-10-03
#> 5 Hillel  2022-07-30     3 2022-07-11
#> 6 Curlie  2022-12-11     4 2022-10-03
#> # i 94 more rows
```

하지만 이 방법에는 한 가지 문제가 있는데, 1월 10일 이전이 생일인 직원은 파티에 참여할 수 없다는 것입니다.

```
employees |>
  anti_join(parties, join_by(closest(birthday >= party)))
#> # A tibble: 0 × 2
#> # i 2 variables: name <chr>, birthday <date>
```

이 문제를 해결하려면 오버랩 조인이라는 다른 접근 방법을 사용해야 합니다.

오버랩 조인

오버랩 조인(overlap join)에는 구간 데이터에 부등식 조인을 적용하기 쉽게 해 주는 세 가지 도우미 함수가 있습니다.

- `between(x, y_lower, y_upper)`는 `x >= y_lower, x <= y_upper`를 줄여 쓴 것입니다.
- `within(x_lower, x_upper, y_lower, y_upper)`는 `x_lower >= y_lower, x_upper <= y_upper`를 줄여 쓴 것입니다.
- `overlaps(x_lower, x_upper, y_lower, y_upper)`는 `x_lower <= y_upper, x_upper >= y_lower`를 줄여 쓴 것입니다.

생일 예제로 돌아가서 이 함수들을 어떻게 활용하는지 알아보겠습니다. 앞에서 사용한 방법에는 한 가지 문제가 있습니다. 1월 1일부터 9일 사이에 생일이 있는 사람들을 위한 파티가 없다는 겁니다. 앞의 방법대로 하기보다는 각 파티가 어느 날짜 구간에 해당하는지를 명시적으로 정의한 다음 생일 파티를 일찍 맞는 경우를 별도로 처리하는 편이 나을 겁니다.

```
parties <- tibble(
  q = 1:4,
  party = ymd(c("2022-01-10", "2022-04-04", "2022-07-11", "2022-10-03")),
  start = ymd(c("2022-01-01", "2022-04-04", "2022-07-11", "2022-10-03")),
  end = ymd(c("2022-04-03", "2022-07-11", "2022-10-02", "2022-12-31"))
)
parties
#> # A tibble: 4 × 4
#>       q party      start      end
#>   <int> <date>     <date>     <date>
#> 1     1 2022-01-10 2022-01-01 2022-04-03
#> 2     2 2022-04-04 2022-04-04 2022-07-11
#> 3     3 2022-07-11 2022-07-11 2022-10-02
#> 4     4 2022-10-03 2022-10-03 2022-12-31
```

이 책의 저자 해들리는 데이터 입력 실력이 형편없어서 파티 기간이 서로 겹치는 경우가 없는지 확인하고 싶었습니다. 이럴 때는 셀프 조인을 활용해서 시작일과 종료일로 이뤄진 구간이 다른 구간과 겹치는지 체크해 보면 됩니다.

```
parties |>
  inner_join(parties, join_by(overlaps(start, end, start, end), q < q)) |>
  select(start.x, end.x, start.y, end.y)
#> # A tibble: 1 × 4
#>   start.x    end.x      start.y    end.y
#>   <date>     <date>     <date>     <date>
#> 1 2022-04-04 2022-07-11 2022-07-11 2022-10-02
```

이런, 겹치는 구간이 있네요. 이 문제를 해결하고 다시 진행하겠습니다.

```
parties <- tibble(
  q = 1:4,
  party = ymd(c("2022-01-10", "2022-04-04", "2022-07-11", "2022-10-03")),
  start = ymd(c("2022-01-01", "2022-04-04", "2022-07-11", "2022-10-03")),
  end = ymd(c("2022-04-03", "2022-07-10", "2022-10-02", "2022-12-31"))
)
```

이제 직원들을 파티에 매칭시킬 수 있게 되었습니다. 파티에 초대되지 않은 직원이 있는지 재빨리 알아내는 게 중요하니, 여기에 `unmatched = "error"` 옵션을 쓰는 게 좋겠군요.

```
employees |>
  inner_join(parties, join_by(between(birthday, start, end)), unmatched =
"error")
#> # A tibble: 100 × 6
#>   name    birthday       q party      start      end
#>   <chr>   <date>     <int> <date>     <date>     <date>
#> 1 Case    2022-09-13     3 2022-07-11 2022-07-11 2022-10-02
#> 2 Shonnie 2022-03-30     1 2022-01-10 2022-01-01 2022-04-03
#> 3 Burnard 2022-01-10     1 2022-01-10 2022-01-01 2022-04-03
#> 4 Omer    2022-11-25     4 2022-10-03 2022-10-03 2022-12-31
#> 5 Hillel  2022-07-30     3 2022-07-11 2022-07-11 2022-10-02
#> 6 Curlie  2022-12-11     4 2022-10-03 2022-10-03 2022-12-31
#> # i 94 more rows
```

연습문제

1. 다음과 같이 등가 조인을 하면 키에 무슨 일이 일어나는지 설명할 수 있나요? 두 코드의 결과가 다른 이유는 무엇일까요?

```
x |> full_join(y, by = "key")
#> # A tibble: 4 × 3
#>     key val_x val_y
#>   <dbl> <chr> <chr>
#> 1     1 x1    y1
#> 2     2 x2    y2
#> 3     3 x3    <NA>
#> 4     4 <NA>  y3

x |> full_join(y, by = "key", keep = TRUE)
#> # A tibble: 4 × 4
#>   key.x val_x key.y val_y
#>   <dbl> <chr> <dbl> <chr>
#> 1     1 x1        1 y1
#> 2     2 x2        2 y2
#> 3     3 x3       NA <NA>
#> 4    NA <NA>      4 y3
```

2. 앞에서 파티 기간이 다른 파티 기간과 겹치는지 확인할 때 `join_by()`에 `q < q` 조건을 추가했습니다. 그 이유는 무엇일까요? 이 부등식을 빼면 어떻게 될까요?

요약

이 장에서는 뮤테이팅 조인과 필터링 조인을 활용해 두 데이터 프레임을 결합하는 방법을 익혔습니다. 이 과정에서 키를 식별하는 방법, 기본키와 외래키의 차이점을 다뤘습니다. 그러면서 조인이 어떤 원리로 작동하는지, 몇 개의 행이 출력 결과에 남을지 가늠하는 방법을 알아봤습니다. 끝으로 비등가 조인의 잠재력을 엿보고 흥미로운 활용 사례도 몇 가지 살펴봤습니다.

이 장으로 각의 열과 tibble을 다루는 도구를 집중적으로 살펴보는 3부 "변형하기"를 끝맺습니다. 이 부에서 논리형 벡터, 숫자, 전체 테이블을 다루는 dplyr과 기본 함수를 익혔습니다. 또한 문자열 처리에 사용하는 stringr, 날짜와 시간 데이터를 다루는 lubridate, 그리고 팩터를 다룰 때 사용하는 forcats 함수를 익혔습니다.

4부에서는 다양한 타입의 데이터를 R로 가져와서 정돈하는 방법을 익힙니다.

4부

R for Data Science Second Edition

데이터 불러오기

4부에서는 R로 다양한 종류의 데이터를 불러오고 분석하기 좋은 형태로 만드는 방법을 다룹니다. 적절한 데이터 불러오기 패키지 함수를 호출하는 것만으로 충분할 때도 있습니다. 하지만 더 복잡한 경우에는 작업하기 좋게 잘 정돈된 직사각형 데이터로 만들기 위해서 데이터를 불러와 정돈하고 변환하는 작업을 해야 할 때도 있습니다.

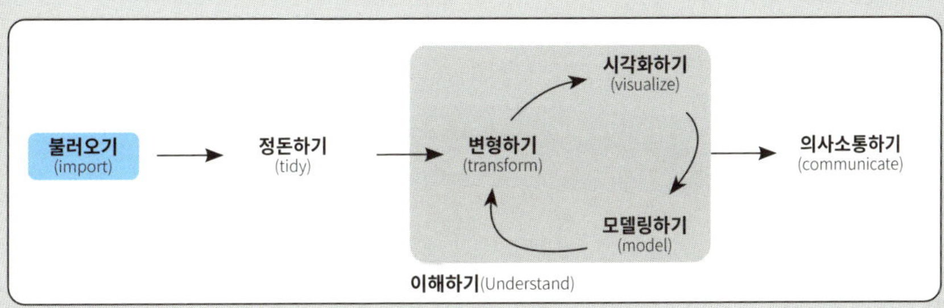

그림 IV-1 데이터 과학 프로세스는 데이터 불러오기로 시작됩니다. 데이터가 없으면 데이터 과학을 할 수 없습니다!

이번 부에서는 다음과 같이 저장된 데이터에 접근하는 다양한 방법을 익힙니다.

- 20장에서는 엑셀 스프레드시트와 구글 시트의 데이터를 불러오는 방법을 익힙니다.
- 21장에서는 데이터베이스의 데이터를 R로 불러오는 방법을 익힙니다. R의 데이터를 데이터베이스로 내보내는 방법도 간단히 다룹니다.

- 22장에서는 대용량 데이터, 특히 파케이 형식으로 저장된 데이터를 다루는 강력한 도구인 Arrow 사용법을 익힙니다.
- 23장에서는 계층형 데이터를 다루는 방법을 익힙니다. 그러면서 JSON 형식으로 저장된 데이터로 만들어지는 깊게 중첩된 리스트를 다룹니다.
- 24장에서는 웹페이지에서 데이터를 추출하는 기술인 웹 "스크래핑"을 익힙니다.

여기서 다루지 않는 두 가지 중요한 tidyverse 패키지가 있습니다. 하나는 haven이고 다른 하나는 xml2입니다. SPSS, Stata, SAS 파일의 데이터를 다룬다면 haven 패키지(*https://haven.tidyverse.org*), XML 데이터를 다룬다면 xml2 패키지(*https://xml2.r-lib.org*)를 살펴보세요. 이외의 경우에는 어떤 패키지를 사용해야 할지 직접 찾아봐야 합니다. 구글은 언제나 당신의 친구입니다.

20장

R for Data Science Second Edition

스프레드시트

들어가며

7장에서 `.csv`와 `.tsv` 같은 일반 텍스트 파일에서 데이터를 가져오는 방법을 알아보았습니다. 이제 엑셀 스프레드시트나 구글 시트에서 데이터를 가져오는 방법을 익힐 차례입니다. 여기서는 대부분 7장에서 익힌 내용을 토대로 하겠지만, 스프레드시트 데이터를 다룰 때 추가로 고려해야 할 사항과 복잡한 부분에 관해서도 다룹니다.

만약 여러분이나 동료들이 데이터 정리 작업을 하는 데 스프레드시트를 사용하고 있다면 칼 브로만(karl broman)과 카라 우(kara woo)의 논문 〈data organization in spreadsheets〉(The American Statistician, 2018)(*https://www.tandfonline.com/doi/full/10.1080/00031305.2017.1375989*)를 꼭 읽어 보길 추천합니다. 이 논문에 나온 모범 사례를 따르면 스프레드시트 데이터를 R로 불러와 분석하고 시각화할 때 생기는 두통을 많이 줄일 수 있습니다.

엑셀

마이크로소프트 엑셀은 널리 쓰이는 스프레드시트 소프트웨어입니다. 스프레드시트 파일 안 워크시트에 데이터를 정리하는 식으로 엑셀을 사용합니다.

준비하기

이번 절에서는 readxl 패키지를 이용해 엑셀 스프레드시트 데이터를 R로 불러오는 방법을 익힙니다. 이 패키지는 핵심 tidyverse에 포함되지는 않아서 따로 불러와야 하지만, tidyverse 패키지를 설치하면 자동으로 설치됩니다. 나중에는 엑셀 스프레드시트를 만들 수 있는 writexl 패키지도 사용합니다.

```
library(readxl)
library(tidyverse)
library(writexl)
```

시작하기

readxl 함수 대부분은 엑셀 스프레드시트를 R로 불러오는 데 사용됩니다.

- read_xls()는 xls 형식 엑셀 파일을 불러옵니다.
- read_xlsx()는 xlsx 형식 엑셀 파일을 불러옵니다.
- read_excel()은 xls와 xlsx 형식 파일을 모두 불러올 수 있습니다. 입력값에 따라 파일 형식을 자동으로 추정합니다.

이 함수들은 read_csv(), read_table() 등 앞에서 다른 유형의 파일을 읽을 때 사용했던 함수들과 문법이 비슷합니다. 이 장 나머지 부분에서는 read_excel() 사용법에 초점을 맞추겠습니다.

엑셀 스프레드시트 불러오기

그림 20-1은 R로 불러올 스프레드시트를 엑셀에서 열어 본 장면입니다.

	A	B	C	D	E
1	Student ID	Full Name	favourite.food	mealPlan	AGE
2	1	Sunil Huffmann	Strawberry yoghurt	Lunch only	4
3	2	Barclay Lynn	French fries	Lunch only	5
4	3	Jayendra Lyne	N/A	Breakfast and lunch	7
5	4	Leon Rossini	Anchovies	Lunch only	
6	5	Chidiegwu Dunkel	Pizza	Breakfast and lunch	five
7	6	Güvenç Attila	Ice cream	Lunch only	6

그림 20-1 엑셀에서 students.xlsx 스프레드시트를 열어 본 장면

read_excel()의 첫 번째 인자에는 불러올 파일의 경로를 입력합니다.

```
students <- read_excel("data/students.xlsx")
```

read_excel()은 파일을 티블 형태로 불러옵니다.

```
students
#> # A tibble: 6 × 5
#>   `Student ID` `Full Name`      favourite.food     mealPlan            AGE
#>          <dbl> <chr>            <chr>              <chr>               <chr>
#> 1            1 Sunil Huffmann   Strawberry yoghurt Lunch only          4
#> 2            2 Barclay Lynn     French fries       Lunch only          5
#> 3            3 Jayendra Lyne    N/A                Breakfast and lunch 7
#> 4            4 Leon Rossini     Anchovies          Lunch only          <NA>
#> 5            5 Chidiegwu Dunkel Pizza              Breakfast and lunch five
#> 6            6 Güvenç Attila    Ice cream          Lunch only          6
```

데이터에는 6명의 학생이 있고 학생마다 다섯 개의 변수가 있습니다. 하지만 이 데이터셋에서 해결하고 싶은 몇 가지 사항이 있습니다.

1. 열 이름이 제각각입니다. 일관된 형식으로 열 이름을 지정하게 할 수 있습니다. col_names 인자에 snake_case를 입력하길 권합니다.

   ```
   read_excel(
     "data/students.xlsx",
     col_names = c("student_id", "full_name", "favourite_food", "meal_plan",
   "age")
   )
   #> # A tibble: 7 × 5
   #>   student_id full_name        favourite_food     meal_plan           age
   #>   <chr>      <chr>            <chr>              <chr>               <chr>
   #> 1 Student ID Full Name        favourite.food     mealPlan            AGE
   #> 2 1          Sunil Huffmann   Strawberry yoghurt Lunch only          4
   #> 3 2          Barclay Lynn     French fries       Lunch only          5
   #> 4 3          Jayendra Lyne    N/A                Breakfast and lunch 7
   #> 5 4          Leon Rossini     Anchovies          Lunch only          <NA>
   #> 6 5          Chidiegwu Dunkel Pizza              Breakfast and lunch five
   #> 7 6          Güvenç Attila    Ice cream          Lunch only          6
   ```

   안타깝게도 이 방법은 문제를 완전히 해결하지 못했습니다. 원하는 변수 이름을 얻기는 했지만, 원래 헤더 행이었던 것이 이제는 데이터의 첫 번째 관측치가 되었습니다. skip 인자를 사용하면 해당 행을 명시적으로 건너뛸 수 있습니다.

```
read_excel(
  "data/students.xlsx",
  col_names = c("student_id", "full_name", "favourite_food", "meal_plan",
"age"),
  skip = 1
)
#> # A tibble: 6 × 5
#>   student_id full_name        favourite_food     meal_plan           age
#>        <dbl> <chr>            <chr>              <chr>               <chr>
#> 1          1 Sunil Huffmann   Strawberry yoghurt Lunch only          4
#> 2          2 Barclay Lynn     French fries       Lunch only          5
#> 3          3 Jayendra Lyne    N/A                Breakfast and lunch 7
#> 4          4 Leon Rossini     Anchovies          Lunch only          <NA>
#> 5          5 Chidiegwu Dunkel Pizza              Breakfast and lunch five
#> 6          6 Güvenç Attila    Ice cream          Lunch only          6
```

2. favourite_food 열에서 관측치 중 하나가 N/A인데, 이는 "해당 없음"을 의미하지만 현재는 NA로 인식되지 않습니다(이 N/A와 네 번째 학생의 나이가 NA인 것의 차이를 주목하세요). na 인자를 사용해 어떤 문자열을 NA로 인식할지 지정할 수 있습니다. 기본값으로는 "" 만 NA로 인식됩니다. ""는 빈 문자열을 뜻하는데 스프레드시트를 불러올 때는 빈 셀 또는 =NA() 수식이 있는 셀을 뜻합니다.

```
read_excel(
  "data/students.xlsx",
  col_names = c("student_id", "full_name", "favourite_food", "meal_plan",
"age"),
  skip = 1,
  na = c("", "N/A")
)
#> # A tibble: 6 × 5
#>   student_id full_name        favourite_food     meal_plan           age
#>        <dbl> <chr>            <chr>              <chr>               <chr>
#> 1          1 Sunil Huffmann   Strawberry yoghurt Lunch only          4
#> 2          2 Barclay Lynn     French fries       Lunch only          5
#> 3          3 Jayendra Lyne    <NA>               Breakfast and lunch 7
#> 4          4 Leon Rossini     Anchovies          Lunch only          <NA>
#> 5          5 Chidiegwu Dunkel Pizza              Breakfast and lunch five
#> 6          6 Güvenç Attila    Ice cream          Lunch only          6
```

3. age를 문자형 변수로 불러왔다는 문제도 있습니다. 이 변수는 실제로는 수치형입니다. 플랫 파일에서 데이터를 불러오는 read_csv() 등의 함수와 마찬가지로 read_excel()에도 col_types 인자를 사용해 읽어 들일 변수의 데이터 타입을 지

정할 수 있습니다. 다만 문법이 조금 다릅니다. 사용할 수 있는 옵션은 "skip", "guess", "logical", "numeric", "date", "text", "list"입니다.

```
read_excel(
  "data/students.xlsx",
  col_names = c("student_id", "full_name", "favourite_food", "meal_plan",
"age"),
  skip = 1,
  na = c("", "N/A"),
  col_types = c("numeric", "text", "text", "text", "numeric")
)
#> Warning: Expecting numeric in E6 / R6C5: got 'five'
#> # A tibble: 6 × 5
#>   student_id full_name        favourite_food     meal_plan            age
#>        <dbl> <chr>            <chr>              <chr>              <dbl>
#> 1          1 Sunil Huffmann   Strawberry yoghurt Lunch only             4
#> 2          2 Barclay Lynn     French fries       Lunch only             5
#> 3          3 Jayendra Lyne    <NA>               Breakfast and lunch    7
#> 4          4 Leon Rossini     Anchovies          Lunch only            NA
#> 5          5 Chidiegwu Dunkel Pizza              Breakfast and lunch   NA
#> 6          6 Güvenç Attila    Ice cream          Lunch only             6
```

그런데 이 방법도 원하는 결과를 완벽하게 만들어 내지는 못했습니다. age를 수치형으로 지정하자 숫자가 아닌 항목이 있던 셀(값이 five였던)이 NA가 되어 버렸습니다. 이런 경우에는 age를 "text"로 설정해 R로 불러온 다음 변경해야 합니다.

```
students <- read_excel(
  "data/students.xlsx",
  col_names = c("student_id", "full_name", "favourite_food", "meal_plan",
"age"),
  skip = 1,
  na = c("", "N/A"),
  col_types = c("numeric", "text", "text", "text", "text")
)

students <- students |>
  mutate(
    age = if_else(age == "five", "5", age),
    age = parse_number(age)
  )

students
#> # A tibble: 6 × 5
```

```
#>   student_id full_name        favourite_food     meal_plan            age
#>        <dbl> <chr>            <chr>              <chr>              <dbl>
#> 1          1 Sunil Huffmann   Strawberry yoghurt Lunch only             4
#> 2          2 Barclay Lynn     French fries       Lunch only             5
#> 3          3 Jayendra Lyne    <NA>               Breakfast and lunch    7
#> 4          4 Leon Rossini     Anchovies          Lunch only            NA
#> 5          5 Chidiegwu Dunkel Pizza              Breakfast and lunch    5
#> 6          6 Güvenç Attila    Ice cream          Lunch only             6
```

데이터를 정확히 원하는 형태로 불러오는 데 여러 단계와 시행착오가 필요했는데 이는 당연한 것입니다. 데이터 과학은 반복적인 과정입니다. 그런데 다른 일반적인 텍스트나 직사각형 데이터 파일보다 스프레드시트 데이터를 불러올 때 이런 반복 과정이 특히 더 길고 지루할 수 있습니다. 사람들이 스프레드시트에 데이터를 직접 입력하기도 하고 데이터를 저장만이 아니라 공유하고 의사소통하는 데도 스프레드시트를 사용하기 때문입니다.

데이터를 불러와서 살펴보기 전까지는 데이터가 정확히 어떤 모습일지 알 수 없습니다. 사실 한 가지 방법이 있긴 합니다. 바로 엑셀에서 파일을 열어 확인하는 겁니다. 이때 엑셀 파일의 사본을 만들어 상호작용하며 살펴보는 게 좋습니다. 원본 데이터 파일은 그대로 두고 R에서는 원본 파일을 읽어 오는 겁니다. 이렇게 하면 스프레드시트를 확인하는 동안 실수로 내용을 덮어쓰는 일이 없을 겁니다. 여기서 해 본 것처럼 주저하지 말고 시도해 보세요. 데이터를 불러오고, 살펴보고, 코드를 수정하고, 다시 불러오고, 결과가 마음에 들 때까지 반복하는 겁니다.

워크시트 불러오기

스프레드시트가 플랫 파일과 구별되는 중요한 특징은 스프레드시트에는 워크시트라는 여러 개의 시트가 있다는 점입니다. 그림 20-2는 여러 워크시트로 구성된 엑셀 스프레드시트를 보여 줍니다. 데이터는 palmerpenguins 패키지에서 가져온 것입니다. 데이터가 수집된 섬별로 워크시트가 나뉘어서 펭귄에 대한 정보가 담겨 있습니다.

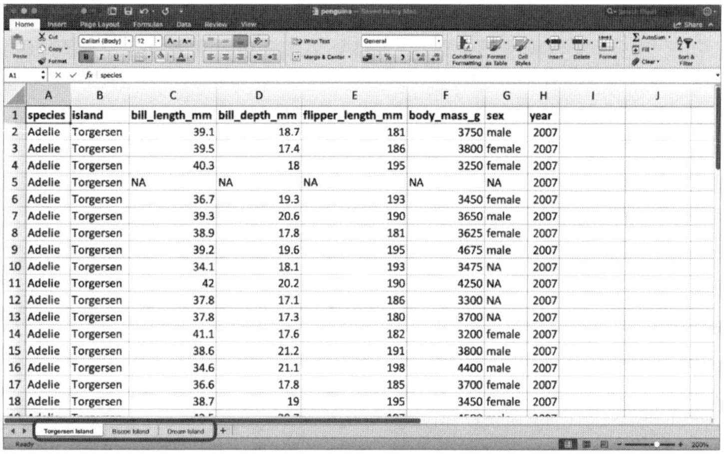

	A	B	C	D	E	F	G	H
1	species	island	bill_length_mm	bill_depth_mm	flipper_length_mm	body_mass_g	sex	year
2	Adelie	Torgersen	39.1	18.7	181	3750	male	2007
3	Adelie	Torgersen	39.5	17.4	186	3800	female	2007
4	Adelie	Torgersen	40.3	18	195	3250	female	2007
5	Adelie	Torgersen	NA	NA	NA	NA	NA	2007
6	Adelie	Torgersen	36.7	19.3	193	3450	female	2007
7	Adelie	Torgersen	39.3	20.6	190	3650	male	2007
8	Adelie	Torgersen	38.9	17.8	181	3625	female	2007
9	Adelie	Torgersen	39.2	19.6	195	4675	male	2007
10	Adelie	Torgersen	34.1	18.1	193	3475	NA	2007
11	Adelie	Torgersen	42	20.2	190	4250	NA	2007
12	Adelie	Torgersen	37.8	17.1	186	3300	NA	2007
13	Adelie	Torgersen	37.8	17.3	180	3700	NA	2007
14	Adelie	Torgersen	41.1	17.6	182	3200	female	2007
15	Adelie	Torgersen	38.6	21.2	191	3800	male	2007
16	Adelie	Torgersen	34.6	21.1	198	4400	male	2007
17	Adelie	Torgersen	36.6	17.8	185	3700	female	2007
18	Adelie	Torgersen	38.7	19	195	3450	female	2007

그림 20-2 엑셀에서 penguins.xlsx를 열어 보면 세 개의 워크시트가 있습니다.

read_excel()의 sheet 인자를 사용하면 스프레드시트의 특정 워크시트만 읽어 올 수 있습니다. 지금까지 해 봤던 것처럼 아무 값도 입력하지 않으면 기본값으로 첫 번째 시트를 불러옵니다.

```
read_excel("data/penguins.xlsx", sheet = "Torgersen Island")
#> # A tibble: 52 × 8
#>   species island    bill_length_mm     bill_depth_mm      flipper_length_mm
#>   <chr>   <chr>     <chr>              <chr>              <chr>
#> 1 Adelie  Torgersen 39.1               18.7               181
#> 2 Adelie  Torgersen 39.5               17.399999999999999 186
#> 3 Adelie  Torgersen 40.299999999999997 18                 195
#> 4 Adelie  Torgersen NA                 NA                 NA
#> 5 Adelie  Torgersen 36.700000000000003 19.3               193
#> 6 Adelie  Torgersen 39.299999999999997 20.6               190
#> # i 46 more rows
#> # i 3 more variables: body_mass_g <chr>, sex <chr>, year <dbl>
```

수치형 데이터로 보이는 일부 변수를 문자형으로 불러왔는데, 이는 문자 "NA"가 진짜 NA로 인식되지 않았기 때문입니다.

```
penguins_torgersen <- read_excel("data/penguins.xlsx", sheet = "Torgersen
Island", na = "NA")

penguins_torgersen
#> # A tibble: 52 × 8
#>   species island    bill_length_mm bill_depth_mm flipper_length_mm
#>   <chr>   <chr>              <dbl>         <dbl>             <dbl>
```

```
#> 1 Adelie  Torgersen           39.1          18.7              181
#> 2 Adelie  Torgersen           39.5          17.4              186
#> 3 Adelie  Torgersen           40.3          18                195
#> 4 Adelie  Torgersen           NA            NA                 NA
#> 5 Adelie  Torgersen           36.7          19.3              193
#> 6 Adelie  Torgersen           39.3          20.6              190
#> # i 46 more rows
#> # i 3 more variables: body_mass_g <dbl>, sex <chr>, year <dbl>
```

excel_sheets()를 사용해 엑셀 스프레드시트의 모든 워크시트 정보를 확인한 다음 필요한 워크시트만 불러오는 방법도 있습니다.

```
excel_sheets("data/penguins.xlsx")
#> [1] "Torgersen Island" "Biscoe Island"    "Dream Island"
```

워크시트 이름을 알고 있다면 read_excel()로 워크시트를 각각 불러올 수 있습니다.

```
penguins_biscoe <- read_excel("data/penguins.xlsx", sheet = "Biscoe Island", na = "NA")
penguins_dream  <- read_excel("data/penguins.xlsx", sheet = "Dream Island", na = "NA")
```

여기서는 전체 펭귄 데이터셋이 스프레드시트의 세 개 워크시트로 나뉘어 있습니다. 각 워크시트의 열 개수는 같지만 행 개수는 다릅니다.

```
dim(penguins_torgersen)
#> [1] 52  8
dim(penguins_biscoe)
#> [1] 168   8
dim(penguins_dream)
#> [1] 124   8
```

bind_rows()를 사용하면 데이터를 하나로 합칠 수 있습니다.

```
penguins <- bind_rows(penguins_torgersen, penguins_biscoe, penguins_dream)
penguins
#> # A tibble: 344 × 8
#>   species island    bill_length_mm bill_depth_mm flipper_length_mm
#>   <chr>   <chr>              <dbl>         <dbl>             <dbl>
#> 1 Adelie  Torgersen           39.1          18.7              181
#> 2 Adelie  Torgersen           39.5          17.4              186
#> 3 Adelie  Torgersen           40.3          18                195
#> 4 Adelie  Torgersen           NA            NA                 NA
#> 5 Adelie  Torgersen           36.7          19.3              193
```

```
#> 6 Adelie  Torgersen           39.3          20.6              190
#> # i 338 more rows
#> # i 3 more variables: body_mass_g <dbl>, sex <chr>, year <dbl>
```

같은 코드를 반복 사용하지 않고 이런 작업을 수행하는 방법은 26장에서 다룹니다.

시트 일부만 불러오기

스프레드시트가 데이터 저장뿐 아니라 프레젠테이션용으로도 많이 사용되기 때문에 R로 불러오려는 데이터가 아닌 내용이 셀에 포함된 경우가 흔합니다. 그림 20-3이 그런 스프레드시트의 예시입니다. 시트 중간에는 데이터 프레임처럼 보이는 내용이 있지만, 그 위아래 셀에는 데이터와 무관한 문자가 있습니다.

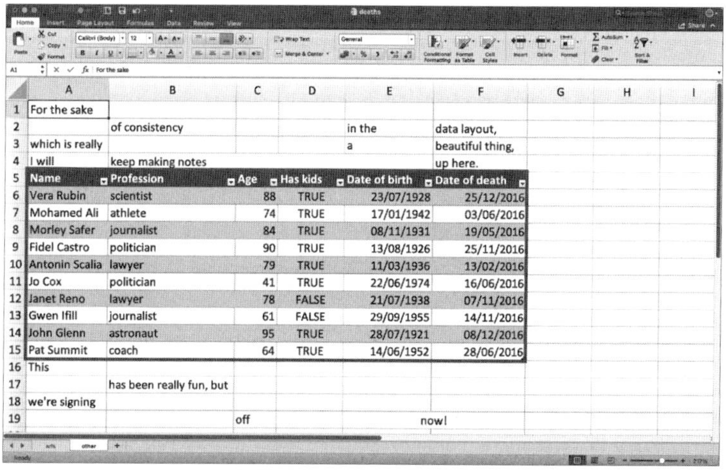

	A	B	C	D	E	F
1	For the sake					
2		of consistency			in the	data layout,
3	which is really				a	beautiful thing,
4	I will	keep making notes				up here.
5	Name	Profession	Age	Has kids	Date of birth	Date of death
6	Vera Rubin	scientist	88	TRUE	23/07/1928	25/12/2016
7	Mohamed Ali	athlete	74	TRUE	17/01/1942	03/06/2016
8	Morley Safer	journalist	84	TRUE	08/11/1931	19/05/2016
9	Fidel Castro	politician	90	TRUE	13/08/1926	25/11/2016
10	Antonin Scalia	lawyer	79	TRUE	11/03/1936	13/02/2016
11	Jo Cox	politician	41	TRUE	22/06/1974	16/06/2016
12	Janet Reno	lawyer	78	FALSE	21/07/1938	07/11/2016
13	Gwen Ifill	journalist	61	FALSE	29/09/1955	14/11/2016
14	John Glenn	astronaut	95	TRUE	28/07/1921	08/12/2016
15	Pat Summit	coach	64	TRUE	14/06/1952	28/06/2016
16	This					
17		has been really fun, but				
18	we're signing					
19			off			now!

그림 20-3 엑셀에서 deaths.xlsx 스프레드시트를 열어 본 장면

이 스프레드시트는 readxl 패키지에 들어 있는 샘플입니다. `readxl_example()` 함수를 이용하면 패키지 설치 폴더에 있는 샘플 스프레드시트 위치를 찾을 수 있습니다. 이 함수로 스프레드시트 경로를 얻은 다음 평소처럼 `read_excel()`에 입력해 사용하면 됩니다.

```
deaths_path <- readxl_example("deaths.xlsx")
deaths <- read_excel(deaths_path)
#> New names:
#> • `` -> `...2`
#> • `` -> `...3`
#> • `` -> `...4`
```

```
#> • `` -> `...5`
#> • `` -> `...6`
deaths
#> # A tibble: 18 × 6
#>   `Lots of people`    ...2       ...3  ...4     ...5          ...6
#>   <chr>               <chr>      <chr> <chr>    <chr>         <chr>
#> 1 simply cannot resi… <NA>       <NA>  <NA>     <NA>          some notes
#> 2 at                  the        top   <NA>     of            their spreadsh…
#> 3 or                  merging    <NA>  <NA>     <NA>          cells
#> 4 Name                Profession Age   Has kids Date of birth Date of death
#> 5 David Bowie         musician   69    TRUE     17175         42379
#> 6 Carrie Fisher       actor      60    TRUE     20749         42731
#> # i 12 more rows
```

맨 위 세 줄과 맨 아래 네 줄은 데이터 프레임에 포함되지 않습니다. skip이나 n_max 인자로 이런 불필요한 행을 제거할 수도 있지만, 불러올 셀 범위를 지정하면 더 편합니다. 엑셀에서는 가장 왼쪽 위 셀이 A1입니다. 오른쪽 열로 이동하면 셀 레이블이 알파벳 순서대로 B1, C1처럼 바뀝니다. 그리고 아래 행으로 이동하면 셀 레이블의 숫자가 A2, A3처럼 증가합니다.

여기서 불러올 데이터는 A5 셀에서 시작해서 F15 셀에서 끝납니다. 스프레드시트 표기법으로 A5:F15인데, 이를 range 인자에 입력하면 됩니다.

```
read_excel(deaths_path, range = "A5:F15")
#> # A tibble: 10 × 6
#>   Name          Profession   Age `Has kids` `Date of birth`
#>   <chr>         <chr>      <dbl> <lgl>      <dttm>
#> 1 David Bowie   musician      69 TRUE       1947-01-08 00:00:00
#> 2 Carrie Fisher actor         60 TRUE       1956-10-21 00:00:00
#> 3 Chuck Berry   musician      90 TRUE       1926-10-18 00:00:00
#> 4 Bill Paxton   actor         61 TRUE       1955-05-17 00:00:00
#> 5 Prince        musician      57 TRUE       1958-06-07 00:00:00
#> 6 Alan Rickman  actor         69 FALSE      1946-02-21 00:00:00
#> # i 4 more rows
#> # i 1 more variable: `Date of death` <dttm>
```

데이터 타입

CSV 파일에서는 모든 값이 문자열입니다. 데이터를 충실히 표현하지는 못하지만 형태가 간단합니다. 모든 것이 문자열이니까요. 반면 엑셀 스프레드시트에 실제로 저장된 데이터는 좀 복잡합니다. 셀은 다음 네 가지 중 하나가 될 수 있습니다.

- TRUE, FALSE, NA 같은 불(boolean)
- "10"이나 "10.5" 같은 숫자
- "11/1/21", "11/1/21 3:00 PM" 같이 시간까지 포함 가능한 날짜-시간
- "ten" 같은 텍스트 문자열

스프레드시트 데이터를 다룰 때는 셀에 실제 저장된 데이터가 보이는 것과 크게 다를 수 있다는 점을 명심해야 합니다. 예를 들어 엑셀에는 정수 개념이 없어서 모든 숫자는 부동소수점으로 저장됩니다. 하지만 원하는 자릿수만큼 소수점 이하를 표시하도록 설정할 수 있죠. 마찬가지로 날짜도 실제로는 1970년 1월 1일 이후 몇 초가 지났는지 나타낸 숫자로 저장됩니다. 엑셀에서 서식을 적용하면 날짜 표시 방식을 원하는 대로 설정할 수 있습니다. 게다가 혼란스럽게도 겉보기에는 숫자지만 실제로는 문자열일 수도 있습니다(엑셀에서 셀에 '10을 입력해 보세요).

이렇게 데이터가 저장되는 방식과 표시되는 방식이 다르기 때문에 데이터를 R로 불러올 때 예상치 못한 결과를 마주할 수 있습니다. 기본값으로 readxl은 각 열의 데이터 타입을 추정합니다. 권장하는 워크플로우는 readxl이 열 타입을 추정하게 한 뒤, 추정한 열 타입이 마음에 드는지 확인하고, 마음에 들지 않으면 402쪽 "엑셀 스프레드시트 불러오기"에서 다룬 것처럼 col_types를 지정해 다시 불러오는 겁니다.

한 열에 여러 데이터 타입이 섞여 있을 때도 문제입니다. 일부 셀은 숫자, 일부는 텍스트, 또 다른 일부는 날짜 같은 식으로요. 이럴 때는 데이터를 R로 불러올 때 readxl이 결정을 내려야 합니다. 이런 경우에는 해당 열의 타입을 "list"로 설정하면 됩니다. 그러면 각 벡터 원소의 타입을 추측해서 길이 1짜리 벡터들의 리스트 형태로 열을 불러옵니다.

가끔 셀 배경색이나 텍스트 굵기를 이용해서 데이터가 특이한 형태로 저장되어 있기도 합니다. 이런 경우 tidyxl 패키지(*https://nacnudus.github.io/tidyxl*)를 사용하면 유용합니다. 엑셀의 비정형 데이터를 다루는 방법을 더 알고 싶다면 *https://nacnudus.github.io/spreadsheet-munging-strategies*를 참고하세요.

엑셀 파일로 저장하기

작은 데이터 프레임을 하나 만들어서 엑셀 파일로 저장해 보겠습니다. item은 팩터, quantity는 정수형 변수입니다.

```
bake_sale <- tibble(
  item     = factor(c("brownie", "cupcake", "cookie")),
  quantity = c(10, 5, 8)
)

bake_sale
#> # A tibble: 3 × 2
#>   item    quantity
#>   <fct>      <dbl>
#> 1 brownie       10
#> 2 cupcake        5
#> 3 cookie         8
```

writexl 패키지(*https://docs.ropensci.org/writexl*)의 `write_xlsx()` 함수를 이용하면 데이터를 엑셀 파일로 저장할 수 있습니다.

```
write_xlsx(bake_sale, path = "data/bake-sale.xlsx")
```

데이터를 엑셀에서 열어 보면 그림 20-4와 같습니다. 열 이름이 들어 있고 굵게 표시되어 있는데, `col_names`와 `format_headers` 인자를 `FALSE`로 설정하면 이런 설정을 없앨 수 있습니다.

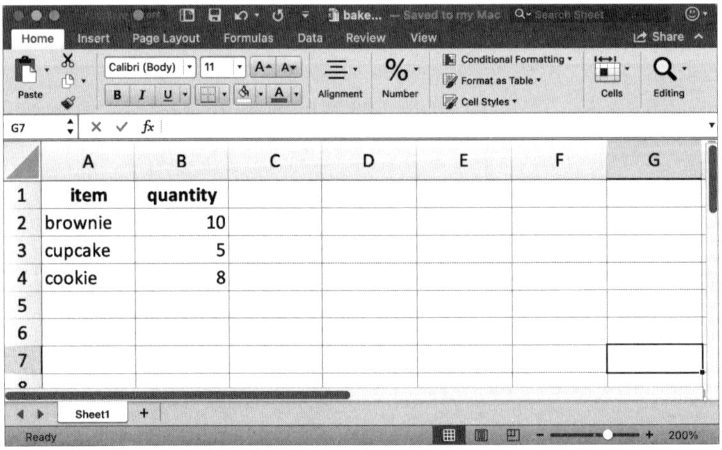

	A	B	C	D	E	F	G
1	**item**	**quantity**					
2	brownie	10					
3	cupcake	5					
4	cookie	8					
5							
6							
7							

그림 20-4 엑셀에서 bake_sale.xlsx 스프레드시트를 열어 본 장면

CSV 파일을 불러올 때와 마찬가지로 데이터를 다시 불러오면 데이터 타입 정보가 사라집니다. 그래서 엑셀로 중간 결과를 저장해 두는 것은 신뢰할 만한 방법이 아닙니다. 다른 대안은 125쪽 "데이터를 파일로 저장하기"를 참고하세요.

```
read_excel("data/bake-sale.xlsx")
#> # A tibble: 3 × 2
#>   item     quantity
#>   <chr>       <dbl>
#> 1 brownie        10
#> 2 cupcake         5
#> 3 cookie          8
```

서식 지정하기

단순한 엑셀 스프레드시트를 만들 때는 writexl 패키지로 간단하게 해결할 수 있지만 여러 시트를 다루거나 스타일을 적용하는 등의 다양한 추가 기능이 필요하다면 openxlsx 패키지(*https://ycphs.github.io/openxlsx*)를 사용하는 게 좋습니다. 여기서는 이 패키지 사용법을 자세히 다루진 않을 겁니다. R에서 openxlsx로 엑셀 파일에 쓴 데이터를 추가로 꾸미는 방법에 대해 폭넓게 알아보려면 *https://ycphs.github.io/openxlsx/articles/Formatting.html*을 읽어 보길 권합니다.

이 패키지는 tidyverse에 속하지 않아서 함수와 워크플로우가 낯설게 느껴질 수 있습니다. 예를 들어 함수 이름은 대소문자가 섞인 카멜 케이스를 따르고, 여러 함수를 파이프라인으로 연결할 수 없고, 인자 순서도 tidyverse와 다릅니다. 하지만 걱정하지 마세요. 이 책에서 다루는 내용을 넘어 학습하고 활용 범위를 넓히다 보면 R로 특정 목표를 달성하기 위해 여러 패키지를 사용하게 될 텐데, 그 과정에서 자연스레 다양한 코딩 스타일을 접하게 될 겁니다. 새 패키지의 코딩 스타일에 익숙해지려면 함수 설명서에 있는 예제를 실행해 보면서 문법과 출력 형식을 파악하는 게 좋습니다. 패키지에 함께 들어 있는 패키지 설명 비네트도 읽어 보면 도움이 됩니다.

연습문제

1. 엑셀로 다음 데이터셋을 만들어 survey.xlsx로 저장하세요. 또는 *https://oreil.ly/03oQy*에서 엑셀 파일을 다운로드하세요.

	A	B
1	survey_id	n_pets
2	1	0
3	2	1
4	3	N/A
5	4	two
6	5	2
7	6	

그다음 이 파일의 survey_id는 문자형, n_pets는 수치형 변수로 지정해서 R로 불러오세요.

```
#> # A tibble: 6 × 2
#>   survey_id n_pets
#>   <chr>      <dbl>
#> 1 1              0
#> 2 2              1
#> 3 3             NA
#> 4 4              2
#> 5 5              2
#> 6 6             NA
```

	A	B	C
1	group	subgroup	id
2	1	A	1
3			2
4			3
5		B	4
6			5
7			6
8			7
9	2	A	8
10			9
11		B	10
12			11
13			12

2. 엑셀에서 다음 데이터셋을 만들어 roster.xlsx로 저장하세요. 또는 *https://oreil.ly/E4dIi*에서 엑셀 파일을 다운로드하세요.

   이 파일을 R로 불러오세요. 데이터 프레임 이름은 roster이어야 하고 다음과 같은 모양이어야 합니다.

```
#> # A tibble: 12 × 3
#>     group subgroup    id
#>     <dbl> <chr>    <dbl>
#>  1      1 A            1
#>  2      1 A            2
#>  3      1 A            3
#>  4      1 B            4
#>  5      1 B            5
#>  6      1 B            6
#>  7      1 B            7
#>  8      2 A            8
#>  9      2 A            9
#> 10      2 B           10
```

```
#> 11      2 B          11
#> 12      2 B          12
```

	A	B
1	This file contains information on sales.	
2	Data are organized by brand name, and for each brand, we have the ID number for the item sold, and how many are sold.	
3		
4		
5	Brand 1	n
6	1234	8
7	8721	2
8	1822	3
9	Brand 2	n
10	3333	1
11	2156	3
12	3987	6
13	3216	5

3. 엑셀에서 다음 데이터셋을 만들어 `sales.xlsx`로 저장하세요. 또는 *https://oreil.ly/m6q7i*에서 엑셀 파일을 다운로드하세요.

   a. `sales.xlsx`를 불러와 `sales`에 저장하세요. 다음과 같이 데이터 프레임에 `id`와 `n`이라는 열이 있고 행이 9개여야 합니다.

```
#> # A tibble: 9 × 2
#>   id      n
#>   <chr>   <chr>
#> 1 Brand 1 n
#> 2 1234    8
#> 3 8721    2
#> 4 1822    3
#> 5 Brand 2 n
#> 6 3333    1
#> 7 2156    3
#> 8 3987    6
#> 9 3216    5
```

   b. 다음과 같이 `sales` 데이터를 가공해서 `brand`, `id`, `n` 세 열과 7 행으로 정돈된 형태로 만드세요. `id`와 `n`은 숫자형, `brand`는 문자형 변수입니다.

```
#> # A tibble: 7 × 3
#>   brand      id     n
#>   <chr>   <dbl> <dbl>
#> 1 Brand 1  1234     8
```

```
#> 2 Brand 1  8721      2
#> 3 Brand 1  1822      3
#> 4 Brand 2  3333      1
#> 5 Brand 2  2156      3
#> 6 Brand 2  3987      6
#> 7 Brand 2  3216      5
```

4. `bake_sale` 데이터 프레임을 다시 만든 다음 openxlsx 패키지의 `write.xlsx()` 함수를 이용해 엑셀 파일로 저장하세요.

5. 7장에서 열 이름을 스네이크 케이스로 바꾸는 `janitor::clean_names()` 함수를 다뤘습니다. 이 함수를 이용해서 절 도입부에서 소개한 `students.xlsx` 파일의 열 이름을 "정리"해 보세요.

6. `read_xls()`로 `.xlsx` 확장자 파일을 불러오면 어떻게 될까요?

구글 시트

구글 시트도 널리 사용되는 스프레드시트 프로그램으로, 무료로 사용할 수 있고 웹에서 작동한다는 특징이 있습니다. 구글 시트도 엑셀과 마찬가지로 데이터가 스프레드시트 파일 안의 워크시트에 담겨 있습니다. 워크시트를 시트라고도 부릅니다.

준비하기

이번 절에서도 스프레드시트를 다루지만 이번에는 **googlesheets4** 패키지를 이용해 구글 시트에서 데이터를 불러옵니다. 이 패키지는 코어 tidyverse에 포함되어 있지 않아서 따로 불러와야 합니다.

```
library(googlesheets4)
library(tidyverse)
```

googlesheets4라는 패키지 이름을 짧게 설명하자면, Sheets API V4(*https://developers.google.com/workspace/sheets/api/guides/concepts*)를 이용해 구글 시트를 R에서 다룰 수 있게 해 주는 인터페이스로 되어 있기 때문에 이런 이름이 붙었습니다.

시작하기

googlesheets4 패키지의 주요 함수는 `read_sheet()`인데, 이 함수는 URL이나 파일

ID를 이용해 구글 시트를 불러옵니다. 이 함수는 range_read()라는 이름으로도 쓸 수 있습니다.

gs4_create()로 새 시트를 만들거나 sheet_write() 등의 함수로 기존 시트에 데이터를 쓸 수도 있습니다.

이번 절에서는 앞에서 사용한 것과 동일한 데이터셋을 이용해 엑셀과 구글 시트에서 데이터를 읽어 오는 워크플로우의 유사점과 차이점을 알아보겠습니다. readxl과 googlesheets4 패키지는 모두 7장에서 다룬 read_csv() 함수가 들어 있는 readr 패키지와 기능이 비슷하게 설계되어 있어서 대부분 작업은 read_excel()을 read_sheet()로 바꾸는 것만으로 처리할 수 있습니다. 그러나 곧 보게 되겠지만, 엑셀과 구글 시트가 완전히 똑같이 작동하지는 않기 때문에 어떤 작업은 함수를 조금 다른 방식으로 사용해야 합니다.

구글 시트 불러오기

그림 20-5는 R로 불러올 스프레드시트를 구글 시트에서 열어 본 장면입니다. 이 데이터셋은 그림 20-1에서 본 것과 같은데 엑셀 대신 구글 시트에 저장되어 있다는 점만 다릅니다.

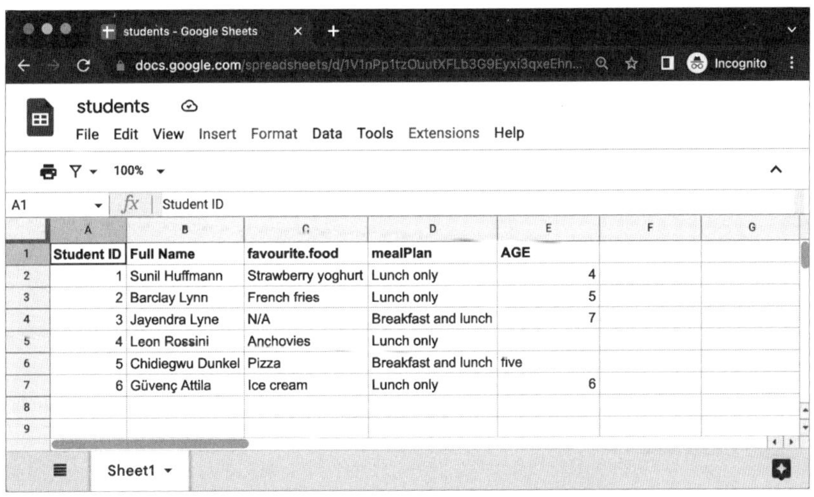

Student ID	Full Name	favourite.food	mealPlan	AGE
1	Sunil Huffmann	Strawberry yoghurt	Lunch only	4
2	Barclay Lynn	French fries	Lunch only	5
3	Jayendra Lyne	N/A	Breakfast and lunch	7
4	Leon Rossini	Anchovies	Lunch only	
5	Chidiegwu Dunkel	Pizza	Breakfast and lunch	five
6	Güvenç Attila	Ice cream	Lunch only	6

그림 20-5 웹 브라우저에서 students 구글 시트를 열어 본 장면

read_sheet()의 첫 번째 인자는 불러올 파일의 URL(*https://oreil.ly/c7DEP*)입니다. 이 함수는 티블을 반환합니다.

이런 URL은 다루기 불편하기 때문에 보통 시트 ID를 지정하는 게 낫습니다.

```
students_sheet_id <- "1V1nPp1tzOuutXFLb3G9Eyxi3qxeEhnOXUzL5_BcCQ0w"
students <- read_sheet(students_sheet_id)
#> ✓ Reading from students.
#> ✓ Range Sheet1.
students
#> # A tibble: 6 × 5
#>   `Student ID` `Full Name`      favourite.food     mealPlan            AGE
#>          <dbl> <chr>            <chr>              <chr>               <list>
#> 1            1 Sunil Huffmann   Strawberry yoghurt Lunch only          <dbl>
#> 2            2 Barclay Lynn     French fries       Lunch only          <dbl>
#> 3            3 Jayendra Lyne    N/A                Breakfast and lunch <dbl>
#> 4            4 Leon Rossini     Anchovies          Lunch only          <NULL>
#> 5            5 Chidiegwu Dunkel Pizza              Breakfast and lunch <chr>
#> 6            6 Güvenç Attila    Ice cream          Lunch only          <dbl>
```

read_excel()과 마찬가지로 read_sheet()에도 열 이름, NA 문자열, 열 데이터 타입을 지정할 수 있습니다.

```
students <- read_sheet(
  students_sheet_id,
  col_names = c("student_id", "full_name", "favourite_food", "meal_plan", "age"),
  skip = 1,
  na = c("", "N/A"),
  col_types = "dcccc"
)
#> ✓ Reading from students.
#> ✓ Range 2:10000000.

students
#> # A tibble: 6 × 5
#>   student_id full_name        favourite_food     meal_plan           age
#>        <dbl> <chr>            <chr>              <chr>               <chr>
#> 1          1 Sunil Huffmann   Strawberry yoghurt Lunch only          4
#> 2          2 Barclay Lynn     French fries       Lunch only          5
#> 3          3 Jayendra Lyne    <NA>               Breakfast and lunch 7
#> 4          4 Leon Rossini     Anchovies          Lunch only          <NA>
#> 5          5 Chidiegwu Dunkel Pizza              Breakfast and lunch five
#> 6          6 Güvenç Attila    Ice cream          Lunch only          6
```

여기서는 짧은 코드를 이용해서 열 데이터 타입을 좀 다르게 정의했습니다. 예를 들어 "dcccc"는 "double, character, character, character, character"를 뜻합니다.

구글 시트에서 특정 시트를 읽어 올 수도 있습니다. penguins 구글 시트(*https://*

oreil.ly/qgKTY)에서 "Torgersen Island" 시트를 불러오겠습니다.

```
penguins_sheet_id <- "1aFu8lnD_g0yjF5O-K6SFgSEWiHPpgvFCF0NY9D6LXnY"
read_sheet(penguins_sheet_id, sheet = "Torgersen Island")
#> ✓ Reading from penguins.
#> ✓ Range ''Torgersen Island''.
#> # A tibble: 52 × 8
#>   species island    bill_length_mm bill_depth_mm flipper_length_mm
#>   <chr>   <chr>     <list>         <list>        <list>
#> 1 Adelie  Torgersen <dbl [1]>      <dbl [1]>     <dbl [1]>
#> 2 Adelie  Torgersen <dbl [1]>      <dbl [1]>     <dbl [1]>
#> 3 Adelie  Torgersen <dbl [1]>      <dbl [1]>     <dbl [1]>
#> 4 Adelie  Torgersen <chr [1]>      <chr [1]>     <chr [1]>
#> 5 Adelie  Torgersen <dbl [1]>      <dbl [1]>     <dbl [1]>
#> 6 Adelie  Torgersen <dbl [1]>      <dbl [1]>     <dbl [1]>
#> # i 46 more rows
#> # i 3 more variables: body_mass_g <list>, sex <chr>, year <dbl>
```

sheet_names()를 사용하면 구글 시트 안에 있는 모든 시트 목록을 알 수 있습니다.

```
sheet_names(penguins_sheet_id)
#> [1] "Torgersen Island" "Biscoe Island"    "Dream Island"
```

마지막으로 read_excel()처럼 read_sheet()도 range를 입력해서 구글 시트의 일부분만 불러올 수 있습니다. 다음 코드에서는 googlesheets4 패키지에 들어 있는 예제 구글 시트를 찾기 위해 gs4_example() 함수를 사용하고 있습니다.

```
deaths_url <- gs4_example("deaths")
deaths <- read_sheet(deaths_url, range = "A5:F15")
#> ✓ Reading from deaths.
#> ✓ Range A5:F15.
deaths
#> # A tibble: 10 × 6
#>   Name          Profession   Age `Has kids` `Date of birth`
#>   <chr>         <chr>      <dbl> <lgl>      <dttm>
#> 1 David Bowie   musician      69 TRUE       1947-01-08 00:00:00
#> 2 Carrie Fisher actor         60 TRUE       1956-10-21 00:00:00
#> 3 Chuck Berry   musician      90 TRUE       1926-10-18 00:00:00
#> 4 Bill Paxton   actor         61 TRUE       1955-05-17 00:00:00
#> 5 Prince        musician      57 TRUE       1958-06-07 00:00:00
#> 6 Alan Rickman  actor         69 FALSE      1946-02-21 00:00:00
#> # i 4 more rows
#> # i 1 more variable: `Date of death` <dttm>
```

구글 시트로 저장하기

구글 시트에 데이터를 저장할 때는 write_sheet()를 사용합니다. write_sheet()의 첫 번째 인자에는 저장할 데이터 프레임, 두 번째 인자에는 데이터를 저장할 구글 시트 이름(또는 식별자)을 지정하면 됩니다.

```
write_sheet(bake_sale, ss = "bake-sale")
```

구글 시트 내의 특정 워크시트에 데이터를 저장하고 싶다면 sheet 인자에 시트를 지정하면 됩니다.

```
write_sheet(bake_sale, ss = "bake-sale", sheet = "Sales")
```

인증하기

공개된 구글 시트의 데이터를 읽어 올 때는 구글 계정을 인증할 필요가 없지만, 비공개 시트를 불러오거나 데이터를 시트에 저장하려면 googlesheets4 패키지가 "나의" 구글 시트를 들여다보고 수정할 수 있도록 인증을 해야 합니다.

인증이 필요한 시트를 읽으려고 하면 googlesheets4는 웹 브라우저를 열어 구글 계정 로그인 페이지로 접속합니다. 여기서 구글 계정으로 로그인하고 googlesheets4에 구글 시트 작업 권한을 부여하면 됩니다. 만약 특정 구글 계정이나 인증 범위 등을 직접 지정하고 싶다면 gs4_auth()를 사용하면 됩니다. 예를 들어 gs4_auth(email = "mine@example.com")를 실행하면 해당 이메일과 연결된 토큰을 사용하게 됩니다. 인증을 자세히 알고 싶다면 googlesheets4의 인증 비네트 문서(*https://googlesheets4.tidyverse.org/articles/auth.html*)를 참고하세요.

연습문제

1. 앞에서 다룬 students 데이터셋을 엑셀과 구글 시트에서 각각 불러오세요. read_excel()과 read_sheet() 함수에 다른 인자는 추가하지 마세요. 불러온 두 데이터 프레임이 완전히 동일한가요? 만약 그렇지 않다면 어떤 차이가 있나요?

2. survey 구글 시트(*https://oreil.ly/PYENq*)를 불러오세요. 이때 survey_id는 문자형, n_pets는 수치형 변수로 지정하세요.

3. roster 구글 시트(*https://oreil.ly/sAjBM*)를 불러오세요. 데이터 프레임 이름은 `roster`여야 하고, 다음과 같은 모양이어야 합니다.

```
#> # A tibble: 12 × 3
#>    group subgroup    id
#>    <dbl> <chr>    <dbl>
#> 1      1 A            1
#> 2      1 A            2
#> 3      1 A            3
#> 4      1 B            4
#> 5      1 B            5
#> 6      1 B            6
#> 7      1 B            7
#> 8      2 A            8
#> 9      2 A            9
#> 10     2 B           10
#> 11     2 B           11
#> 12     2 B           12
```

요약

마이크로소프트 엑셀과 구글 시트는 가장 널리 쓰이는 스프레드시트 프로그램입니다. 엑셀 파일이나 구글 시트에 저장된 데이터를 R에서 직접 다룰 수 있는 건 정말 대단한 능력이에요!

이 장에서는 readxl 패키지의 `read_excel()`로 엑셀 스프레드시트의 데이터를 불러오는 방법, googlesheets4 패키지의 `read_sheet()`로 구글 시트의 데이터를 불러오는 방법을 익혔습니다. 이 두 함수는 사용법이 매우 비슷하고 열 이름, NA 문자열, 건너뛸 행 등을 지정하는 인자도 비슷합니다. 또한 두 함수 모두 스프레드시트 내 특정 시트만 불러오는 기능이 있습니다.

데이터를 엑셀 파일로 저장할 때는 `writexl::write_xlsx()`처럼 다른 패키지의 함수를 사용해야 하지만 구글 시트에 저장할 때는 googlesheets4 패키지의 `write_sheet()`를 사용하면 됩니다.

다음 장에서는 데이터베이스라는 또 다른 데이터 소스를 살펴보고 데이터 베이스에서 R로 데이터를 불러오는 방법을 다룹니다.

21장

R for Data Science Second Edition

데이터베이스

들어가며

데이터베이스에는 엄청나게 많은 데이터가 저장되어 있기 때문에 데이터베이스에 접근하는 방법을 아는 것은 필수입니다. 데이터베이스 일부를 .csv 파일로 다운로드할 수 있게 해 달라고 요청할 수도 있겠지만 이는 매우 피곤한 방법입니다. 데이터가 변경될 때마다 다시 요청해야 할 테니까요. 필요할 때마다 데이터베이스에서 직접 원하는 데이터를 가져올 수 있어야 합니다.

이 장에서는 먼저 DBI 패키지를 다루는 기본 사용법을 다룹니다. 데이터베이스에 연결하고 SQL[1] 쿼리로 데이터를 검색하는 방법을 알아봅니다. SQL(Structured Query Language)은 데이터베이스의 공용어로서 모든 데이터 과학자가 익혀야 할 만큼 중요합니다. 하지만 SQL부터 시작하지 않을 것입니다. 대신 dplyr 코드를 SQL로 변환해 주는 dbplyr을 익힙니다. 이를 통해 SQL의 중요한 기능들을 익히게 될 겁니다. 이 장이 끝날 때쯤이면 SQL 달인이 되진 않겠지만 가장 중요한 구성 요소를 파악하고 그 기능을 이해하게 될 겁니다.

준비하기

이 장에서는 DBI와 dbplyr을 소개합니다. DBI는 데이터베이스에 연결하고 SQL을 실행하는 저수준 인터페이스이고, dbplyr은 dplyr 코드를 SQL 쿼리로 변환한 다음 DBI로 실행하는 고수준 인터페이스입니다.

1 SQL은 "에스-큐-엘" 또는 "시퀄(sequel)"로 발음합니다.

```
library(DBI)
library(dbplyr)
library(tidyverse)
```

데이터베이스 기초

쉽게 설명하면 데이터베이스는 데이터 프레임의 모음이라고 할 수 있습니다. 데이터 프레임을 데이터베이스 용어로 **테이블**(table)이라고 부릅니다. 데이터 프레임과 마찬가지로 데이터베이스 테이블은 여러 열 이름으로 구성되고, 각 열의 모든 값은 같은 타입으로 되어 있습니다. 데이터 프레임과 데이터베이스 테이블은 세 가지 큰 차이점이 있습니다.

- 데이터베이스 테이블은 디스크에 저장되며 크기에 제한이 없습니다. 반면 데이터 프레임은 메모리에 저장되므로 근본적으로 크기 제한이 있습니다(다만 대부분 이런 제한도 충분히 큰 용량입니다).
- 데이터베이스 테이블에는 거의 항상 인덱스가 있습니다. 책의 찾아보기와 비슷하게 데이터베이스 인덱스를 사용하면 모든 행을 일일이 살펴보지 않고도 관심 있는 행을 빠르게 찾을 수 있습니다. 데이터 프레임과 티블에는 인덱스가 없지만 data.table에는 있습니다. 이것이 data.table의 속도가 빠른 이유 중 하나입니다.
- 전통적인 데이터베이스 대부분은 기존 데이터를 분석하기보다는 데이터를 신속하게 저장하도록 최적화되어 있습니다. 이런 데이터베이스를 **행 지향**(row oriented)이라고 하는데, R처럼 열 단위가 아니라 행 단위로 데이터가 저장되기 때문입니다. 최근에는 데이터 분석을 훨씬 더 빠르게 할 수 있는 **열 지향**(column oriented) 데이터베이스도 많이 개발되고 있습니다.

데이터베이스는 데이터베이스 관리 시스템(**d**ata**b**ase **m**anagement **s**ystems, **DBMS**)에서 운영됩니다. DBMS에는 세 가지 기본 형태가 있습니다.

- **클라이언트-서버** DBMS: 강력한 중앙 서버에서 실행되며 사용자의 컴퓨터(클라이언트)에서 DBMS로 연결합니다. 조직 내 여러 사람과 데이터를 공유할 때 이런 형태가 유용합니다. 대표적으로 PostgreSQL, MariaDB, SQL Server, Oracle 등이 있습니다.

- **클라우드** DBMS: Snowflake, 아마존 RedShift, 구글 BigQuery 같은 클라우드 DBMS는 클라이언트-서버 DBMS와 비슷하지만 클라우드에서 작동합니다. 그래서 매우 큰 데이터셋도 쉽게 다룰 수 있고 필요에 따라 컴퓨팅 자원을 자동으로 더 제공할 수 있습니다.
- **인프로세스** DBMS: SQLite나 duckdb 같은 인프로세스 DBMS는 사용자 컴퓨터에서 전부 실행됩니다. 주로 사용자 본인이 다루는 대용량 데이터셋을 처리할 때 유용합니다.

데이터베이스 연결하기

R에서 데이터베이스에 연결하려면 두 가지 패키지를 사용해야 합니다.

- DBI(database interface)는 항상 사용합니다. DBI 패키지에는 데이터베이스에 연결하고, 데이터를 업로드하고, SQL 쿼리를 실행하는 등 일반적으로 자주 사용하는 함수들이 들어 있습니다.
- 또한 연결하려는 DBMS별 맞춤 패키지를 사용합니다. 이런 패키지는 일반적인 DBI 명령을 특정 DBMS에 맞게 변경해 줍니다. 보통 DBMS마다 하나씩 패키지가 있는데, 예를 들어 PostgreSQL용 RPostgres, MySQL용 RMariaDB 같은 식입니다.

DBMS에 맞는 특정 패키지를 찾을 수 없다면 보통 odbc 패키지를 대신 사용합니다. 이 패키지는 많은 DBMS에서 지원하는 ODBC 프로토콜을 사용합니다. odbc는 ODBC 드라이버를 설치하고 설치된 위치를 입력하는 등 추가 설정을 조금 해 줘야 사용할 수 있습니다.

구체적으로 살펴보면 가장 먼저 `DBI::dbConnect()`로 데이터베이스와 연결합니다. 첫 번째 인자에 DBMS[2]를 선택하고, 두 번째 인자부터는 DBMS 위치, 연결하는 데 필요한 자격 증명 등 연결 방법을 설정합니다. 일반적으로 다음과 같이 코드를 작성합니다.

2 일반적으로 클라이언트 패키지에서는 이 함수만 사용하기 때문에 `library()`로 전체 패키지를 불러오는 대신 ::를 이용해 사용할 함수 하나만 불러오는 걸 추천합니다.

```
con <- DBI::dbConnect(
  RMariaDB::MariaDB(),
  username = "foo"
)
con <- DBI::dbConnect(
  RPostgres::Postgres(),
  hostname = "databases.mycompany.com",
  port = 1234
)
```

안타깝지만, 구체적인 세부 사항은 DBMS마다 많이 달라서 여기서 전부 다룰 수는 없습니다. 그래서 직접 조사를 조금 해 봐야 합니다. 보통은 팀의 다른 데이터 과학자에게 물어보거나 데이터베이스 관리자(database administrator, DBA)에게 문의하면 됩니다. 초기 설정을 제대로 하려면 대부분 조정 과정이 조금 필요하지만(약간의 구글링도) 일반적으로 한 번만 해 두면 됩니다.

이 책에서 다루는 내용

이 책에서 클라이언트 서버나 클라우드 DBMS를 설정하는 방법을 다루면 고통스러울 수 있습니다. 그래서 대신 R 패키지에 완전히 내장된 인프로세스 DBMS인 duckdb를 사용하겠습니다. 마법 같은 DBI 덕분에 duckdb를 사용하는 것과 다른 DBMS를 사용하는 것의 유일한 차이점은 데이터베이스 연결 방법뿐입니다. duckdb는 교육하는 데 사용하기도 좋습니다. 코드를 쉽게 실행해 볼 수 있고 배운 내용을 다른 곳에 적용하기도 쉽기 때문입니다.

duckdb에 연결하는 것은 특히 간단합니다. 기본적으로 임시 데이터베이스를 만들기 때문에 R을 종료하면 삭제됩니다. R을 새로 시작할 때마다 깨끗한 상태에서 시작하게 되므로 학습하기에 매우 좋습니다.

```
con <- DBI::dbConnect(duckdb::duckdb())
```

duckdb는 데이터 과학자의 요구사항에 맞춰 설계된 고성능 데이터베이스입니다. 여기서는 시작하기 매우 쉬워서 사용하지만, 기가바이트 단위의 데이터도 매우 빠른 속도로 처리할 수 있습니다. 실제 데이터 분석 프로젝트에 duckdb를 사용하려면 `dbdir` 인자를 이용해서 영구 데이터베이스를 만들고 저장 위치를 지정해야 합니다. 6장에서 다룬 것처럼 프로젝트를 사용한다면 현재 프로젝트의 duckdb 디렉터리에 데이터베이스를 저장하는 게 좋습니다.

```
con <- DBI::dbConnect(duckdb::duckdb(), dbdir = "duckdb")
```

데이터 적재하기

새 데이터베이스를 만들었으니 데이터를 추가해야 합니다. 여기서는 ggplot2 패키지의 mpg와 diamonds 데이터셋을 DBI::dbWriteTable()로 추가하겠습니다. 가장 간단하게는 dbWriteTable()에 데이터베이스 연결, 데이터베이스에서 생성할 테이블 이름, 데이터 프레임 이렇게 세 가지 인자만 입력하면 됩니다.

```
dbWriteTable(con, "mpg", ggplot2::mpg)
dbWriteTable(con, "diamonds", ggplot2::diamonds)
```

실제 프로젝트에 duckdb를 쓴다면 duckdb_read_csv()와 duckdb_register_arrow()를 익히길 강력하게 권합니다. 이 함수를 이용하면 데이터를 R로 불러오지 않고도 duckdb에 직접 저장할 수 있습니다. 데이터를 빠르게 저장할 수 있는 강력하고 성능이 우수한 방법입니다. 556쪽 "데이터베이스에 저장하기"에서 여러 파일을 데이터베이스로 불러오는 유용한 기술들을 다룰 겁니다.

DBI 기초

데이터가 잘 적재됐는지 확인하려면 몇 가지 DBI 패키지 함수를 사용하면 됩니다. dbListTable()로 데이터베이스의 모든 테이블 목록을 볼 수 있고,[3] dbReadTable()로 테이블 내용을 가져올 수 있습니다.

```
dbListTables(con)
#> [1] "diamonds" "mpg"

con |>
  dbReadTable("diamonds") |>
  as_tibble()
```

3 적어도 조회 권한을 가진 모든 테이블은 볼 수 있습니다.

```
#> # A tibble: 53,940 × 10
#>   carat cut       color clarity depth table price     x     y     z
#>   <dbl> <fct>     <fct> <fct>   <dbl> <dbl> <int> <dbl> <dbl> <dbl>
#> 1  0.23 Ideal     E     SI2      61.5    55   326  3.95  3.98  2.43
#> 2  0.21 Premium   E     SI1      59.8    61   326  3.89  3.84  2.31
#> 3  0.23 Good      E     VS1      56.9    65   327  4.05  4.07  2.31
#> 4  0.29 Premium   I     VS2      62.4    58   334  4.2   4.23  2.63
#> 5  0.31 Good      J     SI2      63.3    58   335  4.34  4.35  2.75
#> 6  0.24 Very Good J     VVS2     62.8    57   336  3.94  3.96  2.48
#> # i 53,934 more rows
```

dbReadTable()은 data.frame을 반환하므로 as_tibble()을 사용해 티블로 바꾸면 깔끔하게 출력됩니다.

SQL을 이미 알고 있다면 dbGetQuery()로 데이터베이스에서 쿼리를 실행한 결과를 얻을 수 있습니다.

```
sql <- "
  SELECT carat, cut, clarity, color, price
  FROM diamonds
  WHERE price > 15000
"
as_tibble(dbGetQuery(con, sql))
#> # A tibble: 1,655 × 5
#>   carat cut       clarity color price
#>   <dbl> <fct>     <fct>   <fct> <int>
#> 1  1.54 Premium   VS2     E     15002
#> 2  1.19 Ideal     VVS1    F     15005
#> 3  2.1  Premium   SI1     I     15007
#> 4  1.69 Ideal     SI1     D     15011
#> 5  1.5  Very Good VVS2    G     15013
#> 6  1.73 Very Good VS1     G     15014
#> # i 1,649 more rows
```

SQL을 처음 보더라도 걱정하지 마세요! 곧 익히게 될 겁니다. 하지만 쿼리를 유심히 살펴보면 diamonds 데이터셋에서 다섯 개의 열을 선택하고 price가 15,000 이상인 모든 행을 추출하는 명령어임을 짐작할 수 있을 겁니다.

dbplyr 기초

데이터베이스에 연결하고 데이터를 적재했으니 이제 dbplyr을 알아보겠습니다. dbplyr은 dplyr **백엔드**(backend)입니다. 이는 사용자가 dplyr 코드를 작성하면 뒤에서 dbplyr이 코드를 다른 형태로 바꾸어서 실행한다는 의미합니다. 여기서 dbplyr은 코드를 SQL로 번역합니다. 그 외에 코드를 data.table(*https://rdatatable.gitlab.io/data.table*)로 번역하는 dtplyr(*https://dtplyr.tidyverse.org*), 코드를 멀티 코어를 이용해 실행하는 multidplyr(*https://multidplyr.tidyverse.org*)도 있습니다.

dbplyr을 사용하려면 우선 `tbl()`로 데이터베이스 테이블을 나타내는 객체를 만들어야 합니다.

```
diamonds_db <- tbl(con, "diamonds")
diamonds_db
#> # Source:   table<diamonds> [?? x 10]
#> # Database: DuckDB v0.10.2 [duddnek@Windows 10 x64:R 4.4.1/:memory:]
#>   carat cut       color clarity depth table price     x     y     z
#>   <dbl> <fct>     <fct> <fct>   <dbl> <dbl> <int> <dbl> <dbl> <dbl>
#> 1  0.23 Ideal     E     SI2      61.5    55   326  3.95  3.98  2.43
#> 2  0.21 Premium   E     SI1      59.8    61   326  3.89  3.84  2.31
#> 3  0.23 Good      E     VS1      56.9    65   327  4.05  4.07  2.31
#> 4  0.29 Premium   I     VS2      62.4    58   334  4.2   4.23  2.63
#> 5  0.31 Good      J     SI2      63.3    58   335  4.34  4.35  2.75
#> 6  0.24 Very Good J     VVS2     62.8    57   336  3.94  3.96  2.48
#> # i more rows
```

✅ 일반적으로 데이터베이스와 상호작용하는 두 가지 방법이 더 있습니다. 첫째, 많은 기업에서 사용하는 데이터베이스는 매우 크기 때문에 모든 테이블을 정리하려면 계층 구조를 만들어야 합니다. 이런 경우 관심 테이블을 선택하려면 스키마(schema)를 지정하거나 아니면 카탈로그(catalog)와 스키마를 같이 지정해야 할 수 있습니다.

```
diamonds_db <- tbl(con, in_schema("sales", "diamonds"))
diamonds_db <- tbl(con, in_catalog("north_america", "sales", "diamonds"))
```

때로는 SQL 쿼리를 사용하는 것으로 시작하고 싶을 수 있습니다.

```
diamonds_db <- tbl(con, sql("SELECT * FROM diamonds"))
```

이 객체는 "지연(lazy)"하여 작동합니다. dplyr 동사를 사용해도 dplyr은 아무 작업도 하지 않고 단지 수행할 작업 순서를 기록하기만 합니다. 그러다가 필요한 때가 되어야 수행합니다. 예를 들어 다음과 같은 파이프라인이 있다고 가정해 봅시다.

```
big_diamonds_db <- diamonds_db |>
  filter(price > 15000) |>
  select(carat:clarity, price)

big_diamonds_db
#> # Source:   SQL [?? x 5]
#> # Database: DuckDB v0.10.2 [duddnek@Windows 10 x64:R 4.4.1/:memory:]
#>   carat cut       color clarity price
#>   <dbl> <fct>     <fct> <fct>   <int>
#> 1  1.54 Premium   E     VS2     15002
#> 2  1.19 Ideal     F     VVS1    15005
#> 3  2.1  Premium   I     SI1     15007
#> 4  1.69 Ideal     D     SI1     15011
#> 5  1.5  Very Good G     VVS2    15013
#> 6  1.73 Very Good G     VS1     15014
#> # i more rows
```

출력 결과 맨 위에 DBMS 이름이 있고, 열 개수는 있지만 행 수는 없는 것을 보면 이 객체가 데이터베이스 쿼리를 나타내는 것임을 알 수 있습니다. 전체 행 수를 구하려면 보통 전체 쿼리를 실행해야만 하는데, 이는 매우 오래 걸리는 작업이므로 피하게 됩니다.

dplyr 함수인 `show_query()`로 어떤 SQL 코드가 생성됐는지 볼 수 있습니다. dplyr을 알면 SQL도 쉽게 익힐 수 있습니다. dplyr 코드를 작성하고 dbplyr을 이용해 SQL로 번역한 다음 두 언어가 어떻게 대응되는지 살펴보세요.

```
big_diamonds_db |>
  show_query()
#> <SQL>
#> SELECT carat, cut, color, clarity, price
#> FROM diamonds
#> WHERE (price > 15000.0)
```

R로 모든 데이터를 가져오려면 `collect()`를 실행합니다. 그러면 SQL 명령어를 생성하고, `dbGetQuery()`를 실행해 데이터를 가져오고, 결과물을 티블로 변환하는 작업을 뒷단에서 수행합니다.

```
big_diamonds <- big_diamonds_db |>
  collect()
big_diamonds
#> # A tibble: 1,655 × 5
```

```
#>   carat cut       color clarity price
#>   <dbl> <fct>     <fct> <fct>   <int>
#> 1  1.54 Premium   E     VS2     15002
#> 2  1.19 Ideal     F     VVS1    15005
#> 3  2.1  Premium   I     SI1     15007
#> 4  1.69 Ideal     D     SI1     15011
#> 5  1.5  Very Good G     VVS2    15013
#> 6  1.73 Very Good G     VS1     15014
#> # i 1,649 more rows
```

일반적인 사용 절차는 다음과 같습니다. 우선 dbplyr을 사용해 데이터베이스에서 원하는 데이터를 선택한 다음 뒤에 설명할 방법을 이용해 기본적인 필터링과 집계 작업을 합니다. 그러고 나서 데이터를 분석할 방향이 정해지면 `collect()`를 이용해 데이터를 티블로 만들어 메모리로 가져온 다음 순수 R 코드로 작업을 이어 가게 됩니다.

SQL

이 장의 나머지 부분에서는 dbplyr의 관점에서 SQL을 조금 익혀 보겠습니다. SQL을 소개하는 다소 특이한 방식일 수 있지만, 이를 통해 여러분이 SQL 기초를 빠르게 익힐 수 있길 바랍니다. 다행히 dplyr 사용법을 알면 개념이 많이 비슷해서 금방 익힐 수 있습니다.

nycflights13 패키지에 들어 있는 우리의 오랜 친구 `flights`와 `planes`를 활용해서 dplyr과 SQL의 관계를 살펴보겠습니다. dbplyr에는 nycflights13 패키지의 테이블을 데이터베이스로 복사하는 함수가 따로 있습니다. 그래서 이 데이터셋을 우리가 사용하고 있는 학습용 데이터베이스에 쉽게 넣을 수 있습니다.

```
dbplyr::copy_nycflights13(con)
#> Creating table: airlines
#> Creating table: airports
#> Creating table: flights
#> Creating table: planes
#> Creating table: weather
flights <- tbl(con, "flights")
planes <- tbl(con, "planes")
```

SQL 기초

SQL의 기본 구성 요소를 문(statement)이라고 합니다. 자주 사용하는 SQL 문은 크게 세 가지인데, 새 테이블을 정의하는 CREATE, 데이터를 추가하는 INSERT, 데이터를 검색하는 SELECT가 바로 그것입니다. 데이터 과학자라면 반드시 사용하게 될 SELECT 문을 집중적으로 살펴보겠습니다. SELECT 문은 쿼리(query)라고도 부릅니다.

쿼리는 절(clause)로 구성됩니다. 주요 절에는 SELECT, FROM, WHERE, ORDER BY, GROUP BY 다섯 가지가 있습니다. 모든 쿼리에는 SELECT[4]와 FROM[5] 절이 있어야 하며, 가장 단순한 쿼리는 지정한 테이블의 모든 열을 선택하는 SELECT * FROM table입니다. dbplyr은 원본 테이블을 이용해 다음과 같은 쿼리를 생성합니다.

```
flights |> show_query()
#> <SQL>
#> SELECT *
#> FROM flights
planes |> show_query()
#> <SQL>
#> SELECT *
#> FROM planes
```

WHERE와 ORDER BY는 어떤 행을 포함시킬지, 어떤 순서로 정렬할지 결정합니다.

```
flights |>
  filter(dest == "IAH") |>
  arrange(dep_delay) |>
  show_query()
#> <SQL>
#> SELECT flights.*
#> FROM flights
#> WHERE (dest = 'IAH')
#> ORDER BY dep_delay
```

GROUP BY는 쿼리를 요약해 집계된 결과물을 만듭니다.

```
flights |>
  group_by(dest) |>
```

4 혼란스럽게도 SELECT는 맥락에 따라 문이 되기도 하고 절이 되기도 합니다. 이런 혼동을 피하기 위해 일반적으로 SELECT 문 대신 SELECT 쿼리라는 표현을 쓰겠습니다.

5 엄밀히 말하면 SELECT만 필요합니다. SELECT 1+1 같은 쿼리를 작성하면 기본적인 계산을 수행할 수 있기 때문이죠. 하지만 데이터를 다루려면(당연히 그렇겠지만) FROM 절도 필요합니다.

```
  summarize(dep_delay = mean(dep_delay, na.rm = TRUE)) |>
  show_query()
#> <SQL>
#> SELECT dest, AVG(dep_delay) AS dep_delay
#> FROM flights
#> GROUP BY dest
```

dplyr 동사와 SELECT 절은 두 가지 중요한 차이점이 있습니다.

- SQL에서는 대소문자를 구분하지 않습니다. `select`, `SELECT`, 심지어 `SeLeCt`라고 써도 됩니다. 이 책에서는 테이블이나 변수 이름과 구별하기 위해서 SQL 키워드를 대문자로 쓰는 일반적 규칙을 따릅니다.
- SQL에서는 순서가 중요합니다. 항상 `SELECT`, `FROM`, `WHERE`, `GROUP BY`, `ORDER BY` 순서로 절을 작성해야 합니다. 헷갈리게도 이 순서는 실제 실행 순서와는 다릅니다. 실제로는 `FROM`, `WHERE`, `GROUP BY`, `SELECT`, `ORDER BY` 순으로 실행됩니다.

이어서 각 내용을 더 자세히 다루겠습니다.

SQL은 표준이기는 하지만 매우 복잡하기 때문에 이런 표준을 완벽하게 따르는 데이터베이스는 없습니다. 이 책에서 중점적으로 다룰 주요 구성 요소는 어떤 DBMS를 사용하든 매우 비슷하지만 세부적으로는 변형이 많습니다. 다행히 dbplyr이 이런 문제를 처리하게 설계되어 있어서 사용하는 데이터베이스에 맞춰 번역합니다. dbplyr은 완벽하진 않지만 계속 발전하고 있습니다. 사용하다가 문제가 있으면 GitHub(*https://github.com/tidyverse/dbplyr/issues*)에 이슈를 작성해 주세요. 저희가 패키지를 개선하는 데 도움이 됩니다.

SELECT

`SELECT` 절은 쿼리의 핵심 일꾼으로 `select()`, `mutate()`, `rename()`, `relocate()`와 똑같은 작업을 수행합니다. 그리고 다음 절에서 다룰 텐데 `summarize()` 역할도 합니다.

`select()`, `rename()`, `relocate()`는 아주 직접적으로 `SELECT`로 번역됩니다. 이 함수들은 출력에 포함되는 열의 이름과 위치에만 영향을 미치기 때문입니다.

```
planes |>
  select(tailnum, type, manufacturer, model, year) |>
  show_query()
#> <SQL>
#> SELECT tailnum, "type", manufacturer, model, "year"
#> FROM planes
```

```
planes |>
  select(tailnum, type, manufacturer, model, year) |>
  rename(year_built = year) |>
  show_query()
#> <SQL>
#> SELECT tailnum, "type", manufacturer, model, "year" AS year_built
#> FROM planes

planes |>
  select(tailnum, type, manufacturer, model, year) |>
  relocate(manufacturer, model, .before = type) |>
  show_query()
#> <SQL>
#> SELECT tailnum, manufacturer, model, "type", "year"
#> FROM planes
```

이 예제는 SQL에서 이름을 바꾸는 방법도 보여 줍니다. SQL 용어로는 이름 바꾸기를 **별명 짓기**(aliasing)라고 하며, AS를 이용해 별명 짓기를 합니다. mutate()와 달리 원래 이름을 왼쪽, 새 이름을 오른쪽에 씁니다.

이 예제에서 "year"와 "type"이 큰따옴표로 묶인 걸 보세요. 이 단어들은 duckdb에서 다른 문법적인 용도로 사용되는 **예약어**(reserved word)입니다. 그래서 dbplyr이 열이나 테이블 이름과 SQL 명령어 간 혼동을 피하려고 따옴표를 붙인 겁니다.

다른 데이터베이스로 작업할 때는 모든 변수 이름에 따옴표가 붙어 있는 걸 흔히 볼 수 있습니다. duckdb와 같은 일부 클라이언트 패키지만 모든 예약어를 알고 있어서 변수 이름 일부에만 따옴표를 넣어 주는 기능이 있는 것이고, 다른 데이터베이스는 안전을 위해서 모든 변수 이름을 따옴표로 묶는 겁니다.

```
SELECT "tailnum", "type", "manufacturer", "model", "year"
FROM "planes"
```

어떤 데이터베이스 시스템은 따옴표 대신 백틱을 사용합니다.

```
SELECT `tailnum`, `type`, `manufacturer`, `model`, `year`
FROM `planes`
```

마찬가지로 mutate()를 변환하는 것도 간단합니다. mutate()에서 변수를 생성하는 부분이 SELECT에 맞는 표현식으로 바뀝니다.

```
flights |>
  mutate(
    speed = distance / (air_time / 60)
  ) |>
  show_query()
#> <SQL>
#> SELECT flights.*, distance / (air_time / 60.0) AS speed
#> FROM flights
```

/ 같은 개별 구성 요소가 어떻게 변환되는지는 441쪽 "함수 번역"에서 살펴볼 겁니다.

FROM

FROM 절은 데이터 소스를 정하는 데 사용합니다. 지금은 테이블 하나만 사용하고 있으니까 당분간은 별로 사용할 일이 없습니다. 뒤에서 조인 함수를 다룰 때 더 복잡한 예제를 보게 될 겁니다.

GROUP BY

group_by()는 GROUP BY 절[6], summarize()는 SELECT 절로 번역됩니다.

```
diamonds_db |>
  group_by(cut) |>
  summarize(
    n = n(),
    avg_price = mean(price, na.rm = TRUE)
  ) |>
  show_query()
#> <SQL>
#> SELECT cut, COUNT(*) AS n, AVG(price) AS avg_price
#> FROM diamonds
#> GROUP BY cut
```

n()과 mean()이 어떻게 번역되는지는 441쪽 "함수 번역"에서 살펴봅니다.

WHERE

filter()는 WHERE 절로 번역됩니다.

6 우연의 일치가 아닙니다. SQL 절에서 영감을 얻어서 dplyr의 함수 이름을 지었거든요.

```
flights |>
  filter(dest == "IAH" | dest == "HOU") |>
  show_query()
#> <SQL>
#> SELECT flights.*
#> FROM flights
#> WHERE (dest = 'IAH' OR dest = 'HOU')

flights |>
  filter(arr_delay > 0 & arr_delay < 20) |>
  show_query()
#> <SQL>
#> SELECT flights.*
#> FROM flights
#> WHERE (arr_delay > 0.0 AND arr_delay < 20.0)
```

여기서 몇 가지 중요한 세부 사항을 짚고 넘어가겠습니다.

- |는 OR로, &는 AND로 바뀝니다.
- SQL은 비교 연산자로 == 대신 =를 씁니다. SQL에는 할당 연산자가 없어서 혼동할 일이 없습니다.
- SQL은 문자열을 나타낼 때 ""는 쓰지 않고 ''만 씁니다. SQL에서 ""는 R의 ``처럼 변수를 나타낼 때 씁니다.

또 다른 유용한 SQL 연산자로 IN이 있는데 R의 %in%과 아주 비슷하게 동작합니다.

```
flights |>
  filter(dest %in% c("IAH", "HOU")) |>
  show_query()
#> <SQL>
#> SELECT flights.*
#> FROM flights
#> WHERE (dest IN ('IAH', 'HOU'))
```

SQL은 NA 대신 NULL을 사용합니다. NULL은 NA와 비슷하게 작동합니다. 가장 큰 차이점은 비교하거나 연산할 때는 다른 값에 "전파"되지만, 요약할 때는 조용히 값을 제거한다는 점입니다. 처음 이런 식으로 작동할 때는 dbplyr이 알려 줄 겁니다.

```
flights |>
  group_by(dest) |>
  summarize(delay = mean(arr_delay))
```

```
#> Warning: Missing values are always removed in SQL aggregation functions.
#> Use `na.rm = TRUE` to silence this warning
#> This warning is displayed once every 8 hours.
#> # Source:   SQL [?? x 2]
#> # Database: DuckDB v0.10.2 [duddnek@Windows 10 x64:R 4.4.1/:memory:]
#>   dest   delay
#>   <chr>  <dbl>
#> 1 CLT    7.36
#> 2 MDW   12.4
#> 3 HOU    7.18
#> 4 SDF   12.7
#> 5 LAS    0.258
#> 6 PHX    2.10
#> # i more rows
```

NULL이 어떻게 작동하는지 더 자세히 알고 싶다면 마르쿠스 비난트(Markus Winand)의 "The Three Valued Logic of SQL"(*https://modern-sql.com/concept/three-valued-logic*)을 읽어 보길 추천합니다.

보통은 R에서 NA를 다룰 때 쓰는 함수를 그대로 사용해서 NULL을 다룰 수 있습니다.

```
flights |>
  filter(!is.na(dep_delay)) |>
  show_query()
#> <SQL>
#> SELECT flights.*
#> FROM flights
#> WHERE (NOT((dep_delay IS NULL)))
```

이 SQL 쿼리는 dbplyr의 단점 하나를 잘 보여 줍니다. SQL 문법에는 맞지만 손으로 직접 작성하려면 간단하지 않죠. 이런 경우 괄호 대신 읽기 쉬운 특수 연산자를 쓸 수 있습니다.

```
WHERE "dep_delay" IS NOT NULL
```

summarize 함수로 만들어진 변수에 filter()를 적용하면 dbplyr는 WHERE 절 대신 HAVING 절을 만듭니다. 이건 SQL만의 특징인데 WHERE는 SELECT와 GROUP BY 전에 실행되므로 나중에 처리되는 별도 절이 필요한 겁니다.

```
diamonds_db |>
  group_by(cut) |>
  summarize(n = n()) |>
  filter(n > 100) |>
  show_query()
#> <SQL>
#> SELECT cut, COUNT(*) AS n
#> FROM diamonds
#> GROUP BY cut
#> HAVING (COUNT(*) > 100.0)
```

ORDER BY

행을 정렬하는 arrange()는 ORDER BY 절로 직접 번역됩니다.

```
flights |>
  arrange(year, month, day, desc(dep_delay)) |>
  show_query()
#> <SQL>
#> SELECT flights.*
#> FROM flights
#> ORDER BY "year", "month", "day", dep_delay DESC
```

desc()가 DESC로 변환된 것을 눈여겨 보세요. desc() 다른 수많은 dplyr 함수처럼 desc()도 SQL에서 직접 아이디어를 얻어서 만들어진 겁니다.

서브쿼리

가끔 dplyr 파이프라인을 단일 SELECT 문으로 변환할 수 없어서 서브쿼리를 사용해야 할 때가 있습니다. 서브쿼리(subquery)도 마찬가지로 쿼리인데, FROM 절에 일반적인 테이블 대신 입력해서 데이터 소스로 사용됩니다.

dbplyr은 보통 SQL의 제약 조건을 해결하기 위해 서브쿼리를 사용합니다. 예를 들어 SELECT 절의 표현식은 막 생성된 열을 참조하는 식으로 작성할 수 있습니다. 예를 들어 다음과 같은 좀 이상한 dplyr 파이프라인은 두 단계로 작동하게 됩니다. 첫 번째로 내부의 쿼리가 year1을 계산하고 나면 두 번째로 외부 쿼리가 year2를 계산할 수 있습니다.

```
flights |>
  mutate(
```

```
    year1 = year + 1,
    year2 = year1 + 1
  ) |>
  show_query()
#> <SQL>
#> SELECT q01.*, year1 + 1.0 AS year2
#> FROM (
#>   SELECT flights.*, "year" + 1.0 AS year1
#>   FROM flights
#> ) q01
```

앞에서 방금 만든 변수를 filter()에 적용할 때도 이런 상황이 발생합니다. WHERE가 SELECT 뒤에 있더라도 WHERE가 먼저 실행된다는 사실을 잊지 마세요. 그러니까 좀 이상한 다음 예제에는 서브쿼리가 필요합니다.

```
flights |>
  mutate(year1 = year + 1) |>
  filter(year1 == 2014) |>
  show_query()
#> <SQL>
#> SELECT q01.*
#> FROM (
#>   SELECT flights.*, "year" + 1.0 AS year1
#>   FROM flights
#> ) q01
#> WHERE (year1 = 2014.0)
```

가끔 dbplyr이 불필요하게 서브쿼리를 만들기도 하는데 이것은 어떻게 번역하는 게 최선인지 dbplyr가 아직 잘 모르기 때문입니다. 시간이 지나면서 dbplyr이 개선되면 이런 경우가 줄어들겠지만 아마 완전히 없어지지는 않을 겁니다.

조인

dplyr의 조인에 익숙하다면 SQL 조인도 매우 비슷하다는 사실을 알 수 있을 것입니다. 간단한 예제를 살펴보겠습니다.

```
flights |>
  left_join(planes |> rename(year_built = year), by = "tailnum") |>
  show_query()
#> <SQL>
#> SELECT
#>   flights.*,
```

```
#>   planes."year" AS year_built,
#>   "type",
#>   manufacturer,
#>   model,
#>   engines,
#>   seats,
#>   speed,
#>   engine
#> FROM flights
#> LEFT JOIN planes
#>   ON (flights.tailnum = planes.tailnum)
```

문법을 잘 살펴볼 필요가 있습니다. SQL 조인은 FROM의 하위 절을 사용해 결합할 테이블을 가져오고, ON을 사용해 테이블이 어떻게 연결되는지 정의합니다.

dplyr 함수 이름은 SQL과 매우 밀접하게 연결되어 있어서 inner_join(), right_join(), full_join()에 해당하는 SQL 명령어를 쉽게 추측할 수 있습니다.

```
SELECT flights.*, "type", manufacturer, model, engines, seats, speed
FROM flights
INNER JOIN planes ON (flights.tailnum = planes.tailnum)

SELECT flights.*, "type", manufacturer, model, engines, seats, speed
FROM flights
RIGHT JOIN planes ON (flights.tailnum = planes.tailnum)

SELECT flights.*, "type", manufacturer, model, engines, seats, speed
FROM flights
FULL JOIN planes ON (flights.tailnum = planes.tailnum)
```

데이터베이스의 데이터로 작업할 때는 조인을 많이 하게 됩니다. 데이터베이스 테이블은 종종 고도로 정규화된 형태로 저장되기 때문입니다. 각 "사실"은 서로 다른 별도의 위치에 저장되고, 분석을 하기 위해 완전한 데이터셋을 만들려면 기본키와 외래키로 연결된 복잡한 테이블 네트워크를 탐색해야 합니다. 이런 상황이 발생하면 토비아스 시페르데커(Tobias Schieferdecker), 키릴 뮐러(Kirill Müller), 다르코 베르간트(Darko Bergant)가 만든 dm 패키지(*https://dm.cynkra.com*)가 큰 도움이 됩니다. 이 패키지는 DBA가 종종 제공하는 제약 조건을 사용해 테이블 간 연결을 자동으로 파악하고, 연결을 시각화해 무슨 일이 일어나고 있는지 볼 수 있게 해 주며, 한 테이블을 다른 테이블에 연결하는 데 필요한 조인을 생성해 줍니다.

기타 동사들

dbplyr은 distinct(), slice_*(), intersect() 같은 다른 동사들도 번역할 수 있고 점차 pivot_longer(), pivot_wider() 등 tidyr 함수를 번역하는 기능도 추가되고 있습니다. dbplyr 웹사이트(*https://dbplyr.tidyverse.org/reference*)에 접속하면 현재 사용할 수 있는 전체 함수 목록을 쉽게 볼 수 있습니다.

연습문제

1. distinct()는 어떤 명령어로 번역되나요? head()는 어떻게 번역되나요?
2. 다음 SQL 쿼리들이 각각 어떤 기능을 하는지 설명하고 dbplyr을 사용해서 다시 만들어 보세요.

```
SELECT *
FROM flights
WHERE dep_delay < arr_delay

SELECT *, distance / (airtime / 60) AS speed
FROM flights
```

함수 번역

지금까지 dplyr 동사가 쿼리 절로 번역되는 전반적인 과정을 살펴봤습니다. 이제 좀 더 세부적으로 살펴보면서 개별 열을 이용해 작업하는 R 함수가 어떻게 번역되는지 알아보겠습니다. 예를 들어 summarize()에 mean(x)를 사용하면 어떤 일이 일어날까요?

번역 과정을 자세히 살펴보기 위해 summarize()와 mutate()를 실행하고 생성된 SQL을 보여 주는 기능을 하는 몇 가지 간단한 도우미 함수를 사용하겠습니다. 이런 함수를 이용하면 다른 응용 방법도 파악하기 쉽고 데이터 요약과 변환이 서로 어떻게 다른지 이해하는 데도 도움이 될 겁니다.

```
summarize_query <- function(df, ...) {
  df |>
    summarize(...) |>
    show_query()
}
```

```
mutate_query <- function(df, ...) {
  df |>
    mutate(..., .keep = "none") |>
    show_query()
}
```

요약 함수 속으로 다이빙해 봅시다! 다음 코드를 보면 mean() 같은 일부 요약 함수는 비교적 번역이 간단한 반면 median() 같은 다른 함수는 훨씬 복잡하다는 것을 알 수 있습니다. 일반적으로 통계 분석에서는 흔하지만 데이터베이스에서는 드문 연산일수록 복잡하게 번역됩니다.

```
flights |>
  group_by(year, month, day) |>
  summarize_query(
    mean = mean(arr_delay, na.rm = TRUE),
    median = median(arr_delay, na.rm = TRUE)
  )
#> `summarise()` has grouped output by "year" and "month". You can override
#> using the `.groups` argument.
#> <SQL>
#> SELECT
#>   "year",
#>   "month",
#>   "day",
#>   AVG(arr_delay) AS mean,
#>   PERCENTILE_CONT(0.5) WITHIN GROUP (ORDER BY arr_delay) AS median
#> FROM flights
#> GROUP BY "year", "month", "day"
```

요약 함수가 mutate() 안에서 사용되면 더 복잡하게 번역됩니다. 왜냐하면 함수를 윈도우(window) 함수로 바꿔야 하기 때문입니다. SQL에서는 일반적인 요약 함수를 윈도우 함수로 바꿀 때 요약 함수 뒤에 OVER를 추가합니다.

```
flights |>
  group_by(year, month, day) |>
  mutate_query(
    mean = mean(arr_delay, na.rm = TRUE),
  )
#> <SQL>
#> SELECT
#>   "year",
#>   "month",
```

```
#>   "day",
#>   AVG(arr_delay) OVER (PARTITION BY "year", "month", "day") AS mean
#> FROM flights
```

SQL에서 GROUP BY 절은 요약할 때만 사용되므로 이 예제와 같은 경우 그룹화 기준 변수가 PARTITION BY 인자에서 OVER로 옮겨간 것을 볼 수 있습니다.

lead()나 lag()처럼 "이전" 값이나 "다음" 값을 참조하는 모든 함수는 윈도우 함수입니다.

```
flights |>
  group_by(dest) |>
  arrange(time_hour) |>
  mutate_query(
    lead = lead(arr_delay),
    lag = lag(arr_delay)
  )
#> <SQL>
#> SELECT
#>   dest,
#>   LEAD(arr_delay, 1, NULL) OVER (PARTITION BY dest ORDER BY time_hour) AS lead,
#>   LAG(arr_delay, 1, NULL) OVER (PARTITION BY dest ORDER BY time_hour) AS lag
#> FROM flights
#> ORDER BY time_hour
```

SQL 테이블에는 정해진 순서가 없기 때문에 여기서는 데이터를 arrange()하는 것이 중요합니다. arrange()를 사용하지 않으면 매번 다른 순서로 행이 반환될 겁니다. 윈도우 함수를 사용할 때는 정렬 정보가 반복됩니다. 메인 쿼리의 ORDER BY 절은 자동으로 윈도우 함수에 적용되지 않습니다.

또 다른 중요한 SQL 함수는 CASE WHEN입니다. if_else()와 case_when()이 CASE WHEN으로 번역되는데, dplyr 함수도 이 함수의 영감을 받아 만들어졌습니다. 간단한 예제를 몇 가지 살펴보겠습니다.

```
flights |>
  mutate_query(
    description = if_else(arr_delay > 0, "delayed", "on-time")
  )
#> <SQL>
#> SELECT CASE WHEN (arr_delay > 0.0) THEN 'delayed' WHEN NOT (arr_delay > 0.0)
#>        THEN 'on-time' END AS description
#> FROM flights
```

```
flights |>
  mutate_query(
    description =
      case_when(
        arr_delay < -5 ~ "early",
        arr_delay < 5 ~ "on-time",
        arr_delay >= 5 ~ "late"
      )
  )
#> <SQL>
#> SELECT CASE
#> WHEN (arr_delay < -5.0) THEN 'early'
#> WHEN (arr_delay < 5.0) THEN 'on-time'
#> WHEN (arr_delay >= 5.0) THEN 'late'
#> END AS description
#> FROM flights
```

어떤 함수는 R에서 SQL로 직접 번역할 수 없는데, 이럴 때 `CASE WHEN`이 사용됩니다. 대표적으로 `cut()`이 그런 예입니다.

```
flights |>
  mutate_query(
    description =  cut(
      arr_delay,
      breaks = c(-Inf, -5, 5, Inf),
      labels = c("early", "on-time", "late")
    )
  )
#> <SQL>
#> SELECT CASE
#> WHEN (arr_delay <= -5.0) THEN 'early'
#> WHEN (arr_delay <= 5.0) THEN 'on-time'
#> WHEN (arr_delay > 5.0) THEN 'late'
#> END AS description
#> FROM flights
```

dbplyr은 일반적인 문자열이나 날짜-시간 변환 함수도 번역해 줍니다. 이를 익히려면 `vignette("translation-function", package = "dbplyr")`을 실행해서 살펴보세요. dbplyr의 번역은 아직 완벽하지 않고 번역하지 못하는 R 함수도 많습니다. 하지만 일반적으로 많이 사용하되 함수들은 dbplyr이 놀랍도록 잘 처리합니다.

요약

이 장에서는 데이터베이스에 들어 있는 데이터에 접근하는 방법을 배웠습니다. dplyr의 "백엔드" 중 하나인 dbplyr에 초점을 맞췄습니다. dbplyr을 사용하면 우리에게 익숙한 dplyr 코드를 자동으로 SQL로 번역할 수 있습니다. 번역 과정을 살펴보면서 SQL도 약간 익혔습니다. SQL은 데이터를 다룰 때 "가장" 널리 사용되는 언어이므로 조금이라도 알아 둬야 합니다. SQL을 알면 R을 사용하지 않는 다른 데이터 전문가들과 소통하기가 더 쉬워집니다. 이 장을 마치고 나서 SQL을 더 익히고 싶다면 다음 두 자료를 추천합니다.

- 레네 M. P. 테이트(Renée M. P. Teate)가 쓴 《SQL for Data Scientists》(Wiley, 2021)(*https://sqlfordatascientists.com*)는 데이터 과학자에게 특히 필요한 내용을 다루는 SQL 입문서입니다. 이 책에는 실제 조직에서 접할 법한 복잡하게 연결된 데이터를 다루는 예제가 나옵니다.
- 앤서니 디바로스(Anthony DeBarros)의 《실용 SQL(Practical SQL)》(영진닷컴, 2023)(*https://practicalsql.com*)은 데이터 저널리스트의 시각으로 쓰여진 책입니다. 데이터 저널리스트는 데이터를 통해 흥미로운 이야기를 전달하는 데 특화된 데이터 과학자입니다. 이 책은 데이터를 데이터베이스에 넣고 자신만의 DBMS를 운영하는 방법을 자세히 다룹니다.

다음 장에서는 대용량 데이터를 다루는 또 다른 dplyr 백엔드인 arrow를 익힙니다. arrow는 디스크에 있는 대용량 파일을 다루도록 설계되어서 데이터베이스와 함께 쓰기 좋습니다.

22장

R for Data Science Second Edition

Arrow

들어가며

CSV 파일은 사람이 쉽게 읽을 수 있게 만들어졌습니다. CSV는 매우 단순하고 어떤 도구로도 읽을 수 있어서 데이터를 주고받기에 훌륭한 포맷입니다. 하지만 CSV 파일은 그다지 효율적이지는 않습니다. 데이터를 R로 읽어 들이려면 꽤 많은 작업을 해야 하기 때문입니다. 이 장에서는 CSV의 강력한 대체제인 파케이(parquet) 포맷(*https://parquet.apache.org*)을 다룹니다. 파케이는 빅데이터 시스템에 널리 쓰이는 개방형 표준 기반 포맷입니다.

우리는 arrow 패키지(*https://arrow.apache.org/docs/r*)를 통해 Apache Arrow를 사용할 겁니다. arrow 패키지를 사용하면 우리에게 익숙한 dplyr 문법으로 메모리 크기를 초과하는 데이터셋을 분석할 수 있는 dplyr 백엔드를 활용할 수 있습니다. 게다가 arrow는 엄청나게 빠르다는 장점이 있습니다. 이 장 뒷부분에서 몇 가지 예제를 살펴봅니다.

arrow와 dbplyr 모두 dplyr 백엔드라서 언제 무엇을 써야 할지 궁금할 겁니다. 대부분의 경우는 데이터가 이미 데이터베이스에 있거나 파케이 파일에 있기 때문에 선택의 여지없이 거기에 해당하는 것을 사용해야 합니다. 하지만 자신의 데이터(아마도 CSV 파일)로 시작한다면 데이터베이스에 넣어도 되고 파케이로 변환해도 됩니다. 보통은 무엇이 최선인지 알기 어려우므로 분석 작업 초반에 둘 다 써 보고 자신에게 가장 잘 맞는 것을 고르는 게 좋습니다.

(이 장의 초안을 작성해 준 대니엘 나바로(Danielle Navarro)에게 고마운 마음을 전합니다.)

준비하기

이 장에서도 계속 tidyverse, 특히 dplyr을 사용합니다. 그러면서 대용량 데이터를 다루도록 특화된 arrow 패키지를 함께 사용합니다.

```
library(tidyverse)
library(arrow)
```

후반부에서 arrow와 duckdb를 연결하는 방법도 다루므로 dbplyr과 duckdb도 필요합니다.

```
library(dbplyr, warn.conflicts = FALSE)
library(duckdb)
#> Loading required package: DBI
```

데이터 가져오기

이런 도구에 걸맞은 데이터셋인 시애틀 공공 도서관 대출 데이터셋을 불러오는 것부터 시작하겠습니다. 이 데이터셋은 시애틀 공공 데이터 웹사이트(*https://data.seattle.gov/d/tmmm-ytt6*)에서 얻을 수 있습니다. 이 데이터셋에는 2005년 4월부터 2022년 10월까지 매달 각 책이 몇 번 대출되었는지를 나타낸 41,389,465개의 행이 들어 있습니다.

다음 코드를 사용하면 데이터를 메모리에 캐시한 사본을 얻을 수 있습니다. 데이터가 9GB짜리 CSV 파일이라 다운로드하는 데 시간이 좀 걸립니다. 대용량 파일을 다운로드할 때는 `curl::multi_download()` 함수를 사용하길 강력하게 추천합니다. 이 함수는 대용량 파일을 다운로드하는데 사용할 목적으로 만들어졌는데, 진행 상황 표시줄을 보여 주고 중간에 연결이 끊어져도 파일을 이어서 다운로드할 수 있습니다.

```
dir.create("data", showWarnings = FALSE)

curl::multi_download(
  "https://r4ds.s3.us-west-2.amazonaws.com/seattle-library-checkouts.csv",
  "data/seattle-library-checkouts.csv",
  resume = TRUE
)
```

데이터셋 열기

데이터를 살펴보는 것부터 시작하겠습니다. 데이터가 9GB나 되어서 메모리에 전부 올리기에는 너무 큽니다. 보통 메모리가 데이터 크기의 두 배 이상은 필요한데 개인용 노트북의 메모리는 16GB 미만일 때가 많습니다. 이럴 때 read_csv() 대신 arrow::open_dataset()을 사용하면 됩니다.

```
seattle_csv <- open_dataset(
  sources = "data/seattle-library-checkouts.csv",
  col_types = schema(ISBN = string()),
  format = "csv"
)
```

이 코드를 실행하면 어떤 일이 일어날까요? open_dataset()이 앞의 몇천 행을 훑어보고 데이터셋 구조를 파악합니다. ISBN 열에는 처음 80,000개 행이 비어 있으므로 arrow가 데이터 구조를 알아내는 데 도움이 되도록 열 타입을 직접 지정해야 합니다. open_dataset()이 데이터를 한 번 스캔하고 나면 그 결과를 기록하고 멈춥니다. 특별히 요청한 행만 더 읽어 들입니다. seattle_csv를 출력하면 이런 정보가 들어 있는 메타데이터를 볼 수 있습니다.

```
seattle_csv
#> FileSystemDataset with 1 csv file
#> UsageClass: string
#> CheckoutType: string
#> MaterialType: string
#> CheckoutYear: int64
#> CheckoutMonth: int64
#> Checkouts: int64
#> Title: string
#> ISBN: string
#> Creator: string
#> Subjects: string
#> Publisher: string
#> PublicationYear: string
```

출력 결과의 첫 번째 줄은 seattle_csv가 CSV 파일 하나로 로컬 디스크에 저장되어 있다는 뜻입니다. 즉, 필요할 때만 메모리로 불러옵니다. 나머지 출력 결과는 arrow가 유추한 각 열의 타입입니다.

실제 어떤 값이 들어 있는지 확인하려면 glimpse()를 사용하면 됩니다. 다음 코드를 실행하면 약 4천1백만 행, 12개 열이 있다는 정보와 실제 값을 몇 개 볼 수 있습니다.

```
seattle_csv |> glimpse()
#> FileSystemDataset with 1 csv file
#> 41,389,465 rows x 12 columns
#> $ UsageClass      <string> "Physical", "Physical", "Digital", "Physical", "Ph…
#> $ CheckoutType    <string> "Horizon", "Horizon", "OverDrive", "Horizon", "Hor…
#> $ MaterialType    <string> "BOOK", "BOOK", "EBOOK", "BOOK", "SOUNDDISC", "BOO…
#> $ CheckoutYear     <int64> 2016, 2016, 2016, 2016, 2016, 2016, 2016, 2016, 20…
#> $ CheckoutMonth    <int64> 6, 6, 6, 6, 6, 6, 6, 6, 6, 6, 6, 6, 6, 6, 6, 6,…
#> $ Checkouts        <int64> 1, 1, 1, 1, 1, 1, 1, 1, 4, 1, 1, 2, 3, 2, 1, 3, 2,…
#> $ Title           <string> "Super rich : a guide to having it all / Russell S…
#> $ ISBN            <string> "", "", "", "", "", "", "", "", "", "", "", "", ""…
#> $ Creator         <string> "Simmons, Russell", "Barclay, James, 1965-", "Tim …
#> $ Subjects        <string> "Self realization, Conduct of life, Attitude Psych…
#> $ Publisher       <string> "Gotham Books,", "Pyr,", "Random House, Inc.", "Di…
#> $ PublicationYear <string> "c2011.", "2010.", "2015", "2005.", "c2004.", "c20…
```

dplyr 동사로 이 데이터셋을 다루기 시작할 수 있습니다. arrow로 연산을 수행하고 데이터 일부를 반환하도록 collect()를 사용하면 됩니다. 예를 들어 다음 코드는 연도별 총 대출 횟수를 알려 줍니다.

```
seattle_csv |>
  group_by(CheckoutYear) |>
  summarise(Checkouts = sum(Checkouts)) |>
  arrange(CheckoutYear) |>
  collect()
#> # A tibble: 18 × 2
#>   CheckoutYear Checkouts
#>          <int>     <int>
#> 1         2005   3798685
#> 2         2006   6599318
#> 3         2007   7126627
#> 4         2008   8438486
#> 5         2009   9135167
#> 6         2010   8608966
#> # i 12 more rows
```

고맙게도 arrow 덕분에 이 코드는 원본 데이터셋이 얼마나 크든 상관없이 잘 작동합니다. 하지만 아직 좀 느립니다. 이 책의 저자인 해들리의 컴퓨터에서는 실행하는 데 약 10초 걸렸습니다. 데이터양이 엄청 많은 걸 감안하면 지금도 그렇게 나쁘진 않지만, 데이터를 더 나은 포맷으로 바꾸면 훨씬 빠르게 처리할 수 있습니다.

파케이 포맷

이 데이터를 더 쉽게 다루려면 파케이 포맷으로 바꾸고 여러 파일로 나누면 됩니다. 먼저 파케이와 파티셔닝이 무엇인지 알아보고 시애틀 도서관 데이터에 적용해 보겠습니다.

파케이의 장점

CSV와 마찬가지로 파케이는 직사각형 데이터를 표현하는 데 사용됩니다. 하지만 파일 편집기로 읽을 수 있는 텍스트 형식이 아니라 빅데이터를 다루는 데 맞추어 설계된 바이너리 포맷입니다. 파케이 포맷은 다음과 같은 특징이 있습니다.

- 보통 파케이 파일이 CSV 파일보다 크기가 작습니다. 파케이는 파일 크기를 줄이기 위해 효율적인 인코딩(*https://parquet.apache.org/docs/file-format/data-pages/encodings*)을 사용하고 파일을 압축합니다. 파일 크기가 작기 때문에 디스크에서 메모리로 옮기는 속도가 빠릅니다.
- 파케이 파일에는 풍부한 자료형 시스템이 있습니다. 120쪽 "열 타입 다루기"에서 다뤘듯이 CSV 파일에는 열의 자료형 정보가 없습니다. 예를 들어 CSV 파일에 `"08-10-2022"`라는 값이 있으면 이 값을 문자열로 읽어야 할지 날짜로 읽어야 할지를 CSV 리더가 추정해야 합니다. 반면 파케이 파일은 데이터와 함께 자료형도 함께 저장합니다.
- 파케이 파일은 "열 중심"입니다. 즉, R의 데이터 프레임처럼 열 단위로 데이터가 저장됩니다. 그래서 행 단위로 저장하는 CSV 파일보다 데이터 분석할 때 성능이 더 좋습니다.
- 파케이 파일은 "청크"로 나뉩니다. 그래서 파일의 여러 부분을 동시에 처리할 수 있고 운이 좋으면 일부 청크는 아예 건너뛸 수도 있습니다.

파케이 파일의 주요 단점은 사람이 직접 읽을 수 없다는 것입니다. `readr::read_file()`로 파케이 파일을 열면 알아볼 수 없는 이상한 문자만 잔뜩 보일 겁니다.

파티셔닝

데이터가 커질수록 한 파일에 전부 저장하기가 힘들어집니다. 큰 데이터는 여러 파일로 쪼개는 게 효율적일 때가 많습니다. 대다수의 데이터 분석 작업에서 파일의 일부만 필요로 하기 때문에 데이터를 구조적으로 잘 나누면 성능이 크게 좋아질 수 있습니다.

데이터를 어떻게 나누는 게 좋은지에 관한 명확한 규칙은 없습니다. 데이터의 특징, 데이터에 접근하는 방식, 데이터를 읽는 시스템에 따라 다르기 때문입니다. 자신의 상황에 가장 알맞은 파티셔닝 방법을 알아내려면 여러 번 시행착오를 겪어 봐야 할 겁니다. 그래도 대략적인 가이드라인을 제시하자면 arrow를 사용할 때 파일 크기를 20MB보다 작거나 2GB보다 크지 않게 유지하고, 파티션에 파일이 1만 개가 넘지 않도록 하는 게 좋습니다. 그리고 필터링에 자주 쓰는 변수로 파티션을 나누는 게 좋습니다. 곧 보게 될 텐데, 이렇게 하면 관련 파일만 읽고 나머지는 건너뛰어서 arrow의 작업량을 줄일 수 있습니다.

시애틀 도서관 데이터 새로 저장하기

이제 이런 아이디어를 시애틀 도서관 데이터에 적용해 보면서 실제로 어떻게 작동하는지 알아보겠습니다. 파티션은 `CheckoutYear`로 나눌 겁니다. 어떤 분석 작업에서는 최근 데이터만 보면 될 테니까요. 연도별로 파티셔닝하면 적당한 크기의 청크 18개가 생기기 때문이기도 합니다.

데이터를 새로 저장하려면 `dplyr::group_by()`로 파티션을 정의하고 `arrow::write_dataset()`으로 파티션을 디렉터리에 저장하면 됩니다. `write_dataset()`에는 중요한 인자가 두 개 있습니다. 파일을 만들 디렉터리와 사용할 파일 포맷입니다.

```
pq_path <- "data/seattle-library-checkouts"
seattle_csv |>
  group_by(CheckoutYear) |>
  write_dataset(path = pq_path, format = "parquet")
```

이 작업을 실행하는 데 1분쯤 걸립니다. 곧 알게 되겠지만 이 작업은 이후 작업을 훨씬 더 빠르게 하기 위한 초기 투자라고 할 수 있습니다.

방금 만든 파일을 살펴보겠습니다.

```
tibble(
  files = list.files(pq_path, recursive = TRUE),
  size_MB = file.size(file.path(pq_path, files)) / 1024^2
)
#> # A tibble: 18 × 2
#>   files                            size_MB
#>   <chr>                              <dbl>
#> 1 CheckoutYear=2005/part-0.parquet    109.
#> 2 CheckoutYear=2006/part-0.parquet    164.
#> 3 CheckoutYear=2007/part-0.parquet    178.
#> 4 CheckoutYear=2008/part-0.parquet    195.
#> 5 CheckoutYear=2009/part-0.parquet    214.
#> 6 CheckoutYear=2010/part-0.parquet    222.
#> # i 12 more rows
```

한 개의 9GB CSV 파일이 18개 파케이 파일로 다시 만들어졌습니다. 파일 이름은 아파치 하이브 프로젝트(*https://hive.apache.org*)에서 쓰는 "자체 설명(self describing)" 규칙을 따릅니다. 하이브 스타일 파티션은 폴더명을 "key=value" 형식으로 짓습니다. 그러니까 `CheckoutYear=2005` 디렉터리에는 `CheckoutYear`가 2005인 모든 데이터가 들어 있을 거라고 짐작할 수 있죠. 각 파일 크기는 100MB~300MB 사이, 전체 크기는 원래 CSV 파일의 절반 좀 넘는 크기로 4GB 정도가 됐습니다. 살펴봤듯 파케이가 훨씬 더 효율적인 포맷이기 때문입니다.

dplyr을 arrow와 함께 사용하기

이제 파케이 파일을 만들었으니 다시 불러와야겠죠? `open_dataset()`을 다시 사용하는데, 이번에는 디렉터리를 입력할 겁니다.

```
seattle_pq <- open_dataset(pq_path)
```

이제 dplyr 파이프라인을 작성할 수 있습니다. 예를 들어 최근 5년간 월간 대출 도서 총수를 계산해 보겠습니다.

```
query <- seattle_pq |>
  filter(CheckoutYear >= 2018, MaterialType == "BOOK") |>
  group_by(CheckoutYear, CheckoutMonth) |>
  summarize(TotalCheckouts = sum(Checkouts)) |>
  arrange(CheckoutYear, CheckoutMonth)
```

arrow 데이터를 이용해 dplyr 코드를 작성하는 작업은 21장에서 다룬 dbplyr을 사용하는 것과 개념이 비슷합니다. dplyr 코드를 작성하면 아파치 애로우 C++ 라이브러리가 이해할 수 있는 쿼리로 자동 변환되고, collect()를 호출하면 쿼리가 실행됩니다. query 객체를 출력하는 arrow가 반환할 것으로 예상되는 정보를 일부 볼 수 있습니다.

```
query
#> FileSystemDataset (query)
#> CheckoutYear: int32
#> CheckoutMonth: int64
#> TotalCheckouts: int64
#>
#> * Grouped by CheckoutYear
#> * Sorted by CheckoutYear [asc], CheckoutMonth [asc]
#> See $.data for the source Arrow object
```

그리고 collect()를 실행하면 결과를 얻을 수 있습니다.

```
query |> collect()
#> # A tibble: 58 × 3
#> # Groups:   CheckoutYear [5]
#>   CheckoutYear CheckoutMonth TotalCheckouts
#>          <int>         <int>          <int>
#> 1         2018             1         355101
#> 2         2018             2         309813
#> 3         2018             3         344487
#> 4         2018             4         330988
#> 5         2018             5         318049
#> 6         2018             6         341825
#> # i 52 more rows
```

arrow는 일부 R 표현식만 이해하기 때문에 평소에 쓰던 것과 똑같은 코드를 사용하지는 못할 수도 있습니다. 하지만 지원하는 연산자와 함수가 꽤 많고 계속 늘어나고 있습니다. 현재 지원하는 전체 함수 목록을 확인하려면 ?acero를 실행해 보세요.

성능

CSV를 파케이로 바꿨을 때 성능이 얼마나 달라지는지 간단히 알아보겠습니다. 우선 데이터가 하나의 큰 CSV 파일로 저장되어 있을 때 2021년 월별 대출 도서 수를 계산하는 데 걸리는 시간을 재 보겠습니다.

```
seattle_csv |>
  filter(CheckoutYear == 2021, MaterialType == "BOOK") |>
  group_by(CheckoutMonth) |>
  summarize(TotalCheckouts = sum(Checkouts)) |>
  arrange(desc(CheckoutMonth)) |>
  collect() |>
  system.time()
#>    user  system elapsed
#>    7.58    0.23   11.49
```

이번에는 시애틀 도서관 대출 데이터를 18개의 작은 파케이 파일로 나눈 새 버전의 데이터셋을 사용해 보겠습니다.

```
seattle_pq |>
  filter(CheckoutYear == 2021, MaterialType == "BOOK") |>
  group_by(CheckoutMonth) |>
  summarize(TotalCheckouts = sum(Checkouts)) |>
  arrange(desc(CheckoutMonth)) |>
  collect() |>
  system.time()
#>    user  system elapsed
#>    0.06    0.00    0.11
```

성능이 약 100배나 빨라진 것은 다중 파일 파티셔닝 방식과 각 파일의 포맷이라는 두 가지 요인 때문입니다.

- 이 쿼리는 `CheckoutYear == 2021`로 데이터를 필터링하기 때문에 파티셔닝을 하면 성능이 향상됩니다. arrow는 18개의 파케이 파일 중 한 개만 읽으면 된다는 걸 알아챌 만큼 똑똑합니다
- 파케이 포맷은 데이터를 메모리에 더 직접 읽어 들일 수 있는 바이너리 형식으로 저장하기 때문에 성능이 향상됩니다. 파케이는 열 기반으로 작동하고 메타데이터를 풍부하게 가지고 있기 때문에 쿼리에 실제로 사용되는, 다음과 같은 4개의 열 `CheckoutYear`, `MaterialType`, `CheckoutMonth`, `Checkouts`만 arrow가 읽어 들이면 됩니다.

이처럼 성능 차이가 매우 크기 때문에 대용량 CSV를 파케이 파일로 변환할 가치가 있습니다.

duckdb를 arrow와 함께 사용하기

마지막으로 파케이와 arrow의 장점이 하나 더 있는데, arrow 데이터셋을 21장에서 다룬 DuckDB 데이터베이스로 쉽게 바꿀 수 있다는 겁니다. `arrow::to_duckdb()`를 사용하면 됩니다.

```
seattle_pq |>
  to_duckdb() |>
  filter(CheckoutYear >= 2018, MaterialType == "BOOK") |>
  group_by(CheckoutYear) |>
  summarize(TotalCheckouts = sum(Checkouts)) |>
  arrange(desc(CheckoutYear)) |>
  collect()
#> Warning: Missing values are always removed in SQL aggregation functions.
#> Use `na.rm = TRUE` to silence this warning
#> This warning is displayed once every 8 hours.
#> # A tibble: 5 × 2
#>   CheckoutYear TotalCheckouts
#>          <int>          <dbl>
#> 1         2022        2431502
#> 2         2021        2266438
#> 3         2020        1241999
#> 4         2019        3931688
#> 5         2018        3987569
```

`to_duckdb()`의 장점은 데이터를 옮길 때 메모리 복사가 일어나지 않는다는 겁니다. 이는 arrow 생태계의 목표와도 맞닿아 있습니다. 바로 어떤 컴퓨팅 환경에서 다른 환경으로 매끄럽게 넘나들 수 있게 하는 것이죠.

연습문제

1. 연도별 가장 인기 있는 책을 찾아보세요.
2. 시애틀 도서관에서 어떤 작가의 책이 가장 많을까요?
3. 지난 10년간 종이책과 전자책 대출 추이가 어떻게 달라졌나요?

요약

이번 장에서는 arrow 패키지를 간단히 맛보았습니다. arrow를 사용하면 dplyr 백엔드를 이용해 디스크에 저장된 대용량 데이터셋을 다룰 수 있습니다. arrow는 CSV 파일도 잘 다룰 수 있지만 데이터를 파케이로 변환하면 작업 속도가 비교할 수 없을 만큼 훨씬 빨라집니다. 파케이는 최신 컴퓨터로 데이터 분석 작업을 하는 데 특화된 바이너리 데이터 포맷입니다. CSV와 비교하면 파케이를 다룰 수 있는 도구가 훨씬 적지만, 데이터를 파티션으로 나누고, 압축하고, 열 기반으로 작동하기 때문에 데이터를 훨씬 효율적으로 분석할 수 있습니다.

다음 장에서는 직사각형이 아닌 데이터를 처음 다뤄 볼 텐데, 그러면서 tidyr 패키지의 도구들을 사용해 봅니다. 우리는 JSON 파일을 주로 다루겠지만 불러올 파일이 달라도 트리 모양의 데이터이기만 하면 같은 원리를 적용할 수 있습니다.

23장

R for Data Science Second Edition

계층형 데이터

들어가며

이 장에서는 내부가 계층 구조나 트리 형태로 된 데이터를 행과 열로 구성된 직사각형 데이터 프레임으로 변환하는, 데이터 **직사각형화**(rectangling) 기술을 다룹니다. 특히 웹에서 가져온 데이터로 작업할 때는 계층형 데이터가 놀라울 정도로 흔하기 때문에 이 기술이 중요합니다.

직사각형화를 익히기 위해 우선 계층형 데이터를 다룰 수 있는 자료 구조인 리스트(list)를 알아봅니다. 그다음에는 tidyr의 핵심 함수인 `tidyr::unnest_longer()`와 `tidyr::unnest_wider()`를 익힙니다. 그리고 몇 가지 실제 사례 연구를 살펴보면서 이 간단한 함수들을 반복 적용해 실제 문제를 해결해 보겠습니다. 마지막으로 JSON을 살펴보겠습니다. 계층형 데이터셋은 JSON에 들어 있는 경우가 가장 흔합니다. JSON은 웹에서 데이터를 교환하는 일반적인 포맷이기도 합니다.

준비하기

이 장에서는 tidyverse의 핵심 멤버인 tidyr의 함수들을 사용합니다. 그리고 여기에 더해 repurrrsive를 사용해서 직사각형화 연습에 활용할 흥미로운 데이터셋을 가져오고, 마지막에는 jsonlite를 사용해서 JSON 파일을 R 리스트로 불러올 겁니다.

```
library(tidyverse)
library(repurrrsive)
library(jsonlite)
```

리스트

지금까지는 정수, 숫자, 문자열, 날짜-시간, 팩터 같은 단순 벡터로 구성된 데이터프레임을 다뤄 왔습니다. 이 벡터들은 모든 원소가 같은 자료형이기 때문에 단순합니다. 서로 다른 자료형의 원소를 한 벡터에 담으려면 `list()`를 이용해 **리스트**(list)를 만들어야 합니다.

```
x1 <- list(1:4, "a", TRUE)
x1
#> [[1]]
#> [1] 1 2 3 4
#>
#> [[2]]
#> [1] "a"
#>
#> [[3]]
#> [1] TRUE
```

리스트의 구성 요소인 **자식**(children)에 이름을 붙이면 다루기 편합니다. 티블의 열 이름을 지정하는 것과 동일한 방식으로 자식 이름을 지정하면 됩니다.

```
x2 <- list(a = 1:2, b = 1:3, c = 1:4)
x2
#> $a
#> [1] 1 2
#>
#> $b
#> [1] 1 2 3
#>
#> $c
#> [1] 1 2 3 4
```

이렇게 아주 간단한 리스트조차도 출력 결과가 꽤 많은 공간을 차지합니다. 이럴 때 `str()`을 사용하면 좋습니다. 이 함수는 출력에 필요한 공간은 줄이고 데이터의 구조(structure)를 압축해서 보여 줍니다.

```
str(x1)
#> List of 3
#>  $ : int [1:4] 1 2 3 4
#>  $ : chr "a"
#>  $ : logi TRUE
```

```
str(x2)
#> List of 3
#>  $ a: int [1:2] 1 2
#>  $ b: int [1:3] 1 2 3
#>  $ c: int [1:4] 1 2 3 4
```

보시다시피 str()은 리스트의 각 자식을 행 별로 표시합니다. 이름이 있으면 이름을 먼저 표시하고, 그다음 자료형을 줄임말로 출력한 뒤, 처음 몇 개의 값을 보여줍니다.

계층 구조

리스트에는 모든 타입의 객체를 담을 수 있고, 다른 리스트도 담을 수 있습니다. 이런 특징 때문에 리스트는 트리와 같은 계층 구조를 표현하는 데 적합합니다.

```
x3 <- list(list(1, 2), list(3, 4))
str(x3)
#> List of 2
#>  $ :List of 2
#>   ..$ : num 1
#>   ..$ : num 2
#>  $ :List of 2
#>   ..$ : num 3
#>   ..$ : num 4
```

이것은 c()와 확연히 다릅니다. c()는 계층 구조 없이 단순한 벡터를 만듭니다.

```
c(c(1, 2), c(3, 4))
#> [1] 1 2 3 4

x4 <- c(list(1, 2), list(3, 4))
str(x4)
#> List of 4
#>  $ : num 1
#>  $ : num 2
#>  $ : num 3
#>  $ : num 4
```

리스트가 복잡해질수록 str()이 더 유용해집니다. str()을 실행하면 계층 구조를 한눈에 파악할 수 있습니다.

```
x5 <- list(1, list(2, list(3, list(4, list(5)))))
str(x5)
#> List of 2
#>  $ : num 1
#>  $ :List of 2
#>   ..$ : num 2
#>   ..$ :List of 2
#>   .. ..$ : num 3
#>   .. ..$ :List of 2
#>   .. .. ..$ : num 4
#>   .. .. ..$ :List of 1
#>   .. .. .. ..$ : num 5
```

리스트가 크고 복잡하면 데이터를 str()로 파악하기 힘듭니다. 이때는 View()를 사용해야 합니다.[1] 그림 23-1은 View(x5)를 실행한 결과를 보여 줍니다. 뷰어는 처음에는 리스트의 최상위 계층만 보여 주지만, 원소를 대화형으로 확장해서 더 자세히 살펴볼 수 있습니다(그림 23-2). 해당 요소에 접근하는 데 필요한 코드도 알 수 있

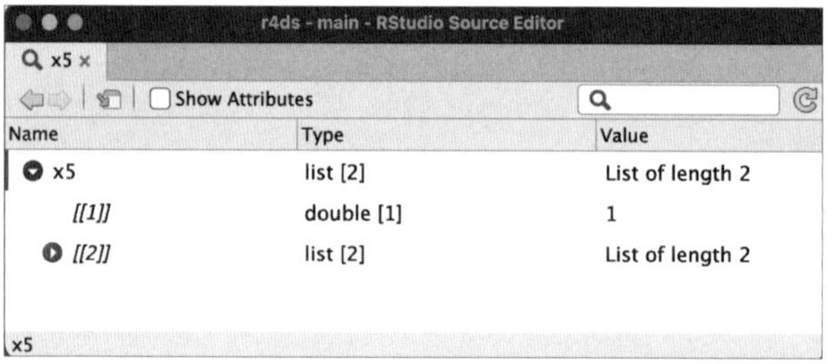

그림 23-1 RStudio의 뷰어를 사용하면 복잡한 리스트도 상호작용하며 탐색할 수 있습니다. 처음에는 리스트의 최상위 계층만 보여 줍니다.

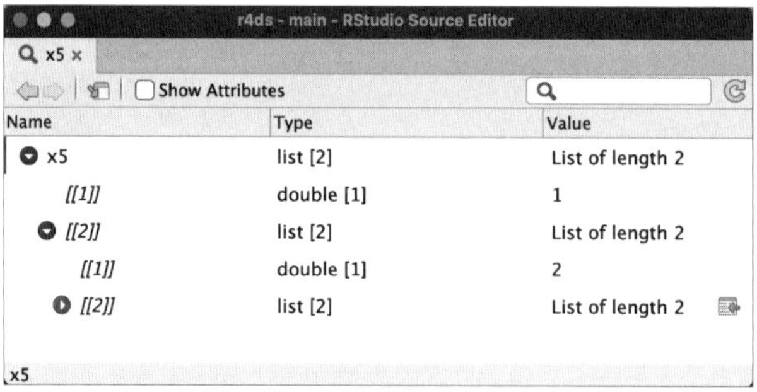

그림 23-2 오른쪽 방향 화살표를 클릭하면 리스트의 해당 요소가 펼쳐져서 하위 항목들을 볼 수 있습니다.

1 RStudio에 있는 기능입니다.

습니다(그림 23-3). 이 코드가 어떻게 작동하는지는 569쪽 "$와 [[로 단일 요소 선택하기"에서 다시 살펴보겠습니다.

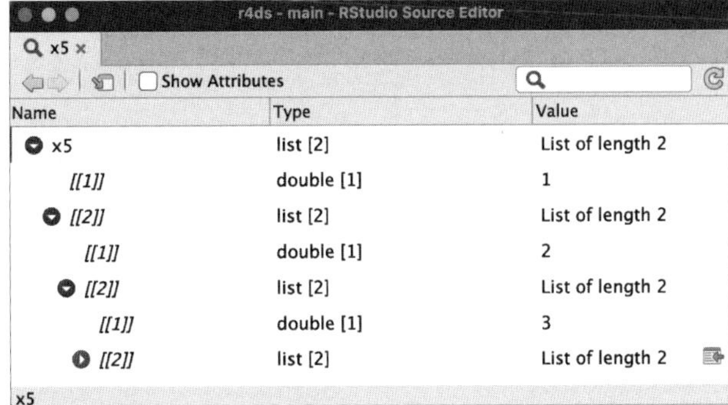

그림 23-3 관심 있는 데이터에 도달할 때까지 이 과정을 원하는 만큼 반복할 수 있습니다. 화면 왼쪽 아래를 잘 보세요. 리스트의 요소를 클릭하면 x5[[2]][[2]][[2]]처럼 해당 요소에 접근하는 데이터 추출 코드를 알려 줍니다.

리스트 컬럼

티블 안에 리스트를 담을 수도 있는데, 이런 리스트를 리스트 컬럼(list column)이라고 부릅니다. 리스트 컬럼은 원래는 티블에 넣을 수 없는 객체도 넣을 수 있게 해 주기 때문에 유용합니다. 특히 모델의 출력 결과나 데이터 프레임에서 샘플링한 여러 데이터를 데이터 프레임에 저장할 수 있기 때문에 tidymodels(*https://www.tidymodels.org*) 생태계에서 많이 사용됩니다.

다음은 간단한 리스트 컬럼 예시입니다.

```
df <- tibble(
  x = 1:2,
  y = c("a", "b"),
  z = list(list(1, 2), list(3, 4, 5))
)
df
#> # A tibble: 2 × 3
#>       x y     z
#>   <int> <chr> <list>
#> 1     1 a     <list [2]>
#> 2     2 b     <list [3]>
```

이런 리스트도 특별한 것 없이 다른 열과 똑같이 다룰 수 있습니다.

```
df |>
  filter(x == 1)
```

```
#> # A tibble: 1 × 3
#>       x y     z
#>   <int> <chr> <list>
#> 1     1 a     <list [2]>
```

리스트 컬럼을 이용해 연산 작업을 하는 것은 더 까다로운데, 원래 리스트 자체가 연산 작업에 쓰기가 어렵기 때문입니다. 이 주제는 26장에서 다시 다루겠습니다. 이 장에서는 기존 도구를 그대로 사용할 수 있도록 리스트 컬럼의 중첩을 풀어서 일반적인 변수로 바꾸는 방법에 초점을 맞춥니다.

기본적으로 리스트 컬럼을 출력하면 내용을 대략적으로 요약해서 보여 주기만 합니다. 리스트 컬럼은 얼마든지 복잡해질 수 있기 때문에 출력하기 좋은 방법은 따로 없습니다. 데이터를 출력하려면 리스트 컬럼을 하나만 꺼낸 다음 `df |> pull(z) |> str()`, `df |> pull(z) |> View()` 같이 앞에서 배운 기술을 활용해야 합니다.

---

base R

`data.frame`의 열에도 리스트를 넣을 수 있습니다. 하지만 `data.frame()`은 각 리스트를 열로 취급하기 때문에 다루기가 훨씬 불편합니다.

```
data.frame(x = list(1:3, 3:5))
#>   x.1.3 x.3.5
#> 1     1     3
#> 2     2     4
#> 3     3     5
```

`data.frame()`이 각 리스트를 행으로 취급하도록 리스트를 `I()`로 감싸면 되기는 하지만 알아보기가 어렵습니다.

```
data.frame(
  x = I(list(1:2, 3:5)),
  y = c("1, 2", "3, 4, 5")
)
#>         x       y
#> 1    1, 2    1, 2
#> 2 3, 4, 5 3, 4, 5
```

`tibble()`은 리스트를 벡터처럼 취급하고 인쇄 방식도 리스트를 염두에 두고 설계되었기 때문에 티블로 리스트 컬럼을 만드는 게 다루기 쉽습니다.

펼치기

이제 리스트와 리스트 컬럼의 기본 사항을 익혔으니 어떻게 하면 다시 일반 행과 열로 바꿀 수 있는지 알아보겠습니다. 여기서는 기본 개념을 이해하기 편하도록 간단한 샘플 데이터를 사용하고 실제 데이터는 다음 절에서 다루겠습니다.

리스트 컬럼은 이름이 있는 형식과 이름이 없는 형식, 두 가지 기본 형식이 있습니다. 자식에 **이름이 있는**(named) 경우 모든 행의 이름이 똑같을 가능성이 큽니다. 예를 들어 df1에서 리스트 컬럼 y의 모든 요소에는 a와 b라는 두 개의 요소가 있습니다. 이렇게 이름이 있는 리스트 컬럼은 자연스럽게 열로 펼쳐집니다. 이름이 있는 요소들은 각각 이름이 있는 새 열이 됩니다.

```
df1 <- tribble(
  ~x, ~y,
  1, list(a = 11, b = 12),
  2, list(a = 21, b = 22),
  3, list(a = 31, b = 32),
)
```

자식이 **이름이 없는**(unnamed) 경우 행마다 요소의 수가 다를 수 있습니다. 예를 들어 df2에서 리스트 컬럼 y의 요소는 이름이 없고 길이가 1에서 3까지 다양합니다. 이름이 없는 리스트 컬럼은 자연스럽게 행으로 펼쳐집니다. 자식별로 하나의 행이 됩니다.

```
df2 <- tribble(
  ~x, ~y,
  1, list(11, 12, 13),
  2, list(21),
  3, list(31, 32),
)
```

tidyr에는 두 경우에 사용할 수 있는 unnest_wider()와 unnest_longer()라는 함수가 있습니다. 이어서 이 함수들이 어떻게 작동하는지 살펴보겠습니다.

unnest_wider()

df1과 같이 각 행의 이름과 원소의 개수가 같을 때는 unnest_wider()를 사용해 각 원소를 서로 다른 열에 넣는 것이 자연스럽습니다.

```
df1 |>
  unnest_wider(y)
#> # A tibble: 3 × 3
#>       x     a     b
#>   <dbl> <dbl> <dbl>
#> 1     1    11    12
#> 2     2    21    22
#> 3     3    31    32
```

기본적으로 새 열의 이름은 리스트 요소의 이름에서 각각 가져오지만, names_sep 인자를 사용해 열 이름과 요소 이름을 결합해서 열 이름을 지을 수도 있습니다. 열 이름이 반복될 때 이 방법을 사용해서 열 이름을 구별되게 지을 수 있습니다.

```
df1 |>
  unnest_wider(y, names_sep = "_")
#> # A tibble: 3 × 3
#>       x   y_a   y_b
#>   <dbl> <dbl> <dbl>
#> 1     1    11    12
#> 2     2    21    22
#> 3     3    31    32
```

unnest_longer()

각 행의 리스트에 이름이 없을 때는 unnest_longer()를 사용해 각 원소를 서로 다른 행에 넣는 것이 가장 자연스럽습니다.

```
df2 |>
  unnest_longer(y)
#> # A tibble: 6 × 2
#>       x     y
#>   <dbl> <dbl>
#> 1     1    11
#> 2     1    12
#> 3     1    13
#> 4     2    21
#> 5     3    31
#> 6     3    32
```

y에 대응하는 x가 중복되는 것에 주목하세요. 리스트 컬럼 내부의 원소별로 행이 만들어졌기 때문에 이런 일이 벌어진 겁니다. 그러나 다음 예제와 같이 원소 중 하나가 비어 있으면 어떻게 될까요?

```
df6 <- tribble(
  ~x, ~y,
  "a", list(1, 2),
  "b", list(3),
  "c", list()
)
df6 |> unnest_longer(y)
#> # A tibble: 3 × 2
#>   x         y
#>   <chr> <dbl>
#> 1 a         1
#> 2 a         2
#> 3 b         3
```

0개의 행을 얻기 때문에 사실상 행이 사라집니다. 해당 행을 보존하려면 y에 NA를 입력하고 keep_empty = TRUE를 설정하면 됩니다.

변수 타입이 섞여 있을 때

서로 다른 벡터 타입이 들어 있는 리스트 컬럼을 펼치면 어떻게 될까요? 예를 들어 다음 데이터셋을 보면 리스트 컬럼 y에 두 개의 숫자, 문자, 논리값이 들어 있습니다. 일반적으로는 이렇게 서로 다른 타입의 값을 한 열에 넣을 수 없습니다.

```
df4 <- tribble(
  ~x, ~y,
  "a", list(1),
  "b", list("a", TRUE, 5)
)
df4 %>% View()
```

unnest_longer()는 항상 열의 집합은 유지하면서 행의 수만 바꿉니다. 그러면 어떻게 될까요? unnest_longer()가 어떻게 y의 모든 것을 유지하면서 5개의 행을 만들까요?

```
df4 |>
  unnest_longer(y)
#> # A tibble: 4 × 2
#>   x     y
#>   <chr> <list>
#> 1 a     <dbl [1]>
#> 2 b     <chr [1]>
#> 3 b     <lgl [1]>
#> 4 b     <dbl [1]>
```

보다시피 출력 결과에는 리스트 컬럼이 있지만, 각 리스트 컬럼의 원소는 단 하나의 요소만 담고 있습니다. `unnest_longer()`가 공통된 벡터 타입을 찾지 못해서 원래 유형을 리스트 컬럼에 그대로 유지한 것입니다. 혹시 이것이 "각 열의 모든 원소는 유형이 같아야 한다"라는 규칙에 어긋나는 게 아닐지 궁금할 수 있을 텐데, 그렇지 않습니다. 내용물의 타입은 다양할 수 있어도 모든 원소가 리스트라는 점은 동일합니다.

데이터 타입이 서로 다르면 다루기가 쉽지 않습니다. 구체적인 처리 방식도 문제의 성격과 분석 목적에 따라 달라집니다. 하지만 대부분의 문제는 26장에서 소개할 도구들을 활용해서 해결할 수 있습니다.

다른 함수들

이 책에서는 다루지 않지만, tidyr에는 데이터를 직사각형으로 만들어 주는 유용한 함수가 몇 가지 더 있습니다.

- `unnest_auto()`는 리스트 컬럼 구조 기반으로 `unnest_longer()`와 `unnest_wider()` 중 사용할 방식을 자동으로 선택합니다. 이 함수를 사용하면 데이터를 빠르게 탐색할 수는 있지만 궁극적으로는 좋은 방법은 아닙니다. 데이터의 구조를 이해하는 과정을 생략하게 되고, 코드도 이해하기 어려워지기 때문입니다.
- `unnest()`는 행과 열을 모두 펼치는 기능을 합니다. 이 함수는 리스트 컬럼에 데이터 프레임과 같은 2차원 구조가 들어 있을 때 유용합니다. 이 책에서는 다루지 않지만 tidymodels 생태계의 패키지를 사용할 때 접하게 될 겁니다.

이런 함수들을 알아 두면 다른 사람이 작성한 코드를 읽거나 직사각형화와 관련된 복잡한 문제에 부딪혔을 때 도움이 됩니다.

연습문제

1. `df2`와 같이 이름이 없는 리스트 컬럼에 `unnest_wider()`를 사용하면 어떻게 될까요? 어떤 인자를 사용해야 할까요? 결측치는 어떻게 될까요?
2. `df1`과 같이 이름이 있는 리스트 컬럼에 `unnest_longer()`를 사용하면 어떻게 될까요? 출력 결과에서 얻을 수 있는 추가 정보가 있나요? 추가 세부 사항을 출력하지 않으려면 어떻게 해야 할까요?

3. 정렬된 값이 들어 있는 리스트 컬럼 여러 개로 구성된 데이터 프레임을 다뤄야 할 때가 있습니다. 예를 들어 다음 데이터 프레임에서 y와 z의 값은 정렬되어 있습니다(즉, 행 내에서 y와 z는 항상 길이가 같고, y의 첫 번째 값은 z의 첫 번째 값에 대응됩니다). 이 데이터 프레임에 unnest_longer()을 두 번 적용하면 어떻게 될까요? x와 y 사이의 관계를 유지하려면 어떻게 해야 할까요? (힌트: 문서를 주의 깊게 읽어 보세요.)

```
df4 <- tribble(
  ~x, ~y, ~z,
  "a", list("y-a-1", "y-a-2"), list("z-a-1", "z-a-2"),
  "b", list("y-b-1", "y-b-2", "y-b-3"), list("z-b-1", "z-b-2", "z-b-3")
)
```

사례 연구

실제 데이터가 앞에서 다룬 간단한 예제 데이터와 가장 다른 점은 무엇일까요? 실제 데이터는 보통 여러 층으로 중첩되어 있어서 unnest_longer()나 unnest_wider()를 여러 번 호출해야 한다는 것입니다.

이번 절에서는 repurrrsive 패키지의 데이터셋을 사용해서 세 가지 실제 데이터 직사각형화 문제를 다뤄 보겠습니다.

너비가 매우 넓은 데이터

gh_repos부터 시작해 보겠습니다. gh_repos는 GitHub API를 사용해 가져온 것으로 여러 GitHub 저장소의 데이터를 담고 있는 리스트입니다. 리스트가 매우 깊게 중첩되어 있어서 이 책에서 그 구조를 다 보여 주기는 어렵습니다. 다음으로 넘어가기 전에 View(gh_repos)를 실행해 직접 내용을 살펴보길 권합니다.

gh_repos는 리스트이지만 우리가 사용할 도구는 리스트 컬럼을 다루도록 설계되어 있으므로 우선 티블로 만드는 것부터 시작하겠습니다. 이 리스트 컬럼의 이름은 json이라고 지을 텐데, 이유는 나중에 알아봅니다.

```
repos <- tibble(json = gh_repos)
repos
#> # A tibble: 6 × 1
#>   json
#>   <list>
```

```
#> 1 <list [30]>
#> 2 <list [30]>
#> 3 <list [30]>
#> 4 <list [26]>
#> 5 <list [30]>
#> 6 <list [30]>
```

이 티블에는 6개의 행이 있는데, 각 행은 gh_repos의 각 자식 요소를 나타냅니다. 각 행에는 이름 없는 리스트가 들어 있고, 그 안에는 26개 또는 30개의 행이 들어 있습니다. 이름이 없으니 unnest_longer()를 사용해서 각 자식을 개별 행으로 펼치는 것부터 시작하겠습니다.

```
repos |>
  unnest_longer(json)
#> # A tibble: 176 × 1
#>   json
#>   <list>
#> 1 <named list [68]>
#> 2 <named list [68]>
#> 3 <named list [68]>
#> 4 <named list [68]>
#> 5 <named list [68]>
#> 6 <named list [68]>
#> # i 170 more rows
```

얼핏 보면 별로 나아진 게 없어 보일 수 있습니다. 행의 개수가 6개에서 176개로 늘어났지만, json의 각 원소는 여전히 리스트이기 때문이죠. 하지만 중요한 차이점이 있습니다. 이제 각 원소는 "이름이 있는" 리스트가 되었으므로 unnest_wider()를 사용해서 각 원소를 개별 열로 옮길 수 있습니다.

```
repos |>
  unnest_longer(json) |>
  unnest_wider(json)
#> # A tibble: 176 × 68
#>         id name        full_name         owner        private html_url
#>      <int> <chr>       <chr>             <list>       <lgl>   <chr>
#> 1 61160198 after       gaborcsardi/after <named list> FALSE   https://github…
#> 2 40500181 argufy      gaborcsardi/argu… <named list> FALSE   https://github…
#> 3 36442442 ask         gaborcsardi/ask   <named list> FALSE   https://github…
#> 4 34924886 baseimports gaborcsardi/base… <named list> FALSE   https://github…
#> 5 61620661 citest      gaborcsardi/cite… <named list> FALSE   https://github…
#> 6 33907457 clisymbols  gaborcsardi/clis… <named list> FALSE   https://github…
```

```
#> # i 170 more rows
#> # i 62 more variables: description <chr>, fork <lgl>, url <chr>, …
```

잘 작동하긴 했는데 데이터가 좀 지나치게 많네요. 티블이 모든 열을 다 출력하지 못할 정도로 열이 너무 많습니다! names() 함수를 쓰면 전체 열 이름을 볼 수 있습니다. 여기서는 처음 10개만 확인해 보겠습니다.

```
repos |>
  unnest_longer(json) |>
  unnest_wider(json) |>
  names() |>
  head(10)
#>  [1] "id"          "name"        "full_name"   "owner"        "private"
#>  [6] "html_url"    "description" "fork"        "url"          "forks_url"
```

흥미로워 보이는 열을 몇 개 추출해 봅시다.

```
repos |>
  unnest_longer(json) |>
  unnest_wider(json) |>
  select(id, full_name, owner, description)
#> # A tibble: 176 × 4
#>         id full_name               owner             description
#>      <int> <chr>                   <list>            <chr>
#> 1 61160198 gaborcsardi/after       <named list [17]> Run Code in the Backgro…
#> 2 40500181 gaborcsardi/argufy      <named list [17]> Declarative function ar…
#> 3 36442442 gaborcsardi/ask         <named list [17]> Friendly CLI interactio…
#> 4 34924886 gaborcsardi/baseimports <named list [17]> Do we get warnings for …
#> 5 61620661 gaborcsardi/citest      <named list [17]> Test R package and repo…
#> 6 33907457 gaborcsardi/clisymbols  <named list [17]> Unicode symbols for CLI…
#> # i 170 more rows
```

이런 식으로 gh_repos의 구조를 역으로 파악할 수 있습니다. 각 자식 요소는 GitHub 사용자를 나타내고, 그 사용자가 만든 GitHub 저장소를 최대 30개까지 리스트로 담고 있습니다.

owner도 리스트 컬럼인데, 이름이 있는 리스트를 담고 있으므로 unnest_wider()로 내부의 값을 꺼낼 수 있습니다.

```
repos |>
  unnest_longer(json) |>
  unnest_wider(json) |>
```

```
  select(id, full_name, owner, description) |>
  unnest_wider(owner)
#> Error in `unnest_wider()`:
#> ! Can't duplicate names between the affected columns and the original
#>   data.
#> ✖ These names are duplicated:
#>   i `id`, from `owner`.
#> i Use `names_sep` to disambiguate using the column name.
#> i Or use `names_repair` to specify a repair strategy.
```

이런, 이 리스트 컬럼에도 id 컬럼이 들어 있네요. 같은 데이터 프레임에 id 컬럼이 두 개 있을 순 없습니다. 에러 메시지에 출력된 제안대로 names_sep을 사용해 문제를 해결해 보겠습니다.

```
repos |>
  unnest_longer(json) |>
  unnest_wider(json) |>
  select(id, full_name, owner, description) |>
  unnest_wider(owner, names_sep = "_")
#> # A tibble: 176 × 20
#>         id full_name               owner_login owner_id owner_avatar_url
#>      <int> <chr>                   <chr>          <int> <chr>
#> 1 61160198 gaborcsardi/after       gaborcsardi   660288 https://avatars.gith…
#> 2 40500181 gaborcsardi/argufy      gaborcsardi   660288 https://avatars.gith…
#> 3 36442442 gaborcsardi/ask         gaborcsardi   660288 https://avatars.gith…
#> 4 34924886 gaborcsardi/baseimports gaborcsardi   660288 https://avatars.gith…
#> 5 61620661 gaborcsardi/citest      gaborcsardi   660288 https://avatars.gith…
#> 6 33907457 gaborcsardi/clisymbols  gaborcsardi   660288 https://avatars.gith…
#> # i 170 more rows
#> # i 15 more variables: owner_gravatar_id <chr>, owner_url <chr>, …
```

또 다른 넓은 데이터셋이 만들어졌네요. 하지만 owner에 저장소 "소유자"에 대한 추가 정보가 많이 담겨 있다는 사실을 알게 되었습니다.

관계형 데이터

중첩 데이터(nested data)는 여러 데이터 프레임이 펼쳐져 있는 데이터를 나타낼 때 쓰기도 합니다. 예를 들어 got_chars에는 《왕좌의 게임》이라는 책과 TV 시리즈에 등장하는 캐릭터 데이터가 있습니다. 이 데이터도 gh_repos처럼 리스트이므로 우선 티블의 리스트 컬럼으로 만들겠습니다.

```
chars <- tibble(json = got_chars)
chars
#> # A tibble: 30 × 1
#>   json
#>   <list>
#> 1 <named list [18]>
#> 2 <named list [18]>
#> 3 <named list [18]>
#> 4 <named list [18]>
#> 5 <named list [18]>
#> 6 <named list [18]>
#> # i 24 more rows
```

json 열에 이름이 있는 요소가 들어 있으니 우선 펼쳐 보겠습니다.

```
chars |>
  unnest_wider(json)
#> # A tibble: 30 × 18
#>   url                    id name              gender culture    born
#>   <chr>               <int> <chr>             <chr>  <chr>      <chr>
#> 1 https://www.anapio…  1022 Theon Greyjoy     Male   "Ironborn" "In 278 AC or …
#> 2 https://www.anapio…  1052 Tyrion Lannist… Male   ""         "In 273 AC, at…
#> 3 https://www.anapio…  1074 Victarion Grey… Male   "Ironborn" "In 268 AC or …
#> 4 https://www.anapio…  1109 Will              Male   ""         ""
#> 5 https://www.anapio…  1166 Areo Hotah        Male   "Norvoshi" "In 257 AC or …
#> 6 https://www.anapio…  1267 Chett             Male   ""         "At Hag's Mire"
#> # i 24 more rows
#> # i 12 more variables: died <chr>, alive <lgl>, titles <list>, …
```

그리고 보기 좋게 몇 개 열만 선택하겠습니다.

```
characters <- chars |>
  unnest_wider(json) |>
  select(id, name, gender, culture, born, died, alive)
characters
#> # A tibble: 30 × 7
#>      id name              gender culture    born              died
#>   <int> <chr>             <chr>  <chr>      <chr>             <chr>
#> 1  1022 Theon Greyjoy     Male   "Ironborn" "In 278 AC or 27… ""
#> 2  1052 Tyrion Lannister  Male   ""         "In 273 AC, at C… ""
#> 3  1074 Victarion Greyjoy Male   "Ironborn" "In 268 AC or be… ""
#> 4  1109 Will              Male   ""         ""                "In 297 AC, at…
#> 5  1166 Areo Hotah        Male   "Norvoshi" "In 257 AC or be… ""
#> 6  1267 Chett             Male   ""         "At Hag's Mire"   "In 299 AC, at…
#> # i 24 more rows
#> # i 1 more variable: alive <lgl>
```

이 데이터셋에는 리스트 컬럼도 많이 들어 있습니다.

```
chars |>
  unnest_wider(json) |>
  select(id, where(is.list))
#> # A tibble: 30 × 8
#>      id titles    aliases    allegiances books     povBooks tvSeries playedBy
#>   <int> <list>    <list>     <list>      <list>    <list>   <list>   <list>
#> 1  1022 <chr [2]> <chr [4]>  <chr [1]>   <chr [3]> <chr>    <chr>    <chr>
#> 2  1052 <chr [2]> <chr [11]> <chr [1]>   <chr [2]> <chr>    <chr>    <chr>
#> 3  1074 <chr [2]> <chr [1]>  <chr [1]>   <chr [3]> <chr>    <chr>    <chr>
#> 4  1109 <chr [1]> <chr [1]>  <NULL>      <chr [1]> <chr>    <chr>    <chr>
#> 5  1166 <chr [1]> <chr [1]>  <chr [1]>   <chr [3]> <chr>    <chr>    <chr>
#> 6  1267 <chr [1]> <chr [1]>  <NULL>      <chr [2]> <chr>    <chr>    <chr>
#> # i 24 more rows
```

titles 열을 살펴보겠습니다. 이름 없는 리스트 컬럼이니까 행으로 펼쳐 보겠습니다.

```
chars |>
  unnest_wider(json) |>
  select(id, titles) |>
  unnest_longer(titles)
#> # A tibble: 59 × 2
#>      id titles
#>   <int> <chr>
#> 1  1022 Prince of Winterfell
#> 2  1022 Lord of the Iron Islands (by law of the green lands)
#> 3  1052 Acting Hand of the King (former)
#> 4  1052 Master of Coin (former)
#> 5  1074 Lord Captain of the Iron Fleet
#> 6  1074 Master of the Iron Victory
#> # i 53 more rows
```

이런 데이터는 별도의 테이블로 분리되어 있어서, 필요할 때 캐릭터 데이터와 쉽게 조인할 수 있을 거라고 생각할 수 있습니다. 그렇게 한번 해 보죠. 조금만 정리하면 됩니다. 빈 문자열을 담은 행은 제거하고, 이제 각 행에 제목이 하나씩만 들어 있으니 titles를 title로 이름을 바꾸겠습니다.

```
titles <- chars |>
  unnest_wider(json) |>
  select(id, titles) |>
  unnest_longer(titles) |>
```

```
  filter(titles != "") |>
  rename(title = titles)
titles
#> # A tibble: 52 × 2
#>      id title
#>   <int> <chr>
#> 1  1022 Prince of Winterfell
#> 2  1022 Lord of the Iron Islands (by law of the green lands)
#> 3  1052 Acting Hand of the King (former)
#> 4  1052 Master of Coin (former)
#> 5  1074 Lord Captain of the Iron Fleet
#> 6  1074 Master of the Iron Victory
#> # i 46 more rows
```

이런 식으로 각 리스트 컬럼을 테이블로 만든 다음 필요할 때 조인으로 캐릭터 데이터와 합치면 됩니다.

깊게 중첩된 데이터

gmaps_cities 같이 깊이 중첩된 데이터를 살펴보면서 사례 연구를 마무리하겠습니다. 이런 데이터를 펼치려면 unnest_wider()와 unnest_longer()를 여러 번 써야 합니다. 다음은 도시 이름 다섯 개와 구글 지오코딩 API(*https://developers.google.com/maps/documentation/geocoding*)로 얻은 위치 정보를 담은 티블입니다.

```
gmaps_cities
#> # A tibble: 5 × 2
#>   city       json
#>   <chr>      <list>
#> 1 Houston    <named list [2]>
#> 2 Washington <named list [2]>
#> 3 New York   <named list [2]>
#> 4 Chicago    <named list [2]>
#> 5 Arlington  <named list [2]>
```

json은 이름이 있는 리스트 컬럼이므로 unnest_wider()로 시작하면 됩니다.

```
gmaps_cities |>
  unnest_wider(json)
#> # A tibble: 5 × 3
#>   city       results    status
#>   <chr>      <list>     <chr>
#> 1 Houston    <list [1]> OK
#> 2 Washington <list [2]> OK
```

```
#> 3 New York   <list [1]> OK
#> 4 Chicago    <list [1]> OK
#> 5 Arlington  <list [2]> OK
```

status와 results 열을 얻었습니다. 모든 행의 status가 OK로 동일하니 이 열은 삭제합시다. 실전에서 분석할 때는 status != "OK"인 모든 행을 추출해서 무슨 문제가 있지는 않은지 살펴보는 게 좋을 겁니다. results에는 이름 없는 리스트가 들어 있고, 그 안에는 원소가 1개 또는 2개 있습니다(이유는 곧 알게 될 겁니다). 이 변수를 행으로 펼치겠습니다.

```
gmaps_cities |>
  unnest_wider(json) |>
  select(-status) |>
  unnest_longer(results)
#> # A tibble: 7 × 2
#>   city       results
#>   <chr>      <list>
#> 1 Houston    <named list [5]>
#> 2 Washington <named list [5]>
#> 3 Washington <named list [5]>
#> 4 New York   <named list [5]>
#> 5 Chicago    <named list [5]>
#> 6 Arlington  <named list [5]>
#> # i 1 more row
```

이제 results가 이름 있는 리스트가 되었으니 unnest_wider()를 사용하겠습니다.

```
locations <- gmaps_cities |>
  unnest_wider(json) |>
  select(-status) |>
  unnest_longer(results) |>
  unnest_wider(results)
locations
#> # A tibble: 7 × 6
#>   city       address_components formatted_address   geometry
#>   <chr>      <list>             <chr>               <list>
#> 1 Houston    <list [4]>         Houston, TX, USA    <named list [4]>
#> 2 Washington <list [2]>         Washington, USA     <named list [4]>
#> 3 Washington <list [4]>         Washington, DC, USA <named list [4]>
#> 4 New York   <list [3]>         New York, NY, USA   <named list [4]>
#> 5 Chicago    <list [4]>         Chicago, IL, USA    <named list [4]>
#> 6 Arlington  <list [4]>         Arlington, TX, USA  <named list [4]>
#> # i 1 more row
#> # i 2 more variables: place_id <chr>, types <list>
```

앞에서 두 도시가 왜 결과를 두 개씩 얻었는지 이제 알 수 있습니다. 워싱턴(Washington)은 워싱턴주(Washington, USA)와 워싱턴 DC(Washington, DC, USA) 둘 다 매칭됐고, 알링턴은 버지니아주 알링턴(Arlington, VA, USA)과 텍사스주 알링턴(Arlington, TX, USA)이 매칭됐군요.

여기서 몇 가지 다른 방향으로 나아갈 수 있습니다. `geometry` 리스트 컬럼의 값이 정확히 어느 위치와 매칭됐는지 알고 싶을 수도 있습니다.

```
locations |>
  select(city, formatted_address, geometry) |>
  unnest_wider(geometry)
#> # A tibble: 7 × 6
#>   city       formatted_address bounds            location     location_type
#>   <chr>      <chr>             <list>            <list>       <chr>
#> 1 Houston    Houston, TX, USA  <named list [2]> <named list> APPROXIMATE
#> 2 Washington Washington, USA   <named list [2]> <named list> APPROXIMATE
#> 3 Washington Washington, DC, USA <named list [2]> <named list> APPROXIMATE
#> 4 New York   New York, NY, USA  <named list [2]> <named list> APPROXIMATE
#> 5 Chicago    Chicago, IL, USA  <named list [2]> <named list> APPROXIMATE
#> 6 Arlington  Arlington, TX, USA <named list [2]> <named list> APPROXIMATE
#> # i 1 more row
#> # i 1 more variable: viewport <list>
```

새롭게 `bounds`(직사각형의 영역)와 `location`(점)을 얻었습니다. `location`을 펼치면 위도(`lat`)와 경도(`lng`)를 확인할 수 있습니다.

```
locations |>
  select(city, formatted_address, geometry) |>
  unnest_wider(geometry) |>
  unnest_wider(location)
#> # A tibble: 7 × 7
#>   city       formatted_address bounds             lat    lng location_type
#>   <chr>      <chr>             <list>            <dbl>  <dbl> <chr>
#> 1 Houston    Houston, TX, USA  <named list [2]>  29.8  -95.4 APPROXIMATE
#> 2 Washington Washington, USA   <named list [2]>  47.8 -121.  APPROXIMATE
#> 3 Washington Washington, DC, USA <named list [2]>  38.9  -77.0 APPROXIMATE
#> 4 New York   New York, NY, USA  <named list [2]>  40.7  -74.0 APPROXIMATE
#> 5 Chicago    Chicago, IL, USA  <named list [2]>  41.9  -87.6 APPROXIMATE
#> 6 Arlington  Arlington, TX, USA <named list [2]>  32.7  -97.1 APPROXIMATE
#> # i 1 more row
#> # i 1 more variable: viewport <list>
```

bounds를 추출하려면 다음 몇 단계를 더 거쳐야 합니다.

```
locations |>
  select(city, formatted_address, geometry) |>
  unnest_wider(geometry) |>
  # 관심 변수에 집중합니다.
  select(!location:viewport) |>
  unnest_wider(bounds)
#> # A tibble: 7 × 4
#>   city       formatted_address   northeast         southwest
#>   <chr>      <chr>               <list>            <list>
#> 1 Houston    Houston, TX, USA    <named list [2]> <named list [2]>
#> 2 Washington Washington, USA     <named list [2]> <named list [2]>
#> 3 Washington Washington, DC, USA <named list [2]> <named list [2]>
#> 4 New York   New York, NY, USA   <named list [2]> <named list [2]>
#> 5 Chicago    Chicago, IL, USA    <named list [2]> <named list [2]>
#> 6 Arlington  Arlington, TX, USA  <named list [2]> <named list [2]>
#> # i 1 more row
```

names_sep를 사용해서 southwest와 northeast(직사각형의 모서리)를 짧으면서도 의미를 나타내는 이름으로 바꿉니다.

```
locations |>
  select(city, formatted_address, geometry) |>
  unnest_wider(geometry) |>
  select(!location:viewport) |>
  unnest_wider(bounds) |>
  rename(ne = northeast, sw = southwest) |>
  unnest_wider(c(ne, sw), names_sep = "_")
#> # A tibble: 7 × 6
#>   city       formatted_address   ne_lat ne_lng sw_lat sw_lng
#>   <chr>      <chr>                <dbl>  <dbl>  <dbl>  <dbl>
#> 1 Houston    Houston, TX, USA      30.1  -95.0   29.5  -95.8
#> 2 Washington Washington, USA       49.0 -117.    45.5 -125.
#> 3 Washington Washington, DC, USA   39.0  -76.9   38.8  -77.1
#> 4 New York   New York, NY, USA     40.9  -73.7   40.5  -74.3
#> 5 Chicago    Chicago, IL, USA      42.0  -87.5   41.6  -87.9
#> 6 Arlington  Arlington, TX, USA    32.8  -97.0   32.6  -97.2
#> # i 1 more row
```

unnest_wider()에 변수 이름 벡터를 입력해서 두 열을 동시에 펼쳤습니다.

원하는 요소에 접근하는 경로를 찾아내고 나면 tidyr의 또 다른 함수 hoist()를 사용해서 해당 요소를 직접 추출할 수 있습니다.

```
locations |>
  select(city, formatted_address, geometry) |>
  hoist(
    geometry,
    ne_lat = c("bounds", "northeast", "lat"),
    sw_lat = c("bounds", "southwest", "lat"),
    ne_lng = c("bounds", "northeast", "lng"),
    sw_lng = c("bounds", "southwest", "lng"),
  )
```

이번의 사례 연구를 통해 실제 데이터를 직사각형화하는 작업에 흥미가 생겼다면 vignette("rectangling", package = "tidyr")에서 더 많은 예제를 살펴보세요.

연습문제

1. gh_repos가 대략 언제 만들어졌을지 추정해 보세요. 날짜를 대략적으로 추정할 수밖에 없는 이유는 뭘까요?

2. gh_repo의 owner 열에는 중복 정보가 많이 들어 있습니다. 한 소유자가 여러 저장소를 가질 수 있기 때문입니다. 소유자 한 명당 행 하나씩 있는 owners 데이터 프레임을 만들어 보세요. (힌트: distinct()가 list-cols에서 작동할까요?)

3. titles에 사용한 단계를 따라서 비슷하게 《왕좌의 게임》 캐릭터의 별명(aliases), 가문(allegiances), 책, TV 시리즈 테이블을 만들어 보세요.

4. 다음 코드를 한 줄씩 설명해 보세요. 흥미로운 점이 있나요? 이런 방법이 got_chars에는 작동했지만, 일반적으로는 작동하지 않을 수도 있는 이유는 뭘까요?

```
tibble(json = got_chars) |>
  unnest_wider(json) |>
  select(id, where(is.list)) |>
  pivot_longer(
    where(is.list),
    names_to = "name",
    values_to = "value"
  ) |>
  unnest_longer(value)
```

5. gmaps_cities에서 address_components에는 어떤 내용이 담겨 있나요? 행마다 길이가 다른 이유는 뭘까요? 적절하게 펼쳐서 알아내 보세요. (힌트: types에는 원소가 항상 두 개씩 있는 것 같네요. unnest_longer()보다 unnest_wider()를 사용하는 게 나을까요?)

JSON

앞 절의 "사례 연구"는 모두 야생에서 직접 잡아 온 JSON에서 추출한 겁니다. JSON은 JavaScript Object Notation의 줄임말로, 웹 API가 데이터를 반환할 때 대부분 이 포맷을 사용합니다. JSON과 R의 데이터 타입은 상당히 비슷하긴 하지만 완벽하게 일대일로 대응하진 않습니다. 무언가 잘못되었을 때를 대비해 JSON을 어느 정도 알고 있어야 합니다.

데이터 타입

JSON은 사람이 아니라 기계가 쉽게 읽고 쓸 수 있도록 고안된 단순한 포맷입니다. JSON에는 여섯 가지 핵심 데이터 타입이 있습니다. 그 중 네 가지는 스칼라(scalar)입니다.

- 가장 단순한 타입은 null(`null`)입니다. R에서 `NA`가 하는 역할과 똑같이, 데이터가 없다는 것을 나타냅니다.
- **문자열**(string)은 R의 문자열과 거의 동일한데 반드시 큰따옴표를 사용해야 한다는 점이 다릅니다.
- **숫자**(number)는 R의 숫자와 비슷합니다. 정수(예: 123), 소수(예: 123.45), 과학적 표기법(예: 1.23e3)을 모두 쓸 수 있습니다. 다만 JSON은 `Inf`, `-Inf`, `NaN`을 지원하지 않습니다.
- **불**(boolean)은 R의 `TRUE`, `FALSE`와 유사하지만, 소문자 `true`, `false`를 사용합니다.

JSON의 문자열(string), 숫자(number), 불리언은 R의 문자(character), 숫자(numeric), 논리(logical) 벡터와 상당히 비슷합니다. 주된 차이점이라면 JSON의 스칼라는 단 하나의 값만 나타낼 수 있다는 것입니다. 여러 개의 값을 표현하려면 배열과 객체 둘 중 하나를 사용해야만 합니다.

배열과 객체는 둘 다 R의 리스트와 비슷합니다. 차이점은 이름이 있느냐 없느냐입니다. **배열**(array)은 이름 없는 리스트와 같고 `[]`를 사용해 표기합니다. 예를 들어 `[1, 2, 3]`은 숫자 3개를 담은 배열이고, `[null, 1, "string", false]`는 null, 숫자, 문자열, 불리언을 하나씩 담은 배열입니다. **객체**(object)는 이름 있는 리스트와 같고 `{}`를 사용해 표기합니다. 이름(JSON 용어로는 키(keys))은 반드시 따옴표로 감싸서 문자열로 만들어야 합니다. 예를 들어 `{"x": 1, "y": 2}`는 x를 1에, y를 2에 매핑한 객체입니다.

JSON에는 날짜나 날짜-시간을 나타내는 기본 방식이 없다는 점에 유의하세요. 그래서 이런 값은 대부분 문자열로 저장되기 때문에 이를 올바른 데이터 구조로 변환하려면 readr::parse_date()나 readr::parse_datetime()을 사용해야 합니다. 마찬가지로 JSON에서 부동소수점 숫자를 표현하는 규칙이 조금 애매해서 가끔 숫자가 문자열로 저장되는 현상을 보게 됩니다. 이럴 때는 readr::parse_double()을 적절히 사용해서 변수 타입을 바로잡아야 합니다.

jsonlite

JSON을 R 데이터 구조로 변환할 때는 예룬 옴스(Jeroen Ooms)가 만든 jsonlite 패키지를 사용하길 추천합니다. jsonlite 함수 중에 read_json(), parse_json() 두 가지만 사용하면 됩니다. 실제로는 우선 read_json()을 사용해서 디스크에 있는 JSON 파일을 불러와야 합니다. 예를 들어 repurrsive 패키지에는 gh_user 원본이 JSON 파일로 되어 있는데, 이 파일을 read_json()으로 불러올 수 있습니다.

```
# 패키지에 들어 있는 json 파일 경로
gh_users_json()
#> [1] "C:/Users/USER/AppData/Local/R/win-library/4.4/repurrrsive/extdata/gh_
users.json"

# read_json()으로 불러오기
gh_users2 <- read_json(gh_users_json())

# 앞에서 사용한 데이터와 같은지 확인하기
identical(gh_users, gh_users2)
#> [1] TRUE
```

이 책에서는 parse_json()도 함께 사용합니다. 이 함수는 JSON을 담은 문자열을 입력할 수 있어서 간단한 예제를 만드는 데 유용합니다. 간단한 JSON 데이터셋 세 개로 시작해 보겠습니다. 다음 데이터셋은 각각 숫자 하나, 숫자 몇 개로 된 배열, 배열이 들어 있는 객체를 담고 있습니다.

```
str(parse_json('1'))
#>  int 1
str(parse_json('[1, 2, 3]'))
#> List of 3
#>  $ : int 1
```

```
#>  $ : int 2
#>  $ : int 3
str(parse_json('{"x": [1, 2, 3]}'))
#> List of 1
#>  $ x:List of 3
#>   ..$ : int 1
#>   ..$ : int 2
#>   ..$ : int 3
```

jsonlite에는 `fromJSON()`이라는 또 다른 중요한 함수가 들어 있습니다. 이 함수는 `simplifyVector = TRUE`가 설정되어 있어서 데이터를 자동으로 단순하게 만들기 때문에 여기서는 사용하지 않을 겁니다. 물론 데이터 구조가 단순한 경우에는 이 함수도 잘 작동합니다. 하지만 데이터를 직사각형화하는 작업은 직접 하는 게 좋습니다. 그래야 데이터가 어떻게 변형되는지 쉽게 파악할 수 있고 복잡하게 중첩된 구조도 다룰 수 있습니다.

직사각형화 시작하기

대부분 JSON 파일에는 최상위 배열 하나가 들어 있습니다. 왜냐하면 JSON은 여러 페이지, 여러 레코드, 여러 결과물 등 "여러 개체"를 담도록 설계되었기 때문이죠. 이런 경우 우선 `tibble(json)`을 사용해 직사각형화하면 배열의 각 원소가 행이 됩니다.

```
json <- '[
  {"name": "John", "age": 34},
  {"name": "Susan", "age": 27}
]'
df <- tibble(json = parse_json(json))
df
#> # A tibble: 2 × 1
#>   json
#>   <list>
#> 1 <named list [2]>
#> 2 <named list [2]>

df |>
  unnest_wider(json)
#> # A tibble: 2 × 2
#>   name    age
#>   <chr> <int>
#> 1 John     34
```

```
#> 2 Susan     27
```

드물지만 JSON 파일에 한 "개체"를 나타내는 최상위 JSON 객체 하나만 있는 경우도 있습니다. 이럴 때는 우선 객체를 리스트로 만든 다음 티블로 변환해야 직사각형화 과정을 시작할 수 있습니다.

```
json <- '{
  "status": "OK",
  "results": [
    {"name": "John", "age": 34},
    {"name": "Susan", "age": 27}
 ]
}
'
df <- tibble(json = list(parse_json(json)))
df
#> # A tibble: 1 × 1
#>   json
#>   <list>
#> 1 <named list [2]>

df |>
  unnest_wider(json) |>
  unnest_longer(results) |>
  unnest_wider(results)
#> # A tibble: 2 × 3
#>   status name    age
#>   <chr>  <chr> <int>
#> 1 OK     John     34
#> 2 OK     Susan    27
```

혹은 JSON을 파싱한 다음 관심 있는 부분만 추출해서 활용할 수도 있습니다.

```
df <- tibble(results = parse_json(json)$results)
df |>
  unnest_wider(results)
#> # A tibble: 2 × 2
#>   name    age
#>   <chr> <int>
#> 1 John     34
#> 2 Susan    27
```

연습문제

1. df_col과 df_row를 직사각형화해 보세요. 이 둘은 JSON에서 데이터 프레임을 인코딩하는 두 가지 방식을 보여 줍니다.

```
json_col <- parse_json('
  {
    "x": ["a", "x", "z"],
    "y": [10, null, 3]
  }
')
json_row <- parse_json('
  [
    {"x": "a", "y": 10},
    {"x": "x", "y": null},
    {"x": "z", "y": 3}
  ]
')

df_col <- tibble(json = list(json_col))
df_row <- tibble(json = json_row)
```

요약

이 장에서는 리스트가 무엇인지 알아보고 JSON 파일을 리스트로 만드는 방법, 리스트를 직사각형 데이터 프레임으로 변환하는 방법을 익혔습니다. 놀랍게도 이 작업을 하는데 새로운 함수가 단 두 개만 필요했습니다. 리스트 원소를 행으로 펼치는 unnest_longer(), 리스트 원소를 열로 펼치는 unnest_wider()만 있으면 됐습니다. 리스트 컬럼이 얼마나 깊게 중첩됐는지도 문제 될 거 없습니다. 그저 이 두 함수를 반복해서 사용하기만 하면 되니까요.

JSON은 웹 API가 데이터를 반환할 때 가장 흔하게 사용하는 데이터 포맷입니다. 그런데 만약 웹사이트에 API가 없고 데이터를 눈으로 볼 수만 있을 때는 어떻게 해야 할까요? 이것이 바로 다음 장의 주제입니다. HTML 웹페이지에서 데이터를 추출하는 방법인 웹 스크래핑을 다룹니다.

24장

R for Data Science Second Edition

웹 스크래핑

들어가며

이 장에서는 rvest(*https://rvest.tidyverse.org*)를 사용해 웹 스크래핑을 하는 기본 방법을 다룹니다. 웹 스크래핑은 웹페이지에서 데이터를 추출할 때 아주 유용한 도구입니다. 일부 웹사이트는 API가 있어서 구조화된 HTTP를 이용해 요청하면 JSON 형식으로 데이터를 반환합니다. 이때 23장에서 익힌 기법으로 다룰 수 있습니다. 일반적으로 API가 신뢰할 만한 데이터를 주기 때문에 가능하면 API[1]를 사용하는 게 좋습니다. 하지만 아쉽게도 웹 API를 이용한 프로그래밍은 이 책의 범위를 벗어납니다. 대신 사이트에 API가 있는지 여부와 관계없이 사용할 수 있는 스크래핑 기술을 다룹니다.

이 장에서는 HTML 기초를 익히기 전에 스크래핑의 윤리성과 합법성을 먼저 살펴봅니다. 그런 다음 웹페이지에서 특정 요소를 찾을 때 CSS 선택자를 사용하는 기본 방법을 익히고, rvest 함수를 이용해 HTML의 텍스트나 특정 요소의 데이터를 R로 가져오는 방법을 익힙니다. 이어서 스크래핑할 페이지에서 어떤 CSS 선택자를 사용해야 하는지 알아내는 기술을 다룬 다음 몇 가지 사례 연구를 살펴보고 동적 웹사이트를 간단히 소개하면서 마무리합니다.

1 인기 있는 API는 CRAN 패키지로 만들어져 있는 것도 많습니다. 직접 만들기 전에 우선 잘 찾아보세요!

준비하기

이 장에서는 rvest를 주로 사용합니다. rvest는 tidyverse에 속하지만, 핵심 멤버는 아니므로 직접 불러와야 합니다. 스크래핑한 데이터를 다룰 때 tidyverse가 유용하게 사용되므로 통째로 불러오겠습니다.

```
library(tidyverse)
library(rvest)
```

스크래핑의 윤리성과 합법성

웹 스크래핑에 필요한 코드를 설명하기에 앞서 스크래핑이 과연 합법적이고 윤리적인지를 따져 봐야 합니다. 결론부터 말하면 합법성과 윤리성 모두 복잡한 상황입니다.

합법성은 자신이 사는 곳이 어디인지에 따라 크게 다르지만, 일반적인 원칙은 이렇습니다. 데이터가 공개되어 있고, 개인 정보가 아니며, 객관적 사실이라면 문제가 없을 가능성이 높습니다.[2] 뒤에서 설명하겠지만 이 세 요소는 사이트 이용 약관, 개인 식별 정보, 저작권과 관련되어 있어서 중요합니다.

만약 데이터가 공개되지 않았거나, 개인 정보이거나, 객관적 사실이 아니거나, 돈을 벌 목적으로 데이터를 스크래핑하려 한다면 변호사와 상담해 보는 게 좋습니다. 어떤 경우든 스크래핑 대상 페이지를 제공하는 서버의 자원을 낭비하지 않도록 신경 써야 합니다. 따라서 많은 페이지를 스크래핑할 때는 요청 사이에 시간 간격을 두어야 합니다. 쉬운 방법 중 하나는 디미트로 페레폴킨(Dmytro Perepolkin)이 만든 polite(*https://dmi3kno.github.io/polite*) 패키지를 사용하는 겁니다. 이 패키지는 요청 사이에 자동으로 일시 중지하고 결과를 캐시에 저장하기 때문에 같은 페이지를 반복 요청하지 않게 해 줍니다.

서비스 이용 약관

많은 웹사이트를 자세히 보면 "이용 약관" 혹은 "서비스 이용 약관" 링크가 페이지 어딘가에 있습니다. 이 페이지를 꼼꼼히 읽어 보면 종종 그 사이트가 웹 스크래핑

2 당연히 이 책의 저자는 변호사가 아니기 때문에 이는 법률적인 조언이 아닙니다. 하지만 이것이 이 주제에 관한 여러 자료를 읽어 본 다음 내릴 수 있는 최선의 결론이었습니다.

을 특별히 금지한다는 사실을 알 수 있죠. 이런 페이지는 보통 기업들이 아주 과도하게 권리를 주장하는 법적 영토 쟁탈전 같은 것이 벌어지는 곳입니다. 가능하다면 서비스 약관을 존중하는 것이 예의지만, 그들의 주장을 곧이곧대로 받아들일 필요는 없습니다.

미국 법원은 대체로 웹사이트 하단에 서비스 약관을 게시하는 것만으로는 그 약관에 구속되는 것으로 보기에 충분하지 않다고 판단해 왔습니다. 예를 들어 HiQ Labs와 링크드인의 분쟁(*https://en.wikipedia.org/wiki/HiQ_Labs_v._LinkedIn*)이 그렇죠. 보통 서비스 약관이 구속력을 가지려면 계정을 만들거나 체크박스를 선택하는 것처럼 명시적인 행동을 취해야 합니다. 그래서 데이터가 공개되어 있는지가 중요한 겁니다. 데이터에 접근하는 데 계정이 필요 없다면 서비스 약관에 구속될 가능성은 낮습니다. 하지만 유럽은 상황이 상당히 다르다는 점에 유의하세요. 유럽 법원은 명시적으로 동의하지 않더라도 서비스 약관이 효력을 갖는다고 판결한 적이 있습니다.

개인 식별 정보

데이터가 공개되어 있더라도 이름, 이메일 주소, 전화번호, 생년월일 같은 개인 식별 정보를 스크래핑할 때는 매우 주의해야 합니다. 특히 유럽은 이런 데이터 수집이나 저장에 대해 엄격한 GDPR(*https://gdpr-info.eu*)이라는 법률이 있기 때문에 어디에 살든 윤리적인 문제에 직면할 수 있습니다. 예를 들어 2016년에 한 연구자 그룹이 데이팅 사이트 OkCupid에서 약 7만 명의 공개 프로필 정보(사용자 이름, 나이, 성별, 위치 등)를 스크래핑해서 익명화 처리를 하지 않고 데이터를 공개했습니다. 연구자들은 데이터가 이미 공개된거라 문제가 없다고 생각했지만, 공개된 데이터로 사용자를 식별할 수 있다는 윤리적 우려 때문에 널리 비난받았죠. 만약 여러분의 작업이 개인 식별 정보를 스크래핑하는 것과 관련되어 있다면 OkCupid 연구[3]뿐 아니라 개인 식별 정보를 수집하고 공개하는 작업과 관련해 논란의 여지가 있는 연구 윤리를 다룬 연구들을 살펴보길 권합니다.

저작권

마지막으로 저작권법도 고려해야 합니다. 저작권법은 복잡하긴 하지만 저작권법이 무엇을 보호하는지 설명한 미국 저작권법(*https://www.law.cornell.edu/uscode/text/*

3 예를 들어 Wired에서 OkCupid 연구 관련 기사를 발행했습니다(*https://www.wired.com/2016/05/okcupid-study-reveals-perils-big-data-science*).

17/102)은 살펴볼 만한 가치가 있습니다. 이 법률에 따르면 저작권법은 "어떤 유형적인 표현 매체에 고정된 독창적인 저작물"을 보호합니다. 또한 법률에는 문학 작품, 음악 작품, 영화 같이 저작권이 적용되는 구체적인 범주도 설명되어 있습니다. 주목할 점은 데이터가 저작권 보호 대상에서 제외된다는 겁니다. 즉, 사실 정보만 스크래핑하면 저작권 보호는 적용되지 않습니다(그러나 유럽에는 데이터베이스를 보호하는 별도의 "독자적인 권리(sui generis)"(*https://en.wikipedia.org/wiki/Database_right*)가 있다는 점에 유의하세요).

대표적인 예로 미국에서는 재료 목록이나 조리 과정에 저작권이 없어서 레시피는 저작권 보호를 받지 않습니다. 하지만 레시피에 상당한 분량의 창작성 있는 글이 곁들여진다면 그 부분은 저작권 보호 대상이 됩니다. 그래서 인터넷에서 레시피를 찾아보면 본문 앞에 늘 이런 저런 내용이 잔뜩 실려 있는 겁니다.

만약 글이나 이미지와 같은 원본 콘텐츠를 스크래핑해야 하는 상황이라면 공정 이용 원칙(*https://en.wikipedia.org/wiki/Fair_use*)의 보호를 받을 수 있습니다. 무엇이 공정 이용인지는 딱 떨어지는 규칙은 없고 여러 요인을 종합적으로 고려합니다. 연구나 비영리 목적으로 꼭 필요한 데이터만 수집한다면 공정 이용에 해당할 가능성이 높아집니다.

HTML 기초

웹페이지를 스크래핑하려면 우선 웹페이지를 표현하는 언어인 HTML을 조금 알아야 합니다. HTML은 HyperText Markup Language의 줄임말인데 다음과 같이 생겼습니다.

```
<html>
<head>
  <title>페이지 제목</title>
</head>
<body>
  <h1 id='first'>제목</h1>
  <p>텍스트 &amp; <b>굵은 텍스트.</b></p>
  <img src='myimg.png' width='100' height='100'>
</body>
```

HTML은 여러 요소(element)가 계층 구조로 이루어져 있습니다. 구성 요소에는 시작 태그(예: <tag>), 선택적 **속성**(attribute)(예: id='first'), 종료 태그[4](예: </tag>), **내용**(contents)(시작 태그와 종료 태그 사이의 모든 것)이 있습니다.

<와 >는 시작 태그와 종료 태그를 나타내는 데 쓰이므로 단독으로 써서는 안 됩니다. 대신 HTML **이스케이프** 문자인 >(greater than, 보다 큼)와 <(less than, 보다 작음)를 사용해야 합니다. 그리고 이스케이프 문자에 &가 들어가므로 & 기호 자체를 쓰고 싶다면 &로 이스케이프 처리해야 합니다. HTML 이스케이프는 종류가 많지만, rvest가 자동으로 처리해 주므로 너무 신경 쓰지 않아도 됩니다.

웹 스크래핑을 할 수 있는 이유는 데이터를 긁어 오려는 페이지가 대체로 일관된 구조로 되어 있기 때문입니다.

요소

HTML 요소는 100개도 넘습니다. 그중 중요한 요소는 다음과 같습니다.

- 모든 HTML 페이지는 <html> 요소 안에 있어야 합니다. 그리고 두 개의 자식 요소가 있어야 합니다. <head>에는 페이지 제목처럼 문서 메타데이터가 들어가고, <body>에는 웹 브라우저에 보이는 내용이 들어갑니다.
- 블록 태그는 페이지의 전체적인 구조를 만듭니다. <h1>(제목 1), <section>(절), <p>(문단), <ol>(순서가 있는 목록)이 대표적입니다.
- 인라인 태그는 블록 태그 안에 있는 텍스트의 서식을 지정합니다. <b>(굵게), <i>(이탤릭체), <a>(링크)가 대표적입니다.

처음 보는 태그는 구글링을 좀 해 보면 어떤 역할을 하는지 알아낼 수 있습니다. MDN 웹 문서(*https://developer.mozilla.org/ko/docs/Web/HTML*)도 웹 프로그래밍의 거의 모든 내용을 다루고 있어서 참고하기 좋습니다.

요소는 대부분 시작 태그와 끝 태그 사이에 내용을 가집니다. 내용은 문자일 수도 있고 여러 요소로 구성될 수도 있습니다. 예를 들면 다음 HTML에는 한 단어를 굵게 표시한 텍스트 문단이 들어 있습니다.

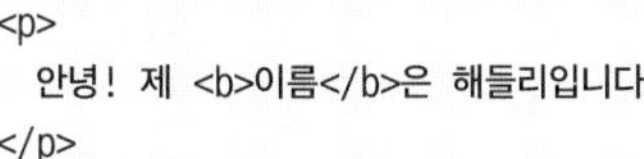

```
<p>
  안녕! 제 <b>이름</b>은 해들리입니다.
</p>
```

4 <p>나 <li>처럼 종료 태그가 필수가 아닌 것도 있습니다. 하지만 HTML 구조를 명확하게 나타낼 수 있도록 종료 태그를 다는 게 좋습니다.

자식(children)이란 어떤 요소에 포함된 다른 요소를 말합니다. 이 예시에서 `<p>` 요소는 `<b>` 요소 하나를 자식으로 갖고 있습니다. `<b>` 요소에는 자식은 없지만 "이름"이라는 텍스트 내용이 들어 있습니다.

속성

태그에는 `name1='value1' name2='value2'` 형식으로 된 **속성**(attribute)이 있을 수 있습니다. 가장 중요한 두 가지 속성은 `id`와 `class`로 CSS와 함께 쓰여 페이지의 시각적 특징을 조절하는 기능을 합니다. 이 속성은 페이지에서 데이터를 스크래핑할 때 유용하게 활용될 때가 많습니다. 속성은 링크 대상을 기록하거나(`<a>` 요소의 `href` 속성) 이미지 출처를 기록할 때도 씁니다(`<img>` 요소의 `src` 속성).

데이터 추출하기

스크래핑을 하려면 스크래핑할 페이지의 URL이 필요합니다. 보통은 웹 브라우저에서 URL을 복사하면 됩니다. 그다음에는 `read_html()`로 해당 페이지의 HTML을 R로 읽어 와야 합니다. 그러면 `xml_document`[5] 객체가 반환되는데, 이것을 rvest 함수로 다룰 수 있습니다.

```
html <- read_html("http://rvest.tidyverse.org/")
html
#> {html_document}
#> <html lang="en">
#> [1] <head>\n<meta http-equiv="Content-Type" content="text/html; charset=UT ...
#> [2] <body>\n    <a href="#container" class="visually-hidden-focusable">Ski ...
```

rvest에는 HTML을 직접 작성할 수 있는 함수도 있습니다. 다양한 rvest 함수가 어떻게 작동하는지 살펴보기 위해 간단한 예제를 만들 때 이 함수를 자주 사용하겠습니다.

```
html <- minimal_html("
  <p>This is a paragraph</p>
  <ul>
    <li>This is a bulleted list</li>
  </ul>
```

5 `xml_document`는 xml2 패키지(*https://xml2.r-lib.org*)의 클래스입니다. xml2는 rvest의 기반이 되는 저수준 패키지입니다.

```
")
html
#> {html_document}
#> <html>
#> [1] <head>\n<meta http-equiv="Content-Type" content="text/html; charset=UT ...
#> [2] <body>\n<p>This is a paragraph</p>\n  <ul>\n<li>This is a bulleted lis ...
```

이제 R에 HTML이 있으니 원하는 데이터를 추출할 차례입니다. 먼저 페이지에서 관심 요소를 찾아내는 데 도움이 되는 CSS 선택자와 해당 요소에서 데이터를 추출하는 rvest 함수를 익힙니다. 그런 다음 HTML 표를 다루는데 특화된 도구들을 알아보겠습니다.

요소 찾기

CSS는 HTML 문서의 시각적 표현을 정의하는 "계단식 스타일 시트(Cascading Style Sheets)"의 약자입니다. CSS에는 페이지 내 요소를 선택할 수 있는 **CSS 선택자**라는 작은 문법 체계가 있습니다. CSS 선택자는 HTML 요소를 둘 위치를 정하는 패턴을 정의하는 역할을 합니다. 그래서 CSS 선택자를 이용하면 페이지에서 추출할 요소를 간단히 기술할 수 있어서 스크래핑하는 데 유용하게 사용됩니다.

CSS 선택자는 496쪽 "올바른 선택자 찾기"에서 자세히 다룹니다. CSS 선택자는 다행히 다음 세 가지만 알아도 유용하게 활용할 수 있습니다.

- `p`는 모든 `<p>` 요소를 선택합니다.
- `.title`은 `class`가 "title"인 모든 요소를 선택합니다.
- `#title`은 `id` 속성이 "title"과 같은 요소를 선택합니다. id 속성은 문서 내에서 유일해야 하므로 `#title`은 항상 하나의 요소만 선택합니다.

선택자를 활용하는 간단한 예제를 살펴보겠습니다.

```
html <- minimal_html("
  <h1>This is a heading</h1>
  <p id='first'>This is a paragraph</p>
  <p class='important'>This is an important paragraph</p>
")
```

`html_elements()`를 사용하면 선택자와 일치하는 모든 요소를 찾을 수 있습니다.

```
html |> html_elements("p")
#> {xml_nodeset (2)}
#> [1] <p id="first">This is a paragraph</p>
#> [2] <p class="important">This is an important paragraph</p>
html |> html_elements(".important")
#> {xml_nodeset (1)}
#> [1] <p class="important">This is an important paragraph</p>
html |> html_elements("#first")
#> {xml_nodeset (1)}
#> [1] <p id="first">This is a paragraph</p>
```

html_element()도 중요하게 사용되는데, 항상 입력값과 동일한 개수의 출력값을 반환하는 특징이 있습니다. 이 함수를 전체 문서에 적용하면 첫 번째로 매칭되는 요소를 반환합니다.

```
html |> html_element("p")
#> {html_node}
#> <p id="first">
```

어떤 요소와도 일치하지 않는 선택자를 사용할 때 html_element()와 html_elements()는 중요한 차이가 있습니다. html_elements()는 길이가 0인 벡터를 반환하는 반면 html_element()는 결측치를 반환합니다. 곧 이것이 왜 중요한지 알게 될 겁니다.

```
html |> html_elements("b")
#> {xml_nodeset (0)}
html |> html_element("b")
#> {xml_missing}
#> <NA>
```

선택자 중첩하기

대부분 html_elements()와 html_element()를 함께 사용하게 됩니다. 일반적으로 html_elements()를 사용해 관측치가 될 요소를 식별한 다음 html_element()를 사용해 변수가 될 요소를 찾습니다. 실제로 어떻게 작동하는지 간단한 예제를 살펴보겠습니다. 여기 순서 없는 리스트(<ul>)가 있습니다. 각 리스트 항목(<li>)에는 스타워즈의 등장인물 네 명의 정보가 들어 있습니다.

```
html <- minimal_html("
  <ul>
```

```
    <li><b>C-3PO</b> is a <i>droid</i> that weighs <span class='weight'>167 kg
        </span></li>
    <li><b>R4-P17</b> is a <i>droid</i></li>
    <li><b>R2-D2</b> is a <i>droid</i> that weighs <span class='weight'>96 kg
        </span></li>
    <li><b>Yoda</b> weighs <span class='weight'>66 kg</span></li>
  </ul>
  ")
```

html_elements()를 사용하면 각 요소가 서로 다른 등장인물을 나타내는 벡터를 만들 수 있습니다.

```
characters <- html |> html_elements("li")
characters
#> {xml_nodeset (4)}
#> [1] <li>\n<b>C-3PO</b> is a <i>droid</i> that weighs <span class="weight"> ...
#> [2] <li>\n<b>R4-P17</b> is a <i>droid</i>\n</li>
#> [3] <li>\n<b>R2-D2</b> is a <i>droid</i> that weighs <span class="weight"> ...
#> [4] <li>\n<b>Yoda</b> weighs <span class="weight">66 kg</span>\n</li>
```

각 등장인물의 이름을 추출하려면 html_element()를 사용합니다. html_elements()로 선택된 요소들을 html_element()에 입력하면 각 요소에 대해 하나의 응답만 출력됩니다.

```
characters |> html_element("b")
#> {xml_nodeset (4)}
#> [1] <b>C-3PO</b>
#> [2] <b>R4-P17</b>
#> [3] <b>R2-D2</b>
#> [4] <b>Yoda</b>
```

이름을 추출할 때는 html_element()와 html_elements()를 구분해서 사용할 필요가 없지만, weight를 추출할 때는 구별해야 합니다. 등장인물별로 weight를 하나씩 얻고 싶은데 HTML에 weight <span>이 없는 값도 포함되어 있습니다. 이럴 때는 html_element()를 사용해야 합니다.

```
characters |> html_element(".weight")
#> {xml_nodeset (4)}
#> [1] <span class="weight">167 kg</span>
#> [2] NA
#> [3] <span class="weight">96 kg</span>
#> [4] <span class="weight">66 kg</span>
```

html_elements()는 characters의 자식 중에서 모든 weight <span>을 찾습니다. 이런 경우에 해당하는 것이 세 개뿐이므로 html_elements()를 사용하면 이름과 weight의 연결이 끊어지게 됩니다.

```
characters |> html_elements(".weight")
#> {xml_nodeset (3)}
#> [1] <span class="weight">167 kg</span>
#> [2] <span class="weight">96 kg</span>
#> [3] <span class="weight">66 kg</span>
```

이제 관심 요소를 선택했으니 텍스트 내용이나 일부 속성에서 데이터를 추출할 차례입니다.

텍스트와 속성

html_text2()[6]는 HTML 요소에서 순수 텍스트 내용을 추출합니다.

```
characters |>
  html_element("b") |>
  html_text2()
#> [1] "C-3PO"  "R4-P17" "R2-D2"  "Yoda"

characters |>
  html_element(".weight") |>
  html_text2()
#> [1] "167 kg" NA       "96 kg"  "66 kg"
```

출력 결과를 보면 HTML 이스케이프가 자동 처리되어 있습니다. 이스케이프 문자는 HTML 원본에서만 보이고 rvest로 가져온 데이터에는 보이지 않습니다.

html_attr()은 속성에서 데이터를 추출합니다.

```
html <- minimal_html("
  <p><a href='https://en.wikipedia.org/wiki/Cat'>cats</a></p>
  <p><a href='https://en.wikipedia.org/wiki/Dog'>dogs</a></p>
")

html |>
  html_elements("p") |>
```

6 rvest에는 html_text() 함수도 있지만 html_text2()를 쓰는 게 좋습니다. 중첩된 HTML을 텍스트로 변환할 때 html_text2()가 더 잘 작동합니다.

```
  html_element("a") |>
  html_attr("href")
#> [1] "https://en.wikipedia.org/wiki/Cat" "https://en.wikipedia.org/wiki/Dog"
```

html_attr()은 항상 문자열을 반환하므로 숫자나 날짜를 추출할 때는 후처리 작업을 좀 해야 합니다.

표

운 좋게 데이터가 HTML 표에 이미 저장되어 있다면 표에서 데이터를 읽어 오기만 하면 됩니다. 보통 웹 브라우저에서 표를 금방 알아차릴 수 있습니다. 행과 열로 구성된 직사각형 모양을 하고 있어서 엑셀 같은 도구에 복사해 붙여 넣을 수 있죠.

HTML 표는 <table>, <tr>(행), <th>(헤더), <td>(데이터)라는 네 가지 주요 요소로 구성됩니다. 다음은 열이 두 개, 행이 세 개인 간단한 HTML 표입니다.

```
html <- minimal_html("
  <table class='mytable'>
    <tr><th>x</th>   <th>y</th></tr>
    <tr><td>1.5</td> <td>2.7</td></tr>
    <tr><td>4.9</td> <td>1.3</td></tr>
    <tr><td>7.2</td> <td>8.1</td></tr>
  </table>
  ")
```

rvest의 html_table()은 표에서 데이터를 읽어 오는 기능을 합니다. 이 함수는 페이지에서 발견한 모든 표가 들어 있는 리스트를 반환합니다. html_element()에 추출하려는 표를 지정한 다음 html_table()을 사용하면 됩니다.

```
html |>
  html_element(".mytable") |>
  html_table()
#> # A tibble: 3 × 2
#>       x     y
#>   <dbl> <dbl>
#> 1   1.5   2.7
#> 2   4.9   1.3
#> 3   7.2   8.1
```

출력 결과를 보면 x와 y가 자동으로 숫자로 변환되었습니다. 그런데 이런 자동 변환이 늘 잘 작동하지는 않기 때문에 좀 더 복잡한 상황이라면 convert = FALSE 옵션을 이용해 자동 변환 기능을 끄고 직접 변환하는 편이 나을 수 있습니다.

올바른 선택자 찾기

데이터를 추출하기 위해 어떤 선택자를 사용해야 하는지 알아내는 게 가장 까다로운 작업입니다. 원하지 않는 것을 선택하지 않을 만큼 구체적이면서 원하는 것을 모두 선택할 만큼 민감한 선택자를 찾으려면 여러 번 실험해 봐야 합니다. 시행착오를 겪는 건 아주 정상적인 과정입니다! 이 작업을 하는 데는 셀렉터 가젯(SelectorGadget)과 웹 브라우저의 개발자 도구가 주로 도움이 됩니다.

셀렉터 가젯(*https://rvest.tidyverse.org/articles/selectorgadget.html*)은 사용자가 제공한 긍정 사례와 부정 예시를 토대로 CSS 선택자를 자동으로 생성해 주는 자바스크립트 북마클릿입니다. 항상 작동하는 건 아니지만, 잘 될 때는 마치 마법 같습니다! 비네트를 읽거나 미네의 설명 영상(*https://www.youtube.com/watch?v=PetWV5g1Xsc*)을 보면 셀렉터 가젯을 설치하고 사용하는 방법을 익힐 수 있습니다.

최신 웹 브라우저는 개발자를 위한 도구가 대부분 기본으로 탑재되어 있긴 하지만 평소에 써 오던 웹 브라우저가 아니더라도 크롬을 사용하길 추천합니다. 크롬 웹 개발자 도구의 기능이 가장 훌륭하고 크롬만 있으면 바로 사용할 수 있기 때문입니다.

페이지에서 요소를 마우스 오른쪽 클릭하고 **검사**를 누르면 클릭한 요소를 중심으로 전체 HTML 페이지를 펼쳐서 보여 줍니다. 이 상태에서 페이지를 탐색하면서 어떤 선택자가 잘 작동할지 가늠할 수 있습니다. 특히 `class` 속성과 `id` 속성을 유심히 보세요. 이 속성들은 페이지의 시각적 구조를 만드는 데 자주 쓰이기 때문에 페이지에서 원하는 데이터를 추출할 때 유용하게 활용할 수 있습니다.

요소 보기 창에서 요소를 마우스 오른쪽 클릭하고 `Copy Selector`를 선택하면 해당 요소만 정확히 찾아내는 선택자를 만들 수도 있습니다.

셀렉터 가젯이나 크롬 개발자 도구로 만든 CSS 선택자가 이해가 안 된다면 CSS 선택자를 쉬운 영어로 번역해 주는 Selectors Explained(*https://kittygiraudel.github.io/selectors-explained*) 사이트를 활용해 보세요. 만약 이런 작업을 자주 하게 된다면 CSS 선택자를 전반적으로 공부해 두는 게 좋습니다. 우선 재밌게 공부할 수 있는 CSS dinner 튜토리얼(*https://flukeout.github.io*)을 보고 나서 MDN 웹 문서(*https://developer.mozilla.org/en-US/docs/Web/CSS/CSS_selectors*)를 읽어 보세요.

모두 함께 사용하기

이제 앞에서 익힌 방법을 총동원해서 몇 가지 웹사이트를 스크래핑해 보겠습니다. 책의 예제를 따라했는데 제대로 작동하지 않을 수도 있습니다. 이게 바로 웹 스크래핑 작업이 가진 근본적인 어려움입니다. 사이드 구조가 바뀌면 스크래핑 코드도 바꿔야 합니다.

스타워즈

vignette("starwars")를 실행하면 rvest에 들어 있는 간단한 예제가 열립니다. 이 예제는 단순한 HTML로 되어 있어서 연습할 때 사용하기 좋습니다. 웹페이지에서 마우스 오른쪽 버튼을 클릭한 다음 "Inspect Element"를 클릭해서 스타워즈 영화 제목 중 하나를 살펴보세요. 키보드나 마우스로 HTML 계층 구조를 탐색하면서 각 영화가 공통적인 구조로 되어 있는지 파악해 보세요.

각 영화가 다음과 같이 공통적인 구조로 되어 있다는 것을 발견하게 될 겁니다.

```
<section>
  <h2 data-id="1">The Phantom Menace</h2>
  <p>Released: 1999-05-19</p>
  <p>Director: <span class="director">George Lucas</span></p>

  <div class="crawl">
    <p>...</p>
    <p>...</p>
    <p>...</p>
  </div>
</section>
```

목표는 이 데이터를 title, year, director, intro 변수를 가진 7행짜리 데이터 프레임으로 만드는 겁니다. 먼저 HTML을 읽어 들이고 모든 <section> 요소를 추출하는 것부터 시작하겠습니다.

```
url <- "https://rvest.tidyverse.org/articles/starwars.html"
html <- read_html(url)

section <- html |> html_elements("section")
section
#> {xml_nodeset (7)}
#> [1] <section><h2 data-id="1">\nThe Phantom Menace\n</h2>\n<p>\nReleased: 1 ...
```

```
#> [2] <section><h2 data-id="2">\nAttack of the Clones\n</h2>\n<p>\nReleased: ...
#> [3] <section><h2 data-id="3">\nRevenge of the Sith\n</h2>\n<p>\nReleased:  ...
#> [4] <section><h2 data-id="4">\nA New Hope\n</h2>\n<p>\nReleased: 1977-05-2 ...
#> [5] <section><h2 data-id="5">\nThe Empire Strikes Back\n</h2>\n<p>\nReleas ...
#> [6] <section><h2 data-id="6">\nReturn of the Jedi\n</h2>\n<p>\nReleased: 1 ...
#> [7] <section><h2 data-id="7">\nThe Force Awakens\n</h2>\n<p>\nReleased: 20 ...
```

이렇게 하면 페이지에 있는 7개 영화에 매칭되는 7개 요소가 추출되니까 section을 선택자로 쓰는 게 좋겠네요. 데이터는 항상 텍스트로 되어 있으니까 개별 요소를 추출하는 작업은 간단합니다. 적절한 선택자를 찾기만 하면 됩니다.

```
section |> html_element("h2") |> html_text2()
#> [1] "The Phantom Menace"      "Attack of the Clones"
#> [3] "Revenge of the Sith"     "A New Hope"
#> [5] "The Empire Strikes Back" "Return of the Jedi"
#> [7] "The Force Awakens"

section |> html_element(".director") |> html_text2()
#> [1] "George Lucas"     "George Lucas"     "George Lucas"
#> [4] "George Lucas"     "Irvin Kershner"   "Richard Marquand"
#> [7] "J. J. Abrams"
```

이런 식으로 각 구성 요소를 처리하고 나면 모든 결과를 티블 하나로 묶을 수 있습니다.

```
tibble(
  title = section |>
    html_element("h2") |>
    html_text2(),
  released = section |>
    html_element("p") |>
    html_text2() |>
    str_remove("Released: ") |>
    parse_date(),
  director = section |>
    html_element(".director") |>
    html_text2(),
  intro = section |>
    html_element(".crawl") |>
    html_text2()
)
#> # A tibble: 7 × 4
#>   title                   released   director         intro
#>   <chr>                   <date>     <chr>            <chr>
#> 1 The Phantom Menace      1999-05-19 George Lucas     "Turmoil has engulfed …
```

```
#> 2 Attack of the Clones    2002-05-16 George Lucas     "There is unrest in th…
#> 3 Revenge of the Sith     2005-05-19 George Lucas     "War! The Republic is …
#> 4 A New Hope              1977-05-25 George Lucas     "It is a period of civ…
#> 5 The Empire Strikes Back 1980-05-17 Irvin Kershner   "It is a dark time for…
#> 6 Return of the Jedi      1983-05-25 Richard Marquand "Luke Skywalker has re…
#> # i 1 more row
```

코드를 보면 released를 좀 더 가공해서 나중 분석할 때 쉽게 쓸 수 있는 변수로 만들었습니다.

IMDB 인기 영화

이번에는 IMDB에서 인기 영화 250편을 추출해 보겠습니다. 앞 예제보다 조금 더 까다로운 작업이 될 겁니다. 이 장을 쓸 당시 이 웹페이지는 그림 24-1처럼 생겼습니다.

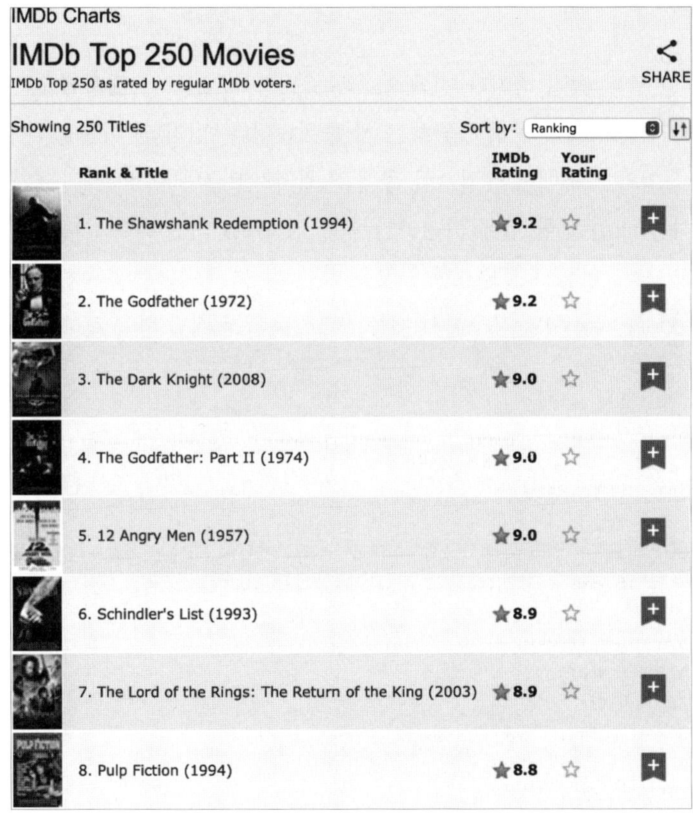

그림 24-1 2022년 12월 5일 IMDb 인기 영화 웹페이지의 스크린샷

데이터에 뚜렷한 표 구조가 있으니 html_table()로 시작하는 게 좋겠네요.

```
url <- "https://web.archive.org/web/20220201012049/https://www.imdb.com/chart/
top/"
html <- read_html(url)

table <- html |>
  html_element("table") |>
  html_table()
table
#> # A tibble: 250 × 5
#>   ``    `Rank & Title`                    `IMDb Rating` `Your Rating`   ``
#>   <lgl> <chr>                                     <dbl> <chr>           <lgl>
#> 1 NA    "1.\n      The Shawshank Redempt…           9.2 "12345678910\n… NA
#> 2 NA    "2.\n      The Godfather\n      …           9.1 "12345678910\n… NA
#> 3 NA    "3.\n      The Godfather: Part I…           9   "12345678910\n… NA
#> 4 NA    "4.\n      The Dark Knight\n    …           9   "12345678910\n… NA
#> 5 NA    "5.\n      12 Angry Men\n       …           8.9 "12345678910\n… NA
#> 6 NA    "6.\n      Schindler's List\n   …           8.9 "12345678910\n… NA
#> # i 244 more rows
```

몇 개의 빈 열이 있긴 하지만 전체적으로는 표의 정보를 잘 캡처했습니다. 그래도 사용하기 편하도록 좀 더 가공하는 게 좋겠습니다. 먼저 열 이름을 다루기 쉽게 바꾸고, 순위와 제목에서 불필요한 공백을 제거하겠습니다. 이름 바꾸기와 두 열만 선택하는 작업을 한 번에 처리하기 위해 rename() 대신 select()를 사용하겠습니다. 그다음 줄 바꿈과 불필요한 공백을 없앤 뒤 301쪽 "변수 추출하기"에서 익힌 separate_wider_regex()를 사용해서 제목, 연도, 순위를 개별 변수로 빼내겠습니다.

```
ratings <- table |>
  select(
    rank_title_year = `Rank & Title`,
    rating = `IMDb Rating`
  ) |>
  mutate(
    rank_title_year = str_replace_all(rank_title_year, "\n +", " ")
  ) |>
  separate_wider_regex(
    rank_title_year,
    patterns = c(
      rank = "\\d+", "\\. ",
      title = ".+", " +\\(",
      year = "\\d+", "\\)"
    )
  )
```

```
ratings
#> # A tibble: 250 × 4
#>   rank  title                     year  rating
#>   <chr> <chr>                     <chr>  <dbl>
#> 1 1     The Shawshank Redemption 1994     9.2
#> 2 2     The Godfather            1972     9.1
#> 3 3     The Godfather: Part II   1974     9
#> 4 4     The Dark Knight          2008     9
#> 5 5     12 Angry Men             1957     8.9
#> 6 6     Schindler's List         1993     8.9
#> # i 244 more rows
```

데이터 대부분이 표의 셀에 들어 있더라도 원본 HTML을 살펴볼 필요가 있습니다. 그렇게 하면 속성을 이용해 데이터를 조금 더 추출할 수 있다는 것을 알게 될 겁니다. 이것이 바로 웹페이지의 소스를 탐험해 보는데 시간을 좀 투자해야 하는 이유입니다. 데이터를 추가로 발견하거나 더욱더 쉬운 파싱 방법을 찾을 수 있습니다.

```
html |>
  html_elements("td strong") |>
  head() |>
  html_attr("title")
#> [1] "9.2 based on 2,536,415 user ratings"
#> [2] "9.1 based on 1,745,675 user ratings"
#> [3] "9.0 based on 1,211,032 user ratings"
#> [4] "9.0 based on 2,486,931 user ratings"
#> [5] "8.9 based on 749,563 user ratings"
#> [6] "8.9 based on 1,295,705 user ratings"
```

이 데이터를 표 데이터에 결합하고 separate_wider_regex()를 다시 사용하면 우리가 원하는 데이터만 웹페이지에서 추출할 수 있습니다.

```
ratings |>
  mutate(
    rating_n = html |> html_elements("td strong") |> html_attr("title")
  ) |>
  separate_wider_regex(
    rating_n,
    patterns = c(
      "[0-9.]+ based on ",
      number = "[0-9,]+",
      " user ratings"
    )
  ) |>
```

```
  mutate(
    number = parse_number(number)
  )
#> # A tibble: 250 × 5
#>   rank  title                    year  rating  number
#>   <chr> <chr>                    <chr>  <dbl>   <dbl>
#> 1 1     The Shawshank Redemption 1994     9.2 2536415
#> 2 2     The Godfather            1972     9.1 1745675
#> 3 3     The Godfather: Part II   1974     9   1211032
#> 4 4     The Dark Knight          2008     9   2486931
#> 5 5     12 Angry Men             1957     8.9  749563
#> 6 6     Schindler's List         1993     8.9 1295705
#> # i 244 more rows
```

동적 사이트

지금까지 웹 브라우저에 보이는 내용을 `html_elements()`로 가져와서 파싱하고 정돈된 데이터 프레임으로 정리하는 방법을 다뤘습니다. 하지만 어떤 사이트는 `html_elements()` 계열 함수가 웹 브라우저에 보이는 것과 전혀 다른 결과를 내놓을 때가 있습니다. 대부분 자바스크립트로 페이지를 동적 생성하는 웹사이트를 스크래핑하려 해서 그렇습니다. rvest는 원본 HTML만 내려받고 자바스크립트는 실행하지 않기 때문에 이런 사이트는 아직 rvest로 처리할 수 없습니다.

물론 이런 사이트도 rvest로 스크래핑할 수는 있습니다. 하지만 모든 자바스크립트를 실행해서 웹 브라우저를 완벽히 시뮬레이션해야 하기 때문에 비효율적인 방식입니다. 이 기능은 책을 쓰는 시점엔 쓸 수 없지만 열심히 개발하고 있으니, 여러분이 책을 읽을 때쯤이면 아마 쓸 수 있을 겁니다. 이 기능은 chromote 패키지(*https://rstudio.github.io/chromote/index.html*)를 사용합니다. chromote는 실제로 크롬 브라우저를 백그라운드에서 실행하면서 마치 사람이 글자를 입력하고 버튼을 클릭하듯이 사이트와 상호작용할 수 있는 추가 도구가 들어 있습니다. 자세한 내용은 rvest 웹사이트(*https://rvest.tidyverse.org*)를 참고하세요.

요약

이 장에서는 웹페이지의 데이터를 스크래핑해도 되는 경우와 안 되는 경우를 살펴본 다음 스크래핑하는 방법을 다뤘습니다. 우선 HTML 기초와 CSS 선택자로 특정 요소를 지정하는 방법을 익힌 다음 rvest 패키지를 이용해 HTML에서 데이터를 추출해 R로 가져오는 방법을 익혔습니다. 그런 다음 두 가지 웹 스크래핑 예제를 살펴봤습니다. rvest 패키지에 들어 있는 웹사이트에서 스타워즈 영화 데이터를 스크래핑하는 비교적 간단한 사례를 살펴봤고, IMDB에서 인기 영화 250편의 정보를 추출하는 약간 더 복잡한 사례도 살펴봤습니다.

웹 스크래핑 기술은 깊이 들어가면 복잡합니다. 웹사이트를 스크래핑해야 하면 특히 그렇습니다. 하지만 그것보다도 법적, 윤리적 고려 사항은 훨씬 더 복잡합니다. 스크래핑을 시작하기 전에 이 두 가지 측면을 모두 공부해야 합니다.

이렇게 해서 스프레드시트, 데이터베이스, JSON 파일, 웹사이트의 데이터를 정돈해서 R로 가져오는 방법을 다루는 4부 "데이터 불러오기"를 끝마쳤습니다. 이제 새로운 주제로 눈을 돌려볼 때입니다. 바로 R을 프로그래밍 언어로 최대한 활용하는 방법입니다.

5부

R for Data Science Second Edition

프로그래밍

5부에서는 프로그래밍 기술을 향상시킬 겁니다. 프로그래밍은 모든 데이터 과학에 쓰이는 필수적인 기술입니다. 데이터 과학은 컴퓨터로 해야 하니까요. 머릿속으로 하거나 연필과 종이로 할 수는 없습니다.

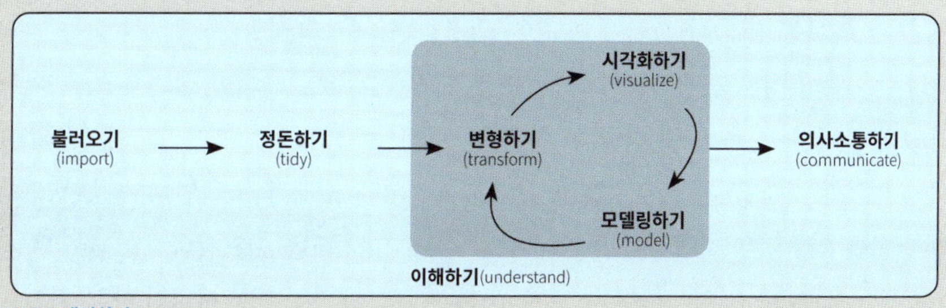

그림 V-1 프로그래밍은 모든 데이터 과학 요소가 함께 들어가 헤엄치는 물과 같습니다.

프로그래밍을 통해 만든 코드는 의사소통의 도구가 됩니다. 당연히 코드는 컴퓨터에 무엇을 하길 바라는지 알려 주는 역할을 합니다. 하지만 동시에 사람들한테도 의미를 전달합니다. 코드를 의사소통 수단으로 바라보는 것이 중요한 이유는 모든 프로젝트는 근본적으로 다른 사람과 협력하는 작업이기 때문입니다. 다른 사람과 함께 일하지 않더라도 반드시 미래의 자신과는 함께 일하게 됩니다! 코드를 명확하게 작성해야 미래의 자신과 같은 다른 사람이 내가 분석을 수행한 방식을 이해시킬 수 있습니다. 즉, 프로그래밍 실력이 늘면 의사소통 능력도 느는 것입니다. 시간이

지날수록 코드를 쉽게 작성하고 싶을 뿐 아니라 다른 사람이 읽기 쉽게 작성하고 싶어집니다.

다음 세 장에서 프로그래밍 기술을 향상시키는 방법을 익힙니다.

- 복사 붙여 넣기는 강력한 도구이지만 두 번 이상 사용하는 것은 피해야 합니다. 코드에서 같은 내용을 반복하면 오류가 생기기 쉽고 일관성을 유지하지 못할 수 있어서 위험합니다. 반복되는 tidyverse 코드를 추출해 **함수**를 만들면 쉽게 재사용할 수 있습니다. 25장에서 이 내용을 다룹니다.
- 함수를 사용하면 코드를 반복하지 않아도 되지만 오히려 입력값을 바꿔 가며 같은 작업을 반복해야 할 때도 많습니다. 비슷한 작업을 반복하려면 **반복** 도구가 필요합니다. 이런 작업은 for 반복문이나 함수형 프로그래밍을 활용하면 됩니다. 26장에서 익힙니다.
- 다른 사람이 작성한 코드를 보다 보면 tidyverse를 사용하지 않는 코드가 더 많다는 사실을 알게 될 겁니다. 27장에서는 실전에서 자주 보게 될 주요 base R 함수 일부를 익힙니다.

이 부의 목표는 데이터 과학에 필요한 최소한의 프로그래밍 지식을 익히는 것입니다. 이 부의 내용을 잘 익혔다면 앞으로도 꾸준히 프로그래밍 실력을 키우길 강력히 권합니다. 도움이 될 만한 책 두 권을 소개합니다. 개럿 그롤먼드의 《손에 잡히는 R 프로그래밍》은 프로그래밍 언어로서의 R을 소개하는 책입니다. 프로그래밍 언어를 R로 처음 시작한다면 읽어 보길 권합니다. 해들리 위컴의 《Advanced R》(CRC Press, 2019)(*https://adv-r.hadley.nz*)은 프로그래밍 언어로서 R의 세부 사항을 깊이 있게 다룬 책입니다. 기존에 프로그래밍 경험이 있다면 도움이 될 겁니다. 이 부의 내용을 잘 익혔다면 다음 단계로 읽기에도 아주 좋습니다.

25장

R for Data Science Second Edition

함수

들어가며

데이터 과학자로서 자신의 역량을 키우는 가장 좋은 방법은 바로 함수(function)를 작성하는 것입니다. 함수를 사용하면 자주 하는 작업을 자동화할 수 있습니다. 복사 붙여 넣기를 하는 것보다 더 효율적이고 어디에나 쓸 수 있는 범용적인 코드를 작성할 수 있습니다. 함수를 만들면 복사 붙여 넣기를 하는 것에 비해 세 가지 큰 이점이 있습니다.

- 함수에 직관적인 이름을 붙여서 코드를 이해하기 쉽게 만들 수 있습니다.
- 요구사항이 바뀌어도 코드 여기 저기를 수정할 필요 없이 한 곳만 수정하면 됩니다.
- 복사 붙여 넣기를 하다가 의도치 않게 실수할 가능성을 없앨 수 있습니다. 예를 들어 한 곳의 변수 이름은 수정했는데 다른 곳은 그대로 두는 등의 실수를 하지 않게 됩니다.
- 여러 프로젝트를 하더라도 작업 내용을 쉽게 재사용할 수 있기 때문에 생산성이 점점 높아집니다.

같은 코드 블록을 세 번 이상 복사 붙여 넣기했다면 함수를 만들 때라고 판단하면 됩니다. 즉, 스크립트에 같은 코드가 세 개 있다면 함수를 만드는 게 좋습니다. 이 장에서는 세 가지 유용한 함수를 익힙니다.

- 하나 이상의 벡터를 입력받아 벡터를 출력하는 벡터 함수
- 데이터 프레임을 입력받아 데이터 프레임을 출력하는 데이터 프레임 함수
- 데이터 프레임을 입력받아 그래프를 출력하는 그래프 함수

각 절에는 앞으로 보게 될 패턴을 폭넓게 이해하는 데 도움이 될 만한 다양한 예제를 실었습니다. 이 예제들은 여러 트위터(현 X) 사용자의 도움 덕분에 나올 수 있었습니다. 다음 주소에 접속해서 원래 아이디어를 살펴보기 바랍니다. 일반 함수(*https://x.com/hadleywickham/status/1571603361350164486*)와 그래프 함수(*https://x.com/hadleywickham/status/1574373127349575680*) 아이디어를 처음 떠올렸을 때 작성한 트윗에 다양한 함수 사례가 담겨 있습니다.

준비하기

다양한 tidyverse 함수를 다룰 겁니다. 이 함수를 사용하는 데 nycflights13의 데이터를 이용합니다.

```
library(tidyverse)
library(nycflights13)
```

벡터 함수

벡터 함수부터 시작해 보겠습니다. 벡터 함수는 벡터를 하나 이상 받아 벡터를 출력합니다. 다음 예시 코드를 보겠습니다. 이 코드는 무슨 역할을 할까요?

```
df <- tibble(
  a = rnorm(5),
  b = rnorm(5),
  c = rnorm(5),
  d = rnorm(5),
)

df |> mutate(
  a = (a - min(a, na.rm = TRUE)) /
    (max(a, na.rm = TRUE) - min(a, na.rm = TRUE)),
  b = (b - min(b, na.rm = TRUE)) /
    (max(b, na.rm = TRUE) - min(a, na.rm = TRUE)),
  c = (c - min(c, na.rm = TRUE)) /
    (max(c, na.rm = TRUE) - min(c, na.rm = TRUE)),
  d = (d - min(d, na.rm = TRUE)) /
```

```
    (max(d, na.rm = TRUE) - min(d, na.rm = TRUE)),
)
#> # A tibble: 5 × 4
#>       a     b     c     d
#>   <dbl> <dbl> <dbl> <dbl>
#> 1 0.339  2.59 0.291 0
#> 2 0.880  0    0.611 0.557
#> 3 0      1.37 1     0.752
#> 4 0.795  1.37 0     1
#> 5 1      1.34 0.580 0.394
```

이 코드를 유심히 살펴보면 각 열의 스케일을 0에서 1 범위로 바꾼다는 사실을 알 수 있을 겁니다. 그런데 코드에 있는 실수를 발견했나요? 이 코드를 작성할 때 해들리는 복사 붙여 넣기를 하다가 a를 b로 바꾸는 걸 깜빡했습니다. 이런 종류의 실수를 막을 수 있기 때문에 함수를 만드는 법을 익혀야 합니다.

함수 작성하기

함수를 작성하려면 먼저 반복되는 코드를 분석해서 어떤 부분이 고정되고 어떤 부분이 변하는지 파악해야 합니다. 이 코드를 mutate() 밖으로 빼내면 각 반복이 한 줄이 되므로 패턴을 좀 더 쉽게 볼 수 있습니다.

```
(a - min(a, na.rm = TRUE)) / (max(a, na.rm = TRUE) - min(a, na.rm = TRUE))
(b - min(b, na.rm = TRUE)) / (max(b, na.rm = TRUE) - min(b, na.rm = TRUE))
(c - min(c, na.rm = TRUE)) / (max(c, na.rm = TRUE) - min(c, na.rm = TRUE))
(d - min(d, na.rm = TRUE)) / (max(d, na.rm = TRUE) - min(d, na.rm = TRUE))
```

변하는 부분이 좀 더 명확히 드러나도록 █로 바꿔 보겠습니다.

```
(█ - min(█, na.rm = TRUE)) / (max(█, na.rm = TRUE) - min(█, na.rm = TRUE))
```

이 기능을 함수로 만들려면 세 가지 요소가 필요합니다.

- 이름(name): 여기서는 함수가 벡터를 0과 1 사이로 변환하므로 rescale01이라고 이름 지을 겁니다.
- 인자(arguments): 인자는 함수를 호출할 때마다 달라지는 것입니다. 앞에서 살펴본 내용에 따르면 인자는 하나뿐입니다. 인자는 x라고 부를 겁니다. x는 수치형 벡터를 나타낼 때 관습적으로 사용되는 이름입니다.
- 몸통(body): 몸통은 함수를 호출할 때마다 반복되는 코드입니다.

이제 다음과 같은 틀로 함수를 만들면 됩니다.

```
name <- function(arguments) {
  body
}
```

지금과 같은 경우에는 다음과 같이 작성하면 됩니다.

```
rescale01 <- function(x) {
  (x - min(x, na.rm = TRUE)) / (max(x, na.rm = TRUE) - min(x, na.rm = TRUE))
}
```

이쯤에서 함수에 간단한 입력값을 넣어 논리가 제대로 반영됐는지 테스트해 봐야 합니다.

```
rescale01(c(-10, 0, 10))
#> [1] 0.0 0.5 1.0
rescale01(c(1, 2, 3, NA, 5))
#> [1] 0.00 0.25 0.50   NA 1.00
```

이제 함수를 mutate()에 넣어 코드를 다음과 같이 다시 작성할 수 있습니다.

```
df |> mutate(
  a = rescale01(a),
  b = rescale01(b),
  c = rescale01(c),
  d = rescale01(d),
)
#> # A tibble: 5 × 4
#>       a     b     c     d
#>   <dbl> <dbl> <dbl> <dbl>
#> 1 0.339 1     0.291 0
#> 2 0.880 0     0.611 0.557
#> 3 0     0.530 1     0.752
#> 4 0.795 0.531 0     1
#> 5 1     0.518 0.580 0.394
```

(26장에서 across()를 사용해 중복되는 부분을 더 줄이는 방법을 익힐 겁니다. 나중에는 df |> mutate(across(a:d, rescale01))이라고만 작성하면 됩니다.)

함수 개선하기

rescale01() 함수가 불필요한 작업을 한다는 사실을 발견했을 겁니다. min()을 두 번, max()를 한 번 계산하는 대신 range()를 사용하면 최솟값과 최댓값을 한 번에 계산할 수 있습니다.

```
rescale01 <- function(x) {
  rng <- range(x, na.rm = TRUE)
  (x - rng[1]) / (rng[2] - rng[1])
}
```

또는 무한 값을 포함하는 벡터에 이 함수를 적용해 볼 수 있습니다.

```
x <- c(1:10, Inf)
rescale01(x)
#> [1]   0   0   0   0   0   0   0   0   0   0 NaN
```

이런 결과는 별로 쓸모 없을 테니 range()에 무한 값을 무시하는 설정을 하겠습니다.

```
rescale01 <- function(x) {
  rng <- range(x, na.rm = TRUE, finite = TRUE)
  (x - rng[1]) / (rng[2] - rng[1])
}

rescale01(x)
#> [1] 0.0000000 0.1111111 0.2222222 0.3333333 0.4444444 0.5555556 0.6666667
#> [8] 0.7777778 0.8888889 1.0000000       Inf
```

이렇게 함수를 수정해 보면 함수의 중요한 장점을 알 수 있습니다. 반복되는 코드를 함수로 만들어 뒀기 때문에 함수를 고쳐야 할 경우 코드에서 한 곳만 수정하면 됩니다.

Mutate 함수

함수의 기본 개념을 익혔으니 다양한 예제를 살펴보겠습니다. 먼저 "mutate" 함수부터 살펴보겠습니다. mutate 함수는 입력값과 출력값의 길이가 같다는 특성 덕분에 mutate(), filter() 안에서 잘 작동합니다.

rescale01()을 간단히 수정해 보겠습니다. 벡터를 입력하면 평균 0, 표준편차 1의 Z-점수로 변환하는 함수를 만들고 싶다고 가정해 봅시다.

```
z_score <- function(x) {
  (x - mean(x, na.rm = TRUE)) / sd(x, na.rm = TRUE)
}
```

간단히 case_when()을 이용하는 함수를 만들어서 의미 있는 이름을 붙이고 싶을 수도 있습니다. 예를 들어 clamp() 함수는 벡터의 모든 값이 최솟값과 최댓값 사이에 들어가도록 만든 것처럼 말입니다.

```
clamp <- function(x, min, max) {
  case_when(
    x < min ~ min,
    x > max ~ max,
    .default = x
  )
}

clamp(1:10, min = 3, max = 7)
#>  [1] 3 3 3 4 5 6 7 7 7 7
```

물론 함수가 수치형 변수에만 쓰이는 건 아닙니다. 문자열을 반복해서 처리해야 할 때도 있으니까요. 예를 들면 첫 글자를 대문자로 바꾸고 싶을 수 있습니다.

```
first_upper <- function(x) {
  str_sub(x, 1, 1) <- str_to_upper(str_sub(x, 1, 1))
  x
}

first_upper("hello")
#> [1] "Hello"
```

문자열에서 퍼센트, 쉼표, 달러 기호를 떼어 내고 숫자로 바꾸고 싶을 수도 있습니다.

```
# https://twitter.com/NVlabormarket/status/1571939851922198530
clean_number <- function(x) {
  is_pct <- str_detect(x, "%")
  num <- x |>
    str_remove_all("%") |>
    str_remove_all(",") |>
    str_remove_all(fixed("$")) |>
    as.numeric(x)
  if_else(is_pct, num / 100, num)
```

```
}

clean_number("$12,300")
#> [1] 12300
clean_number("45%")
#> [1] 0.45
```

가끔은 함수가 데이터 분석의 특정 단계에 맞춰 특화되기도 합니다. 예를 들어 결측치가 997, 998, 999 같은 값으로 표시된 변수가 엄청 많다면 이 값을 NA로 대체하는 함수를 만들고 싶을 겁니다.

```
fix_na <- function(x) {
  if_else(x %in% c(997, 998, 999), NA, x)
}
```

지금까지는 단일 벡터를 다루는 예제를 살펴봤습니다. 이런 경우가 가장 흔하기 때문입니다. 하지만 함수가 여러 벡터를 입력받도록 만들 수도 있습니다.

요약 함수

벡터 함수 중에 또 하나 중요한 계열이 요약 함수입니다. 요약 함수는 단일 값을 반환하므로 summarize()에 사용할 수 있습니다. 종종 요약 함수는 기본 인자 한두 개만 설정해도 충분한 기능을 합니다.

```
commas <- function(x) {
  str_flatten(x, collapse = ", ", last = " and ")
}

commas(c("cat", "dog", "pigeon"))
#> [1] "cat, dog and pigeon"
```

아니면 변동계수처럼 간단한 계산을 하는 함수를 만들 수도 있습니다. 변동계수는 표준편차를 평균으로 나눈 값입니다.

```
cv <- function(x, na.rm = FALSE) {
  sd(x, na.rm = na.rm) / mean(x, na.rm = na.rm)
}

cv(runif(100, min = 0, max = 50))
#> [1] 0.5196276
```

```
cv(runif(100, min = 0, max = 500))
#> [1] 0.5652554
```

혹은 자주 사용하는 코드 패턴에 기억하기 쉬운 이름을 붙여서 함수를 만들 수도 있습니다.

```
# https://twitter.com/gbganalyst/status/1571619641390252033
n_missing <- function(x) {
  sum(is.na(x))
}
```

여러 벡터를 입력받는 함수를 만들 수도 있습니다. 예를 들어 모델 예측값과 실제값을 비교할 때 사용하는 평균 절대 오차(mean absolute error)를 계산하고 싶다고 가정해 보겠습니다.

```
# https://twitter.com/neilgcurrie/status/1571607727255834625
mape <- function(actual, predicted) {
  sum(abs((actual - predicted) / actual)) / length(actual)
}
```

RStudio

함수를 작성할 때 사용하면 매우 유용한 RStudio 단축키가 두 가지 있습니다.

- 내가 작성한 함수의 정의를 찾으려면 함수 이름에 커서를 올려놓고 F2 키를 누르면 됩니다.
- 함수로 빠르게 이동하려면 `Ctrl + .`을 눌러 파일 및 함수 퍼지 검색 창을 연 다음 함수 이름 첫 글자 몇 개를 입력하면 됩니다. 파일, Quarto 절 등으로 바로 이동할 수 있어서 무척 편리한 탐색 도구입니다.

연습문제

1. 다음 코드 조각을 함수로 바꾸는 연습을 해 보세요. 각 함수가 어떤 일을 하는지 생각해 보세요. 함수 이름을 뭐라고 짓는 게 좋을까요? 함수에 몇 개의 인자가 필요할까요?

   ```
   mean(is.na(x))
   mean(is.na(y))
   mean(is.na(z))

   x / sum(x, na.rm = TRUE)
   ```

```
y / sum(y, na.rm = TRUE)
z / sum(z, na.rm = TRUE)

round(x / sum(x, na.rm = TRUE) * 100, 1)
round(y / sum(y, na.rm = TRUE) * 100, 1)
round(z / sum(z, na.rm = TRUE) * 100, 1)
```

2. rescale01()의 두 번째 변형에서는 무한 값이 변경되지 않고 그대로 유지됩니다. -Inf를 0으로, Inf를 1로 변환하도록 rescale01()을 다시 작성하세요.
3. 생년월일 벡터를 입력하면 나이를 계산하는 함수를 작성하세요.
4. 수치형 벡터의 분산과 왜도를 계산하는 함수를 작성하세요. 위키피디아나 등에서 값이 어떻게 정의되는지 찾아보세요.
5. both_na()라는 요약 함수를 작성하세요. 이 함수는 길이가 같은 두 벡터를 입력받아서 두 벡터 모두 NA인 위치의 개수를 반환합니다.
6. 이 함수를 만드는 데 사용된 함수의 설명서를 읽어 보세요. 이렇게 만든 함수는 무슨 기능을 할까요? 코드가 매우 짧은데도 유용한 이유가 뭘까요?

```
is_directory <- function(x) {
  file.info(x)$isdir
}
is_readable <- function(x) {
  file.access(x, 4) == 0
}
```

데이터 프레임 함수

벡터 함수는 dplyr 동사에서 반복되는 코드를 뽑아낼 때 유용합니다. 하지만 종종 동사 자체가 반복될 때가 있는데, 특히 파이프라인이 길 때 그렇습니다. 여러 동사를 여러 번 복사해서 붙여 넣고 있다는 생각이 든다면 데이터 프레임 함수를 만들기 좋은 시점입니다. 데이터 프레임 함수는 dplyr 동사처럼 작동합니다. 첫 번째 인자에 데이터 프레임을 입력하고 추가 인자에는 데이터 프레임을 어떻게 다룰지 지정합니다. 데이터 프레임 함수는 데이터 프레임이나 벡터를 반환합니다.

dplyr 동사를 활용하는 함수를 만들기 위해 우선 간접 지시(indirection)라는 과제를 살펴본 다음 { }를 이용해 이 문제를 해결하는 방법을 알아봅니다. 이론을 먼저 제대로 소화하고 나서 이것으로 무엇을 할 수 있는지 보여 주는 여러 예제를 다룰 겁니다.

간접 지시와 tidy 평가

dplyr 동사를 사용하는 함수를 만들기 시작하면 금세 간접 지시 문제에 부딪히게 됩니다. grouped_mean()이라는 아주 간단한 함수를 예로 들어 이 문제를 살펴보겠습니다. 이 함수의 목표는 group_var별 mean_var의 평균을 계산하는 것입니다.

```
grouped_mean <- function(df, group_var, mean_var) {
  df |>
    group_by(group_var) |>
    summarize(mean(mean_var))
}
```

이 함수를 사용하면 오류가 발생합니다.

```
diamonds |> grouped_mean(cut, carat)
#> Error in `group_by()`:
#> ! Must group by variables found in `.data`.
#> ✖ Column `group_var` is not found.
```

문제를 좀 더 분명히 살펴보기 위해 가상의 데이터 프레임을 만들어 보겠습니다.

```
df <- tibble(
  mean_var = 1,
  group_var = "g",
  group = 1,
  x = 10,
  y = 100
)

df |> grouped_mean(group, x)
#> # A tibble: 1 × 2
#>   group_var `mean(mean_var)`
#>   <chr>                <dbl>
#> 1 g                        1
df |> grouped_mean(group, y)
#> # A tibble: 1 × 2
#>   group_var `mean(mean_var)`
#>   <chr>                <dbl>
#> 1 g                        1
```

grouped_mean()을 어떻게 호출하든 상관없이 항상 df |> group_by(group_var) |> summarize(mean(mean_var))를 실행하지 df |> group_by(group) |> summarize(mean(x))나 df |> group_by(group) |> summarize(mean(y))를 실행하지는 않습니다. 이것이 바로 간

접 지시 문제입니다. dplyr은 별다른 처리를 하지 않아도 데이터 프레임 내의 변수 이름을 참조할 수 있도록 **tidy 평가**(tidy evaluation)를 하는 특징이 있는데, 이것이 문제를 일으키는 것입니다.

tidy 평가는 데이터 분석 코드를 매우 간결하게 만들어 주기에 95%의 경우에는 훌륭합니다. 변수가 어느 데이터 프레임에서 왔는지 결코 말해줄 필요가 없습니다. 이는 문맥을 보면 분명히 알 수 있으니까요. tidy 평가의 단점은 반복되는 tidyverse 코드를 함수로 감싸고 싶을 때 나타납니다. 이와 같은 문제에서는 `group_mean()`과 `summarize()`에게 `group_var`와 `mean_var`를 변수 이름으로 취급하지 말고, 대신 실제로 사용하려는 변수를 찾으라고 말할 방법이 필요합니다.

tidy 평가에는 이 문제를 해결하는 **포옹**(embracing)이라는 기법이 있습니다. 변수를 포옹한다는 것은 변수를 중괄호로 감싸는 것을 의미합니다. 예를 들어 `var`은 `{{ var }}`가 됩니다. 변수를 포옹하면 dplyr에게 인자를 문자 그대로 변수 이름으로 사용하지 말고 인자 안에 저장된 값을 사용하라고 알려 줍니다. 이 기능을 쉽게 기억하는 한 가지 방법은 `{{ }}` 기호를 터널을 들여다보는 모양으로 생각하는 겁니다. `{{ var }}`는 dplyr 함수가 `var`라는 변수를 찾는 대신 `var` 안을 들여다보게 만드는 것입니다.

그래서 `grouped_mean()`이 작동하게 하려면 `group_var`와 `mean_var`를 `{{ }}`로 감싸야 합니다.

```
grouped_mean <- function(df, group_var, mean_var) {
  df |>
    group_by({{ group_var }}) |>
    summarize(mean({{ mean_var }}))
}

df |> grouped_mean(group, x)
#> # A tibble: 1 × 2
#>   group `mean(x)`
#>   <dbl>     <dbl>
#> 1     1        10
```

성공입니다!

언제 포옹을 해야 할까?

데이터 프레임 함수를 작성할 때 핵심은 어떤 인자를 포옹해야 하는지 파악하는 것입니다. 다행히 문서를 찾아보면 쉽게 알 수 있습니다. 문서에서 찾아봐야 할 두 가지 용어가 있습니다. 이 용어는 tidy 평가에서 가장 흔히 쓰이는 두 가지 하위 유형을 나타냅니다.

데이터 마스킹

arrange(), filter(), summarize() 같이 변수를 이용해 계산하는 함수에 사용됩니다.

tidy 셀렉션

select(), relocate(), rename() 같이 변수를 선택하는 함수에 사용됩니다.

tidy 평가에 어떤 인자를 사용해야 할지는 대부분 직관적으로 알 수 있습니다. 그저 함수로 계산할 수 있는지(예: x + 1) 아니면 선택할 수 있는지(예: a:x)만 생각해 보면 됩니다.

포옹하는 법을 알았으니 이어서 여러 유용한 함수를 살펴보겠습니다.

일반적인 사용 사례

처음 데이터를 탐색할 때 똑같은 요약 함수들을 자주 사용한다면 다음과 같이 래핑해서 도우미 함수를 만들어 쓰는 것도 좋은 방법입니다.

```
summary6 <- function(data, var) {
  data |> summarize(
    min = min({{ var }}, na.rm = TRUE),
    mean = mean({{ var }}, na.rm = TRUE),
    median = median({{ var }}, na.rm = TRUE),
    max = max({{ var }}, na.rm = TRUE),
    n = n(),
    n_miss = sum(is.na({{ var }})),
    .groups = "drop"
  )
}

diamonds |> summary6(carat)
#> # A tibble: 1 × 6
#>     min  mean median   max     n n_miss
#>   <dbl> <dbl>  <dbl> <dbl> <int>  <int>
#> 1   0.2 0.798    0.7  5.01 53940      0
```

(summarize()를 래핑해서 도우미 함수를 만들 때는 .groups = "drop"을 설정하는 것이 좋습니다. 그러면 그룹화와 관련된 메시지가 출력되지 않고 데이터를 그룹화되지

않은 상태로 유지할 수 있습니다.)

이 함수의 장점은 summarize()를 래핑해 만들었기 때문에 그룹화된 데이터에도 사용할 수 있다는 것입니다.

```
diamonds |>
  group_by(cut) |>
  summary6(carat)
#> # A tibble: 5 × 7
#>   cut         min  mean median   max     n n_miss
#>   <ord>     <dbl> <dbl>  <dbl> <dbl> <int>  <int>
#> 1 Fair       0.22 1.05    1     5.01  1610      0
#> 2 Good       0.23 0.849   0.82  3.01  4906      0
#> 3 Very Good  0.2  0.806   0.71  4    12082      0
#> 4 Premium    0.2  0.892   0.86  4.01 13791      0
#> 5 Ideal      0.2  0.703   0.54  3.5  21551      0
```

게다가 summarize의 인자가 데이터 마스킹이라는 것은 summary6()의 var 인자도 데이터 마스킹이라는 뜻입니다. 즉, 변수로 계산한 값도 요약할 수 있다는 장점도 있습니다.

```
diamonds |>
  group_by(cut) |>
  summary6(log10(carat))
#> # A tibble: 5 × 7
#>   cut          min    mean  median   max     n n_miss
#>   <ord>      <dbl>   <dbl>   <dbl> <dbl> <int>  <int>
#> 1 Fair      -0.658 -0.0273  0      0.700  1610      0
#> 2 Good      -0.638 -0.133  -0.0862 0.479  4906      0
#> 3 Very Good -0.699 -0.164  -0.149  0.602 12082      0
#> 4 Premium   -0.699 -0.125  -0.0655 0.603 13791      0
#> 5 Ideal     -0.699 -0.225  -0.268  0.544 21551      0
```

여러 변수를 요약하려면 534쪽 "여러 열 수정하기"에서 다룰 across()를 사용해야 하니 지금은 넘어가겠습니다.

summarize()를 활용한 또 다른 유용한 도우미 함수로 count()의 변형 버전이 있습니다. 이 함수는 비율도 함께 계산해 줍니다.

```
# https://twitter.com/Diabb6/status/1571635146658402309
count_prop <- function(df, var, sort = FALSE) {
  df |>
    count({{ var }}, sort = sort) |>
```

```
  mutate(prop = n / sum(n))
}

diamonds |> count_prop(clarity)
#> # A tibble: 8 × 3
#>   clarity     n   prop
#>   <ord>   <int>  <dbl>
#> 1 I1        741 0.0137
#> 2 SI2      9194 0.170
#> 3 SI1     13065 0.242
#> 4 VS2     12258 0.227
#> 5 VS1      8171 0.151
#> 6 VVS2     5066 0.0939
#> # ℹ 2 more rows
```

이 함수에는 df, var, sort 세 인자가 있는데, 그중 var만 포옹해야 합니다. var는 count()에 전달되는데 count()는 모든 변수에 데이터 마스킹을 적용하기 때문입니다. 사용자가 별도의 값을 입력하지 않으면 FALSE가 되도록 sort에 기본값을 사용한 부분도 눈여겨보세요.

데이터 일부를 대상으로 고윳값을 찾아서 정렬하고 싶다고 해 봅시다. 필터링에 사용할 변수와 값을 입력하는 게 아니라 조건을 입력하도록 함수를 만들어 보겠습니다.

```
unique_where <- function(df, condition, var) {
  df |>
    filter({{ condition }}) |>
    distinct({{ var }}) |>
    arrange({{ var }})
}

# 12월에 운항한 모든 목적지를 찾습니다.
flights |> unique_where(month == 12, dest)
#> # A tibble: 96 × 1
#>   dest
#>   <chr>
#> 1 ABQ
#> 2 ALB
#> 3 ATL
#> 4 AUS
#> 5 AVL
#> 6 BDL
#> # ℹ 90 more rows
```

condition은 filter()에 전달되므로 포옹해야 합니다. var도 distinct()와 arrange()에 전달되기 때문에 포옹해야 합니다.

지금까지 살펴본 예제는 모두 첫 번째 인자에 데이터 프레임을 입력하도록 만들었습니다. 하지만 같은 데이터를 반복해서 사용한다면 코드에 직접 입력해 두는 것도 좋습니다. 예를 들어 다음 함수는 항상 flights 데이터셋을 사용합니다. 그리고 항상 time_hour, carrier, flight 변수를 선택합니다. 이 세 변수를 조합하면 각 행을 고유하게 식별할 수 있는 복합 기본키가 됩니다.

```
subset_flights <- function(rows, cols) {
  flights |>
    filter({{ rows }}) |>
    select(time_hour, carrier, flight, {{ cols }})
}
```

데이터 마스킹 vs tidy 셀렉션

데이터 마스킹을 쓰는 함수 안에서 변수를 선택해야 할 때가 있습니다. 예를 들어 행에서 결측치의 수를 세는 count_missing()이라는 함수를 만들고 싶다고 가정해 봅시다. 이런 식으로 작성할 수 있을 겁니다.

```
count_missing <- function(df, group_vars, x_var) {
  df |>
    group_by({{ group_vars }}) |>
    summarize(
      n_miss = sum(is.na({{ x_var }})),
      .groups = "drop"
    )
}

flights |>
  count_missing(c(year, month, day), dep_time)
#> Error in `group_by()`:
#> i In argument: `c(year, month, day)`.
#> Caused by error:
#> ! `c(year, month, day)` must be size 336776 or 1, not 1010328.
```

이 코드는 작동하지 않습니다. group_by()가 tidy 셀렉션이 아니라 데이터 마스킹을 쓰기 때문입니다. pick()라는 간편한 함수를 사용하면 이 문제를 해결할 수 있습니다. 이 함수는 데이터 마스킹 함수 안에서도 tidy 셀렉션을 사용할 수 있게 해 줍니다.

```
count_missing <- function(df, group_vars, x_var) {
  df |>
    group_by(pick({{ group_vars }})) |>
    summarize(
      n_miss = sum(is.na({{ x_var }})),
      .groups = "drop"
  )
}

flights |>
  count_missing(c(year, month, day), dep_time)
#> # A tibble: 365 × 4
#>    year month   day n_miss
#>   <int> <int> <int>  <int>
#> 1  2013     1     1      4
#> 2  2013     1     2      8
#> 3  2013     1     3     10
#> 4  2013     1     4      6
#> 5  2013     1     5      3
#> 6  2013     1     6      1
#> # i 359 more rows
```

pick()은 2차원 빈도표를 만들 때도 유용하게 사용할 수 있습니다. 다음 코드는 rows와 columns에 있는 모든 변수의 개수를 센 다음 이 값을 pivot_wider()를 이용해서 격자 모양으로 재배치합니다.

```
# https://twitter.com/pollicipes/status/1571606508944719876
count_wide <- function(data, rows, cols) {
  data |>
    count(pick(c({{ rows }}, {{ cols }}))) |>
    pivot_wider(
      names_from = {{ cols }},
      values_from = n,
      names_sort = TRUE,
      values_fill = 0
    )
}

diamonds |> count_wide(c(clarity, color), cut)
#> # A tibble: 56 × 7
#>   clarity color  Fair  Good `Very Good` Premium Ideal
#>   <ord>   <ord> <int> <int>       <int>   <int> <int>
#> 1 I1      D         4     8           5      12    13
#> 2 I1      E         9    23          22      30    18
#> 3 I1      F        35    19          13      34    42
#> 4 I1      G        53    19          16      46    16
```

```
#> 5 I1    H    52  14    12  46  38
#> 6 I1    I    34   9     8  24  17
#> # i 50 more rows
```

앞에서 살펴본 예제는 주로 dplyr에 초점을 맞췄지만 tidy 평가는 tidyr의 기반이기도 합니다. pivot_wider() 문서를 보면 names_from이 tidy 셀렉션을 사용한다는 것을 알 수 있습니다.

연습문제

1. nycflights13의 데이터셋을 이용해 다음 작업을 수행하는 함수를 만드세요.

    a. 취소되었거나(예: is.na(arr_time)) 1시간 넘게 연착한 모든 항공편을 찾는다.

    ```
    flights |> filter_severe()
    ```

    b. 취소된 항공편 수와 1시간 넘게 연착한 항공편 수를 구한다.

    ```
    flights |> group_by(dest) |> summarize_severe()
    ```

    c. 취소되었거나 사용자가 입력한 시간보다 더 오래 연착한 모든 항공편을 찾는다.

    ```
    flights |> filter_severe(hours = 2)
    ```

    d. weather 데이터를 요약해서 사용자가 입력한 변수의 최솟값, 평균값, 최댓값을 계산한다.

    ```
    weather |> summarize_weather(temp)
    ```

    e. 사용자가 입력한 시간형 변수(예: dep_time, arr_time 등)를 소수점 형식의 시간으로 변환한다(예: hours + (minutes / 60)).

    ```
    flights |> standardize_time(sched_dep_time)
    ```

2. 다음 함수에서 tidy 평가를 사용하는 인자를 모두 찾아보세요. 데이터 마스킹과 tidy 셀렉션 중 무엇을 쓰는지, 이유는 무엇인지 설명하세요. distinct(), count(), group_by(), rename_with(), slice_min(), slice_sample().

3. 다음 함수를 좀 더 범용적으로 바꿔서 개수를 셀 변수를 원하는 만큼 입력할 수 있게 만드세요.

```
count_prop <- function(df, var, sort = FALSE) {
  df |>
    count({{ var }}, sort = sort) |>
    mutate(prop = n / sum(n))
}
```

그래프 함수

데이터 프레임을 반환하는 대신 그래프를 반환하고 싶을 수 있습니다. 다행히도 ggplot2에도 동일한 기술을 사용할 수 있습니다. aes()가 데이터 마스킹 함수이기 때문이죠. 예를 들어 히스토그램을 여러 개 만드는 상황을 가정해 보겠습니다.

```
diamonds |>
  ggplot(aes(x = carat)) +
  geom_histogram(binwidth = 0.1)

diamonds |>
  ggplot(aes(x = carat)) +
  geom_histogram(binwidth = 0.05)
```

이 코드를 래핑해서 히스토그램 함수를 만들면 훌륭하지 않을까요? aes()가 데이터 마스킹 함수이고 변수를 포옹해야 한다는 것만 알면 식은 죽 먹기입니다.

```
histogram <- function(df, var, binwidth = NULL) {
  df |>
    ggplot(aes(x = {{ var }})) +
    geom_histogram(binwidth = binwidth)
}

diamonds |> histogram(carat, 0.1)
```

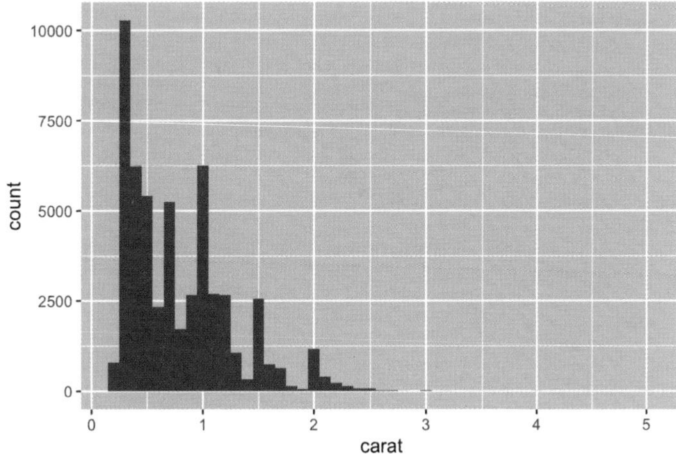

histogram()은 ggplot2 그래프를 반환하기 때문에 여전히 추가 구성 요소를 추가할 수 있습니다. |> 대신 +를 사용하는 것만 잊지 마세요.

```
diamonds |>
  histogram(carat, 0.1) +
  labs(x = "Size (in carats)", y = "Number of diamonds")
```

변수 추가하기

변수를 추가하는 것은 간단합니다. 예를 들어 데이터셋이 선형인지 여부를 대략적으로 알아보기 위해서 직선 위에 곡선을 겹쳐서 표시하고 싶다면 다음과 같이 작성할 수 있습니다.

```
# https://twitter.com/tyler_js_smith/status/1574377116988104704
linearity_check <- function(df, x, y) {
  df |>
    ggplot(aes(x = {{ x }}, y = {{ y }})) +
    geom_point() +
    geom_smooth(method = "loess", formula = y ~ x, color = "red", se = FALSE) +
    geom_smooth(method = "lm", formula = y ~ x, color = "blue", se = FALSE)
}

starwars |>
  filter(mass < 1000) |>
  linearity_check(mass, height)
```

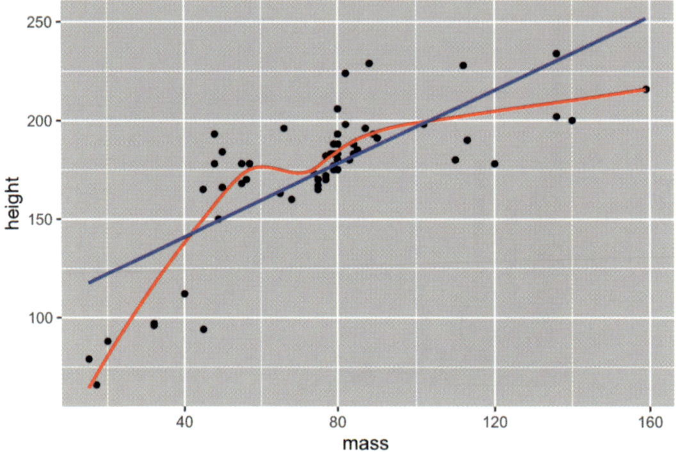

데이터셋이 너무 클 경우 산점도에 색상을 사용하면 포인트가 너무 많아 그래프가 지저분해 보입니다. 이럴 때는 다른 시각화 방법을 사용하고 싶을 겁니다.

```
# https://twitter.com/ppaxisa/status/1574398423175921665
hex_plot <- function(df, x, y, z, bins = 20, fun = "mean") {
  df |>
    ggplot(aes(x = {{ x }}, y = {{ y }}, z = {{ z }})) +
    stat_summary_hex(
      aes(color = after_scale(fill)), # 테두리 색상과 채우기 색상을 같게 합니다.
      bins = bins,
      fun = fun,
    )
}

diamonds |> hex_plot(carat, price, depth)
```

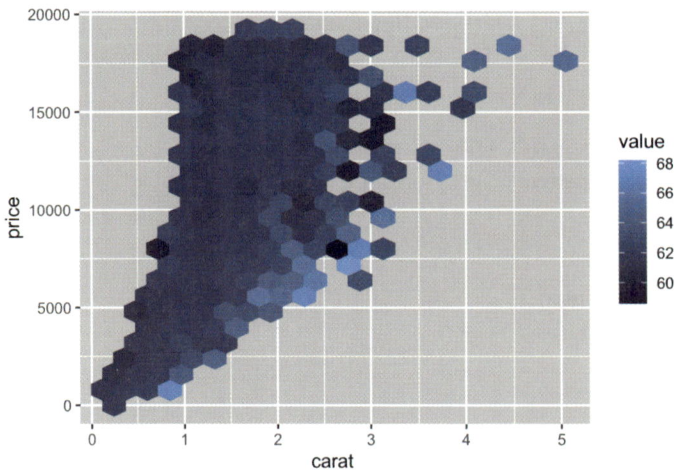

다른 tidyverse 패키지와 함께 사용하기

ggplot2와 함께 쓰면 아주 유용한 도우미 함수들이 많이 있습니다. 이 함수들은 ggplot2에 데이터 조작 기능을 살짝 더해 줍니다. 예를 들어 fct_infreq()를 사용하면 막대 차트를 만든 다음 자동으로 빈도 크기에 따라 세로 방향으로 나열하도록 할 수 있습니다. 막대를 세로 방향으로 나열해야 하므로 값이 큰 막대가 맨 위에 오도록 하려면 막대 배치 기본 순서를 반대로 뒤집어야 합니다.

```
sorted_bars <- function(df, var) {
  df |>
    mutate({{ var }} := fct_rev(fct_infreq({{ var }})))  |>
    ggplot(aes(y = {{ var }})) +
    geom_bar()
}

diamonds |> sorted_bars(clarity)
```

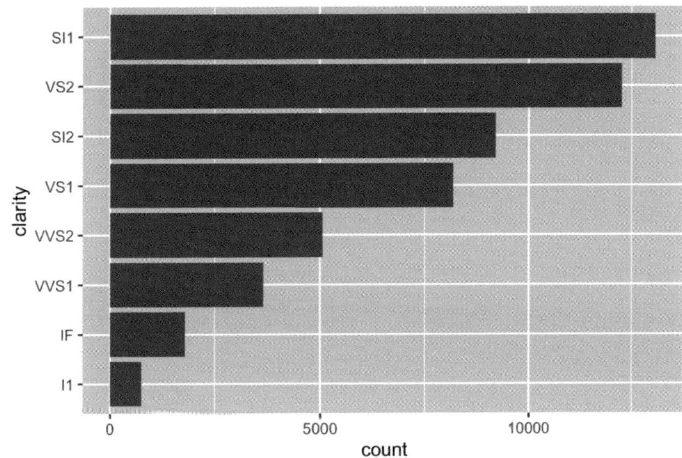

사용자가 입력한 데이터를 이용해 변수 이름을 만들어야 하기 때문에 여기서는 새로운 연산자 :=를 사용해야 합니다. 변수 이름은 =의 왼쪽에 써야 합니다. R 문법 체계에서는 = 왼쪽에 변수 이름을 한 개만 쓸 수 있습니다. 다른 건 허용되지 않습니다. 이런 문제를 우회하기 위해 특수 연산자 :=를 씁니다. tidy 평가에서는 :=가 =와 완전히 동일하게 처리됩니다.

또 다른 예로 다음과 같이 데이터 일부를 추출해서 막대 차트를 그리는 작업을 간단히 처리할 수 있습니다.

```
conditional_bars <- function(df, condition, var) {
  df |>
    filter({{ condition }}) |>
    ggplot(aes(x = {{ var }})) +
    geom_bar()
}

diamonds |> conditional_bars(cut == "Good", clarity)
```

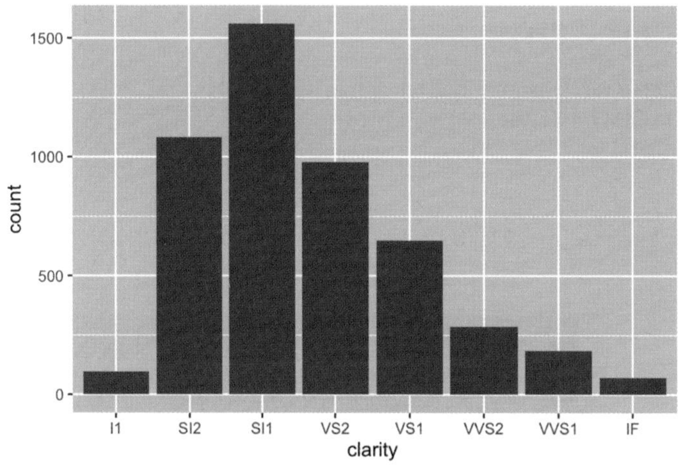

데이터 요약 결과를 더 창의적인 방법으로 표현할 수도 있을 겁니다. *https://gist.github.com/GShotwell/b19ef520b6d56f61a830fabb3454965b*에서 훌륭한 응용 사례를 볼 수 있습니다. 이 사례는 최댓값을 나타내는 축 레이블을 이용합니다. ggplot2를 더 깊이 공부할수록 더 강력한 함수를 만들 수 있습니다.

마지막으로 그래프에 레이블을 표시하는, 좀 더 복잡한 문제를 다뤄 보겠습니다.

레이블링

앞에서 봤던 히스토그램 함수를 기억하나요?

```
histogram <- function(df, var, binwidth = NULL) {
  df |>
    ggplot(aes(x = {{ var }})) +
    geom_histogram(binwidth = binwidth)
}
```

사용한 변수와 막대 너비를 이용해서 그래프에 레이블을 붙일 수 있다면 좋지 않을까요? 그렇게 하려면 tidy 평가의 내부 작동 방식을 살펴보고 아직 언급하지 않은 rlang 패키지의 함수를 사용해야 합니다. rlang은 tidyverse의 거의 모든 패키지에서 사용하는 저수준 패키지로, tidy 평가를 비롯해 다른 여러 유용한 도구를 갖추고 있습니다.

rlang::englue()를 사용하면 앞에서 언급한 레이블 문제를 해결할 수 있습니다. 이 함수는 str_glue()와 유사한 방식으로 작동해서 { } 안에 넣은 값이 문자열에 삽입됩니다. 또한 { }도 인식해서 적절한 변수 이름을 자동으로 삽입합니다.

```
histogram <- function(df, var, binwidth) {
  label <- rlang::englue("A histogram of {{var}} with binwidth {binwidth}")

  df |>
    ggplot(aes(x = {{ var }})) +
    geom_histogram(binwidth = binwidth) +
    labs(title = label)
}

diamonds |> histogram(carat, 0.1)
```

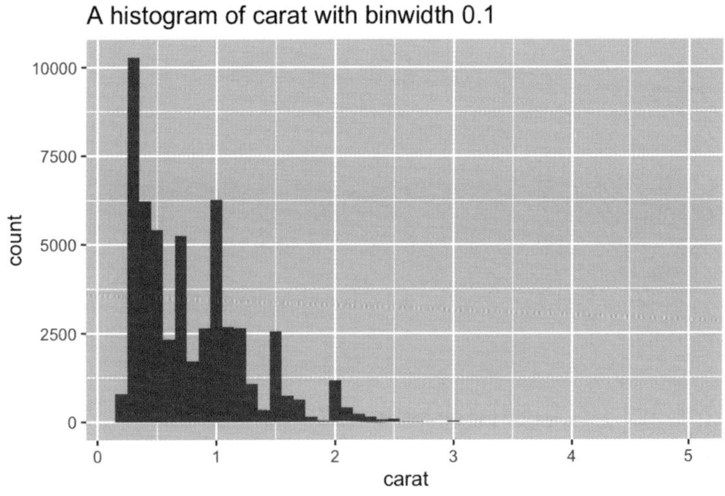

ggplot2 그래프에 문자열을 넣고 싶다면 언제든 이 방법을 사용하면 됩니다.

연습문제

다음 단계별로 하나씩 구현하면서 기능이 풍부한 그래프 함수를 만들어 보세요.

1. 주어진 데이터셋과 x, y 변수를 이용해 산점도를 만든다.
2. 가장 적합한 선을 추가한다(예: 표준 오차가 없는 선형 모델).
3. 그래프에 제목을 붙인다.

스타일

R은 함수나 인자의 이름을 어떻게 짓든 상관하지 않지만 사람한테는 중요한 문제입니다. 함수 이름은 짧으면서도 기능을 명확하게 나타내는 것이 가장 이상적입니다. 이렇게 이름을 짓는 것은 쉽지 않습니다! RStudio의 자동 완성 기능을 이용하면 긴 함수 이름도 쉽게 입력할 수 있으므로 짧은 것보다는 명확한 것이 낫습니다.

일반적으로 함수 이름은 동사로, 인자 이름은 명사로 짓습니다. 몇 가지 예외가 있기는 합니다. 잘 알려진 값을 계산하는 함수라면 명사를 사용하는 것도 좋습니다. 예를 들어 compute_mean() 보다는 mean()이 더 낫습니다. 또는 객체의 어떤 속성에 접근하는 함수라면 명사를 사용해도 좋습니다. 예를 들어 get_coefficients()보다는 coef()가 더 낫습니다. 일단 판단에 따라 적당한 이름을 지으세요. 나중에 더 좋은 이름이 떠오르면 그때 함수 이름을 바꿔도 되니까요.

```
# 너무 짧습니다
f()

# 동사가 아니고 기능을 나타내 주지도 않습니다
my_awesome_function()

# 길지만 명확합니다
impute_missing()
collapse_years()
```

R은 함수에 공백을 어떻게 사용하는지도 신경 쓰지 않습니다. 하지만 함수 사용자들은 신경 쓸 겁니다. 함수를 만들 때는 항상 4장에서 익힌 규칙을 따르세요. 추가로, function() 뒤에는 항상 중괄호({})를 쓰고, 내용은 추가로 두 칸 들여쓰기를 해야 합니다. 이렇게 하면 코드의 왼쪽 여백만 훑어봐도 계층 구조를 쉽게 파악할 수 있습니다.

```
# 두 칸 들여쓰기를 하지 않았습니다
density <- function(color, facets, binwidth = 0.1) {
diamonds |>
```

```
  ggplot(aes(x = carat, y = after_stat(density), color = {{ color }})) +
  geom_freqpoly(binwidth = binwidth) +
  facet_wrap(vars({{ facets }}))
}

# 파이프 연산자의 들여쓰기가 잘못되었습니다
density <- function(color, facets, binwidth = 0.1) {
  diamonds |>
  ggplot(aes(x = carat, y = after_stat(density), color = {{ color }})) +
  geom_freqpoly(binwidth = binwidth) +
  facet_wrap(vars({{ facets }}))
}
```

앞에서 보듯 { } 안에 추가 공백을 넣는 것을 권장합니다. 이렇게 하면 이 부분이 특별하다는 것을 아주 명확하게 알 수 있습니다.

연습문제

1. 다음 두 함수의 코드를 읽고 무슨 기능을 하는지 파악한 다음 더 나은 이름을 구상해 보세요.

```
f1 <- function(string, prefix) {
  str_sub(string, 1, str_length(prefix)) == prefix
}

f3 <- function(x, y) {
  rep(y, length.out = length(x))
}
```

2. 최근에 작성한 함수를 가져온 다음 함수 이름과 인자들의 이름을 더 잘 지을 수 있을지 5분간 구상해 보세요.

3. rnorm(), dnorm() 대신 norm_r(), norm_d() 등을 사용하는 것이 더 좋은 이유를 설명해 보세요. 반대로 기존 이름이 더 좋은 이유도 설명해 보세요. 이 함수 이름들을 어떻게 하면 더 명확하게 지을 수 있을까요?

요약

이 장에서는 벡터, 데이터 프레임, 그래프를 만드는 세 가지 유용한 함수 작성법을 배웠습니다. 그 과정에서 많은 예시를 살펴봤습니다. 이를 통해 여러분의 창의력이 자극되고 함수가 분석 코드에 얼마나 많이 도움이 되는지 알게 되었길 바랍니다.

이 책에서는 함수를 만드는 데 필요한 내용을 최소한만 다뤘습니다. 이외에 익힐 만한 것이 훨씬 많습니다. 함수를 더 익히려면 다음 자료를 참고하세요.

- tidy 평가를 이용해 프로그래밍하는 방법을 더 자세히 알아보려면 "programming with dplyr"(*https://dplyr.tidyverse.org/articles/programming.html*)에 있는 유용한 예제들을 살펴보세요. 그리고 이론을 더 자세히 알고 싶다면 "데이터 마스킹이란 무엇이며 왜 {{가 필요한가?(What is data-masking and why do I need {{?}"(*https://rlang.r-lib.org/reference/topic-data-mask.html*)를 읽어 보세요.
- 중복되는 ggplot2 코드를 줄이는 방법을 더 자세히 알아보려면 《ggplot2: Elegant graphics for data analysis》(*https://ggplot2-book.org/programming.html*)의 "Programming with ggplot2" 장을 읽어 보세요.
- 함수 스타일에 관한 조언을 더 얻고 싶다면 tidyverse 스타일 가이드(*https://style.tidyverse.org/functions.html*)를 참조하세요.

다음 장에서는 코드의 중복을 더욱 줄일 수 있는 도구인 반복을 자세히 알아볼 겁니다.

26장

R for Data Science Second Edition

반복

들어가며

이 장에서는 반복 작업을 위한 도구들을 익힐 겁니다. 반복(iteration)은 여러 객체에 같은 작업을 반복적으로 수행하는 것을 말합니다. R에서는 반복과 관련된 많은 일이 암묵적으로 자동 처리되기 때문에 R의 반복 작업은 다른 프로그래밍 언어와 매우 달라 보이기도 합니다. 예를 들어 숫자형 벡터 x를 두 배로 만들려면 다른 언어는 대부분 for 반복문 같은 것을 사용해 x의 각 요소를 명시적으로 두 배로 만들어야 하지만 R에서는 간단히 2 * x라고 쓰기만 하면 됩니다.

이미 이 책의 앞부분에서 같은 작업을 여러 대상에 수행하는 간편하지만 강력한 도구들을 다뤘습니다.

- facet_wrap()과 facet_grid()는 부분 집합별로 그래프를 그립니다.
- group_by()와 summarize()를 함께 쓰면 각 부분 집합의 요약 통계를 계산합니다.
- unnest_wider()와 unnest_longer()는 리스트 컬럼의 요소별로 새로운 행과 열을 만듭니다.

이제 더 범용적인 도구들을 익힐 차례입니다. 이 도구들은 대부분 다른 함수를 입력으로 받기 때문에 **함수형 프로그래밍** 도구라고 합니다. 함수형 프로그래밍을 다루다 보면 추상적인 얘기로 흘러가기 쉽지만, 이 장에서는 실제로 자주 하는 세 가지 작업, 즉 여러 열 수정하기, 여러 파일 불러오기, 여러 객체 저장하기에 초점을 맞춰 구체적으로 다뤄 보겠습니다.

준비하기

이 장에서는 tidyverse의 핵심 패키지인 dplyr과 purrr의 도구를 중점적으로 살펴봅니다. dplyr은 익숙하겠지만 purrr(*https://purrr.tidyverse.org*)는 생소할 겁니다. 이 장에서는 purrr 함수를 몇 가지만 사용하지만, purrr는 프로그래밍 실력이 쌓일수록 탐구해 볼만한 가치가 있는 훌륭한 패키지입니다.

```
library(tidyverse)
```

여러 열 수정하기

다음과 같은 간단한 티블이 있다고 합시다. 모든 열의 관측치 수와 중앙값을 계산하려고 합니다.

```
df <- tibble(
  a = rnorm(10),
  b = rnorm(10),
  c = rnorm(10),
  d = rnorm(10)
)
```

다음과 같이 복사 붙여 넣기로도 할 수 있습니다.

```
df |> summarize(
  n = n(),
  a = median(a),
  b = median(b),
  c = median(c),
  d = median(d),
)
#> # A tibble: 1 × 5
#>       n      a      b       c     d
#>   <int>  <dbl>  <dbl>   <dbl> <dbl>
#> 1    10 -0.246 -0.287 -0.0567 0.144
```

이런 방식은 복사 붙여 넣기를 세 번 이상 하지 말라는 규칙을 어기는 겁니다. 그리고 열이 수십, 수백 개라면 이 방식은 엄청 지루할 겁니다. 이럴 때는 across()를 대신 사용하면 편리합니다.

```
df |> summarize(
  n = n(),
  across(a:d, median),
)
#> # A tibble: 1 × 5
#>       n      a      b       c     d
#>   <int>  <dbl>  <dbl>   <dbl> <dbl>
#> 1    10 -0.246 -0.287 -0.0567 0.144
```

across()에 입력해야 하는 중요한 인자가 세 가지 있습니다. 이에 관해서는 다음 절에서 자세히 다루겠습니다. across()를 사용할 때는 항상 처음에 두 가지 인자를 지정해야 합니다. 첫 번째 인자인 .cols에는 반복할 열을 지정하고, 두 번째 인자인 .fns에는 각 열에 수행할 작업을 지정합니다. .names 인자는 출력 열의 이름을 추가로 제어해야 할 때 사용합니다. across()를 mutate()와 함께 쓸 때 이 인자가 특히 중요합니다. 또한 주요 응용 방법으로 filter()와 함께 작동하는 if_any(), if_all()도 살펴보겠습니다.

.cols로 열 선택하기

across()의 첫 번째 인자인 .cols는 바꿀 열을 선택하는 기능을 합니다. 이 인자는 select()와 작동 방식이 같기 때문에 53쪽에서 다룬 starts_with(), ends_with() 같은 함수를 이용해서 변수 이름을 기준으로 열을 선택할 수 있습니다.

across()에서 변수를 선택할 때 everything()과 where()를 사용하면 특히 유용합니다. everything()은 이름처럼 모든 열을 선택합니다. 그룹화된 변수는 선택하지 않습니다.

```
df <- tibble(
  grp = sample(2, 10, replace = TRUE),
  a = rnorm(10),
  b = rnorm(10),
  c = rnorm(10),
  d = rnorm(10)
)

df |>
  group_by(grp) |>
  summarize(across(everything(), median))
#> # A tibble: 2 × 5
#>     grp       a       b     c     d
#>   <int>   <dbl>   <dbl> <dbl> <dbl>
```

```
#> 1     1 -0.0935 -0.0163 0.363 0.364
#> 2     2  0.312  -0.0576 0.208 0.565
```

예시의 grp 같은 그룹화된 열은 across()에 포함되지 않습니다. 이 열은 summarize()가 자동으로 보존하기 때문입니다.

where()를 사용하면 열의 유형을 기준으로 열을 선택할 수 있습니다.

- where(is.numeric): 모든 숫자형 열을 선택합니다.
- where(is.character): 모든 문자열 열을 선택합니다.
- where(is.Date): 모든 날짜 열을 선택합니다.
- where(is.POSIXct): 모든 날짜-시간 열을 선택합니다.
- where(is.logical): 모든 논리형 열을 선택합니다.

다른 선택자와 마찬가지로 이들을 불 대수와 함께 쓸 수 있습니다. 예를 들어 !where(is.numeric)는 숫자형이 아닌 모든 열을 선택하고, starts_with("a") & where(is.logical)은 이름이 "a"로 시작하는 모든 논리형 열을 선택합니다.

단일 함수 호출하기

across()의 두 번째 인자는 각 열을 어떻게 바꿀지 정하는 기능을 합니다. 앞과 같은 간단한 경우에는 이미 있는 함수 하나를 사용합니다. 이는 R의 꽤 특별한 기능입니다. median, mean, str_flatten 등과 같은 함수 하나를 across와 같은 다른 함수에 넘겨주는 것입니다. 이런 특징 때문에 R이 함수형 프로그래밍 언어인 것입니다.

함수를 across()에 넘겨준다는 점을 기억하세요. 사용자가 함수를 실행하는 게 아니라 across()가 함수를 실행하는 것입니다. 그래서 함수 이름 뒤에 ()를 절대 붙이면 안 됩니다. 안 그러면 다음과 같은 오류가 발생합니다.

```
df |>
  group_by(grp) |>
  summarize(across(everything(), median()))
#> Error in `summarize()`:
#> i In argument: `across(everything(), median())`.
#> Caused by error in `median.default()`:
#> ! argument "x" is missing, with no default
```

이 오류는 함수에 입력값이 없기 때문에 발생합니다. 다음 오류도 마찬가지입니다.

```
median()
#> Error in median.default(): argument "x" is missing, with no default
```

여러 함수 호출하기

더 복잡하게는 인자를 추가로 입력하거나 변환 작업을 여러 번 수행해야 할 때가 있습니다. 간단한 예를 들어 보겠습니다. 데이터에 결측치가 있으면 어떻게 될까요? median()은 결측치를 그대로 전파하기 때문에 미완성된 결괏값을 출력합니다.

```
rnorm_na <- function(n, n_na, mean = 0, sd = 1) {
  sample(c(rnorm(n - n_na, mean = mean, sd = sd), rep(NA, n_na)))
}

df_miss <- tibble(
  a = rnorm_na(5, 1),
  b = rnorm_na(5, 1),
  c = rnorm_na(5, 2),
  d = rnorm(5)
)
df_miss |>
  summarize(
    across(a:d, median),
    n = n()
  )
#> # A tibble: 1 × 5
#>       a     b     c     d     n
#>   <dbl> <dbl> <dbl> <dbl> <int>
#> 1    NA    NA    NA  1.15     5
```

median()에 na.rm = TRUE를 입력해서 결측치를 제거하면 좋겠네요. 이렇게 하려면 median()을 직접 호출하는 대신 인자의 값을 설정해 둔 상태로 median()을 실행하는 새 함수를 만들어야 합니다.

```
df_miss |>
  summarize(
    across(a:d, function(x) median(x, na.rm = TRUE)),
    n = n()
  )
#> # A tibble: 1 × 5
#>       a     b      c     d     n
#>   <dbl> <dbl>  <dbl> <dbl> <int>
#> 1 0.139 -1.11 -0.387  1.15     5
```

이렇게 하면 코드가 조금 길어지는데, R에는 이럴 때 사용하면 편리한 단축법이 있습니다. 이런 일회용 함수 또는 익명(anonymous)[1] 함수를 쓸 때 function 대신 \[2]를 사용하면 됩니다.

```
df_miss |>
  summarize(
    across(a:d, \(x) median(x, na.rm = TRUE)),
    n = n()
  )
```

단축법 사용 여부와 관계없이 across()는 실제로 다음과 같이 코드를 확장하는 식으로 작동합니다.

```
df_miss |>
  summarize(
    a = median(a, na.rm = TRUE),
    b = median(b, na.rm = TRUE),
    c = median(c, na.rm = TRUE),
    d = median(d, na.rm = TRUE),
    n = n()
  )
```

median()에서 결측치를 제거할 때 제거된 값의 개수도 알고 싶다고 가정해 봅시다. across()에 중앙값을 계산하는 함수와 결측치의 수를 세는 함수, 이렇게 두 함수를 입력하면 됩니다. 여러 함수를 사용하려면 .fns에 이름이 있는 리스트를 입력하면 됩니다.

```
df_miss |>
  summarize(
    across(a:d, list(
      median = \(x) median(x, na.rm = TRUE),
      n_miss = \(x) sum(is.na(x))
    )),
    n = n()
```

1 익명이라고 하는 이유는 <-를 사용해 명시적으로 이름을 지정하지 않기 때문입니다. 개발자들은 이를 람다(lambda) 함수라고도 부릅니다.

2 예전에 만들어진 코드에서 ~ .x + 1과 같은 구문을 볼 때가 있습니다. 이는 익명 함수를 작성하는 또 다른 방법인데, tidyverse 함수에서만 작동하고 항상 변수 이름 .x를 사용해야 합니다. 지금은 \(x) x + 1과 같은 기본 구문을 사용하길 권합니다.

```
  )
#> # A tibble: 1 × 9
#>   a_median a_n_miss b_median b_n_miss c_median c_n_miss d_median d_n_miss
#>      <dbl>    <int>    <dbl>    <int>    <dbl>    <int>    <dbl>    <int>
#> 1    0.139        1    -1.11        1   -0.387        2     1.15        0
#> # i 1 more variable: n <int>
```

코드를 자세히 보면 열 이름을 276쪽 "str_glue()"에서 다뤘던 것처럼 `{.col}_{.fn}` 형식의 글루 명세(glue specification)를 사용해 지정한 것을 알 수 있습니다. 여기서 `.col`은 원래 열 이름이고 `.fn`은 함수 이름입니다. 이는 우연이 아닙니다! 다음 장에서 다룰 텐데, `.names` 인자를 사용하면 자신만의 글루 명세를 활용할 수 있습니다.

열 이름

`across()`의 결과물에서 열 이름은 `.names` 인자에 지정한 방식에 따라 정해집니다. 함수 이름이 앞에 오게 하려면 다음과 같이 직접 지정하면 됩니다.[3]

```
df_miss |>
  summarize(
    across(
      a:d,
      list(
        median = \(x) median(x, na.rm = TRUE),
        n_miss = \(x) sum(is.na(x))
      ),
      .names = "{.fn}_{.col}"
    ),
    n = n(),
  )
#> # A tibble: 1 × 9
#>   median_a n_miss_a median_b n_miss_b median_c n_miss_c median_d n_miss_d
#>      <dbl>    <int>    <dbl>    <int>    <dbl>    <int>    <dbl>    <int>
#> 1    0.139        1    -1.11        1   -0.387        2     1.15        0
#> # i 1 more variable: n <int>
```

`.names` 인자는 `across()`를 `mutate()`와 함께 쓸 때 특히 중요합니다. 기본적으로 `across()`는 입력한 것과 같은 이름을 출력합니다. 즉, `mutate()` 안의 `across()`가 기존 열을 덮어쓴다는 뜻입니다. 다음 예제에서 `coalesce()`는 `NA`를 `0`으로 바꾸는 기능을 합니다.

3 현재는 열 순서를 바꿀 수 없지만, 나중에 `relocate()` 등의 함수로 정렬 순서를 바꿀 수 있습니다.

```
df_miss |>
  mutate(
    across(a:d, \(x) coalesce(x, 0))
  )
#> # A tibble: 5 × 4
#>        a      b      c     d
#>    <dbl>  <dbl>  <dbl> <dbl>
#> 1  0.434 -1.25   0     1.60
#> 2  0      -1.43  -0.297 0.776
#> 3 -0.156 -0.980  0     1.15
#> 4 -2.61  -0.683 -0.785 2.13
#> 5  1.11   0     -0.387 0.704
```

덮어쓰는 대신 새로운 열을 추가하고 싶다면 .names 인자에 새 이름을 지정하면 됩니다.

```
df_miss |>
  mutate(
    across(a:d, \(x) abs(x), .names = "{.col}_abs")
  )
#> # A tibble: 5 × 8
#>        a      b      c     d a_abs b_abs  c_abs d_abs
#>    <dbl>  <dbl>  <dbl> <dbl> <dbl> <dbl>  <dbl> <dbl>
#> 1  0.434 -1.25  NA     1.60  0.434 1.25  NA     1.60
#> 2 NA     -1.43  -0.297 0.776 NA    1.43   0.297 0.776
#> 3 -0.156 -0.980 NA     1.15  0.156 0.980 NA     1.15
#> 4 -2.61  -0.683 -0.785 2.13  2.61  0.683  0.785 2.13
#> 5  1.11  NA     -0.387 0.704 1.11  NA     0.387 0.704
```

필터링

across()는 summarize()와 mutate()와는 함께 쓰기 좋지만, filter()와 쓰기엔 좀 어색합니다. 보통 filter()에 |나 &를 이용해서 여러 조건을 결합하는 식으로 사용할 때가 많은데, 이런 방식이 어울리지 않기 때문입니다. across()로 여러 논리 열을 만들 수 있는 건 분명한데, 그다음엔 뭘 해야 할까요? dplyr에는 이럴 때 사용할 수 있는 across()의 응용 함수인 if_any()와 if_all()이 있습니다.

```
# df_miss |> filter(is.na(a) | is.na(b) | is.na(c) | is.na(d))와 같음
df_miss |> filter(if_any(a:d, is.na))
#> # A tibble: 4 × 4
#>        a      b      c     d
#>    <dbl>  <dbl>  <dbl> <dbl>
```

```
#> 1  0.434 -1.25  NA      1.60
#> 2 NA     -1.43  -0.297 0.776
#> 3 -0.156 -0.980 NA      1.15
#> 4  1.11  NA     -0.387 0.704

# df_miss |> filter(is.na(a) & is.na(b) & is.na(c) & is.na(d))와 같음
df_miss |> filter(if_all(a:d, is.na))
#> # A tibble: 0 × 4
#> # i 4 variables: a <dbl>, b <dbl>, c <dbl>, d <dbl>
```

함수에 across() 사용하기

across()는 여러 열을 한 번에 처리할 수 있기 때문에 프로그래밍 작업을 할 때 특히 유용합니다. 예를 들어 제이컵 스콧(Jacob Scott)은 여러 lubridate 함수를 묶어서 모든 날짜 열을 연도, 월, 일 열로 펼치는 간단한 도우미 함수를 만들었습니다(*https://x.com/_wurli/status/1571836746899283969*).

```
expand_dates <- function(df) {
  df |>
    mutate(
      across(where(is.Date), list(year = year, month = month, day = mday))
    )
}

df_date <- tibble(
  name = c("Amy", "Bob"),
  date = ymd(c("2009-08-03", "2010-01-16"))
)

df_date |>
  expand_dates()
#> # A tibble: 2 × 5
#>   name  date       date_year date_month date_day
#>   <chr> <date>         <dbl>      <dbl>    <int>
#> 1 Amy   2009-08-03      2009          8        3
#> 2 Bob   2010-01-16      2010          1       16
```

across()는 첫 번째 인자가 tidy 셀렉션을 이용하기 때문에 하나의 인자로 여러 열을 쉽게 지정할 수 있습니다. 다만 517쪽 "언제 포옹을 해야 할까?"에서 다뤘듯이 인자를 포옹하는 걸 잊지 말아야 합니다. 예를 들어 다음 함수는 기본적으로 숫자 열의 평균을 계산하는데, 두 번째 인자를 입력하면 선택한 열만 요약합니다.

```
summarize_means <- function(df, summary_vars = where(is.numeric)) {
  df |>
    summarize(
      across({{ summary_vars }}, \(x) mean(x, na.rm = TRUE)),
      n = n()
    )
}
diamonds |>
  group_by(cut) |>
  summarize_means()
#> # A tibble: 5 × 9
#>   cut       carat depth table price     x     y     z     n
#>   <ord>     <dbl> <dbl> <dbl> <dbl> <dbl> <dbl> <dbl> <int>
#> 1 Fair      1.05   64.0  59.1 4359.  6.25  6.18  3.98  1610
#> 2 Good      0.849  62.4  58.7 3929.  5.84  5.85  3.64  4906
#> 3 Very Good 0.806  61.8  58.0 3982.  5.74  5.77  3.56 12082
#> 4 Premium   0.892  61.3  58.7 4584.  5.97  5.94  3.65 13791
#> 5 Ideal     0.703  61.7  56.0 3458.  5.51  5.52  3.40 21551

diamonds |>
  group_by(cut) |>
  summarize_means(c(carat, x:z))
#> # A tibble: 5 × 6
#>   cut       carat     x     y     z     n
#>   <ord>     <dbl> <dbl> <dbl> <dbl> <int>
#> 1 Fair      1.05   6.25  6.18  3.98  1610
#> 2 Good      0.849  5.84  5.85  3.64  4906
#> 3 Very Good 0.806  5.74  5.77  3.56 12082
#> 4 Premium   0.892  5.97  5.94  3.65 13791
#> 5 Ideal     0.703  5.51  5.52  3.40 21551
```

pivot_longer()와 비교하기

계속 진행하기 전에 across()와 pivot_longer()의 흥미로운 관계를 살펴보겠습니다. 이 함수는 83쪽 "데이터를 세로로 늘이기"에서 다뤘습니다. 대부분 데이터를 피벗한 다음 그룹별로 연산하는 절차로 작업을 진행하게 됩니다. 열별로 연산하는 게 아니고요. 다음과 같이 여러 함수를 사용해 요약하는 상황을 예로 들어 보겠습니다.

```
df |>
  summarize(across(a:d, list(median = median, mean = mean)))
#> # A tibble: 1 × 8
#>   a_median a_mean b_median b_mean c_median c_mean d_median d_mean
#>      <dbl>  <dbl>    <dbl>  <dbl>    <dbl>  <dbl>    <dbl>  <dbl>
#> 1   0.0380  0.205  -0.0163 0.0910    0.260 0.0716    0.540  0.508
```

데이터를 더 길게 피벗한 다음 요약하는 방식으로도 같은 값을 구할 수 있습니다.

```
long <- df |>
  pivot_longer(a:d) |>
  group_by(name) |>
  summarize(
    median = median(value),
    mean = mean(value)
  )
long
#> # A tibble: 4 × 3
#>   name   median   mean
#>   <chr>   <dbl>  <dbl>
#> 1 a      0.0380 0.205
#> 2 b     -0.0163 0.0910
#> 3 c      0.260  0.0716
#> 4 d      0.540  0.508
```

across()와 똑같은 구조로 만들고 싶으면 다시 피벗하면 됩니다.

```
long |>
  pivot_wider(
    names_from = name,
    values_from = c(median, mean),
    names_vary = "slowest",
    names_glue = "{name}_{.value}"
  )
#> # A tibble: 1 × 8
#>   a_median a_mean b_median b_mean c_median c_mean d_median d_mean
#>      <dbl>  <dbl>    <dbl>  <dbl>    <dbl>  <dbl>    <dbl>  <dbl>
#> 1   0.0380  0.205  -0.0163 0.0910    0.260 0.0716    0.540  0.508
```

가끔 across()로 해결할 수 없는 문제에 부딪힐 수 있기 때문에 이 기술을 알아 두면 유용합니다. 데이터에 있는 열 그룹을 이용해 동시에 계산하고 싶은 때가 그런 경우입니다. 예를 들어 데이터 프레임에 값과 가중치가 들어 있고 이를 이용해 가중 평균을 계산하고 싶다고 가정해 보겠습니다.

```
df_paired <- tibble(
  a_val = rnorm(10),
  a_wts = runif(10),
  b_val = rnorm(10),
  b_wts = runif(10),
  c_val = rnorm(10),
```

```
  c_wts = runif(10),
  d_val = rnorm(10),
  d_wts = runif(10)
)
```

지금으로써는 across()로 이 문제를 해결할 방법이 없습니다.[4] 하지만 pivot_longer()를 사용하면 비교적 간단히 해결할 수 있습니다.

```
df_long <- df_paired |>
  pivot_longer(
    everything(),
    names_to = c("group", ".value"),
    names_sep = "_"
  )
df_long
#> # A tibble: 40 × 3
#>   group    val   wts
#>   <chr>  <dbl> <dbl>
#> 1 a      0.715 0.518
#> 2 b     -0.709 0.691
#> 3 c      0.718 0.216
#> 4 d     -0.217 0.733
#> 5 a     -1.09  0.979
#> 6 b     -0.209 0.675
#> # i 34 more rows

df_long |>
  group_by(group) |>
  summarize(mean = weighted.mean(val, wts))
#> # A tibble: 4 × 2
#>   group    mean
#>   <chr>   <dbl>
#> 1 a      0.126
#> 2 b     -0.0704
#> 3 c     -0.360
#> 4 d     -0.248
```

필요하면 출력 결과에 pivot_wider()를 적용해서 원래 형태로 되돌릴 수도 있을 겁니다.

4 언젠가는 함수가 개선되어 가능해질 수도 있겠지만 현재로서는 방법을 모르겠습니다.

연습문제

1. across() 사용법을 연습해 보세요.
   a. palmerpenguins::penguins를 이용해서 각 열의 고윳값 개수를 구해 보세요.
   b. mtcars를 이용해서 모든 열의 평균을 구해 보세요.
   c. diamonds를 cut, clarity, color로 그룹화한 다음 관측치 빈도와 각 수치형 열의 평균을 구하세요.
2. across()에 함수 리스트를 사용할 때 함수 이름을 지정하지 않으면 어떻게 될까요? 출력 결과의 이름이 어떻게 정해질까요?
3. expand_dates()를 수정해서 날짜 열을 펼친 다음 자동으로 날짜 열을 제거하도록 만들어 보세요. 어떤 인자를 포용해야 할까요?
4. 이 함수가 각 파이프라인 단계에서 무슨 작업을 하는지 설명해 보세요. 함수가 where()의 어떤 특별한 기능을 활용하고 있나요?

```
show_missing <- function(df, group_vars, summary_vars = everything()) {
  df |>
    group_by(pick({{ group_vars }})) |>
    summarize(
      across({{ summary_vars }}, \(x) sum(is.na(x))),
      .groups = "drop"
    ) |>
    select(where(\(x) any(x > 0)))
}
nycflights13::flights |> show_missing(c(year, month, day))
```

여러 파일 불러오기

앞에서 dplyr::across()로 여러 열에 변환 작업을 반복하는 방법을 익혔습니다. 이번에는 purrr::map()으로 폴더 안의 모든 파일에 작업을 수행하는 방법을 알아보겠습니다. 간단한 예를 들어 보겠습니다. 불러올 엑셀 파일[5]이 가득 들어 있는 폴더가 있다고 가정해 보겠습니다. 복사 붙여 넣기를 한다면 이런 식으로 해야 합니다.

```
data2019 <- readxl::read_excel("data/y2019.xlsx")
data2020 <- readxl::read_excel("data/y2020.xlsx")
```

5 폴더에 포맷이 같은 csv 파일이 들어 있다면 124쪽 "여러 파일에서 데이터 불러오기"에서 다룬 방법을 사용하면 됩니다.

```
data2021 <- readxl::read_excel("data/y2021.xlsx")
data2022 <- readxl::read_excel("data/y2022.xlsx")
```

그런 다음 dplyr::bind_rows()로 모두 합치면 되겠죠.

```
data <- bind_rows(data2019, data2020, data2021, data2022)
```

파일이 네 개가 아니라 수백 개라면 이 방법은 금방 지루해질 겁니다. 이어지는 내용에서는 이런 작업을 자동화하는 방법을 알아봅니다. 기본적으로 세 단계로 작업합니다. list.files()로 폴더의 모든 파일을 나열하고, purrr::map()으로 각 파일을 리스트로 불러온 다음 purrr::list_rbind()로 하나의 데이터 프레임으로 합칩니다. 이 방법을 익힌 다음에는 모든 파일에 똑같은 작업을 할 수 없는, 더욱더 복잡한 상황을 해결하는 방법을 알아봅니다.

폴더의 파일 나열하기

이름에서 알 수 있듯이 list.files()는 폴더의 파일들을 나열합니다. 이 함수에는 거의 항상 세 가지 인자를 사용하게 됩니다.

- 첫 번째 인자 path에는 살펴볼 폴더를 입력합니다.
- pattern에는 파일 이름을 선별하는데 사용할 정규 표현식을 입력합니다. 가장 흔한 패턴은 [.]xlsx$나 [.]csv$ 같이 특정 확장자를 가진 모든 파일을 찾는 것입니다.
- full.names는 출력에 폴더 이름을 포함할지를 결정하는 기능을 하는데, 거의 대부분 TRUE로 설정하게 될 겁니다.

실제와 비슷한 상황을 예로 들어 보겠습니다. 이 책의 실습 자료 폴더에는 gapminder 패키지의 데이터가 들어 있는 엑셀 파일 12개가 있습니다. 각 파일에는 142개 국가의 1년치 데이터가 들어 있습니다. list.files()을 잘 이용하면 이 파일을 모두 나열할 수 있습니다.

```
paths <- list.files("data/gapminder", pattern = "[.]xlsx$", full.names = TRUE)
paths
#>  [1] "data/gapminder/1952.xlsx" "data/gapminder/1957.xlsx"
#>  [3] "data/gapminder/1962.xlsx" "data/gapminder/1967.xlsx"
#>  [5] "data/gapminder/1972.xlsx" "data/gapminder/1977.xlsx"
```

```
#>  [7] "data/gapminder/1982.xlsx" "data/gapminder/1987.xlsx"
#>  [9] "data/gapminder/1992.xlsx" "data/gapminder/1997.xlsx"
#> [11] "data/gapminder/2002.xlsx" "data/gapminder/2007.xlsx"
```

리스트

이제 12개의 파일 경로가 있으니 read_excel()을 12번 실행하면 12개의 데이터 프레임을 얻을 수 있습니다.

```
gapminder_1952 <- readxl::read_excel("data/gapminder/1952.xlsx")
gapminder_1957 <- readxl::read_excel("data/gapminder/1957.xlsx")
gapminder_1962 <- readxl::read_excel("data/gapminder/1962.xlsx")
 ...,
gapminder_2007 <- readxl::read_excel("data/gapminder/2007.xlsx")
```

하지만 각 시트를 서로 다른 변수에 넣어 두면 얼마 안가 작업하기 어려워질 겁니다. 대신 이들을 하나의 객체에 넣으면 작업하기가 더 쉬워질 겁니다. 이런 작업을 할 때 리스트를 사용하면 알맞습니다.

```
files <- list(
  readxl::read_excel("data/gapminder/1952.xlsx"),
  readxl::read_excel("data/gapminder/1957.xlsx"),
  readxl::read_excel("data/gapminder/1962.xlsx"),
  ...,
  readxl::read_excel("data/gapminder/2007.xlsx")
)
```

여러 데이터 프레임이 들어 있는 리스트에서 데이터 프레임을 하나만 꺼내려면 어떻게 해야 할까요? files[[i]]를 이용해 i번째 요소를 추출하면 됩니다.

```
files[[3]]
#> # A tibble: 142 × 5
#>   country     continent lifeExp      pop gdpPercap
#>   <chr>       <chr>       <dbl>    <dbl>     <dbl>
#> 1 Afghanistan Asia         32.0 10267083      853.
#> 2 Albania     Europe       64.8  1728137     2313.
#> 3 Algeria     Africa       48.3 11000948     2551.
#> 4 Angola      Africa       34    4826015     4269.
#> 5 Argentina   Americas     65.1 21283783     7133.
#> 6 Australia   Oceania      70.9 10794968    12217.
#> # i 136 more rows
```

[[를 사용하는 방법은 569쪽 "$와 [[로 단일 요소 선택하기"에서 더 자세히 다루겠습니다.

purrr::map()과 list_rbind()

여러 데이터 프레임을 리스트에 모으는 코드를 "손으로" 직접 입력하는 것은 역시나 지루합니다. 파일을 불러오는 코드를 하나씩 입력하는 것과 마찬가지죠. 기쁘게도 purrr::map()을 사용하면 paths 벡터를 더 효과적으로 활용할 수 있습니다. map()은 across()와 비슷하게 작동하는데, 데이터 프레임의 각 열이 아니라 벡터의 각 요소에 무언가를 적용한다는 점만 다릅니다. map(x, f)는 다음과 같은 의미입니다.

```
list(
  f(x[[1]]),
  f(x[[2]]),
  ...,
  f(x[[n]])
)
```

그래서 map()을 사용하면 12개의 데이터 프레임으로 이루어진 리스트를 얻을 수 있습니다.

```
files <- map(paths, readxl::read_excel)
length(files)
#> [1] 12

files[[1]]
#> # A tibble: 142 × 5
#>   country     continent lifeExp      pop gdpPercap
#>   <chr>       <chr>       <dbl>    <dbl>     <dbl>
#> 1 Afghanistan Asia         28.8  8425333      779.
#> 2 Albania     Europe       55.2  1282697     1601.
#> 3 Algeria     Africa       43.1  9279525     2449.
#> 4 Angola      Africa       30.0  4232095     3521.
#> 5 Argentina   Americas     62.5 17876956     5911.
#> 6 Australia   Oceania      69.1  8691212    10040.
#> # i 136 more rows
```

이는 str()로는 간단하게 표시할 수 없는 또 다른 데이터 구조라 데이터를 RStudio에 불러온 다음 View()로 살펴보는 게 좋습니다.

이제 purrr::list_rbind()를 사용하면 데이터 프레임 리스트를 데이터 프레임 하나로 합칠 수 있습니다.

```
list_rbind(files)
#> # A tibble: 1,704 × 5
#>   country     continent lifeExp      pop gdpPercap
#>   <chr>       <chr>       <dbl>    <dbl>     <dbl>
#> 1 Afghanistan Asia         28.8  8425333      779.
#> 2 Albania     Europe       55.2  1282697     1601.
#> 3 Algeria     Africa       43.1  9279525     2449.
#> 4 Angola      Africa       30.0  4232095     3521.
#> 5 Argentina   Americas     62.5 17876956     5911.
#> 6 Australia   Oceania      69.1  8691212    10040.
#> # i 1,698 more rows
```

파이프라인으로 연결하면 두 단계를 한 번에 수행할 수도 있습니다.

```
paths |>
  map(readxl::read_excel) |>
  list_rbind()
```

read_excel()에 추가 인자를 전달하고 싶다면 어떻게 해야 할까요? across()에서 사용한 것과 같은 방법을 사용하면 됩니다. 예를 들어 n_max = 1을 사용해 데이터의 처음 몇 행만 살펴보는 것도 꽤 유용한 방법입니다.

```
paths |>
  map(\(path) readxl::read_excel(path, n_max = 1)) |>
  list_rbind()
#> # A tibble: 12 × 5
#>   country     continent lifeExp      pop gdpPercap
#>   <chr>       <chr>       <dbl>    <dbl>     <dbl>
#> 1 Afghanistan Asia         28.8  8425333      779.
#> 2 Afghanistan Asia         30.3  9240934      821.
#> 3 Afghanistan Asia         32.0 10267083      853.
#> 4 Afghanistan Asia         34.0 11537966      836.
#> 5 Afghanistan Asia         36.1 13079460      740.
#> 6 Afghanistan Asia         38.4 14880372      786.
#> # i 6 more rows
```

앞의 코드를 실행해 보면 무언가 빠져있다는 사실을 분명하게 알게 됩니다. year 열이 없죠. 이 값은 개별 파일이 아니라 경로에 기록되어 있습니다. 이제 이 문제를 해결해 보겠습니다.

경로에 있는 데이터

때로는 파일 이름 자체에 데이터가 있습니다. 이 예시에서는 파일 안에는 기록되어 있지 않은 연도가 각 파일 이름에 있습니다. 이 열을 최종 데이터 프레임에 넣으려면 두 가지 작업을 진행해야 합니다.

첫째, 경로 벡터에 이름을 부여합니다. 가장 쉬운 방법은 함수를 인자로 받을 수 있는 set_names() 함수를 사용하는 것입니다. 여기서는 basename()을 사용해 전체 경로에서 파일 이름만 추출하겠습니다.

```
paths |> set_names(basename)
#>                  1952.xlsx                  1957.xlsx
#> "data/gapminder/1952.xlsx" "data/gapminder/1957.xlsx"
#>                  1962.xlsx                  1967.xlsx
#> "data/gapminder/1962.xlsx" "data/gapminder/1967.xlsx"
#>                  1972.xlsx                  1977.xlsx
#> "data/gapminder/1972.xlsx" "data/gapminder/1977.xlsx"
#>                  1982.xlsx                  1987.xlsx
#> "data/gapminder/1982.xlsx" "data/gapminder/1987.xlsx"
#>                  1992.xlsx                  1997.xlsx
#> "data/gapminder/1992.xlsx" "data/gapminder/1997.xlsx"
#>                  2002.xlsx                  2007.xlsx
#> "data/gapminder/2002.xlsx" "data/gapminder/2007.xlsx"
```

이렇게 추출한 이름은 모든 map 함수에 의해 자동으로 전달됩니다. 그래서 데이터 프레임 리스트도 같은 이름을 갖게 됩니다.

```
files <- paths |>
  set_names(basename) |>
  map(readxl::read_excel)
```

이 코드는 다음 코드를 map()을 이용해 간단하게 줄인 것입니다.

```
files <- list(
  "1952.xlsx" = readxl::read_excel("data/gapminder/1952.xlsx"),
  "1957.xlsx" = readxl::read_excel("data/gapminder/1957.xlsx"),
  "1962.xlsx" = readxl::read_excel("data/gapminder/1962.xlsx"),
  ...,
  "2007.xlsx" = readxl::read_excel("data/gapminder/2007.xlsx")
)
```

[[를 사용하면 이름을 이용해 특정 요소를 추출할 수 있습니다.

```
files[["1962.xlsx"]]
#> # A tibble: 142 × 5
#>   country     continent lifeExp      pop gdpPercap
#>   <chr>       <chr>       <dbl>    <dbl>     <dbl>
#> 1 Afghanistan Asia         32.0 10267083      853.
#> 2 Albania     Europe       64.8  1728137     2313.
#> 3 Algeria     Africa       48.3 11000948     2551.
#> 4 Angola      Africa       34    4826015     4269.
#> 5 Argentina   Americas     65.1 21283783     7133.
#> 6 Australia   Oceania      70.9 10794968    12217.
#> # i 136 more rows
```

이제 list_rbind()의 names_to 인자를 사용하면 파일 이름을 year라는 새 열에 저장할 수 있습니다. 그런 다음 readr::parse_number()를 사용해 문자열에서 숫자를 추출하면 됩니다.

```
paths |>
  set_names(basename) |>
  map(readxl::read_excel) |>
  list_rbind(names_to = "year") |>
  mutate(year = parse_number(year))
#> # A tibble: 1,704 × 6
#>    year country     continent lifeExp      pop gdpPercap
#>   <dbl> <chr>       <chr>       <dbl>    <dbl>     <dbl>
#> 1  1952 Afghanistan Asia         28.8  8425333      779.
#> 2  1952 Albania     Europe       55.2  1282697     1601.
#> 3  1952 Algeria     Africa       43.1  9279525     2449.
#> 4  1952 Angola      Africa       30.0  4232095     3521.
#> 5  1952 Argentina   Americas     62.5 17876956     5911.
#> 6  1952 Australia   Oceania      69.1  8691212    10040.
#> # i 1,698 more rows
```

더 복잡한 상황인 경우, 디렉터리 이름에 다른 변수가 저장되어 있거나 파일 이름에 여러 데이터 조각이 들어 있을 수 있습니다. 이때는 set_names()에 인자를 지정하지 않고 사용해 전체 경로를 기록한 다음 tidyr::separate_wider_delim() 같은 함수들을 사용해서 쓸만한 열을 만들 수 있습니다.

```
paths |>
  set_names() |>
  map(readxl::read_excel) |>
  list_rbind(names_to = "year") |>
  separate_wider_delim(year, delim = "/", names = c(NA, "dir", "file")) |>
```

```
  separate_wider_delim(file, delim = ".", names = c("file", "ext"))
#> # A tibble: 1,704 × 8
#>   dir       file  ext   country     continent lifeExp      pop gdpPercap
#>   <chr>     <chr> <chr> <chr>       <chr>       <dbl>    <dbl>     <dbl>
#> 1 gapminder 1952  xlsx  Afghanistan Asia         28.8  8425333      779.
#> 2 gapminder 1952  xlsx  Albania     Europe       55.2  1282697     1601.
#> 3 gapminder 1952  xlsx  Algeria     Africa       43.1  9279525     2449.
#> 4 gapminder 1952  xlsx  Angola      Africa       30.0  4232095     3521.
#> 5 gapminder 1952  xlsx  Argentina   Americas     62.5 17876956     5911.
#> 6 gapminder 1952  xlsx  Australia   Oceania      69.1  8691212    10040.
#> # i 1,698 more rows
```

작업 저장하기

잘 정돈된 데이터 프레임을 얻기 위해 많은 작업을 진행했으니 이제 작업 내용을 저장하는 게 좋겠습니다.

```
gapminder <- paths |>
  set_names(basename) |>
  map(readxl::read_excel) |>
  list_rbind(names_to = "year") |>
  mutate(year = parse_number(year))

write_csv(gapminder, "gapminder.csv")
```

이렇게 하면 나중에 이 작업으로 다시 돌아왔을 때 csv 파일을 하나만 불러오면 됩니다. 데이터셋이 크고 복잡하다면 451쪽 "파케이 포맷"에서 다뤘듯이 `.csv` 대신 파케이를 사용하는 것이 더 나을 겁니다.

프로젝트를 이용하는 중이라면 이런 데이터 준비 작업을 하는 파일 이름을 `0-cleanup.R`과 같은 식으로 지정하는 것이 좋습니다. 파일 이름에 `0`이 있으면 이 파일이 다른 어떤 것보다 먼저 실행되어야 한다는 것을 알 수 있습니다.

입력 데이터 파일이 시간이 지나면서 계속 바뀌는 상황이라면 targets(*https://docs.ropensci.org/targets*) 같은 도구를 익혀서 사용해 보세요. 입력 파일 중 하나가 수정될 때마다 데이터 정리 코드가 자동으로 다시 실행되도록 설정할 수 있습니다.

간단한 작업을 여러 번 반복하기

여기서는 데이터를 디스크에서 바로 불러왔고 운 좋게도 정돈된 데이터셋을 얻었습니다. 대부분의 경우 정리 작업을 추가로 진행해야 하는데, 이때 기본적으로 두 가지 선택지가 있습니다. 하나는 복잡한 함수를 한 번만 반복하는 것이고, 다른 하나는 간단한 함수를 여러 번 반복하는 것입니다. 경험상 사람들은 대부분 복잡한 방법을 한 번에 처리하려고 시도하는데, 때로는 간단한 방법을 여러 번 반복하는 게 나을 때가 있습니다.

예를 들어 여러 파일을 불러와서, 결측치를 제거하고, 피벗하고, 합치고 싶다고 해 봅시다. 이 문제를 해결하는 한 가지 방법은 파일을 입력받아 모든 단계를 수행하는 함수를 만들어서 map()을 한 번만 실행하는 것입니다.

```
process_file <- function(path) {
  df <- read_csv(path)

  df |>
    filter(!is.na(id)) |>
    mutate(id = tolower(id)) |>
    pivot_longer(jan:dec, names_to = "month")
}

paths |>
  map(process_file) |>
  list_rbind()
```

다른 방법은 process_file()의 각 단계를 모든 파일에 각각 적용하는 것입니다.

```
paths |>
  map(read_csv) |>
  map(\(df) df |> filter(!is.na(id))) |>
  map(\(df) df |> mutate(id = tolower(id))) |>
  map(\(df) df |> pivot_longer(jan:dec, names_to = "month")) |>
  list_rbind()
```

두 번째 방식을 권장하는 이유는 한 파일만 처리하는 데 집중하다가 나머지 파일을 소홀히 하는 상황을 방지할 수 있기 때문입니다. 데이터를 정돈하고 정제하는 과정에서 모든 데이터를 함께 고려하면 전체적인 관점에서 생각할 수 있어서 결과적으로 품질이 더 좋은 결과물을 얻을 수 있습니다.

이 예시에서는 모든 데이터 프레임을 일찍 결합하면 더 최적화할 수 있습니다. 이렇게 하면 대부분의 dplyr 함수를 그대로 사용할 수 있습니다.

```
paths |>
  map(read_csv) |>
```

```
  list_rbind() |>
  filter(!is.na(id)) |>
  mutate(id = tolower(id)) |>
  pivot_longer(jan:dec, names_to = "month")
```

데이터 형태가 서로 다를 때

안타깝지만, 때로는 데이터 프레임 형태가 너무 다양해서 map()에서 바로 list_rbind()로 넘어갈 수 없습니다. list_rbind()가 작동하지 않거나 혹은 쓸모 없는 데이터 프레임을 만들어 내기 때문입니다. 이런 경우에도 모든 파일을 불러오는 작업부터 시작하는 게 좋습니다.

```
files <- paths |>
  map(readxl::read_excel)
```

그런 다음 데이터 과학 기법으로 탐색하면서 데이터 프레임의 구조를 파악하는 게 좋은 접근 전략입니다. 이때 열당 한 행씩 반환하는 df_types 함수[6]를 사용하면 편리합니다.

```
df_types <- function(df) {
  tibble(
    col_name = names(df),
    col_type = map_chr(df, vctrs::vec_ptype_full),
    n_miss = map_int(df, \(x) sum(is.na(x)))
  )
}

df_types(gapminder)
#> # A tibble: 6 × 3
#>   col_name  col_type  n_miss
#>   <chr>     <chr>      <int>
#> 1 year      double         0
#> 2 country   character      0
#> 3 continent character      0
#> 4 lifeExp   double         0
#> 5 pop       double         0
#> 6 gdpPercap double         0
```

6 이 함수가 어떻게 작동하는지는 설명하지 않겠습니다. 사용된 함수들의 설명 문서를 보면 이해할 수 있을 겁니다.

이 함수를 모든 파일에 적용한 다음 피벗하면 데이터의 차이점을 더 쉽게 알아낼 수 있습니다. 예를 들어 다음 코드를 실행하면 모든 gapminder 스프레드시트의 형태가 꽤 비슷하다는 것을 쉽게 알 수 있습니다.

```
files |>
  map(df_types) |>
  list_rbind(names_to = "file_name") |>
  select(-n_miss) |>
  pivot_wider(names_from = col_name, values_from = col_type)
#> # A tibble: 12 × 6
#>   file_name country   continent lifeExp pop    gdpPercap
#>   <chr>     <chr>     <chr>     <chr>   <chr>  <chr>
#> 1 1952.xlsx character character double  double double
#> 2 1957.xlsx character character double  double double
#> 3 1962.xlsx character character double  double double
#> 4 1967.xlsx character character double  double double
#> 5 1972.xlsx character character double  double double
#> 6 1977.xlsx character character double  double double
#> # i 6 more rows
```

파일 형태가 다양하면 우선 처리 작업을 더 많이 하고 나서야 성공적으로 합칠 수 있습니다. 아쉽지만 이 방법은 독자 여러분이 스스로 알아내야 할 몫으로 남겨두겠습니다. map_if()와 map_at() 설명 문서를 읽어 보면 도움이 될 겁니다. map_if()는 값을 기준으로 리스트의 요소를 선택적으로 수정하고, map_at()은 이름을 기준으로 요소를 선택적으로 수정하는 기능을 합니다.

실패 처리하기

때로는 데이터 구조가 너무 다양해서 한 번의 명령으로 모든 파일을 불러오지 못할 수도 있습니다. 그러면 map()의 한 가지 단점을 만나게 되는데, 작업 전체가 모두 성공하거나 모두 실패하게 됩니다. 디렉터리의 모든 파일을 성공적으로 불러오든지 아니면 오류를 내며 실패해서 하나도 불러오지 못하든지 둘 중 하나입니다. 하나만 실패했는데도 전부 다 실패하게 된다니, 짜증 나는 일이죠.

다행히 purrr에는 이 문제를 해결하는 데 도움이 되는 possibly()가 있습니다. possibly()는 **함수 연산자**(function operator)라고 불리는데, 함수를 입력하면 함수의 작동 방식을 수정해 새로운 함수를 만들어 냅니다. 특히 possibly()는 오류가 발생했을 때 사용자가 지정한 값을 반환하도록 함수를 수정해 줍니다.

```
files <- paths |>
  map(possibly(\(path) readxl::read_excel(path), NULL))

data <- files |> list_rbind()
```

지금의 경우에는 특히 잘 작동합니다. list_rbind()가, tidyverse 함수 대부분이 그렇듯 자동으로 NULL을 무시하기 때문입니다.

모든 데이터를 쉽게 읽을 수 있게 만들었으니 이제 어려운 문제가 남아 있습니다. 어떤 파일이 로드하는 데 실패한 이유가 무엇인지 알아내고 해결 방법을 찾아내는 것이죠. 우선 로드하는데 실패한 경로를 찾는 것부터 시작하세요.

```
failed <- map_vec(files, is.null)
paths[failed]
#> character(0)
```

그런 다음 각 실패 경로를 이용해서 데이터를 불러오는 함수를 실행해 무엇이 잘못되었는지 알아내면 됩니다.

여러 출력물 저장하기

앞에서는 여러 파일을 하나의 객체로 불러오는 데 유용하게 사용할 수 있는 map()을 익혔습니다. 이번에는 반대의 경우를 살펴보겠습니다. 하나 이상의 R 객체를 하나 이상의 파일로 저장하려면 어떻게 해야 할까요? 세 가지 예제를 통해 이 문제를 살펴보겠습니다.

- 여러 데이터 프레임을 하나의 데이터베이스에 저장하기
- 여러 데이터 프레임을 여러 개의 .csv 파일로 저장하기
- 여러 그래프를 여러 개의 .png 파일로 저장하기

데이터베이스에 저장하기

여러 파일을 한 번에 다룰 때, 모든 데이터를 한꺼번에 메모리에 올릴 수 없어서 map(files, read_csv)를 쓸 수 없을 때가 있습니다. 이 문제를 해결하는 한 가지 방법은 데이터를 데이터베이스에 저장해 두고 필요한 부분만 dbplyr로 접근하는 겁니다.

사용 중인 데이터베이스 패키지에 경로 벡터만 입력하면 데이터를 모두 데이터베이스에 넣어 주는 함수가 있다면 무척 편리하겠죠? 운이 좋게도 duckdb의 duckdb_read_csv()가 이런 기능을 합니다.

```
con <- DBI::dbConnect(duckdb::duckdb())
duckdb::duckdb_read_csv(con, "gapminder", paths)
```

이 예시에서는 잘 작동합니다. 하지만 csv 파일이 아니라 엑셀 파일을 가지고 있을 때는 이 작업을 "손으로" 해야 합니다. 손으로 하는 방법을 익혀 두면 여러 csv 파일과 데이터베이스를 사용하고 있지만, 여러 파일을 한 번에 저장해 주는 함수가 없을 때 유용하게 활용할 수 있습니다.

우선 데이터를 채워 넣을 테이블을 만들어야 합니다. 가장 쉬운 방법은 템플릿을 만드는 겁니다. 즉, 넣고 싶은 모든 열이 들어 있지만, 데이터는 일부만 있는 가짜 데이터 프레임을 만드는 거죠. gapminder 데이터는 파일 하나를 불러와서 연도를 추가하면 템플릿을 만들 수 있습니다.

```
template <- readxl::read_excel(paths[[1]])
template$year <- 1952
template
#> # A tibble: 142 × 6
#>   country     continent lifeExp      pop gdpPercap  year
#>   <chr>       <chr>       <dbl>    <dbl>     <dbl> <dbl>
#> 1 Afghanistan Asia         28.8  8425333      779.  1952
#> 2 Albania     Europe       55.2  1282697     1601.  1952
#> 3 Algeria     Africa       43.1  9279525     2449.  1952
#> 4 Angola      Africa       30.0  4232095     3521.  1952
#> 5 Argentina   Americas     62.5 17876956     5911.  1952
#> 6 Australia   Oceania      69.1  8691212    10040.  1952
#> # i 136 more rows
```

이제 데이터베이스에 연결한 다음 템플릿을 DBI::dbCreateTable()을 이용해 데이터베이스 테이블로 바꾸면 됩니다.

```
con <- DBI::dbConnect(duckdb::duckdb())
DBI::dbCreateTable(con, "gapminder", template)
```

dbCreateTable()은 template의 데이터는 사용하지 않고 변수 이름과 타입만 사용합니다. 그래서 gapminder 테이블을 살펴보면 지금은 비어 있습니다. 하지만 데이터를 저장하는 데 필요한 변수들이 올바른 타입으로 설정되어 들어 있습니다.

```
con |> tbl("gapminder")
#> # Source:   table<gapminder> [0 x 6]
#> # Database: DuckDB v0.10.2 [duddnek@Windows 10 x64:R 4.4.1/:memory:]
#> # i 6 variables: country <chr>, continent <chr>, lifeExp <dbl>, pop <dbl>,
#> #   gdpPercap <dbl>, year <dbl>
```

다음으로 파일 경로를 하나 입력하면 R로 불러들여서 결과를 gapminder 테이블에 추가하는 함수가 필요합니다. read_excel()과 DBI::dbAppendTable()을 이용해 만들면 됩니다.

```
append_file <- function(path) {
  df <- readxl::read_excel(path)
  df$year <- parse_number(basename(path))

  DBI::dbAppendTable(con, "gapminder", df)
}
```

이제 paths의 요소별로 append_file()을 한 번씩 실행해야 합니다. 물론 map()을 사용하면 됩니다.

```
paths |> map(append_file)
```

하지만 여기서 append_file()의 출력에 관심이 있는 건 아니니까 map() 대신 walk()를 쓰는 게 조금 더 낫습니다. walk()는 map()과 완전히 같은 기능을 하지만 출력물을 버립니다.

```
paths |> walk(append_file)
```

이제 테이블에 모든 데이터가 있는지 확인해 봅시다.

```
con |>
  tbl("gapminder") |>
  count(year)
#> # Source:   SQL [?? x 2]
#> # Database: DuckDB v0.10.2 [duddnek@Windows 10 x64:R 4.4.1/:memory:]
#>    year     n
#>   <dbl> <dbl>
#> 1  1977   142
```

```
#> 2  1987   142
#> 3  2007   142
#> 4  1952   142
#> 5  1957   142
#> 6  1972   142
#> # i more rows
```

csv 파일로 저장하기

데이터를 그룹별로 하나씩 여러 csv로 저장하고 싶을 때도 같은 원리를 적용하면 됩니다. ggplot2::diamonds 데이터의 clarity를 각각 csv 파일로 저장하고 싶다고 가정해 봅시다. 우선 이런 개별 데이터셋을 만들어야 합니다. 여러 방법이 있지만 가장 좋은 방법은 group_nest()를 사용하는 겁니다.

```
by_clarity <- diamonds |>
  group_nest(clarity)

by_clarity
#> # A tibble: 8 × 2
#>   clarity              data
#>   <ord>   <list<tibble[,9]>>
#> 1 I1               [741 × 9]
#> 2 SI2            [9,194 × 9]
#> 3 SI1           [13,065 × 9]
#> 4 VS2           [12,258 × 9]
#> 5 VS1            [8,171 × 9]
#> 6 VVS2           [5,066 × 9]
#> # i 2 more rows
```

이렇게 하면 8개의 행과 2개의 열을 가진 새 티블이 만들어집니다. clarity는 그룹화 변수이고 data는 각 고유한 clarity 값 별로 티블을 하나씩 담고 있는 리스트 컬럼입니다.

```
by_clarity$data[[1]]
#> # A tibble: 741 × 9
#>   carat cut       color depth table price     x     y     z
#>   <dbl> <ord>     <ord> <dbl> <dbl> <int> <dbl> <dbl> <dbl>
#> 1  0.32 Premium   E      60.9    58   345  4.38  4.42  2.68
#> 2  1.17 Very Good J      60.2    61  2774  6.83  6.9   4.13
#> 3  1.01 Premium   F      61.8    60  2781  6.39  6.36  3.94
#> 4  1.01 Fair      E      64.5    58  2788  6.29  6.21  4.03
#> 5  0.96 Ideal     F      60.7    55  2801  6.37  6.41  3.88
```

```
#> 6  1.04 Premium   G      62.2    58  2801  6.46  6.41  4
#> # i 735 more rows
```

여기에 mutate()와 str_glue()를 이용해서 출력 파일의 이름을 담은 열을 추가하겠습니다.

```
by_clarity <- by_clarity |>
  mutate(path = str_glue("diamonds-{clarity}.csv"))

by_clarity
#> # A tibble: 8 × 3
#>   clarity                data path
#>   <ord>   <list<tibble[,9]>> <glue>
#> 1 I1              [741 × 9] diamonds-I1.csv
#> 2 SI2           [9,194 × 9] diamonds-SI2.csv
#> 3 SI1          [13,065 × 9] diamonds-SI1.csv
#> 4 VS2          [12,258 × 9] diamonds-VS2.csv
#> 5 VS1           [8,171 × 9] diamonds-VS1.csv
#> 6 VVS2          [5,066 × 9] diamonds-VVS2.csv
#> # i 2 more rows
```

이 데이터 프레임들을 손으로 저장한다면 이런 식으로 해야겠죠.

```
write_csv(by_clarity$data[[1]], by_clarity$path[[1]])
write_csv(by_clarity$data[[2]], by_clarity$path[[2]])
write_csv(by_clarity$data[[3]], by_clarity$path[[3]])
...
write_csv(by_clarity$by_clarity[[8]], by_clarity$path[[8]])
```

이는 이전에 map()을 사용했을 때와는 조금 다르게, 하나가 아닌 두 개의 인자가 바꾸고 있습니다. 첫 번째와 두 번째 인자를 모두 바꿔 주는 새 함수 map2()가 필요합니다. 여기서도 마찬가지로 출력에는 관심이 없으니까 map2() 대신 walk2()를 쓰는 게 좋겠네요. 코드를 이런 식으로 작성하면 됩니다.

```
walk2(by_clarity$data, by_clarity$path, write_csv)
```

그래프 저장하기

여러 그래프를 저장할 때도 같은 원리를 적용하면 됩니다. 먼저 그래프를 출력하는 함수를 만들어 보겠습니다.

```
carat_histogram <- function(df) {
  ggplot(df, aes(x = carat)) + geom_histogram(binwidth = 0.1)
}

carat_histogram(by_clarity$data[[1]])
```

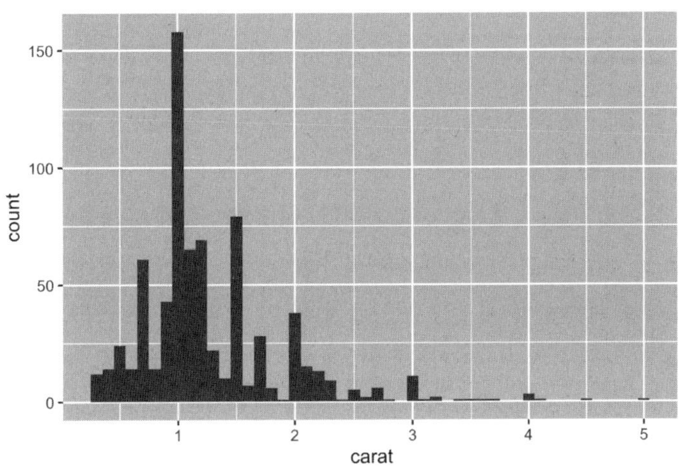

이제 map()을 사용해서 여러 그래프[7]와 그래프를 저장할 최종 파일 경로를 담은 리스트를 만들면 됩니다.

```
by_clarity <- by_clarity |>
  mutate(
    plot = map(data, carat_histogram),
    path = str_glue("clarity-{clarity}.png")
  )
```

그런 다음 walk2()와 ggsave()를 사용해 각 그래프를 저장합니다.

```
walk2(
  by_clarity$path,
  by_clarity$plot,
  \(path, plot) ggsave(path, plot, width = 6, height = 6)
)
```

이는 다음과 같은 코드를 짧게 줄인 겁니다.

7 by_clarity$plot을 출력하면 간단한 애니메이션을 볼 수 있습니다. 이때 plots의 요소마다 하나의 그래프가 만들어집니다.

```
ggsave(by_clarity$path[[1]], by_clarity$plot[[1]], width = 6, height = 6)
ggsave(by_clarity$path[[2]], by_clarity$plot[[2]], width = 6, height = 6)
ggsave(by_clarity$path[[3]], by_clarity$plot[[3]], width = 6, height = 6)
...
ggsave(by_clarity$path[[8]], by_clarity$plot[[8]], width = 6, height = 6)
```

요약

이 장에서는 여러 열을 다루는 방법, 여러 파일을 불러오는 방법, 여러 출력물을 저장하는 방법을 통해 명시적 반복을 사용하는 방법을 살펴봤습니다. 이 세 가지는 데이터 과학에서 흔하게 접하는 문제입니다. 대부분의 문제를 해결할 때 반복은 매우 유용한 도구입니다. 적절한 반복 기법을 알면 한 가지 문제를 해결하는 방법을 확장해 모든 문제를 쉽게 해결할 수 있습니다. 이 장에서 다룬 기술들을 충분히 익혔다면 더 깊이 학습해 보길 강력히 권합니다. 《Advanced R》의 "Functionals" 장(*https://adv-r.hadley.nz/functionals.html*)과 purrr 웹사이트(*https://purrr.tidyverse.org*)를 살펴보세요.

다른 언어에서 반복을 어떻게 사용하는지 잘 알고 있다면 이 책에서 `for` 반복문을 다루지 않은 것이 놀라울 수 있습니다. `for` 반복문을 다루지 않은 이유는 R에서는 데이터 분석 작업을 할 때 반복 작업에 접근하는 방식이 그 언어들과는 다르기 때문입니다. 각 열이나 각 그룹에 어떤 작업을 수행할 때 대부분의 경우 이미 잘 정립되어 있는 효율적인 방법을 사용할 수 있습니다. 그리고 그렇지 않은 경우에도 `map()`과 같은 함수형 프로그래밍 도구를 사용하면 리스트의 각 요소를 대상으로 작업을 할 수 있습니다. 그러나 실전에서는 `for` 반복문을 사용한 코드를 자주 보게 될 겁니다. 그래서 다음 장에서 몇 가지 중요한 base R 도구를 다루면서 `for` 반복문도 함께 다룰 겁니다.

27장

R for Data Science Second Edition

base R 현장 가이드

들어가며

5부 "프로그래밍"을 마무리하면서, 책에서 다루지 않은 중요한 base R 함수를 간략하게 살펴보겠습니다. base R 함수는 특히 프로그래밍을 많이 할수록 유용하고, 익혀 두면 실전에서 다른 사람들이 작성한 코드를 읽는 데도 도움이 됩니다.

tidyverse가 데이터 과학 문제를 해결하는 유일한 방법은 아니라는 점을 다시 한 번 상기시켜야 하겠습니다. 이 책에서는 tidyverse를 주로 다뤘는데, 이는 tidyverse 패키지가 공통적인 디자인 철학을 공유해서 여러 함수를 일관된 방식으로 사용할 수 있기 때문입니다. tidyverse를 이용하면 새로운 함수나 패키지도 쉽게 익혀 사용할 수 있습니다. base R을 사용하지 않고 tidyverse를 사용할 수는 없기 때문에 이미 앞에서 꽤 많은 base R 함수를 다뤘습니다. 패키지를 로드하는 `library()`, 숫자 요약에 사용하는 `sum()`과 `mean()`, 팩터, 날짜, POSIXct와 같은 데이터 타입, `+`, `-`, `/`, `*`, `|`, `&`, `!`와 같은 모든 기본 연산자를 살펴봤습니다. 지금까지는 base R 워크플로우에 초점을 맞추지는 않았는데, 이 장에서 그중 몇 가지를 집중적으로 다룰 겁니다.

이 책을 읽고 나면 같은 문제를 base R, data.table, 그 외 다른 패키지 등 다양한 접근법으로 해결하는 방법을 익히게 될 겁니다. 다른 사람이 작성한 R 코드를 읽다 보면 반드시 이런 다른 접근법을 접하게 됩니다. 스택오버플로우를 이용하면 특히 그렇습니다. 여러 가지 접근법을 혼합해 코드를 작성해도 전혀 문제없습니다. 누군가 왜 그렇게 하냐고 뭐라 해도 신경 쓰지 마세요!

이 장에서는 다음 네 가지 주요 주제에 집중합니다. [를 이용해 데이터를 추출하는 방법, [[와 $를 이용해 데이터를 추출하는 방법, apply 계열 함수를 사용하는 방법, for 반복문 사용하는 방법을 다룹니다. 마지막에는 두 가지 핵심적인 그래프 함수를 간략히 살펴봅니다.

준비하기

이 장은 base R에 중점을 두기 때문에 따로 준비할 것은 없습니다. base R이 tidyverse와 어떻게 다른지는 살펴봐야 하니까 tidyverse만 로드하겠습니다.

```
library(tidyverse)
```

[로 여러 요소 선택하기

[(왼쪽 대괄호)는 벡터나 데이터 프레임에서 구성 요소를 추출할 때 사용합니다. [는 x[i] 또는 x[i, j] 형태로 작성합니다. 이 절에서는 [가 얼마나 유용한지 살펴볼 겁니다. 우선 [를 벡터에 적용하는 방법을 다룬 다음 같은 원리를 데이터 프레임 같은 2차원 구조에 간단하게 적용하는 방법을 다룰 겁니다. 그런 다음 [를 더욱 깊게 이해하기 위해 dplyr의 여러 동사들이 사실 [를 응용한 것임을 살펴보겠습니다.

벡터 추출하기

벡터를 추출하는 방법은 크게 다섯 가지 유형이 있는데, x[i]에서 i에 입력하는 값이 무엇인지에 따라 다릅니다.

- 양의 정수: 양의 정수를 입력하면 해당 위치의 요소를 추출합니다.

  ```
  x <- c("one", "two", "three", "four", "five")
  x[c(3, 2, 5)]
  #> [1] "three" "two"   "five"
  ```

  같은 위칫값을 여러 번 반복 입력하면 실제로는 입력값보다 더 긴 출력물을 만들 수 있습니다. 따라서 "추출(subsetting)"은 약간 부족한 용어라고 할 수 있습니다.

  ```
  x[c(1, 1, 5, 5, 5, 2)]
  #> [1] "one"  "one"  "five" "five" "five" "two"
  ```

- 음의 정수: 음의 정수를 입력하면 특정 위치의 요소를 제거할 수 있습니다.

```
x[c(-1, -3, -5)]
#> [1] "two"  "four"
```

- 논리형 벡터: 논리형 벡터를 입력하면 TRUE에 해당하는 모든 값을 추출합니다. 특히 논리형 벡터는 비교 함수와 함께 사용하면 유용합니다.

```
x <- c(10, 3, NA, 5, 8, 1, NA)

# x에 들어 있는 결측치가 아닌 모든 값
x[!is.na(x)]
#> [1] 10  3  5  8  1

# x에 들어 있는 모든 짝수(또는 결측치!)
x[x %% 2 == 0]
#> [1] 10 NA  8 NA
```

  filter()와 달리 NA가 있으면 출력 결과에 NA가 그대로 출력됩니다.

- 문자형 벡터: 벡터에 이름이 있으면 문자형 벡터를 이용해 추출할 수 있습니다.

```
x <- c(abc = 1, def = 2, xyz = 5)
x[c("xyz", "def")]
#> xyz def
#>   5   2
```

  양의 정수를 이용할 때와 마찬가지로 문자형 벡터를 이용해 각 요소를 반복 추출할 수 있습니다.

- 아무 입력 안 하기: 마지막 추출 방법은 x[]처럼 아무것도 입력하지 않는 것입니다. 이렇게 하면 x의 모든 요소를 반환합니다. 뒤에서 다룰 텐데, 이 방법은 벡터에서 값을 추출할 때는 필요하지 않지만 티블과 같은 2차원 구조에서 값을 추출할 때 유용합니다.

데이터 프레임에서 추출하기

데이터 프레임에 [를 적용하는 방법[1]은 여러 가지가 있지만, 가장 중요한 사용법은

1 데이터 프레임을 1차원 객체처럼 취급해 값을 추출하거나 매트릭스에서 값을 추출하는 방법을 알고 싶다면 《Advanced R》의 "여러 요소 선택하기" 절(*https://adv-r.hadley.nz/subsetting.html#subset-multiple*)을 읽어 보세요.

df[행, 열] 형태로 행과 열을 각각 선택하는 것입니다. 여기서 행과 열은 앞에서 다룬 것과 마찬가지로 벡터입니다. 예를 들어 df[행,] 또는 df[, 열] 처럼 다른 한쪽 차원을 비워 두면, 다른 차원은 그대로 유지한 채 행만 추출하거나 열만 추출할 수 있습니다.

몇 가지 예를 살펴보겠습니다.

```
df <- tibble(
  x = 1:3,
  y = c("a", "e", "f"),
  z = runif(3)
)

# 첫 번째 행의 두 번째 열 추출
df[1, 2]
#> # A tibble: 1 × 1
#>   y
#>   <chr>
#> 1 a

# x, y열의 모든 행 추출
df[, c("x" , "y")]
#> # A tibble: 3 × 2
#>       x y
#>   <int> <chr>
#> 1     1 a
#> 2     2 e
#> 3     3 f

# `x`가 1보다 큰 행의 모든 열 추출
df[df$x > 1, ]
#> # A tibble: 2 × 3
#>       x y         z
#>   <int> <chr> <dbl>
#> 1     2 e     0.834
#> 2     3 f     0.601
```

곧 $를 다시 다루겠지만, 맥락을 보면 df$x가 df에서 x 변수를 추출하는 기능을 한다는 것을 짐작할 수 있을 겁니다. 여기서 df$x라고 쓰는 이유는 [는 tidy 평가를 하지 않기 때문입니다. 그래서 x 변수가 어디서 왔는지 명시적으로 작성해야 합니다.

[를 티블과 데이터 프레임에 사용할 때 중요한 차이점이 한 가지 있습니다. 이 책에서는 데이터 프레임의 일종인 티블을 주로 다뤘는데, 둘은 유사하지만 티블을 사용하면 데이터 처리 작업이 더 수월합니다. 대부분 "티블"과 "데이터 프레임"은 서

로 바꿔서 사용할 수 있기 때문에 R에 내장된 데이터 프레임에 주의를 기울일 때는 data.frame이라는 표현을 사용하겠습니다. df가 data.frame인데 df[, 열]을 사용할 경우 열이 하나면 벡터, 여러 개면 데이터 프레임을 반환합니다. 반면 df가 티블일 때 [를 사용하면 항상 티블을 반환합니다.

```
df1 <- data.frame(x = 1:3)
df1[, "x"]
#> [1] 1 2 3

df2 <- tibble(x = 1:3)
df2[, "x"]
#> # A tibble: 3 × 1
#>       x
#>   <int>
#> 1     1
#> 2     2
#> 3     3
```

data.frame을 사용할 때 이런 모호함을 피하려면 drop = FALSE를 명시적으로 입력하면 됩니다.

```
df1[, "x" , drop = FALSE]
#>   x
#> 1 1
#> 2 2
#> 3 3
```

dplyr과 대응되는 기능들

몇몇 dplyr 동사는 [를 응용한 것입니다.

- filter()는 [로 논리형 벡터를 이용해 결측치를 제외한 행을 추출하는 것과 같은 기능을 합니다.

```
df <- tibble(
  x = c(2, 3, 1, 1, NA),
  y = letters[1:5],
  z = runif(5)
)
df |> filter(x > 1)
```

```
# 다음 코드와 같음
df[!is.na(df$x) & df$x > 1, ]
```

df[which(df$x > 1),]처럼 which()를 이용하는 방법도 실전에서 자주 사용됩니다. 이렇게 하면 결측치를 제거하는 부수적인 효과를 얻을 수 있습니다.

- arrange()는 order()에 정수 벡터를 적용해서 행을 추출하는 것과 같은 기능을 합니다.

```
df |> arrange(x, y)

# 다음 코드와 같음
df[order(df$x, df$y), ]
```

모든 열을 내림차순 정렬하려면 order(decreasing = TRUE)를 사용하고, 열을 개별적으로 내림차순 정렬하려면 -rank(열)을 사용하면 됩니다.

- select()와 relocate()는 문자열 벡터를 이용해 열을 추출하는 것과 같은 기능을 합니다.

```
df |> select(x, z)

# 다음 코드와 같음
df[, c("x", "z")]
```

base R의 subset()은 filter()와 select()[2]를 합친 함수입니다.

```
df |>
  filter(x > 1) |>
  select(y, z)
#> # A tibble: 2 × 2
#>   y         z
#>   <chr>   <dbl>
#> 1 a     0.157
#> 2 b     0.00740

# 다음 코드와 같음
df |> subset(x > 1, c(y, z))
```

2 subset()을 그룹화된 데이터 프레임을 다루는 데 사용할 수 없습니다. starts_with() 등의 선택 도우미 함수도 이용할 수 없습니다.

dplyr 문법은 상당 부분 이 함수에서 영감을 받아 만들어졌습니다.

연습문제

1. 벡터를 입력하면 다음과 같은 값을 출력하는 함수를 만들어 보세요
   a. 짝수 위치에 있는 요소를 출력하는 함수
   b. 마지막 값을 제외하고 모든 요소를 출력하는 함수
   c. 짝수만 출력하는 함수(결측치는 제외)
2. 왜 `x[-which(x > 0)]`은 `x[x <= 0]`과 다른가요? `which()`의 설명 문서를 읽고 이 문제에 답할 수 있는 실험을 해 보세요.

$와 [[로 단일 요소 선택하기

여러 요소를 추출하는 [와 달리 [[와 $는 단일 요소를 추출합니다. 이 장에서는 [[와 $로 데이터 프레임에서 열을 추출하는 방법을 살펴보고 data.frame과 티블의 몇 가지 차이점을 알아봅니다. 그런 다음 리스트에서 [과 [[를 사용할 때의 중요한 차이점을 살펴봅니다.

데이터 프레임

데이터 프레임에서 열을 추출할 때 [[와 $를 사용할 수 있습니다. [[는 위치나 이름으로 접근할 수 있고 $는 이름으로만 접근할 수 있습니다.

```
tb <- tibble(
  x = 1:4,
  y = c(10, 4, 1, 21)
)

# 위치로 추출
tb[[1]]
#> [1] 1 2 3 4

# 이름으로 추출
tb[["x"]]
#> [1] 1 2 3 4
tb$x
#> [1] 1 2 3 4
```

이 기능들은 새로운 열을 만들 때도 사용할 수 있습니다. mutate()의 base R 버전이라고 할 수 있습니다.

```
tb$z <- tb$x + tb$y
tb
#> # A tibble: 4 × 3
#>       x     y     z
#>   <int> <dbl> <dbl>
#> 1     1    10    11
#> 2     2     4     6
#> 3     3     1     4
#> 4     4    21    25
```

새로운 열을 만드는 다른 base R 접근으로는 transform(), with(), within()이 있습니다. 이 책의 저자인 해들리가 모아 놓은 몇 가지 예제(*https://gist.github.com/hadley/1986a273e384fb2d4d752c18ed71bedf*)를 살펴보세요.

간단히 값을 요약할 때는 $를 직접 사용하면 편리합니다. 예를 들어 가장 큰 다이아몬드의 크기를 알고 싶거나 cut에 나올 수 있는 값을 알고 싶을 때는 summarize()를 쓰지 않아도 됩니다.

```
max(diamonds$carat)
#> [1] 5.01

levels(diamonds$cut)
#> [1] "Fair"      "Good"      "Very Good" "Premium"   "Ideal"
```

3장에서는 언급하지 않았지만 dplyr에는 [[나 $와 비슷한 pull()이 있습니다. pull()은 변수 이름이나 위치를 입력 받아 해당 열만 반환합니다. 이를 이용하면 이 코드를, 파이프를 사용해 다음과 같이 작성할 수 있습니다.

```
diamonds |> pull(carat) |> max()
#> [1] 5.01

diamonds |> pull(cut) |> levels()
#> [1] "Fair"      "Good"      "Very Good" "Premium"   "Ideal"
```

티블

티블과 R 내장 data.frame에 $를 사용할 때 몇 가지 중요한 차이가 있습니다. 데이터 프레임은 변수 이름의 앞부분만 일치해도 됩니다. 이를 **부분 일치**(partial matching)라고 합니다. 또한 열이 없어도 오류를 내지 않습니다.

```
df <- data.frame(x1 = 1)
df$x
#> [1] 1
df$z
#> NULL
```

티블은 규칙이 더 엄격합니다. 변수 이름이 정확히 일치해야 하고, 없는 열에 접근하려 하면 경고를 출력합니다.

```
tb <- tibble(x1 = 1)

tb$x
#> Warning: Unknown or uninitialised column: `x`.
#> NULL
tb$z
#> Warning: Unknown or uninitialised column: `z`.
#> NULL
```

이 때문에 저는 농담 삼아 티블이 게으르고 까탈스럽다고 말합니다. 일은 적게 하면서 불평은 많이 하니까요.

리스트

리스트를 다룰 때 [[와 $는 매우 중요한 역할을 합니다. 이들이 [와 어떻게 다른지 이해하는 것이 중요합니다. l이라는 리스트를 만들어서 차이점을 살펴보겠습니다.

```
l <- list(
  a = 1:3,
  b = "a string",
  c = pi,
  d = list(-1, -5)
)
```

- [는 하위 리스트를 추출합니다. 추출하는 요소의 개수와 상관없이 추출 결과는 항상 리스트입니다.

  ```
  str(l[1:2])
  #> List of 2
  ```

```
#>  $ a: int [1:3] 1 2 3
#>  $ b: chr "a string"

str(l[1])
#> List of 1
#>  $ a: int [1:3] 1 2 3

str(l[4])
#> List of 1
#>  $ d:List of 2
#>   ..$ : num -1
#>   ..$ : num -5
```

벡터와 마찬가지로 논리형, 정수형, 문자형 벡터를 이용해 추출할 수 있습니다.

- [[와 $는 리스트에서 단일 구성 요소를 추출합니다. 이들은 리스트의 계층 구조에서 한 단계를 없앱니다.

```
str(l[[1]])
#>  int [1:3] 1 2 3

str(l[[4]])
#> List of 2
#>  $ : num -1
#>  $ : num -5

str(l$a)
#>  int [1:3] 1 2 3
```

리스트를 다룰 때 [와 [[의 차이를 아는 게 매우 중요합니다. [[는 리스트 내부로 파고들어 가는 반면 [는 더 작은 새 리스트를 만들어 냅니다. 이 차이를 쉽게 떠올릴 수 있도록 그림 27-1과 같은 특이한 후추통을 예로 들겠습니다. 후추통을 pepper라는 리스트라고 생각해 봅시다. 그러면 pepper[1]은 후추 봉지 하나를 담고 있는 후추통입니다. pepper[2]도 똑같이 생겼겠지만, 두 번째 후추 봉지를 담고 있을 겁니다. pepper[1:2]는 후추 봉지를 두 개 담고 있는 후추통입니다. pepper[[1]]은 후추 봉지 자체를 꺼내는 겁니다.

이 원리는 데이터 프레임에 1차원 [를 사용할 때도 똑같이 적용됩니다. df["x"]는 열이 하나인 데이터 프레임을 반환하고, df[["x"]]는 벡터 하나를 반환합니다.

그림 27-1 해들리가 호텔 방에서 발견한 특이한 후추통(왼쪽), pepper[1](가운데), pepper[[1]](오른쪽).

연습문제

1. [[에 벡터의 길이보다 큰 양의 정수를 사용하면 어떻게 될까요? 요소를 추출할 때 존재하지 않는 이름을 사용하면 어떻게 될까요?

2. pepper[[1]][1]은 무엇일까요? 그럼 pepper[[1]][[1]]은 무엇일까요?

Apply 계열 함수

26장에서 dplyr::across(), map 계열 함수 등 tidyverse를 이용하는 반복 기법을 다뤘습니다. 이번 절에서는 이에 해당하는 base R의 **apply 계열** 함수를 알아보겠습니다. 여기서 apply와 map은 동의어입니다. "벡터의 각 요소에 함수를 매핑한다"는 말은 "벡터의 각 요소에 함수를 적용한다"는 말과 같기 때문입니다. 이 절에서는 apply 계열 함수들을 간단히 훑어본 다음 실전에서 어떻게 사용하는지 알아봅니다.

apply 계열에서 가장 중요한 함수는 lapply()입니다. 이 함수는 purrr::map()과 매우 비슷합니다.[3] 사실 map()의 고급 기능을 사용하지 않았기 때문에 26장에서 map() 함수를 실행한 부분을 전부 lapply()로 바꿀 수 있습니다.

across()와 완전히 똑같은 base R 함수는 없지만 lapply()와 [를 함께 사용하면 비슷한 결과를 얻을 수 있습니다. 이렇게 할 수 있는 이유는 데이터 프레임이 내부적으로는 열로 구성된 리스트이기 때문입니다. 따라서 데이터 프레임에 lapply()를 사용하면 각 열에 함수가 적용됩니다.

3 다만 진행 상황을 보여 주는 프로그레스 바나 오류가 발생했을 때 어떤 요소가 문제인지 알려 주는 등의 편의 기능은 없습니다.

```
df <- tibble(a = 1, b = 2, c = "a", d = "b", e = 4)

# 우선 수치형 열을 찾습니다
num_cols <- sapply(df, is.numeric)
num_cols
#>     a     b     c     d     e
#>  TRUE  TRUE FALSE FALSE  TRUE

# 그런 다음 lapply()로 각 열을 변환한 다음 원래 값을 바꾸기
df[, num_cols] <- lapply(df[, num_cols, drop = FALSE], \(x) x * 2)
df
#> # A tibble: 1 × 5
#>       a     b c     d         e
#>   <dbl> <dbl> <chr> <chr> <dbl>
#> 1     2     4 a     b         8
```

이 코드에서는 sapply()라는 새로운 함수를 사용했습니다. 이는 lapply()와 비슷하지만 항상 결과를 단순화하려고 한다는 점이 다릅니다. 이름에 s가 있는 이유가 바로 이 때문입니다. 여기서는 리스트가 아니라 논리형 벡터를 출력합니다. 프로그래밍을 할 때는 이 함수를 사용하지 않는 것이 좋습니다. 단순화 작업이 실패해서 예상치 못한 타입을 출력할 수 있기 때문입니다. 하지만 대화형으로 사용할 때는 대체로 문제가 없습니다. 26장에서는 언급하지 않았는데, purrr에는 이와 비슷한 기능을 하는 map_vec()라는 함수가 있습니다.

base R에는 sapply()보다 더 엄격한 버전인 vapply()가 있습니다. vapply는 vector apply의 줄임말입니다. 이 함수는 예상되는 결과 타입을 지정하는 추가 인자를 받고, 입력값에 상관없이 항상 같은 방식으로 결과를 단순화합니다. 예를 들어 앞에서 사용한 sapply()를 vapply()로 바꿀 수 있습니다. 여기서는 is.numeric()이 길이가 1인 논리형 벡터를 반환할 것으로 예상한다고 지정했습니다.

```
vapply(df, is.numeric, logical(1))
#>     a     b     c     d     e
#>  TRUE  TRUE FALSE FALSE  TRUE
```

함수를 만들 때는 sapply()와 vapply()의 차이를 구분하는 것이 매우 중요합니다. 일반적이지 않은 값을 입력할 경우 함수의 안정성이 크게 영향을 받기 때문입니다. 하지만 데이터 분석 작업을 할 때는 대부분 크게 문제되지 않습니다.

tapply()도 중요한 apply 계열 함수입니다. 이 함수는 단일 그룹의 요약값을 계산할 때 사용합니다.

```
diamonds |>
  group_by(cut) |>
  summarize(price = mean(price))
#> # A tibble: 5 × 2
#>   cut       price
#>   <ord>     <dbl>
#> 1 Fair      4359.
#> 2 Good      3929.
#> 3 Very Good 3982.
#> 4 Premium   4584.
#> 5 Ideal     3458.

tapply(diamonds$price, diamonds$cut, mean)
#>      Fair      Good Very Good   Premium     Ideal
#>  4358.758  3928.864  3981.760  4584.258  3457.542
```

아쉽게도 tapply()는 이름 있는 벡터로 결괏값을 반환합니다. 그래서 여러 요약 통계량과 그룹화 변수를 데이터 프레임으로 정리하려면 복잡한 처리 과정이 필요합니다. 물론 이렇게 하지 않고 개별 벡터를 출력할 수도 있지만 경험상 그렇게 하면 나중에 더 많은 작업이 필요합니다. 그룹별 요약 작업에 tapply()와 다른 base R을 활용하는 방법을 더 자세히 알고 싶다면 해들리가 수집한 테크닉(*https://gist.github.com/hadley/c430501804349d382ce90754936ab8ec*)을 살펴보세요.

apply 계열의 마지막 함수는 이름 자체가 apply인 apply()입니다. 이 함수는 행렬과 배열을 다룰 때 사용합니다. 특히 apply(df, 2, something) 형태로 사용하는 것은 주의해야 합니다. 이는 lapply(df, something)보다 느리고 잠재적으로 위험할 수 있습니다. 이런 사용법은 데이터 과학에서는 거의 나타나지 않습니다. 데이터 과학은 주로 행렬이 아닌 데이터 프레임을 이용하기 때문입니다.

for 반복문

for 반복문은 반복 작업의 기본 구성 요소입니다. apply, map 계열 함수 모두 내부적으로는 for 반복문을 사용합니다. for 반복문은 강력하고도 범용적인 도구이므로 R 프로그래밍 실력을 향상시키려면 반드시 익혀야 합니다. for 반복문의 기본 구조는 다음과 같습니다.

```
for (element in vector) {
  # 어떤 요소를 이용해 작업하는 코드
}
```

for 반복문을 가장 단순하게 사용하는 방법은 walk()와 같은 효과를 내게 하는 것입니다. 즉, 리스트의 각 요소에 대해 부수 효과가 있는 함수를 호출하는 것입니다. 예를 들어 556쪽 "데이터베이스에 저장하기"에서 다루었던 walk()는 다음과 같이 사용할 수 있습니다.

```
paths |> walk(append_file)
```

이 방법 대신 다음과 같이 for 반복문을 사용할 수 있습니다.

```
for (path in paths) {
  append_file(path)
}
```

for 반복문의 결과를 저장하려면 조금 더 복잡해집니다. 예를 들어 디렉터리에 있는 모든 엑셀 파일을 불러올 때 26장에서는 다음과 같이 작성했습니다.

```
paths <- dir("data/gapminder", pattern = "\\.xlsx$", full.names = TRUE)
files <- map(paths, readxl::read_excel)
```

조금씩 다른 여러 테크닉이 있지만 결과물의 형태를 미리 명확히 정하는 방법을 사용하길 권합니다. 여기서는 paths와 길이가 같은 리스트가 필요한데, vector()를 사용해 만들 수 있습니다.

```
files <- vector("list", length(paths))
```

그러고 나면 paths의 요소를 직접 반복하는 대신 인덱스를 사용해 반복합니다. paths 각 요소의 인덱스는 seq_along()을 사용해서 만들면 됩니다.

```
seq_along(paths)
#>  [1]  1  2  3  4  5  6  7  8  9 10 11 12
```

인덱스를 사용하는 것이 중요한 이유는 입력의 각 위치를 출력의 해당 위치와 연결할 수 있기 때문입니다.

```
for (i in seq_along(paths)) {
  files[[i]] <- readxl::read_excel(paths[[i]])
}
```

티블 리스트를 하나의 티블로 합치려면 `do.call()`과 `rbind()`를 함께 사용하면 됩니다.

```
do.call(rbind, files)
#> # A tibble: 1,704 × 5
#>   country     continent lifeExp      pop gdpPercap
#>   <chr>       <chr>       <dbl>    <dbl>     <dbl>
#> 1 Afghanistan Asia         28.8  8425333      779.
#> 2 Albania     Europe       55.2  1282697     1601.
#> 3 Algeria     Africa       43.1  9279525     2449.
#> 4 Angola      Africa       30.0  4232095     3521.
#> 5 Argentina   Americas     62.5 17876956     5911.
#> 6 Australia   Oceania      69.1  8691212    10040.
#> # i 1,698 more rows
```

리스트를 만들어 결과를 저장하는 것보다 더 간단한 방법은 데이터 프레임을 조금씩 만들어 나가는 겁니다.

```
out <- NULL
for (path in paths) {
  out <- rbind(out, readxl::read_excel(path))
}
```

이 방법은 벡터가 매우 길 경우 속도가 크게 느려질 수 있어 권장하지 않습니다. 이런 식으로 쓰기 때문에 `for` 반복문이 느리다는 잘못된 속설이 생겼습니다. 실제로는 `for` 반복문 자체가 느린 것이 아니라, 반복적으로 벡터를 확장하는 것이 느린 것입니다.

그래프

tidyverse를 쓰지 않는 R 사용자들도 대부분 그래프를 만들 때는 ggplot2를 선호합니다. ggplot2는 그래프 기본 설정값이 훌륭하고, 범례도 자동으로 만들어지고, 디자인도 세련되기 때문입니다. 하지만 base R의 그래프 함수도 여전히 쓸만합니다. 기본적인 탐색용 그래프를 그릴 때 아주 간단한 코드만 작성하면 되니까요.

실전에서 주로 보게 되는 기본 그래프 유형은 산점도와 히스토그램 두 가지입니다. 산점도는 `plot()`, 히스토그램은 `hist()`로 만듭니다. 다이아몬드 데이터셋으로 간단히 예를 들어 보겠습니다.

```
# 왼쪽
hist(diamonds$carat)

# 오른쪽
plot(diamonds$carat, diamonds$price)
```

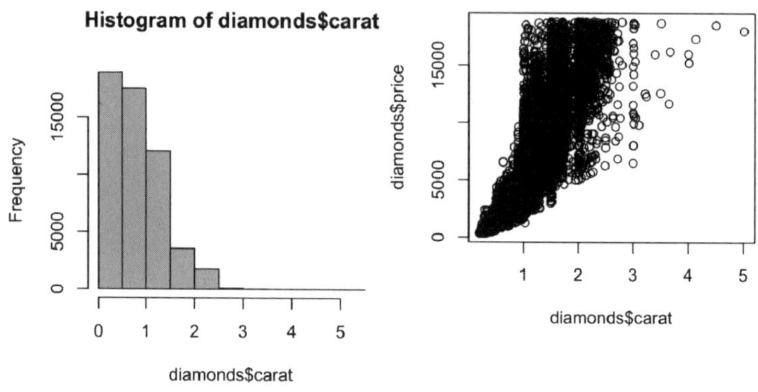

기본 그래프 함수는 벡터를 이용해 작동하기 때문에 데이터 프레임에서 열을 추출하는 $ 등의 코드를 작성해야 합니다.

요약

이 장에서는 데이터를 추출하거나 반복 작업을 할 때 사용하는 base R 함수를 살펴봤습니다. 이 책의 다른 부분에서 다룬 방법들과 비교하면 이 함수들은 "데이터 프레임"을 다루기보다는 "벡터"를 다루는 느낌이 더 강합니다. base R 함수가 데이터 프레임이나 특정한 열 대신 개별 벡터를 다루는 경향이 있기 때문입니다. 벡터 중심으로 데이터를 처리하면 프로그래밍이 더 쉬워질 때가 많기 때문에 함수를 많이 만들고 자기만의 패키지를 만들기 시작하면 base R 함수가 점점 더 중요해집니다.

이 장을 끝으로 5부 "프로그래밍"를 마칩니다. 여러분은 이제 단순히 R을 사용하기만 하는 데이터 과학자가 아니라 R로 "프로그래밍"을 하는 데이터 과학자가 되는 첫 발을 디뎠습니다. 이 부를 읽으면서 프로그래밍에 대한 흥미가 생기고 더 많은 것을 배우고 싶은 열망이 생겼으면 좋겠습니다.

의사소통하기

지금까지 데이터를 R로 불러와서 분석하기 좋은 형태로 정리하고, 데이터를 잘 이해하기 위해 변환하고 시각화하는 도구들을 익혔습니다. 하지만 아무리 뛰어난 분석이라도 다른 사람들에게 제대로 설명하지 못하면 의미가 없습니다. 그래서 데이터 분석 작업에는 **의사소통하는** 능력이 필요합니다.

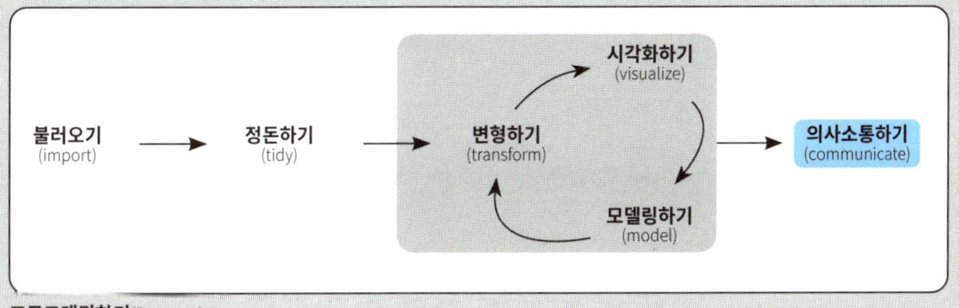

그림 VI-1 의사소통은 데이터 과학의 마지막 단계입니다. 아무리 뛰어난 분석 결과라도 다른 사람들에게 효과적으로 전달하지 못하면 의미가 없습니다.

의사소통 방법은 다음 두 장에서 자세히 다룹니다.

- 28장에서는 글, 코드, 분석 결과를 하나로 통합하는 도구인 Quarto를 익힙니다. Quarto는 분석가끼리 의사소통할 때도 사용할 수 있지만 분석가와 의사결정자가가 의사소통할 때도 활용할 수 있습니다. Quarto로 다양한 문서 형식을 만들 수 있기 때문에 한 문서만 만들어도 두 가지 목적을 모두 달성할 수 있습니다.

- 29장에서는 대시보드, 웹사이트, 책 등 Quarto를 사용해 만들 수 있는 다양한 종류의 결과물을 살펴봅니다.

여기서는 의사소통의 기술적인 측면에 주로 초점을 맞추며, 자기 생각을 다른 사람들에게 효과적으로 전달하는 것과 같은 더 깊은 차원의 의사소통 문제는 다루지 않습니다. 하지만 이런 주제를 자세히 다룬 좋은 책들이 많으므로 각 장을 마칠 때마다 참고할 만한 책을 소개하겠습니다.

28장

R for Data Science Second Edition

Quarto

들어가며

Quarto는 데이터 과학을 위한 통합 문서 작성 도구로 코드, 분석 결과, 설명글을 하나로 묶어 주는 기능을 합니다. Quarto로 만든 문서는 완벽하게 재현할 수 있고 PDF, 워드 파일, 프레젠테이션 등 다양한 형식으로 출력할 수 있습니다.

Quarto는 다음 세 가지 목적으로 만들어졌습니다.

1. **의사결정자와 소통하기**: 코드보다는 분석 결과에 초점을 맞추고 싶어하는 의사결정자와 소통하기 위해 만들어졌습니다.
2. **다른 데이터 과학자와 협업하기**: 분석 결과뿐 아니라 분석 과정을 보여 주는 코드에도 관심 있는 동료들과 공유하기 위해 만들어졌습니다. 여기에는 미래의 자신도 포함됩니다!
3. **데이터 과학을 실제로 "수행"하는 작업 환경**: 마치 현대적인 실험 노트처럼 무엇을 수행했는지 뿐 아니라 무엇을 구상했었는지도 함께 기록하기 위해 만들어졌습니다.

Quarto는 R 패키지가 아니라 커맨드라인에서 작동하는 도구입니다. 따라서 ? 명령어로는 도움말을 볼 수 없습니다. 이 장을 공부하면서 또는 앞으로 Quarto를 사용하면서 궁금한 점이 있으면 Quarto 공식 문서(*https://quarto.org*)를 참고하세요.

R 마크다운 사용자라면 Quarto가 R 마크다운과 매우 비슷하다고 생각할 수 있는데, 맞습니다! Quarto는 R 마크다운 생태계의 여러 패키지(rmarkdown, bookdown, distill, xaringan 등)의 기능을 하나로 모아 일관된 시스템으로 만든 것입니다. 여기에 R뿐 아니라 파이썬, 줄리아 같은 다른 프로그래밍 언어도 기본적으로 지원하도록 확장했죠. Quarto는 10년 동안 R 마크다운 생태계를 발전시키고 지원하면서 얻은 모든 경험을 담고 있다고 볼 수 있습니다.

준비하기

Quarto를 사용하려면 Quarto 명령줄 인터페이스(Quarto CLI)가 필요하지만, 따로 설치하거나 로드할 필요는 없습니다. RStudio에서 필요할 때 자동으로 설치하고 불러오기 때문입니다.

Quarto 기초

Quarto 파일은 `.qmd` 확장자로 된 일반 텍스트 파일입니다.

````
---
title: "Diamond sizes"
date: 2022-09-12
format: html
---

```{r}
#| label: setup
#| include: false

library(tidyverse)

smaller <- diamonds |>
  filter(carat <= 2.5)
```

We have data about `r nrow(diamonds)` diamonds.
Only `r nrow(diamonds) - nrow(smaller)` are larger than 2.5 carats.
The distribution of the remainder is shown below:

```{r}
#| label: plot-smaller-diamonds
#| echo: false

smaller |>
  ggplot(aes(x = carat)) +
  geom_freqpoly(binwidth = 0.01)
```
````

이 파일에는 세 가지 중요한 내용이 있습니다.

1. — 로 감싼 YAML 헤더. 이 내용은 선택 사항입니다.
2. ```로 감싼 R 코드 **청크**(chunk).
3. **# 제목**과 **_이탤릭_** 같은 간단한 서식이 들어간 텍스트.

그림 28-1은 RStudio에서 코드와 출력 결과가 번갈아 나오는 노트북 형태의 Quarto 문서를 보여 줍니다. 각 코드 청크 위에 있는 재생 버튼처럼 생긴 실행 아이콘을 클릭하거나 Ctrl + Shift + Enter(맥OS에서는 Cmd + Shift + Return)를 눌러 코드 청크를 실행할 수 있습니다. RStudio는 코드를 실행하고 그 결과를 코드 바로 아래에 보여 줍니다.

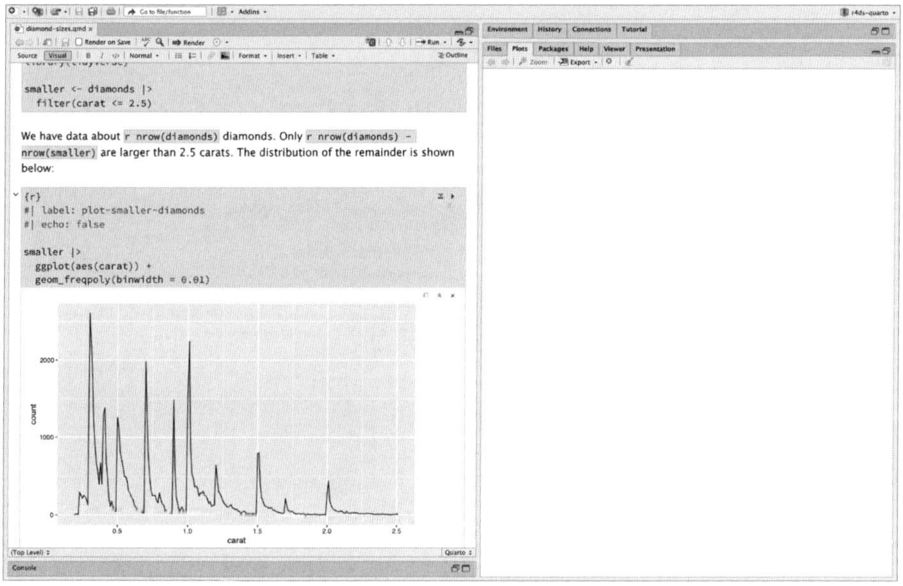

그림 28-1 RStudio의 Quarto 문서. 문서에 코드와 출력 결과가 번갈아 나오고 그래프는 코드 바로 아래에 표시됩니다.

RStudio의 콘솔 창과 그래프(plots) 창을 사용하고 싶다면 그림 28-2처럼 “Render” 옆 톱니바퀴 아이콘을 클릭하고 “Chunk Output in Console” 메뉴를 선택하면 됩니다.

모든 텍스트, 코드, 출력 결과를 포함해 완전한 보고서를 만들려면 “Render” 아이콘을 클릭하거나 Ctrl + Shift + K(맥OS에서는 Cmd + Shift + K)를 누르세요. 보고서를 프로그래밍 방식으로 만들려면 `quarto::quarto_render("diamond-sizes.qmd")`를 실행하면 됩니다. 이렇게 하면 그림 28-3처럼 뷰어 창에 보고서가 표시되고 HTML 파일이 만들어집니다.

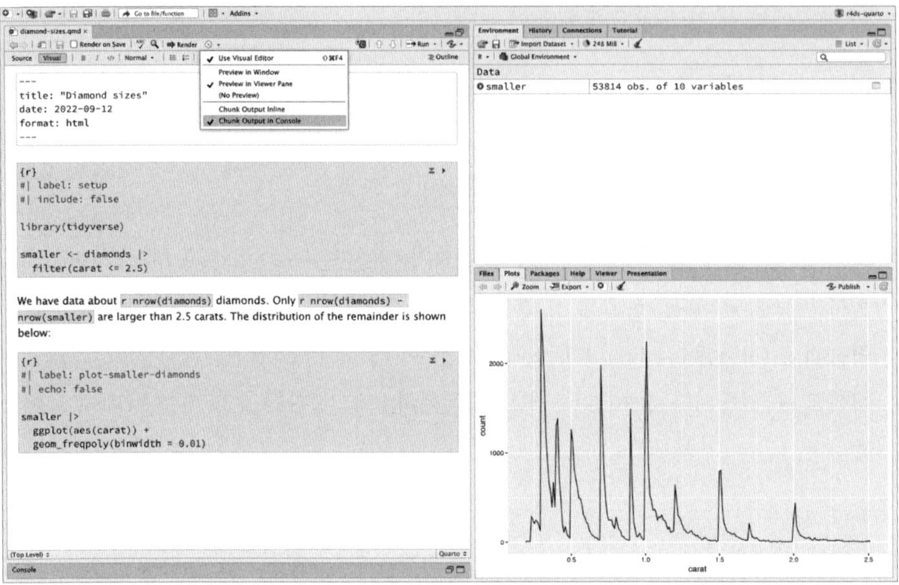

그림 28-2 RStudio에서 Quarto 문서를 작성하는 모습. 그래프는 그래프(Plots) 창에 출력됩니다.

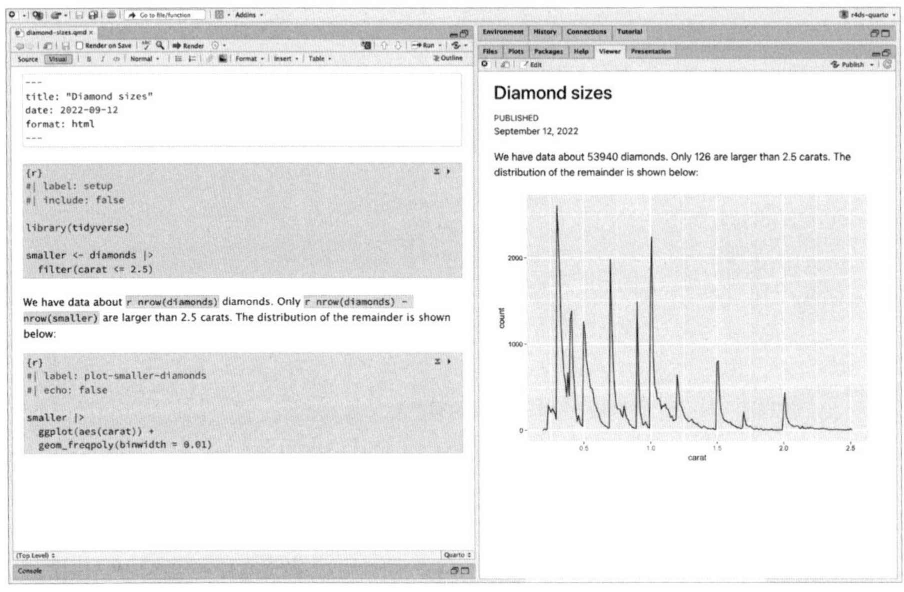

그림 28-3 RStudio에서 Quarto 문서를 작성하는 모습. 렌더링된 문서는 뷰어(Viewer) 창에 출력됩니다.

문서를 렌더링하면 Quarto는 `.qmd` 파일을 knitr(*https://yihui.org/knitr*)로 보냅니다. knitr는 모든 코드 청크를 실행한 다음 코드와 출력 결과를 담은 새 마크다운(`.md`) 문서를 만듭니다. knitr가 만든 마크다운 파일을 이용해 pandoc(*https://pandoc.org*)

이 최종 파일을 생성합니다. 그림 28-4는 이런 절차를 보여 줍니다. 이런 두 단계 작업 과정 덕분에 매우 다양한 출력 형식을 만들 수 있습니다. 29장에서 자세히 다룹니다.

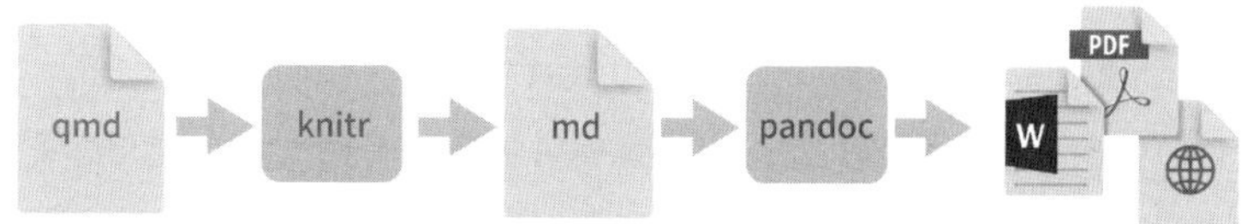

그림 28-4 qmd 파일에서 시작해 knitr, md, pandoc을 거쳐 PDF, 워드, HTML 파일을 출력하는 작업 흐름도.

.qmd 파일을 새로 만들려면 "File 〉 New File 〉 Quarto Document…" 메뉴를 선택하세요. 그러면 RStudio에 마법사(wizard)가 실행됩니다. 마법사는 Quarto의 주요 기능을 보여 주는 내용을 미리 채워서 새 문서를 만들어 줍니다.

다음 절에서는 Quarto 문서의 세 가지 구성 요소인 마크다운 텍스트, 코드 청크, YAML 헤더를 자세히 알아보겠습니다.

연습문제

1. "File 〉 New File 〉 Quarto Document" 메뉴를 선택해 새 Quarto 문서를 만드세요. 지침을 읽고 각 청크를 실행해 보세요. 그다음 적절한 버튼을 클릭하고 알맞은 키보드 단축키를 사용해서 문서를 렌더링해 보세요. 코드를 수정하고 다시 실행한 다음 출력물이 바뀌었는지 확인하세요.

2. 세 가지 내장 문서 형식인 HTML, PDF, 워드 파일로 각각 새 Quarto 문서를 만드세요. 세 문서를 모두 렌더링해 보세요. 출력물이 어떻게 다른가요? 입력 내용은 어떻게 다른가요? (PDF 출력을 만들려면 LaTeX를 설치해야 할 수도 있습니다. 설치를 해야 하면 RStudio가 알려 줄 겁니다.)

비주얼 에디터

RStudio의 비주얼 에디터는 Quarto 문서를 작성할 때 WYSIWYM 인터페이스(*https://en.wikipedia.org/wiki/WYSIWYM*)를 사용할 수 있게 해 줍니다. .qmd 파일로 된 Quarto 문서의 내용은 내부적으로 마크다운이라는 간단한 텍스트 서식 규칙을 사용해 작성됩니다. Quarto는 Quarto가 이해할 수 있게 약간 확장된 마크다운인 Pandoc 마크다운을 사용합니다. 이를 이용하면 표, 인용, 상호 참조, 각주, div/

span, 정의 목록, 속성, HTML/TeX 등을 문서에 넣을 수 있습니다. 또한 코드 셀을 실행하고 그 결과를 바로 볼 수 있는 기능도 있습니다. 588쪽 "소스 에디터"에서 보게 될 텐데, 마크다운은 읽고 쓰기 쉽게 만들어지긴 했지만, 일단 새로운 문법을 배워야 사용할 수 있습니다. 그래서 `.qmd` 파일 같은 데이터 분석용 문서를 처음 다룬다면 비주얼 에디터를 사용하는 게 좋습니다. 구글 문서나 MS 워드 같은 도구를 사용해 본 경험만 있으면 RStudio의 비주얼 에디터를 이용해 Quarto를 쉽게 시작할 수 있습니다.

비주얼 에디터를 이용하면 메뉴의 버튼을 이용해 이미지, 표, 상호 참조 등을 삽입할 수 있고, Ctrl(맥OS에서는 cmd) 조합 단축키를 이용하면 거의 모든 것을 삽입할 수 있습니다. 그림 28-5에서 볼 수 있듯이 줄의 맨 앞에서는 / 키만 눌러서 단축키를 실행할 수 있습니다.

비주얼 에디터를 사용하면 이미지를 쉽게 삽입하고 표시 방법을 조정할 수 있습니다. 클립보드에서 비주얼 에디터로 직접 이미지를 붙여 넣을 수도 있는데, 이렇게 하면 RStudio가 이미지의 복사본을 프로젝트 폴더에 저장하고 연결해 줍니다. 비주얼 에디터의 "Insert 〉 Figure/Image" 메뉴를 사용해 삽입할 이미지를 찾거나 아니면 URL을 붙여 넣을 수도 있습니다. 같은 메뉴에서 이미지 크기를 조정하고 캡션, 대체 텍스트, 링크를 추가할 수 있습니다.

비주얼 에디터에는 여기서 설명하지 않은 기능이 많이 있습니다. 비주얼 에디터를 많이 쓸수록 이런 기능들을 유용하게 활용하게 될 겁니다.

가장 중요한 점은 비주얼 에디터에 서식이 적용된 상태로 내용이 출력되지만, 내부적으로는 일반 마크다운으로 저장한다는 것입니다. 비주얼 에디터와 소스 에디터를 오가면서 두 도구를 모두 사용해 내용을 보고 편집할 수 있습니다.

연습문제

1. 그림 28-5의 문서를 비주얼 에디터로 다시 만들어 보세요.
2. 비주얼 에디터에서 삽입 메뉴와 삽입 도구를 사용해 코드 청크를 삽입해 보세요.
3. 비주얼 에디터에서 다음 작업을 하는 방법을 찾아보세요.
    a. 각주 추가
    b. 수평선 추가
    c. 인용 블록 추가

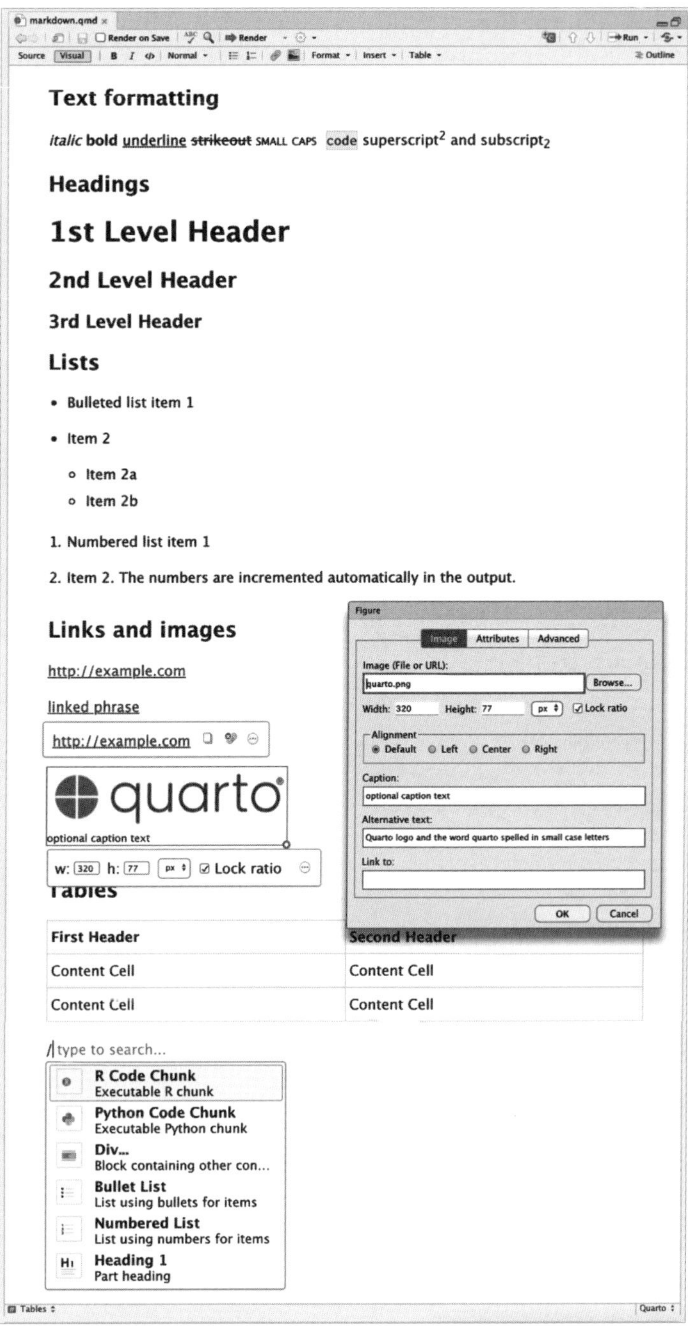

그림 28-5 Quarto 비주얼 에디터

4. 비주얼 에디터에서 "Insert 〉 Citation" 메뉴를 활용해 논문 〈Welcome to the Tidyverse〉(The Journal of Open Source Software, 2019)(*https://joss.theoj.org/papers/10.21105/joss.01686*)를 인용해 보세요. 디지털 객체 식별자(DOI) 10.21105/joss.01686을 활용하세요. 문서를 렌더링한 다음 문서에 참조 표시가 어떻게 나타나는지 살펴보세요. 문서의 YAML에 어떤 변화가 생겼나요?

소스 에디터

RStudio에서 비주얼 에디터 없이도 소스 에디터를 사용해 Quarto 문서를 편집할 수 있습니다. 비주얼 에디터는 구글 문서 같은 도구에 익숙한 사람들에게 편하게 느껴지지만, 소스 에디터는 R 스크립트나 R 마크다운 문서 작성 경험이 있는 사람들에게 익숙할 겁니다. 소스 에디터는 Quarto 문법 오류를 찾아 수정할 때도 유용합니다. 일반 텍스트를 보면 오류를 쉽게 찾을 수 있으니까요.

다음 가이드는 소스 에디터에서 Quarto 문서를 작성할 때 Pandoc의 마크다운을 사용하는 방법을 보여 줍니다.

```
## Text formatting

*italic* **bold** ~~strikeout~~ `code`

superscript^2^ subscript~2~

[underline]{.underline} [small caps]{.smallcaps}

## Headings

# 1st Level Header

## 2nd Level Header

### 3rd Level Header

## Lists

-   Bulleted list item 1

-   Item 2

    -   Item 2a
```

```
    -   Item 2b

1.  Numbered list item 1

2.  Item 2.
    The numbers are incremented automatically in the output.

## Links and images

<http://example.com>

[linked phrase](http://example.com)

![optional caption text](quarto.png){fig-alt="Quarto logo and the word quarto
spelled in small case letters"}

## Tables

| First Header | Second Header |
|--------------|---------------|
| Content Cell | Content Cell  |
| Content Cell | Content Cell  |
```

마크다운을 익히는 가장 좋은 방법은 직접 해 보는 겁니다. 며칠 정도 걸리겠지만 금방 익숙해져서 생각할 필요도 없어질 겁니다. 사용법이 기억나지 않으면 "Help 〉 Markdown Quick Reference"를 살펴보세요. 유용한 참조 시트가 있습니다.

연습문제

1. 간단한 이력서를 만들면서 앞에서 익힌 내용을 연습해 보세요. 제목은 여러분의 이름으로 하고, 최종 학력이나 직업 경력을 나타낸 제목을 만드세요. 각 절에 글머리 기호를 이용해 직업 또는 학위 목록을 만드세요. 연도는 굵게 표시해 강조하세요.
2. 소스 에디터와 마크다운 빠른 참조를 사용해서 다음 작업을 어떻게 하는지 알아보세요.
    a. 각주 추가
    b. 가로줄 삽입
    c. 인용구 추가

3. *https://github.com/hadley/r4ds/tree/main/quarto*에서 `diamond-sizes.qmd` 내용을 복사해 R Quarto 문서에 붙여 넣으세요. 실행이 되는지 확인한 다음 도수 분포 다각형 뒤에 가장 눈에 띄는 특징을 설명하는 텍스트를 추가하세요.

4. 구글 문서나 MS 워드를 이용해서 제목, 하이퍼링크, 서식이 있는 텍스트 등이 들어 있는 문서를 만드세요. 혹은 이런 요소가 들어 있는 기존 문서를 찾으세요. 이 문서의 내용을 복사해 비주얼 에디터의 Quarto 문서에 붙여 넣으세요. 그런 다음 소스 에디터로 바꿔서 소스 코드를 살펴보세요.

코드 청크

Quarto 문서에서 코드를 실행하려면 청크를 삽입해야 합니다. 청크를 삽입하는 방법은 세 가지가 있습니다.

1. 키보드 단축키 Ctrl + Alt + I(맥OS에서는 Cmd + Opt + I)를 사용합니다.
2. 데이터 툴바에 있는 "Insert" 아이콘을 클릭합니다.
3. 청크 구분 문자 ```` ```{r} ```` 와 ```` ``` ````을 직접 입력합니다.

키보드 단축키를 익혀 보세요. 장기적으로 시간을 많이 절약해 줄 겁니다.

이전과 마찬가지로 단축키 Ctrl + Enter(맥OS에서는 Cmd + Return)를 이용해 코드를 실행할 수 있습니다. 아마도 이미 사용해 왔겠죠? 하지만 청크에는 새로운 단축키가 있습니다. Ctrl + Shift + Enter(맥OS에서는 Cmd + Shift + Return)를 사용하면 청크 안의 모든 코드를 한 번에 실행할 수 있습니다. 청크를 함수처럼 생각하면 됩니다. 각 청크는 비교적 독립적이어야 하고, 하나의 작업에 초점을 맞추어야 합니다.

다음 절에서는 청크 헤더를 다룹니다. 청크 헤더는 ```` ```{r} ````로 시작하고, 선택적으로 청크 레이블과 여러 가지 청크 옵션을 `#|`를 넣어 표시할 수 있습니다. 이런 내용은 서로 다른 줄에 입력해야 합니다.

청크 레이블

청크에는 다음과 같이 선택적으로 레이블을 붙일 수 있습니다.

````
```{r}
#| label: simple-addition
````
````

```
1 + 1
```
#> [1] 2
```

이렇게 하면 세 가지 이점이 있습니다.

1. 스크립트 에디터 왼쪽 아래에 있는 코드 탐색 도구의 드롭다운 메뉴를 사용해 특정 청크로 더 쉽게 이동할 수 있습니다.

Chunk 1: setup
**Quarto**
Chunk 2: cars
**Including plots**
Chunk 3: pressure
Chunk 3: pressure

2. 청크에서 생성된 그래프에 유용한 이름을 붙여서 다른 곳에서도 그래프를 쉽게 사용할 수 있습니다. 이에 대해서는 595쪽 "그림"에서 더 자세히 다룹니다.
3. 캐시된 청크의 네트워크를 설정하면 실행할 때마다 시간이 많이 걸리는 계산을 반복하지 않도록 할 수 있습니다. 이에 대해서는 600쪽 "캐싱"에서 더 자세히 다룹니다.

청크 레이블은 짧지만 의미를 잘 전달할 수 있고 공백이 없게 작성해야 합니다. 단어를 구분할 때는 밑줄(_) 대신 대시(-)를 사용하고 다른 특수 문자는 사용하지 않는 것이 좋습니다.

청크 레이블은 대체로 자유롭게 지을 수 있지만 특별한 기능이 있는 청크 이름이 하나 있습니다. 바로 setup입니다. 노트북 모드에서는 setup이라는 이름의 청크가 다른 코드보다 먼저 자동으로 한 번 실행됩니다.

또한 청크 레이블은 중복될 수 없고 고유해야 합니다.

### 청크 옵션

청크 출력을 조정하려면 청크 헤더의 옵션 필드를 입력하면 됩니다. 옵션은 사용자가 원하는 대로 설정할 수 있습니다. Knitr는 코드 청크를 설정할 수 있는 옵션이 약 60개 있습니다. 여기서는 자주 사용하게 될 가장 중요한 청크 옵션들을 살펴보겠습
```

니다. 전체 목록은 *https://yihui.org/knitr/options*에서 볼 수 있습니다.

중요한 옵션들은 코드 블록의 실행 여부와 최종 보고서에 어떤 결과를 포함시킬지 결정하는 기능을 합니다.

`eval: false`
: 코드 실행을 막습니다. 당연히 코드가 실행되지 않으므로 결과도 생성되지 않습니다. 이 옵션은 예제 코드를 보여 주거나 모든 코드 라인에 주석을 달지 않고 큰 코드 블록을 비활성화할 때 유용합니다.

`include: false`
: 코드를 실행하지만 최종 문서에 코드나 결과를 표시하지 않습니다. setup 청크에 이 옵션을 사용해서 보고서가 중간에 끊기지 않도록 하세요.

`echo: false`
: 최종 문서에 코드는 숨기고 결과만 나타나게 합니다. R 코드를 보고 싶어 하지 않는 사람들을 위해 보고서를 작성할 때 이 옵션을 사용하세요.

`message: false`, `warning: false`
: 메시지나 경고가 최종 문서에 출력되지 않게 합니다.

`results: hide`
: 출력 결과를 숨깁니다.

`fig-show: hide`
: 그래프를 숨깁니다.

`error: true`
: 코드가 오류를 발생시켜도 렌더링을 계속 진행하게 합니다. 이 옵션을 보고서의 최종 버전에 포함시킬 때는 별로 없지만 `.qmd` 파일 내부에서 정확히 무슨 일이 일어나고 있는지 살펴보고 디버그할 때 매우 유용합니다. 또한 R을 가르치면서 의도적으로 오류를 보여 주고 싶을 때도 유용합니다. 기본값인 `error: false`는 문서에 하나라도 오류가 있으면 렌더링이 중단됩니다.

이런 청크 옵션들은 청크 헤더에 추가되는데, 각각 `#|` 다음에 입력해야 합니다. 예를 들어 다음 청크는 `eval`이 false로 설정되어 있으므로 결과가 출력되지 않습니다.

```
```{r}
#| label: simple-multiplication
#| eval: false

2 * 2
```
```

다음 표는 옵션별로 어떤 종류의 결과물이 표시되지 않는지 정리한 것입니다.

옵션	코드 실행	코드 표시	출력	그래프	메시지	경고
eval: false	×		×	×	×	×
include: false		×	×	×	×	×
echo: false		×				
results: hide			×			
fig-show: hide				×		
message: false					×	
warning: false						×

전역 옵션

knitr을 많이 사용하다 보면 일부 기본 청크 옵션이 내가 하는 작업에 맞지 않아 변경하고 싶을 겁니다.

문서 YAML의 execute 항목 아래에 원하는 옵션을 추가하면 기본 청크 옵션을 설정할 수 있습니다. 예를 들어 코드를 볼 필요는 없고 분석 결과와 설명만 보고 싶은 독자를 위한 보고서를 만든다면 문서 수준에서 echo: false를 설정하면 됩니다. 이렇게 하면 기본적으로 코드가 숨겨지고, 코드를 보여 주기 위해 의도적으로 echo: true를 설정한 코드만 표시됩니다. message: false와 warning: false를 설정하는 것도 고려해 볼 수 있지만, 그렇게 하면 최종 문서에 메시지가 출력되지 않기 때문에 문제가 있어도 해결하기 어려워질 수 있습니다.

```
title: "My report"
execute:
  echo: false
```

Quarto는 여러 언어를 지원하도록 설계되어서 R뿐 아니라 파이썬, 줄리아 등 다른 언어에서도 작동하지만, 모든 knitr 옵션을 문서 실행 수준에서 사용할 수는 없습니다. 일부 옵션은 knitr에서만 작동하고, Quarto가 다른 언어의 코드를 실행할 때 사용하는 다른 엔진(예: Jupyter)에서는 작동하지 않기 때문입니다. 하지만 이런 옵션들을 `knitr` 필드의 `opts_chunk` 아래에 문서의 전역 옵션으로 설정할 수 있습니다. 예를 들어 책이나 튜토리얼을 작성할 때 저는 다음과 같이 설정합니다.

```
title: "Tutorial"
knitr:
  opts_chunk:
    comment: "#>"
    collapse: true
```

이렇게 하면 내가 원하는 주석 스타일을 적용하고, 코드와 출력물을 서로 가깝게 유지할 수 있습니다.

인라인 코드

Quarto 문서에 R 코드를 넣는 또 다른 방법이 있습니다. 바로 `` `r ` ``을 사용해 텍스트에 직접 코드를 넣는 것입니다. 이 방법은 본문에서 데이터의 특징을 언급할 때 특히 유용합니다. 예를 들어 이 장의 앞부분에서 사용한 예시 문서를 보면 다음과 같은 내용이 있었습니다.

> We have data about `` `r nrow(diamonds)` `` diamonds. Only `` `r nrow(diamonds) - nrow(smaller)` `` are larger than 2.5 carats. The distribution of the remainder is shown below:

이 보고서를 렌더링하면 다음과 같이 텍스트에 계산 결과가 삽입됩니다.

> We have data about 53940 diamonds. Only 126 are larger than 2.5 carats. The distribution of the remainder is shown below:

텍스트에 숫자를 삽입할 때는 `format()`을 쓰면 좋습니다. 그러면 `digits`로 소수점 자릿수를 조절해 불필요하게 모든 숫자를 출력하지 않게 할 수 있고, `big.mark`로 큰 숫자를 읽기 쉽게 만들 수 있습니다. 이런 기능들을 모아 다음과 같은 도우미 함수를 만들 수 있습니다.

```
comma <- function(x) format(x, digits = 2, big.mark = ",")
comma(3452345)
#> [1] "3,452,345"
comma(.12358124331)
#> [1] "0.12"
```

연습문제

1. 다이아몬드 크기가 cut, color, clarity에 따라 어떻게 다른지 알아보는 절을 추가하세요. R을 모르는 사람을 위해 보고서를 쓴다고 가정하고 청크마다 `echo: false`를 쓰는 대신 전체에 적용되는 옵션을 설정하세요.

2. *https://github.com/hadley/r4ds/tree/main/quarto*에서 `diamond-sizes.qmd` 파일을 다운로드하세요. 가장 큰 20개 다이아몬드를 설명하는 절을 추가하고, 이 다이아몬드들의 중요한 특징을 보여 주는 표를 넣으세요.

3. `diamonds-sizes.qmd` 파일을 `label_comma()`를 이용해 수정해서 숫자 형식을 보기 좋게 만드세요. 전체에서 2.5 캐럿보다 큰 다이아몬드가 차지하는 비율을 추가하세요.

그림

Quarto 문서에 PNG나 JPEG 파일을 삽입할 수 있습니다. 코드 청크를 실행해 만든 그래프를 삽입할 수도 있습니다.

외부 파일의 이미지를 넣고 싶다면 RStudio 비주얼 에디터의 "Insert" 메뉴에서 "Figure/Image"를 선택하면 됩니다. 그러면 삽입할 이미지를 찾아보는 메뉴가 나타납니다. 여기서 대체 텍스트나 캡션을 추가하고 크기도 조정할 수 있습니다. 비주얼 에디터에서는 클립보드의 이미지를 문서에 붙여 넣을 수도 있습니다. 이렇게 하면 RStudio가 해당 이미지의 사본을 프로젝트 폴더에 저장합니다.

`ggplot()`처럼 그림을 생성하는 코드가 들어 있는 청크를 넣으면 생성된 그림이 Quarto 문서에 자동으로 삽입됩니다.

그림 크기 조정하기

Quarto에서 그래픽을 다룰 때 가장 어려운 점은 그림의 크기와 모양을 적절하게 만드는 것입니다. 그림 크기를 조정하는 데는 다음과 같은 다섯 가지 주요 옵션 `fig-width`, `fig-height`, `fig-asp`, `out-width`, `out-height`가 있습니다.

이미지 크기 조정이 어려운 이유는 R이 만든 그림의 크기와 출력 문서에 들어가는 크기 두 가지를 동시에 고려해야 하기 때문입니다. 또한 크기를 지정하는 방법도 여러 가지라서 높이, 너비, 종횡비 중 두 가지를 선택해야 합니다.

다섯 가지 옵션 중에 다음 세 가지를 추천합니다.

- 그림 너비가 일정하면 보기에 더 좋습니다. 기본값으로 `fig-width: 6`(6인치), `fig-asp: 0.618`(황금비)를 설정하세요. 이렇게 설정하고 개별 청크에는 `fig-asp`만 조정하면 됩니다.
- 출력 크기는 `out-width`로 조절하고, 출력 문서의 너비에 대비해 백분율로 크기가 정해지도록 설정하세요. `out-width: "70%"`, `fig-align: center`로 설정하길 권합니다. 이렇게 하면 적당히 여백을 주면서도 너무 많은 공간을 차지하지는 않습니다.
- 한 줄에 여러 그림을 넣으려면 그림 개수에 맞게 `layout-ncol`을 설정하세요. 예를 들어 2개면 2, 3개면 3으로 설정하면 됩니다. 데이터를 보여 줄지, 여러 그래프를 보여 줄지 등 무엇을 보여 줄지에 따라 `fig-width`도 조정할 수 있습니다. 이는 이어서 설명하겠습니다.

그림의 글자가 용을 써야 보일 정도로 너무 작다면 `fig-width`를 조정해야 합니다. 이 값이 렌더링된 문서의 그림 크기에 비해 크면 글자가 작아집니다. 반대로 작으면 글자가 커집니다. `fig-width`와 문서의 최종 너비 사이의 적절한 비율을 찾으려면 여러 번 시도해 봐야 할 수 있습니다. 다음 세 그래프는 이 원리를 보여 주는데, `fig-width`가 각각 4, 6, 8로 설정되어 있습니다.

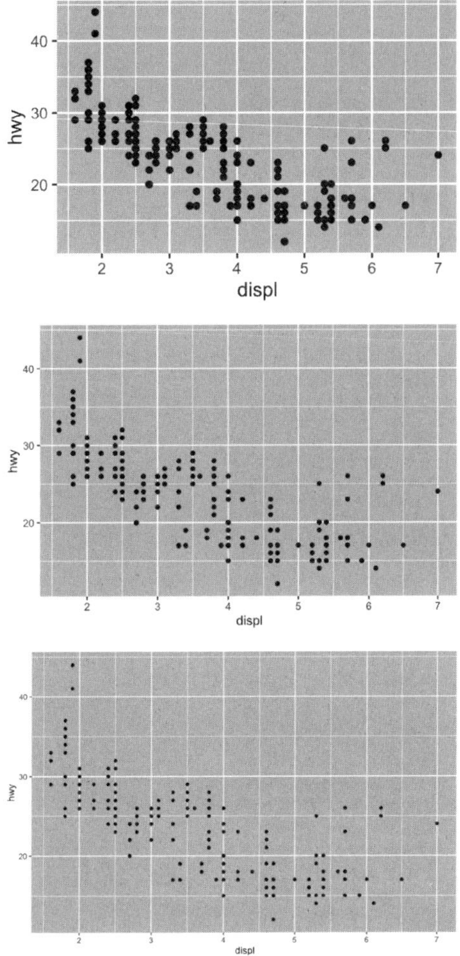

모든 그림의 글자 크기를 일관되게 유지하려면 out-width를 설정할 때마다 fig-width도 함께 조정해야 합니다. 이렇게 하면 기본 out-width와의 비율을 유지할 수 있습니다. 예를 들어 기본 fig-width가 6이고 out-width가 "70%"라고 가정해 봅시다. 이때 out-width를 "50%"로 설정한다면 fig-width는 4.3(6×0.5/0.7)으로 설정해야 합니다.

그림 크기를 조정하고 비율을 맞추는 일은 예술적이면서도 동시에 과학적인 작업이므로 여러 번 시도해 봐야만 잘 할 수 있게 됩니다. 그림 크기를 조정하는 방법을 더 자세히 알아보려면 블로그 글 "그래프 크기 조정하기"(*https://www.tidyverse.org/blog/2020/08/taking-control-of-plot-scaling*)를 읽어 보세요.

그 밖의 중요한 옵션들

이 책처럼 코드와 텍스트를 함께 사용할 때 `fig-show: hold`를 설정하면 그래프가 코드 다음에 표시됩니다. 이렇게 하면 큰 코드 블록과 설명글을 따로 표시할 수 있어서 좋습니다.

그래프에 제목을 붙이려면 `fig-cap`을 사용하세요. Quarto에서는 이 옵션을 사용하면 그림이 본문 안에 있던 위치에서 벗어나 독립적으로 배치됩니다.

PDF 출력물을 만들 때 기본 그래픽 형식은 PDF입니다. PDF는 고품질 벡터 그래픽이라 기본값으로 쓰기 좋습니다. 하지만 수천 개의 점이 들어 있는 그래프를 표시할 때는 파일 크기가 매우 커지고 처리 속도가 느려질 수 있습니다. 이럴 때는 PNG를 사용하도록 `fig-format: "png"`를 설정하세요. PNG는 품질이 약간 낮지만 파일 크기가 훨씬 작습니다.

다른 청크에는 이름을 붙이지 않더라도 그래프를 만드는 코드 청크에는 이름을 붙이는 것이 좋습니다. 청크 이름은 디스크에 저장할 그래픽 파일의 이름을 정하는 데 사용됩니다. 그래서 청크에 이름을 붙여 두면 나중에 그래프를 다른 곳에 사용할 때 큰 도움이 됩니다. 예를 들어 이메일에 그래프를 첨부해야 할 때 필요한 파일을 쉽게 찾을 수 있습니다.

연습문제

1. 비주얼 에디터에서 `diamond-sizes.qmd`를 열고 다이아몬드 이미지를 찾아 복사한 뒤 문서에 붙여 넣으세요. 이미지를 더블클릭해서 제목을 추가하세요. 이미지 크기를 조정하고 문서를 렌더링하세요. 이미지가 현재 작업 폴더에 어떻게 저장되는지 확인해 보세요.

2. `diamond-sizes.qmd`에서 그래프를 만드는 코드 청크의 이름을 `fig-`로 시작하도록 바꾸고, 청크 옵션 `fig-cap`을 사용해 그래프에 제목을 추가하세요. 그런 다음 상호 참조를 추가하도록 코드 청크 위의 텍스트를 수정하세요. "Insert 〉 Cross Reference" 메뉴를 사용하면 됩니다.

3. 다음 청크 옵션을 하나씩 사용해 그래프 크기를 바꾸고, 문서를 렌더링한 다음, 그래프가 어떻게 바뀌는지 설명하세요.

   a. `fig-width: 10`

   b. `fig-height: 3`

c. out-width: "100%"

d. out-width: "20%"

표

그림과 마찬가지로 Quarto 문서에 두 가지 유형의 표를 삽입할 수 있습니다. 하나는 "Insert Table" 메뉴를 사용해서 Quarto 문서에서 직접 만든 마크다운 표입니다. 다른 하나는 코드 청크를 실행한 결과로 생성한 표입니다. 이 절에서는 코드를 실행해서 생성하는 표를 알아보겠습니다.

기본적으로 Quarto는 콘솔 창에서 데이터 프레임과 행렬을 다음과 같은 형태로 표를 출력합니다.

```
mtcars[1:5, ]
#>                    mpg cyl disp  hp drat    wt  qsec vs am gear carb
#> Mazda RX4         21.0   6  160 110 3.90 2.620 16.46  0  1    4    4
#> Mazda RX4 Wag     21.0   6  160 110 3.90 2.875 17.02  0  1    4    4
#> Datsun 710        22.8   4  108  93 3.85 2.320 18.61  1  1    4    1
#> Hornet 4 Drive    21.4   6  258 110 3.08 3.215 19.44  1  0    3    1
#> Hornet Sportabout 18.7   8  360 175 3.15 3.440 17.02  0  0    3    2
```

데이터를 더 보기 좋게 출력하려면 `knitr::kable()` 함수를 사용하면 됩니다. 다음 코드는 표 28-1을 생성하는 기능을 합니다.

```
knitr::kable(mtcars[1:5, ], )
```

표 28-1 knitr kable

	mpg	cyl	disp	hp	drat	wt	qsec	vs	am	gear	carb
Mazda RX4	21.0	6	160	110	3.90	2.620	16.46	0	1	4	4
Mazda RX4 Wag	21.0	6	160	110	3.90	2.875	17.02	0	1	4	4
Datsun 710	22.8	4	108	93	3.85	2.320	18.61	1	1	4	1
Hornet 4 Drive	21.4	6	258	110	3.08	3.215	19.44	1	0	3	1
Hornet Sportabout	18.7	8	360	175	3.15	3.440	17.02	0	0	3	2

`?knitr::kable`의 설명서를 읽어 보면 표를 원하는 대로 꾸밀 수 있는 여러 가지 방법이 있습니다. 표를 더 세밀하게 꾸미고 싶다면 gt, huxtable, reactable, kableExtra, xtable, stargazer, pander, tables, ascii 패키지를 사용해 보세요. 이 패키지들을 이용하면 R 코드로 서식이 지정된 표를 만들 수 있습니다.

연습문제

1. 비주얼 에디터에서 `diamond-sizes.qmd`를 열고 코드 청크를 삽입하고 난 다음 `knitr::kable()`을 사용해 `diamonds` 데이터 프레임의 첫 5행을 보여 주는 표를 만드세요.
2. 같은 표를 `gt::gt()`를 사용해 만들어 보세요.
3. `tbl-`로 시작하는 청크 레이블을 추가하고 청크 옵션 `tbl-cap`으로 표에 캡션을 붙이세요. 그런 다음 상호 참조를 추가하도록 코드 청크 위의 텍스트를 수정하세요. “Insert 〉 Cross Reference”를 사용하면 됩니다.

캐싱

일반적으로 문서를 렌더링할 때마다 완전히 새로운 상태에서 시작하게 됩니다. 이는 중요한 계산을 하는 코드를 빠짐없이 실행해서 문서에 담을 수 있기 때문에 재현성을 유지하는 측면에서는 좋습니다. 그러나 시간이 오래 걸리는 계산이 있으면 기다리느라 지겨울 수 있습니다. 이때 해결책은 `cache: true`를 사용하는 것입니다.

표준 YAML 옵션을 사용해서 문서 전체에 Knitr 캐시를 적용하면 모든 계산 결과를 저장해 둘 수 있습니다.

```
---
title: "My Document"
execute:
  cache: true
---
```

특정 청크의 계산 결과만 저장하고 싶다면 청크 수준에서 캐싱을 설정할 수도 있습니다.

````
```{r}
#| cache: true

# code for lengthy computation...
```
````

이렇게 설정하면 청크의 결과를 특별한 이름이 붙은 파일로 만들어서 디스크에 저장합니다. 이후 다시 실행하면 knitr가 코드가 바뀌었는지 확인한 다음 바뀌지 않았다면 저장해 둔 결과를 다시 사용합니다.

캐싱 시스템은 주의해서 써야 합니다. 기본적으로 코드만 보고 판단하지, 그 코드가 의존하는 다른 것들은 고려하지 않기 때문입니다. 예를 들어 다음 코드에서 processed_data 청크는 raw-data 청크에 의존합니다.

````
```{r}
#| label: raw-data
#| cache: true

rawdata <- readr::read_csv("a_very_large_file.csv")
```

```{r}
#| label: processed_data
#| cache: true

processed_data <- rawdata |>
  filter(!is.na(import_var)) |>
  mutate(new_variable = complicated_transformation(x, y, z))
```
````

processed_data 청크를 캐싱하면 dplyr 파이프라인이 바뀔 때는 다시 실행되지만, read_csv()이 불러오는 파일이 바뀌어도 다시 실행되지 않습니다. dependson 청크 옵션을 사용하면 이 문제를 피할 수 있습니다.

````
```{r}
#| label: processed-data
#| cache: true
#| dependson: "raw-data"

processed_data <- rawdata |>
  filter(!is.na(import_var)) |>
  mutate(new_variable = complicated_transformation(x, y, z))
```
````

dependson에는 캐시된 청크가 의존하는 "모든" 청크의 이름을 문자형 벡터로 입력해야 합니다. Knitr는 의존하는 청크 중 하나라도 바뀌면 캐시된 청크의 결과를 새로 계산합니다.

a_very_large_file.csv가 바뀌어도 청크는 새로 계산되지 않습니다. knitr 캐싱은 .qmd 파일 안의 변화만 추적하기 때문입니다. 파일의 변경 사항도 함께 추적하고 싶다면 cache.extra 옵션을 사용할 수 있습니다. 이 옵션에 R 표현식을 지정하면 그 표현식의 결과가 바뀔 경우 캐시를 더 이상 사용하지 않고 새로 계산을 수행합니다. 여기에는 파일이 마지막으로 수정된 시간을 알려 주는 file.mtime()을 사용하면 좋습니다. 이를 이용하면 다음과 같이 코드를 작성할 수 있습니다.

````
```{r}
#| label: raw-data
#| cache: true
#| cache.extra: !expr file.mtime("a_very_large_file.csv")

rawdata <- readr::read_csv("a_very_large_file.csv")
```
````

앞에서 다룬 청크들의 이름은 청크가 만드는 주요 객체의 이름을 바탕으로 지었습니다. 이는 데이비드 로빈슨(David Robinson)의 조언(*https://x.com/drob/status/738786604731490304*)을 따른 겁니다. 이렇게 이름을 지으면 dependson에 입력한 내용을 이해하기 더 쉬워집니다.

캐싱을 이용하는 전략이 점점 더 복잡해지면 knitr::clean_cache()로 모든 캐시를 주기적으로 지워 주는 게 좋습니다.

연습문제

1. 청크 d가 c와 b에 의존하고, b와 c가 a에 의존하도록 청크를 만들어 연결하세요. 각 청크에 lubridate::now()를 출력하는 코드를 넣고 cache: true로 설정한 다음 캐싱이 어떻게 작동하는지 확인해 보세요.

문제 해결하기

Quarto 문서의 문제를 해결하는 것은 쉽지 않을 수 있습니다. 대화형 R 환경에서 작업하는 게 아니므로 새로운 방법을 익혀야 하기 때문입니다. 오류는 Quarto 문서 자체 때문에 생길 수도 있고 문서 안의 R 코드 때문에 생길 수도 있습니다.

코드 청크가 들어 있는 문서에서 자주 발생하는 오류 중 하나는 청크 레이블이 중복되는 것입니다. 특히 코드 청크를 복사해 붙여 넣는 식으로 작업할 때 이런 오류가 많이 생깁니다. 이 문제는 중복된 레이블 중 하나를 바꾸기만 하면 해결됩니다.

오류가 문서에 들어 있는 R 코드 때문이라면 가장 먼저 시도해 볼 것은 대화형 세션에서도 같은 문제가 생기는지 확인하는 겁니다. R을 다시 시작한 다음 코드 메뉴의 "Run 〉 Run all chunks" 메뉴를 선택하세요. 단축키 단축키 Ctrl+Alt+R(맥OS에서는 Cmd+Opt+R)을 사용해도 됩니다. 운이 좋다면 같은 문제가 생길 것이고, 코드로 상호작용해 보면 무슨 일이 일어나고 있는지 알아낼 수 있을 겁니다.

그래도 해결되지 않으면 대화형 환경과 Quarto 환경 사이에 뭔가 다른 점이 있을 겁니다. 이때는 옵션을 하나씩 체계적으로 살펴봐야 합니다. 가장 흔한 차이점은 워킹 디렉터리입니다. Quarto의 워킹 디렉터리는 Quarto 파일이 있는 디렉터리입니다. 청크에 `getwd()`를 넣어서 작업 디렉터리가 예상한 곳이 맞는지 확인해 보세요.

그다음으로는 버그를 일으킬 만한 모든 것을 생각해 보세요. R 세션과 Quarto 세션에서 이것들이 똑같이 발생하는지 하나씩 확인해 봐야 합니다. 가장 쉬운 방법은 문제가 생기는 청크에 `error: true`를 설정한 다음 `print()`와 `str()`을 사용해 설정에 따라 예상대로 결과가 나타나는지 확인하는 것입니다.

YAML 헤더

YAML 헤더의 매개변수를 조정하면 "문서 전체"에 영향을 미치는 다양한 설정을 제어할 수 있습니다. YAML이 무슨 뜻인지 궁금할 수 있을 텐데요, "YAML은 마크업 언어가 아니다(YAML Ain't Markup Language)"의 줄임말입니다. YAML은 사람이 읽고 쓰기 쉽도록 계층적으로 데이터를 표현하도록 만들어졌습니나. Quarto는 이를 이용해 출력물의 여러 세부 사항을 제어합니다. 여기서는 자기 완결형 문서, 문서 매개변수, 참고문헌 세 가지를 다룰 겁니다.

자기 완결형

HTML 문서는 보통 이미지, CSS 스타일시트, 자바스크립트 등 여러 외부 파일에 의존합니다. 기본적으로 Quarto는 이런 파일을 `.qmd` 파일이 있는 디렉터리의 `_files` 폴더에 넣습니다. HTML 파일을 QuartoPub(*https://quartopub.com*)과 같은 호스팅 플랫폼에 올리면 이 폴더의 파일들도 함께 업로드해서 게시된 보고서에서 사용할 수 있게 됩니다. 하지만 동료에게 이메일로 보고서를 보내고 싶다면 필요한 파일이 모두 들어 있는 하나의 HTML 문서를 만드는 게 좋을 겁니다. 이럴 때는 다음과 같이 embed-resources 옵션을 사용하면 됩니다.

```
format:
  html:
    embed-resources: true
```

이렇게 하면 자기 완결형(self contained) 파일이 만들어지므로 외부 파일이 없거나 인터넷에 연결되지 않아도 웹 브라우저에서 잘 볼 수 있습니다.

매개변수

Quarto 문서에는 여러 매개변수를 넣을 수 있습니다. 이 매개변수에 입력한 값은 보고서를 렌더링할 때 사용됩니다. 매개변수는 같은 보고서를 주요 입력값만 바꿔서 다시 만들고 싶을 때 유용합니다. 예를 들어 지점별 판매 보고서, 학생별 시험 결과, 국가별 인구 통계 요약 등을 만들 때 쓸 수 있습니다. 매개 변수를 하나 이상 지정하려면 params 필드를 사용하면 됩니다.

다음 예제에서는 my_class 매개변수를 사용해 어떤 자동차 종류를 출력할지 결정합니다.

````
---
format: html
params:
  my_class: "suv"
---

```{r}
#| label: setup
#| include: false

library(tidyverse)

class <- mpg |> filter(class == params$my_class)
```

# Fuel economy for `r params$my_class`s

```{r}
#| message: false
````
````

```
ggplot(class, aes(x = displ, y = hwy)) +
  geom_point() +
  geom_smooth(se = FALSE)
```
```

보다시피 매개변수는 코드 청크 안에서 params라는 이름의 읽기 전용 리스트를 이용해 사용할 수 있습니다.

YAML 헤더에 요소 벡터의 값을 직접 쓸 수도 있습니다. 또한 매개변수 값 앞에 !expr을 붙이면 R 표현식을 실행할 수도 있습니다. 이 방법은 날짜-시간 매개변수를 지정할 때 사용하면 특히 유용합니다.

```
params:
  start: !expr lubridate::ymd("2015-01-01")
  snapshot: !expr lubridate::ymd_hms("2015-01-01 12:30:00")
```

참고문헌과 인용

Quarto를 사용하면 다양한 스타일로 인용과 참고문헌을 자동으로 만들 수 있습니다. Quarto 문서에 인용과 참고문헌을 추가하는 가장 쉬운 방법은 RStudio의 비주얼 에디터를 이용하는 것입니다.

비주얼 에디터에서 인용을 추가하려면 "Insert 〉 Citation" 메뉴를 선택하세요. 인용은 다음과 같은 여러 출처에서 가져올 수 있습니다.

- DOI 참조
- Zotero 개인 또는 그룹 라이브러리
- Crossref, DataCite, PubMed의 검색
- 문서의 참고문헌 파일(문서가 들어 있는 디렉터리의 .bib 파일)

비주얼 모드에서는 [@citation]과 같이 내부적으로 Pandoc 마크다운의 표준 인용 표현 방식을 사용합니다.

앞의 처음 세 가지 방법으로 인용을 추가하면 비주얼 에디터가 자동으로 bibliography.bib 파일을 만들고 여기에 참조를 추가합니다. 또한 문서의 YAML에 bibliography 항목을 추가합니다. 참조를 더 추가할수록 이 파일에 인용 정보가 쌓입니다. BibLaTeX, BibTeX, EndNote, Medline 등 많이 쓰이는 참고문헌 형식을 이용해 이 파일을 직접 수정할 수도 있습니다.
```

소스 에디터에서 .qmd 파일에 인용을 넣으려면 '@' 기호와 참고문헌 파일의 인용 식별자를 조합한 키를 사용하세요. 그리고 이 인용을 대괄호 안에 넣으세요. 예를 들어 이런 식으로 하면 됩니다.

```
Separate multiple citations with a `;`: Blah blah [@smith04; @doe99].

You can add arbitrary comments inside the square brackets:
Blah blah [see @doe99, pp. 33-35; also @smith04, ch. 1].

Remove the square brackets to create an in-text citation: @smith04
says blah, or @smith04 [p. 33] says blah.

Add a `-` before the citation to suppress the author's name:
Smith says blah [-@smith04].
```

Quarto가 파일을 렌더링할 때 참고문헌을 만들어 문서 끝에 붙입니다. 이 참고문헌에는 참고문헌 파일에서 인용된 모든 항목이 포함되지만, 절 제목은 포함되지 않습니다. 그래서 보통 문서의 마지막 부분에 `# References` 또는 `# Bibliography`와 같은 참고문헌 절 제목을 넣습니다.

인용과 참고문헌의 스타일을 바꾸고 싶다면 `csl` 필드에 CSL(citation style language) 파일을 지정하면 됩니다

```
bibliography: rmarkdown.bib
csl: apa.csl
```

참고문헌 필드와 마찬가지로 csl 파일에도 파일 경로를 지정해야 합니다. 앞의 예제는 csl 파일이 .qmd 파일과 같은 폴더에 있다고 가정한 것입니다. 자주 사용되는 참고문헌 스타일의 CSL 파일을 찾으려면 인용 스타일 공식 저장소(*https://github.com/citation-style-language/styles*)를 이용하면 됩니다.

작업 흐름

앞에서 기본적인 R 코드 작성 흐름을 다뤘습니다. 우선 "콘솔"에서 대화형으로 작업한 다음 잘 작동하는 코드를 "스크립트 에디터"에 옮기는 식이었습니다. Quarto는 콘솔과 스크립트 에디터를 하나로 모아 주기 때문에 대화형으로 탐색하는 작업과 장기적인 목적으로 코드를 보존하는 작업 사이의 경계를 허물어 줍니다. 청크

내에서 빠르게 반복 작업을 하고, 코드를 편집하고 나면 Ctrl + Shift + Enter(맥OS 에서는 Cmd + Shift + Return)로 재실행하면 됩니다. 결과가 마음에 들면 다음으로 넘어가 새 청크를 만들면 됩니다.

Quarto가 중요한 또 다른 이유는 글과 코드를 긴밀하게 통합한다는 점입니다. Quarto를 사용하면 코드를 개발하면서 생각을 기록할 수 있기 때문에 훌륭한 **분석용 노트북**이 만들어집니다. 분석용 노트북을 작성하는 목적은 자연과학 분야에서 전통적인 실험 노트를 작성하는 것과 거의 비슷합니다.

- 분석용 노트북에 무엇을 했고 왜 했는지 기록합니다. 아무리 기억력이 좋아도 한 일을 기록하지 않으면 언젠가는 중요한 세부 사항을 잊어버리게 됩니다. 잊지 않도록 꼭 적어 두세요!
- 분석용 노트북을 만들면 체계적으로 사고하는 데 도움이 됩니다. 분석하면서 생각을 기록하고 계속 되돌아보며 작업하면 더 꼼꼼하게 분석하게 될 가능성이 높습니다. 나중에 다른 사람들과 분석을 공유하기 위해 보고서를 작성할 때도 시간을 덜어 줍니다.
- 분석용 노트북을 만들면 다른 사람들에게 자신의 작업을 이해시키는 데도 도움이 됩니다. 데이터 분석을 혼자 하는 경우는 드뭅니다. 대개 팀의 일원이 되어 함께 일하게 됩니다. 분석용 노트북을 만들면 동료들에게 자신이 무엇을 했는지 뿐 아니라 왜 그렇게 했는지를 공유하는 데 도움이 됩니다.

실험 노트를 효율적으로 사용하는 방법에 관한 조언들은 대부분 분석용 노트북에도 적용할 수 있습니다. 저의 경험과 콜린 퍼링턴(Colin Purrington)의 "실험 노트 작성법 조언(Maintaining a laboratory notebook)"(*https://colinpurrington.com/tips/lab-notebooks*)을 바탕으로 다음과 같은 팁을 정리했습니다.

- 각 노트북의 제목은 작업 내용을 잘 드러내야 하고, 의미를 알 수 있도록 파일 이름을 정해야 합니다. 노트북의 첫 문단에는 분석 목적을 간략히 설명해야 합니다.
- YAML 헤더의 date 필드를 사용해 노트북 작업 시작 날짜를 기록하세요.

```
yaml   date: 2016-08-23
```

날짜를 혼동하지 않도록 ISO8601 YYYY-MM-DD 형식을 사용하세요. 평소에 이런 방식으로 날짜를 쓰지 않더라도 여기서는 이 형식을 사용하세요!

- 많은 시간을 투자한 분석 아이디어가 결국 소용없게 되었더라도 그 내용을 삭제하지 마세요! 왜 실패했는지 간단하게 작성해서 노트북에 남겨 두세요. 이 내용은 나중에 다시 분석할 때 같은 실수를 반복하지 않도록 하는 데 도움이 될 겁니다.
- 일반적으로 데이터 입력 작업은 R 밖에서 하는 게 좋습니다. 하지만 작은 데이터 조각을 기록해야 한다면 `tibble::tribble()`을 사용해서 명확하게 작성해 두세요.
- 데이터 파일에서 오류를 발견하면 절대 직접 수정하지 말고 대신 값을 수정하는 코드를 작성하세요. 수정한 이유도 함께 설명하세요.
- 일과를 마칠 때는 노트북을 렌더링하는 데 문제가 없는지 확인하세요. 캐싱을 사용하고 있다면 캐시를 지우세요. 이렇게 하면 시간이 지나서 코드 작동 절차를 잊어버리기 전에 문제를 해결할 수 있습니다.
- 코드를 다음 달이나 내년에 다시 실행해도 문제가 없도록 장기적으로 재현 가능하게 만들고 싶다면 코드가 사용하는 패키지의 버전을 추적해야 합니다. 엄격한 방법은 renv(*https://rstudio.github.io/renv/index.html*)를 사용해서 패키지를 프로젝트 디렉터리에 저장하는 겁니다. 빠르고 간단한 방법은 문서에 `sessionInfo()`를 실행하는 청크를 포함하는 겁니다. 이렇게 하면 패키지를 그대로 재현할 수는 없지만 적어도 어떤 패키지를 사용했는지는 알 수 있습니다.
- 데이터 분석 경험이 쌓이다 보면 엄청나게 많은 분석용 노트북을 만들게 될 겁니다. 노트북을 각각의 프로젝트에 따로 저장하고 체계적으로 이름을 지어 두세요. 그래야 나중에 원하는 노트북을 쉽게 찾을 수 있습니다.

요약

이 장에서는 코드와 설명글을 한곳에 모아 재현 가능한 계산 문서를 만들고 발행할 수 있는 Quarto를 소개했습니다. RStudio에서 비주얼 에디터와 소스 에디터를 이용해 Quarto 문서를 작성하는 방법, 코드 청크를 다루는 방법, 옵션 설정 방법,

Quarto 문서에 그림과 표를 넣는 방법, 계산 결과를 저장하는 캐싱 옵션을 익혔습니다. 또한 YAML 헤더 옵션을 조정해서 자기 완결형 문서를 만들거나 매개변수를 지정해 문서를 만드는 방법도 다뤘고, 인용과 참고문헌을 추가하는 방법도 익혔습니다. 문제가 발생했을 때 해결하는 방법, 분석용 노트북을 만드는 작업 흐름에서 알고 있으면 유용한 팁도 살펴봤습니다.

이런 내용만으로도 Quarto를 시작하기에 충분하지만, 이 밖에도 익힐 만한 것이 많습니다. Quarto는 상대적으로 태어난 지 얼마 안 됐고 빠르게 발전하고 있습니다. Quarto의 새로운 기능을 가장 빨리 확인할 수 있는 곳은 Quarto 공식 웹사이트(*https://quarto.org*)입니다.

이 책에서 다루지 않은 두 가지 중요한 주제가 있습니다. 바로 협업하는 방법과 자기 생각을 다른 사람들에게 정확하게 전달하는 방법입니다. 협업은 현대 데이터 과학에서 매우 중요한 부분입니다. Git이나 GitHub 같은 버전 관리 도구를 사용하면 협업 작업을 훨씬 수월하게 할 수 있습니다. 제니 브라이언(Jenny Bryan)이 쓴 "Happy Git with R"을 추천합니다. 이 책은 Git과 GitHub를 쉽게 설명하고 있고 웹사이트(*https://happygitwithr.com*)에서 무료로 볼 수 있습니다.

이 책에서는 분석 결과를 명확하게 전달하려면 어떻게 글을 써야 하는지도 다루지 않았습니다. 글쓰기 실력을 향상하고 싶다면 조셉 M. 윌리엄스(Joseph M. Williams)와 조셉 비접(Joseph Bizup의 《스타일 레슨(Style: Lessons in Clarity and Grace)》(크레센도, 2023), 조지 고펜(George Gopen)의 《The Sense of Structure: Writing from the Reader's Perspective》(Pearson, 2004)를 읽어 보길 권합니다. 이 책들을 보면 문장과 단락의 구조를 잘 이해하게 되고 글을 더 명료하게 쓰는 방법을 익히게 될 겁니다(이 책들은, 새 책은 꽤 비싸지만 영어 수업에서 많이 사용되기 때문에 저렴한 중고책을 구하기 쉽습니다). 조지 고펜(George Gopen)의 글쓰기 관련 짧은 글들(*https://www.georgegopen.com/litigation-articles.html*)도 도움이 됩니다. 원래 변호사를 대상으로 쓴 글이지만 데이터 과학자에게도 전부 유용합니다.

29장

R for Data Science Second Edition

Quarto 문서 포맷

들어가며

지금까지는 Quarto로 HTML 문서를 만드는 방법을 살펴봤습니다. 이 장에서는 Quarto로 만들 수 있는 다양한 문서 포맷을 간략히 알아봅니다.

문서의 출력 포맷을 지정하는 방법에는 두 가지가 있습니다.

- YAML 헤더를 수정해 영구적으로 지정하는 방법

```
title: "Diamond sizes"
format: html
```

- quarto::quarto_render()를 직접 실행해 일시적으로 지정하는 방법

```
quarto::quarto_render("diamond-sizes.qmd", output_format = "docx")
```

이 방법은 여러 문서 포맷을 한 번에 만들고 싶을 때 유용합니다. output_format 인자에 여러 값을 리스트로 전달하면 됩니다.

```
quarto::quarto_render("diamond-sizes.qmd", output_format = c("docx", "pdf"))
```

출력 옵션

Quarto로 다양한 출력 포맷을 사용할 수 있습니다. 전체 목록은 *https://quarto.org/docs/output-formats/all-formats.html*에서 확인할 수 있습니다.

많은 포맷에는 공통된 출력 옵션이 있습니다. 예를 들어 `toc: true`는 목차를 포함하는 옵션입니다. 하지만 일부 옵션은 특정 포맷에만 사용할 수 있습니다. 예를 들어 `code-fold: true` 옵션은 HTML 문서에서만 사용할 수 있습니다. 이 옵션을 사용하면 코드를 `<details>` 태그 안에 넣어 접어 두고, 사용자가 필요할 때 펼쳐 볼 수 있게 합니다. 이 옵션은 PDF나 워드 문서에는 사용할 수 없습니다.

기본 옵션을 바꾸려면 `format` 필드를 확장해서 사용해야 합니다. 예를 들어 플로팅 목차가 있는 HTML 문서를 만들고 싶다면 다음과 같이 작성합니다.

```
format:
  html:
    toc: true
    toc_float: true
```

여러 문서 포맷을 한 번에 만들고 싶다면 포맷 목록을 다음과 같이 지정하면 됩니다.

```
format:
  html:
    toc: true
    toc_float: true
  pdf: default
  docx: default
```

기본 옵션을 바꾸지 않고 그대로 사용하고 싶은 포맷은 `pdf: default`와 같은 특수 명령어를 이용해야 합니다.

YAML에 지정된 모든 형식으로 문서를 만들고 싶다면 `output_format = "all"`을 사용하면 됩니다.

```
quarto::quarto_render("diamond-sizes.qmd", output_format = "all")
```

다양한 문서 포맷

앞 장에서는 기본 출력 포맷인 `html`을 다뤘습니다. 이외에도 다양한 포맷으로 문서를 만들 수 있습니다.

- `pdf`: LaTeX(오픈 소스 문서 작성 시스템)을 이용해 PDF를 만듭니다. 이를 위해서는 LaTeX를 설치해야 합니다. LaTeX가 설치되어 있지 않으면 RStudio가 설치 안내를 해 줍니다.
- `docx`: MS 워드 문서(`.docx`)를 만듭니다.
- `odt`: OpenDocument 문서(`.odt`)를 만듭니다.
- `rtf`: Rich Text Format 문서(`.rtf`)를 만듭니다.
- `gfm`: GitHub 형식 마크다운 문서(`.md`)를 만듭니다.
- `ipynb`: 주피터 노트북 문서(`.ipynb`)를 만듭니다.

의사결정자와 공유할 문서를 만들 때는 코드를 보이지 않게 하고 싶을 수 있습니다. 이때는 문서의 YAML에 다음과 같은 전역 옵션을 설정하면 됩니다.

```
execute:
  echo: false
```

HTML 문서는 코드를 기본적으로 숨겨 두고 클릭하면 볼 수 있게 하는 옵션도 있습니다.

```
format:
  html:
    code: true
```

프레젠테이션

Quarto로 프레젠테이션을 만들 수도 있습니다. 키노트나 파워포인트만큼 세밀하게 조정할 수는 없지만, R 코드의 결과를 자동으로 프레젠테이션에 넣을 수 있어 시간을 많이 절약할 수 있습니다. 프레젠테이션은 내용을 여러 슬라이드로 나누는 방식으로 만듭니다. 새로운 슬라이드는 두 번째 수준 제목(`##`)을 넣으면 만들어집니다. 새로운 절은 첫 번째 수준 제목(`#`)을 넣으면 만들어집니다. 새로운 절을 만들면 기본적으로 중앙에 제목이 들어간 제목 슬라이드를 만듭니다.

Quarto로 다양한 프레젠테이션 포맷을 사용할 수 있습니다.

`Revealjs`
: revealjs를 이용한 HTML 프레젠테이션

`pptx`
: 파워포인트 프레젠테이션

`Beamer`
: LaTeX Beamer를 이용한 PDF 프레젠테이션

Quarto로 프레젠테이션을 만드는 방법을 더 자세히 알고 싶다면 *https://quarto.org/docs/presentations*를 읽어 보세요.

상호작용 문서

다른 HTML 문서와 마찬가지로 Quarto로 만든 HTML 문서에 상호작용 요소를 넣을 수 있습니다. 여기서는 htmlwidgets와 Shiny를 이용해 Quarto 문서에 상호작용 요소를 추가하는 방법을 소개하겠습니다.

htmlwidgets

HTML은 상호작용을 할 수 있는 형식입니다. **htmlwidgets**라는 R 함수를 이용하면 HTML의 이런 장점을 활용해서 사용자와 상호작용하는 HTML 그래프를 만들어 줍니다. 예를 들어 다음은 **leaflet** 지도입니다. 지금 이 페이지를 웹에서 보고 있다면 지도를 마우스로 드래그해서 이동하거나 확대/축소할 수 있습니다. 종이책에서는 당연히 이런 작업을 할 수 없으므로 Quarto가 자동으로 정적 이미지를 넣어 줍니다.

```
library(leaflet)
leaflet() |>
  setView(174.764, -36.877, zoom = 16) |>
  addTiles() |>
  addMarkers(174.764, -36.877, popup = "Maungawhau")
```

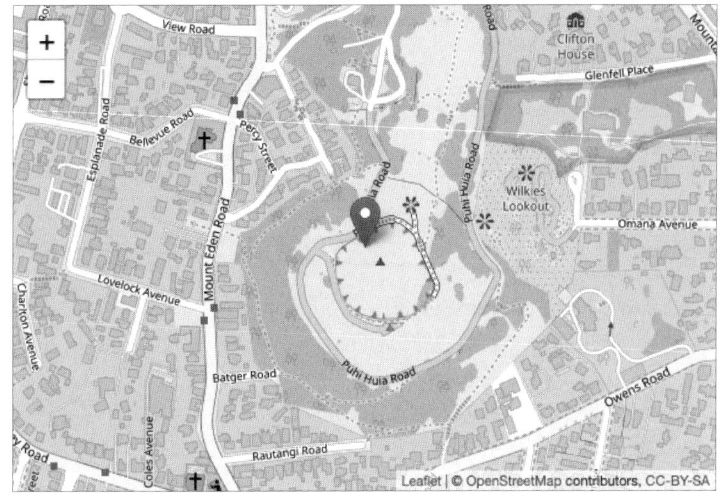

htmlwidgets의 큰 장점은 HTML이나 자바스크립트를 전혀 몰라도 된다는 겁니다. 모든 복잡한 부분은 패키지 안에 들어 있으므로 신경 쓸 필요가 없습니다.

htmlwidgets를 활용하는 패키지가 많이 있는데, 그중 몇 가지를 소개하겠습니다.

- dygraphs: 상호작용 시계열 그래프를 만듭니다.
- DT: 상호작용 표를 만듭니다.
- threejs: 상호작용 3D 그래프를 만듭니다.
- DiagrammeR: 플로우 차트나 간단한 노드-링크로 된 다이어그램을 만듭니다.

htmlwidgets을 자세히 알아보고 htmlwidgets를 이용하는 패키지 전체 목록을 보고 싶다면 *https://www.htmlwidgets.org*에 방문하세요.

Shiny

htmlwidgets는 **클라이언트 사이드**(client side)에 상호작용 효과를 넣는 기능을 합니다. 모든 상호작용 효과는 R과 별개로 웹 브라우저에서 일어나므로 R과 연결하지 않고도 HTML 파일을 배포할 수 있다는 장점이 있습니다. 하지만 이 방식은 HTML과 자바스크립트로 구현된 것들만 이용할 수 있다는 제한이 있습니다. 대안으로 shiny를 사용할 수 있습니다. Shiny는 자바스크립트가 아니라 R 코드로 상호작용 효과를 만들 수 있는 패키지입니다.

Quarto 문서에서 Shiny 코드를 사용하려면 YAML 헤더에 `server: shiny`를 추가하면 됩니다.

```
title: "Shiny Web App"
format: html
server: shiny
```

그러고 나면 "input" 함수를 이용해 문서에 상호작용 요소를 넣을 수 있습니다.

```
library(shiny)

textInput("name", "What is your name?")
numericInput("age", "How old are you?", NA, min = 0, max = 150)
```

What is your name?

How old are you?

코드 청크에 Shiny 서버에서 실행할 코드를 넣을 때는 `context: server` 청크 옵션을 추가해야 합니다.

그런 다음 `input$name`과 `input$age`로 값을 참조할 수 있습니다. 이 값을 사용하는 코드는 값이 바뀔 때마다 자동으로 다시 실행됩니다.

여기서 shiny 앱이 실제로 작동하는 모습을 보여줄 수는 없습니다. shiny 상호작용은 **서버 사이드**(server side)에서 일어나기 때문입니다. shiny를 이용하면 자바스크립트를 몰라도 상호작용 앱을 만들 수 있지만, 이를 실행할 서버는 필요합니다. 여기서 한 가지 문제가 생깁니다. Shiny 앱을 온라인에서 실행하려면 Shiny 서버가 필요합니다. 자신의 컴퓨터에서는 Shiny 앱을 실행하면 Shiny가 알아서 Shiny 서버를 만들어 줍니다. 하지만 이런 상호작용 앱을 온라인에 올리려면 누구나 접근할 수 있는 Shiny 서버가 필요합니다. 이것이 shiny의 근본적인 장점이자 단점입니다. shiny 문서에서는 R로 할 수 있는 모든 것을 할 수 있지만, 어딘가에서 R을 실행하고 있어야 합니다.

Shiny에 관해 더 자세히 알고 싶다면 해들리 위컴이 쓴 《R 사용자를 위한 Shiny 마스터 가이드(Mastering Shiny)》(인사이트, 2022)(*https://mastering-shiny.org*)를 읽어 보세요.

웹사이트와 책 만들기

추가 설정만 약간 하면 Quarto로 완전한 웹사이트나 책을 만들 수 있습니다.

- .qmd 파일들을 한 폴더에 모아 두고 index.qmd를 만들면 홈페이지가 됩니다.
- _quarto.yml라는 이름으로 YAML 파일을 만든 다음 사이트 구조를 정합니다. 이 파일에서 project 유형을 book이나 website로 설정합니다. 다음과 같이 작성하면 됩니다.

```
project:
  type: book
```

예를 들어 다음 _quarto.yml 파일은 index.qmd(홈페이지), viridis-colors.qmd, terrain-colors.qmd, 이렇게 소스 파일 세 개로 웹사이트를 만듭니다.

```
project:
  type: website

website:
  title: "A website on color scales"
  navbar:
    left:
      - href: index.qmd
        text: Home
      - href: viridis-colors.qmd
        text: Viridis colors
      - href: terrain-colors.qmd
        text: Terrain colors
```

책을 만들 때는 _quarto.yml가 필요한데, 이 파일도 구조가 비슷합니다. 다음 예제와 같이 작성하면 네 개의 장으로 구성된 책을 만들고 세 가지 포맷(html, pdf, epub)으로 출력합니다. 여기서도 소스는 .qmd 파일입니다.

```
project:
  type: book

book:
  title: "A book on color scales"
  author: "Jane Coloriste"
  chapters:
    - index.qmd
```

```
    - intro.qmd
    - viridis-colors.qmd
    - terrain-colors.qmd

format:
  html:
    theme: cosmo
  pdf: default
  epub: default
```

웹사이트나 책을 만들 때는 RStudio 프로젝트를 사용하는 것이 좋습니다. RStudio는 `_quarto.yml` 파일을 보고 어떤 프로젝트인지 알아냅니다. 또한 IDE에 웹사이트와 책을 만들고 미리 볼 수 있는 Build 탭을 추가합니다. `quarto::render()`를 이용해서도 웹사이트와 책을 만들 수 있습니다.

Quarto로 웹사이트 만드는 방법은 *https://quarto.org/docs/websites*에서, 책 만드는 방법은 *https://quarto.org/docs/books*에서 더 자세히 알아보세요.

기타 포맷

Quarto로는 이외에도 다양한 출력 포맷 문서를 만들 수 있습니다.

- Quarto 저널 템플릿을 이용하면 학술 논문을 작성할 수 있습니다.
  https://quarto.org/docs/journals/templates.html
- `format: ipynb`를 설정하면 Quarto 문서를 주피터 노트북으로 출력할 수 있습니다.
  https://quarto.org/docs/reference/formats/ipynb.html

그외에 다른 포맷은 *https://quarto.org/docs/output-formats/all-formats.html*에서 확인할 수 있습니다.

요약

이 장에서는 Quarto를 사용해 결과물을 전달하는 다양한 방법을 알아봤습니다. 정적 문서와 상호작용 문서부터 프레젠테이션, 웹사이트, 책에 이르기까지 폭넓게 살펴봤습니다.

이처럼 다양한 포맷을 이용해 효과적으로 의사소통하고 싶다면 다음 자료를 읽어 보세요.

- 프레젠테이션 실력을 키우고 싶다면 닐 포드(Neal Ford), 매슈 매컬로(Matthew McCollough), 나다니엘 슈타(Nathaniel Schutta)의 《Presentation Patterns》(Addison-Wesley Professional, 2012)(*https://presentationpatterns.com*)을 읽어 보세요. 낮은 수준부터 높은 수준까지 프레젠테이션을 개선하는 효과적인 패턴을 익힐 수 있습니다.
- 학술 발표를 한다면 "릭 그룹의 발표 가이드(The Leek group guide to giving talks)"(*https://github.com/jtleek/talkguide*)가 도움이 될 겁니다.
- 직접 들어 보지는 않았지만 매트 매개리티(Matt McGarrity)의 온라인 대중 연설 강의(*https://www.coursera.org/learn/public−speaking*)가 좋다고 합니다.
- 대시보드를 자주 만든다면 스티븐 퓨(Stephen Few)의 《Information Dashboard Design: The Effective Visual Communication of Data》(O'Reilly, 2006)를 꼭 읽어 보세요. 단순히 예쁘기만 한 것이 아니라 정말 쓸모 있는 대시보드를 만드는 데 도움이 될 겁니다.
- 그래픽 디자인 지식이 있으면 아이디어를 효과적으로 전달하는 데 도움이 됩니다. 로빈 윌리엄스(Robin Williams)의 《디자이너가 아닌 사람들을 위한 디자인 북(The Non-Designer's Design Book")》(고려원북스, 2010)은 초보자가 보기에 좋은 책입니다.

찾아보기

기호

A

B, C

D, E, F

G, H, I

J, L, M

O, P, Q

R, S

T, U, V, W, X, Y

ㄱ

ㄴ

ㄷ

ㄹ, ㅁ

ㅂ

ㅌ, ㅍ, ㅎ